아르케
북스
270

김 탁 金鐸, Kim Tak

1963년에 경상북도 의성군에서 태어났으며, 대구 영남고등학교(30기)를 거쳐 1985년에 한양대학교 경제학과를 졸업하였다.
1985년부터 한국정신문화연구원(현 한국학중앙연구원) 부설 한국학대학원에서 한국사상과 종교를 연구하여, 1995년에 「증산 강일순의 공사사상」이라는 논문으로 철학박사 학위를 취득하였다. 현재 인물과사상연구소 소장으로 연구에 매진하고 있다.
현재까지 60여 편의 논문을 썼으며, 주요저서로는 『증산교學』(1992), 『한국종교사에서의 동학과 증산교의 만남』(2000), 『한국의 관제신앙』(2004), 『정감록』(2005), 『증산 강일순』(2006), 『역주 송광사 사고 - 인물편』(2007, 공역), 『한국의 보물, 해인』(2009), 『대종교원전자료집 - 대종교신원경』(2011, 공저), 『조선의 예언사상』 상,하(2016), 『일제강점기의 예언사상』(2019), 『정감록과 격암유록』(2021), 『증산사상과 한국종교』(2022), 『『증산천사공사기』 연구』(2023), 『시루와 배』(2023), 『한국신종교를 관통하는 이념, 인간중심주의』(2023), 『『대순전경』 초판 연구』(2024), 『불꽃의 혁명가, 전봉준』(2024), 『『대순전경』 2판 연구』』(2024), 『조선시대 무속과 불교의 만남』(2025), 『한국의 예언과 비결』(2025) 등이 있다.

민속원 아르케북스 270 minsokwon archebooks

한국신종교의 성립과 전개양상

| 김 탁 |

민속원

머리말

한국 신종교는 한국이라는 토양에서 나고 자란 가장 한국적인 종교이다. 그 기점이 되는 수운 최제우의 1860년 득도得道 사건 이후 한국 신종교는 세월의 흐름에 따라 '새로운 전통'의 하나로 자리잡혀가고 있다. '자생적 한국종교'이자 '고유한 한국종교'로서 한국 신종교는 '한국문화'의 핵심 요소로서 한국 사회에 점차 정착하고 있다. 세계에 자랑할 만한 문화적 키워드의 하나로 독창적인 사상과 독자적인 역사를 가진 한국 신종교는 태동기, 전개기, 분열기를 거쳐 바야흐로 완성기를 향해 나아가야 할 기나긴 여정을 눈앞에 두고 있다. 오늘날 우리는 인류가 가진 공통적이고 바람직한 이상인 '인간의 진정한 해방과 궁극적 완성'을 이루기 위한 정신적 행보의 하나로 한국 신종교의 지난날을 재조명할 시점에 서 있다. 한국 신종교의 지난 역사가 어떤 과정을 거쳤으며, 그 공과功過는 여하히 평가할 것인가라는 문제가 놓여 있다.

이 책은 한국 신종교의 역사가 어떤 경로를 거쳐 전개되었는지, 그리고 그 구체적 양상이 어떠했는지를 구명하는 연구서이다. 특히 '신종교新宗教'가 한국 사회에서 어떻게 등장했고, 어떤 역사적 조건 아래에서 전개되었으며, 또 오늘날 어떤 양상을 보이고 있는지를 조망하고자 한다. '신종교'라는 용어는 기존의 제도 종교와 구별되는 새로운 신앙 운동을 지칭한다. 학계에서는 이 용어를 "성립 시기가 비교적 짧거나", "사회적으로 제도화된 인정을 완전히 획득하지 못했거나", "기존 종교와 다른 교리적 · 조직적 특징을 갖는 종교"로 정의하고 있다. 이러한 정의 아래 한국에서 신종교 운동이 어떤 방식으로 형성되고 변화해 왔는지를 역사적 · 사회학적 · 교리적 관점에서 살펴보는 일은 매우 의미 있는 작업이 될 것이다.

한국 신종교는 창시자의 등장과 함께 탄생했고, 그의 죽음 이후 독창적인 사상의 계승과 후계자들에 의한 변용, 그리고 창조적 재해석을 시도하면서 활발히 전개된 도도한 흐름이자 운동이다. 하나의 신종교가 역사의 무대에 새롭게 등장할 때는 그 배경과 원인이 있을 것이며, 독자적인 교단으로 체계화 · 조직화할 때도 이유와 근거가 있을 것이다. 그리고 어떤 신종교라도 단절된 채 가뭇없이 사라지지는 않는다. 어떠한 형태로든지 간에 반드시 후대에 일정한 영향을 미치며, 또 다른 새로운 신종교 운동의 자극제 역할을 하기 마련이다. 이 책은 독립된 종교단체로서 개개의 한국 신종교를 탐구하는 대신 하나의 연속된 흐름으로서 한국 신종교의 역사와 사상을 이해하고자 한다.

이 시대를 살아가는 한국인의 영적 정체성과 시대적 욕망이 응축된 한국 신종교는 한국인의 종교적 상상력을 바탕으로 성장하였다. 따라서 필자는 이 연구를 통해 한국 사회가 마주하고 있는 정체성의 위기, 공동체의 해체, 종교적 의미의 재생산 가능성이라는 더욱 근본적인 물음에도 다가가고자 한다. 한국 신종교는 단순히 주변적 종교현상이 아니라, 변화하는 한국 사회의 거울이자 대안적 상상력이 투영된 공간이기 때문이다.

한국에서 신종교가 등장하게 된 구조적 · 사회적 배경과 원인은 과연 무엇인가를 구명하기 위한 기초 작업으로서 준비된 이 책은 한국 신종교 운동의 역사적 흐름, 사상적 특성, 사회문화적 맥락을 체계적으로 조명하기 위한 기본서이다. 필자는 이 책을 통해 한국 신종교가 근대사의 흐름 속에서 어떤 역할을 했으며, 어떻게 전승되었는가를 밝혀보려 했다. 한국인의 종교적 열망과 정신적 에너지의 보고寶庫이며, 창조적이고 능동적인 사상운동이자 사회운동인 한국 신종교의 위상을 자리매김하려는 이 연구는 이제 시작일 따름이다. 후발 연구자들의 보다 참신한 시각과 지속적인 열정이 초보적 수준의 이 연구를 뛰어넘어 진정한 의미의 '한국 사상'의 정립을 이룰 수 있기를 간절히 바란다.

이 책을 준비하는 과정에서 폭넓은 독서와 깊이 있는 통찰력으로 늘 새로운 생각을 시도하도록 도와주는 외우畏友 김혁 박사께 고마움을 표한다. 그리고 바쁜 시간을 내어 자료 수집을 도와주는 충남대학교의 서원혁 박사께도 감사드린다.

2025년 11월

대덕산 아래 백산초당에서

필자 쓰다.

차례

머리말 • 5

들어가며
——— 013

제1장 한국신종교의 서양문명에 대한 인식과 대응
——— 019

1. 머리말 ······ 20
2. 한국신종교의 서양문명에 대한 인식 ······ 41
3. 한국신종교의 서양문명에 대한 대응 ······ 113
4. 한국신종교의 서양문명에 대한 인식과 대응의 의의 ······ 231
5. 맺음말 ······ 250

제2장 한국신종교의 생명사상
——— 253

–창시자와 계승자들을 중심으로

1. 머리말 ······ 254
2. 한국 신종교 창시자들의 생명 이해 ······ 257
3. 한국 신종교 창시자들의 생명사상 ······ 263
4. 한국 신종교 창시자와 계승자들의 생명사상이 갖는 특성과 의의 ······ 295
5. 맺음말 ······ 297

제3장 동학사상의 종교적 전승

301

– 증산사상을 중심으로

1. 머리말 ············ 302
2. 증산에 미친 동학의 영향 ············ 303
3. 증산의 동학에 대한 평가 ············ 322
4. 증산의 동학을 넘어선 대안 ············ 332
5. 맺음말 ············ 346

제4장 증산교단 미륵신앙의 성립과 전개

351

1. 머리말 ············ 352
2. 증산교단 미륵신앙의 성립 ············ 353
3. 증산교단 미륵신앙의 전개 ············ 357
4. 증산교단 미륵신앙의 특성과 의의 ············ 376
5. 맺음말 ············ 383

제5장 대순사상 미륵신앙의 현황과 과제 387

1. 머리말 388
2. 대순사상 미륵신앙의 성립 392
3. 대순사상 미륵신앙의 현황 403
4. 대순사상 미륵신앙의 과제 409
5. 맺음말 413

제6장 증산교단甑山教團 성립과 전개의 역사 417

1. 머리말 418
2. 증산교단 성립의 배경과 요인 421
3. 증산교단의 성립과 전개 429
4. 증산교단의 전개과정 438
5. 증산교단사의 특성과 의의 499
6. 맺음말 506

제7장 정산의 사상 형성 과정에 미친 증산의 영향

509

1. 머리말 …… 510
2. 정산의 구도과정에 미친 증산의 영향 …… 514
3. 정산사상에 나타난 증산사상의 자취 …… 521
4. 정산이 인정한 증산의 위상 …… 533
5. 맺음말 …… 535

나오며

539

참고문헌 • 547
찾아보기 • 557

들어가며

들어가며

한국 근현대사의 전개 과정은 식민지 경험, 전쟁과 분단, 급격한 산업화와 민주화, 그리고 세계화와 기술혁명의 흐름 속에서 인간의 삶과 공동체 질서가 끊임없이 재편된 과정이었다. 이러한 역사적 변동 속에서 한국 신종교는 단순히 특정 종교단체의 출현으로 이해될 수 없는, 시대적 전환과 사회적 욕망, 개인의 영적靈的 탐색이 교차한 문화적 산물이다. 특히 동학東學을 기점으로 전개된 한국 신종교 전통은 기존의 종교 체계가 담지하지 못한 사회적 불안과 윤리적 열망, 공동체적 이상과 구원 의식을 새로운 방식으로 조직하며 한국 종교사의 중요한 축을 형성해 왔다. 따라서 한국 신종교 연구는 단순한 종교현상을 넘어서서 시대정신과 인간 이해를 복합적으로 탐구하는 지적知的 과제라고 할 수 있다.

무엇보다도 한국 신종교는 한국 근 · 현대 정신사의 중요한 축으로서 연구될 필요가 있다. 정치와 경제 체제가 급변하는 상황에서 신종교는 민중의 정체성 회복, 해방과 평등의 이상, 미래 사회에 대한 상상력을 담론화하며 거대한 정신사적 전환을 이끌었다. 신종교의 교리와 상징, 의례와 조직은 단지 종교적 믿음의 문제를 넘어, 당시 사회가 직면한 윤리적 갈등과 문명적 위기를 해석하는 하나의 철학적 언어로 기능하였다.

또 한국 신종교는 기존의 제도 종교가 충족시키지 못한 인간적 · 사회적 욕구에 대한 응답으로 등장했다는 점에서, 한국 사회가 경험한 근본적 질문 — '좋은 사회란 무엇인가?', '인간은 어떻게 구원될 수 있는가?', '역사와 우주의 목적은 무엇인가?' — 에 대한 집단적 사유의 흔적을 담고 있다. 특히 자아와 공동체, 하늘과 인간, 물질과 정신의 조화를 탐색한 신종교의 사상은 현대사회가 직면한 생태 위기, 인간 소외, 공동체 해체 문제를 재조명하는 사유 자원으로도 의미가 있다.

그리고 한국 신종교 연구는 세계종교 문화의 지형 속에서 한국의 독자성과 보편성을 동시에 탐색하는 학문적 장場을 제공한다. 유교 · 불교 · 도교 전통과 서구 종교 사상이 교차하고, 토속 신앙과 근대적 사유가 결합한 신종교의 형성 과정은 문명 간 접점에서 생성된 새로운 종교 문화의 실험이자 세계 종교학적 관점에서 재조명할 가치가 있다.

한국의 신종교는 오늘날에도 여전히 사회적 영향력을 행사하며, 때로는 갈등과 논란의 중심이 되기도 한다. 그러므로 신종교 연구는 종교적 다양성이 확대된 사회에서 갈등을 예방하고 건강한 종교 문화를 형성하기 위한 학문적 · 정책적 토대를 제공한다. 이는 단지 특정 종교의 평가나 옹호를 넘어, 종교 자유와 공공성, 사회적 책임에 대한 균형 있는 이해를 함양하는 과정이다.

결국 한국 신종교 연구의 목적은 한국 사회의 정신적 지형과 사유의 흐름을 총체적으로 이해하고, 인류가 추구해 온 보편적 가치 — 평화, 공존, 구원, 조화 — 를 새로운 시대 속에서 재해석함으로써 학문과 사회에 동시에 공헌하는 데 있다. 이러한 탐구는 한국종교의 내적 의미를 밝히는 동시에, 미래 문명 전환기를 살아가는 인간에게 사유와 성찰의 자원을 일정하게 제공할 것이다.

그리고 한국 신종교 연구는 단순한 종교현상의 기술을 넘어, 역사 · 사회 · 철학 · 문화가 교차하는 복합적 탐구이다. 따라서 연구자는 단일한 접근 대신 다층적 연구 방법론을 적용함으로써 신종교의 형성 배경, 사상적 구조, 사회적 기능, 신앙 체험의 성격을 종합적으로 분석해야 한다. 한국 신종교 연구는 단순히 새로운 종교현상을 기술하는 데 그치지 않고, 근대 전환기 한국 사회가 직면한 정신적 위기와 새로운 가치 질서를 탐구하는 학문적 시도이기도 하다. 한국 신종교는 기존 종교 전통의 연장선 위에서 출현했으나, 동시에 시대적 갈등과 사회변동 속에서 독자적 사유와 실천 체계를 형성하였다. 그러므로 연구자는 역사 · 사회 · 문화 · 사상 전반을 포괄하는 다각적 분석을 수행해야 한다.

한국 신종교 연구의 핵심 목표는 근대와 탈근대라는 거대한 역사적 전환 속에서 형성된 새로운 종교운동의 의미를 밝히는 데 있다. 한국 신종교는 단순히 한 시대의 주변적 종교가 아니라, 한국 사회가 직면한 문명적 위기와 정신적 혼란 속에서 제기된 근본적 질문과 그에 대한 응답을 담고 있는 사상적 산물이다. 그러므로 한국 신종교 연구는 종교현상을 넘어 인간과 사회, 역사와 문명에 대한 총체적 이해를 지향한다.

한국 신종교는 근대적 위기 상황 속에서 형성된 역사적 산물이다. 아울러 신종교는 사회적 조직체이자 공동체이다. 그리고 신종교 신앙의 핵심은 체험과 실천에 있다. 또한 신종교는 단순한 사회적 반응이 아니라 인간 · 우주 · 역사에 대한 해석 체계이다. 따라서 교리 내적 의미를 해석하는 철학적 접근이 필요하다. 결국 신종교는 종교를 넘어 하나의 문화적 현상으로 기능한다.

한국 신종교 연구는 다학제적多學制的 접근을 요청한다. 역사적 맥락과 사회적 기능을 파악하는 동시에, 신앙의 체험과 사상적 구조를 내재적으로 이해하는 균형 있는 시각이 필요하다. 이러한 종합 연구를 통해 비로소 한국 신종교는 단순한 주변적 현상이 아닌, 한국 근 · 현대 정신사의 창조적 실험장으로 자리매김할 수 있다. 또 한국 신종교 연구는 다학제적 접근을 통해 종교의 내적 의미와 사회적 기능을 종합적으로 이해해야 한다. 이는 한국 근현대 정신사의 중요한 흐름을 조명하며, 미래 사회의 가치와 문명적 과제를 탐구하는 지적知的 기반을 마련한다. 나아가 이러한 연구는 다양한 종교가 공존하는 사회에서 이해와 상생相生의 바람직한 방향을 제시하는 학문적 기여로 이어질 것이다.

한국 신종교 연구의 궁극적 목표는 근대 전환기의 사회적 격변 속에서 출현한 새로운 종교운동을 통해 한국사의 정신 구조와 문화적 역동성을 총체적으로 이해하는 데 있다. 한국 신종교는 단순한 종교현상이 아니라, 식민지 경험과 분단 체제, 산업화와 민주화, 세계화라는 거대한 역사적 충격 속에서 새로운 삶의 질서와 의미 체계를 모색한 집단적이고 영적靈的인 실험의 결과물이다. 따라서 한국 신종교를 탐구하는 과정은 곧 한국 근 · 현대인의 정신적 욕구, 세계관의 전환, 공동체적 이상을 밝히는 작업이라고 할 수 있다.

아울러 한국 신종교 연구는 한국 사회의 사상적 · 문화적 지평을 확장하고, 미래 가치와 질서를 탐색하는 지적知的 기반을 마련하는 데 그 궁극적 목표가 있다. 이러한 연구는 다원적 종교 환경 속에서 상호 이해와 공존의 토대를 마련하며, 종교가 삶의 의미를 재구성하는 창조적 동력으로 기능할 수 있도록 하는 데 일정하게 공헌할 것이다. 이는 단순히 과거를 연구하는 작업이 아니라, 인간과 사회가 나아갈 방향을 모색하는 창조적 학문 활동이다.

그리고 한국 신종교 연구의 과정은 단순한 자료 수집과 기술을 넘어, 하나의 종교현상을 역사적 맥락 속에서 해석하고, 사회적 · 사상적 의미를 종합적으로 조명하는 학문적 탐구의 과정이다. 따라서 연구자는 신종교의 형성과 전개, 사상 구조, 실천 방식, 사회적 역할을 통합적으로 파악하기 위해 체계적인 절차를 거쳐야 한다. 또 한국 신종교 연구의 과정은 단순히 새로운 종교현상을 기술하거나 소개하는 수준을 넘어, 근대 이후 한국 사회의 정신 구조와 문명적 변동을 해석하는 분석적 · 통합적 탐구의 과정이다. 한국 신종교는 전통적 종교 질서가 흔들리고 새로운 가치가 모색되는 역사적 국면 속에서 등장한 사상 · 문화 · 사회적 현상이다. 따라서 그 연구 과정은 역사적 배경과 사상적 구조, 신앙 체험과 사회적 영향을 다층적으로 파악하는 절차를 포함한다.

신종교 연구의 출발점은 명확한 연구 대상을 설정하는 일이다. 한국 신종교는 그 수가 매우 많고 분파도 복잡하므로, 특정 교단이나 교파 또는 시대를 선택하는 과정이 선행되어야 한다. 한국 신종교는 인간과 세계, 역사와 초월에 대한 독창적 해석을 나름대로 제시한다. 따라서 신종교의 구원론, 인식론, 우주론, 종말론 등을 중심으로 교리의 내적 구조와 사상적 흐름을 분석하는 일이 필요하다. 한국 근현대 종교 문화의 역동성을 파악하고, 신종교가 제시한 인간 · 세계 · 역사에 대한 해석을 사유 자원으로 재정립하기 위한 한국 신종교 연구는 과거를 해석하는 작업이자, 미래 문명과 인간 정신의 방향성을 모색하는 학술적 여정이라고 할 수 있다.

이러한 한국 신종교 연구는 대상 선택 → 자료 분석 → 현장 조사 → 교리 · 사상 해석 → 사회적 역할 검토 → 종합적 평가라는 단계적 과정을 거쳐야 한다. 이는 단순한 기술이나 비판을 넘어, 한국인의 정신문화와 역사적 경험을 해석하고, 종교가 미래 사회에서 수행할 의미를 새롭게 조명하는 학문적 여정이다. 이러한 연구는 과거의 기록을 넘어, 한국 문명과 사상의 미래 가능성을 탐색하는 창조적 작업으로 이어질 것이다.

제1장

한국신종교의 서양문명에 대한 인식과 대응

머리말
한국신종교의 서양문명에 대한 인식
한국신종교의 서양문명에 대한 대응
한국신종교의 서양문명에 대한 인식과 대응의 의의
맺음말

제1장

한국신종교의 서양문명에 대한 인식과 대응

1. 머리말

모든 문화는 나름의 전형적인 신념 · 규범 · 가치를 가지고 있지만, 이것들은 끊임없이 변화한다. 환경의 변화나 이웃 문화와의 접촉에 반응해 스스로 모습을 끊임없이 바꾼다. 때로는 스스로의 내부적 역동성으로 인해 변이를 겪기도 한다. 안정된 생태계에서 완전히 고립되어 존재하는 문화조차 변화를 피할 수 없다. 모순이 없는 물리법칙과는 달리, 인간이 만든 모든 질서는 내적 모순을 지닌다. 문화는 이런 모순을 중재하려고 끊임없이 노력하며, 이런 과정이 변화에 불을 지핀다. 인간의 문화는 끊임없이 변화한다. 수천 년 또는 수만 년에 걸쳐, 작고 단순한 문화들이 점차 뭉쳐서 더 크고 복잡한 문명으로 변했다. 그래서 세계의 메가Mega 문화의 개수는 점점 적어지는 동시에, 각각은 점점 더 크고 복잡해졌다.[1]

새로운 가치를 내포한 이질적인 역사 충격에 전통사회가 직면하게 되면, 전통사회인에 의한 '역사적 대응(historical response)' 작용이 일어나기 마련이다. 그 대응은 일반적으

1 유발 하라리, 조현욱 옮김, 『사피엔스』, 김영사, 2015, 235~239쪽.

로 '거부'와 '수용'의 두 가지 자세로 나타난다. 이질적 도전에 대한 대응이 전개되면서 역사는 새로운 국면에 접어들게 되고, 그 새로운 국면의 전개를 통해 역사의 진전이 추진된다.[2]

인류 역사는 문명 충돌과 교류의 역사라 해도 과언이 아니다. 동양과 서양은 상호 끊임없이 교류하고 충돌하면서 현재의 세계를 형성하였다. 오늘날 동양 생활의 대부분을 차지하는 의식주는 물론 여러 영역에서 서양의 영향을 배제하고 말할 수는 없다. 동양 사회는 서양의 침략에 따라 반강제적으로 서양의 문화를 수용하는 한편, 스스로 서구화를 위해 노력하기도 했다. 그 결과 동양과 서양의 문화 차이를 느낄 수 없을 정도의 현대 세계가 형성되었다. 더욱이 최근에는 인터넷의 발달과 정보화의 진전에 따라 상호 이해와 문화 공유의 폭이 지난 세대에 비해 훨씬 넓어졌다.

현대의 문명 세계는 동양과 서양 간의 문화교류와 충돌의 산물이다. 따라서 인류 역사의 발전 과정에서 동양과 서양 사이의 문화교류와 충돌의 실상을 이해하는 작업은 매우 의미가 있는 일이다. 역사 속에서 동양과 서양 간의 교류와 충돌 양상은 매우 다양하게 전개되었다.

'근대'라는 시대는 경제적으로는 자본주의 체제, 정치적으로는 국민국가를 선취한 서유럽의 몇몇 국가들이 제국주의적 팽창을 하면서 지구상의 3분의 2에 해당하는 지역을 침략해 식민지 또는 반식민지로 지배하거나 수탈한 시대다.

근대 국민국가와 자본주의 경제체제는 그 이전의 중세 봉건제 사회에 비해 막강한 생산력과 군사력을 갖추게 되었다. 이들 서유럽 국민국가의 제국주의적 침략을 당한 아시아, 아프리카, 남아메리카 등지에서는 침략을 방어하고 극복하기 위해서 국민국가와 자본주의 경제체제의 도입에 나설 수밖에 없었다. 이것이 근대 국민국가의 전 지구적 연쇄 과정이었다.

인류 문명사적으로 볼 때 19세기의 가장 주요한 특징은 서양 제국주의의 발흥과 확산이다. 제3 세계의 처지에서는 서양 제국주의의 침략 과정에서 받은 서구의 충격과 그에

2 이원순, 『조선서학사연구』, 일지사, 1986, 7쪽.

대한 대응 양상이 19세기와 그 이후의 역사를 규정하고 있다. 한편으로는 발전된 물질문명, 과학기술, 민주정치 등으로 대표되는 서양 근대의 '쓰나미'였으며, 다른 한편으로는 기독교 문명의 거센 유입이라는 양면성을 띤 것이었다. 그 과정에서 제 3세계 민중들은 엄청난 정치적, 경제적 혼란과 육체적, 정신적 고통을 겪어야 했다. 특히 자신들의 전통이 부정당하고, 믿었던 종교적 신념과 가치관이 송두리째 흔들리는 정신적 '아노미'를 겪어야 했다. 이를 조선은 '서세동점西勢東漸'이라고 표현했다.[3]

동아시아의 19세기는 흔히 '서세동점의 시기'라고 일컬어진다. 당시 동아시아 세계는 중화中華 질서라는 독자적인 문명권에 속해 있었고, 중화 질서 고유의 문명 의식과 자부심을 견지하고 있었다. 이러한 상황에서 동아시아 삼국은 압도적인 물리력을 앞세운 서양 제국諸國의 압력과 근대 유럽의 문명 기준에 입각한 상이相異한 가치체계와 마주하게 되었고, 이 과정에서 양측은 서로를 '야만'으로 간주하며 충돌하게 된다. 이러한 측면에서 보면, 동아시아의 19세기는 서로 다른 문명 곧 '동서문명東西文明'의 충돌이 이루어진 거대한 전환기로서, 그것은 외부로부터의 새로운 패러다임이 기왕의 고유한 패러다임을 밀어내는 과정이었음이 드러난다. 이것은 중화 문명권의 관점에서 보면, 기존의 문명 기준이 새로운 문명 기준에 의해 전복되는 과정이자 '문명의 기준'이 완전히 '역전'되는 사태가 발생하였음을 의미하는 것이었다.[4]

일반적으로 '문명文明'은 정신문화에 대해 주로 생활 조건이나 질서에 대한 물질문화를 이르는 말이다. 그러나 이 글에서 다루는 문명이라는 용어는 종교에서 바라보는 문명이라는 점에서 정신문화를 아우르는 표현으로 사용하고자 한다. 그리고 문물文物은 법률, 학문, 예술, 종교 따위 문화文化의 산물을 가리키는 용어다.

동서양의 문명 개념은 이상理想을 향한 진보 혹은 개조를 긍정하고 있고, 이적夷狄과 야만野蠻이라는 절대적 타자를 상정하는 차별 기제를 갖고 있으며, 강력한 가치 영역인 '교敎

---

3 김용휘, 「20세기 전반 천도교 지도자의 서양 인식과 신문명의 비전」, 『신학과 철학』 제36호, 서강대학교 신학연구소, 2020, 246쪽.

4 강상규, 「개화기 '위정척사파'와 '개화파'의 시대 인식」, 『한국과 일본의 서양문명 수용』, 경인문화사, 2011, 87쪽.

- 유교와 그리스도교'를 통해 물질과 이익과 관련한 영역을 규제하고 있다. 더욱이 그 개념의 내용을 규정하는 주요 요소들인 문화, 지역, 종족, 인종이라는 범주 역시 흡사하다.

근대 동아시아의 시대적 상황은 '서세동점西勢東漸의 격변기'였다. 서양의 강력한 물리력은 중국을 중심으로 유지되던 동양적 국제질서를 크게 위협하였으며, 서양의 진출에 따라 필연적으로 수반되는 천주교天主教나 과학기술 등과 같은 이질적 요소들의 유입은 성리학적性理學的 세계관을 유지하고 있던 조선의 일반 지식인들의 혼란을 초래하였다.[5] 따라서 동양 삼국의 근대사에서 '문명文明'은 가장 중요한 화두話頭였다. 서양 국가와 본격적으로 접촉하면서 서양 국가는 추구해야 할 모범으로 설정되었으며, 모범으로서의 서구 국가의 총체적인 모습이 '문명'이라는 단어에 집약되었다.[6]

'문명'은 18세기 후반 프랑스에서 처음 만들어진 새로운 용어다. 문명을 의미하는 'civilization'은 인류의 진보와 미래, 그리고 보편성을 강조하는 개념으로, 구舊제도의 여러 가지 폐해를 지적하며 그것을 대신할 국민국가를 구상했다. 이상적인 국가와 국민이 지향해야 할 이상理想으로서 문명이 설정되는 것이 일반적 경향이었다. 그러나 다른 한편으로 '문명'은 '문명의 사명'이라는 이름 아래 '미개인未開人'을 문명화한다는 명목으로 제국주의적 침략을 정당화하는 명분을 제공하기도 했다. 이러한 문명 개화론은 '미개인'들도 문명의 정점에 있는 선진국인 자신들과 같은 길을 걷게 될 것이라는 가정을 전제로 하고 있었다.[7] 동아시아의 경우 Civilization을 문명이라는 개념으로 번역하여 활용하기 시작한 곳은 일본이었다.[8] 동양의 고전에서 따온 것이라기보다는, 새로운 용어를 번역하는데 동양의 고전적 표현을 동원했을 뿐이라고 보는 것이 타당할 것이다. 동아시아에서 'Civilization'을 '문명'으로 번역한 인물은 1868년에 『서양사정외편西洋事情外編』을 출간한 일본의 후쿠자와 유키치福澤諭吉(1835~1901)였다.[9]

---

5 노대환, 「19세기 전반 서양 인식의 변화와 서기수용론(西器受用論)」, 『한국사연구』 95집, 한국사연구회, 1996.12, 109쪽.

6 노대환, 「1890년대 후반 '문명' 개념의 확산과 문명 인식」, 『한국사연구』 149집, 한국사연구회, 2010.6, 239쪽.

7 연갑수 · 주진오 · 도면회, 『한국근대사』 1, 푸른역사, 2016, 103쪽.

8 이광린, 「개화사상의 개념과 그 발전」, 『개화파의 개화사상연구』, 일조각, 1989, 26쪽.

'문명'이라는 개념은 1880년대 들어 유길준兪吉濬(1856~1914)과 윤치호尹致昊(1865~1945) 등에 의해 조선朝鮮에 소개되었고, 개화開化와 함께 서구 문물을 지칭하는 개념으로 사용되기 시작하였다. 우리나라에서 문명 개념이 본격적으로 확산하기 시작한 것은 1894년 6월의 갑오개혁甲午改革 이후였다. 갑오개혁을 계기로 '개화'라는 용어가 널리 사용되었고, 그와 함께 '문명'이라는 단어도 자주 등장하였다. 특히 1896년 4월과 11월에 『독립신문』과 『매일신문』이 창간되면서 문명이라는 용어는 매우 빈번하게 사용되었다. 이들 신문을 중심으로 전개된 문명론에서 가장 큰 특징적인 점은 기독교를 서구 문명의 핵심으로 파악하고 있다는 사실이다.[10] 기독교에 관한 관심은 문명국 대부분이 기독교국이라는 사실에서 출발했다.[11]

서양과 동양은 오래전부터 긴 시간 동안 이미 여러 경로로 무역과 이동 그리고 정복을 통해 서로 만나고 있었다.[12] 하지만 19세기 이후 서양과 동양은 이전 시기와는 전혀 다른 차원에서 서로 만나게 된다. 19세기의 서양문명은 사회 · 정치 · 경제 · 군사적인 면에서 동양문명과 더 이상 비교할 수 없을 정도로 크게 발전한 상태가 된다. 서양문명의 이러한 발전은 사실상 16세기 이후부터의 식민지 정복과 착취를 통해 얻은 부富를 축적함으로써 가능할 수 있었다. 19세기 서양은 막강한 군사력으로 동양을 침탈한 뒤 동양을 자국의 이익이 되는 시장으로 삼으려 했고, 바로 이 과정에서 19세기 중엽 이후 서양과 동양 특히 동북아시아는 이전과는 전혀 다른 차원과 모습으로 만나게 되었다. 그 만남은 동양에 있어서는 서양에 대한 증오와 부러움을 동시에 일으켰으며, 서양에 있어서는 동양에 대한 우월감과 오만을 가져다주었다.

문명은 기본적으로 체제 비판적이어서 구舊제도의 여러 가지 폐해를 지적하며, 그것을 대신할 국민국가를 구상하고 이상적인 국가와 국민이 지향해야 할 이상으로서 문명

---

9 박양신, 「근대 초기 일본의 문명 개념 수용과 그 세속화」, 『개념과 소통』 2집, 한림대학교 한림과학원, 2008, 38쪽.

10 노대환, 「1890년대 후반 '문명' 개념의 확산과 문명 인식」, 『한국사연구』 149집, 한국사연구회, 2010.6, 258쪽.

11 『독립신문』 논설, 1897년 1월 26일자.

12 정수일, 『문명담론과 문명교류』, 살림, 2011, 3장과 14장, 15장을 참조하시오.

이 설정되는 것이 일반적 경향이었다. 그러나 문명의 사명이라는 이름 아래 미개인을 문명화시킨다는 명목으로 제국주의적 침략의 명분을 제공하기도 하였다.[13] 즉 문명 개화론은 하나의 진보사관進步史觀으로서 필연적으로 일원론적 보편주의를 강조하게 되어 있기 때문이었다.

한국의 근대화는 문명화 과정과 동일시된다. 특히 물질적 근대화를 기준으로 한 근대화 논리가 우세했다. 서구의 선진국을 따라잡아야 하는 영원한 미완성의 역사가 시작되었다. 19세기 후반 우리나라의 시대적 화두話頭는 '문명의 전환'이었다. 이 시기는 성리학적性理學的 '진리의 나라'가 개화開化와 문명文明이라는 '세속世俗의 나라'로 급속하게 전화轉化된 시기였다.[14] 이 '문명의 전환'은 서구의 충격에서 비롯된 것이지만, 서구의 충격을 주체적으로 수용하려는 노력은 열렬했다.

유불儒佛의 전통 가치에 자리 잡은 전통문화 사회인 조선 후기사회는 또 다른 새로운 이질적 가치체계의 역사적 충격을 받게 되는바, 그것은 그리스도교적 가치에 입각한 서구적 문화 체계인 '서학西學'의 충격이었다. '서학'은 명明 · 청淸으로부터 선조대宣祖代 이래 조선왕조에 도입된 유럽적 · 그리스도교적 문화 체계로, 조선 사회에 새로운 변화를 촉구하는 역사변수歷史變數로 등장하였다.[15] 조선 후기의 서학은 그때까지 아직 우리 민족이 접해보지 못했던 구라파歐羅巴의 교학敎學이요, 종교宗敎이며, 과학科學인 이질적인 학문이며 그것을 수용하고 연구하는 학문 활동을 뜻한다.

서구적 기준의 근대국가로의 문명화와 함께 국가/민족의 문화적 특수성/전통 사이의 상호 긴장과 갈등 관계는 개항기開港期 이래 계속 지속되었다. 또 당대인들은 '국망國亡'이라는 현실의 대안으로서 문명화/서구화의 보편주의를 선호하는 경향도 두드러졌다. 그러나 서양문명의 보편적 추구는 전통의 부정과 변용, 그리고 정체성의 재구성 문제로 발전하였다.

---

13 니시카와 나가오, 윤대석 옮김, 『국민이라는 괴물』, 소명출판, 2002, 102쪽.
14 전인권 · 정선태 · 이승원, 『1898, 문명의 전환』, 이학사, 2011, 20쪽.
15 이원순, 『조선서학사연구』, 일지사, 1986, 8쪽.

서구적 근대의 문명과 같은 근대적 이미지가 사회와 일상적 삶에 각인될 수 있었던 이유는 기독교 선교 이외의 여러 변수가 있었다. 기독교적 근대가 서구적 근대로 동일시하는 관계, 기존 조선사회의 전통적 조건에서 상대적으로 부각한 새로운 것에 대한 동경과 열망 등이 결합한 것이다. 이러한 현상을 관통하는 핵심 기제는 문명 담론이었다. 문명과 야만, 서구와 조선의 이분법적 구도에서 야만 상태의 조선을 문명화하여 진보시켜야 한다는 식민지 담론이 재생산되었고, 이에 따라 조선의 근대성은 왜곡되고 제한적일 수밖에 없었다. 이러한 구도는 이후 일제강점기의 모든 분야와 일상적 삶을 관통하였다.

외부 세계에서 문화적 · 사상적 영향을 진취적으로 받아들인다는 것은 새로운 문화적 · 사상적 활력소活力素를 수용하는 것이다. 다각적인 문화와 사상의 외연적外緣的 접촉이 활발해야만 그에 따라 전통문화와 전통사상의 대응작용對應作用도 활발해져서 새로운 차원으로의 발전을 기대할 수 있을 것이다. 우리 민족문화와 민족사회는 바로 이러한 창조 작용을 통해 발전해 왔다. 삼국시대의 불교佛教 수용, 통일신라에서 고려 초기에 걸쳐서의 유교적 교양의 채용, 그리고 고려 말과 조선 초에 걸친 정주학적程朱學的 유학儒學의 수용 등은 모두 새로운 사상체계와 문화가치의 수용 · 정착의 전개였으며, 민족사 전환기의 귀중한 역사적 체험이요 창조적 역사 과정이었다. 이런 과정을 통하여 우리 민족사회는 새로워졌었고, 민족문화는 독자적 발전을 지속할 수 있었다.

1876년의 '개항開港'은 쇄국鎖國에서 개국開國으로, 봉쇄에서 개방으로의 역사적 전환이었다. 그 전환은 전통사회에 대하여 세계사에의 합류와 근대에의 전이轉移를 위한 새로운 체제와 전환을 요구하는 역사의 전개이기도 했다. 그렇지만 '쇄국양이鎖國攘夷'에서 '개국개화開國開化'로의 이행을 주체적으로 추진하기에는 조선 전통사회는 너무나도 준비가 부족한 상태였다. 침략적 의도를 숨긴 채 뻗어오는 열강列强에 능동적으로 대처하며, 근대문화를 과감하게 수용하여 근대국가로의 체제적 전환을 성공적으로 추진할 주체적 기반이 형성되지 못했었다. 여기에 조선 전통사회는 근대화를 수행하여야 하는 역사적 계기를 맞으면서도 주체적으로 대응하지 못하고 마침내는 1910년의 비극을 맞게 되는 단서가 있었다.[16]

1876년 병자수호조약을 계기로 일본에 대한 '개항'이 고립된 나라였던 조선이 근대 세계에 강제적으로 편입되는 일을 단지 형식적으로 표시한 것이라면, 19세기에 접어들면서 증대된 서양 세력의 충격은 조선의 사회 · 경제 · 정치적 구조를 바꾸고 보다 심층적으로는 전통적 사회질서와 문화적 패턴 및 지적 시각 전체에 큰 변화를 강요하는 도전을 뜻했다.[17]

보통 1876년 개항開港부터 조선왕조가 망하는 1910년까지의 구한말舊韓末의 역사를 통칭해서 '개화기' 또는 '근대 계몽기'라고 부른다. 특히 동학농민혁명이 발생한 1894년부터 1910년까지를 '근대 전환기'라고 부르기도 한다. 이러한 용어들은 이 시기가 '미완성의 역사'라는 인식을 담고 있다. 그러나 이제는 문명사적 관점에서 이 시대를 새롭게 보는 방법이 개발되어야 한다. 구한말의 시기에 인간과 우주, 인간과 자연, 인간과 인간, 개인과 국가 등 우리 삶을 형성하는 기본 개념들이 급격하게 변화했다는 사실에 주목해야만 이 시대의 역사를 제대로 인식할 수 있을 것이다. 19세기에서 20세기로 넘어가는 길목에서 전 세계적으로 전개된 '문명화文明化'의 소용돌이 그 자체에 주목하여 과거의 역사를 파악하여야 할 것이다.

대부분 연구자가 '근대'라는 시대를 서양의 제국주의 세력에 의해 한국 사회가 세계자본주의 체제에 편입되고 국민국가를 수립하려는 운동이 진행된 시기로 본다는 점에서는 일치한다. 그러나 근대사의 시점은 연구자마다 달랐다. 자본주의적 경제체제를 형성하려는 움직임이 시작되는 18세기 영조英祖 · 정조正祖시대, 서양 제국주의의 침략이 시작되어 반침략反侵略 민족운동이 시작되는 1860년대 중반, 일본과의 강화도조약에 의해 우리나라가 세계자본주의 체제에 편입되는 1876년, 개화파의 개화운동이 진행되는 1880년대 초 또는 1884년의 갑신정변, 개화파가 국가권력을 장악하고 신분제 폐지와 조세 금납화 등의 개혁을 진행한 1894년의 갑오개혁설 등의 설이 있다.

이 글은 이른바 '근대'의 시점을 흥선대원군興宣大院君(1821~1898)의 집권기로 설정하여

16 이원순, 『조선서학사연구』, 일지사, 1986, 521쪽.
17 정재식, 『한국 유교와 서구문명의 충돌』, 연세대학교 출판부, 2005, 17쪽.

1860년대 중반설을 취한다. '문치文治'를 숭상하던 조선왕조 통치 체제의 기본 방향이 근본적으로 바뀌어 부국강병富國强兵을 지향하는 정책으로 바뀌었기 때문인데, 이러한 정책의 근본적 개편에는 제1차 아편전쟁(1840~1842)과 제2차 아편전쟁(1856~1860)으로 상징되는 서양제국주의 국가의 동양 침략에 대한 방어의식이 존재했다.

문명개화론자들은 서양의 종교를 비롯한 문화 · 사상의 수용을 주장하는 세력을 의미하였다. 일본의 메이지明治 정부의 후원하에 본격적으로 근대화가 시작한 것은 1870년에 전개된 문명개화 운동이었다. 이때 문명개화 운동은 계몽주의에 입각해 있었고, 그것을 이끌어간 상징적 존재가 메이로쿠지였다. 이들의 계몽주의는 유교를 중심으로 한 전통적 세계관을 극복하고 서구 문명을 기반으로 한 새로운 세계관을 확립하는 데 있었다. 그에 따라 서양문명 중심주의에 기초하여 우수한 서양문명이 개화된 사회로서 인류가 따라야 할 모델이 되었고, 일본 사회가 이를 빨리 도입하는 것이 과제가 되었다. 이러한 동서양의 새로운 만남이라는 인류의 역사적 경험 속에서 동양은 서양의 외형적 문물과 군사력에 대한 열등감을 가지게 되었고, 동시에 자신이 정신적으로는 서양보다 우월함을 주장하고자 했다.[18]

그렇지만 당시 조선인들에게 동아시아는 '문명文明'이었고, 서구는 '야만' 또는 '짐승'이었다. 서양인이 오랑캐라면 교화시켜 인간을 만들 수 있지만, 짐승이라면 아무리 교화하여도 인간이 될 수 없는 존재가 되므로, 이를 둘러싼 화이지별華夷之別과 인수지별人獸之別의 논란이 있을 정도였다. 이른바 '문명'으로 포장된 약육강식弱肉强食의 국제질서에 휩쓸린 조선은 서양의 발전된 과학문명을 중심으로 한 세계의 이해 방식으로의 편입을 강요받았다. 서양 문물의 전래는 전통적인 유교 사회였던 조선에 이질적 문화 자극을 초래했다. 이러한 외래 서양 문화에 의한 자극은 조선 후기사회에 학예學藝의 융성, 실학사상의 대두, 영조와 정조대의 정치의 중흥 등이 전개되는 하나의 토양이 되기도 했다.

---

18 권영우, 「우리 안의 타자로서 동서양 - 동양의 서양문물 수용에 대한 고찰을 중심으로」, 『철학연구』 제137집, 대한철학회, 2016, 34쪽.

17세기 초부터 『천주실의天主實義』를 포함한 한역漢譯 서학서西學書와 세계지도 및 서구의 과학 기물 등이 부연사赴燕使의 활동에 따라 서학西學이라는 이름으로 우리나라에 흘러들었다. 서학은 유학자들의 자발적인 탐구에 힘입어 만남이 이루어졌는데, 대표적인 사례는 진주사陳奏使 정두원鄭斗源이 인조仁祖 9년(1631)에 북경에서 돌아올 때 포르투갈 신부 로드리게스J. Rodriguez(1561~1633)로부터 천리경千里鏡, 서포西砲, 자명종自鳴鐘 등의 물품과 여러 서적을 얻어온 일이다.[19] 이후 다양한 경로를 통해서 천문 지리에 관한 서적과 기물이 유입되었고, 유입된 한역서학서漢譯西學書들은 조선 유학자들의 탐구 대상이 되었다. 이윽고 18세기 중엽 이후에는 적극적으로 천주교天主教 신앙을 몸소 실천하려는 움직임으로 나타났다. 천주교는 확정된 경전을 바탕으로 한 교리와 엄격한 성직 제도와 교구제教區制 등의 엄격한 조직을 갖춘 형태로 우리나라의 사상사에 낯설고 새로운 '신종교'로 유입되었다. 천주교는 숙종肅宗 이후 정치권에서 소외된 남인南人 소장 학자들을 중심으로 지식층에 전파되어 나갔으며, 정조正祖 말년에는 1만여 명에 이르는 신자가 생겨날 정도로 급속하게 파급되었다.[20]

17세기와 18세기에 이루어진 명청明清으로부터 각종의 한역漢譯 서학서西學書와 서교서西教書의 도입을 가리켜 어떤 이는 조선 사회에 주어진 '서구의 충격'이자 '문화 충격'이라고 말한다.[21] 서학과 서교에 대한 초기의 우리나라 지식인들의 반응은 충격보다 적극적인 호기심 속에서 이해와 전달로 나타났다. 반복된 충격은 더 이상 충격이 아니라 기존 사실로서, 또는 알고 싶은 현상으로서 인지되기 때문일 것이다. 이처럼 집단적인 문화 충격은 개인의 정신적 외상과는 달리 구성원에 의한 상징화가 쉽게 이루어져서 문화 변형이 쉽다. 150년간 계속된 한역 서학서와 서교서의 도입은 우선 서양의 문화에 대한 충격이었지만, 이내 지적 호기심으로 이어졌고, 시간이 지날수록 학문 활동으로 전화轉化되었다. 조선인의 세계관과 식견이 바뀌기 시작하자 이에 따라 학문이 변하기 시작한

---

19 『인조대왕실록』 권25, 9년 7월 12일조.

20 달레(Charles Dallet), 『한국천주교회사』 중, 30~31쪽. 신미년(1811) 11월 3일 교황에게 올리는 조선 신자의 편지에 "지금 있는 신입 교우의 수효도 1만 명이 넘나이다."라는 구절이 있다.

21 이원순, 『조선서학사연구』, 일지사, 1986, 37쪽.

것이다. 더구나 서교西敎의 유입으로 인해 생긴 '배야排耶'와 '수야受耶'의 내적 갈등은 전통적인 유교문화의 변형을 가속하면서 조선조 후기 사상의 내부 환경을 결정하는 중요한 요인으로도 작용했다. 서교의 유입으로 야기된 문화 변형은 한국사상사에 일종의 문화 융합으로 작용하였다. 문화적 효모와도 같은 서교의 유입으로 인해 조선 사회는 정신문화의 발효가 시작되었기 때문이다.[22]

전통적인 유교문화의 세계였던 조선 후기사회에 이질적 문화 자극을 가한 것은 서양 문물의 전래였다. 그 서양 문물의 전래 양상은 다른 나라의 그것과는 다른 특이한 점이 있다. 우리나라의 서양 문물의 전래는 우리나라와 관계하게 된 서양인에 의하여 전래한 것이 아니라, 우리나라 사람들의 손에 의하여 도입되어 연구되었다는 것이다. 즉, 수동적으로 받은 것이 아니라 능동적으로 도입하였다는 것이 우리나라의 서양 문물 전래의 특성이다.[23] 조선왕조에 대한 서양 문물의 전래는 극동極東 3국 가운데 가장 늦었으나, 그것은 밖으로부터의 능동적인 접근과 작용에 따라 피동적으로 진행된 것이 아니라, 대륙에 드나드는 사신使臣에 의하여 자발적으로 도입되고 수용되었다는 사실이 독특하다.[24]

양이洋夷, 즉 서양 오랑캐의 간헐적인 출현은 천주교天主敎의 확산과 맞물리면서 조선의 조정을 극도로 긴장시키고 천주교와 서구 열강에 대한 의구심과 적개심만 불러일으켰다. 당시 조선 조정은 천주교인들이 서구 열강과 내통하여 조선을 침략하려는 계책을 세우고 있다고 오해하면서, 한편으로는 천주교에 대한 대박해를 반복하고 다른 한편으로는 쇄국정책鎖國政策을 강화한다.

그렇지만 천주교는 1784년부터 1785년 사이에 자생적 교회공동체가 탄생한 후 서울은 물론 지방까지 급속도로 퍼져나갔다. 을사(1785) 추조 적발 사건으로 잠시 주춤하였으나 천주교인들은 군신君臣 관계와 상하上下 관계를 주축으로 이루어진 성리학적 지배

22 이광래, 『한국의 서양사상 수용사』, 열린책들, 2003, 34~35쪽.
23 이원순, 『조선서학사연구』, 일지사, 1986, 49쪽.
24 위의 책, 51쪽.

원리를 거부하고, 모든 사람은 평등하다고 주장하였다. 이처럼 천주교를 수용할 수 있었던 여러 원인 가운데 유학자들의 지적 호기심, 종교적 탐구성과 현실사회의 모순된 제도에 대한 비판의식과 앞선 서구 문명에 대한 탐구성에 그 한 원인이 있었다. 따라서 권력에서 소외된 지식 양반층과 수탈과 횡포에 시달리던 서민층이 천주교 신앙을 통해 결집하였다. 그러나 지배계층의 불안이 결국 대규모 박해로 이어지는 안타까운 결말을 가져왔다.

19세기 조선인이 가졌던 서구관西歐觀의 특징은 '서기西器의 수용과 이용'에 있다. 안경과 망원경이라는 광학의 산물은 조선인의 시각을 확대하여 주었고, 그것은 인식의 확대 내지는 변화를 추동하는 역할을 하였다. 특히 안경은 조선 사대부들의 독서 생활의 필수품이 되었고, 이의 연장선에서 망원경이 논해지고 있었다.[25] 19세기의 조선은 안경, 망원경, 시계 등의 소소한 서양의 기물을 체험하며 서양이라는 미지의 공포를 일상화해 가고 있었다.[26] 서양과학과 기술에 대하여 조선 후기의 대표적 실학자들은 그 선진성先進性과 효용성效用性을 한결같이 높이 평가하고 있다. 그러나 그들이 가진 서양과학과 기술에 관한 관심은 유교儒敎 왕도정치王道政治 이념 구현의 필요 기능의 도입 · 이해 · 활용이 목적이었다.[27]

우리 역사에서 개항기開港期는 동서문명의 본격적인 만남이 이루어진 시기이자, 타자를 통해 자기 정체성을 확립해 간 시기였다. 그런데 그 만남은 '불평등 조약'으로 표현되듯이 '우월한' 서구 근대문명의 일방적 수용을 기조로 하였다. 개항기 동아시아에서의 서구 수용은 서양 세력의 침략에 대비하기 위해 서양을 알아야 한다는 해방론海防論, 서양의 선진기술을 받아들여 부국강병을 이루자는 양무론洋務論, 서양을 세계 문명의 중심으로 보고 전면적인 서구화를 도모해야 한다는 문명개화론文明開化論에 이르기까지 다양

---

25 박영미, 「19세기 조선인의 서구관 - 서양 기물의 수용과 그 영향을 중심으로」, 『한문학논집』 32집, 근역한문학회, 2011, 59 · 63쪽. 이익(李瀷, 1681~1763)은 안경(眼鏡)을 애체(靉靆)라고 불렀고, 마테오 리치가 1581년에 중국에 전했다고 기록했다. 『성호사설(星湖僿說)』 제4권.

26 박영미, 위의 글, 75~76쪽.

27 이원순, 『조선서학사연구』, 일지사, 1986, 234쪽.

한 층위에서 진행되었다.[28]

인류는 서로 다른 시기에 서로 다른 내용을 갖는 문명을 발전시켜 왔다. 시간이 흘러 이제 문명개화론은 서양의 법과 제도를 수용해 '근대화近代化'를 이룩한다는 의미로 사용되었다. 이러한 개념에 기초했을 때, 조선은 야만으로 규정되어 개화해야 할 대상이 되었다. 이는 그동안 조선을 문명文明으로, 서양을 개화시켜야 할 야만野蠻 또는 금수禽獸로 여기던 유교儒教 지식인들의 사고방식을 완전히 뒤엎은 것이었다. 문명개화론자들은 부국강병富國强兵을 이룩하기 위해서는 '동도東道'의 폐기까지도 필요하다고 생각했다. 그들은 서양의 제도를 수용하는 것은 물론이고, 종교 그 가운데에서도 기독교의 수용까지도 고려했다. 물론 그들은 기독교로 개종하는 일이 목표가 아니라 기독교를 믿는 나라들이 문명개화를 이루었으므로 조선도 기독교를 문명개화의 수단으로 활용할 수 있으리라고 기대했다.

전근대 동아시아 국제관계의 기본 틀은 중국 중심의 국제질서인 중화中華 체제였다. 그러나 중화 체제는 1840~1850년대에 서양 세력의 무력에 굴복한 중국과 일본이 대외개방을 선포함에 따라 급속히 붕괴하였다. 이러한 인접국들의 정세 변화는 중화 체제의 울타리 안에서 사대事大·교린交隣의 폐쇄적 대외정책을 고수하며 '은둔국隱遁國'에 머물러 있던 조선朝鮮에 커다란 충격을 가하였다. 급기야 대외개방의 필요성을 절감한 조선은 포함砲艦외교를 앞세운 일본의 개항 요구를 적극적으로 받아들여 1876년에 일본과 조일수호조규朝日修好條規를 체결하였다. 이로써 조선은 중국과 일본 및 서양 열강과 본격적인 교류 관계를 통하여 세계자본주의 체제에 편입되었다.[29]

흔히 '서구의 충격'으로 불리는 서양 종교와 서양문명의 급격한 유입은 우리 종교 문화와 세계관의 고유소固有素와 밀려드는 외래소外來素 간의 일대 충돌이라는 정황으로부터 비롯되었다. 한국 사회는 개항開港 이후 확산한 서구의 충격이라는 문명적 소용돌이 속

---

28 장규식, 「개항기 개화 지식인의 서구 체험과 근대 인식」, 연세대학교 국학연구원 편, 『서구문화의 수용과 근대개혁』, 태학사, 2004, 77쪽.

29 오영섭, 「개항 후 만국공법 인식의 추이」, 연세대학교 국학연구원 편, 『서구문화의 수용과 근대개혁』, 태학사, 2004, 107쪽.

에서 '전통과 근대의 갈등'이라는 선택적 상황에 내몰리게 되었다. 한국 사회는 서구 근대성을 수용하여 새롭게 재편되는 국제질서 체제의 일원으로 참여할 것인가, 아니면 전통적 질서를 강화하여 기존의 사회체제를 공고히 유지할 것인가라는 문제를 둘러싸고 심각한 선택적 정황에 처하게 되었다. 이는 '서구 근대문명의 달성'을 지향할 것인가라는 문제와 '민족적 아이덴티티identity의 보존'을 추구할 것인가 하는 문제 사이의 선택이기도 했다.[30]

개항기의 한국사회는 국교의 확대로 세계자본주의 체제에 편입됨으로써 사회·경제적으로만 아니라 정치·사상적으로 급격한 변화를 경험하게 된다. 특히 서구 근대문물제도와 사상의 도입이 당시 우리의 사상계에 가져다준 충격은 실로 컸다. 이 과정에서 척사위정론자斥邪衛正論者들과 같이 서구문화의 수용을 원천적으로 부정하고 동아시아의 전통적인 화이관華夷觀과 중화 체제와 신분제 질서를 고수하려 한 세력도 있었지만, 그 자체가 거스를 수 없는 시대의 대세인 이상 반봉건을 지향하는 근대화를 위해서도, 반외세의 자주독립을 위해서도, 서구문화에 대한 나름의 소화는 필수적인 것이었다.

한국근대화는 서양 근대문화의 충격에 대응하는 전통적 문화를 기반으로 하는 한민족韓民族의 문화 창조의 노력과 결정으로 결과되는 것이다. 한국 근대문화의 형성 과정에 있어, 강인한 전통문화의 작동에 따라 때로 배격과 거부의 양상도 전개되고, 정립되지 못한 근대의식에서의 추종과 탐닉 등 소망스럽지 못한 양상도 전개되었으나 그 모두가 한민족의 근대문화 형성의 노력이었다.[31]

한국 사회 내부에서는 봉건적인 사회체제를 개혁하고 근대국가와 근대사회를 건설하는 과정에서 서구문화를 수용하는 다양한 방식이 공시적·통시적으로 나타났다. 그것은 서구의 선진기술에 국한해서 서구문화를 수용하려는 동도서기론東道西器論, 서구의 법과 제도까지도 수용할 것을 주장한 변법론變法論,[32] 나아가 서구의 종교와 세계관까

---

30 국사편찬위원회 편저, 『한국문화사 31, 서구 문화와의 만남』, 경인문화사, 2010, 208쪽.

31 이원순, 『조선서학사연구』, 일지사, 1986, 488쪽.

지 수용의 대상으로 인식했던 문명개화론文明開化論에 이르기까지 다양한 편차를 보였다.[33]

개신교는 1884년 9월에 알렌H. N. Allen이 장로교 선교사로 처음 우리나라에 입국하기 전부터 이미 조선에는 개신교를 수용하여 신앙을 고백하는 사람들이 있었고 자생적 신앙공동체가 있었다. 1882년 3월에 『예수성교누가복음전서』라는 우리나라 최초의 성경이 출판되었고, 1883년에는 서상륜을 비롯한 여러 사람의 노력에 따라 황해도 장연군 송천松川에 소래교회가 처음으로 설립되었다. 1882년 5월 22일에는 우리나라와 미국 사이에 수호 통상 조약이 체결되었는데, 이후 미국의 장로교회와 감리교회 등의 여러 교회가 우리나라에 관심을 가지고 선교를 시작했다. 이들은 경쟁을 피하려고 선교지를 분할하고 각 선교부는 각자 맡은 지역에서 선교를 담당하도록 하였다. 요컨대 천주교와 개신교는 우리나라에 낯설고 새로운 신종교新宗敎로 들어왔지만, 엄청난 조직과 많은 물적 토대를 바탕으로 비교적 손쉽게 포교에 성공할 수 있었다. 한국에서 개신교改新敎 전래의 역사는 개항기 '문명개화'의 맥락과 연결되어 주로 논의되는 경향이 있다. 기독교로의 개종改宗 유무와 무관하게 초기 개화론자들에게 선교사들이 대표한 개신교는 서양문명과 동일시된 경향이 있으며, '동양의 도東道'에 대응하는 '서양의 도西道'로서의 의미를 지니고 수용되었다.[34] 서학이 유입된 배경은 우리 민족의 종교성, 모순된 제도에 대한 비판의식, 앞선 서양문명에 대한 탐구성 등에 그 원인이 있다고 본다. 그리고 개신교와의 만남은 서구 열강의 동양 진출과 매우 밀접한 연관이 있다.[35]

서구의 과학과 기술과 정치적 제도를 받아들여 제국주의 국가가 될 수 있었던 일본과 달리 조선은 '서구화 = 문명화 = 근대화'를 달성하지 못함으로써 일본이라는 제국주의

---

32 1884년 정변(政變) 이후 1894년 개혁(改革)에 이르는 기간 동안 동도서기론자들은 서양의 법과 제도의 수용에까지는 동의하면서도 유교적 문명론에 바탕을 둔 변법개화론으로 발전하였다. 주진오, 「19세기 후반 문명개화론의 형성과 전개」, 연세대학교 국학연구원, 『서구문화의 수용과 근대개혁』, 태학사, 2004, 39쪽.

33 연세대학교 국학연구원 편, 『서구문화의 수용과 근대개혁』, 태학사, 2004, 6쪽.

34 박형민, 「한말 개신교 종교공동체의 성장요인과 전통적 가치와의 관계」, 『한국학보』 28(1), 일지사, 2002 봄, 107쪽.

35 김호민, 『전통사상과 기독교 수용』, 쿰란출판사, 2018, 333쪽.

국가의 희생양이 될 수밖에 없었다. 그런 의미에서 19세기 후반의 근대화 혹은 문명화는 곧 제국주의 국가가 된다는 것을 뜻하는 것이기도 했다. 서구적 근대 시스템과 조선적 전통 시스템의 이종교배를 위해 다양한 실험이 거듭 진행되었지만, 결국 결실을 보지 못한 채 조선은 일본의 식민지로 전락하고 말았다. 그럼에도 불구하고 '근대 전환기'(1894~1910)에 진행된 조선의 '문명화 과정'은 조선이 주자학적朱子學的 질서라는 '조선적朝鮮的' 전통에서 벗어나 서구가 만들어낸 근대적 삶의 질서 속으로 편입하는 계기가 되었다.[36] '근대 전환기'는 구시대를 상징하는 조선식 전통과 새로운 시대를 상징하는 서구적 문명이 대결하고 충돌하면서 생성된 조선 문명사의 '터닝 포인트', 문명의 전환기였음을 부인할 수는 없을 것이다.[37]

이른바 문명개화론은 제도의 개혁뿐만 아니라 가치관, 세계관의 전면적 변화를 요구하였다. 기독교 신앙과 독립신문에 의해 본격적으로 수용 · 전파된 서구의 가치관 · 세계관의 내면화는 조선을 '계몽'의 대상으로 간주하게 하였고, 조선인 스스로를 타자화시켰다. 문명개화론이 함축하고 있는 문명 진보사관은 당시 서양 문명의 자부심이 드러난 것이었고, 이것은 대외적으로 비서구非西歐에 대한 '문명화의 사명'을 주장하게 하였다. 문명 진보사관은 사회진화론社會進化論에 따라 이론적으로 보강됨으로써 우승열패優勝劣敗의 제국주의적 경쟁을 정당화하였다. 비서구에서 이러한 세계관을 '보편'으로서 받아들일 때는 서구에 대한 선망과 자신에 대한 열등감을 낳게 하였다. 현실의 정치 · 군사적 우열을 문화적 우열로 치환하고, 문명화를 달성하기 위해서는 근본적으로 문화적 개혁이 필요함을 역설하였다.[38]

근대화란 정치, 사회, 문화, 가치관 등의 모든 면에서 전반적으로 구조적 변화가 진행되어, 후진적인 상태에서 더욱 향상된 생활 조건을 조성해 가는 과정이다. 근대화라는 말이 현재 여러 가지 방식으로 사용되고 있지만, 과연 무엇이 '근대화'를 이루는 것인지

---

36 전인권 · 정선태 · 이승원, 『1898, 문명의 전환』, 이학사, 2011, 233~234쪽.

37 위의 책, 266쪽.

38 정용화, 「1920년대초 계몽담론의 특성 : 문명 · 문화 · 개인을 중심으로」, 정용화 · 김영희 외, 『일제하 서구문화의 수용과 근대성』, 도서출판 혜안, 2008, 26쪽.

에 대한 합의가 이루어진 상태는 아니다. 다만 근대화라는 말을 통해 연상되는 요소들로는 새로움의 긍정과 낡은 것에 대한 거부, 합리성의 강조와 과학적 법칙 또는 기술에 대한 신뢰, 정체政體를 기피하고 문명개화를 희구하는 진보에의 지향, 인간성의 강조, 자유와 평등의 확대, 세속적 가치인 부富, 쾌락, 행복, 권력 등의 추구에 대한 정당성 부여 등을 들 수 있다.[39]

한민족韓民族이라는 역사주체歷史主體가 전개해 왔던 민족 신앙의 전통체계와 변혁적 서구문화 체계의 상승相乘작용에서 한국의 근대 역사가 진행되었다. 인류가 정립해 왔던 모든 종교는 특정한 시간대의 특정 시점에서 평가되고 명명命名된다. 종교는 시간의 흐름에 있어서 각 시점에서 제각기 평가되는 역사의 산물이다. 종교는 특정 시기에 걸쳐 성립 → 전개 → 발전 → 분파되는 살아 움직이는 체계다. 특정 종교라는 현상은 정지된 시간에서 이름을 지어 붙임이고, 특정 종교의 활동은 시간의 연속적인 흐름에서 이름을 지어 붙임이다. 따라서 모든 종교는 '신종교新宗教'다. '신新', 즉 '새롭다.'라는 표현은 어디까지나 상대적인 서술일 따름이며, 애초부터 '기성既成'인 종교는 없다는 의미이다. 특정한 종교는 시간이 흐름에 따라 그것이 태어난 토양에 토착화되어 잘 자라기도 하고, 때로는 뿌리가 뽑혀 사라지기도 한다. 이러한 맥락에서 한국이라는 무대에는 '토착화된' 신종교로 불교와 유교가 있고, '유입된' 신종교로 천주교와 기독교가 있으며, '자생한' 신종교로 동학, 증산교, 대종교, 원불교, 통일교 등이 있다. 중국에서 유입된 신종교인 도교는 우리나라의 토양에 어울리지 않은 채 명맥만 겨우 유지하다가 한국 신종교의 생명력에 편입되었다.

우리나라의 근대에 있어서 서양문명의 유입과 확산이라는 충격에 대응하여 발생한 한국 신종교의 인식과 대응에 관한 기존의 연구는 거의 없었다. 신종교의 발생이 서양문명에 대한 대응 양식의 하나라는 역사적 사실이 무시되거나 소홀히 여겨졌던 사정이 확인될 뿐이다. 지극히 단편적인 일부의 지적이 조금은 있었지만, 한국 신종교의 발생을 근대라는 시대적 상황과 사회적 변화 과정의 하나로 본 본격적인 연구는 시도조차 되지

---

39 중야조(中野肇), 『근대の사상』, 동경, 일본방송출판협회, 1985, 15~16면.

않았던 것이 기존 학계의 사정이다. 하지만 전대미문의 엄청난 충격으로 다가왔던 서양 문명의 유입과 확산을 종교적 관점에서 인식하고 나름대로 대응하고자 했던 한국 신종교의 다양한 모습은 그 자취가 경전의 기록들에 확연하게 남아 있다. 따라서 한국의 근대사를 더욱 사실적으로 서술하고 신종교가 갖는 역사적 의의와 사회적 위상을 고찰하기 위한 본격적인 연구가 이제는 필요한 시점이다.

근대화가 진행되던 시기에 새롭게 일어난 한국 신종교들이 제각기 종교운동을 전개한 것은 한국 사회의 근대화라는 사회변동에 대한 여러 종교의 반응으로 볼 수 있다. 이는 근대화 과정이 가져오는 사회적인 요청에 대한 종교들의 대응이다. 동학(천도교), 증산교, 대종교, 원불교, 통일교 등의 대사회적 종교운동은 한국의 근대화 과정이라는 사회변동이 제기한 자유와 평등의 확장을 통한 근대적 인간관의 확립, 경제적 발전의 필요, 상실된 국권國權의 회복 등의 문제들에 대한 나름의 대응이라고 볼 수 있으며, 이러한 대응의 방향은 각 종교의 교리 차이에 영향을 받아 각각 특징적인 모습으로 전개되었다.[40]

필자는 '근대近代'라는 역사의 무대에서 전대미문의 급격한 충격으로 유입되어 확산한 소위 '서양문명'에 관해 우리나라에서 '자생한' 한국 신종교들이 과연 어떻게 인식했으며 나아가 어떠한 방법으로 그에 대응했는지를 종단별로 구명하여, 그 종교적 의미를 밝히고 역사적 맥락과 의의에 대해 고찰하고자 한다. 이 글에서는 '조선朝鮮'이라는 전통사회에 근대적 계기를 이끌게 되는 외적 변수로서의 '서구적西歐的 충격衝擊'과 그에 대응하는 전통사회의 모습이 가지는 사상사적 맥락을 고찰하고, 그 수용을 통해 한국이라는 전통사회에 작용·정착하는 서구문화와 서양문명의 실상을 고찰함으로써 한국 근대문화의 서구적 기초가 가지는 역사성의 내용과 의의를 밝혀보고자 한다. 특히 서양문명의 수용에 대한 제반 양상을 그 수용 주체인 한국 신종교에 초점을 맞추어 살펴봄으로써, 근대화의 한국적 맥락과 그에 대한 평가를 시도하고자 한다. 이는 한국 신종교의 발생 및 성

---

40 박진원, 「근대화에 대한 한국신종교들의 대응양상에 관한 연구」, 서울대학교 대학원 문학석사논문, 1992, 국문초록. 박진원은 통일교는 다루지 않았다.

립 과정에 나타난 서양문명의 영향과 그에 대한 종교적 대응 방법을 살펴보는 일도 될 것이다. 나아가 근대화 과정에서 한국 신종교가 사회적으로 어떻게 기능했는가를 고찰하고 구명하여 한국 신종교가 갖는 고유한 위상과 의의를 알아보고자 한다. 그리고 근대와 신종교의 상관관계를 살펴 사회적 변화가 신종교의 교리 체계와 그 발생에 미친 영향을 파악하여 종교와 역사 사이의 함수 관계에 관한 학술적 연구를 시도하겠다. 한국 신종교는 '근대'라는 시기에 집중적으로 발생하였다. 따라서 한국 신종교는 서양문명의 급격한 유입과 확산에 대해 나름의 논리와 해석을 중심으로 자신들만의 고유하고 독창적인 주장을 일정하게 제시하였다. 과연 그 구체적인 내용은 무엇이며, 그 가치와 의미는 어떻게 해석해야 할 것인가는 한국 신종교의 역사적 의의를 구명하는 연구에 필수적이다. 이러한 연구를 통해 향후 신종교 발생에 관한 새로운 이론을 체계화하는 작업에도 어느 정도 도움이 될 수 있을 것이다.

기성종교의 한계를 극복하는 방안으로서 이른바 '새로운 종교'를 표방하는 신종교가 발생한다. 한국 신종교의 발생 시점과 배경에는 '서양문명의 충격'이라는 역사적 · 사회적 사건이 발생하였다. 따라서 한국 신종교는 반드시 서양문명에 대한 나름의 종교적 설명과 함께 그에 대한 일정한 평가를 시도한 후 그에 대응하는 사상적 반응이 이루어졌다. 종교가 역사적으로 전개된 사회 변화에 과연 어떻게 대처했는가를 알아보는 연구는 종교의 역사적 좌표와 그 의의를 밝히는 일이기도 하다. 그러므로 이 글에서는 역사와 사회의 변화를 종교가 수용하고 대응하는 과정과 그 변화를 고찰하여 사회와 종교의 역학관계를 구명하고자 한다. 나아가 이전 시기에서도 찾아볼 수 없었던 '서양문명의 급속한 유입과 확산'이라는 '문화 충격'에 대한 한국 신종교의 인식과 대응이 단계적이고 역사적 변화를 거치는 과정을 이해하여 신종교의 사회적 기능과 역할을 정리하고 이해하고자 한다. 이는 종교의 발생과 변천사를 구명하는 방대한 연구의 하나다. 이러한 연구를 통해 신종교사상의 역사적 변천 과정을 살펴 신종교가 한국 사회에 전개되는 과정에서 가져온 사상적 변화의 종교적 의미와 맥락을 체계적이고 학술적 차원에서 파악하고자 한다.

동학 · 천도교, 증산교, 대종교, 원불교, 통일교의 여러 경전에 보이는 '서양문명'과 관련된 주장과 언급을 실제 기록을 추출하여 그들의 서양문명에 대한 인식과 대응의 양상을 구명하고자 한다. 특정 종교의 창시자가 행했던 소위 '말씀'은 기억을 통해 당대의 일정한 기간에 걸쳐 매우 제한된 사람들에게만 전승될 뿐이다. 창시자의 사후死後에 계승자들에 의해 조직이 활성화되고 교세가 확장되기 시작하면서 창시자의 '말씀'은 이른바 '경전'의 형태로 재탄생된다. 이러한 일련의 과정을 통해 창시자의 '말씀'은 신비화 또는 신성화되기 마련이고, 후대에 태어나 창시자의 언행을 직접 목격할 수 없었던 많은 사람에게 권위가 있고 신성불가침한 '성스러운 말씀'으로 종교적 재평가가 이루어진다. 따라서 우리는 특정 종교의 경전을 통해서만이 재구성된 창시자의 '말씀'을 후대의 시점에서 확인할 수밖에 없다. 과거에 살았던 특정 종교의 창시자가 가졌다고 전하는 사상을 현재의 관점과 입장에서는 이른바 그들의 '경전' 기록을 통해 확인하는 방법이 거의 유일무이하다고 할 수 있다. 한국 신종교의 각 교단에는 나름대로 독창적인 관점과 고유한 입장에서 체계화된 여러 경전이 전승되고 있다. 이에 이들 '경전'에 실려 있는 기록 가운데 '서양문명'에 대한 인식과 대응을 알아볼 수 있는 내용을 핵심적으로 추출하여 본 연구에 활용하고자 한다. 경전 기록에 대한 주도면밀한 추출 작업과 함께 해당 자료에 대한 분석과 비교를 통해 비교적 객관적인 시각에서 평가하려 한다.

본 연구는 한국 신종교의 창시자들이 주장한 서양문명에 관한 인식의 내용과 그 변화 과정을 살펴 그들이 당대를 어떻게 이해했는가를 상세히 고찰하고자 한다. 그리고 이 연구는 한국 신종교 창시자들이 서양문명의 유입과 확산에 대해 과연 어떻게 대응하고자 했는지를 전하는 경전 기록을 중심으로 분석적 고찰을 시도하고자 한다. 또 이 연구는 한국 신종교의 서양문명에 대한 대응의 내용을 중심으로 삼아 서양문명에 대한 대응 양식의 변화 과정을 살펴 그 역사적 · 사회적 위상과 의의를 구명한다. 나아가 이 연구는 한국 신종교의 서양문명에 대한 인식과 대응이 이른바 '동도서기론東道西器論'과 어떤 유사성을 지니는가를 알아보고 그 의의와 한계에 관해 논하고자 한다.

서양문명의 급속한 유입과 확산에 한국 신종교가 어떻게 인식하고 대응했는가를 살펴봄으로써 '근대'라는 시점에서 행해졌던 한국 신종교의 역할과 기능을 알아볼 수 있고, 그에 대한 객관적인 평가를 통해 한국 신종교의 위상과 그 의의와 한계를 일정하게 구명될 수 있다. 이러한 연구를 통해 근대화에 반응한 한국 신종교의 역사적 · 사회적 맥락에 있어서 그 자취를 후대의 관점에서 재평가하고 향후 한국 신종교가 걸어갈 노정의 종교적 의미를 전망하는 계기가 될 수 있을 것이다. 그리고 이 연구는 근대의 개화기에 있어서 서양문명이 가져온 전대미문의 충격에 한국 신종교가 과연 어떻게 인식하고 대응했는지를 살펴봄으로써 종교 영역의 역사적 · 사회적 위상과 의의를 이해하는 학술적 차원에서의 한 방법이 제시될 수 있다.

또 이 연구는 문화적 충격에 대응한 종교의 대응 양식이 실제로 어떻게 변화해 왔는가를 객관적으로 분석하고 구명하여, 종교의 사회적 기능과 역사적 의의를 이해하는 방법이 될 수 있을 것이다. 이는 역사와 종교의 관계사에 관한 개척적 연구가 되어 향후 종교학의 연구 영역을 확장하고 새로운 연구방법론을 제시하는 전환점이 될 수 있다. 이러한 연구를 통해 역사와 사회의 급격한 변화에 나름대로 대응한 종교가 갖는 여러 대응 양식의 변모 과정을 학술적 차원에서 파악하여, 종교의 역할과 기능에 대한 새로운 관점의 이해를 도모하고 사회의 변화가 종교에 미치는 영향과 결과를 파악하여 그 상관관계를 학술적 차원에서 정리할 수 있을 것이다. 나아가 이 연구는 한국 신종교의 주장에 관한 대중의 관심을 유도하는 계기를 마련할 수 있을 것이고, 기존에 폄하되고 무시되었던 한국 신종교의 신념 체계와 논리에 대한 일반인의 인식을 제고시키는 방안의 하나로 어느 정도 영향을 미칠 수 있을 것이다.

이러한 일련의 연구를 통해 한국 근대사의 서술에 있어서 한국 신종교의 위상과 의의를 재평가하고 조명할 수 있을 것이다. 과연 종교가 어떤 역사적 · 사회적 의의와 맥락을 가지는가를 학술적으로 살펴봄으로써 향후 역사와 종교, 사회와 종교의 관계에 대해 의미가 있는 논의를 진척시킬 수 있다. 이러한 연구를 통해 향후 한국 신종교의 대사회적 책임 의식을 고양하여 신종교에 대한 인식의 제고를 도모할 수도 있겠다.

그리고 이 연구는 향후 예상되는 다양한 '문화적 충격'에 대한 대응책을 일정하게 마련할 방법을 모색하는 일에 활용이 가능할 것이다. 나아가 이러한 연구는 종교의 기능과 역할에 대한 새로운 관점을 제공하여 효율적인 종교 정책의 수립을 위한 자료로 활용이 가능할 것이며, 한국 근대사의 서술에 있어서 신종교의 위상에 대한 교육자료로도 활용할 수 있다. 또 이 연구는 사회적 기제의 하나로서 신종교에 대한 이해력을 증진하고 신종교의 위상과 의의에 대한 이해도를 높이는데 공헌할 수 있다.

2. 한국신종교의 서양문명에 대한 인식

문명이라는 용어는 다양한 뜻으로 사용되지만 우선 문화와 대치되는 것으로 파악하는 견해와 문화의 특수한 한 형태로 파악하는 견해로 나누어 볼 수 있다. 특히 전자는 독일철학이나 사회학에서 전통적으로 볼 수 있으며, 인류의 정신적이고 가치적인 소산을 문화라고 하는데 대하여, 물질적, 기술적 소산을 문명이라고 한다.

조선 후기에 전래한 서학西學은 조선인들에게 중세 유교적 세계관에서 벗어나서 근대적 세계를 지향할 수 있는 새로운 패러다임을 제공하였다는 점에서 매우 중요하게 인식되고 있다. 조선 후기 사람들은 서양의 천문학과 지리 지식을 통해서 중세적 우주관과 세계관을 극복할 수 있었다. 서학이란 중세적 스콜라 철학에 입각한 가톨릭적 그리스도교학敎學 사상과 야소회사耶蘇會士라는 특수 신분의 인사들이 소화해 수용한 서양 중세 및 르네상스기의 서양 과학기술을 포괄하는 서구 문명의 학문적 측면이다. 말하자면, 서학이라고 할 때는 서교西敎와 서기西器를 통칭하는 것이다.[41] 서학을 통하여 유교적 전통을 지닌 지식인에게는 지리지식地理知識의 확대가 진전되었고, 세계관의 변혁이 일어났으며, 자아의 각성을 보게 되었다.

서교의 유입은 조선 후기의 사상 지도를 중층적 구도로 변화시켰다. 지정학적으로 문화 유통의 오지였던 탓에 비교적 문화적 순종 유지가 수월했던 문화적 폐역에 서교의 유입은 동·서 문화의 융합이라는 문화 복합 현상을 일으키는 최초의 문화적 사건이었다. 그것은 결국 조선의 후기 사상을 내용에 있어서 잡종화를, 그리고 구조에 있어서 중층화重層化를 결정하는 인자로서 작용했다.[42]

---

41 박성순, 『조선유학과 서양과학의 만남』, 고즈윈, 2005, 13쪽.

수용이란 우리가 우리 아닌 타자他者를 우리 안에 영입하는 것이다. 그것은 우리가 우리 아닌 것과 일체가 되는 것이므로, 그것 자체가 일종의 변용이다. 이는 외국 문화의 수용에서도 마찬가지이다. 그러나 어떤 문화든 다른 문화를 수용할 때는 그대로 수용하는 것이 아니라 저마다의 원인과 방식을 달리하게 마련이다. 서구의 도전에 대한 우리나라의 응전은 위기에 대한 대처였으므로, 서구문화의 전략적 수용과 병합의 방식일 수밖에 없었다. 한국은 물론이고 중국과 일본에서도 '동도서기東道西器'의 '문화 융합'은 그렇게 해서 생겨난 것이다. 동도서기론이란 동양의 도덕 · 윤리 · 지배 질서를 그대로 유지한 채 양이洋夷의 발달한 기술 · 기계를 수용하여 부국강병富國强兵을 이룩한다는 논리였다.[43] 서양의 기器를 받아들이는 것은 도道를 발전시켜 지켜나가기 위한 수단이었다. 조선의 경우 북학론北學論에서부터 이어지는 개혁론의 바탕 위에서 서양의 존재를 인정하고, '개국開國'을 통하여 국가의 발전을 시도하려는 노력이 박규수朴珪壽(1807~1877)를 중심으로 시도되었다. 그러나 여전히 조선을 '문명'으로 자부하면서 서구를 '야만' 또는 '금수'로 간주하여 문명개화론과는 거리가 멀었고, 점차로 동도서기론으로 체계화되었다.[44]

동도서기론東道西器論의 본격적인 전개는 서구 문명에 대한 충격과 대응 방식에서 나왔다. 동도서기는 중국의 양무운동洋務運動에서 내건 중체서용론中體西用論과 일본의 화혼양재론和魂洋材論과 같은 궤적을 지닌다. 1860년부터 1894년까지 중국에서는 이홍장李鴻章(1823~1901) 등이 주동이 되어 서양 근대 기계문명을 채용하여 자강自强 근대화 운동을 일으켰으니, 이를 양무운동[45]이라 한다. 당시 청淸나라는 구미인歐美人을 서양 오랑캐로

---

42 이광래, 『한국의 서양사상 수용사』, 열린책들, 2003, 94쪽.

43 권오영, 「신기선의 동도서기론연구」, 『청계사학』 1집, 청계사학회, 1984; 권오영, 「동도서기론의 구조와 그 전개」, 『한국사시민강좌』 7집, 일조각, 1990. 이 용어를 처음 사용한 것은 한우근의 「개항 당시의 위기의식과 개화사상」, 『한국사연구』 2집(한국사연구회, 1968)에서였다.

44 주진오, 「19세기 후반 문명개화론의 형성과 전개」, 연세대학교 국학연구원 편, 『서구문화의 수용과 근대개혁』, 태학사, 2004, 42쪽.

45 양무운동은 청 · 일전쟁에서 중국 측이 어처구니없이 패배하자 변법(變法)운동으로 변화되었다. 변법의 주역은 강유위(康有爲), 양계초(梁啓超), 담사동(譚嗣同), 엄복(嚴復) 등이었다. 이 운동은 혁명적 방식에 의해 청나라를 타도하고 민주적 입헌정부를 수립하고자 했던 손문(孫文)의 신해혁명파(辛亥革命派)와는 대조적

바라보는 이적夷狄 정책을 고수하다가 북경조약(1860) 이후 양무洋務 정책으로 전환하니, 양무란 구미인과의 외교 통상 등 교섭사무를 가리키는 용어이다. 따라서 양무란 구미문물의 섭취 · 모방을 중심적 내용으로 한다. "양이洋夷의 장점을 배워 양이를 제압하자!"가 슬로건으로, 중체서용中體西用, 즉 "중국 전통의 문화 · 제도를 본체로 삼고, 서양의 기계문명을 말기末技로 이용하겠다."라는 사상을 의미한다. 중체서용론의 핵심은 중국 본래의 유학儒學을 중심으로 삼되, 부국강병富國强兵을 위하여 근대 서학을 취하여야 한다는 논리였다.

그리고 동도서기는 일본의 화혼양재론和魂洋材論과도 같은 궤적을 지닌다. 화혼양재론은 일본 고유의 정신을 기본으로 하되 서학을 활용해야 한다는 논리이니, 메이지유신 이후에 화혼한재론和魂漢材論에 대한 비판으로 만들어졌다. 그러므로 기본적으로 중체서용론, 화혼양재론, 동도서기론은 다를 게 없다.

동도서기론은 우리의 사상사적 측면에서는 성리학性理學의 이기론적理氣論的 우위관優位觀을 고수함으로써 동양의 정신적 우월감을 포기하지 않는다. 문화적 측면에서는 존왕양이尊王攘夷를 표방하는 소중화小中華 사상인 화이론적華夷論的 세계관에 기초한다. 따라서 동도서기론은 전통적 지배 질서와 이해관계를 온전하게 유지하면서 부국강병을 모색하고자 했던 보수주의적 개량주의 이론이다.

17세기 초 조선에 유입된 서교西敎와 서학西學을 통해 이 땅에 수용된 서양 사상의 역사는 서구문화의 '접촉接觸 → 수용受容 → 습합習合'이라는 문화 변형의 역사와 분리해서 생각할 수 없다. 철학과 사상은 어느 시대이든 그 시대 정신의 운반체이면서도 그 시대의 정신적 증언이기 때문이다. 17세기의 서양 사상의 운반체가 서학이었다면 그것이 증언하려는 것은 서교였다. 18세기에는 실학實學 속에 담긴 서학의 증언이 그 시대의 사상적 에피스테메epistēmē였다면[46] 19세기는 동도서기론이 서양의 사상을 운반하면서 증언

으로 사회개량주의적 견해를 보였다.

46 과학적, 기술적, 전문적 지식 등의 지식 일반을 이르는 말 또는 이론적 지식 또는 감성에 바탕을 둔 억견과 반대되는 참된 지식을 가리키는 용어이다.

했다.[47]

근대사상의 기조를 이성理性 · 자유自由 · 민족民族에 초점을 맞춘 가치체계로 규정할 때, 그것에 선행되는 맹아적인 의식은 중세적 보편普遍 · 선험先驗 · 봉건封建에 대응하는 개별個別 · 합리合理 · 인간人間에 기초하는 깨우침을 가진 것이어야 할 것이다. 유교적 조선 중세 사회에서 이러한 근대사상에 선행되는 맹아적 의식의 깨우침이 바로 조선朝鮮 서학西學의 학문 활동을 통하여 열리기 시작했다. 호기적好奇的 접근에서 일보一步를 전진해서, 서학의 학문적 검토에 힘써 '조선서학朝鮮西學'의 길을 터놓은 성호학파星湖學派와 북경北京에 다녀오는 귀중한 기회를 얻었던 관료 학자들이었던 북학론자北學論者들의 노력을 통하여 조선 후기 유교적 전통사회 내에서 근대사상의 맹아적萌芽的 의식의 깨우침이 자랐다.[48] 서학이라는 학문 활동을 통해 근대적 세계관으로의 접근이 있었고, 합리적 실용 과학 사상에 눈을 떠 그 과학과 기술의 수용을 주장하게 되었고, 서교신앙西敎信仰 실천에 따라 인간의 존엄과 평등의 원리에 선 새로운 인간상人間像을 추구하는 움직임이 태동하였다.[49]

천주교와 개신교에 의해 야기된 서양문명의 조선 사회로의 유입은 필연적으로 그에 대응하는 새로운 종교 전통의 발흥을 촉진하였다. 1860년 수운水雲 최제우崔濟愚(1824~1864)의 종교체험으로부터 시작된 동학東學 이후 전개된 한국 신종교는 당시의 시대적 상황에 따라 나름대로 서양문명에 관한 독특한 인식을 하였고, 그에 대한 일정한 대응을 시도하였다. 이러한 한국 신종교의 서양문명에 대한 인식과 대응은 그들의 고유한 경전 기록들에 그 흔적을 조금씩 남기고 있는데, 지금까지는 제대로 주목받지 못했던 이 분야의 연구를 위한 시도로서 이 글은 출발한다. 이 글에서는 대표적인 한국 신종교로서 동학(천도교), 증산교, 대종교, 원불교, 통일교를 선택하여 분석하고자 한다.

---

47 이광래, 『한국의 서양사상 수용사』, 열린책들, 2003, 381쪽.
48 이원순, 『조선서학사연구』, 일지사, 1986, 250~251쪽.
49 위의 책, 277쪽.

1) 동학의 서양문명에 대한 인식

1860년에 수운 최제우의 종교체험에서 비롯한 동학東學은 조선 후기의 지배체제가 심화하고, 외세가 조선에 접근하는 가운데 삼남三南 지방을 중심으로 농민들 사이에서 급속히 확산하였다.

우선 동학의 창시자인 수운은 서양 세력이 중국 다음에는 우리나라를 침공할 것이라는 매우 구체적인 위기의식을 가지고 있었다. 그는 "경신년(1860) 무렵에 듣건대, 양인洋人이 먼저 중국을 점령하고, 다음에 우리나라로 오면 그 변變을 장차 헤아릴 수 없다."라고 심각한 생각을 했다고 토로했다.[50] 수운의 서양문명에 대한 인식은 두려움과 공포였다. 수운은 나라의 존망을 결정지을 수 있는 구체적인 군사력을 지닌 서양 세력에 대해 두려워했다. 중국이 서양에 의해 국토를 유린당했다는 공포감이 깃든 불길한 소식을 접한 수운은, 중국 다음에는 인근에 있는 우리나라로 서양 세력이 곧장 침략해 올 것이라고 불안해했다. 1860년에 중국의 수도인 북경北京이 영국과 프랑스 연합군에 의해 함락되자, 조선인들의 위기감은 극에 달했다. 수운은 대국大國으로 존경받아 왔던 중국이 서양에 의해 무참하게 무너지고 말았다는 풍문을 듣고 존재의 위기와 불안감을 나타냈다. 그는 우리나라도 중국과 마찬가지로 서양에 의해 멸망할지도 모른다는 우려를 표현했다. 북경이 함락되었다는 청천벽력과도 같은 소문은 수운의 인생에 있어서 매우 충격적인 소식이었다. 그러나 이 사건의 직접적인 결과로 중국에 이어 조선이 침략당하는 불행한 사태는 역사적으로 발생하지는 않았다.

『용담유사』와 『동경대전東經大全』을 통틀어 서학西學에 대한 언급이 가장 먼저 나오는 작품은 수운이 1861년 봄에 지은 『동경대전』의 「포덕문布德文」이다. 수운이 1860년 4월에 득도得道한 이후 7~8개월이 지난 시점에 해당한다.

---

50 『고종실록』 1권, 고종 1년 2월 29일 경자(庚子).

… 경신년(1860)에 이르러 전해오는 말들을 들으니, 서양 사람은 "천주天主의 뜻으로 부귀富貴를 취하지 않는다."라고 하며, 천하를 공격하여 천주당天主堂을 세워 그 도道를 행한다고 하더라. 이런 까닭으로 나 역시 "그것이 이러한가? 어찌 그러한가?" 하는 의심하는 마음이 있었다. … 묻기를 "그러면 서도西道로써 사람들을 가르칠까요?" 대답하기를 "그렇지 않다." …

-「포덕문」

수운은 "경신년에 이르러 전해오는 말을 들으니"라는 말을 통해 1860년 4월에 득도得道하기 이전부터 서학西學에 대한 소문을 듣고 나름의 시각에서 인지하고 있었다. 그리고 수운은 중국에는 이미 서양 선교사들이 세운 천주당天主堂이 여러 곳에 있다는 사실도 잘 알고 있었다. 특히 수운은 「포덕문」에서 선교사로 대표되는 서양 사람들이 중국에 들어와서 천주당을 세우고 적극적으로 포교 활동을 하고 있다는 점을 지적한다. 수운이 그들이 "모든 것은 천주天主의 뜻이며, 우리는 부귀를 취하려는 것은 아니다."라는 발언을 하고 있다는 사실도 정확히 인식하고 있었다. 이는 당시에는 수운이 혹시 서학이 세상의 어려움을 구원할 바른 도道일지도 모른다고 생각하고 서학에 관해 관심을 가졌다는 사실을 암시하고 있다. 그러나 수운은 당시의 사학邪學 즉 천주학天主學의 신앙 방법으로는 하늘을 제대로 섬길 수 없을 뿐 아니라, 혼란한 세상을 바로잡을 수 없다고 판단했다. 더욱이 서학은 앞에서는 천주의 가르침을 편다고 말하면서도 뒤에서는 무력武力으로 침략하는 위험하고 불량한 존재라고 인식하였다. 이처럼 수운은 서학의 뒤에는 무기武器로 무장한 서양 세력이 있었다는 점을 분명하고 인지하고 있었다. "천하를 공격하여"라는 구절에서 수운이 서양에 대해 침략성을 가진 호전적인 세력이라고 인식하였음을 알 수 있다. 따라서 수운은 서양의 공격성과 침략성에 대해 잘 알고 있었으며, 서양을 무자비한 침략을 주도하는 집단 또는 세력으로 인식하고 있었다.

… 이러므로 우리나라는 악질이 세상에 가득하여 백성들이 편안할 때가 없으니, 이 또한 상해傷害의 운수이다. 서양은 싸우면 이기고 공격하면 빼앗아 이루지 못하는 일이 없으니, 천하가 다 멸망하면 또한 순망지탄脣亡之嘆이 없지 않을 것이다. 보국안민輔國安民의 계책이 장차

어디에서 나올 것인가? … - 「포덕문」

위의 인용문에서는 서세동점西勢東漸의 현실에서 보국안민輔國安民의 계책을 찾기 위해 근심하는 수운의 모습을 엿볼 수 있다. 특히 "서양 세력은 늘 이기고 쟁취하는 강한 존재"라는 수운의 말을 통해 그가 서양문명의 우월성을 인식하고 있었음을 알 수 있다. 이 시기는 이미 청淸나라가 1 · 2차 아편전쟁에서 서구의 열강에 참패했다는 사실은 물론, 1860년 10월에 영국과 프랑스의 연합군에 의해 청나라의 수도인 북경北京이 함락되었다는 소식이 우리나라에도 들어와 있었던 때였다. 이는 중국 중심의 동아시아 사유 질서와 인식에 있어서 엄청난 충격이자 주변국들도 서양의 침략에 국가가 없어질지도 모른다는 두려움과 위기의식을 불러일으키기에 충분했다.

위에서 살펴본 두 인용문을 통해 우리는 수운의 서학과 서양에 대한 두 가지 태도를 읽을 수 있다. 하나는 당시 서양 선교사들이 "천주天主의 뜻으로 부귀는 취하지 않는다."라고 한 포교布敎와 교화敎化의 논리에 관한 관심이다. 다른 하나는 서양에 대한 강대하고 강력한 존재로서의 인식이다. 서양은 싸우면 이기고 공격하면 빼앗는다는 '무사불성無事不成'의 대상이라는 것이다. 여기에는 일종의 불안감 또는 위기의식 등의 심리가 내재해 있다. 그런데 이러한 두 가지 태도는 짧은 기간에 우발적으로 또 아무 검증 없이 일어난 관심이 아니라 면밀한 검토를 거쳐 표명된 것이며, 시간 간격을 두고 배태된 관심이라고 생각된다.[51] 따라서 이러한 수운의 서학과 서양에 대한 검토와 관심은 그가 기본적으로 서학에 대해 긍정적인 인식을 지니고 있었다는 사실을 나타내준다. 그러나 서서히 서학과 서양 세력을 동일시하고, 그 이면에 보이는 서양 세력의 침략 행위에 대해서는 매우 두려워하면서 경계를 보이기 시작한다. 그렇지만 이 시기에 이르러도 여전히 서학에 대한 배타적 인식은 보이지 않는다.[52]

---

51 윤석산, 『용담유사 연구』, 모시는 사람들, 2006, 135쪽.

52 조지형, 「동학의 서학 · 서양에 대한 인식의 변화 양상」, 『교회사연구』 제34집, 한국교회사연구소, 2010, 101쪽.

1861년 6월 이후 수운은 세상 사람들을 향해서 공개적인 포덕布德을 펼치기 시작한다.[53] 이 시기의 포교 과정에서 수운은 서학과 관련하여 새로운 국면에 처하게 된다. 1861년 7월이나 8월 무렵에 지은 『용담유사』 「안심가」에 이러한 상황과 그에 대응하는 그의 입장이 드러나 있다.

> … 나도 또한 하날님께, 분부바다 그린 부符를,
> 금수 가튼 너의 몸의, 불사약이 미츨소냐?
> 가소롭고 가소롭다. 너의 음해 가소롭다.
> 신무소범 나 뿐이다. 면무참색 네가 알가?
> 애달하다 애달하다. 너의 음해 애달하다.
> 우리야 저럴딘댄, 머잔은 세월에도,
> 괴질 발일 정이 없다. 뛰고 보고 죽고 보세.
> 요악한 고 인물이, 할 말이 바이 업셔,
> 서학이라 이름하고, 웬 동네 웨는 말이,
> 사망년 저 인물이, 서학에난 빠질런가?
> 그 모르는 세상 사람, 그거로사 말이라고,
> 취켜들고 하는 말이, 용담에난 명인 나서,
> 범도 되고 용도 되고, 서학에는 용터라고,
> 종종 거름 치는 말을, 력력히 못할러라. … -「안심가安心歌」

수운이 공개적으로 포교하는 과정에서 자신의 도道를 받아들이는 것을 거부하는 사람들이 그의 가르침과 영부靈符를 그리는 등의 행동을 잘 알지도 못하면서 서학西學이라고 이름하고 온 동네에 외치고 다녔다는 이야기다.[54] 이를 통해 당시 사람들은 수운이 주창

---

53 표영삼, 「동학 경전의 편제와 내용」, 『신인간(新人間)』 422호(1984년 10월)~441호(1986년 7월), 신인간사.
54 윤석산, 『용담유사 연구』, 모시는 사람들, 2006, 47쪽.

한 가르침을 서학으로 여기고 있었음을 알 수 있다. 수운은 사람들이 자신의 도를 '서학' 이라고 음해하며, "사악하고 망령된 저 사람이 서학에 빠져 있다."라고 말하기도 하고, 또 "수운이 서학의 도로써 용이나 호랑이로 변신한다."라는 황당한 소문이 퍼지는 상황에 빠지기도 했다고 노래한다. 아마도 이는 천주天主와 한울님이라는 용어의 혼동과 동학과 서학이 서로 기치로 내세운 만민평등萬民平等의 사상이나 내세관來世觀 등에서의 교리적 유사성에서 기인하였을 것이다.[55] 실제로 당시 일반 사람들은 동학과 서학을 같은 것으로 생각하였다. "동학東學이라고 하는 것은 서학西學을 바꾸어 부른 것이며, 서학은 곧 천주교天主教를 이르는 것이다."라는 기사가 전할 정도다.[56] 당시에 많은 사람이 동학을 서학과 같은 것으로 생각하거나 서학의 아류 정도로 인식하였으며, 어떤 사람들은 수운이 서학에 빠져 있다고 악의적인 소문을 내는 상황이었다.

> … 거룩한 내 집 부녀, 이 글 보고 안심하소.
> 소위 서학 하는 사람, 암만 봐도 명인 업네.
> 서학이라 이름하고, 내 몸 발천 하렷던가? … -「안심가」

이에 수운은 "서학西學 하는 사람은 아무리 살펴봐도 명인名人이 없다."라는 말로 응수하며, 자신의 도道가 서학과 다르다고 역설하였다. 또 자신이 몸을 발천發闡한 것도 대도大道를 펴는 것도 서학과는 전혀 관계없는 일이라는 점을 분명히 밝히고 있다. 이처럼 수운은 공식적인 포교 과정에 접어들면서 사람들이 자신의 도道와 서학을 제대로 분별하지 못하고 혼동하는 상황에 빠지게 되었다. 따라서 이후 수운은 여러 명확한 논거들을 만들어 자신의 도는 서학이 아니라는 점을 집중적으로 부각하였을 것이다. 이와 함께 서학은 세상의 어려움을 구할 바른 도道가 아니라는 점도 논리적으로 설명해야 할 필요

---

55 조지형, 「동학의 서학 · 서양에 대한 인식의 변화 양상」, 『교회사연구』 제34집, 한국교회사연구소, 2010, 103쪽.

56 황현(1855~1910), 김종익 옮김, 『번역 오하기문(梧下記聞)』, 역사비평사, 1994, 55~60쪽.

가 있었다. "서학의 가르침을 행하는 사람들 가운네는 암난 봐도 명인이 없나."라는 정도의 서학에 대한 폄하 발언은 있었지만, 이 시기에도 서학과 서양 세력에 대한 적극적 비판이나 배타적인 태도는 보이지 않는다.[57] 어쨌든 수운은 서학은 명인을 길러낼 수 없는 제한적이고 한계를 지닌 가르침이라고 인식했다는 점은 분명하다. 어디까지나 수운은 서학이 불완전하고 미완성된 가르침이라고 생각했다. 서학이 동양의 도道는 물론 자신이 한울님께 받은 가르침보다 못하다고 인식했음이 확인되는 대목이다.

1862년 1월에 지은 『동경대전』「논학문論學文」과 『용담유사』「권학가」에서는 서학과 서양에 대한 수운의 인식과 대응은 한층 비판적인 성격으로 변화해 간다. 주된 변화의 방향은 앞선 시기에 사람들로부터 자신의 도道가 서학으로 오해받는 현실을 극복하기 위한 것으로 보인다. 이 시기에 수운은 한문으로 쓴 「논학문」을 통해서는 사방의 선비들을 향해, 그리고 국문으로 창작한 「권학가」를 통해서는 일반 대중과 여성들을 향해, 합리적인 논리체계를 통해 자신의 도가 서학과 유사하다는 오해를 불식시키는 한편, 이제 본격적으로 서학을 향한 비판의 목소리를 강화한다.[58]

> … 신유년(1861)에 이르러 사방의 어진 선비들이 내게 와서 물었다. … 또 물었다. "서학과 더불어 다른 것이 없습니까?" 내가 대답하였다. "서학은 나의 도와 같으나 다른 점이 있다. (서학은 한울님께) 비는 듯하지만 실지가 없느니라. 그러나 운運인즉 하나요, 도道인즉 같으나 이치인즉 아니다." 또 물었다. "어찌하여 그러합니까?" 내가 대답하였다. "나의 도는 무위이화無爲而化니라. 마음을 지키고 기운을 바르게 하고 성품을 거느리고 가르침을 받으면 자연스러운 가운데에서 화하여 나오는 것이지만, 서양 사람들은 말에 차례가 없고 글에 옳고 그름이 없어서 도무지 한울님을 위하는 단서가 없고, 다만 자기 몸만 위하여 빌 따름이다. 몸에는 기화氣化의 신神이 없고, 배움에는 한울님의 가르침이 없으니, 형식은 있으나 자취가 없고, (한울님을) 생각하는 것 같으나 주문이 없으니, 도道는 허무에 가깝고 배움은 한울님이 아니다. 어찌 다름

---

57 조지형, 앞의 글, 104~105쪽.
58 조지형, 위의 글, 105쪽.

이 없다고 말할 수 있겠는가?" 또 물었다. "도道가 같다고 말씀하시니, 서학西學이라 이름합니까?" 내가 대답하였다. "그렇지 않다. 내가 동방에서 태어나 동방에서 받았으니, 도道는 비록 천도天道이지만 학學은 곧 동학東學이다." … -「논학문」

수운은 서학은 "(한울님께) 비는 듯하지만, 실지가 없다."라고 규정한다. 한울님을 모시고 그에 기원하는 듯하지만, 실제적인 행위나 효과는 없는 체계라고 비판하는 것이다. 이처럼 수운은 서학이 공허한 가르침에 불과하다고 인식한다. 나아가 수운은 "서양 사람들은 말에 차례가 없고 글에 옳고 그름이 없어서 도무지 한울님을 위하는 단서가 없고, 다만 자기 몸만 위하여 빌 따름이다."라고 비판한다. 서양인들은 말에 두서도 없고, 글에도 시비가 없다는 것이다. 따라서 서양인들은 한울님을 위하는 실마리도 없으며, 다만 자기 자신만을 위하여 비는 일에만 몰두하는 결정적인 단점이 있는 불완전하고 이기적인 존재에 불과하다고 인식한다. 그리하여 수운은 서양 사람은 "몸에는 기화氣化의 신神이 없고, 배움에는 한울님의 가르침이 없다. 형식은 있으나 자취가 없다. (한울님을) 생각하는 것 같지만 주문이 없다. 그들의 도道는 허무에 가깝고 배움은 한울님이 아니다."라고 신랄하게 비판한다. 수운은 "서양인들이 스스로를 정화하고 성화聖化하는 신령스러움이 없고, 그 가르침은 한울님께서 내리신 것이 하나도 없다."라고 인식한다. 그 결과 서양 사람들은 "형식은 있지만 자취가 없고, 한울님을 위하는 듯하나 실질적인 효과를 내는 주문이 없다."라고 비판한다. 따라서 수운은 서양인이 추구하는 가르침은 "허무에 불과하고 한울님이 내리신 것이 아니다."라고 결론짓는다. 한마디로 말하자면 수운은 서양 또는 서학이 "허무에 가깝고 한울님의 도道가 결단코 아니다."라고 인식하였다.

이어지는 수운의 말은 동양과 서양을 나누지 않는 보편적 천天의 운행은 같고[運則一也], 이러한 천天의 운행에 부합해서 마땅히 행해야 하는 길도 또한 동일하지만[道則同也], 그 길을 밝히고 구현하는 이치에서는 다르다는[理則非也] 언급이라고[59] 이해할 수 있다.

---

59 비(非)는 정확하게 말하자면 "옳지 않다." 또는 "그르다."라는 의미인데, 다름[有異]에 대한 설명이라는 맥락

수운은 동학과 서학이 같은 점이 있다는 사실을 일부 인정하면서도 이치에 있어서 분명히 다르다고 강조한다. 앞서 「안심가」에서는 동학이 서학과 다르다는 단순한 목소리를 냈다면, 이제 「논학문論學文」에서는 구체적인 논리를 세워 이를 증명해 보인다. 수운은 동학과 서학이 운運도 같고 도道도 같지만, 그 이치가 분명히 다르다고 설명하는 것이다. 그는 진리는 하나일 뿐만 아니라 신神도 궁극적으로는 하나라고 본다. 서학은 그 신神을 섬기는 방법이 잘못되었다고 파악하고 강조한다. 따라서 수운은 서학은 하늘을 위하지 않고 단지 제 몸만을 위하는 이기심에 빠져서 남의 나라를 침략하고 도道는 허무虛無한 데 빠져 있다고 신랄하게 비판하는 것이다.

그리고 이 시기에 이르러 비로소 '동학東學'이라는 명명이 이루어진다. 인용문에서 수운은 자신의 도가 서학西學과는 명확하게 구분된다는 취지에서 '동학'이라고 명명한다. 수운의 동학이라는 명명은 서학에 대항하기 위한 것이 아니라 자신의 도가 서학과는 다르다는 맥락에서 서학과의 차별성을 강조하기 위해 사용하고 있다.

수운의 동학은 유儒·불佛·선仙 삼교三教를 한민족의 전통 신앙의 입장에서 융합하여 '시천주侍天主'의 천도사상天道思想을 핵심으로, 서학西學·서교西教에 대한 동학東學·동교東教의 대척對蹠 의식과 자존自存 의식에서 세워진 민족 신앙으로 파악된다. 이러한 견해에 따른다면 동학은 청래서학서淸來西學書의 사상적 영향력과 이질적 문화 체계의 도전에 대한 전통사회의 내재사상內在思想의 반작용이고, 반형현상反衡現象으로의 종교적·민족적 자위운동自衛運動의 성격을 가진 것이다. 그리고 동학은 농촌 향반鄕班과 농민이라는 피지배층인 민중을 중심으로 한 새로운 민족적 가치체계 추구의 반작용反作用이었다.[60]

을 고려하여 "다르다."라고 번역하였다. 물론 서양 사람의 이치(理致)는 옳지 않다는 비판적인 의미를 포함한다.

60 이원순, 『조선서학사연구』, 일지사, 1986, 96쪽.

… 하원갑 경신년에, 전해 오는 세상 말이,
요망한 서양적이, 중국에 침범해서,
천주당 높이 세워, 거 소위 하는 도를,
천하에 편만하니, 가소절창 안일넌가?
증전에 들은 말을, 곰곰이 생각하니,
아동방 어린 사람, 예의오륜 다 바리고,
남녀노소 아동주졸, 성군취당 극성중에,
허송세월 한단 말을, 보는다시 들러오니,
무단이 하날님께, 주소간 비는 말이,
삼십삼천 옥경대에, 나 죽거든 가게 하소.
우숩다 저 사람은, 저의 부모 죽은 후에,
신도 업다 이름하고, 제사조차 안 지내며,
오륜에 버서나서, 유원속사 무삼일고?
부모 업는 혼령혼백, 저는 엇지 유독 잇셔,
상천하고 무엇하고, 어린 소리 마라서라.
그 말 저 말 다 던지고, 한울님을 공경하면,
아동방 삼 년 괴질, 죽을 염녀 잇슬소냐?
허무한 너의 풍속, 듣고 나니 절창이오,
보고 나니 개탄일세. … -「권학가」

위의 인용문에 이르면 수운은 한 걸음 더 나아가 서학을 강한 어조로 맹렬하게 비판하기 시작한다. "요망한 서양적西洋賊"에서 서양을 극단적으로 비판한다. "요망"과 "적賊"에서 서양인 혹은 서양 세력에 대한 수운의 비판적인 인식을 확인할 수 있다. 수운은 서학이 서구 열강의 '침략의 첨병 역할을 하는 종교'라는 점을 분명하게 강조하는 동시에, 서학이 예의와 오륜五倫을 모두 버리고 세월을 허비하면서 자신을 낳아주신 부모에게 제사도 지내지 않는다는 점을 들어 서학을 맹공한다. 기본적으로 수운의 이러한 서학에 대한 비판은 성리학性理學 즉 유교儒教의 윤리관을 근거로 한 것이다. 이른바 정학正學과 사학邪學의 대립 구도하에서 수운이 서학을 사학으로 규정하고 비판함으로써, 제사祭祀 문제와 조상숭배, 전통적인 예법禮法과 질서 등에 있어서 자신의 도道가 서학과는 분명히 다르다는 것을 적극적으로 내세웠다.[61] 성리학적 인식 방법으로 서학을 비판하고 있지만, 수운이 유독 서학에 대해 비판의 날을 세웠던 사실이 확인되는 대목이다. 따라서 이 시기에 이르면 동학의 서학에 대한 비판의 논리체계가 어느 정도 완성되었다고 할 수 있다. 같은 해 9월에 수운이 경주慶州 감영에 체포되었다는 점을 고려한다면, 당시 수운으로서는 서학과 동학의 차별성을 강조하는 일은 매우 중요한 문제였을 것이다. 수운은 1860년 득도得道 이후 2년이 지나가는 시점인 1862년에 와서야 비로소 서학과의 차별성을 드러내는 방법의 하나로 '동학東學'이라는 명명이 이루어지며, 동양의 전통적 윤리관에 근거하여 서학에 대한 비판적 논리체계를 완성한다. 서양 세력에 대해서는 무력으로 중국을 침범한 사실은 언급하면서도 서양 세력을 조선의 적으로 간주하거나, 우리가 몰아내고 물리쳐야 할 대상으로 인식하는 단계까지는 나아가지 않았다는 견해도 있다.[62] 그러나 수운이 "요망한 서양적西洋賊"이라고 부르며 서양을 적대시했다는 점은 분명하다. 요컨대 수운이 서양 혹은 서양 세력에 대해 우호적이거나 긍정적인 평가를 한 적이 없다. 서양의 윤리적 규범 면에서나 사후세계에 대한 믿음에 대해서도 매우 부정적인 평가를 시도한다. 따라서 수운의 서양에 대한 인식은 비판적이고 서학이 잘못된 체계라는 평가에 있었음이 분명하다.

> … 만약 이와 같은 상황이 계속되면 근거 없는 터무니없는 말들이 더욱 날조되어 말류末流의 화禍가 어느 지경에 이를지를 알 수 없다. 하물며 이와 같은 선도善道를 '서양 오랑캐의 학[西夷

61 이와 관련하여 최석우는 동학이 서학과 동류(同類)라는 지목을 받게 되자, 관(官)의 지목에서 벗어나기 위하여 서학을 배격하게 되었다고 주장하였다. 최석우, 「서학에서 본 동학」, 『교회사연구』 1집(한국교회사연구소, 1977)을 참고하시오.

62 조지형, 「동학의 서학 · 서양에 대한 인식의 변화 양상」, 『교회사연구』 제34집, 한국교회사연구소, 2010, 108쪽.

之學]'과 똑같다고 하니, 참으로 수치스러운 일이 아닌가? …

- 『동경대전東經大全』「통문通文」

위의 인용문은 수운이 교인들에게 보낸 「통문」의 일부인데, 『동경대전』의 여러 판본 가운데 경진판庚辰版(1880)에만[63] 수록되어 있어서 기존의 연구에서는 거의 주목하지 않았던 내용이다. 이 「통문」은 수운이 1862년 9월 하순에 경주부慶州府의 영장營將에게 잡혀갔다가 방면된 후, 용담龍潭으로 돌아왔을 때인 10월 14일에 보낸 것으로 추정된다.[64] 당시 동학이 서학으로 곡해되어 관官과 유림儒林들에게 탄압받고 있던 위급한 상황에서 작성되었다. 그러므로 '서이지학西夷之學'이라는 표현은 서학西學과의 차별성을 극대화하기 위한 수사적인 표현이라고 생각된다. 기존에 수운의 서학에 관한 견해를 밝힌 대부분의 글에서는 '서이西夷' 즉 '서양 오랑캐'라는 표현은 사용하지 않았고, 줄곧 서학, 양학洋學, 서도西道 등으로 표현하고 있다. 이 무렵에 이르러 수운은 서양을 '오랑캐'로 인식하고 있었음이 확인된다. 수운은 자신의 도道가 서양 오랑캐의 학學으로 평가받는 일에 대해 "참으로 수치스럽다."라고 인식한다. 수운은 서학이 아니라 동학東學을 주장하고 밝혔다. 그럼에도 불구하고 동학이 서양 오랑캐의 학문으로 이해되는 일은 매우 잘못된 일이라고 강조한다. 수운이 '오랑캐'가 아닌 참된 도道를 추구하는 올바른 인간에 의해 창시된 동학의 본질을 이해해달라고 요청하고 있는 대목이다. 여기서 수운이 서양 또는 서양 세력을 '오랑캐'로 인식하고 있었다는 사실을 확인할 수 있다.

수운에게 있어서 1861년까지는 서학에 대한 적극적 비판이나 배타적 태도를 그다지 찾아볼 수 없고, 1862년에 들어서서야 서학을 본격적으로 비판하고 있다. 그렇지만 이러한 수운의 비판도 '자신의 도道와 차별성을 강조하려는 목적'이 주된 것으로, 서양 세력을 '조선의 적'으로 간주하거나 '몰아내고 물리쳐야 할 대상'으로 인식하는 단계까지

---

63 2009년에 독립기념관에 기증된 것으로, 『동경대전』의 최초 판본으로 추정되고 있다. 윤석산, 「새로 발견된 목판본 '동경대전'에 관하여」, 『동학학보』 20집, 동학학회, 2010; 김용옥, 『동경대전』 1, 통나무, 2021 참고.

64 『동학서(東學書)』, 「대선생주문집(大先生主文集)」, 11a쪽.

나아가지는 않았다는 견해가 있다.[65] 그러나 수운이 서양 혹은 서양 세력을 '오랑캐'로 부르고 규정했다는 사실이 확인되기 때문에 최소한 수운이 서양의 정체를 동양을 위협하는 적대세력인 '적賊'으로 인식했다는 점은 분명하다. '적賊'은 도적이나 도둑을 뜻하는 말이다. 그리고 '오랑캐'는 금수禽獸와도 같은 비천한 무리를 가리키는 말이다. 수운이 '오랑캐'인 '서양적西洋賊'이 삼천리금수강산을 침략하는 위급한 시기를 잘 넘기기 위해 항상 조심하고 경계하라고 가르친 셈이다. 따라서 수운의 서양에 대한 인식은 부정적이고 비판적이었다는 사실이 다시 한번 확인된다.

그런데 『용담유사』 「권학가」의 "요망한 서양적"이라는 적대적 표현은 「안심가」의 "개 같은 왜적놈"과는 비교되는 표현이다. 일본 혹은 일본 세력에 대해서는 욕설을 내뱉었지만, 서양 또는 서양 세력에 대해서는 다소 누그러진 말로 지칭했다. 여기서 수운은 일본에 대해서는 극명한 적대감을 직설적으로 표현했지만, 서양에 대해서는 조금 객관적인 평가를 했다고 볼 수 있다. 이는 우리나라에 대해 일본이 구체적으로 위해를 가했고, 가해올 것이라는 인식이 누적된 상태로 드러났지만, 서양에 대해서는 그 가능성만 있었던 역사적 사실을 반영하는 대목으로 보아야 할 것이다. 수운은 "십이제국十二諸國"이라는 용어를 사용하여 세계를 인식하고 이해했는데, 세계 각국에 여러 나라가 있다는 사실을 잘 알고 있었던 것은 분명하다. 그렇지만 수운이 노래한 "십이제국"이 '여럿'이라는 복수를 지칭하기만 할 뿐 구체적인 개별국가들이 합쳐진 형태로의 인식은 아니었다.

동학과 서학은 '동東 - 서西'로 대칭되는 명칭에서 기본적인 인식의 차이가 있고, 현재도 동학을 '서학에 대항하기 위하여 성립된 일종의 대항 이데올로기'로 보는 견해가 여전히 보편적으로 유효하다. 이에 반해 동학이라는 명칭은 당시 새로운 힘으로 들어오는 서학에 영향을 받았다거나 또는 서학에 대항한다거나 해서 붙여진 이름이 아니라, 서양적인 방법이 아닌 동방의 합리적 사유와 방법에 뿌리를 둔 동학으로 천도天道를 밝히고 궁구하겠다는 의미이며, 우리나라의 학문적 전통에 근거한 동국지학東國之學 또는 동방

65 조지형, 「동학의 서학 · 서양에 대한 인식의 변화 양상」, 『교회사연구』 제34집, 한국교회사연구소, 2010.

지학東方之學의[66] 준말이라는 주장도 있다.[67]

수운은 「논학문論學文」에서 "서양 사람은 도성입덕道成立德하여 그 조화에 미치어 일을 이루지 못함이 없고 무기로 침공함에 당할 사람이 없다 하니"라고 말했다. 서양의 경제력과 군사력, 구체적으로는 무기가 도성입덕에서 나온 것이고 우리나라보다 뛰어나다고 인식하는 사람들에 관해 이야기한 대목이다. 당시 대부분 사람이 서양 또는 서양 세력에 대해 긍정적으로 인식하고 있었다는 점이 확인되는 대목이다.

도道와 덕德이라는 덕목으로 서양 세력을 긍정적으로 평가하는 대부분 일반인의 인식과 이해에 대해 수운은 "양학洋學은 우리 도道와 같은 듯하나 다름이 있고, 비는 것 같으나 실지가 없느니라. 그러나 운運인즉 하나요 도道인즉 같으나 이치인즉 아니니라."라고 비판적으로 대답한다. 양학洋學 즉 서학西學은 우리의 도道와 가르침 혹은 동학東學과 비슷하게 보이지만 분명히 다르다고 대답한다. 수운은 결정적으로 서학은 하늘에 비는 일로 비치지만 실제적인 효과나 효능은 없다는 한계가 있다고 비판한다. 나아가 수운은 서학과 동학은 운運과 도道라는 측면에서는 하나요 같지만, 그 이치[理]는 다르다고 주장한다. 운運, 도道, 리理에 대해 구체적으로 설명하지 않아서 그 미묘한 차이에 대해서는 알기가 어렵지만, 수운이 동학과 서학이 이치에 있어서 구별된다고 보았다는 사실은 확인된다. 요컨대 수운은 서학이 바른 이치를 가르치는 체계가 아니라고 비판하는 것이다.

수운이 죽기 직전에 관군에 체포되었을 때 "양학은 음陰이고, 동학은 양陽이기 때문에 양을 가지고 음을 억제할 목적에서 늘 외우고 읽고 하였습니다."라는[68] 보고가 전한다. 동양의 전통적인 음양론陰陽論에 의지하여 서학西學을 음陰으로, 동학을 양陽으로 인식했다는 것이다. 음陰이 소극적이고 수동적인 약弱함의 상징이라면, 양陽은 적극적이고 능동적인 강强함의 상징이다. 이러한 맥락에서 동학으로 서학을 억제하고 제압할 목적으

---

66 우리나라에서는 천여 년 전부터 중화(中華)와 구분하기 위해 동국(東國), 해동(海東), 동방(東方), 동방(東邦), 청구(靑丘) 등의 명칭을 사용해왔던 전통이 있다.

67 조지형, 「동학의 서학 · 서양에 대한 인식의 변화 양상」, 『교회사연구』 제34집, 한국교회사연구소, 2010, 94쪽.

68 『고종실록』 권1, 고종 1년(1864) 2월 29일 경자(庚子).

로 동학의 주문呪文을 항상 읽고 외웠다는 이야기다. 여기서 수운 또는 그를 따르는 무리가 서학西學에 대해 陰을 상징하는 학문 체계로 인식했다는 사실이 확인된다. 이에 반해 동학은 음을 제어할 수 있는 양陽을 상징한다고 인식하여 동학의 주문을 일상생활 속에서 늘 외웠다는 진술이다. 음陰인 서학을 물리칠 수 있는 구체적인 방법으로 양陽인 동학의 주문이 사용되었다는 이러한 보고는 동양의 음양론에 기초하여 침략 세력인 서학에 대응 혹은 대항하려 했던 당대인들의 소박한 이해와 인식을 엿볼 수 있는 대목이다.

수운이 동양의 대척점으로 서양이라는 용어를 사용하는 때에는 사실적이고 중립적으로, 싸워서 이기고 공격하여 취하는 서양의 모습을 묘사할 때는 부러움으로, 서양인은 말이 조리가 없고 글이 분별이 없다고 할 때는 비하로, 부귀를 취하지 않는다고 하고 천하를 취하였다고 할 때는 비난의 양태로 나타났다. 이처럼 수운의 타자에 대한 인식은 단일하지 않고 복합적이었다. 또 불변적이지 않고, 가변적이었다.[69] 그러나 이러한 복합적이고 가변적인 수운의 서양에 대한 인식은 기본적으로 비본질적이고 천박하다고 폄하시키는 내용으로 일관되었다. 이는 수운이 서학에 대한 동학의 우위를 강조했다는 점에서도 확인할 수 있다.

수운이 살았을 때 당대인들은 "이 사람들은 도를 서도西道라 하고, 학을 천주학天主學이라 하고, 교는 성교聖教라 하니, 이것이 천시天時를 알고 천명天命을 받은 것이 아니겠는가?"(「논학문」)라고 말했다. 천주교, 즉 서학이 하늘의 명령을 받은 가르침일 수도 있다고 한때나마 인식했다. 그러나 수운은 하늘의 때와 하늘의 명령을 올바르게 받은 진정한 가르침은 자신이 창도한 동학東學에 있노라고 확언했다.

수운에게 '문명'이란 특정 문화나 가치 · 이념의 구현이 아닌 보편적인 천도天道의 실현이었으며, 이는 곧 전통적 화이론華夷論[70]의 '유일 · 보편' 문명과는 다른 '혼성 · 보편' 문명의 지향이었다.[71] 수운에게 서양은 물리쳐야 할 적인 동시에 본받아야 할 부러움의

---

69 조규태, 「동학과 천도교의 타자로서의 서양 인식」, 『이민인종연구』 3집, 이민인종연구회, 2010, 61쪽.

70 중화사상(中華思想)을 정당화하는 논리로서 고대 중국에서 출현하고 형성된 화이론은 한족(漢族)이 유교적 예악 질서와 같은 자신들의 문화적 가치를 '유일 · 보편' 문명으로 확신하고, 이분법적 세계관에 기초하여 세계를 그 체현자인 '화(華)'와 대조자인 '이(夷)'로 구분하는 문명관이다.

대상이었다. 그는 마테오 리치의 데우스Deus = 천주天主 = 상제上帝의 등식에 따라 서학의 신神인 천주를 전통 유학의 상제와 천天, 그리고 전통 신앙의 하느님과 동일시했다.[72] 그렇지만 동학은 서양의 학學인 서학에 맞선 동국東國 즉 조선朝鮮의 학學이라는 의미가 있기에, 명칭상 서학에 대한 강력한 대결 의식과 강한 민족의식을 담고 있다.

수운이 서학의 실천적 삶의 방식, 즉 안민安民의 목적에 유용한 서학의 핵심 가치들 가운데 주목한 것은 바로 '만민萬民의 평등사상'이었다. 당시 조선 민중들이 동학에 열렬하게 호응한 가장 큰 이유는 신분제에서 오는 사회적 모순을 정면으로 거부하여 모든 인간의 평등을 주장한 평등사상에 있었고, 이는 다분히 서학의 영향이었다.[73] 수운은 서학을 불변적 특성의 종교로서보다는 현실에서 변용이 가능한 삶의 방식으로서 수용했을 가능성이 크다. 수운 스스로는 서학의 영향에도 불구하고, 오히려 이것을 자양분 삼아 독자적 특성의 동학적 삶의 방식이 가능하다고 판단한 듯하다. 수운이 수용한 서학은 종교적 교리가 아니라, '만인의 평등'이라는 실천적 삶의 메시지였다.[74]

동학 교세의 급격한 확산에 당황한 조선 정부는 1864년에 동학의 교조敎祖인 수운水雲을 혹세무민惑世誣民의 죄로 몰아 처형했다. 이 사건으로 인하여 동학의 교세는 일시적으로 위축하였다. 그러나 개항開港 이후 지배층의 부패와 일제日帝의 경제 침략으로 백성들의 고통이 가중되자, 동학은 제 2대 교주 해월海月 최시형崔時亨(1827~1898)의 적극적인 포교 활동으로 다시 확산하여 커다란 세력을 형성하였다.

해월의 언행록인 『해월신사법설海月神師法說』 가운데 「강서降書」가 있는데, 해월이 1884년 10월 24일에 한울님으로부터 친필로 받은 글로서, 해월이 한울님을 도와서 해야 할 일을 가르쳐준 내용을 담고 있다.[75] 수운 사후死後 20년이 지난 시점에 계시받은

---

71 김민석, 「전통적 화이론(華夷論)의 변천과 최제우의 문명관」, 『학림(學林)』 제49집, 연세사학연구회, 2022, 237쪽.

72 박정호, 「수운 최제우의 신관 : 서학의 영향을 중심으로」, 『통일인문학』 제74집, 건국대학교 인문학연구원, 2018, 120쪽.

73 노영필, 「동학의 생명사상 연구」, 전남대학교 박사학위논문, 2003, 1~6쪽.

74 임상욱, 「동학의 정체성 형성 과정에 미친 서학의 영향 : 동학의 성장과 몰락」, 『동학학보』 제58호, 동학학회, 2021, 214~215쪽.

글인데, 짧은 글이지만 동학의 서양 세력에 대한 인식의 변화를 살필 수 있는 중요한 자료다.

> … 뱀이 개구리를 잡아먹으며 스스로 "나를 대적할 자가 없다."라고 말하며, 지네가 (제 몸에) 달라붙어 (자기를 죽이려는 것을) 알지 못하더니, 또 뱀이 죽고 나니, 지네가 또한 교만하여 거미가 제 몸을 감아놓고 뜯어먹으려 함을 알지 못하였다. 독한 놈은 반드시 독한 것에서 상하게 되니, 너에게서 나온 것이 너에게로 돌아갈 것이다. (우리가) 어진 방패와 의로운 창과 예의의 칼과 지혜의 창으로 서쪽 괴수를 정벌하여 쫓아내면 장부丈夫 앞에는 장사壯士가 없을 것이다. …
>
> -『해월신사법설』「강서降書」

위의 인용문을 살펴보면 먼저 앞부분에서는 개구리, 뱀, 지네, 거미를 등장시켜 우언寓言의 기법을 활용하여 비유적인 언설을 펼치고 있다. 뱀과 지네가 자기보다 약한 상대를 잡아먹고는 그 자체에 도취하여 한껏 으스대는 모습을 보이지만, 자기가 곧 죽을 운명이라는 사실은 알지 못한다는 이야기다. 무력武力이 조금 세어서 상대를 이겼다고 해서 우쭐대거나 교만을 떨지 말라는 내용으로 이해할 수 있다. 이는 서세동점西勢東漸의 상황에서 동양을 무력으로 짓밟고 있는 서양 세력을 염두에 두고 한 이야기로 짐작된다. 서양 세력이 비록 중국과 조선으로 대변되는 동양을 무력으로 점령하고 있지만, 장차 더 강한 세력이 나타난다면 서양 세력도 동양과 같은 처지가 될 것이라고 엄중하게 경고하는 것이다. 특히 "독한 놈은 독에 의해서 상하게 된다."라는 말은 서양의 금언인 "칼로 흥한 자, 칼로 망하리라."라는 말처럼 폭력은 또 다른 폭력을 부르게 되고, 결국 자신보다 더 강한 상대를 만날 수밖에 없으므로 그 결말은 서양 세력의 몰락으로 귀결될 것이라는 말이다. 인용문의 뒷부분에서는 서양 세력을 '서쪽의 괴수[西酋]'로 표현하면서 서양에 대한 대결 인식을 천명하고 있으며, 명시적으로 우리가 배척하고 쫓아내야 할 대상으로 설정하고 있다. 그러나 그 핵심적인 방법에서는 서양의 무력에 대해 무

---

75 이영노, 『해월신사법설해의』, 천도교 시흥교구, 천법출판사, 2000, 593쪽.

력으로 맞설 것이 아니라, 인의예지仁義禮智라는 정신적 무기로 맞서라고 강변한다. 이는 상대를 부정하면서 자신을 정당화하는 동시에 우리 스스로를 도덕적 우위에 두려는 입장이다. 여기서 무력이 아닌 인의예지로 맞서야 함을 강조한 것은, 서구 열강의 무력에 우리의 힘으로는 맞설 수 없음을 인정하고, 그렇다면 무엇으로 맞설 것인가에 대한 물음을 통해 그에 대한 대답으로 도덕주의道德主義를 찾아내서 이를 부각하려 한 것으로 생각된다.[76]

'근대'의 경험은 전통과 근대, 민족과 세계, 야만과 문명이 '해소되어야 할 것'과 '지향해야 할 것'이라는 대립적인 범주로 충돌하면서 새로운 종합을 이끄는 매우 역동적인 경험이었다.[77] 동학을 '동도주의東道主義'라고 할 때 '동도東道'는 동양의 도를 의미하는 것이 아니라, 동양의 전통사상과 서학을 비판적으로 수용하고 걸러내면서 통합시킨 동서東西 회통會通의 도이자, '동국東國의 길'로서의 '천도天道'이자 우리의 길[吾道]을 의미한다.[78]

1904년 3월 의암義庵 손병희孫秉熙(1861~1922)는 「의정대신각하 전상서」에서 "서양지인西洋之人은 재예才藝를 필달必達하여 인조지술人造之術이 축물필비逐物必備하니, 차즉가학이인용자야此則可學而引用者也."라 했다.[79] 의암은 서양인은 재주와 기예에 통달하여 만들어내는 술법을 갖추었으므로 그들이 가진 기술을 배우고 인용해야 할 것이라고 주장했다. 의암은 서양인들이 기술에 능통했다고 인식했다.

1903년과 1904년 동학이 개화운동을 추진하던 무렵부터 의암을 따르던 천도교인에게 서양은 문명국으로서 모방의 대상과 이루어야 할 목표로 인식되고 있었다. 1905년 12월 동학의 명칭을 천도교天道教로 바꾼 후, 천도교단이 교리와 교제教制와 교인의 근대

---

76 조지형, 「동학의 서학 · 서양에 대한 인식의 변화 양상」, 『교회사연구』 제34집, 한국교회사연구소, 2010, 110~111쪽.

77 고건호, 「동학의 세계관에 나타난 전통과 근대의 변증법 : '근대'의 경험과 동학 · 천도교」, 『동학학보』 제9호, 동학학회, 2005, 213쪽.

78 김용휘, 「천도교의 운동노선과 동도주의」, 『종교문화연구』 27집, 한신대학교 종교와문화연구소, 2016. 12, 83쪽.

79 천도교사편찬위원회 편, 『천도교백년략사』 상, 1981, 341쪽.

화를 추구하면서도, 천도교인들은 서양을 정치 · 경세 · 사회 등의 측면에서 달성해야 할 문명의 대상으로 인식하였다.[80]

> … 방금 세계 문명은 실로 천지가 한번 크게 변하는 첫 운수라. 먼저 깨닫는 그곳에는 반드시 한울님의 돌보시는 기운이 응하리니. [方今世界文明방금세계문명, 實是실시, 天地一大變始之運也천지일대변시지운야. 先覺之地선각지지, 必有唯親之氣應필유유친지기응] …
>
> -『삼전론三戰論』「총론總論」[81]

천지가 크게 한번 변하는 첫 운수에 따라 세계 문명이 진보되고 발전되었는데, 그곳에는 반드시 한울님께서 돌보시는 기운이 응하고 있다는 의암의 이 진술은 그가 서양문명에 대해 매우 긍정적으로 인식하고 있었음이 확인되는 대목이다. 서양문명은 한울님의 기운이 응하고 있다는 종교적 설명을 시도한 것이다.

> … 옛날 문명의 풍화風化가 동양에서 울렸더니, 이 세상의 운수는 곧 폭양爆陽의 기운이 천하에 처음으로 밝아 크게 한번 변하고, 크게 한번 열리는 수數이니라. [昔文明之風석문명지풍, 鳴於東洋也명어동양야, 斯世之運則사세지운즉, 爆陽之氣폭양지기, 明於天下명어천하, 大一變大一闢之數也대일변대일벽지수야] …
>
> -『명리전明理傳』「창세원인장創世原因章」

의암은 애초에는 동양에서 문명의 교화가 먼저 울렸다고 주장한다. 그런데 이 운수는 내리쬐는 양陽의 기운이었다고 강조한다. 이는 수운이 동양은 양陽, 서양은 음陰으로 인식한 내용과 비슷하다. 의암이 이러한 말을 했던 이유는 당대가 동양문명의 운수가 점차 사그라들고 장차 서양문명의 운수가 득세할 것이라고 말하기 위함이었다. 양陽의 운수

---

80 조규태, 「동학과 천도교의 타자로서의 서양 인식」, 『이민인종연구』 3집, 이민인종연구회, 2010, 67쪽.

81 『삼전론』은 손병희가 지은 것으로, 번역은 『천도교경전』(천도교중앙총부, 1972)과 『신사성사법설(神師聖師法說)』(천도교중앙총부, 1986)을 따랐다.

가 지나가면 당연히 음陰의 운수가 세상을 지배할 것이라는 음양론에 입각한 진술이다. 위의 인용문에서 '천지일대변시지운'과 '대일변대일벽지수'로 표상되는 운수관과 '방금세계문명'과 '석문명지풍'으로 표상되는 문명관이 제시된다. '문명文明'이라는 용어를 공유하면서도 각각 '방금方今'과 '석昔'으로 대비되는 '방금세계문명'과 '석문명지풍'에서는 동東과 서西라는 대비와 결합하여 고古와 금今, 즉 동양과 서양은 각각 '고古 = 동東', '금今 = 서西'라는 조합으로 구성되었다. 이와 같은 당대 세계 정세에 대한 인식의 표상은 동학 고유의 개벽적開闢的 시운관時運觀에 고와 금, 동과 서라는 시간과 공간의 범주가 결합한 것으로, 고古를 동東에 그리고 금今을 서西에 등치시킴으로써 '금今'과 '서西'에 대한 적극적인 평가와 동東에 대한 부정적인 인식을 드러내고 있다.[82] 당대의 세계는 '대일변大一變'과 '대일벽大一闢'의 운수로 표상되듯이 변혁의 세계이자 위기였다고 인식한 셈이다.

> … 방금 천하대세가 운과 함께 나아감으로 사람의 기운은 매우 강하고 교묘하여 기예의 발달과 동작의 연습이 이에 극진하였다. … -『삼전론』「서론序論」

의암은 당대의 천하대세가 나아감을 주도하는 것은 서양이며, 이에 따라 사람의 기운이 강하고 교묘해져서 온갖 기술과 재예才藝가 발달하고 인간의 활동이 극진해졌다고 평가한다.

> … 이 물건이 오래되면 낡아지고 도道가 멀어지면 소홀해지는 것은 이치가 그런 것이라, 밝기가 불을 본 듯하도다. 이로부터 억대에 여러 나라들이 권력을 잡기만 숭상하여, 흥하고 망하고 이기고 지는 것을 장기와 바둑 승부같이 하였으니, 이 어찌 한심한 바가 아니랴? 아무리 그러해도 역시 운수요, 천명이니, 누구를 원망하랴? 이렇듯이 헤아리면 이치의 번복과 운수의 순환이 손바닥을 보는 듯하도다. … -『삼전론』「서론」

---

82 고건호, 「동학의 세계관에 나타난 전통과 근대의 변증법 : '근대'의 경험과 동학 · 천도교」, 『동학학보』 제9호, 동학학회, 2005, 217쪽.

의암이 세계 역사의 진행을 개괄적으로 본 내목인데, 서양의 득세가 "이치의 번복과 운수의 순환"이라는 다소 숙명적인 인식이 확인된다.

> … 이같이 하면 옛적을 거울삼고 옛적을 상고하여, 오늘을 가리키고 오늘을 살펴보는 것에 어찌 조금인들 어려움이 있으랴? 이러므로 예와 이제가 같지 않은 것은 나는 반드시 '운이 변한 것'이라 이르노라. …
>
> -『삼전론』「서론」

위의 인용문에서 '운이 변한 것'은 서양이 동양으로 거침없이 몰려드는 형국을 조망한 대목이다. 의암은 하늘이 정한 운수에 의해 세계사가 진행되고 있다는 관점에서 당대를 설명하고자 했다.

> … 지금 세상의 복잡한 사이에서 사람이 오가고 물품과 재화가 상통되며, 국정이 넓어서 서에서 동에까지 남에서 북에까지 이웃과 다름이 없으니 …
>
> -『삼전론』「언전言戰」

위의 인용문에서는 운수運數와 천명天命은 변하는 것이고, 선천先天과 후천後天은 갈마들면서 순환하는 것이라는 논리에 기초하여 당대의 세계 정세를 새로운 기운이 휩쓸고 있는 매우 긴박한 정황으로 인식하고 있다. 이러한 변화의 정황은 지리적으로도 나라 안은 물론이고, 국경과 상관없이 동과 서, 남과 북을 불문하고 인기人氣가 상통하고 물화物貨가 오감으로써 세계가 이미 이웃과 다를 바 없을 정도가 되었으며, 따라서 이미 교제나 통상을 거부할 처지가 아니라는 것이다.[83]

> … 서양 사람은 이 세상의 운을 타고 확실히 동양 사람보다 투철하여 각각 활동하는 기운이 있으므로 연구하는 가운데 재주가 늘어 기계가 편리하여 일마다 사업에 성공하고, 정치가 밝

83 … 自西阻東(자서저동), 自南之北(자남지북), 無不交隣(무불교린) …. 고건호, 「동학의 세계관에 나타난 전통과 근대의 변증법 : '근대'의 경험과 동학 · 천도교」, 『동학학보』 제9호, 동학학회, 2005, 218쪽.

> 아 임금과 신하의 분의를 서로 지켜 잃지 않으므로 공화의 정치와 입헌의 정치가 세계 문명의 흐름을 이루어 당세에 이름을 드러내니, 이것이 동서양 번복의 이치가 아닌가? …
>
> -『명리전明理傳』「창세원인장創世原因章」

이와 같이 변혁적 시운관時運觀에 기반해서 변화와 순환의 이치를 해명하는 논리는 동양과 서양에 대한 논의로 전개되어, 동과 서는 각각 "이 세상의 운을 타고 확실히 동양 사람보다 투철하여 각각 활동하는 기운이 있는" 서양인西洋人과 "우물 안에 앉은 것과 같아서 외세 형편에 어두운" 동양인東洋人으로[84] 대비되고 있다.

> … 지금 우리 동양 사람들은 긴 밤에 취한 꿈을 언제 깰는지 기약이 없는지라. 세계 각국이 죽은 송장으로 대하니, 이것이 통탄할 일이 아니냐? 지금 우리 동양 사람 가운데도 반드시 뜻 있는 훌륭한 사람이 없지 않으리니, 큰 꿈을 누가 먼저 깰 것인가? …
>
> -『명리전』「활동장活動章」

의암은 동양 사람은 깊은 밤에 꿈에 취한 사람으로 깨어날 기약이 없다고 비판한다. 급기야 세계인들이 동양 사람을 대하기를 죽은 송장으로 취급하는 지경까지 이르렀는데, 이러한 긴박한 때에 동양의 깊은 잠과 꿈에서 누군가 먼저 깨어나야 한다고 강조한다.

> … 그러나 오직 우리 동포가 만약 보국안민할 계책을 잃으면 동양의 대세를 반드시 안보하기 어려울 것이니, 어찌 통탄하지 아니하랴? …
>
> -『명리전』「치국평천하지정책장治國平天下之政策章」

의암은 애초에 인류의 문명은 예전에는 동양에서 유행하다가 운수가 바뀌어 서양으로 그 주도권이 넘어갔다고 이해한다. 의암은 이를 바탕으로 하여 당대의 문명은 오히려

---

84 『삼전론』「총론」.

서양에서 꽃을 피우면서 엄청난 변화를 겪고 있다고 인식한다. 문제는 이러한 변화의 와중에 동양은 여전히 구래舊來의 운수에 안주하여 우물 안 개구리의 행색에서 벗어나지 못하고 있다는 점이다. 이와 같은 동東과 서西에 대한 이해는 도道(동학東學)의 앞날을 암울하게 만드는 데 그치지 않고, 우리의 강토를 보전할 보국안민輔國安民의 방책을 구하기에도 어려울 뿐만 아니라, 나아가 장차 동양의 장래도 보장할 수 없는 지경에 이르렀다고 표현한다.

> … 방금 서양 사람이 '나라가 부유하고 소업所業이 넓어서[國富業廣]' 천하에 횡행하는 것은 다름이 아니라, 먼저 이 이치를 투득하여 인조人造 발달에 힘을 얻은 것이니라. …
>
> -『명리전』「응천산이발달인조장應天産而發達人造章」

세계사적인 경쟁 상황에서 천하를 횡행하는 서양의 힘은 '국부업광'으로 요약된다. 이처럼 의암의 서양에 대한 인식은 매우 긍정적이다. '국부업광'의 표상으로서 서양의 이미지는 곧 우리의 현안인 부국강병富國强兵의 방책이 무엇인지를 분명히 제시하고 있다. 수운水雲이 서양의 힘을 원천을 교회당과 선교사, 총과 대포로 인식했다면, 의암은 서양이 가진 힘의 원천이 '부富와 산업産業'에 있다고 보았다. 즉 선교사와 서양의 군대가 결합하여 동양으로 밀려오던 일에서 벗어나 이제는 자본주의적 발전에 기반한 제국주의적 침략의 양상으로 바뀌어 나간 것이다.[85]

> … 이러므로 나라에 도道가 있으면 집과 사람이 충족되고, 물건이 다 넉넉하며, 나라에 도가 없으면 백성이 궁하고 재물이 다하여 밭과 들이 거칠어지나니, 이것을 미루어 생각해 보니 백성이 일정한 생업이 없고 일정한 생각이 없으면 나라를 장차 안보하기가 어려울 것은 손바닥을 보는 듯하니라. …
>
> -『명리전』「치국평천하지정책장」

---

85 고건호, 「동학의 세계관에 나타난 전통과 근대의 변증법 : '근대'의 경험과 동학 · 천도교」, 『동학학보』 제9호, 동학학회, 2005, 226쪽.

의암은 인간이 살아가는 데 필수적인 의식주의 충족 여부를 도道가 있음과 없음으로써 판단한다. 나아가 의암은 백성들이 일정한 생업을 통해 일정한 생각을 가질 때에야 비로소 나라를 제대로 보전할 수 있다고 주장한다.

인종론人種論이 최초로 등장한 시기는 1904년의 러일전쟁을 전후한 때였다. 러 · 일 전쟁기에 의암 손병희는 일본을 지원하기 위해 1만 원을 일본 정부에 헌납하면서 "황인종을 도와 백인종을 배척하는 뜻을 표하기" 위해서라고 말했다.[86] 당시에 의암은 "일본의 패전은 곧 동양의 파멸"이라고 생각했다. 그는 러일전쟁을 황인종과 백인종 사이의 대결로 이해하였고, 일본의 패망은 바로 동양 전체 즉 황인종의 파멸로 이어질 것이라고 인식했다.

천도교인의 타자로서의 서양에 대한 인식도 다면적이고 유동적이었다. 문명화의 대상으로 서구를 바라볼 때, 서양은 찬탄과 희구의 대상이었다. 또 러일전쟁에서 일본을 지지하고, 태평양전쟁에서 영 · 미와 혈전을 전개할 때, 서양은 배척과 비난, 궤멸과 멸종의 대상이었다. 천도교의 서양에 대한 인식을 다양하고 유기적인 모습을 띠었다.[87]

의암은 경제적이고 물질적인 풍요와 인간의 도덕적 발전이 결합한 고도로 발전된 이상적인 국가와 사회를 '문명'으로 규정했다. 동서양의 문물제도가 동일하지는 않더라도 천도天道의 본성을 지킨 것이라면, 그 차이는 시의時宜에 따라 절충 · 변용한 결과로 모두 '문명'으로 인정했다. 나아가 의암은 운수運數의 순환에 따른 현재의 동서양 문명의 격차를 인정하고, 서양문명의 장점을 적극적으로 수용할 것을 주장했다. 따라서 그가 지향한 '문명'은 동서양 문명이 씨줄과 날줄처럼 얽혀있는 다원주의적 성격의 '혼성 · 보편' 문명이었다.[88]

1907년 3월과 4월에 「만세보」에 연재된 「현기문답玄機問答」에서 천도교는 행실과 법률과 실업實業, 의복과 음식과 거처 등을 서양식 문명으로 이루기를 희망하였다. 그런데

---

86 「본교역사」, 최기영, 박맹수 편, 『한말천도교자료집』, 국학자료원, 1997, 275쪽.

87 조규태, 「동학과 천도교의 타자로서의 서양 인식」, 『이민인종연구』 3집, 이민인종연구회, 2010, 61쪽.

88 김민석, 「일본 외유기(1901~1905) 손병희의 '문명'개념과 문명론」, 『대동문화연구』 제117집, 대동문화학회, 2022, 380쪽.

정신적 혹은 종교적인 측면에서, 천도교는 서양의 종교보다는 천도교의 이념이 개인과 가정과 세계에 확산하기를 희망하였다.[89]

이종린李鍾麟(1883~1950)은 1913년에 『천도교회월보』에 글을 실어 "문명에는 일시적 물질을 개발하는 육신문명肉身文明과 영구적 도덕을 확장하는 성령문명聖靈文明이 있는데, 금일의 문명은 육신적肉身的 문명 같은 성향이 있다. 금일의 세계가 진실로 영구적 문명을 요구한다면, 사람을 대하기를 천天으로 하고, 대동태평大同太平할 대도대덕大道大德인 천도교天道教를 기본으로 하여야 한다."라고[90] 주장했다. 그는 서양문명에 대해 육신을 강조하는 문명으로 보았다. 이에 반해 성령聖靈을 강조하는 문명인 천도교는 영구적 문명이라고 넌지시 주장한 셈이다.

문화 운동기의 천도교에서 인식한 서양의 문화는 자율적이고, 창조 · 진취적이며, 조화 · 협동적인 것이었다. 이에 따라 천도교인들은 이러한 정신을 갖춘 '신인간新人間'을 형성하고, 이것을 바탕으로 '신문화新文化'를 건설하며, 그럼으로써 이상적인 '신사회新社會'를 수립하기를 희망하였다.[91]

동학은 서구 근대와 전통의 충돌이라는 문명적 정황 속에서 서구적 세계관의 도전에 대한 주체적인 응전을 시도한 운동이었다. 동학은 서학과의 차별성을 부르짖으면서 스스로의 정체성을 확보하려는 움직임으로부터 비롯된 것이었다. 중요한 것은 동학이 주창한 주체성이 서구와의 만남을 통해서 확보된 것이었다는 것이다. 이러한 맥락은 다른 민족종교 운동에서도 공히 발견되는 것이다. 동학을 위시한 민족종교 운동은 동양의 진리 체계를 고수하는 위에서 서구적 세계관을 활용하려는 지향성을 지닌 움직임이었다. 동학을 중심으로 하는 민족종교운동의 흥기는 근대 한국종교사의 도도한 물줄기에 동도서기론적 사유의 파고가 작용한 것으로 볼 수 있다.[92]

동학의 창시자 수운은 서양(문명)에 대해 경이로움과 놀라움을 표했다. 서양 세력의

---

89 천도교중앙총부, 「현기문답」, 최기영, 박맹수 편, 『한말 천도교 자료집』 1, 국학자료원, 1997, 351쪽.
90 이종린, 「일월일일(一月一日)」, 『천도교회월보』 30호, 천도교중앙총부, 1913. 1, 4~5쪽.
91 조규태, 「동학과 천도교의 타자로서의 서양 인식」, 『이민인종연구』 3집, 이민인종연구회, 2010, 70쪽.
92 국사편찬위원회 편저, 『한국문화사 31, 서구 문화와의 만남』, 경인문화사, 2010, 215쪽.

동양 진출에 대해 두려움과 불안을 느낀 수운은 그에 대한 풍문을 통해 서양을 낯선 체계로 받아들였다. 서양 세력의 중국 침략과 수도인 북경의 함락 소식을 통해 수운은 서양의 침략성과 호전성을 인식했으며, 서양을 동양보다 강한 세력을 지닌 우월성을 지닌 문명으로 인식했다. 서양 세력을 강대하고 강력한 것으로 이해했고, 따라서 수운은 그에 대한 두려움과 위기의식을 느꼈고 서양 세력이 곧 우리나라로 밀려들 것을 염려하고 불안감을 토로했다. 한마디로 말하자면 수운은 서양 세력과 문명을 호전적인 '침략'으로 인식했다. 그리고 수운은 서양세력의 본원과 핵심을 그들의 가르침을 뜻하는 서학西學으로 인식했는데, 서학은 한계를 가진 실제적 공효功效가 없는 허무虛無에 가까운 가르침이라고 인식했다. 서학은 하나님 또는 한울님이 내려주신 참된 가르침이 결단코 아니며 요망한 서양적西洋賊 혹은 서양 오랑캐의 학學에 불과하다고 비판하였다. 또 기본적으로 수운은 동학은 동양의 전통적인 음양론陰陽論에 기초하여 서양문명을 음陰으로 보았고, 동양문명을 그에 반하는 양陽이라는 개념으로 인식했다. 동학은 서양문명을 강한 힘을 가진 세력의 근원 또는 중심으로 인식하여 서양문명을 하나의 강력한 '세력'으로 인식했다. 그러나 본질에 있어서 수운은 서양은 동양의 양陽에 의해 다스려지고 이끌어질 문명으로 인식하여, 현실적 차원의 열세를 정신적 차원에서 극복하려고 동학을 창도하였다.

해월은 서양은 무력武力을 지닌 강한 세력이라고 인식했으며, 의암은 서양문명의 특징을 재주와 기예에 통달하는 기술에 능통한 것으로 인식하였다. 그리고 의암은 서양을 동양보다 훨씬 뛰어난 진보와 발전을 이룬 문명국文明國으로 인식했고, 특히 부국강병富國强兵으로 대표되는 강대국强大國으로 인식했다. 따라서 의암은 서양문명을 찬탄讚嘆과 희구希求의 대상으로 인식하였다.

2) 증산교의 서양문명에 대한 인식

증산교단의 교조인 증산甑山 강일순姜一淳(1871~1909)은 자신이 구천九天에 있다가 처음으로 지상에 탄강誕降한 장소에 대해 다음과 같이 말했다.

… 인류와 신명계神明界의 큰 겁액劫厄을 구천九天에 하소연하므로 내가 서천西天 서역西域 대법국大法國 천계탑千階塔에 내려와서 삼계三界를 둘러보고 천하天下에 대순大巡하다가 이 동토東土에 그쳐 …

-『대순전경大巡典經』[93] 5장 12절

증산이 이 세상에 처음으로 내려온 장소가 "서천 서역 대법국 천계탑"이다. 그런데 증산교단 최초의 자료 모음집인 『증산천사공사기甑山天師公事記』(1926)에는 "서양西洋 대법국大法國 천계탑天啓塔"으로 기록되어 있고, 『대순전경』 초판(1929)에는 "서양 대법국 천계탑天階塔"으로 기록되어 있으며, 『대순전경』 3판(1947)에는 "서양 대법국 천계탑千階塔"으로 조금씩 바뀌다가 『대순전경』 6판(1965) 이후에는 "서천西天 서역西域 대법국 천계탑千階塔"으로 기록이 변화한다.

"대법국大法國"은 과연 어떤 나라일까? 『대순전경』 6판(1965)이 간행되기 이전까지의 증산교단 관계 문헌에서는 "서양 대법국大法國"이라고 명백하게 기록되어 있다. 따라서 "서양 대법국"은 분명히 France를 가리키는 용어로 생각되는데, 그 이유는 France의 한문식 이름이 바로 "법국法國"이기 때문이다. '대大'가 존칭을 나타내는 접두사라면 대법국은 서양에 있는 유럽의 불란서佛蘭西 즉 프랑스를 가리키는 용어가 틀림없다. 『대순전경』 6판에 보이는 "서천西天 서역西域"이라는 막연하고 추상적이고 신비한 지역에 있다는 "대법국"은 증보되기 이전의 기록들에서 "서양西洋"으로 표현하고 있기 때문에 '프랑스(불란서)'를 가리키는 용어라는 사실은 명확하다.

그렇다면 "천계탑"은 어떠한 탑을 가리키는 말일까? 한문의 표현이 조금씩 다르기는 하지만, 그 탑이 '매우 높을 것이다.'라는 공통된 속성을 가진 것으로 짐작할 수 있다. 즉 '하늘을 여는[天啓]' 탑이며, '하늘까지 이르는 계단을 가진[天階]' 탑이며, '천 개의 계단을

---

93 증산교단의 대표적인 경전은 『대순전경(大巡典經)』이다. 증산교단 최초의 경전인 『증산천사공사기(甑山天師公事記)』(1926)의 자료를 근거로 삼아 1929년에 종교적 경전 형태의 『대순전경』 초판이 간행된다. 이후 편집자인 이상호(李祥昊, 1888~1967)가 사망하기 전까지 내용이 증보 · 보완되면서 모두 6판이 발행되었다. 6판 이후에는 맞춤법만 고쳐진 채 그대로 간행되었다. 이 글에서는 증산교단의 대표적인 경전인 『대순전경』 6판(1965)을 주로 인용한다. 증산교단의 경전 성립사에 대해서는 김탁의 『증산교학』(미래향문화, 1992)을 참고하시오.

가진[千階]' 탑이므로 매우 높은 탑인 것이다.

France의 수도인 Paris에 1889년에 세워진 Eiffel Tower는 파리만국박람회를 기념하여 세워진 높이 약 300m의 탑으로서, 그 이전에 건설된 어떤 구조물보다도 높은 세계 최고의 탑이었으며, 그 이름은 탑을 세운 건축가인 Eiffel을 기념하여 명명되었다. 에펠탑이 세워진 1889년의 파리만국박람회에 조선朝鮮이 참가한 기록은 왕조실록과 신문 등에서 발견되므로, 에펠탑이 당시 '세계 최고의 탑'이라는 사실은 조선에도 널리 알려졌었다고 생각된다.

드러난 사실만으로는 "천계탑"이 에펠탑이라는 명확한 근거는 없지만, '이 세상에서 가장 높은 곳'에 증산이 처음으로 내려왔다는 '증산의 강세降世'를 설명하기 위해 당시 '세계에서 가장 높은 탑'이었던 에펠탑을 종교적으로 재해석했을 가능성을 무시할 수 없다.[94]

> … 나는 서천西天 서역西域 대법국大法國 천계탑千階塔 천하대순天下大巡이라. … (3장 22절)

증산이 자신의 정체성에 관해 설명한 대목이다. 여기서 "서쪽 하늘 아래 서쪽 지역의 대법국"은 아마도 불란서佛蘭西 즉 프랑스France를 가리키는 말이며, 천계탑은 1889년에 그 수도인 파리Paris에 세워진 에펠탑Eiffel Tower을 가리키는 용어일 것이다.[95] "매우 높은 세계 최고의 탑"은 증산이 살았던 당시에는 에펠탑이었다.

증산甑山의 지상으로의 강세降世를 설명하기 위해 세계에서 가장 높은 탑인 프랑스의 에펠탑이 상징적으로 빌려 썼으나 점차 증산교의 교리가 체계화되는 과정에서, 증산이 내려온 곳이 지상에 있는 특정한 장소에 있는 인간이 만든 건축물이라면 증산의 신성성神聖性이 침해당할 것을 염려하여 성聖스럽고 신비로운 장소를 가리키는 용어로 바뀌어야 했었기 때문이다.

---

94 김탁, 「증산교 교리의 창조적 해석」, 『증산교학』, 미래향문화, 1992, 266쪽.

95 이에 대한 자세한 논의는 김탁, 「증산교 교리의 창조적 해석」, 『증산교학』(미래향문화, 1992)을 참고하시오.

증산은 천상에서 지상으로 내려왔다고 믿어진 인물이다. 그는 당시 이 땅에서 '가장 높은 곳'으로 여겨졌던 에펠탑에 내려왔던 신성한 존재로 믿어졌다. 천상의 거룩한 존재가 비천한 지상에 내려올 때는 '지상에서 가장 높은 곳' 즉 '하늘과 가장 가까운 장소'에 내려왔다는 이야기가 더욱 설득력이 있을 것이기 때문이다. 어쨌든 증산이 세상에 내려온 첫 장소는 '서양 대법국'이었다. 이후 교리가 점차 체계화되면서 "서양西洋"이 모호하고 신비한 "서천西天 서역西域"으로 바뀌었을 뿐이다. 따라서 증산은 "서양"을 "삼계三界를 둘러보고 천하天下에 대순大巡하기 위한 성스러운 공간"으로 인식했다고 할 수 있다. 증산은 서양을 거부하고 부정하는 위치에 선 것이 아니라 서양을 발전된 문명을 지닌 성스럽기까지 한 공간으로 인식했다.

> … 가라사대 옛적에는 동서양 교통交通이 없었으므로 신명神明도 또한 서로 넘나들지 못하였더니, 이제는 기차汽車와 윤선輪船으로 수출입輸出入하는 화물貨物의 표호票號를 따라서 서로 통하여 다니므로 조선 신명을 서양으로 건너보내어 역사役事를 시키려 하노니 재주財主를 얻어서 길을 틔워야 할지라, 재주를 천거하라. … (4장 3절)

증산은 옛날에는 동양과 서양의 교통이 없었기 때문에 신명들도 서로 넘나들 수 없었다고 주장하였다. 그런데 이제 기차와 윤선으로 대표되는 근대의 서양 문물이 동양에 들어오기 시작하여 수출입輸出入하는 화물표를 따라 신명들도 서양과 동양의 경계를 넘어 통하여 다닐 수 있는 시대가 열렸다고 주장했다. 기차는 근대와 서양문명을 경험하게 하는 가장 매혹적인 이기利器였다. 19세기에 기차만큼 생생하고 극적인 근대성의 징표는 없었다. 기차는 산을 넘고 물을 건너 일정한 속도로 내달렸다. 그러면서 도시와 농촌, 도시와 도시를 이어주며 사람들의 생활양식을 근본적으로 바꿔놓았다. 그 결과 여러 지역이 동일한 시간 규범에 묶였고, 농경시대의 한적했던 시간이 근대의 촉박한 시간으로 전환해갔다. 바야흐로 시간과 공간의 개념이 근본적으로 바뀌기 시작한 것이다.[96] 증산

96 김지환, 『모던 철도 : 근대화, 수탈, 저항이 깃든 철도 이야기』, 도서출판 책과 함께, 2022, 15쪽.

은 조선의 신명들을 서양으로 건너보내 일을 시키기 위해서는 동서양의 수출입을 할 수 있기 위해 재물을 많이 가진 사람이 필요하다고 말했다. 증산은 기차汽車와 윤선輪船을 서양의 문명을 대표하는 물건으로 인식하고 수용한다. 당시 조선 정부는 서양의 앞선 과학기술을 받아들이는 정책의 하나로 전기, 철도, 전차, 기선의 도입을 추진했다. 이에 따라 전통사회에서 살아온 한국인들에게 근대문명은 난생처음 겪어보는 빠른 속도로 새겨지게 된다.

여기서 증산이 기차와 윤선으로 운반되는 화물貨物의 표호票號에 신명들이 붙어서 다닌다고 주장한 점이 특기할 만하다. 화물표라는 구체적인 물건에 신격神格인 신명神明들이 깃들어 옮겨 다닌다는 종교적 설명을 시도한 것이다. 신명이라고 하더라도 자신의 마음대로 동양과 서양의 경계를 넘나드는 일은 불가능하다는 설명과 입장이다. 인간이 만든 근대문물의 총아인 기차와 윤선을 통해서만이 신명들이 동서양의 경계를 벗어나는 일도 가능하다는 주장이다. 인간이 오랜 기간에 걸쳐 발명한 근대문물을 통해서만이 다양한 신격들의 활동이 가능할 것이라는 증산의 주장은 서양의 근대문명을 적극적으로 받아들이고 나름대로 적극적으로 종교적 수용을 시도한 일로 평가할 수 있겠다. 나아가 증산은 서양으로 수출하는 화물표를 통해 조선의 신명들을 서양으로 보내 모종의 일을 도모할 것이라고 주장하여, 근대 과학문명의 발전에 힘입어 장차 동양과 서양의 통일을 위한 종교적 역사役事를 시도한다고 강조하였다. 이는 증산이 서양문명과 문물을 자신의 종교 행위에 적극적으로 수용했음을 알 수 있는 단적인 예이다.

윤선輪船은 화륜선火輪船의 줄임말이며, 근대적인 증기선蒸氣船의 옛 이름이다. 화륜선은 물레바퀴 모양의 추진기를 단 기선汽船으로 스크루를 이용하기 전에 있었다. 1775년 와트가 증기 기관을 발명한 이후 증기선의 실용화를 위한 시도가 진행된 결과, 1803년 풀턴이 센 강에서 증기선 시운전始運轉에 첫 성공을 거두었다. 초기의 증기 기관은 저압 기관으로서 최대 출력이 1,000마력 정도에 불과했기 때문에 이를 개선하려는 시도가 여러 차례 행해져서 마침내 1884년 영국의 파슨스와 스웨덴의 라발이 각기 터빈 기관의 원리를 개발해 냈다. 이 기관은 크기가 작고 가벼우면서도 열효율이 높은 장점을 가져 급속히 발달하였고 20세기 초부터 실용화되었다.

천사天師 매양 뱃소리를 하시거늘 종도從徒들이 그 뜻을 묻자 조선朝鮮을 장차 세계상등국世界上等國으로 만들려면 서양신명西洋神明을 불러와야 할지라. 이제 배에 실려 오는 화물표貨物標를 따라서 넘어오게 되므로 그러하노라 하시니라. (4장 168절)

증산은 우리나라를 세계상등국으로 만들기 위해서는 서양의 신명들을 불러오는 일이 필요하다고 주장했다. 그리고 증산은 서양의 신명들은 배에 실려 오는 화물표를 통해 올 수 있다고 강조한다. 세계 각국을 돌아다니며 무역하는 근대문명의 총아인 윤선輪船에 붙어오는 화물표를 따라서 서양에 있는 신명들이 우리나라에 올 수 있으며, 서양신명들이 우리나라를 강대국으로 만드는 일에 협조할 것이라는 말이다. 여기서도 증산이 서양문명의 핵심인 근대의 문명이기를 적극적으로 받아들이고 있다는 사실을 확인할 수 있다.

이때에 천사天師 여러 종도들에게 일러 가라사대 이 지방을 지키는 모든 신명神明을 서양으로 건너보내어 큰 난리를 일으키리니, 이 뒤로는 외인外人들이 주인 없는 빈집 드나들 듯하리라. 그러나 그 신명들이 일을 다 마치고 돌아오면 제집 일은 제가 다시 주장하리라. (4장 4절)

증산이 조선의 신명들을 서양으로 건너보낸 핵심적인 이유는 "큰 난리를 일으키는 일"이다. 후대에 일부 증산교인들은 증산의 이 공사公事로 인해 서양에서 제 1차, 제 2차 세계대전이 발생했다고 믿기도 한다.[97]

유월 어느 날 형렬에게 예수교서耶蘇教書 한 권을 구하여 오라 하시거늘, 형렬이 이웃 마을 오동정 김경안에게서 예수교서를 빌려다 올리니, 천사天師 받아서 불사르시니라. … (2장 7절)

---

97 증산은 관운장(關雲長)의 신명이 그를 모신 전각에 있지 않고 서양에 가서 큰 난리를 일으키고 있다고 주장하기도 했다. (3장 135절) 그리고 일부 증산교단에서는 증산이 제자를 시켜 "큰 북을 대들보에 매달고 병자(1936), 정축(1937)을 계속하여 외우게 했던 일"을 세계 전쟁의 발발을 예정한 공사로 믿기도 한다. 또 증산은 "천지개벽시대에 어찌 전쟁이 없으리오?"라고 말하기도 했다. (4장 44절)

위의 인용문에서 알 수 있듯이 증산은 예수교서에 대한 잘 알고 있었다. 그는 제자를 시켜 예수교서를 구해와 불사르는 종교적 행위를 시도한다. 증산이 책을 불사르는 일은 훼손시키는 행위가 아니라 종교적인 목적으로 신비하게 활용하는 행위로 믿어진다. 증산이 당시에 일반 사람들에게까지 널리 영향을 미치기 시작했던 예수교의 경전에 대한 일정한 정보를 가지고 있었으며, 이를 자신의 종교적 행위에 사용했다는 사실에서 그의 예수교에 대한 수용의 일단을 짐작할 수 있다.

증산은 자신의 종교적 행위인 천지공사天地公事에 유달리 양지洋紙를 많이 사용하였다. "양지에 물형약도物形略圖를 그려서"(2장 51절), "양지 한 축軸에 글을 가득히 써서"(2장 116절), "양지에 글을 쓰시더니"(3장 66절), "양지 한 장을 주시며"(3장 69절), "양지로 크게 권축卷軸을 만드신 뒤에"(4장 78절), "양지 넉 장에 글을 써서"(4장 81절), "양지책洋紙冊에 글을 무수히 써서"(4장 112절), "양지에 이십사 방위자를 둘러쓰시고"(4장 118절), "양지책에 글을 쓰시고"(4장 125절), "양지에 글을 써서"(4장 129절), "양지 석 장을 펴놓고 글을 쓰시거늘"(4장 159절, 4장 160절), "양지 이십 장을 각각 길이로 팔 절 넓이로 사절四絶로 잘라 책을 매시고"(4장 161절), "양지 한 장을 주어 유불선儒佛仙 석 자를 쓰이신 뒤에"(4장 164절), "양지 온 장에 사람을 그려서"(7장 5절) 등이 대표적 사례다.

물론 증산은 자신의 공사에 백지白紙를 사용하기도 했다. "백지 한 장에 글을 써서 불사르시고"(2장 25절), "백지로 돌려 바른 뒤에"(4장 27절), "백지를 한 방촌씩 오려"(4장 29절), "백지 석 장을 청靑, 홍紅, 황黃 삼색으로 물들여서"(4장 30절), "백지 석 장에 각기 시천주侍天呪를 쓰시고"(4장 30절, 4장 44절), "백지로 만든 고깔"(4장 37절), "백지로 배접褙接한 뒤에"(4장 75절), "백지로 고깔을 만들어"(4장 81절), "백지 한 권을 가늘게 잘라서 풀을 붙여 이은 뒤에"(4장 109절), "백지를 깔고"(4장 129절), "백지를 사지 오리듯 하여"(7장 2절), "백지에 글을 써서"(8장 24절) 등이다. 그리고 증산은 양지와 백지 이외에도 장지壯紙를 사용하기도 했다.(4장 45절)

양지洋紙는 목재 펄프를 사용하여 서양식으로 만든 종이다. 종이는 "섬유와 물의 현탁액을 망으로 걸러 성형 초조한 판상 섬유제품"으로 정의된다.[98] 증산이 자신의 천지공사에 서양 종이를 많이 사용했다는 사실은 그가 서양 제품의 우수성을 인정했다는 사실을 짐작하게 한다.

한국에서의 근대 서양 인쇄술의 유입은 당시 독서 인구의 확산과 신문화의 수용으로 인한 국민 계몽은 물론 문명의 개화를 촉진하였다.[99] 밀려오는 서양문명의 물결에 대한 불안과 이를 극복하고자 하는 신문화의 수용은 자연스러운 귀결이었다.[100] 우리나라의 금속활자 인쇄술은 서양보다 무려 2세기 정도나 앞섰지만 다른 나라와의 교류 없이 독자적으로 실시해 그 이상의 발전을 보지 못하였다. 그 결과 근대에 접어들어 새로운 인쇄술을 외국에서 도입하지 않을 수 없었다. 우리나라에서 책의 근대 인쇄는 고종 17년(1880)에 일본 요코하마에서 한글 신연활자新鉛活字로 찍은 『한불자전韓佛字典』이 효시이지만, 정부에서 고종 20년(1883)에 처음으로 박문국博文局을 설치하고 『한성순보漢城旬報』를 찍어 발행한 것이 공식적인 근대 인쇄의 시작이다.[101] 우리나라에 최초로 서양식 초지기抄紙機가 들어온 것은 1894년 김옥균에 의해서였지만 실제로는 거의 기능하지 못하였다. 실질적으로 가동한 것은 1901년에 조지소造紙所를 신축하고 지폐 용지를 제조하기 시작한 그 이듬해부터였다.[102] 이후 특별한 양식의 것이 아닌 경우 서양식西洋式 기계지機械紙가 전통적 종이를 대체하여 사용하게 되었다.[103] 1890년대 후반부터는 제한적인 범위이기는 했으나 양지洋紙가 겸용되기 시작했다.[104] 이처럼 증산은 서양 종이의 우수성을 알아보고 자신의 천지공사에 적극 사용했다.

증산은 1906년 2월에 서울에 갔을 때 몇몇 제자들과 함께 군산에서 윤선輪船[105]을 타고

98 나무로부터 얻는 섬유는 전 세계에서 생산하는 종이와 판지의 원료 중 대략 90%를 차지한다. 나무로부터 개별 섬유를 만드는 작업을 펄프화라고 부른다. 박종문, 『산림문화전집』 14, 숲과 문화연구회, 2020, 201~255쪽 참고.

99 현영아, 「한국의 근대 서양 인쇄술 유입의 영향에 관한 연구」, 『서지학연구』 제36집, 한국서지학회, 2007, 5쪽.

100 1896년 6월 2일자 『독립신문』은 논설에서 민간에서의 인쇄사업 참여를 적극 권유하기도 했다. 현영아, 위의 글, 11쪽에서 재인용.

101 현영아, 「한국의 근대 서양 인쇄술 유입의 영향에 관한 연구」, 『서지학연구』 제36집, 한국서지학회, 2007, 12쪽.

102 위의 글, 13쪽.

103 서지학개론 편찬위원회, 『서지학 개론』, 한울, 2004, 42~43쪽.

104 이중권 외, 『우리 출판 100년』, 현암사, 2001, 48~49쪽.

갔다. 다른 제자들은 대전에서 기차汽車를 타고 서울로 올라왔다. 당시 증산은 "전함戰艦은 순창으로 돌려대리라."라고 말하기도 했다.(4장 16절) 이때 증산은 제자들에게 각자의 소원을 적은 종이로 안경眼鏡을 쌀 것을 명했다. 안경의 발명자는 알 수 없으나 적어도 13세기 말 무렵에 유리 생산의 중심지였던 이탈리아의 베네치아에서 널리 사용되었다고 전한다.[106] 우리나라의 안경에 대한 최초의 기록은 이호민李好閔(1553~1634)이 1606년에 쓴 「안경명眼鏡銘」이다.[107] 17세기 초에는 안경의 존재가 우리나라에도 알려졌다. 안경은 17세기 전반에 들어와 18세기가 되면 사실상 별로 신기할 리도 없는 일상품이 되었다.[108]

증산은 군산에서 인천까지는 윤선을 타고 이동했고, 인천에서 서울까지는 기차로 움직였다. 그리고 서울에서는 제자들과 함께 극장劇場에 가서 마술을 구경하기도 했다. 또 증산은 "종이에 철도선鐵道線을 그려놓고"(4장 130절)라는 상징적 행위를 시행했다. 요컨대 증산은 서양문명의 총아인 화물선, 기차 등의 문명이기를 실제 경험했던 '근대인'이었다.

19세기 유럽에 출현한 철도鐵道는 혁명과 진보의 상징이었으며, 석탄과 철이 결합한 증기蒸氣 시대의 화신이자 산업혁명의 총아寵兒였다. 또한 철도는 과학기술에 입각한 무한한 진보로 나아가는 통로이기도 했다. 이처럼 철도는 근대문명과 사상의 전령사이지만, 그것이 펼쳐놓은 역사는 제국주의와 침략의 대명사라는 야누스적 성격을 내포하고 있다.[109] 철도는 진보적 근대문명의 전령사이자 제국주의 침략의 첨병 역할을 동시에 품은 이기利器였다.[110] 우리나라에 철도가 부설되어 달리기 시작한 것은 1899년 9월 경인선

---

105 1872년 1월과 9월 두 차례에 걸쳐 화륜선이 부산에 있는 왜관으로 입항하였다. 현명철, 「1872년 일본 화륜선의 왜관 입항」, 『동북아역사논총』 49집, 동북아역사재단, 2015, 326쪽.

106 키아라 프루고니, 곽차섭 옮김, 『코앞에서 본 중세』, 도서출판 길, 2005 참고.

107 강명관, 『조선에 온 서양물건들』, 휴머니스트, 2015, 18쪽.

108 위의 책, 42쪽.

109 이송순 · 정태헌, 「한말 정부 관료 및 언론의 철도에 대한 인식과 수용」, 『한국사학보』 50집, 고려사학회, 2013, 142쪽.

110 위의 글, 144쪽.

京仁線 철도가 처음이다.[111] 1905년 1월에는 경부선京釜線이 개통되었다.[112]

증산은 "운거雲車를 타고 공중을 날아 먼 데와 험한 데를 다니며"(5장 16절)라고 미래 사회의 모습을 예견하기도 했다. 운거는 비행기와 비슷한 이기로 추정된다. 이처럼 증산은 서양의 발달한 문명이기文明利器에 대한 거부감이 없이 매우 적극적으로 받아들였다.

> 용력술을 배우지 말라. 기차와 윤선으로 백만 근을 운반하리라. 축지술을 배우지 말라. 운거雲車를 타고 바람을 어거하며 만 리 길을 경각에 대이리라. (5장 21절)

용력술이나 축지술은 동양 전래의 신비한 술법이다. 그런데 이제 기차, 윤선, 운거 등의 문명이기가 나왔으므로 그러한 신비스러운 술법은 필요가 없다는 말이다. 기이한 술법에 의존하지 말고 과학문명의 발달에 기초한 문명이기를 이용하는 법을 배우라는 가르침이기도 하다.

> … 가라사대 이제 동양이 서양으로 떠넘어가는데, 공부하는 자들이 이 일을 바로잡으려는 자가 없으니 어찌 한심치 아니하리오? … (3장 97절)

증산은 자신이 살던 시기를 "동양이 서양으로 떠넘어가는 때"로 인식하고 있다. 서양문명에 의해 동양의 문화권이 극도로 위협받는 시기라고 규정한 것이다. 증산에게 서양문명은 동양을 넘보는 위협적인 존재로 인식되었던 사실을 알 수 있다. 증산이 자신이 살던 당대를 '동양이 서양의 위협을 받는 시대'로 이해하고 인식했다. 증산은 이러한 긴박한 위기 상황에서 자신이 직접 나서서 동양을 서양의 침략으로부터 보전하려는 천지공사天地公事를 집행한다는 종교적 선언을 하기에 이르렀다. 위의 인용문에서 증산이 동양과 서양으로 천하를 나누어보고 있었다는 사실을 확인할 수 있다. 중국을 지배하던

---

111 위의 글, 152쪽.
112 위의 글, 165쪽.

청淸을 위주로 한 인식의 범위가 서세동점西勢東漸이라는 세계사적 대전환기 흐름의 파고波高를 중심으로 새롭게 인식하고 있었다.

> 이제 동양 형세가 위급함이 누란累卵과 같아서 내가 붙잡지 아니하면 영원히 서양으로 넘어가리라. (6장 131절)

나아가 증산은 자신이 살던 시대를 "서양이 동양을 지배하려는 시기"로 규정한다. 동양이 서양 세력의 침략에 제대로 대응하지 못하고 일방적으로 당하는 형세의 위급함이 마치 달걀을 쌓아놓은 듯 매우 불안한 시기라고 인식한다. 증산은 이러한 긴박한 위기를 맞아 동양을 서양으로부터 지켜내는 일은 오직 증산 자신의 권위와 능력에 의해서만이 가능할 것이라고 종교적 선언을 시도한다. 증산이 스스로 주체적 입장에서 동양을 서양의 위협으로부터 지켜내는 일에 앞장설 것이라는 선언을 한 것이다. 여기서 증산이 서양을 동양의 적으로 인식하고 있었다는 사실을 알 수 있다.

> 하루는 종도從徒들에게 일러 가라사대 서양이 곧 명부冥府라. 사람의 본성이 원래 어두운 곳을 등지고 밝은 곳을 향하나니, 이것이 곧 배서향동背西向東이라. 만일 서양 사람을 믿는 자는 이롭지 못하리라. (3장 98절)

증산은 서양西洋이 명부冥府 즉 저승세계라고 규정했다. 이어지는 문맥을 보면, 여기서 명부는 "어두운 곳"을 뜻한다. 증산이 어째서 서양을 명부로 규정했는지는 자세히 알 수 없지만, 그가 서양을 "어두운 곳"으로 그리고 동양을 "밝은 곳"으로 인식했던 사실을 알 수 있다. 증산은 사람은 본성상 어두운 곳을 피하고 밝은 곳을 향하기 때문에 "배서향동"이라는 말이 있다고 주장한다. 서양을 멀리하여 배척하고 동양을 지키고 향하라는 말이다. 그리하여 증산은 "서양 사람을 믿는 자는 이롭지 못하리라."라고 예언적 선언을 한다. 서양 사람을 믿고 그들의 문명을 받아들이는 일이 단기적으로는 이로운 일로 보일지도 모르지만, 결코 장기적으로는 그렇지 못할 것이라는 단언이다. 그 이유가 인간의 본성이 밝은 곳인 동양으로 향하게 되어 있기 때문이라는 증산의 주장은, 그 직실 여부는 차치하고라도 동양의 우수성과 서양문명에 대한 동양문명의 궁극적 승리를 예언한다는 점이 특기할 만하다. 밝음이 어둠을 물리치고 물리칠 수 있다는 희망을 제시하여 현실적으로 위기에 처한 동양의 형세가 곧 서양을 극복하고 회복되리라고 전망한 셈이다. 서양을 '암暗'이라는 개념으로 인식했다. 이에 반해 동양을 '명明'으로 인식하고 자부하여 동양이 서양보다 우위에 있다고 인식했다.

증산은 조선 중기의 승려인 진묵震默(1562~1633)과 유학자인 봉곡鳳谷 김동준金東準(1573~1661) 사이에 전하는 설화를 이야기하면서, 진묵이 봉곡의 질투와 방해로 "각 지방 문화의 정수精髓를 거두어 모아 천하를 크게 문명케 하고자 하는 뜻"을 이루지 못하여 "이 땅을 떠나 동양의 도통신道通神을 거느리고 서양으로 갔다."라고 주장하였다.(『대순전경』 3장 147절) 증산은 서양문명의 발달 과정에 진묵이라는 우리나라의 승려가 주축이 된 "동양의 도통신"들이 적극적으로 개입했다고 강조한 것이다. 즉 서양문명의 중심에는 동양의 우수한 신격神格들인 도통신이 있다는 주장이다. 겉으로 화려하고 발전적인 모습을 보이는 서양문명에는 동양의 우수한 정신적 가르침과 작용이 있었다는 증산의 이러한 주장에는 서양문명의 본질은 바로 동양의 정신문명이라는 우월의식과 자존감이 내재해 있다. 서양문명의 발달에 동양의 도통신이라는 여러 신격이 주도적으로 도왔다는 증산의 주장은, 그 진실 여부는 확인할 수 없는 신비의 영역에 있는 문제다. 어쨌든 증산은 나름대로 서양문명의 발전에 대한 종교적 설명을 제시하고 있으며, 서양문명의 내면에는 동양문명이 내재해 있다고 강조했다. 이는 동양과 서양 사이의 만남을 종교적으로 설명하려는 해석과 시도이며, 동양문명의 입장에서 서양문명을 인식하고 이해하려는 방법의 하나다.

또 가라사대 서교西教는 신명神明 박대薄待가 심하므로 능히 성공치 못하리라. (3장 149절)

인용문에 나오는 서교西教는 천주학天主學 또는 서학西學을 가리키는 말이며, 그리스도교를 총칭하는 용어다. 여기서 증산은 서양문명의 핵심을 그들의 종교인 그리스도교라고 파악했다. 발전된 서양문명의 본질이 바로 그들이 믿는 그리스도교라는 종교라고 파악한 것이다. 그런데 증산은 서교는 신명神明[113]에 대해 푸대접하기 때문에 성공할 수 없을 것이라고 예견한다. 서교는 절대적인 유일신唯一神만 숭배하고 기타의 여러 신격神格은 부당하게 대하거나 대접하지 않기 때문에 결국은 성공할 수 없으리라고 주장한 것이다. 증산이 서양문명의 한계를 "신명 박대"라는 종교적 이유에 있다고 설명한 점이 특기할 만하다. 증산은 서양문명이 신神의 세계를 도외시하고 무시하면서 발달해 온 문명이라는 점에서 비판한다.

그리고 증산이 강조한 "성공"은 다양한 신격의 적극적 수용과 다양한 활용에 있다. 실제로 증산은 매우 많은 여러 신격에 관해 이야기하고 인정하고 있으며, 심지어는 그들을 자신의 종교적 행위인 천지공사天地公事에 적극적으로 활용하기도 한다. 어쨌든 증산은 '서교西敎'에 대해 부정적으로 인식하고 있으며, 서교의 한계를 극복하기 위해서는 동양종교의 포괄적 수용성이 필요할 것이라고 강조한다. 서양문명의 핵심과 본질은 서교이며, 서교의 극복은 동양의 종교와 사상이 지닌 포괄적 인정과 광범위한 수용에 의해서만 비로소 가능할 것이라고 주장한 증산은 동양의 도덕, 윤리, 지배 질서를 그대로 유지한 채 서양의 발달한 기술, 기계를 받아들여 부국강병富國强兵을 이룩하려는 사상인 동도서기론東道西器論의 한 변형으로 이해할 수 있다.

> … 서교西敎(예수 신新, 구교舊敎)는 세력을 신장伸張하기에 진력盡力하니 … (1장 27절)

위의 인용문은 증산이 1894년에 동학농민혁명이 발생하여 결국은 실패로 끝난 후에 당대를 진단한 사회적 상황을 설명한 대목에 나온다. 증산은 당시 조선에 유입된 서교에는 천주교와 개신교의 두 개의 중요한 교파가 있다고 인식하였으며, 서교(그리스도교)는 자신들의 세력을 넓히는 일에만 몰두하여 민중들의 마음을 돌보지 않았다고 비판한다.

---

113 신명에 대해서는 김탁, 「증산 강일순의 신명사상」, 『대순사상논총』 35집(대순사상학술원, 2020)을 참고하시오.

서양문명의 첨병으로 기능하고 있던 서교(그리스도교)가 그들이 뿌리내릴 터전인 민중을 도외시하고 자신의 세력만을 넓히기에 몰두하고 있다고 힐난하는 것이다. 민중의 가슴을 위로하고 그에 자리를 잡지 못하는 종교는 그 생명력이 길지 못할 것은 자명한 일이다. 증산은 당시 민중들의 심금을 울리지 못하고 울리는 일에는 관심을 가지지 않고, 다만 자파의 세력을 확대하는 일에만 몰두하고 있는 서양의 종교에 대해 심각하게 비판하고 있다.

> 병오(1906) 시월에 예수교당耶蘇敎堂에 가사 모든 의식儀式과 교의敎義를 문견聞見하신 후에 종도들에게 일러 가라사대 족足히 취할 것이 없다 하시니라. (3장 11절)

증산은 서양문명의 근원에 해당하는 서교(그리스도교)의 집회 장소인 교회를 직접 방문하기도 했다. 이때 증산이 예수교에 대해 내린 최종 결론은 "족히 취하여 쓸만한 것이 없다."였다. 증산의 서교 즉 그리스도교에 대한 부정적인 인식을 알 수 있는 대목이다. '새 세상'을 만들고자 하는 증산의 관심과 안목에는 당시 유행하고 있던 그리스도교는 눈에 차지 않는 부족하고 얄팍한 가르침에 불과했다. 어쨌든 증산이 직접 예수교당을 찾아가서 각종 의식과 교리에 대해 알아보았음은[114] 분명한 사실이다. 서양문명의 총아이자 본질로 인식했던 그리스도교의 교당을 찾아가서 그들의 의례와 가르침에 대해 알아보았다는 것은 어쩌면 당연한 일일 것이다. 그렇지만 증산이 내린 결론은 수용할 만한 장점이 부족하거나 없다는 것이었다. 여기서 증산이 서양문명의 폐해와 단점을 지적했다는 사실이 드러난다.

증산의 제자 가운데 한 사람인 박공우가 예수교인과 다투다가 큰 돌에 맞아서 가슴이 상한 일이 있었다는 이야기가 전한다.(『대순전경』 2장 63절) 이때 증산은 "천원川原의 예수교회에서 열두 고을 목사牧師가 모여 대전도회大傳道會를 연다는 소문을 들었다."라고 전한다. 이처럼 증산은 자신이 살던 인근 지역에서 열린 예수교회의 전도회에 대한 소식도

---

114 증산은 "예수교도는 예수의 재강림(再降臨)을 기다리는 종교"라고 규정했다.(『대순전경』 3장 144절)

잘 알고 있었으며, "네 상처를 낫게 만들기 위해 열두 고을 목사를 움직였노라."라고 말하여 자신의 의도와 가르침에 따라 기독교의 전도회가 열렸다고 주장하기도 했다. 이 밖에도 증산의 또 다른 제자인 김형렬이 "예수교인에게 큰 패욕悖辱을 당하고 왔다."라는 이야기도 전한다.(『대순전경』 3장 53절) 이때 증산은 김형렬에게 청수淸水를 떠놓고 스스로 허물을 살펴 뉘우치라고 가르쳤다. 그 후 그 예수교인이 병들어서 사경死境에 이르렀다가 어렵게 살아났다는 소식을 듣고, 증산은 "앞으로 그런 일을 당하거든 조금도 그를 원망하지 말고, 스스로 몸을 살피라. 만일 허물이 네게 있는 때에는 그 허물이 다 풀릴 것이오, 허물이 네게 없을 때는 그 독기毒氣가 본처本處로 돌아가느니라."라고 말했다. 그 예수교인에게 허물이 있었다는 말이다. 이와 같이 증산의 제자들이 예수교인과 얽힌 부정적인 이야기들이 주로 전한다는 점이 흥미롭다. 즉, 증산은 예수교인들을 부정적인 측면에서 이해하고 있었다는 점이 확인되는 것이다.

> 그믐날 저녁에 우레와 번개가 크게 일어나거늘 천사天師 가라사대 이는 서양에서 천자신天子神이 넘어옴이니라. 또 가라사대 이제 천자신은 넘어왔으나 너희들이 혈심血心을 가지지 못하였으므로 장상신將相神이 응하지 아니하는도다 하시니라. (4장 54절)

증산은 서양을 "천자신이 있는 지역"으로 인식했다. 동양에도 천자신이 있겠지만, 서양에도 천자天子를 대표하는 신격이 있다고 이해했다. 증산은 서양에도 여러 나라가 있으며, 이들 나라를 각기 대표하는 신격이 다양한 형태로 존재한다고 주장한다. 그런데 증산은 자신이 행하는 천지공사天地公事에 협조하기 위해 서양의 천자신天子神들이 조선으로 넘어왔지만, 정작 천자신을 보좌할 장상신들은 혈심을 가지지 못한 제자들 때문에 응하지 않는다고 주장했다. 여기서 증산이 서양을 천자의 신명神明 또는 신격神格이 있는 성스러운 공간으로 인식하고 있었다는 사실을 알 수 있다. 그리고 천자를 보좌하는 장상將相에 해당하는 신격도 있으며, 정성스러운 마음인 혈심血心을 가져야만 장상신이 응할 수 있다고 주장했던 점도 확인된다. 천자에 어울리는 신격과 장상에 해당하는 신격이 각기 따로 존재한다는 증산의 주장이 확인되며, 증산이 자신의 종교적 행위인 천지공사에 이러한 신격들을 활용하고 있다고 강조했음을 알 수 있는 대목이다. 어쨌든 증산은 서양을 황제 또는 천자에 합당한 신격들이 머무는 공간으로 인식했다.

> … 갑칠에게 일러 가라사대 네게 장령將令을 붙여 서양西洋으로부터 우사雨師를 불러 넘겨 만민萬民의 갈앙渴仰을 풀어주려 하였더니 … (2장 116절)

증산은 서양을 "비를 주관하는 신격"인 우사雨師가 있는 지역으로 인식하였다.[115] 서양에도 비를 내리게 하는 특정한 임무를 맡은 신격이 있다고 인식했음을 알 수 있는 대목이다. 농사를 짓기 위해서는 하늘에서 내리는 비가 필수적이다. 증산은 바로 이 '비를 관장하는 신격'인 우사가 서양에 있다고 주장했다. 증산은 서양에 있는 우사를 우리나라로 불러들여 온 백성의 갈증과 소망을 풀어주려 했다고 주장한다. 우사 이외에도 여러 기능신技能神이 있을 터이지만, 『대순전경』에는 더 이상 다른 신격에 대해서는 언급하지 않는다.

> 대흥리 거사막 장성원의 어린 아해가 병들어서 낮이면 낫고 밤이면 신열身熱과 기침으로 잠을 자지 못하며 두어 달 동안 고통하거늘, 성원이 아해를 안고 와서 고쳐주시기를 청하니, 가라사대 이 증수症祟는 곧 서양으로부터 멀리 온 비별飛鱉이니 산으로 옮기면 금수禽獸도 또한 생명이요, 바다로 옮기면 어별魚鼈도 또한 생명이니 전선電線에 붙여서 사방으로 흩어가게 하리라 하시고 … (8장 37절)

위의 인용문에서 증산은 서양을 '특정한 병을 들게 하는 원인을 가진 지역'으로 인식한다. 서양에서 병균이 우리나라에까지 옮겨왔다고 인식하는 것이다. "비별"은 글자의 뜻으로는 "날아다니는 꿩의 일종"이지만 정확히 어떤 의미로 사용되었는지는 불분명

---

115 증산은 1909년 4월에도 "서양으로부터 우사(雨師)를 불러 넘겨 비를 주리라."라고 말하기도 했다. (『대순전경』 4장 158절)

하다. 어쨌든 증산은 서양을 병의 원인을 제공한 지역으로도 이해했다는 점이 특기할 만하다.

> 서양 사람 이마두利瑪竇가 동양에 와서 천국天國을 건설하려고 여러 가지 계획을 내었으나, 쉽게 모든 적폐를 고치고 이상理想을 실현하기 어려우므로, 마침내 뜻을 이루지 못하고, 다만 하늘과 땅의 경계를 틔워 예로부터 각기 지경地境을 지켜 서로 넘나들지 못하던 신명神明들로 하여금 서로 거침없이 넘나들게 하고, 그 죽은 뒤에 동양東洋의 문명신文明神을 거느리고 서양西洋으로 돌아가서 다시 천국을 건설하려 하였나니, 이로부터 지하신地下神이 천상天上에 올라가 모든 기묘한 법法을 받아내려 사람에게 알음 귀[耳]를 열어주어, 세상의 모든 학술과 정묘한 기계를 발명케 하여 천국天國의 모형을 본떴으니, 이것이 현대現代의 문명文明이라. 그러나 이 문명은 다만 물질物質과 사리事理에 정통하였을 뿐이요, 도리어 인류의 교만과 잔포殘暴를 길러내어 천지를 흔들며 자연을 정복하려는 기세로써 모든 죄악을 꺼림없이 범행하니, 신도神道의 권위가 떨어지고 삼계三界가 혼란하여, 천도天道와 인사人事가 도수度數를 어기는지라. …
> (5장 12절)

증산은 서양문명을 천국天國의 모형을 본뜬 것이라고 인식했다. 천국을 이상적인 모델로 삼아 건설된 것이 서양문명이라는 말이다. 증산의 주장에 따르면 근세의 이성은 '천국의 모형'이다. 천상의 문명을 본받아 현대의 서양문명이 건설되었다는 말이다. 문명의 본질을 신성神性에 두고 있는 점이 특기할 만하다. 그리고 증산은 서양문명을 일으키는 일에 결정적인 역할을 한 위대한 문화영웅이 이마두利瑪竇, 즉 이탈리아의 예수회 선교사였던 마테오 리치Matteo Ricci(1552~1610)라고 주장했다. 예수회 이전에도 동양과 서양의 교류는 있었다. 하지만 그 교류는 대부분 물질적인 발명품이나 일방적이고 일회적인 사상의 전달뿐이었다. 하지만 예수회의 백 년이 넘는 선교활동을 통한 동, 서의 교류는 상대방에게 정서적인 면이나 사상적인 면에 심대한 충격을 주는 일련의 활동이었다. 유럽 정신과 동양 정신의 만남은 16세기부터 17세기까지 동양으로 파견된 예수회가 중국의 사상과 문화에 관해 최초의 세부적인 연구를 통해서 이루어졌다.[116] 그들은 배타적인 복음주의적 선교에 익숙했던 다른 기독교 수도회와는 달리 이교도라 불리는 다른 문화까지 수용하는 그들만의 특별한 선교노선이 있었다.

증산은 서양문명이 발전된 이면에는 마테오 리치가 이끌고 간 "동양의 문명신文明神들"이 있었다고 강조했다. 서양문명의 본질에는 동양문명의 도움과 협조가 있었다는 말이다. 나아가 서양문명이 발달하게 된 구체적인 방법은 "지하신地下神들이 천상계天上界에 올라가 기묘한 법술을 받아와 인간 세상의 사람들에게 몰래 알려주는 일"이었다고 종교적으로 설명한다. 인용문에서 언급한 현대문명은 곧 서양문명이며, "단지 물질과 사리에만 정통하였고, 인류의 교만과 잔포를 길러내어 천지를 흔들며 자연을 정복하려는 기세로써 모든 죄악을 거리낌 없이 범행하는 문명"이라고 비판한다. 나아가 증산은 이러한 서양문명의 발전에 따라 "신도神道의 권위가 떨어지고 삼계三界가 혼란하여 천도天道와 인사人事가 정해진 도수度數를 어기는 사건"이 일어나게 되었다고 주장한다. 증산의 서양문명에 대한 인식과 비판의 내용을 알 수 있는 중요한 대목이다. 서양문명의 이상적 모델은 하늘에 있는 완전한 세계인 '천국天國'이지만, 그를 모방하려는 서양문명은 물질적 측면에서는 본받을 점이 있지만 정신적 측면에서는 온갖 죄악과 혼란을 초래했다고 신랄하게 비판하였다. 서양문명이 발전함에 따라 조금씩 신적神的 세계의 질서와 권위가 떨어지는 결과를 초래했고, 급기야 하늘, 땅, 인간의 모든 세상이 혼란해지게 되고 말았다는 설명과 주장이다. 서양문명에 대한 근본적인 설명을 시도하고, 더불어 서양문명의 한계와 단점에 대해 심각하게 비판한 대목이다. 여기서 증산의 서양문명에 대한 인식의 전체적인 모습이 확인된다.

증산은 서양을 지상에서 가장 높은 건축물을 가진 지역이라고 이해했고, 천상의 지고至高한 존재였던 자신이 내려온 성스러운 공간으로 인식했다. 그리고 증산은 서양이 기차, 윤선 등의 각종 근대적 문명이기를 발전시킨 문명으로 평가했다. 또 증산은 자신의 천지공사에 서양 종이를 자주 사용했으며, 직접 윤선과 기차를 탔던 경험도 있다. 반면 증산은 당대를 "동양이 서양으로 떠넘어가는 때"라고 규정하여 서양은 동양을 넘보는

---

116 J. J. 클라크, 『동양은 어떻게 서양을 계몽했는가?』, 우물이 있는 집, 2004, 64~66쪽.

위협적 존재라고 파악하여 '동양의 적'으로 인식했다. 그리고 증산은 서양은 명부冥府 즉 어두운 곳이나 저승을 뜻하는 세계라고 규정하기도 했다. 또 증산은 서양문명이 발달한 이면에는 동양에서 건너간 도통신道通神과 문명신文明神이 있었다고 주장하였다. 나아가 증산은 서양문명의 교만과 폭력성을 지적하기도 했으며, 서양문명은 본디 천국天國의 모형을 본뜬 것이라고 인식했다. 그리고 증산은 서양문명의 핵심인 서교西敎는 신명神明을 박대하기 때문에 궁극적인 열매를 맺지 못할 것이라는 부정적 평가를 내렸다. 또 증산은 기독교의 교회를 찾아가 살펴본 후 "족히 취할 것이 없다."라는 부정적 평가도 내린 적이 있다. 이 외에도 증산은 서양을 천자신天子神, 우사雨師 등의 신격神格이 있는 지역이라고 주장하기도 했다. 증산은 서양문명이 천국의 모형을 본뜬 것이라고 인식하여 이 땅에 진정한 이상사회의 건설을 위한 한 '과정'으로 인식했다.

3) 대종교의 서양문명에 대한 인식

대종교大倧教는 단군檀君을 교조로 하고 1909년 음력 1월 15일에 홍암弘巖 나철羅喆(1863~1916) 등이 천제天祭를 올리고 중광重光(다시 일으킴)한 민족종교다. '대종大倧'은 천신天神, 즉 하느님을 뜻한다. '대大'는 '천天'을 의미하며 우리말로 '한'이다. '종倧'은 신인神人으로, 우리말로 '검' 또는 '얼'이라는 표현과 동일하다. 대종교에서는 하느님(한)의 권능으로 '이신화인以神化人'하여 백두산 신단수 아래에 내려오신 분을 신인神人이라 한다.

홍암은 김윤식(1835~1922), 이기(1848~1909), 류근(1861~1921) 등의 개화파 인사들과의 교류를 통하여 조선의 전통적인 문화와 제도를 서구의 근대적인 것으로 변화시키려 했던 개화사상에 눈을 떴다. 또한 김윤식과의 교류를 통해 그의 소개로 알게 된 일본의 거물급 정치가들과의 만남과 네 번의 도일渡日을 통한 민간 외교활동은 홍암에게 일본의 근대화 개혁 사상을 심어주었을 것으로 생각된다.[117]

1882년 8월 고종高宗 정부의 만국공법萬國公法 공인교서 반포 후에 만국공법에 접했을

---

117 유영인, 「홍암 나철의 홍익사상」, 『국학연구』 10집, 국학연구소, 2005, 181쪽.

것으로 보이는 나인영(나철)은 강대국 사이의 균형이 유지되는 가운데 약소국의 자주권이 보장된다고 하는 만국공법의 균세론均勢論에 깊은 영향을 받았다. 나인영은 국망國亡 전후기에 공법과 조약에 입각한 외교 독립론을 자신의 궁극적인 독립운동 방략으로 삼았다. 나인영은 당시에 남긴 글에서 한국이 국제외교에서 신의와 예의를 다하면 강대국이 침략하지 못할 것이라고 역설하는 한편, 일본이 지금처럼 침략 정책을 계속한다면 반드시 공법公法에 따라 징계를 받을 것이라고 경고했다.[118] 그러나 나인영은 공법과 약장이 지닌 제국주의적 침략성과 현실적 무용성을 간과한 사상적 한계를 드러내었다.[119]

홍암은 한민족의 민족의식을 고취하고 항일운동의 지도 이념을 마련함으로써 독립운동의 장기화, 지속화, 강열화에 크게 공헌하였다. 나아가 그는 단군을 민족 시조로 내세운 대종교의 개창을 통하여 일국적 국가 관념을 넘어서 세계적 사해동포주의四海同胞主義를 강조하여 대종교의 종교적 목표와 한민족 독립운동의 앞길에 인류사적인 보편성을 제시하였다.[120]

1905년 10월 무렵에 홍암은 다음과 같은 글을 남긴다.

> … 우리 한국과 일본 두 나라는 동양에 함께 자리하고, 거처하기로는 이웃 마을과 같고, 백성들로는 형제와 같은지라. 그러나 오늘날 서양 사람들이 동아東亞로 흘러들어 그 세력의 닥쳐옴을 막을 수 없었으나, 약한 우리 한국으로서 믿는 바 있어 두려워하지 않았음은 오직 귀국이 있었음이라. …
>
> -「일황에게 올린 글[上日皇疏]」[121]

---

118 오영섭, 「대종교 창시 이전 나인영의 민족운동」, 『한국민족운동사연구』 39집, 한국민족운동사학회, 2004, 199쪽.

119 위의 글, 201쪽.

120 김동환, 「홍암 나철의 사상과 독립운동방략」, 『한국독립운동사연구』 19집, 독립기념관 한국독립운동사연구소, 2002, 99~107쪽.

121 나철 저, 김교헌 엮음, 윤세복 번역, 「여일총리대외서초(與日總理大隈書抄)」, 『홍암신형조천기』, 대종교출판사, 2002, 170쪽. 을사년(1905) 10월에 동지 이기(李沂), 오기호(吳基鎬), 김인식(金寅植) 등이 연서(聯署)한 글이다.

홍암은 자신이 살던 시대를 "서양 사람들이 동아시아로 흘러들어 그 세력이 닥쳐오는 때"라 파악하고 있었다. 서세동점西勢東漸이 급격하게 진행되는 시대로 인식하고 있었으며, 이러한 위기를 극복하기 위해서는 조선과 일본이 힘을 합쳐야 한다고 생각했다. 홍암은 서양인들을 '아시아를 위협하는 세력'으로 인식했다.

> … 동아의 황인종임을 명념하시어 우리 한국의 독립을 도와 두 나라가 사이좋게 지낸다면, 이는 한국의 다행함만 아니라 귀국의 다행이오, 또 천하의 다행한 일이니, …
>
> -「일황에게 올린 글」[122]

홍암은 동아시아의 가장 큰 특징이 황인종黃人種이라는 종족에 있다고 인식했다. 황인종을 대표하는 나라가 조선과 일본이라고 생각했다. 황인종이라고 인식했다는 사실은 백인종과 흑인종 등의 인종에 대해서도 잘 알고 있었다는 사실을 증명한다. 인종의 차별에 따라 세계 인식의 차이가 있었던 셈이다.

홍암이 이토오 히로부미伊藤博文에게 보낸 다음과 같은 글도 전한다.

> … 이열강지규기소극자而列强之窺其隙者가 미만육주의彌滿六洲矣라. 일지어아한日之於我韓은 유형제야猶兄弟也오 어영미於英美는 유붕우야猶朋友也라. 자해기형제自害其兄弟하고 이유망붕우지선아而猶望朋友之善我면 즉천하則天下에 무시리야無是理也니 영미동맹英美同盟을 기가족시호豈可足恃乎아? 고故로 복등지언僕等之言이 비독위아한계非獨爲我韓計라 역위귀국계야亦爲貴國計也며 비독위귀국계非獨爲貴國計라 역위동양계야亦爲東洋計也니 …
>
> -「이등에게 준 글[與伊藤博文書]」[123]

---

122 위의 책, 172쪽.
123 나철 저, 김교헌 엮음, 윤세복 번역, 「여일총리대외서초(與日總理大隈書抄)」, 『홍암신형조천기』, 대종교출판사, 2002, 176쪽.

위의 인용문에서 홍암은 당대를 열강列强이 육대주六大洲의 구석구석을 침략하려는 의도가 노출되는 때로 규정하고, 일본과 한국은 형제의 나라요, 영국과 미국은 친구의 나라로 표현하였다. 일본이 형제의 나라인 한국을 해치고, 오로지 친구의 나라인 영국과 미국과의 친교만 바란다면 천하의 바른 이치가 아니니, 영국과 미국과의 동맹이 어찌 믿을만한 것인가를 질문하고 있다. 따라서 자신의 주장은 한국만을 위한 계책이 아니라 일본을 위한 계책이기도 하고, 일본만을 위한 계책이 아니라 나아가 동양 전체를 보전하기 위한 계책이라고 강변한다. 영국과 미국으로 대표되는 서양세력의 침략에 맞서 한국과 조선이 힘을 합쳐 동양을 보전하자고 권하는 내용이다. 여기서 홍암은 서양을 대변하는 나라를 영국과 미국이라고 인식했다는 사실을 알 수 있다.

홍암은 갑인년(1914)에 총본사總本司를 만주로 옮기고, 네 곳의 본사本司와 외도교계外道教界를 정했다.

> 총본사總本司를 화룡현和龍縣 청호青湖에 차리시고 동남서북東南西北의 사도본사四道本司와[124] 및 외도교계外道教界를 정하시다.[125]

외도교계 아래에는 "중국 · 일본과 유럽 · 아메리카에 둔다."라는 글귀가 있다. 홍암이 중국과 일본은 물론, 유럽과 북남미 등의 서양 지역에도 포교를 위한 조직을 구상하고 이름을 결정했다. 그러나 당시 대종교 교단의 상황과 능력으로 볼 때 실제로는 운영하지 않았던 듯하다. 여기서 홍암이 서양에 대해 분명히 인식하고 있었고, 장차 교단 활동을 넓혀나갈 지역으로 생각하고 있었다는 사실만 확인할 수 있다.

1916년 8월에 홍암은 다음과 같은 글을 남겼다.

---

124 백두산을 중심으로 하여 동도(東道)는 동만(東滿)으로부터 연해주(沿海州)까지요 남도(南道)는 반도(半島)로부터 제주도(濟州道)까지요, 서도는 남만(南滿)으로부터 산해관(山海關)까지요, 북도는 북만(北滿)으로부터 만주리(滿洲里)까지이다.

125 무원 김교헌 엮음, 단애 윤세복 번역, 『홍암신형조천기(弘巖神兄朝天記)』, 대종교출판사, 2002, 19~20쪽.

> 대종교는 사천삼백일흔세해 앞에 나온 한얼길이라. 태백산의 강신궁降神宮과 마니산의 제천단祭天壇과 구월산의 수도대修道臺(= 단군대檀君臺) 어천석御天石과 묘향산의 수도굴(혹 단군굴)이 사책史冊에 빛나고 우주에 환하니, 그 연대를 말하면 선仙 · 불佛 · 유儒 · 야耶의 종교가 다 가지로 되고 그 신덕神德을 말하면 아시아, 유럽, 아메리카, 아프리카의 민족이 같이 기르심이라. 한울에 절하는 도리와 한얼을 높이는 이치가 다 한배검으로부터 생겨서 비로소 종교가 세상에 있거니와, 더구나 여러 신교神教는 종문宗門의 흐름이거늘 이것이 신교神教 됨에 부족하다고 배척하여야 하겠는가? …[126]

홍암은 이전 시대의 종교 창시자들보다 훨씬 넓은 종교관과 세계관을 가지고 있었다. 물론 이는 시대의 변천과 흐름의 변화에 기인하는 것이다. 어쨌든 홍암은 동양 문화권의 기존 유불선儒佛仙 삼교관三教觀에 덧붙여 '야耶'로 표현되는 야소교耶蘇教, 즉 그리스도교를 이른바 '종교'의 범주에 포함하고 있으며, 세계관도 아시아를 넘어서서 유럽과 아메리카는 물론이고 아프리카까지 넓은 범주에서 인식하고 있다. 홍암의 세계 인식의 범위가 서양의 여러 나라를 초월하여 아프리카대륙까지 확대되었음이 확인되는 대목이다.

다음은 홍암이 1916년 8월 15일에 임종하면서 남긴 글이다.

> 대종교는 … 그 연대를 말하면 선仙 · 불佛 · 유儒 · 야耶의 종교가 다 가지로 되고 그 신덕을 말하면 아시아 · 유럽 · 아메리카 · 아프리카의 민족이 같이 기르심이라. …
>
> -「일본총리 대외에게 준 글[與日本總理大隈書抄]」[127]

홍암은 대종교에서 나온 종교로 선, 불, 유, 야를 손꼽고 있다. 그리스도교를 포함해서

---

126 나철 저, 김교헌 엮음, 윤세복 번역, 「여일총리대외서초(與日總理大隈書抄)」, 『홍암신형조천기』, 대종교출판사, 2002, 78쪽. 1916년 8월 15일에 보낸 글이다.

127 무원 김교헌 엮음, 단애 윤세복 번역, 『홍암신형조천기(弘巖神兄朝天記)』, 대종교출판사, 2002, 78쪽.

유불선이라는 동양 전통 종교의 근원이 바로 대종교라고 주장한다. 나아가 홍암은 대종교의 덕성에 의해 아시아, 유럽, 아메리카, 아프리카의 온 세계 민족이 길러졌다고 강조한다. 세상의 모든 종교와 민족의 연원이 대종교라고 주장한 것이다.

> … 유태가 망하나 예수의 도는 점점 떨치고, 인도가 쇠잔하나 석가의 도는 더욱 일었나니, 한국이 비록 빈터가 되었으나 대종大倧의 도道가 다시 일어남을 어찌 다르게 의논할까! …
>
> -「일본총리 대외에게 준 글」[128]

위의 인용문은 비록 국가가 망하거나 쇠락하더라도 그들의 바탕이 된 종교는 더욱 발전적으로 전개되었다는 역사적 사실을 들어 대종교의 가르침도 다시 일어나게 될 것이라고 주장한 대목이다. 홍암은 유태猶太와 인도印度에 대해서도 잘 알고 있었으며, 그들 나라에서 발생한 기독교와 불교의 전개 과정에 대해서도 제대로 인식하고 있었다. 홍암의 세계관과 종교관의 일단을 알 수 있는 기록이다.

백포白圃 서일徐一(1881~1921)은 1912년 10월에 대종교에 입교했는데, 포교 활동에 매진하여 불과 3년 만에 수만 명의 신자를 확보하였다. 그리하여 백포는 1913년 10월에는 영계靈戒 및 참교參敎로 피선되어 시교사施敎師를 맡았다. 이어 백포는 1914년에는 대종교 동도본사東道本司의 책임을 맡았고, 1916년 4월에는 상교尙敎로 승질하였으며, 대종교총본사에서 전강典講이라는 중책을 맡는 등 대종교에서 핵심적인 인물로 영향력을 발휘하였다. 1917년에는 대종교의 최고 교질敎秩인 사교司敎로 초승超昇되었다. 백포는 항일 무장투쟁을 전개하면서도 항상 수행과 교리연구를 게을리하지 않을 정도로 대종교에 대한 깊은 신앙심을 가지고 있었다. 심지어는 대종교 깨달음의 상징인 단주檀珠를 항상 목에 걸고 전투에 임하였다. 백포는 신앙심을 바탕으로 『삼일신고도해三一神誥圖解』, 『삼일신고강의三一神誥講義』, 『구변도설九變圖說』, 『진리도설眞理圖說』, 『오대종지강연五大宗旨講演』, 『삼문일답三問一答』, 『회삼경會三經』 등을 저술하여, 대종교 교리 체계화에도 크게 이

---

128 위의 책, 79쪽.

바지하였다.[129]

백포가 일찍이 중광단重光團을 조직하여 항일 무장투쟁의 선봉에 서게 된 것은 대종교의 투쟁 목표화와도 밀접한 연관이 있다. 대종교의 독립운동은 일제日帝에 빼앗긴 주권을 되찾는다는 국권회복의 차원을 넘어서 대종교의 이상국가理想國家인 배달국토倍達國土의 재건을 목표로 삼았다. 그러므로 백포의 독립운동 또한 단순히 대일항전을 통한 민족의 독립을 넘어서 대종교의 이상국가 건설과도 직결된다. 그리하여 백포는 수전병행修戰竝行의 행동철학을 실천하였다.[130]

백포는 1919년 5월에 중광단重光團을 대한정의단大韓正義團으로 발전시켜 단장에 취임하여 4대 강령과 7대 규약을 제정하고 본격적인 항일 무장투쟁을 위한 준비를 마쳤다. 1919년 7월에 백포는 대종교 동도본사東道本司의 중심인물인 계화, 김붕, 김일봉, 정신, 김암 등과 함께 일본 내각총리대신 하라 다카시原敬(1856~1921)에게 서신을 보냈다.[131] 백포가 본격적인 항일 무장투쟁을 위한 준비를 마치고, 일제日帝에 보낸 일종의 통첩이다.

> … 금일 일본은 과연 동아 선진국이니 저희들은 또 감히 말하지 않을 수 없으며, 훗날 일본이 또다시 세계 부강국가가 되니 저희들은 또 감히 말하지 않을 수 없습니다. … 서세西勢가 동점東漸하는 것이 날로 심한데, 하루라도 오히려 동양인의 위세가 멀리 서양 땅에 한 치라도 보탰다는 것을 듣지 못한 것은 무엇입니까? 무릇 오족五族 중에 세력의 우승優勝 경계를 점한 자는 오로지 백인白人이며, 육대주六大洲 중에서 크게 시국의 경쟁 마당이 된 것은 오로지 동아東亞입니다. 영국이 인도에게, 프랑스가 안남에게, 독일이 소아세아에게, 아프리카가 서백리아에게 있는 것이 모두 그러한데, 오로지 일본이 욱일승천旭日昇天하는 기세로 원동遠東의 한 모퉁이에서 일어나, 유신維新 50년에 울연蔚然히 동아東亞의 강자가 되었으니, 일전一戰하여 청조淸朝에서 대만臺灣을 나누어 가지고, 두 번 싸워 아령에서 여순을 빼앗고, 세 번 싸워 덕조에서

---

129 이동언, 「서일의 생애와 항일무장투쟁」, 『한국독립운동사연구』 제38집, 독립기념관 한국독립운동사연구소, 2011, 54~58쪽.

130 위의 글, 59쪽.

131 독립기념관 소장, 자료번호 3-003861-135 원래는 순한문으로 되어 있다.

청노를 섬서하였습니다. 이에 일본의 세력이 해가 중천에 뜬 것 같아서 백인白人의 원동遠東의 책략이 드디어 크게 꺾였습니다. 그러나 오늘날 일본은 다만 땅을 넓힐 계획에만 힘쓴다면 이미 심근고체하여 황족黃族(아시아 황인종) 사이에서 우이牛耳를 잡고자 하는 것과 같으니, 장차 백인白人의 뜻을 능가함이 있다면 일본이 지금 동아시아에 베풀고 있는 책략 또한 이미 늦었을 뿐이니 어찌하겠습니까? 다만 19세기 이래로 서인西人 침략주의의 자취를 늘어놓는다 하더라도 진실로 20세기가 갈수록 새로워지는 좋은 계책은 아닙니다. 그러므로 그 성효成效는 항상 착착着着 서인西人의 뒤에 서 있게 되니 어찌하겠습니까? 다행인 것은 하늘은 가득 찬 것을 누르고, 크게 강한 것은 반드시 꺾으므로 구주歐洲의 전쟁이 생각 밖에서 일어나면 백인이 우세하고 강한 자가 저절로 서로 죽이는 까닭으로 황족黃族의 화禍가 그 때문에 조금 늦어질 뿐입니다. 만약 수년 전에 백인국白人國으로 하여금 마음과 힘을 합하여 오로지 원동遠東의 계책에 뜻을 두었다면 하나의 일본으로는 능히 그 칼끝을 묶어버릴 수 있을 것입니다.

그 세勢가 진실로 추鄒나라로 초楚나라 대적하기를 면하지 못하고 황족黃族의 살이 백인白人의 강식强食이 되지 않는 것은 거의 드물 것입니다. 지금인즉 영국, 독일, 프랑스, 러시아의 세력이 한 번 죽고 한 번 다치는데, 만약 가운데 서서 그 변하는 것을 보는 자가 있어서 다치는 것을 따라서 찌른다면, 저 백인이 어찌 저잣거리의 새끼줄이 될 수 있겠습니까? 이때에 황족黃族이 떨치지 못하는 것은 그 또한 백인의 다행일 뿐입니다. 개전開戰 이래 구주歐洲와 백인白人의 나라가 상처를 입지 않음이 없었는데도 백 년 동안 도모하던 원동遠東의 책략이 일거에 땅을 휩쓸자 이에 서서 도모하는 자는 그 배꼽을 씹고, 앉아서 이야기하는 자는 그 발을 그려서 시時를 구하고 세勢를 당길 책략에 급급하였습니다. 그러므로 평화平和의 회의가 겨우 끝나자마자 연맹聯盟의 논의가 또 거론되니, 이 두 가지가 백인을 위한 계책이라 한다면 가可하나 진실로 황족黃族의 이로움은 아닙니다. 어째서 그렇게 말하는 것입니까? 수년 동안의 전쟁에서 백인의 성년成年 중 열에 하나도 남지 않았으니, 이와 같이 수년을 이어간다면 백족白族은 남아나는 사람이 없을 것입니다. 이것이 평화회의가 부득불 속개續開되어야 하는 것입니다. … 그러나 저 백인白人은 어찌 능히 동아東亞의 여러 나라를 두려워하겠습니까? 오로지 하나의 일본日本이 있어서이니, 백인이 베개조차 감히 높이 베지 못하고, 황화黃禍의 설說이[132] 따라서 일어나면 밖으로는 평화平和의 주장을 펼쳐 동서東西 소약小弱 제족諸族들이 합치기를 유혹하지만, 안으로는 실로 황족黃族의 강자强者를 견제하는 것입니다. … 섬나라는 답답해서 살 수가 없을 뿐이니 반드시 한반도韓半島를 병탄倂呑해서 대륙으로 나아가는 거점據點으로 한 연후에야 동양의 패권을 잡을 수 있고, 서양인이 세상에 횡행橫行하는 것을 막을 수 있다고 말합니다. 오호라, 이는 바로 시時를 지나치고 세勢를 거스르는 주장입니다. … 세계에서 최고의 전제국가인 노서아露西亞가 변하여 공화정이 되니 시時에는 상위常位가 없으며, 세계 최대 강국强國인 보로사普魯士: 프로이센가 한번 패하여 포로 · 죄수가 되니 세勢에는 상승常勝이 없습니다. 그러므로 지금은 바로 민족 평등의 시대이며, 특별히 지난날 한 사람이 횡행하던 시대가 아닙니다. 그러한즉 소위 침략주의자는 이미 호로葫蘆가 되었을 뿐입니다. … 또 황족黃族의 다툼은 백인白人의 이득이니 조개가 도요새를 물면 반드시 어부의 독수毒手가 있을 것이며, 참새가 사마귀를 잡으면 우인虞人의[133] 비탄이 없을 수 없으니 … 또 일본의 강함은 구미歐美 사람이 싫어하는 바가 될 것이며 … 그 실력을 배양하여 구미歐美 사대四大 강국强國과 능히 싸울 수 있은 다음에 나아가 안남安南 인도印度 등 백인白人에게 속박 아래에 있는 동아東亞 제족諸族들을 구한다면 서인西人들이 감히 고기를 묶듯이 할 수 없으며, 동양인들은 일본에 덕德을 돌리지 않음이 없을 것입니다. 무릇 이와 같이 행한다면 천하를 대적하는데 장차 무엇이 거리껴서 하지 못하겠습니까? 백인白人이 일패도지一敗塗地하고 일본이 홀로 동아東亞의 영웅이 되는 것 또한 시세時勢의 조화가 아님이 없으며, 실로 천년에 한 번도 만날 수 없는 좋은 기회입니다. … 진실로 우리 동양東洋의 다행이요, 황족黃族의 복입니다. …[134]

백포도 자신이 살던 시대를 서세동점西勢東漸의 시기로 인식하였다. 다섯 종족 가운데 백인종이 가장 우세한 세력을 유지하고 있으며, 특히 동아시아 지역이 서세西勢의 침략을 심하게 받는 상황이라고 보았다. 그 와중에 오직 일본이 강력한 세력을 형성하여 백

---

132 황색(黃色) 인종이 진출하기 때문에 백색 인종에게 미치는 침해나 압력을 가리키는 말이다. 청일전쟁 당시 독일의 황제 빌헬름 2세가 일본의 진출에 대한 반감에서 이를 주창하였다.

133 우인은 경험이 많고 능숙한 사냥꾼이다.

134 이동언, 「서일의 생애와 항일무장투쟁」, 『한국독립운동사연구』 제38집, 독립기념관 한국독립운동사연구소, 2011, 64~68쪽.

인종에 대항하고 있다고 정세를 파악했다. 서양의 침략에 맞서 일본이 황인종을 대표하여 막아야 한다는 점을 강조한다. 이러한 일이 진행되었을 때 비로소 동양이 보존될 것이고 황인종이 복을 누릴 수 있으리라고 끝맺는다. 세계 각국의 정세 변화를 대국적으로 파악하고, 특히 서양을 대표하는 백인종과 동양을 대표하는 황인종 사이의 종種 대결과 투쟁의 역사로 인식하고 있다는 점이 특기할 만하다.

백포 등이 일본 내각의 총리대신에게 보낸 서신의 내용을 요약하면, 세계열강들은 대개가 백인白人들로서 그들의 세력 확장을 위해 남의 나라 영토를 침략하고 지배하여 왔는데, 아시아에서는 현재 일본이 그들과 같이 침략행위를 행하고 있고, 특히 한국을 합병한 일이 일본에 있어서 불리한 점을 일곱 가지로써 구체적으로 지적한다. 그리고 한국과 일본은 오랜 관계를 지속해 왔던 나라이므로, 일본은 침략 행위를 중단하고 세계평화를 위해 힘써 달라는 내용이다.

대종교의 중광重光은 인류가 나아가야 할 '평화'와 '자유 · 행복'이라는 절대 진리를 실현하기 위한 것이었다. 즉, 대한제국을 넘어 '동양의 평화'와 '인류의 행복'을 이룰 수 있다는 대종교인의 시대정신이 단군교(대종교)를 중광시켰다.[135]

대종교는 서양문명에 대해 아시아를 위협하는 세력으로 인식했고, 백인종이 세운 문명으로서 당시에 가장 우세한 세력을 유지한 것으로 이해했다. 서양을 장차 대종교의 교세가 펼쳐질 가능성이 있는 지역인 외도교계外道敎界의 하나로 설정하고 있었으며, 서양을 기독교의 발상지로 인식했고, 유럽, 아메리카, 아프리카 등의 여러 지역으로 나뉘어있다는 사실도 잘 알고 있었다. 세계의 종교에 대해서도 동양의 전통적 종교관이었던 유불선儒佛仙 이외에 '야耶' 즉 기독교가 있다고 인식했고, 모든 종교의 시원始原이 한배검에게서 출발했으며 유럽, 아메리카, 아프리카의 여러 지역에 사는 많은 족속도 한배검의 덕성德性으로부터 기원했다고 인식했다. 특히 대종교는 서양문명을 태초에 탄생했던 여러 족속族屬 가운데 하나인 백족白族이 세운 문명으로 인식했다. 나아가 서양문명도 한배검의 자손 가운데 하나가 세운 문명이라고 주장했다. 이처럼 대종교는 세계의 모든

---

135 신운용, 「대종교세력의 형성과 그 의미」, 『한국민족운동사연구』 84집, 한국민족운동사학회, 2015, 13쪽.

족속이 모두가 한배검이라는 공통의 기원과 조상을 두고 있다고 강조했다. 대종교는 한배검에서 출발한 여러 문명 가운데 하나로 서양문명을 생각했으며, 서양문명은 백족의 발전이 이룬 결과라고 인식했다. 그러므로 대종교는 서양문명을 백인종 또는 백족의 문명으로서 동양문명과는 '별립別立'된 것으로 인식했다. 서양문명을 '여럿 가운데 하나'로 인식하는 타협적 태도를 보였다고 평가할 수 있다.

4) 원불교의 서양문명에 대한 인식

원불교圓佛教는 1916년 4월 28일 소태산少太山 박중빈朴重彬(1891~1943)이 대각大覺을 이루고 창립한 교단이다. 법신불일원상法身佛一圓相을 종지로 정신개벽을 주창하고, 불법佛法의 시대화, 대중화, 생활화를 표방한다.

『월말통신月末通信』, 『월보月報』, 『회보會報』 등 원불교의 초기 정기간행물은 1928년부터 1940년까지 13년간 발행되어 원불교의 초창기 역사를 담고 있는 기록학적으로 매우 중요한 사료다. 『월말통신』은 1호~35호, 『월보』는 36호~47호, 『회보』는 1호~65호가 간행되어 총 112호로 발행되었는데, 여기에는 소태산 대종사의 설법을 비롯하여 요언要言과 회설會說, 초기 교도들의 신앙과 수행과 관련된 각종 기록, 그리고 일제강점기 원불교의 동향을 알려주는 내용들이 풍부하고 다양하게 실려 있다. 이는 원불교 초기 소태산 대종사 당대의 역사 기록이라는 점과 일제강점기 원불교 존립과 대응의 사실적 기록이라는 특징을 가지고 있다. 이 원불교 초기의 기록 가운데 '서양문명'에 관해 알 수 있는 기록을 중심으로 원불교의 서양관西洋觀을 살펴보도록 하자.

> 현하現下 동서 각국을 통하야 과학교육은 성盛히 진전되어 가위 만능의 정頂에 달達했다 할 것이다. 그러나 인류의 심지心志를 근본적으로 다스려 악惡의 습관을 제거케 하고 인人의 육체를 정의에 질박아 불의不義의 곳으로 나수지 못하게 하는 것은 과학의 교육만은 오히려 불충분할 것이요, 반드시 도덕교육이 필요할 것은 불무不誣할 사실이다. … 도덕적 훈련과 과학적 지식은 사람으로서 떠나지 못할 바이니, 사람은 과학지식의 체體가 되고 과학지식은 사람의 용用

이 되므로 도덕으로써 정의에 질박은 사람의 체體에 과학지식의 용법用法을 합한 사람이라야 내외가 구비具備한 거짓 없는 참사람이 될 것이다. … 과학지식만 넣어주는 것은 악惡을 행할 재조才操를 늘여주는 것과 같다. … 도덕적 훈련기관이 없고 과학교육만 주장하는 것은 인류상잔술人類相殘術을 조장할 뿐이요, 세계를 퇴보화退步化할 뿐이다. …[136]

원불교의 초기 교단 관계자들은 서양을 과학, 동양을 도덕과 연관하여 인식하였다. 서양이 과학적 지식을 위주로 하는 문명이라면, 그에 비해 동양은 도덕적 훈련을 위주로 삼는 문명이라는 말이다. 나아가 '참사람'이 되려면 과학지식의 사용법과 도덕적 정의에 기초하여야 할 것이라고 강조하였으며, 서양의 과학적 지식 함양에만 몰두하는 일은 악惡을 행하는 재주만 늘리는 것이라고 통렬하게 비판한다. 급기야 과학교육만 주장하는 것은 인류가 서로 파멸할 술법을 조장하는 일이며, 세계를 퇴보하게 만드는 행위일 뿐이라고 비판한다. 이는 기본적으로 동양의 도덕이 서양의 과학에 비해 본질적이고 기본적인 덕목이 되어야 한다고 에둘러 표현한 것이며, 동양 도덕의 진수가 바로 원불교의 교리 체계라는 점을 강조하는 내용이기도 하다. 서양을 과학에, 동양을 도덕에 연관시키는 이러한 도식은 이후의 원불교 교리 체계에도 그대로 전승된다.

정신계의 수련을 망각한 현대 인류는 정신의 위력을 알지 못하고 그 반면에 물질의 위력만을 장하다고 경탄한다. 우리가 현실로 목도하는 물건 가운데에서 대해大海를 정복하는 군함이나 대야산천大野山川을 파괴하는 폭탄이나 장공長空을 돌파하는 비행기류나 전 우주를 순간에 초토화시킨다는 살인광선殺人光線 등 몇 가지만 들어서 본다 하더라도 참으로 그 세력 장하다는 경탄성驚歎聲이 저절로 나오지 않을 수 없으니, 이를 보면 물질의 위력이 사실상 굉장무비宏壯無比치 않은 바가 아니며, 그 위력을 칭양稱揚하는 시대인들도 무리라고는 생각되지 않는다.

---

136 전음광(全飮光), 「회설(會說), 정신과 육체를 정의에 질박아 훈련받은 인생으로써 활동하라.」 5『월말통신』 제18호(1929년 8월), 원불교정화사(圓佛教正化社) 편찬, 『원불교교고총간(圓佛敎敎故叢刊)』 제1권, 영인본 『원불교교고총간』, 원불교정화사, 1994, 133~134쪽.

… 그 물질을 연구하여 현 세상에 발명시켜 놓은 자는 곧 정신精神이니, 말하자면 정신의 위력이 물질 그것보다도 더 강대하다고 하여야만 정리定理가 아닐까? … 그 물질의 위력을 장壯하다 함보다도 정신의 위력을 장하다 하는 것이 사실일까 한다. 과연 그렇다. 정신이라 하는 것이 형상形相도 없고 냄새도 없이 공공空空하기 하늘 같고 허허虛虛하기 바람 같은 것이언마는 그것이 동動하여 한번 위력을 발하는데에 있어서는 흔천동지掀天動地도 할 수 있으며 붕산도해崩山倒海도 할 수 있는 것이니, 예를 들면 우리에게 돌아오는 흥망성쇠興亡盛衰나 고락영고苦樂榮枯가 다 이 정신작용으로 비롯하여 나타나기 때문이다. … 이 사회의 구성되어 있는 모든 물질은 곧 정신의 형상形相을 그리며 놓은 것에 불과하니, 자만고自萬古를 통하여 볼지라도 정신이 발달된 사회에는 물질이 따라서 발달되었고, 정신이 쇠퇴된 사회는 물질이 따라서 보잘 것이 없었다. 이를 볼진대 물질 발달은 정신발달의 한 그림자임이 사실인 동시에 무형無形한 정신은 유형有形한 만물을 능히 만들고 없애는 절대한 우세권優勢權을 가진 것이며, 물질 이상의 무쌍無雙한 위력을 가진 것이다. 아동양我東洋의 현대인은 구주인歐洲人의 과학문명에 마취魔醉를 당하여 있으므로 그들이 좋다 하면 따라서 좋다 하고, 그들이 낫다 하면 따라서 낫다 하여 그들을 비판하고 그들을 초월할 만한 능력을 가지지 못하였다. … 우리 동양에 근본적으로 갖추어 있는 무쌍한 도덕道德의 보화寶貨가 있는 줄은 모르며, 그 물질 이상의 위대한 능력을 가진 정신을 수련할 줄을 모르니, 어찌 애석치 아니하랴? … 전 세계가 오직 물질 발명에만 전력하고 물질의 원조인 정신수련을 망각하고 있는 때에 본회本會는 오직 이 정신 수련을 목적하고 창립된 바라. … 이대로 오래 훈련에 전력하면 그 정신들이 상상치 못할 능력으로써 만물질萬物質을 지배할 대위력을 발휘할 날도 불원장래不遠將來에 있으리라고 믿는다. …[137]

정신의 수련을 망각하고 물질의 위력에만 놀라는 것이 당대의 현실이라고 질타한다. 군함, 폭탄, 비행기, 살인광선 등의 놀라운 물질의 위력에는 경탄하고 칭송하면서도 그 물질을 연구·발명시킨 정신의 위력에 대해서는 도외시하거나 무관심하다고 비판한

137 전음광, 「정신의 위력」, 『월보』 제41호(1932년 10월), 원불교정화사(圓佛敎正化社) 편찬, 『원불교교고총간(圓佛敎敎故叢刊)』 제1권, 영인본 『원불교교고총간』, 원불교정화사, 1994, 377~378쪽.

다. 물질의 위력보다는 정신의 위력이 본질적이라고 강조하면서 형상도 없고 냄새도 없으며 공공허허空空虛虛한 정신의 위력이 한 번 발하는 날에는 하늘과 땅을 진동시키고 산과 바다를 무너뜨릴 수 있다고 주장한다. 나아가 인간의 흥망성쇠興亡盛衰나 고락영고苦樂榮枯가 모두 정신의 작용에서 비롯되기 때문에 물질보다 우선해야 한다고 강조한다. 모든 물질은 곧 정신의 형상形相을 그려놓은 것에 불과하며, 물질 발달은 정신발달의 한 그림자이고, 무형無形한 정신은 유형有形한 만물을 만들고 없애는 절대적인 우세권優勢權을 가진 것이며, 물질 이상의 위대한 위력을 가진 것이라고 강조한다. 그런데 현실의 동양인東洋人은 서양인西洋人의 과학문명에 마취魔醉당하여 그들을 비판하고 그들을 초월할 만한 능력이 있지 못하였다고 비판한다. 동양에 근본적으로 갖추어있는 위대한 도덕道德의 보화寶貨가 있는 줄 모르고, 서양의 물질문명만 추종하면서 엄청난 능력을 지닌 정신을 수련할 줄은 모르니, 애석하다고 한탄한 다음, 전 세계가 오직 서양의 물질 발명에만 전력하고 물질의 원조인 동양의 정신 수련을 망각하고 있는 위기를 맞이한 때 불법연구회佛法研究會, 원불교의 전신이 정신 수련을 목적하고 창립되었다고 선언하고, 오랫동안 훈련에 전력하면 정신이 상상치 못할 능력으로써 만물질萬物質을 지배할 대위력을 발휘할 날이 곧 이를 것이라고 선포한다. 서양의 물질문명을 동양의 정신문명 또는 도덕문명으로 극복하자는 주장인 셈이다.

> … 현대는 통칭 문명한 시대라고 하나, 양洋의 동서東西를 구분해 보면, 그 발전상태에 현격한 차이가 있게 되었으니, 서양은 이른 아침의 태양광선을 받은 산봉우리와 같이 환한 곧이 많은 반면에, 동양은 캄캄한 산골짜기와 같이 아직도 어두운 곧이 많다. … 이 세계 대세가 어두움이 지나가고 밝음이 오려 할 때 즉 다시 말하면, 밤이 변하여 낮이 되려고 동방東方에서 대광명大光明의 태양이 바야흐로 솟으려 할 때에 그 광명이 먼저 서쪽에 비친 것이 틀림없는 연고이다. 보라, 서양은 과연 문명文明하였다. 모든 물질과 모든 조직이 과거에 비하여도 그 류類를 볼 수가 없으며, 동양에 있어서도 따라갈 수가 없게 되었으니, … 물질이란 근본 인류 생활의 편리를 돕기 위하여 다못 수용품需用品이 되기 위하여 발명한 것이며, 발명하려고 노력하는 것이니, 쉽게 말하면 인류의 노예와 흡사한 것으로서 인류가 아니고서는 그 존재와 가치가 도시

都是 무용無用에 귀歸하고 마는 까닭이다. … 이 세상의 평화를 파괴하는 원인이 첫째는 사람의 불의不義한 마음에 있거니와, 둘째는 그 욕심을 실행시킬 수 있는 모든 기술과 모든 물질의 발전됨에 있다 할 수 있나니, 이 뜻을 알고 보면 사람의 욕심을 그대로 두고 발전되는 현대의 물질문명은 문명이 아니라 도리어 암흑을 가져올 염려가 있으며, 평화가 아니라 파괴를 줄 기미가 있어서 … 고로 물질문명만으로는 완전한 문명의 지역에 도달하였다 할 수 없으며, 인류는 그 혜택을 완전히 입게 되었다고 할 수 없나니, … 사람이 그 물질을 사용할 때 불의不義에 사용할 것이 아니라 정의正義로써 사용하도록 하여야만 인류는 진정한 문명 속에서 진정한 평화를 누릴 것이다. … 서양西洋의 과학문명科學文明은 물질을 무한히 발명시켜 놓았거니와 인류의 욕심慾心을 제거할 정신문명精神文明의 방법은 어느 곳에 있을 것인가? 그것은 재언再言할 필요도 없이 아동양我東洋의 정신도덕精神道德이 아니고는 바랄 수 없는 일이니, 서양의 교육은 도리어 인류의 욕심을 윤식조장潤殖助長 하는 특장特長이 있는 반면에, 정신적 정의도덕을 훈련하여 정의의 인류를 만드는 데에는 오히려 불능不能하게 된 연고이다. 이로 보면 일륜一輪의 태양이 오르려 할 때 건너편의 봉峰만이 먼저 밝은 광선을 띄게 된 것과 같이, 세계 문명의 기초인 동양도덕의 대광명大光明이 발현되기 위하여 그 광명이 먼저 서양에 비치면서 도덕을 널리 발전하고 운용할 모든 물질과 기술이 발달되었는지 누가 알 바이랴? … 먼동이 트고 보면 대광명의 태양광선이 동방에서 솟을 것은 정定한 이치며, 태양이 중천中天에 이르고 보면 대소청탁大小淸濁과 허위사실虛僞事實이 역력히 드러나서 시시비비是是非非가 완연하여 화피초목化被草木하고 뇌급만방賴及萬方 할지니, 오인吾人은 차제에 정의도법正義道法을 일층一層 마탁磨琢하여 진문명眞文明의 혜택을 사주四洲에 고루 입히는 동방의 참 빛이 되라.[138]

현대를 문명시대라고 부르지만, 동양과 서양의 발전 상태에는 엄청난 차이가 있는데,

---

138 음광, 「회설(會說), 빛은 동방(東方)에서」, 『월보』 제44호(1933년 1월), 원불교정화사(圓佛敎正化社) 편찬, 『원불교교고총간(圓佛教教故叢刊)』 제1권, 영인본 『원불교교고총간』, 원불교정화사, 1994, 415~417쪽. 이 글은 필자를 밝히지 않은 채, 「회설(會說), 빛은 동방(東方)에서」, 『회보』 제16호(1935년 4월), 원불교정화사(圓佛教正化社) 편찬, 『원불교교고총간(圓佛教教故叢刊)』 제2권, 영인본 『원불교교고총간』, 원불교정화사, 1994, 202~204쪽에도 실려 있다. 저자인 음광은 전음광(全飮光)을 가리킨다.

이는 마치 서양이 아침의 태양을 많이 받는 환한 산봉우리에 비한다면 동양은 아직 어둠이 깃든 캄캄한 산골짜기와 같다고 비유한다. 그렇지만 세계의 대세가 어둠이 지나가고 밝으려 할 때를 맞아 빛이 먼저 서양에 비친 것에 불과하다. 이에 따라 서양은 문명하였고, 모든 물질적인 면에 발달하여 동양이 서양을 따라갈 수 없는 지경에 이르렀다. 그러나 물질이란 본디 인류 생활의 편리를 추구하는 것으로서 요구에 따라 사용되기 위한 물건으로서 발명된 것이며, 그를 사용하는 인간의 노예와 같아서 인간이 아니라면 그 존재와 가치가 쓸모없게 되는 것이다. 이 세상의 평화를 파괴하는 중요한 원인은 사람의 불의한 마음과 그 욕심을 실행시킬 수 있는 기술과 물질의 발전에 있는데, 사람의 욕심은 그대로 두고 현대의 발달한 물질문명은 진정한 문명이 아니라 오히려 어둠을 불러들일 염려가 있는 불완전하고 파괴를 조장할 낌새가 도사리고 있다. 그러므로 서양의 물질문명만으로는 완전한 문명을 이룰 수 없을 것이라는 사실이 분명하고, 사람이 물질을 제대로 사용하기 위해서는 반드시 정의正義로써 사용해야만 참된 문명 속에서 궁극적인 평화를 누릴 수 있으리라고 주장한다. 그렇다면 물질을 무한히 발명한 서양의 과학문명을 바르게 이끌고 인간의 욕심을 제거할 수 있는 바람직한 정신문명은 과연 어디에 있는가? 두말할 것도 없이 바로 동양의 정신도덕에 있다고 강조한다. 이와 관련하여 서양의 교육은 오히려 인류의 욕심을 조장하는 특징이 있고, 인간의 정신적 정의도덕을 훈련하여 정의의 인류를 만드는 일은 불가능하게 되었다고 비판한다. 다만 태양이 솟아오르려 할 때 건너편에 있는 산봉우리에 먼저 밝은 빛을 비추는 일과 같이, 세계 문명의 기초가 되는 동양의 도덕이 큰 빛을 발현하기 위한 전제조건으로서 빛이 서양에 먼저 비춰 물질과 기술을 발달하게 하여 이어서 올 동양의 도덕문명을 준비하고 있는 것이라고 주장한다. 동이 트고 나면 태양의 대광명이 동양에서 환하게 솟아오를 것은 정해진 이치이며, 태양이 찬란하게 중천에 떠오르면 크고 작음, 맑음과 흐림, 거짓과 진실이 뚜렷하게 드러나서 시시비비가 완연하게 천하에 가득 퍼져나갈 것이니, 이러한 시대를 맞아 정의와 도법道法을 가일층 절차탁마切磋琢磨하여 '참 문명'의 혜택을 전 세계에 골고루 입도록 하는 동양의 참 빛이 되기 위해 노력하라고 강조한다.

… 과학科學의 대의大義는 … 현하現下 물질物質 발명에 대한 지식과 기술을 함양시키는 학문이라 할 수 있고, 도학道學이라 하면 인류로서 밝아 나아갈 정의도덕正義道德을 연마 · 개척하는 학문이라 할 수 있으니, 즉 다시 말하면 과학은 물질적 진보 발달을 위주하여 표현된 학문의 대명사요, 도학은 정신적 개선향상을 목적하여 제정된 학문의 대명사라 하겠다. …[139]

위의 인용문에서는 과학과 도학道學에 대한 나름의 정의를 시도하고 있다. 과학은 물질物質 발명에 대한 지식과 기술을 함양시키는 학문이고, 도학은 인류가 밝히고 나아갈 정의도덕正義道德을 연마 · 개척하는 학문이라고 정의한다. 다시 말하자면 과학은 물질적 진보 발달을 위주하여 표현된 학문이고, 도학은 정신적 개선향상을 목적하여 제정된 학문이라고 정의한다. 여기서 과학은 서양문명을 대변하는 학문이고, 도학은 동양문명을 대변하는 학문 체계다. 이처럼 원불교의 초기 교역자들은 서양문명을 과학에, 동양문명을 도학에 연결하여 인식하고 있다. 뚜렷하게 구분 · 구별되는 이분법적 사고방식을 적용하는 것이다. 과연 이러한 인식이 올바른 것인지는 차치하고 과학 = 서양, 도학 = 동양이라는 인식구조가 있었다는 사실이 확인되며, 스스로를 서양문명에 대해 동양문명을 대표하는 도학道學을 추구하는 단체라는 점을 강조했음을 알 수 있다.

… 과연 이 시대는 물질문명이 극도로 발달하여 공중으로는 비선飛船, 비행기가 날고, 땅으로는 기차, 자동차가 달아나며, 몇천만 리 밖에 일을 앉아서 듣고 말하는 전화, 전신이며, 기타 우리의 입는 것이나 먹는 것이나 쓰는 물품이 무한량으로 편리하게 생겨났습니다. 이에 따라 전에 보지 못하던 것을 보고, 전에 듣지 못하던 것을 듣고, 전에 쓰지 못하던 것을 쓰고, 전에 먹지 못하던 것을 먹고, 전에 입지 못하던 것을 입어본 우리 인류는 그 편리하고 화려한 이 문명의 횃불에 여지없이 심안心眼이 어두워져서 자기의 처지와 시비는 생각할 여지도 없이 기어이

---

139 전음광(全飮光), 「회설(會說), 과학과 도학(道學)」, 『월보』 제46호(1933년 4월), 원불교정화사(圓佛教正化社) 편찬, 『원불교교고총간(圓佛教教故叢刊)』 제1권, 영인본 『원불교교고총간』, 원불교정화사, 1994, 415~417쪽.

그 욕망을 채우려다가 결국은 불의不義의 구렁에 빠져 아비를 죽인다, 도적질을 한다, 싸움을 한다, 원수를 맺는다 하며 심하면 자기의 생명까지 빼앗겨 범죄 건수가 전에 비하여 일복일증가日復日增加하게 되었으니, 이것은 누가 시킨 것도 아니요, 제 스스로 그 편리하고 화려한 문명의 횃불에 정신이 팔려 이렇게 되는 것이라. … 사람이 현대문명의 횃불에 죽게 되는 것도 다 마음 가운데에 욕심이 들어서 그러한 것이 아닙니까? 그러므로 사람을 죽이는 것이 저 밝고 밝은 횃불이라 하는 것보다도 사실은 욕심이라 할 수 있습니다. 그런즉 우리는 사람을 죽이는 줄 모르게 죽이는 이 불의한 물욕을 하루속히 항복받아 현대의 물질문명을 적당 또는 공정하게 이용하여야만 이 세상은 진문명眞文明이 될 줄로 알았습니다. …[140]

서양의 과학문명 또는 물질문명의 발달은 선박, 비행기, 기차, 자동차, 전화, 전신, 기타 의식주와 관련된 각종 물건의 발명으로 요약된다. 그런데 이러한 서양문명에 도취한 인류는 그 편리하고 화려한 물질문명에 심안心眼이 어두워져서 욕망을 채우려다가 결국은 불의不義의 구렁에 빠져 살인, 도적질, 투쟁, 원한 맺기, 자살 등의 여러 범죄가 날이 갈수록 증가하는 지경에 처하게 되었다고 비판한다. 현대의 발달한 서양 중심의 문명에 타죽는 일의 근본적인 원인은 인간의 마음속에 있는 욕심에 있다고 판단한다. 나아가 사람을 해치고 죽이는 일은 과학문명 자체에 원인이 있는 것이 아니라 인간의 욕망과 욕심에 있다고 주장하고, 하루바삐 인간이 지닌 물욕物慾을 항복시켜야 할 것이라고 강조한다. 그렇게 하여 현대의 물질문명을 정당하고 공정하게 이용해야만 비로소 이 세상에 '진문명眞文明'이 이룩될 수 있을 것이라는 해결책을 제시하고 있다. 여기에는 이러한 역할을 할 수 있는 역량이 스스로가 가진 조직과 가르침에 있다는 강조와 자부심이 스며 있다.

한때에 종사주宗師主 … 남녀 대중을 모으시고 「현대문명의 병맥타진」이라는 문제로써 장

140 전용섭(全龍燮), 「현대문명의 횃불을 조심하라」, 『회보』 제18호(1935년 7월), 원불교정화사(圓佛教正化社) 편찬, 『원불교교고총간(圓佛教教故叢刊)』 제2권, 영인본 『원불교교고총간』, 원불교정화사, 1994, 87쪽.

> 시간 설법하옵시니 가라사대 현대는 실로 전고에 없는 문명한 시대다. 극도로 예민해진 인지의 발달과 무량 무수한 기계의 산출이 일가월중日加月重하여 날마다 우리로 하여금 그 새로운 것을 보게 하고, 그 새로운 것을 듣게 하고, 그 새로운 것을 가지게 하니, 모든 그것을 보고 듣고 가질 때에 우리의 눈과 마음이 어찌 황홀치 아니하며, 의식주로부터 만반의 생활에 이르기까지 그 편리함이 과연 어떠하랴? 그러나 우리는 한갓 그 외관적 찬란하고 편리한 물질문명에 도취만 할 것이 아니라, 마땅히 냉정한 머리로써 그에 따르는 결함과 장래에 미치는 영향이 어떠한 것을 한번 잘 생각해 볼 필요가 있나니, 그런다면 현대는 외형적으로 문명이 극도로 발전된 반면에 그 내부적으로는 크나큰 병맥病脈이 잠재하여, 겉으로 그 문명의 도수度數가 한층 더 증진될수록 안으로 그 병맥의 근원이 더욱더 깊어져서 이것을 이대로 방임하다가는 장차 어떠한 구救치 못할 중대 위경危境에 빠질는지 모를지라. 이에 세도世道에 관심을 가지고 뜻있게 지내는 인사로 하여금 심우원려深憂遠慮를 금치 못하게 하는 바이다. …[141]

소태산은 현대문명의 병에 대한 진단과 처방을 시도한다. 그는 현대문명은 이전 시대에는 찾아볼 수 없었던 극도의 발달을 이루어 수많은 기계의 발명이 가증되어 사람들이 새로운 것을 보고, 듣고, 가질 수 있게 하여 의식주와 일상생활에 엄청난 편리함을 가져다주었다고 평가한다. 그러나 찬란하고 편리한 물질문명에 도취하기만 해서는 안 되며, 냉정한 이성으로 그 단점과 향후 미칠 부작용과 폐단을 살펴볼 필요가 있다고 진단한다. 이러한 관점에 서면 현대의 문명 발전의 이면에는 큰 병이 들어있으며, 외부로 문명의 진보가 증진될수록 오히려 내부에서는 그 병증病症이 심각해져서 그대로 둔다면 장차 어떤 위급한 상태를 불러일으킬지 모를 심각한 상태라고 주장한다. 이어서 소태산은 현대의 발달한 과학문명 혹은 물질문명이 가진 우려를 깊이 관찰하고 해결책을 도모해야 할 때라고 진단한다.

---

141 「현대문명의 병맥타진(病脈打診)」, 『회보』 제36호(1937년 7월), 원불교정화사(圓佛教正化社) 편찬, 『원불교교고총간(圓佛教教故叢刊)』 제2권, 영인본 『원불교교고총간』, 원불교정화사, 1994, 87쪽. 소태산(少太山) 종사주(宗師主)의 말씀을 송도성(宋道性)이 수필(受筆)한 글이다.

원불교는 서양문명을 과학문명 또는 물질문명과 동일시하여 인식했다. 그러니 과학의 발전과 물질문명의 발달로 이루어진 서양문명은 근본적으로 도덕이 부족하거나 빠져 있다고 인식했다. 원불교에서는 서양문명을 '과학 또는 물질'로 인식했고, 이를 지도하는 이념과 가치로서 도덕 혹은 도학道學의 우위와 우월성을 특히 강조했다. 물론 여기서 도덕이나 도학은 원불교 고유의 도道나 가르침을 뜻한다. 따라서 원불교는 서양문명의 병폐를 동양문명의 우수함으로 치유하려는 입장이다. 원불교는 서양문명과 동양문명을 다소 도식적인 차원에서 이해했는데, 서양문명을 과학과 물질이 발달한 문명으로 보았고, 동양문명을 도덕과 정신이 발달한 문명으로 보았다.

원불교는 서양문명이 과학적 지식을 위주로 발달한 문명이며 주로 각종 문명이기의 발명으로 대표되는 물질을 중심으로 발전한 문명이라고 인식했다. 그리고 서양문명은 찬란한 태양이 떠오르면 먼저 서쪽 지역을 비추기 때문에 태양빛을 많이 받은 문명에 비유하지만, 근본적으로 도덕이 부족하거나 빠져 있는 불완전한 문명이라고 인식하였다. 특히 서양문명의 파괴력에 대해 비판적으로 인식하고 있다.

5) 통일교의 서양문명에 대한 인식

통일교는 문선명文鮮明(1920~2012)이 1954년에 창립한 신종교인 세계기독교통일신령협회의 준말로 통일교(회)라고 불린다. 1997년에 세계평화통일가정연합으로 교명을 변경하였다.

> 황인종은 맏아들이요, 흑인종은 둘째 아들이요, 백인종이 셋째 아들인데, 이들이 싸우는 것을 한국이 통일사상을 통해 통일할 수 있다는 것입니다. 이렇게 되므로 말미암아 하나님을 위주로 한 이상적 조국 창건이 된다는 것입니다. 거기서부터 비로소 평화의 세계, 하나의 세계, 통일의 세계, 승리의 세계로 세계는 수습되어 들어갈 것입니다. 그리하여 지상에 천국을 형성함과 동시에 하나님과 일치되어야 합니다. 천상천국의 주체 되시는 하나님을 지상에 모셔 가지고 통일된 하나의 천국을 형성해야 하는 것입니다. …[142]

문선명은 황인종, 흑인종, 백인종 순으로 하나님의 아들들 서열이 정해졌다고 주장한다. 그는 하나님의 맏아들이 황인종이라고 말하고, 인종 간의 갈등과 투쟁은 황인종을 대표하는 한민족이 중심이 되어 해결할 수 있다고 강조한다. 그렇게 해야 비로소 하나님을 중심으로 한 이상적인 나라가 세워질 수 있을 것이며, 인류는 평화세계, 하나 된 세계, 통일세계, 승리세계로 들어갈 수 있으리라고 강조한다. 그 궁극적인 목표는 지상천국地上天國의 건설과 하나님과 하나 됨에 있다고 주장하였다. 천상천국天上天國의 주체이신 하나님을 이 땅에 모셔서 통일된 하나의 천국을 형성하자는 것이 바로 통일교의 목표요 이상이라고 강조한다.

> 세계 문명의 방향은 세계를 일주하면서 발달하여 갑니다. 즉, 애급의 대륙 문명, 로마와 그리스의 반도 문명, 영국의 도서島嶼 문명, 미국의 대륙 문명에로, 다시 문명은 서진西進하여 태평양을 건너 일본의 도서 문명으로, 급기야는 한반도 문명으로 집결하기 위해 아시아로 연결되고 있는 것입니다. 여기서 결속된 문화는 고차원적 문화로서 신세계를 창조해 낼 것입니다. 일본은 섬나라로서 서양문명을 아시아에서는 처음으로 정착시켰습니다. 다음은 반도 문명시대입니다. 한반도는 동양과 서양의 문명이 일치하는 장소입니다. … 지금 때는 대서양 문명시대가 지나가고 태평양 문명의 시대입니다. …[143]

문선명은 세계 문명은 세계를 일주하면서 발달했는데, 이집트 → 로마와 그리스 → 영국 → 미국 → 일본 → 한반도로 서진西進하면서 점차 고차원적인 문화로 발전했다고 주장한다. 궁극적으로는 지상에 신세계新世界를 창조하기 위한 역사였다는 점을 강조한다. 아시아 지역에 서양문명을 처음으로 정착시킨 나라는 일본이었고, 일본 다음에는 한반도를 중심으로 하여 새로운 문명이 발달할 것인데, 한반도에서 비로소 동양문명과 서양문명이 일치하고 화합하리라고 전망한다. 나아가 문선명은 이제는 서양을 중심으

---

142 『문선명선생말씀선집』 79권, 83쪽, 1975년 6월 1일.
143 『문선명선생말씀선집』 115권, 171쪽, 1981년 11월 10일.

로 하는 대서양 문명의 시대가 지나가고 동양을 중심으로 하는 대평양 문명의 시대가 다가오고 있다고 강조한다. 서양문명의 몰락과 동양문명의 발흥이라는 관점에서 세계사를 조망하고 있는 셈이다.

> 갈 방향을 잃어버렸던 서구 문명에, 석양에 기우는 해와 같이 땅거미가 찾아드는 서구 문명에 새 아침의 광명한 햇빛과 같은 동양문명을 연결시켜 준 이 레버런 문에 대해 감사하지 않고는 망한다는 것을 알아야 합니다. 망해 가는 서구사회는, 대서양으로 흘러가는 문화의 배경을 가진 서구사회는 레버런 문으로 말미암아 새로운 아시아 문명을 통하여 하나님의 섭리권에 연결시킬 수 있다는 놀라운 사실을 알아야 합니다. …[144]

문선명은 서양문명은 지향할 방향을 잃은 문명이라고 평가하고, 마치 저물녘의 태양과 같아서 어둠이 찾아들고 있는 형국이라고 설명한다. 이에 반해 동양문명은 밝아오는 새 아침의 찬란한 태양과도 같다고 주장한다. 그리고 어둠에 빠져 헤매는 서양문명을 밝음 자체인 동양문명에 연결하여 구원해 준 인물이 바로 자신이라고 강조한다. 나아가 문선명은 망하고 있는 서양문명을 구원한 자신이 새로운 동양문명을 개척하여 하나님의 섭리와 연결할 수 있는 위대한 존재라고 강조하였다. 동양문명을 하나님 섭리의 역사와 접목할 유일한 인물이 바로 자신이라고 주장한 셈이다.

> 이 세계는 어떠한 세계냐? 타락한 부모와 인연된 세계이지 참부모나 하나님이 이상했던 본연의 세계와는 상관이 없는 세계입니다. … 그래서 인간의 역사는 고해와 마찬가지입니다. 비애의 역사, 전쟁의 역사, 질병의 역사라고 하는 것입니다. 왜 이렇게 되었느냐 하면, 타락의 결과로 이렇게 되었다는 것입니다. … 그 해결점을 다 보지 못하고, 이제는 모두 포기상태에 다다랐습니다. 그것이 현세의 인간의 처지라는 것입니다.[145]

---

144 『문선명선생말씀선집』 120권, 199쪽, 1982년 10월 15일.
145 『문선명선생말씀선집』 137권, 81쪽, 1985년 12월 24일.

문선명은 자신이 사는 시대가 타락한 세계라고 비판하고 참부모나 하나님이 바라고 추구했던 이상세계와는 전혀 동떨어진 세상이라고 주장한다. 그리하여 인류는 고해苦海에 빠져 비탄, 전쟁, 질병이 만연하게 되었고, 그 근본 원인은 '타락'에 있다고 보았다. 문선명은 타락한 현실을 타개하고 해결할 능력이 없이 포기 상태에 이른 것이 현세를 사는 인류의 모습이라고 주장한다. 인용문에서 '서양'이라는 명시적인 언급은 없지만, 타락한 세계의 중심에 서양이 있다는 점을 넌지시 강조하고 있다.

> 지금 때는 태평양 시대라고 말하고 있습니다. 미국이 아무리 뭐라 하더라도 구라파 제일주의를 부르짖고 나오던 것이, 이제는 태평양을 중심 삼은 무역권이 구라파를 능가하여 발전해 나오고 있습니다. 모든 면에서 미국이 태평양 지역을 버릴 수 없는 단계에 와 있다는 것입니다. …[146]

문선명은 당대를 '태평양 시대'라고 규정하고, 세상을 주도하는 나라인 미국이 유럽 제일주의에서 벗어나 무역의 대상을 태평양 지역을 중심으로 삼는 형국으로 진행된다고 주장한다. 이제 서양 중심에서 동양 중심으로 이동되는 때라고 선언한 것이다.

> 유색인종의 문화역사는 길고, 백인종의 문화사적인 배경은 짧습니다. 백인들은 북극에서 온 곰의 사촌들입니다. 피를 보면서 고기를 먹는 사람들입니다. 백인들이 가는 데는 언제나 피가 따랐습니다. 피를 흘렸습니다. 그렇지만 농경문화 세계에 사는 사람들은 그렇지 않습니다. 그렇기 때문에 이제 백인사회의 종말은 멀지 않았습니다. 그걸 알아야 합니다. 이제 어디로 가느냐? 아시아로 가야지요? … 태평양 문명시대는 황인종을 중심삼고 오는 것입니다. 일본과 한국이 그렇게 급성장을 한 것은 무엇 때문이냐? 하나님이 함께 하시기 때문입니다.[147]

---

146 『문선명선생말씀선집』 174권, 205쪽, 1988년 3월 1일.
147 『문선명선생말씀선집』 205권 261쪽. 1990년 9월 9일.

문선명은 유색인종의 문화와 역사가 백인종의 문화와 역사보다 길다고 주장한다. 그리고 문선명은 백인종은 본래 북극곰의 사촌이라는 다소 억지스러운 주장을 하면서 백인종의 식육食肉 문화의 배경을 설명한다. 급기야 백인종의 역사는 항상 피가 흐르는 투쟁사였다고 비판하고, 이에 반해 농경 문화권의 사람들 구체적으로는 황인종의 문화와 역사는 그렇지 않고 화합과 조화의 문명을 추구했다고 강조한다. 그리하여 곧 백인종의 사회는 종말이 가까웠고, 아시아 지역에 사는 황인종의 문명이 급성장하고 부상하게 되리라고 강조한다. 특히 한국과 일본이 급성장한 배경에는 하나님의 임재하심이 있기 때문이라고 주장한다.

> 예수의 몸을 잃어버렸기 때문에 미국이, 영적 기독교가 태평양을 건너 아시아로 가지 않으면 안 될 역사적인 사명이 있습니다. 그렇기 때문에 이런 시대가 오지 않을 수 없다는 것이 결론입니다. …[148]

문선명은 '예수의 몸'이 상징하는 '영적靈的 기독교'가 미국을 중심으로 이제는 아시아 지역으로 올 것이라고 주장한다. 나아가 문선명은 이는 역사적인 필연이기 때문에 그러한 시대가 반드시 오고야 말 것이라고 강조한다.

> … 예수님이 잃어버린 육신이 아시아 문화권 통일시대를 향해서 돌아오고 있는 것입니다. 모든 것을 이렇게 풀어야 역사가 깨끗이 풀립니다.[149]

예수님의 몸, 육신을 되찾기 위해서는 '아시아 문화권 통일시대'가 열려야 한다고 주장한 문선명은 세계사의 진행이 동방 혹은 동양을 향해서 서진西進하여 오고 있다고 강조하고, 이렇게 되어야 비로소 역사가 말끔하게 정리되고 풀리리라고 주장한다.

---

148 『문선명선생말씀선집』 224권 306쪽. 1991년 12월 22일.

149 『문선명선생말씀선집』 232권, 25쪽, 1992년 7월 1일.

… 예수님의 몸을 세계적으로 잃어버린 곳이 아시아이기 때문입니다. 여기에서 영과 육이 갈라져 버렸습니다. 그러므로 서양문명, 물질문명이 거꾸로 쭉 돌아서 이렇게 아시아로 돌아오는 것입니다.[150]

문선명은 '예수님의 몸'을 잃어버린 지역이 아시아였기 때문에 영靈과 육肉이 분립하는 지경에 이르렀다고 주장한다. 이 문제를 해결하기 위해서는 서양문명이자 물질문명이 이제는 아시아로 돌아오는 새 역사가 진행되어야 한다고 강조한다.

… 왜냐하면 예수의 몸뚱이를 아시아에서 잃어버렸기 때문에 몸뚱이 된 세계적 정치 판도까지 아시아를 중심삼고 통일해야 되는 것입니다. 그렇기 때문에 이제 아시아 문명권 시대가 도래하는 것입니다.[151]

문선명은 아시아 문명 즉 동양문명의 도래를 예수의 몸을 잃어버린 아시아로 되돌아오는 일이라고 종교적 주장을 한다. 이러한 하나님의 섭리에 따라 아시아가 서양을 대신하여 새로운 문명의 부흥지로 부각할 것이라고 강조한 셈이다.

미국은 하나님의 축복에 의해 물질문명을 꽃피운 대표적인 나라가 되었습니다. 그러므로 외적인 기준으로부터 내적인 기준으로 급격하게 변화되기는 어렵습니다. 반면에 동양에서는 물질적인 면보다는 정신적인 면을 존중합니다. 서양은 외적으로는 축복받았으나 내적인 기준에 있어서는 부족합니다. 반면에 동양은 내적으로는 축복을 받았으나 외적 기준에 있어서는 부족합니다. 하나님은 이토록 공평하신 분입니다.[152]

---

150 『문선명선생말씀선집』 249권, 132쪽, 1993년 10월 8일.
151 『문선명선생말씀선집』 243권, 296쪽, 1993년 1월 28일.
152 『하나님의 뜻과 세계』, 380쪽.

문선명의 주장에 따르면 물질문명을 화려하게 꽃피운 나라는 미국이다. 그러나 외적인 물질에만 치중해서는 내적인 정신을 우위에 두고 강조하는 문화와 역사가 전개되기는 어렵다고 보았다. 그런데 동양은 예로부터 물질보다는 정신을 존중하고 우위에 두는 문화와 역사가 있었다고 주장한다. 나아가 문선명은 비록 서양이 외적, 물질적으로는 하나님의 축복을 받았지만, 내적, 정신적으로는 하나님의 축복을 받지 못했다고 강조한다. 이는 공평하신 하나님의 섭리에 따라 정해진 일인데, 서양에는 물질의 축복을 내렸고 동양에는 정신의 축복을 내렸기 때문이라고 강조한다.

> 종교를 중심으로 정신면을 중요시하면 물질적인 조건을 박차 버립니다. 동양은 정신문화를 중요시해 모두가 외적 기준을 박차 버렸습니다. 그것을 서양 사람들이 주워 모았습니다. 미국을 비롯하여 서양의 많은 나라들이 외적으로 잘살게 된 것은 동양의 물질적 조건을 모두 원조받아 서양문명을 발전시켰기 때문입니다. 그러나 그것이 한계에 도달하고 있습니다. 그리고 동양의 정신문명도 한계에 직면해 있습니다. 동양은 점점 서양문명, 물질문명을 요구하게 되었습니다. 서양은 또한 동양문명, 정신문명을 요구하게 되어 이것들이 서로 교체되는 시점에 서 있습니다. 바로 수수작용을 하고 있는 것입니다.[153]

문선명은 동양은 정신문화를 중요시하여 외적, 물질적 기준을 도외시했는데, 서양 사람들이 이를 모았기 때문에 미국과 유럽 등의 서양의 나라들이 물질적으로 볼 때 잘 살 수 있었다고 주장한다. 요컨대 서양문명의 발전에는 동양의 물질적 조건을 모두 원조받았기 때문이라고 강조한 것이다. 그렇지만 이러한 일은 한계점에 도달하고 있고, 동양의 정신문명 또한 한계에 직면해 있다고 주장한다. 이에 따라 동양은 점점 서양문명의 핵심인 물질문명을 요구하게 되었고, 서양은 동양문명의 핵심인 정신문명을 요구하게 되어 양자가 서로 교체되는 시점에 서 있다고 강조한다. 동양문명과 서양문명 사이에 수수授受 작용이 일어나고 있다는 말이다.

---

153 『하나님의 뜻과 세계』, 381쪽.

통일교는 서양문명을 백인종이 건설한 문명으로 인식하고 하나님의 물질적 축복이 내린 문명으로 이해한다. 그리고 서양문명은 식육食肉 문화를 기본으로 하는 피와 투쟁의 역사가 펼쳐졌던 문명으로 인식하는데, 이제는 지향할 방향을 잃고 타락하고 실패한 불완전한 문명이라고 비판한다. 그리고 서양문명은 석양에 기우는 어둠이 찾아드는 문명이라고 인식하고 있으며, 세계의 문명이 점차 서진西進하여 동쪽으로 향하고 있고 더욱 고차원으로 발달하게 되리라고 전망한다. 문선명을 이러한 사실을 요약하여 대서양 문명이 태평양 중심의 문명으로 바뀐다고 설명한다. 문선명은 이 모든 일은 하나님의 섭리가 작용한 것으로 인식했다. 따라서 통일교는 서양문명을 미완성된 '불완전성'을 지닌 체계로 인식했고, 이제는 동양을 중심으로 새로운 문명이 전개되리라고 주장했다.

3. 한국신종교의 서양문명에 대한 대응

1) 동학의 서양문명에 대한 대응

동학은 서양의 종교와 사상에 맞선다는 의미를 담고 있으며, 반봉건, 반외세를 함께 추구했다는 역사적 의의가 있다. 서학西學과는 다른 동학東學이라는 이름 자체에 서양 세력을 방어하고 저항하는 '대결' 의식이 반영되어 있다. 물밀듯이 밀려오는 서양 세력에 맞서 투쟁하고 대결하는 일이 동학의 서양문명에 대한 대응 방식이었다. 동학은 기본적으로 서양 세력의 침략 또는 유입에 대해 '대결'하려 했다.

동학을 동도주의東道主義라고 할 때 '동도東道'는 동양의 도를 의미하는 것이 아니라 동양의 전통사상과 서학西學을 비판적으로 수용하고 걸러내면서 통합시킨 동서東西 회통會通의 도이자, '동국東國의 길'로서의 '동도'이다. 이는 이전의 '동도의 변혁'을 통해 새롭게 낸 '오래된 새 길'로서의 '천도天道'이자 '우리의 길[吾道]'을 의미한다.[154]

흔히 동학, 천도교는 한반도 근대성의 사상적 출발점을 찾고 이를 정당화하고자 했던 많은 연구의 핵심 주제가 되었다.[155] 동학을 계승하여 근대적 종교 체계로 개편한 천도교天道教에 대한 평가는 서구적 근대를 적극 수용하여 문명개화를 추구하는 노선으로 전환되었다고 보는 견해가 대부분이다.[156]

(1) 수운 최제우

수운이 동학을 창도한 직접적인 배경은 서양 열강의 중국 침략에 있었다. 서양 열강이 중국에 이어 곧 조선을 침략할 것이라는 위기의식에서 나라와 국민을 지키려는 자각이 그 근본적인 동기였다. 따라서 서양 열강의 현실적 위협 아래 창립된 동학은 민족주의를 그 본질적인 속성으로 하였다.

> … 경신년(1860)에 와서 전해 듣건대 서양 사람들은 천주天主의 뜻이라 하여 부귀富貴는 취하지 않는다고 하면서 천하를 쳐서 빼앗아 그 교당教堂을 세우고, 그 도道를 행한다고 하므로, 내 또한 그것이 그럴까 어찌 그것이 그럴까 하는 의심이 있었더니[至於庚申(지어경신)하여 傳聞西洋之人(전문서양지인)은 以爲天主之意(이위천주지의)로 不取富貴(불취부귀)라 하고 攻取天下(공취천하)하여 立其堂(입기당) 行其道(행기도) 故(고)로 吾亦有其然豈其然之疑(오역유기연기기연지의)러니] …
>
> -「포덕문布德文」[157]

수운은 서양인들이 "천하를 쳐서 빼앗는다[攻取天下]."라고 표현했다. 서양문명이 지닌 기본적 속성을 침략성과 호전성好戰性으로 파악하고 인식했다. 수운은 서양인들이 비록 천주天主의 뜻을 빌렸지만, 본래 다른 사람이 가진 것을 취하려 하는 공격성과 약탈성을 기초로 하고 있다고 파악했다. 그런데도 서양인들은 부귀를 취하지 않고 교당教堂을 세

---

154 김용휘, 「천도교의 운동노선과 동도주의」, 『종교문화연구』 27집, 한신대학교 종교와문화연구소, 2016, 83쪽.
155 박민철, 「동학 천도교 사상의 모던적 징후」, 『시대와 철학』 81호, 한국철학사상연구회, 2017, 9쪽.
156 박찬승, 『한국근대정치사상사연구』, 역사비평사, 1992, 176 · 383쪽; 황선희, 『한국근대사상과 민족운동 - 동학, 천도교편』, 혜안, 1996, 148쪽; 조규태, 「동학과 천도교의 타자로서의 서양 인식」, 『이민인종연구』 3집, 이민인종연구회, 2010, 66~67쪽.
157 천도교중앙총부, 『천도교경전』 개정초판, 천도교중앙총부출판부, 2002, 17~18쪽.

우고 도道를 행하려 한다고 주장하니, 겉과 속이 전혀 다른 이러한 주장에 대해 수운은 깊이 의심했다는 말이다. 천하를 침범하고 상대방이 가진 것을 빼앗으려 애쓰는 서양인들의 잔인한 폭력성과 천주의 도道를 행하려 한다는 선한 종교성 사이의 모순에 대해 수운은 의구심을 느꼈다. 물론 수운은 이러한 일을 풍문 또는 소문으로 들었다. 실제로 수운은 자신이 직접 목격한 일은 아니었지만, 서양인들이 동양으로 몰려와 자칭 천주天主의 도道를 행하겠다는 감언이설을 앞세우고 실제로는 중국의 수도를 유린하고 불태우는 침략과 폭력을 드러냈다는 엄청난 모순에 대해 지적하고 있다.

> … 서양은 전쟁에 승리하고 공적을 취하여 이루지 못할 일이 없을 정도이며, 천하를 진멸할 수 있을 능력을 지녔다고 전한다. 또 입술이 없으면 이가 상하는 한탄이 없지 않을 것이니, 우리나라를 보전하고 백성을 편안히 할 계책이 장차 어떻게 나올 수 있겠는가?[西洋서양, 戰勝功取전승공취, 無事不成而天下盡滅무사불성이천하진멸. 亦不無脣亡之歎역불무순망지탄, 保國安民보국안민, 計將安出계장안출?] …
>
> -「포덕문」

수운은 서양인 또는 서양 세력에 대해 "전쟁에서 승리하여 공적을 취하는 일"에 능하다고 표현했다. 전쟁은 기본적으로 남과 대결하여 남의 것을 빼앗는 일이다. 물건이나 재산만이 아니라 심지어는 상대방의 목숨까지도 마다하지 않는 것이 바로 전쟁이다. 전쟁에 이겨서 상대방이 이룩하고 가지고 있는 모든 것들을 빼앗아 자신의 것으로 만드는 일이 전쟁의 본질이다. 수운은 바로 이 점을 통해 서양에 대해 인식했다. 서양인들은 "이루지 못할 일이 없는 듯" 보이지만 결국은 천하를 남김없이 멸망시킬 세력이라고 전망한다. 수운은 서양인들은 천하 즉 세상을 이롭게 하지 못할 것이라고 예견했다. 서양인들의 북경 침략 소식을 전해 들은 수운은 "순망지탄脣亡之歎"이라고 탄식했다. 중국이 망한 후에 다음 차례는 조선이 서양인들의 침략 대상이 될 수밖에 없을 것이라는 우려를 표현했다. 수운은 이러한 긴박한 위기 상황을 해결할 수 있는 묘책이 과연 어디에서 어떻게 나올 수 있을 것인가를 고민하였다. 이처럼 수운은 곧 닥칠 서양의 침략에 대응하여 우리나라를 지켜야 한다고 주장했고, 당시 조선 정부의 무기력과 무능을 대신하여 자신이 세운 도道와 학學으로 서양의 침략에 내응하려 했다. 이와 관련하여 "동학은 출빌부터 대외적으로는 반침략적인 민족주의, 대내적으로는 반봉건적인 민중의 입장에 선 이데올로기라고 할 수 있다."라는 연구가 있다.[158]

수운은 서양 제국주의의 선봉으로서의 천주교 즉 서학의 만연 현상에 대해 심각하게 우려하였다. 수운이 들었다는 소문은 바로 영불英佛 연합군에 의한 북경 함락(제2차 중영전쟁)에 관한 것이었다. 1857년에 체결된 천진조약天津條約을 이행하지 않았다는 이유로 영불연합군은 1860년 8월에 북경으로 진격하였고, 청淸의 함풍제咸豊帝는 열하熱河로 피난하였다. 9월에 청나라는 영국, 미국, 프랑스, 러시아의 4개국과 북경조약을 체결하여 겨우 수습하였다. 조선에 이 소식이 전해진 것은 10월이었다. 조선에서 경신양요庚申洋擾라고 불렀던 이 사건은 1840년의 제1차 중영전쟁中英戰爭(일명 아편전쟁)과는 달리 조야朝野에 직접적인 위기의식을 불러일으켰다. 당시 조선 조정에서는 진상을 파악하기 위해 전경수全景遂를 보냈고, 10월 하순에는 동지사冬至使, 12월에는 열하문안사熱河問安使를 파견하였다.[159]

전경수의 보고서가 12월에 조정에 도착하여 개전開戰에서 강화조약의 체결까지의 경과를 알게 되었다. 당시 중화주의적 세계관과 중국 중심의 국제질서 속에 안주하면서 안보를 사대교린체제事大交隣體制에 의존하고 있던 조선으로서는 큰 충격이 아닐 수 없었다. 중국이 무너지면 순망치한脣亡齒寒의 형세로 조선이 다음의 침략 대상자로 바로 위기를 맞이할 것이라고 여겨졌다. 특히 1839년 기해사옥己亥邪獄 때 서양인 선교사를 살해한 바 있는 조선 정부로서는 그들로부터의 보복이 곧 닥칠 것이라고 염려하였다. 이 소식이 알려지기 시작하자 조선의 각지에서는 서양 오랑캐에 의해 나라가 멸망할 것이라는 소문과 참언이 돌았다. 백성들은 피난 준비를 서둘렀으며, 관리들마저 처자들을 피난시키고 천주교도들에게 신변 보호를 의뢰하기도 했다.

수운은 경신양요庚申洋擾의 소식에 큰 충격을 받았으며, 민족의 운명이 누란累卵의 위

---

158 강재언, 「동학의 사상적 성격」, 『근대한국사상사연구』, 한울, 1983, 122쪽.
159 『일성록(日省錄)』 철종 11년 10월 22일조와 12월 9일조 및 철종 12년 1월 18일조.

기에 직면했다고 보았다. 수운이 남긴 글에는 풍전등화風前燈火와도 같은 조국의 위기 상황을 맞아 생겨난 극도의 위기의식이 반영되어 있다. 수운은 서양의 무력을 사용한 침략 앞에 '보국안민輔國安民' 또는 '보국안민保國安民'을 도모하고자 했다.

서학西學은 서양 문물과 서교西教 즉 천주교 신앙이 합쳐진 개념이다. 서양 세력의 조선 침략 사건은 물질적인 이기利器와 함께 정신적인 신앙信仰이 함께 작용 · 유입되었다. 그것도 엄청난 화력과 군사력을 동반한 형태로 곧 우리나라로 쳐들어올 것으로 전망되어 극도의 불안감과 위기감을 조성하기에 충분했다.

수운은 서양을 도道를 이루고 덕德을 세운 또 하나의 문명권으로 인정하였고, 그 발전상과 위력, 특히 서양의 강력한 군사력을 인정하였다. 그러나 그들이 천주天主의 뜻으로 부귀를 취하지 않는다고 표방하는 바와 달리 중국을 침략하고 천주당을 세워 포교하는 모습을 보고는 그들의 제국주의적 속성을 파악하였다.[160] 이에 수운은 적극적인 대응책으로 동학을 창도하였다.[161]

서양과 서학에 대한 경각심과 강한 저항 의식에서 동학을 창도한 수운은 서양의 강력한 군사력의 바탕에는 천주교가 있다고 보았고, 또 그것을 서양 제국주의의 첨병으로 인식하였다.[162] 수운은 그리스도교를 서양문명의 정수精髓로 인식했다. 그렇지만 서교西教라고 지칭하지 않고 서학西學이라고 불렀다.

> … 경신년(1860) 사월에 … 서양 사람은 도성입덕道成立德하여 그 조화造化에 미치어 일을 이루지 못함이 없고, 무기로 침공함에 당할 사람이 없다 하니, 중국이 소멸하면 어찌 가히 순망脣亡의 환患이 없겠는가? 도무지 다른 연고가 아니라, 이 사람들은 도道를 서도西道라 하고 학學을 천주학天主學이라 하고, 교教는 성교聖教라 하니, 이것이 천시天時를 알고 천명天命을 받은 것이

---

160 『고종실록』 고종 원년 2월 29일자 경상감사 서헌순(徐憲淳)의 장계(狀啓)에 따르면 "양인(洋人)이 중국에 들어와 천주당을 세우더니 이제는 우리나라에까지 들어와 또 천주당을 세우니 내 마땅히 박멸하리라."라 했다.

161 하우봉, 「수운 최제우의 대외인식」, 『한일관계사연구』 17집, 한일관계사학회, 2002, 138쪽.

162 위의 글, 140쪽.

이니겠는가?[夫庚申之年(부경신지년) … 西洋之人(서양지인)은 道成立德(도성입덕)하여 及其造化(급기조화)에 無事不成(무사불성)하고 攻鬪干戈(공투간과)에 無人在前(무인재전)이라 하니 中國(중국)이 燒滅(소멸)이면 豈可無脣亡之患耶(기가무순망지환야)아? 都緣無他(도연무타)라. 斯人(사인)은 道稱西道(도칭서도)하고 學稱天主(학칭천주)하고 教則聖教(교즉성교)라 하니 此非知天時而(차비지천시이) 受天命耶(수천명야)아?] …

-「논학문論學文」[163]

수운이 애초에 서양에 대해 가졌던 감정은 매우 긍정적이었다. 그는 서양 사람은 "도성입덕道成立德하여 그 조화造化에 미쳐 일을 이루지 못함이 없고, 무기로 침공함에 당할 사람이 없다."라고 생각했다. 수운은 서양 사람들이 도道를 성취하여 이루었고 덕德을 바르게 세웠다고 판단했으며, 서양인들이 부리는 조화는 모든 일을 이룰 힘이 있고, 특히 발달한 무기를 사용하여 전쟁을 일으켜 상대방을 제압하는 일에는 당해낼 것이 없는 무소불위無所不爲의 능력을 지녔다고 인식했다. 서양인들이 나름대로 도와 덕을 이루었으며, 신비한 힘을 발휘하여 세상을 다스리며, 전쟁을 일으켜 이기는 일이 능하다는 사실을 인정했다. 나아가 수운은 서양 사람들의 이러한 능력의 이면에는 그들이 믿는 특별한 '가르침'이 있다고 판단했다. 당시 사람들의 "서양인들의 도道를 서도西道라 하고, 학學을 천주학天主學이라 부르고, 교教는 성교聖教라 칭했다."라는 말을 듣고, 수운은 "이것이 천시天時를 알고 천명天命을 받은 것이 아니겠는가?"라고 자문自問했다고 회고했다. 서도와 천주학과 성교라는 용어 자체가 긍정적인 표현이다. 서도는 '서쪽에서부터 흘러온 도道'이고, 천주학은 '한울님께서 내리신 학學'이며, 성교는 '성스러운 가르침'이라는 뜻이다. 이러한 용어는 수운 당대의 사람들이 그리스도교를 지칭하는 말이었고, 수운이 이를 그대로 옮긴 것이지만 그들이 가졌던 서양 세력에 관한 경이로움과 감탄을 가늠할 수 있는 용어이기도 하다. 어쨌든 수운이 이러한 말을 듣고 가장 먼저 떠올린 생각은 "그렇다면 서도, 천주학, 성교야말로 하늘이 정하신 때와 하늘의 성스러운 명령을 받은 가르침의 체계가 아닐까 하는 것이었다. 수운이 사용한 천시天時와 천명天命이라는

---

163 천도교중앙총부, 『천도교경전』 개정 초판, 천도교중앙총부출판부, 2002, 26~27쪽.

표현에서 서학西學의 당위성과 정당성을 어느 정도 인정한 입장이었다는 사실을 짐작할 수 있다.

그렇지만 수운이 서양 사람에 대해 처음으로 가진 인식은 그들의 힘에 대한 공포와 두려움이었다. 수운은 군함과 대포로 상징되는 서양문명의 강력한 힘에 대해 불안하고 두려워했다. 조선이 천자天子의 나라라고 모시던 거대한 중국마저 꺾은 서양문명과 세력의 진정한 원천은 과연 무엇인가? 수운은 그 원천에는 서학이 있다고 생각하였다.

> … 묻기를 "양도洋道와 다른 것이 없습니까?" 대답하시기를 "양학洋學은 우리 도道와 같은 듯하나 다름이 있고, 비는 것 같으나 실지가 없느니라. 그러나 운運인즉 하나요, 도道인즉 같으나 이치인즉 아니니라." 묻기를 "어찌하여 그렇게 됩니까?" 대답하시기를 "우리 도는 무위이화無爲而化라. 그 마음을 지키고 그 기운을 바르게 하고 한울님 성품을 거느리고 한울님의 가르침을 받으면 자연한 가운데 화化해 나는 것이요, 서양사람은 말에 차례가 없고, 글에 순서가 없으며, 도무지 한울님을 위하는 단서가 없고, 다만 제 몸만을 위하여 빌 따름이라. 몸에는 기화지신氣化之神이 없고, 학學에는 한울님의 가르침이 없으니, 형식은 있으나 자취가 없고, 생각하는 것 같지만 주문呪文이 없는지라. 도道는 허무한 데 가깝고, 학學은 한울님 위하는 것이 아니니, 어찌 다름이 없다고 하겠는가?[曰與洋道(왈여양도)로 無異者乎(무이자호)잇까? 曰洋學(왈양학)은 如斯而有異(여사이유이)하고 如呪而無實(여주이무실)이니라. 然而運則一也(연이운즉일야)요, 道則同也(도즉동야)나 理則非也(이즉비야)니라. 曰何爲其然也(왈하위기연야)니까? 曰吾道(왈오도)는 無爲而化矣(무위이화의)라. 守其心正其氣(수기심정기기)하고 率其性受其敎(솔기성수기교)하면 化出於自然之中也(화출어자연지중야)요, 西人(서인)은 言無次第(언무차제)하고 書無皂白而(서무조백이) 頓無爲天主之端(돈무위천주지단)이요, 只祝自爲身之謀(지축자위신지모)라. 身無氣化之神(신무기화지신)이요, 學無天主之敎(학무천주지교)하니, 有形無迹(유형무적)이요, 如思無呪(여사무주)라. 道近虛無(도근허무)요 學非天主(학비천주)니 豈可謂無異者乎(기가위무이자호)아?] …
>
> -「논학문」[164]

164 천도교중앙총부, 『천도교경전』 개정 초판, 천도교중앙총부출판부, 2002, 30~31쪽.

위의 인용문은 수운水雲이 자신의 도를 천도天道라고 주장했는데, 이에 대해 어떤 사람이 양도洋道 즉 서양西洋의 도道와 다른 것이 무엇이냐고 물은 것에 대답한 대목이다. 수운은 서학西學은 자신이 세운 도道와 같은 듯하나 다르고, 비는 것이 있는 것 같으나 실제의 효과가 없다고 비판한다. 나아가 수운은 그렇지만 서학과 동학은 "운運에 있어서 하나이고, 도道로 볼 때는 같지만, (서학은) 올바른 이치는 아니다."라고 주장한다. 그리고 수운은 "우리 도는 무위이화無爲而化다."라고 선언한다. 동학만이 무위이화의 가르침이고, 서학은 그렇지 못하다는 비판이다. 또 수운은 "서양 사람은 말에 차례가 없고, 글에 순서가 없으며, 도무지 한울님을 위하는 단서가 없고, 다만 제 몸만을 위하여 빌 따름이라."라고 비판한다. 서양 사람들은 말과 글에 차례와 순서가 없으며, 한울님을 진정으로 위하는 실마리조차 없으며 단지 자신의 몸만을 위해 기도할 뿐이라고 힐난한다. 그 결과 서양인들의 몸에는 기화지신氣化之神이 없고, 그들의 가르침에는 한울님의 도우심이 없다고 선언한다. 그리고 수운은 "서학은 형식은 있으나 자취가 없고, 생각하는 것 같지만 주문呪文이 없다."라고 주장하여, 껍데기만 있고 알맹이가 없으며, 한울님을 생각하고 한울님께 기도하는 듯하나 실제적인 효과를 볼 수 있는 주문이 없는 속이 빈 가르침이라고 강조한다. 결론적으로 수운은 "서학의 도道는 허무한 것에 가깝고, 학學은 한울님 위하는 것이 아니다."라고 말을 맺는다. 요컨대 서학은 허虛이고, 동학은 실實이라는 점을 강조하였다. 서학은 헛된 것이지만 동학은 참된 것이라고 주장한 셈이다.

수운은 자신이 세운 도의 명칭을 무엇으로 할 것인가에 대한 사람들의 질문에 대해 다음과 같이 대답했다.

> … 묻기를 "도道가 같다고 말하면 서학西學이라고 이름합니까?" 대답하기를 "그렇지 아니하다. 내가 또한 동東에서 나서 동東에서 받았으니, 도道는 비록 천도天道나 학學인즉 동학東學이라. 하물며 땅이 동서東西로 나뉘었으니, 서西를 어찌 동東이라 이르며, 동東을 어찌 서西라고 이르겠는가?"[曰同道言之則名其西學也(왈동도언지즉명기서학야)니까? 曰不然(왈불연)하다. 吾亦生於東受於東(오역생어동수어동)하니 道雖天道(도수천도)나 學則東學(학즉동학)이라. 況地分東西(황지분동서)하니 西何謂東(서하위동)이며 東何謂西(동하위서)리오?] … -「논학문」[165]

수운은 서西에서 생겨난 도道를 서학西學이라고 부르는 일과 마찬가지로 동東에서 생겨난 자신의 도道를 동학東學이라고 이름 짓는 일이 마땅하다고 강조한다. 지역이 동과 서로 나뉘었으니, 동에서 난 도와 학을 동도東道 또는 동학이라고 불러야 한다는 주장이다. 이처럼 수운은 서학에 대응하여 동학의 정체성과 우월성을 강조하면서 자신의 가르침을 인식하였다. 도道가 같다면 수운의 도를 서학이라고 불러도 되느냐는 질문에 대해, 수운은 "그렇지 않다. 내가 동東에서 태어나 동東에 받았으니, 동학이라고 불러야 한다." 라고 단호하게 대답한다. 수운은 그 이유에 대해 "땅(지역)이 동東과 서西로 나뉘었는데, 어찌 서西를 동東이라 이르고 동東을 서西라고 이를 것인가?"라고 되물었다. 지역적으로 동과 서가 엄연하게 구분되고 구별되기 때문에 학學의 명칭도 동東에서 난 것은 동학, 서西에서 난 것은 서학이라고 부르는 일이 마땅하다고 강변한다. 수운이 서학과는 전혀 다른 동학의 창도創道를 주장한 대목이다.

수운은 외국 침략 세력의 가중되어 가는 압박을 직접 느끼고 체험하고 있음을 토로하기도 했고, 특히 서양문명과 서양종교 즉 서학의 반전통적 이질성을 부각하고 있다. 수운이 동학을 세운 사실을 왜곡하여 난데없이 그가 서학을 믿고 있다고 오해하고 그런 소문을 퍼트리고 다니는 사람들이 있을 정도라는 이야기다.

> … 요악妖惡한 고 인물이, 할 말이 바이 없어,
> 서학西學이라 이름하고, 온 동네 외는 말이,
> 사망년 저 인물이, 서학西學에나 싸잡힐까? …
> 소위 서학西學하는 사람, 암만 봐도 명인名人 없네.
> 서학西學이라 이름하고, 내 몸 발천拔薦 하렸던가? … -「안심가安心歌」[166]

자세히 모르고 제대로 알기 위해 노력을 하지도 않은 몇몇 사람들이 할 말이 따로 없이

---

165 천도교중앙총부, 『천도교경전』 개정 초판, 천도교중앙총부출판부, 2002, 32쪽.
166 천도교중앙총부, 『천도교경전』 개정 초판, 천도교중앙총부출판부, 2002, 157~158쪽.

즉 내용조차 제대로 갖추지 못한 채 수운이 세우고 믿는 믿음을 엉뚱하게도 서학이라고 이름하고, 온 동네에 퍼트리는 소문이 "요악하고 망할 것이 분명한 저 사람이 서학에 사로잡혔음이 분명하다."라는 내용이라는 것이다. 그런데 수운은 스스로 판단할 때 "서학을 믿고 추종하는 사람들 가운데는 존경하고 따를 만한 인물이 아무리 찾아봐도 없다."라 했다. 다만 "서학을 믿는다는 허울만 내세운 채 실제로는 자신의 몸이 출세하기나 스스로의 안위만 챙기려는 일에 몰두하고 있다."라는 비판을 내린다. 서학의 극단적 이기주의利己主義와 지나친 출세주의出世主義를 통렬하게 비난하고 비판한 대목이다.

> … 하원갑下元甲 경신년庚申年에, 전해 오는 세상 말이,
> 요망한 서양적西洋賊이, 중국中國을 침범해서,
> 천주당天主堂 높이 세워, 거 소위 하는 도道를,
> 천하天下에 편만遍滿하니, 가소절창可笑絶唱 아닐런가? …
> 무단히 한울님께, 주소간晝宵間 비는 말이,
> 삼십삼천三十三天 옥경대玉京臺에, 나 죽거든 가게 하소.
> 우습다 저 사람은, 저의 부모 죽은 후에,
> 신神도 없다 이름하고, 제사祭祀조차 안 지내며,
> 오륜五倫에 벗어나서, 유원속사猶願速死 무삼일고? … -「권학가勸學歌」[167]

경신년(1860) 무렵에 전해오는 풍문에 "요망한 서양적西洋賊이 중국을 침범했다."라는 소식이 들렸다. 여기서 수운이 "요망한", "적賊"이라는 매우 부정적인 용어로 '서양西洋' 또는 '서양인西洋人'을 인식하고 있었다는 사실을 알 수 있다. 남의 생명과 물건을 약탈하는 일이 적賊의 속성이자 본질이다. 나아가 수운은 서양인들이 중국에 침략해서 한 일은 이른바 "천주당天主堂을 높이 세워 자신들의 가르침을 천하에 두루 펼치는 일"이었다고 전해 들었다. 그런데 수운은 이러한 일에 대해 "몹시 웃긴다."라고 판단한다. 왜냐하면

---

167 천도교중앙총부, 『천도교경전』 개정 초판, 천도교중앙총부출판부, 2002, 209~211쪽.

"한울님께 밤낮없이 그치지 않고 비는 내용이, 내가 죽은 다음에 꼭 하늘나라에 있다는 삼십삼천의 옥경대에서 살 수 있도록 해 주십사는 것이다."이기 때문이다. 그런 말이 왜 웃음을 참지 못할 만큼 가소로운 일인지에 대해 수운은 자신들을 낳아주고 길러준 부모들이 죽은 후에는 "신神도 없다고 주장하면서, 제사祭祀조차 지내지 않으며, 삼강오륜三綱五倫에 벗어나는 일만 일삼는다."라는 행동을 하더니, 자신이 죽을 때를 당하여서는 오히려 "하루바삐 죽어서 천당天堂에 가게 해 주십시오."라고 빌면서 죽음을 학수고대鶴首苦待하니, 모순된 행동이 아닌가 하고 강렬하게 비판한다. 수운은 서학을 믿는 사람들의 모순된 행동과 지나친 이기주의利己主義를 비판한 것이다.

수운이 신비적으로 체험한 한울님은 서양문명에 대한 대응책으로 '영부靈符와 주문呪文'이라는 동양적 정신 수행을 제시하였다. 한울님은 수운에게 영부를 받아 사람들을 질병에서 건지고, 주문을 받아 사람들을 가르쳐 장생長生하여 포덕천하布德天下하라고 명했다. 영적靈的이고 정신적 차원에서의 대응 방식을 제시한 것이다.

> … (수운이) 묻기를 "그러면 서도西道로써 사람을 가르치리잇까?" (한울님께서) 대답하시기를 "그렇지 아니하다. 나에게 영부靈符가 있으니, 그 이름은 선약仙藥이요, 그 형상은 태극太極이요, 또 형상은 궁궁弓弓이니, 나의 영부를 받아 사람을 질병에서 건지고, 나의 주문呪文을 받아 사람을 가르쳐서 나를 위하게 하면 너도 또한 장생長生하여 덕德을 천하天下에 펴리라." …
>
> -「포덕문」

물질을 극복하고 제어하는 방법으로 정신을 제시한 것이다. 서양 물질문명의 폐해를 동양 정신문명의 우수성 또는 우월성으로 이겨내고자 하였다. 그 핵심이 바로 '영부와 주문'이다. 신령스럽다고 표현할 수밖에 없는 정신적인 것의 집약체로 '영부와 주문'이 선택되었다. 굳이 이름하자면 '신선의 명약'이라고 부를 수 있다. 그 모습은 동양 전통문화의 핵심으로 이야기되는 '태극太極'이다. 음陰과 양陽이 궁극적인 조화造化를 이룬 형태를 상징하는 태극이 서양문명을 극복할 수 있는 구체적 방법으로 제기된 것이다. 태극의 모습을 다시 설명하자면 궁弓과 궁弓이 맞서 있는 모양인데, 이를 후대의 천도교단에서는 '마음 심心' 자를 형상화한 것이라고 해석한다. 어쨌든 한울님께서 수운에게 게시하신 영부靈符는 사람들의 갖가지 질병을 고칠 수 있고, 주문呪文은 사람들을 가르칠 수 있는 핵심적인 말이다. 영부와 주문으로써 "한울님을 위하는 일"을 열심히 하면 장생長生하여 포덕천하布德天下할 수 있다는 가르침이다. 오래도록 진실한 삶을 사는 일이 구체적인 목표이고, 나아가 천하에 덕德을 가득 펴는 일이 장기적인 목표라고 한다. 개인의 생生만 도모하는 서양인의 단점과 폐단을 넘어서서 만인萬人의 행복과 이상을 바람직하게 추구하는 일이 한울님께서 수운에게 내리신 말씀이자 계시啓示다. 수운은 한울님께서 직접 자신에게 '영부와 주문'을 내려주심으로 인해 구체적으로 서양인의 주장과 믿음에 대응할 수 있다고 확신했다. 그는 '영부와 주문'은 서학西學이 가지지 못한 정신적인 무기와 대응 방법이라고 여겼고, 이를 여러 사람에게 알리고 나아가 자신의 삶을 통해 궁극적으로 구현하고자 했다. 물질적인 차원을 극복할 수 있는 대응책으로서 '영부와 주문'이라는 정신적이고 신성하고 신비로운 체계를 제시한 것이다.

수운은 세계를 동東과 서西라는 상호 대립적이면서도 대등한 권역으로 나누어 파악하였다. 이는 중국을 세계의 중심으로 파악하는 기존의 중화주의적 세계관과는 전혀 다른 것이다. 서양을 유교 문명과 천자天子의 교화가 미치지 못한 '금수禽獸의 나라'가 아니라 강력한 군사력을 소유한 존재이자, '도를 이루고 덕을 세운' 또 하나의 문명 세계로 인정하고 있다는 점에서 척사파斥邪派의 서양관과는 명백하게 다르다.[168]

> … 여기서 나서 여기서 얻었기 때문에 동방東方부터 먼저 하느니라. … -「필법」

수운은 자신이 태어난 이곳 동東의 지역적 특수성과 차별성을 뚜렷하게 인식했다. 서학西學이 서쪽의 학문과 신앙 체계라면, 자신이 세운 동학東學은 동쪽을 대표하는 가르침과 신앙 체계라는 점을 분명하게 인식하고 서학보다 우위에 있다고 확신했다. 동東에서 생겨난 가르침인 동학은 동방東方에서 먼저 교화敎化를 베풀 것이라는 점도 분명히 했으

168 하우봉, 「수운 최제우의 대외인식」, 『한일관계사연구』 17집, 한일관계사학회, 2002, 148쪽.

며, 서양에서 출발한 서학은 동양문명에 별로 도움이 되지 못하며 못할 것이라는 우려와 염려도 분명히 했다. 서西와는 다른 동東, 서학西學과는 전혀 내용과 결을 달리하는 동학東學을 강조하면서 동학이 서학보다 우위에 있다는 사실을 한울님께 직접 전해 받은 '영부靈符와 주문呪文'을 통해서 확신했다. 수운은 이처럼 확신에 차서 자신의 가르침인 동학의 정체성을 강조했고, 동학이 서학보다 우수한 가르침이라는 점을 분명히 했다. 수운은 자신의 도道로써 서학의 술법術法을 극복하고 제어하고자 한 인물이다.

수운은 관官에 체포된 후 공초供招에서 "양학洋學이 들어오는데 그것을 보고 참을 수 없어 '경천지심敬天之心'으로 열 석 자 주문을 지어 동학東學이라고 했고, 명칭을 동학이라고 이름 지은 것은 동국東國의 이름을 취한 것이며, 그렇게 해서 음陰인 양학을 양陽인 동학으로 제압하려 했다."라고 주장했다.[169] 수운은 서양을 우리나라인 동국의 타자로, 음陰인 서학을 양陽인 동학의 타자로서 인식했다. 음陰을 양陽이 제압하는 원리에 따라 서학을 동학으로 제압하기 위해 창도創道했다고 강조한 대목이다.

1863년 12월에 수운을 체포한 선전관宣傳官 정운구鄭雲龜의 계啓에 다음과 같은 내용이 있다.

> … (문경) 새재에서 경주까지 4백여 리가 되는데 (그 사이) 10여 개 주군州郡에 동학에 관한 이야기가 들리지 않는 날이 없을 정도였다. 경주 인근의 여러 읍에서는 동학이 더욱 번성하여 가게와 집안의 부녀자와 산과 계곡의 어린아이까지 동학의 주문을 외우고 전했다. …[170]

이때 수운은 제자 23명과 함께 체포되었다.[171] 당시 수운을 따르는 무리가 이미 상당

---

169 신일철, 『동학사상의 이해』, 사회비평사, 1995, 128쪽에서 재인용.

170 … 自鳥嶺至慶州(자조령지경주), 爲四百餘里(위사백여리), 州郡凡十數(주군범십수), 東學之說(동학지설), 幾乎無日不入聞(기호무일불입문). 而環慶州隣近諸邑(이환경주인근제읍), 其說尤甚(기설우심), 店舍之婦(점사지부), 山谷之童(산곡지동), 無不誦傳其文(무불송전기문). … 『비변사등록』 250책, 철종 14년(1863) 12월 20일.

171 … 宣傳官(선전관) 鄭雲龜(정운귀)가 올린 書啓(서계)에, … 그들이 최 선생이라고 부르는 자는 아명(兒名)이 복술(福述)이고 관명(冠名)이 제우(濟愚)로서, … 사람들은 본래 그것이 어떤 내용인지 알지 못하는데 그

한 세력을 형성하고 있있다는 기록도 있다.[172]

비변사에서는 1863년 12월 21일에 동학죄인東學罪人 최복술(수운)과 이내겸은 서울로 압송하고 나머지 죄인은 경상감영과 경주부慶州府가 함께 조사하라고 명했다. 그런데 이튿날 대왕대비전大王大妃殿에서 임금의 붕어를 맞이한 때에 죄인을 압송하는 일을 옳지 못하다고 하교했다.[173]

수운은 자신의 직업이 훈장이며 양학洋學이 갑자기 득세하는 상황에서 동학東學을 창도하여 서학西學을 억제하려 했다고 밝혔다.[174] 동학이 세력을 확장하게 된 결정적인 계기는 치병治病에 있었으며, 그 방법은 주문을 외우거나 제사를 지내거나 궁弓자를 쓴 종이를 불에 태워 마시게 하는 것이었다.[175] 이러한 수운의 처방은 실제로 효과를 나타내어 많은 사람을 모을 수 있었다.[176]

가 홀로 '선도(善道)'라고 한답니다. … 한밤중에 그 소굴을 곧바로 들이쳐 최복술을 결박하여 끌어내고 또 제자들 23인도 결박하였습니다. …『고종실록』고종 즉위년(1863) 12월 20일(임진).

172 … 최한(崔漢)이라고 불리는 괴수의 무리가 이미 번성하였다[崔漢曰渠魁, 黨徒旣繁.]. …『일성록』철종 14년(1863) 12월 21일.

173 「우포도청등록」제18책,『포도청등록』중, 보경문화사, 1985, 557쪽.

174 … 경상감사(慶尙監司) 서헌순(徐憲淳)이 (다음과 같이) 보고하였다. 경주(慶州)의 동학(東學) 죄인 최복술(崔福述) 등에 대해서 그 전말을 밝혀 경중을 나눠 논리(論理)하여 등문(登聞) 하라는 명을 내리셨습니다. 참사관(參査官) 상주목사(尙州牧使) 조영화(趙永和), 지례현감(知禮縣監) 정기화(鄭夔和), 산청현감(山淸縣監) 이기(李沂)가 신문해야 할 사람들을 함께 세밀히 신문하니, "최복술은 경주 백성으로서 아이들에게 공부를 가르치는 것을 직업으로 삼아 왔습니다. 그런데 양학(洋學)이 나왔다는 말을 듣고는 의관(衣冠)을 갖추고 행세하는 사람으로서 양학이 갑자기 퍼지는 것을 차마 보고 앉아 있을 수 없어서, 하늘을 공경하고 하늘에 순종하는 마음으로 '위천주고아정영세불망만사의(爲天主顧我情永世不忘萬事宜)'라는 13자로 된 말을 지어서 동학(東學)이라고 불렀는데, 동쪽 나라의 학문이라는 뜻에서 취한 것입니다. 양학은 음(陰)이고, 동학은 양(陽)이기 때문에 양을 가지고 음을 억제할 목적에서 늘 외우고 읽고 하였습니다. …『고종실록』고종 1년(1864) 2월 29일(경자).

175 … 그의 아들이 간질병에 걸렸다가 이것을 외워서 저절로 완쾌되었고, 병이 있던 자는 그것이 풍병(風病)이든 간질병이든지 관계없이 이것을 외우기만 하면 차도가 있었다고 합니다. 글씨를 좀 쓸 줄 알아 누가 혹시 써 달라고 할 때면 언제나 거북 귀(龜) 자와 용 룡(龍) 자를 대수롭지 않게 생각하고 써 주었습니다. 병을 치료하려는 사람이 있는 경우에는 산속에 들어가서 제사를 지냈지만 소를 잡은 적은 없습니다. 잡병(雜病)을 앓는 사람들에게는 궁(弓) 자를 쓴 종이를 불에 태워 마시게 하면 이내 병이 나았습니다. …『고종실록』고종 1년(1864) 2월 29일(경자).

176 … 지상(紙商) 강원보(姜元甫)는, "저는 풍담(風痰)으로 집에서 앓고 있다가 그것을 외우기만 하면 다 빠졌던 머리털도 다시 나온다는 소문을 듣고 찾아갔습니다. 병이 나은 후로는 더 외울 맛이 없어서 그만두었습니다. 더 이상 말할 것이 없습니다."라고 하였습니다. 박응환(朴應煥)은, "제가 병 때문에 최가를 찾아갔더

당시 정부에서 주목한 부분은 무리를 짓고 칼춤을 추며 귀신을 부른다며 돈과 쌀을 토색질했다는 혐의였다.[177] 그리고 하늘에 직접 제사를 지낸다고 강조한 점, 하늘의 기운을 내리게 기도한 점, 천주天主라는 용어를 사용한 점 등이 서학西學과 유사하다고 의심받았으며, 특히 검가劍歌를 불러[178] 폭력 집단으로 화했을 가능성 등이 주목되었다.[179]

그런데 수운은 검가劍歌에서 "이제 ('다시 개벽'할) 때가 도래했다."라고 노래하여 천명天命을 받은 존재로 부각하였고, 나아가 천신天神의 가르침을 받는 사람으로서 서양의 기

니 그가 말하기를, '정성스러운 마음으로 하늘을 공경하고 삼강오륜(三綱五倫)을 숭상하면 병도 나을 수 있다. 아침이 되면 수학(受學)하는 것이 좋겠다.'라고 하였습니다. 각기 잠자리로 돌아가 자던 중에 붙들려 왔으므로 다른 것은 더 말할 것이 없습니다."라고 하였습니다. …『고종실록』 고종 1년(1864) 2월 29일(경자). … 동몽(童蒙) 김의갑(金義甲)은, "저는 최복술과 같은 동리에 살고 있는데 어떻게 감히 실정을 속이겠습니까? 최복술의 아들 최인득(崔仁得)은 늘 나무칼을 가지고 뛰거나 춤을 추면서 '용천이검(龍泉利劍)'이라는 노래를 불렀기 때문에 미치광이로 알고 절대로 상종하지 않았습니다. 각종의 사람들이 모여드는 것이 적어도 30명 아래로 내려가지 않았는데, 뒷산에 올라가 하늘에 제사를 지내면서 병이 낫게 해 주기를 빌었으나 끝내 효력이 없었기 때문에 대다수가 등지고 가버렸습니다. 그리고 최가의 행동이 황당해서 밤에 어디를 가느라고 횃불을 찾으면 온 동리가 비웃고 꾸짖었습니다."라고 하였습니다. 이정화(李正華)는, "제가 고질병이 있어서 최가에게 가 보았더니 '위천주(爲天主)' 등의 13자를 가르쳐 주면서 그 운자(韻字)에 맞추어 부(賦)를 지으라고 하였습니다. 그래서 제가 지었더니 최복술이 썼습니다. 그날 밤에 함께 붙들렸습니다."라고 하였습니다. …『고종실록』 고종 1년(1864) 2월 29일(경자).

177 … 먼 데서나 가까운 데서 찾아오는 사람들을 부득이 만나 주었기 때문에 도당(徒黨)이라는 이름이 붙은 것이지, 붓을 잡고 귀신이 내리게 했거나 칼춤을 추면서 공중으로 솟아올랐거나 돈과 쌀을 토색질한 일은 애초에 없었습니다. 선생이니 제자니 하는 소리도 그가 자칭한 것이 아닙니다. 이것은 간악한 종교와는 달라서 애초에 숨기거나 속이지 않았습니다."라고 하였습니다. …『고종실록』 고종 1년(1864) 2월 29일(경자).

178 … 동몽 최인득(崔仁得)은, "제가 사실 칼춤을 추기는 했으나 저의 본심에서 한 짓이 아니라 미친병이 갑자기 발작해서였습니다. 나무칼을 들고 춤을 추기도 하고 노래를 부르기도 하였는데, 그 노래는 '때로구나 때로구나.'라고 하는 곡입니다. 이것을 익히기 위하여 먼저 하늘에 제사를 지냅니다."라고 하였습니다. … 『고종실록』 고종 1년(1864) 2월 29일(경자).

179 … 은퇴한 아전(衙前)인 이내겸(李乃謙)은, "제 아버지의 병에는 약도 효력이 없었기 때문에 최가를 찾아가 보았더니, 13자를 써 주면서 읽으라고 권하여 밤낮으로 외웠으나 병이 차도가 없었기 때문에 그만 걷어치우고 그자와의 관계를 끊어버리는 편지까지 썼습니다. 이른바 그 문서라는 것은 포덕문(布德文)과 수덕문(修德文)입니다. 그 주문(呪文)에 이르기를, '지극한 기운이 이제 이르렀으니, 원하옵건대 크게 내리소서. 至氣今至願爲大降'라고 하고, 또 이르기를, '천주(天主)께서 내 정성을 돌아보니 만사를 알게 한 은혜를 영원히 잊을 수 없다[爲天主顧我情永世不忘萬事知].'라고 하고, 검가(劍歌)에는 이르기를, '날이 시퍼런 용천검을 쓰지 않고 무엇하리[龍泉利劍不用何爲]?'라고 하는 것이 있습니다. 돼지고기, 국수, 떡, 과일을 가지고 산에 들어가서 하늘에 제사를 지낸 것은 병을 치료하자는 뜻에서 나온 것입니다. 최복술이 본래 글씨를 잘 쓴다는 소문이 있어서 '거북 귀(龜)'자, '용 룡(龍)'자, '구름 운(雲)'자, '상서로울 상(祥)'자, '의로울 의(義)'자 등의 글자를 써서 사람들에게 주었는데, 그러면 그 부형들이 약간의 돈이나 곡식으로 수고를 갚았을 뿐, 실제 토색질을 한 적은 없습니다."라고 하였습니다. …『고종실록』 고종 1년(1864) 2월 29일(경자).

세를 억누르기 위해 검가를 계시로 전해 받았다는 믿음이 동학의 발생 초기에도 있었다.

… 최복술의 두 번째 공초供招에, "제가 경신년(1860) 경에 듣건대, 양인洋人이 먼저 중국을 점령하고 다음에 우리나라로 오면 그 변變을 장차 헤아릴 수 없다고 하기 때문에 13자로 된 주문呪文을 지어 사람들을 가르쳐서 양인을 제어하기 위함입니다. 하늘에 제사를 지낸 것은 정성을 다하면 이룹지 않은 일이 없기 때문이었습니다. 양인의 책은 반드시 규弓로 이름을 달았는데 그 글자는 '궁弓' 자의 밑에 두 점을 찍은 것입니다. 그것을 불태워 마셔서 액운을 없애자는 것이었습니다. 처음 그 공부를 시작할 때에 몸이 떨리면서 귀신을 접했습니다. 그런데 하루는 천신天神이 내려와 가르치기를, '요사이 바다 위에 배로 오고 가고 하는 것들은 모두 양인洋人인데 칼춤이 아니고는 제어할 수 없을 것이다.'라고 하면서 검가劍歌 한 편을 주었습니다. 문文을 짓고 부賦를 지어 불렀는데 과연 그런 사실이 있었습니다. 그 외에는 더 말할 것이 없습니다." 라고 하였습니다. …[180]

수운은 양인洋人 즉 서양인西洋人이 우리나라를 침략하리라고 생각했으며, 이를 막기 위해 주문呪文을 지어 막고자 했다. 하늘에 제사를 지낸 일도 정성을 다해 서양 세력을 물리치기 위함이었다. 서양인들의 책은 '규弓'라고 이름했는데, 이를 불에 태워 마셨던 것은 서양인이 불러들일 액운을 없애려는 행위라고 주장했다. 나아가 수운은 천신天神이 자신에게 내려와 "요즘 바다 위를 오가는 배는 모두 서양인들이 운행하는 것인데, 칼춤으로서만 제어할 수 있을 것이다."라고 말하면서 검가劍歌 한 편을 주었다고 강조했다. 검가 즉 칼 노래를 불러서 서양인의 침략을 물리칠 수 있다고 인식했다. 수운은 서양의 침범을 주문과 칼 노래로 대응하고자 했다. 서양인의 물리적인 침략에 대응하여 정신적인 차원에서 주문을 외우고 칼 노래를 부르는 행위로 대응하고자 했다.

수운이 천신에게 받았다는 검가와 서양의 액운을 없앤다는 궁弓 자 종이의 실체는 다

---

180 『고종실록』 고종 1년(1864) 2월 29일(경자) 여기서 규(弓)의 음은 규(樛)이고, 『설문(說文)』에는 규(糾)와 같은데, 도경(道經)의 권질(卷帙)을 뜻한다고 한다. 『대한화사전』 권4, 696쪽.

음과 같다.

> … 이내겸李乃兼의 두 번째 공초에, "최복술이 이른바 검가劍歌라고 하는 것은 '때로구나, 때로구나, 이야말로 나의 때로구나. 날이 퍼런 용천이검龍天利劍을 쓰지 않고 무엇하리! 만대에 한 번 태어난 장부요, 5만 년에 한 번 만난 때로구나. 날이 퍼런 용천검을 쓰지 않고 무엇하리! 춤추는 소매에 긴 장삼을 떨쳐입고 이 칼, 저 칼 바로 잡고 호호망망 넓은 천지에 한 몸을 기대고 서서 검가劍歌 한 곡조를 부르노라. 때로구나 때로구나 노래를 부르니 날이 퍼런 용천검이 해와 달에 번쩍이는구나. 늘어진 소매가 있는 장삼으로 우주를 덮으리. 예로부터 이름난 장수들 어디로 갔단 말인가? 장부가 앞에 나서니 장사도 소용없구나. 때로구나 때로구나, 좋구나, 이야말로 나의 때로구나. 좋구나.'라는 것입니다. 이른바 약이라고 하는 것은 '궁穹' 자에서 그 글자 반쪽의 뜻을 취한 것으로 종이 위에 둥그런 원을 그려놓고 종이의 가장자리에 '궁弓' 자 두 자를 써넣은 것인데 해석하기를, '그 이름은 태극太極이라고도 하고, 또 궁궁弓弓이라고도 한다.'라고 하였습니다. 이른바 크게 내린다는 내용을 담은 여덟 자는 이것만 외우면 몸이 떨린다고 합니다. 들은 것을 다 고하였습니다."라고 하였습니다. …[181]

검가劍歌는 이 세상이 급격하게 변할 시기가 목전에 닥쳤으며 5만 년 만에 한 번 오는 아주 중요한 때라는 점을 강조한 시이다. 그리고 궁자弓字 부符는 궁궁弓弓이라고도 부르는데 서양 세력을 물리치게 한다는 약으로 인식되었다. 이는 『정감록』류의 비결서에 나오는 이재궁궁利在弓弓에 대한 수운의 새로운 해석이다.

특히 수운은 천신天神의 예언에 따르면 갑자년(1864) 2월과 5월 사이에 서양인들이 의주義州로부터 침략할 것이라고 제자들에게 말했다.

> … 조상빈趙相彬은, "제가 최복술을 만나보니, '천신天神이 내려와서 분명히 나에게 가르치기를 금년 2월과 5월 사이에 서양인이 의주義州로부터 들어올 것이라고 하였는데 내 통문通文을

---

181 『고종실록』 고종 1년(1864) 2월 29일(경자).

가지고 일제히 따라가라. 이 춤을 익힌 자가 앞으로 나라를 보전하고 백성을 편안하게 하여 공을 세울 것이니, 내가 고관高官이 되면 너희들은 각기 다음 자리의 벼슬들을 하게 될 것이다.'라고 하였습니다."라고 하였습니다. …[182]

구체적인 시기와 장소를 제시하면서까지 서양인의 조선 침략이 이루어질 것이라는 수운의 예언은 당대에 주변 사람들에게 많은 영향을 끼쳤다. 천신에게 계시받은 칼 노래를 부르고 춤을 추면서 수운이 지은 문서를 휴대하고 서양 세력을 막는 공을 세우면 고관대작이 될 수 있을 것이라는 수운의 말은, 그를 추종하는 사람들에게는 물리칠 수 없는 유혹이었다. 나라를 지키는 공적을 이루면 높은 벼슬을 할 수 있을 것이라는 수운의 가르침은 결국 무위로 그쳤고, 그의 예언은 실제로 이루어지지 않았다.

그렇지만 동학이 서양 세력의 침략으로부터 나라를 지키려는 사상적 대응의 하나였다는 사실은 분명하며, 그 핵심에는 갑자년에 세상이 전면적으로 변할 것이라는 예언이 있었다는 점을 확인할 수 있다. 물론 서양의 침략에 대응하려는 방법이 다분히 주술적이며 신비적인 믿음에 기초하고 있었고, 벼슬을 앞세워 사람들을 유혹했다는 한계는 있다. 어쨌든 수운이 갑자년 변혁설을 주창하고 확산시켰다는 역사적 사실이 심문 기록을 통해 확인되었다. 이 갑자년 변혁설은 동양의 60년 주기의 역사 인식에 의한 것으로 이후 시대가 흐름에 따라 갑자년이 다시 돌아올 때마다 역사의 무대에 자주 등장하게 된다.[183]

그런데 서양인이 쳐들어오는 시기가 계해년(1863) 12월 19일이 될 것이라는 수운의 진술이 있다.

---

182 … 趙相彬(조상빈), "渠見福述(거견복술), 則曰(칙왈), '天神下降(천신하강), 叮嚀敎我曰(정녕교아왈), 「今年二五月之間(금년이오월지간), 洋人出自龍灣(양인출자룡만).」持我通文(지아통문), 一齊隨去(일제수거). 習此舞者(습차무자), 其將保國安民(기장보국안민), 建功樹勳(건공수훈). 吾爲高官(오위고관), 汝各次職(여각차직)' "云(운). …『고종실록』 고종 1년(1864) 2월 29일(경자). 여기서 금년은 갑자년(1864)을 가리킨다.

183 김탁, 『조선의 예언사상』 하, 북코리아, 2016, 397쪽.

… 최복술의 세 번째 공초에, "양인이 나온다고 하는 것은 간사한 마귀에 속은 것이고, 갑자년(1864)에는 이利가 궁궁弓弓에 있다는 소리는 전해 내려오는 말입니다. 마귀라는 것이 분명히 와서 이르기를, '계해년(1863) 12월 19일에는 양인洋人이 나올 것이고, 갑자년 1월에는 응당 들려오는 이야기가 있을 것이다. …[184]

수운은 아주 구체적인 시기가 특정되어 천신天神으로부터 계시했다고 진술했다. 특정한 날짜에 서양 세력이 우리나라를 침범할 것이라는 예언은 아주 구체적이다. 물론 수운은 자신이 천신에게 속은 것이라고 항변했다. 그러나 수운이 특정한 시점을 제시하면서까지 서양인의 침공설을 강조했다는 점은 분명하다. 서양인의 조선 침략이 갑자년 2월과 5월 사이에 있을 것이라는 앞서 살펴본 수운을 추종하던 사람의 진술과는 다른 시점을 제시했다는 점에서 예언의 시기가 늦추어졌다는 사실도 확인된다. 대략적인 시기는 비슷하나 계해년(1863) 12월에서 갑자년(1864) 2월부터 5월 사이로 예언의 시점이 변경되었다.

… 돈이요, 양곡이요, 갑옷이요, 병기요 하는 등의 문제에 대해서는 서양 도적이 나오더라도 주문과 칼춤으로 도적을 막을 것이고, 하늘 귀신의 도움을 받을 것이니 무슨 준비가 필요하겠습니까?"라고 하였습니다. …[185]

수운이 애초에 천신天神에게 계시받은 날짜인 계해년(1863) 12월 19일이 되어도 서양인의 침공은 물론 아무 소문이나 소식도 전혀 들리지 않았다. 이에 수운은 매우 실망했다. 결국 수운은 예언이 실현될 시기를 갑자년(1864) 10월 11일로 늦추었다. 천신의 계시에 의해서가 아니라 수운이 스스로 예언의 시점을 연기한 것이다. 수운은 만약 갑자년 10월에도 특별한 일이 일어나지 않으면 천신으로부터 전수한 가르침을 배우는 공부를

184 『고종실록』 고종 1년(1864) 2월 29일(경자).
185 『고종실록』 고종 1년(1864) 2월 29일(경자).

포기하자고 추종자들과 약속했다. 수운은 그의 마지막 공초에서 갑자년 10월 11일이라고 구체적 날짜를 정했다. 만약 그때도 특별한 사건이 일어나지 않으면 다시는 도道를 닦지 말자고 맹세할 정도였다.

그러나 수운은 계해년 12월 말에 전격적으로 관군에게 체포되어 이듬해 갑자년 3월에 처형되고 말았다.[186] 수운의 예언은 결국 이루어지지 못했다. 만일 갑자년 10월 11일까지 수운과 그의 제자들이 이른바 공부를 계속했더라면 어떤 일이 일어났을까? 역사에서 추정은 금물이지만 아마도 예언의 시기는 다시 늦추어졌을 것이다. 예언은 이루어지지 않는 것이 아니라, 실현되는 시점까지 연기되기 때문이다. 예언을 믿는 사람들은 예언이 실현되기까지 그 예언이 이루어질 것이라는 희망을 놓지 않는다. 예언은 믿음의 영역에 속하는 문제다. 따라서 예언은 결단코 실패하지 않으며, 다만 실현되는 시기까지 기다리는 사람들의 마음속에 영원한 희망으로 남는다.

수운은 서양 세력을 물리치는 일은 동학만이 할 수 있다고 확신했는데, 무력을 사용하지 않고 이길 수 있다고 자신했다.

> … 강원보姜元甫의 두 번째 공초에, "최복술이, '이 도적들은 불로 하는 공격을 잘하므로 무력으로 막을 바가 아니다. 오직 동학東學이라야 그 무리를 모두 섬멸할 수 있다.'라고 하였으며, 또 '양인이 일본日本에 들어가서 천주당天主堂을 세웠고, 우리 동방에 와서 또 그런 것을 세우려고 하지만 내가 응당 소멸할 것이다.'라는 것이었습니다."라고 하였습니다. 이정화李正華의 두 번째 공초에, "최가가 말하기를, '나무의 날카로움이 쇠보다도 더하면 양인들의 눈이 현혹하여 보검寶劍인 줄 알게 되므로 제아무리 든든한 갑옷과 날카로운 무기를 가졌더라도 감히 우리에게 접근하지 못할 것이다.'라고 하였습니다. …[187]

---

186 수운은 3월 10일 대구에서 참형에 처했고, 강원보와 최자원은 절도(絶島)로 정배(定配)되었고, 이내겸, 이정화, 박창욱, 박응환, 조상빈, 조상식, 정석교, 백원수 등은 원지(遠地)로 정배(定配)되는 중형을 받았다.

187 『고종실록』 고종 1년(1864) 2월 29일(경자).

수운은 서양인들이 "불로써 공격하는 도적들"이라고 규정했다. 그리고 수운은 서양인들의 침략을 무력武力으로 대응하려 해서는 안 된다고 강조했다. 힘에 맞서 힘으로 대항하려는 일은 서양인들의 침범에는 아무런 소용도 없다고 주장했다. 그렇다면 과연 무엇으로 서양의 침략에 대응할 것인가? 수운이 제시한 방어책은 동학東學, 즉 정신적 차원의 대응이었다. 서양 도적의 침입을 막기 위해서는 오직 동학의 도道가 유일한 방책이며, 그래야 비로소 서양 도적을 모두 섬멸할 수 있다고 믿었고 이를 강조했다. 또 수운은 서양인들이 일본에 들어가서도 중국과 마찬가지로 천주당天主堂을 세워 사람들을 속이고 현혹했고, 장차 우리나라에 들어와서도 같은 일을 도모하려 노력할 것이지만, 우리나라에는 동학이라는 한울님께서 내려주신 참된 가르침이 있기 때문에 그러한 일은 일어나지 않을 것이라고 단호하게 말한다.

동학의 선두에는 바로 수운 자신이 있을 것이며, 스스로 나서서 서양 도적을 마땅히 소멸시킬 것이라고 강조하기도 했다. 나아가 수운은 동학이 서학을 이길 수 있는 이유와 원리에 대해 "나무[木]의 날카로움이 쇠[金]보다 강할 것이기 때문이다."라고 강조했다고 전한다. 원래 동양의 전통적인 오행설五行說에 따르면 '금金이 목木을 이긴다[金克木].'라고 한다. 그런데 수운은 목木이 오히려 금金을 이길 수도 있다고 강조한 것이다. 여기에는 일반적이고 공평한 상태에서는 금이 목을 이기는 일이 당연하지만, 본질적이고 양적인 차원에서 본다면 본질적이거나 많은 목木의 기운이 있다면 드러나거나 작은 금金을 충분히 이길 수 있다는 생각이 반영되어 있다. 나무[木]도 '날카로움'을 잘 갖추고 벼리기만 한다면 오히려 금金이라는 쇠붙이도 물리칠 수 있다고 강조한 내용이다. 전통적인 오행설을 넘어서서 새로운 차원의 원리와 질서를 강조한 대목이다. 수운은 나무[木]로 만든 칼을 잘 벼려서 제대로 사용하면 서양인들의 눈에는 보배로운 검으로 인식되고 보여 마침내 목검木劍이 금金으로 만든 무기를 모조리 격파할 수 있으리라고 확신하고 강조했다. 약해 보이기만 하던 목木이 강력하게 보이는 금金을 이기고 물리칠 수 있는 새로운 차원의 대응 방법이 제시된 것이다. 이처럼 금金을 이기는 목木을 상징하는 것이 바로 수운이 부른 검가劍歌이고, 나무로 만든 칼을 휘두르면서 칼 노래를 불렀던 이유다. 나무가 칼을 이길 수 있는 새로운 세상을 칼 노래를 부르면서 꿈꿨다. 약한 듯이 보이는 보잘것 없는 물건이 강한 것을 상대로 이기는 새 세상이 바로 수운이 이상으로 추구하고 생각했던 세계였다. 나무가 쇠를 이기는 때는 구체적으로 서양의 쇠로 만든 무기를 동양의 나무로 만든 칼로 대항하고 궁극적으로 이기는 세상이다. 수운이 제자들에게 목검을 들고 칼 노래를 부르게 했던 이유는 나무로 쇠를 이기는 세상, 목검이 총과 대포를 이기는 세상을 만들기 위한 상징적인 행위요 몸짓이었다. 비록 약한 것이라도 강한 것을 이길 수 있다는 상식의 파괴를 꿈꿨고, 이를 실제화하기 위해 주문 수련과 칼 노래를 부르며 검무劍舞를 추는 상징적 행동으로 구체화하였다.

그런데도 수운의 추종자 가운데는 군대를 조직하여 거사하는 일로 수운의 가르침을 이해하기도 했다.[188] 수운의 수제자 가운데 한 사람으로 언급되었던 백원수의 머슴들은 군대를 일으켜 정권을 차지하려는 야심을 지녔다. 이들은 자신들을 이끌 인물로 주인인 백원수 대신에 강원보를 택했다. 바로 이런 점이 조정의 주목을 받아 거사모의죄擧事謀議罪로 처하게 된 결정적 이유가 되었다. 수운이 곧 있을지도 모르는 서양인의 침략에 대비하여 검무劍舞를 가르쳤다는 점은 신체의 단련을 통한 무예 습득이며, 이는 결국 군대 양성을 위한 준비 작업으로 이해되었다. 이들은 체제전복을 위한 구체적 행동을 도모했는데, 이는 은연중에도 군사행동을 뜻하는 이야기가 없었으면 도저히 나올 수 없는 표현이다.

당시 정부에서는 동학의 주장이 미신이며 실체는 난리를 도모하고 몰래 무리를 모은 것으로 파악하고 한漢나라 때의 황건적과 같은 도적으로 이해하였다.[189] 결정적 죄목은 아무 일 없는 때에 난리를 생각하고 무리를 모았다는 것이었다. 혁세적革世的 거사擧事를

---

188 … 백원수(白源洙)는, "저의 집의 고노(雇奴)인 김인찬(金仁贊)이 동학을 외우던 끝에 갑자기 광기(狂氣)가 발작하여 아들 김용성(金龍成)과 함께 귀신이 내렸다고 합니다. 그러면서 붓을 들어 큰 글씨로 '김인찬은 대장(大將)이 되고, 김용성은 중군(中軍)이 되고, 강원보(姜元甫)는 훈도(訓導)가 될 것이다.'라고 썼습니다. 그래서 그 고노를 곧 내쫓았습니다."라고 하였습니다. … 『고종실록』 고종 1년(1864) 2월 29일(경자).

189 … '궁(弓)' 자 약은 비방에서 나왔다고 하였고, 검무(劍舞)를 추면서 흉악한 노래를 퍼뜨렸으며 평온한 세상에 난(亂)을 생각하고, 은밀히 도당(徒黨)을 모았으며 걸핏하면 귀신이 가르친 것이라고 하였습니다. 그 술법은 바로 한(漢) 나라 때 누런 두건을 쓴 도적들과 같은 것이고, 누구에게나 돈과 곡식을 가져다 바치게 하였으니 그 무리는 바로 한(漢) 나라 때 미적(米賊)과 같은 것입니다. 법이 더없이 엄한 이상 조금도 용서할 수 없습니다. … 『고종실록』 고종 1년(1864) 2월 29일(경자).

도모한 민란의 주동자로 체포된 것이다. 동학은 집권층의 통치에 반발하는 집단 반항 세력으로 규정되었다. 당시 조정에서는 동학은 서양의 술수를 받아들여 이름만 바꾼 것에 불과하다고 판단하고 있었다. 성리학적 가치체계를 거부하고 새로운 사상적 틀을 제시한 동학에 대하여 정부는 단호하게 엄벌을 내렸다. 동학이 대응하기 위해 그토록 노력했던 서학과 비슷하다는 죄목으로 처벌받은 일은 역사의 아이러니다.[190] 당시 정부의 시각에서 판단할 때 서학은 사학邪學과 이단異端에 불과했다. 미신을 숭상하고 하늘과의 직접 교통을 주장하며 무리를 모은 것이 동학과 서학이 닮은 점이다. 바로 이런 관점에서 동학과 서학은 모두 정부의 엄벌을 피할 수 없었다.

수운은 동학의 경전에 '동양東洋'에 대한 타자로서 '서양西洋', '동양인'에 대한 타자로서 '서양인', '동도東道'에 대한 타자로서 '양도洋道'라는 글귀를 실었다.[191] 즉, 수운은 서양의 힘에 대한 두려움을 극복하기 위해 동학을 창도했다. 아마도 서양의 침략에 대한 불안과 두려움이라는 구체적 위기감이 없었더라면 동학의 창도라는 역사적 사건은 없었을지도 모르는 일이다. 그만큼 동학의 창도에는 서양 세력의 침공 위기라는 위기의식이 일정하게 영향력을 행사했다. 서양이라는 '낯섦'을 정신적으로 극복하기 위해 동학의 도道를 정립하여 대응하고자 했다. 수운은 서양의 동양 침략에 맞서서 동학을 창도하여 대항하고자 했던 인물이다. 물리적이나 물질적인 힘이나 세력이 아닌 고차원적이고 정신적인 대응 방식을 모색했다.

수운은 서양문명을 우리나라의 문명에 대한 도전으로 인식했다. 이러한 서양문명의 도전을 방어하고 이에 맞서기 위한 저항의 방식으로서 수운은 '대결'을 지향했다. 서양의 물리적 도전에 응전하기 위해 동양의 도道와 학學인 동학東學이라는 정신적 차원의 대응을 선택했다. 구체적으로는 영부靈符, 주문呪文, 검가劍歌 등의 영적靈的이고 정신적 대

---

190 … 의정부(議政府)에서 아뢰기를, "이번에 동학(東學)이라고 일컫는 것은 서양의 사술(邪術)을 전부 답습하고 특별히 명목만 바꿔서 어리석은 사람들을 현혹하게 하는 것뿐입니다. 만약 조기에 천토(天討)를 행하여 나라의 법으로 처결하지 않는다면 결국에 중국의 황건적(黃巾賊)이나 백련교(白蓮教)라는 도적들처럼 되지 않을는지 어떻게 알겠습니까? … 『고종실록』 고종 1년(1864) 3월 2일(임인).

191 조규태, 「동학과 천도교의 타자로서의 서양 인식」, 『이민인종연구』 3집, 이민인종연구회, 2010, 61쪽.

응이었다. 그리고 동양의 '도道'로써 서양의 '술術'을 제압히고 극복하려 했다. 또 음陰인 양학洋學을 양陽인 동학으로 이기려 했다. 나아가 나무로 만든 칼을 사용하여 목木으로 막강한 무기를 자랑하는 서양의 금金을 이길 수 있다는 새로운 논리를 주장하기도 했다. 그렇지만 하늘에 제사를 지내거나 신비한 부적이나 조화가 깃든 글을 외우고 나무로 만든 칼로 춤을 추는 등의 주술적이고 신비적인 대응이었다는 한계를 지녔다.

(2) 해월 최시형

해월은 서양의 무기에 대응하는 방법으로 도덕의 함양을 제시했다.

> … 서양의 무기武器는 사람 죽이는 기계를 말하는 것이요, 도덕은 사람 살리는 기틀을 말하는 것이니, 그대들은 이때를 당하여 수도修道를 지극한 정성으로 함이 옳으니라. …
>
> -『해월신사법설海月神師法說』「오도지운吾道之運」[192]

해월은 사람을 죽이는 살상 무기로 대표되는 서양의 침략 행위에 대해 사람을 살리는 규범체계인 도덕을 강조했다. 이와 관련하여 해월은 '도道를 닦는 행위'인 수도修道를 주창하고 제자들에게 지극한 정성을 다하여 매진하라고 가르쳤다. 해월은 그의 스승인 수운이 서양문명에 대해 대항하고 투쟁하는 노선을 선택한 일과는 다르게 정신적 우위를 강조하는 도덕의 함양에 중점을 두고 대응하고자 노력했다.

> … 사상思想은 동방東方에 있고, 기계器械는 서방西方에 있느니라. …
>
> … 지재동방志在東方이요, 기재서방機在西方이니라. …
>
> -『해월신사법설』「오도지운」[193]

---

192 천도교중앙총부, 『천도교경전』 개정 초판, 천도교중앙총부출판부, 2002, 394~395쪽.

193 위의 책, 395쪽.

해월은 사상의 원천은 동방에 있고, 물질의 발명은 서방에 있다고 주장했다. 여기서 동방은 동양문명이고, 서방은 서양문명이다. 기계의 발달을 촉진하여 발전된 문명을 구가한 것이 서양문명이라면 이에 대비하여 인간의 정신적 진보의 총체인 사상의 발전은 동양문명에 있다고 주장한 것이다. 기계 즉 물질의 발달을 인정하면서도 다소 폄하貶下하는 입장에서 동양의 정신이 서양의 그것보다 우수하다는 점을 강조한 대목이다. 물질 = 서양, 정신 = 동양이라는 도식적인 사고방식을 엿볼 수 있다.

> … 선천先天은 물질개벽物質開闢이요, 후천後天은 인심개벽人心開闢이니, 장래 물질발명物質發明이 그 극에 달하고 여러 가지 하는 일이 전례 없이 발달을 이룰 것이니, 이때에 있어서 도심道心은 더욱 쇠약하고 인심人心은 더욱 위태할 것이며, 더구나 인심을 인도하는 선천도덕先天道德이 때에 순응치 못할지라. …
>
> -『해월신사법설』「기타」[194]

해월은 지나간 선천先天과 앞으로 올 후천後天을 대비하는 개념과 용어를 사용했다. 해월은 지난 시대는 물질이 개벽하는 시대였지만, 장차 전개될 시대는 궁극적으로 인간의 정신 즉 인심人心이 밝아지는 새 시대가 오리라고 주장한다. 선천과 후천이 엇갈리는 시기의 일정한 기간에 걸쳐 물질의 발명이 극도에 이르러 예전에는 찾아볼 수 없을 만큼 엄청난 발달을 이룰 것이지만, 인간의 생각과 사상의 진보와 초월을 꾀하는 정신의 심화深化를 추구하는 마음가짐과 자세는 날이 갈수록 쇠약해지고 이에 따라 정신적 차원의 위기가 깊어지리라고 전망한다. 나아가 해월은 이러한 사태를 해결하기에는 낡은 시대와 지난 시대를 뜻하는 선천의 도덕으로는 역부족이라고 판단한다. 새 술은 새 부대에, 새 시대에는 새로운 도덕문명이 꽃피워야 할 것이라고 주장한 것이다. 물질을 중심으로 삼고 위주로 하는 문명으로는 새롭게 다가오는 시대의 사상적 기반과 도덕의 함양을 감당할 수 없을 것이라고 강조한 대목이다. 서양문명의 한계와 단점을 에둘러서 표현한 말로 보인다.

---

194 위의 책, 417쪽.

(3) 의암 손병희

20세기 초반은 서양의 각종 문물이 물밀듯이 밀어닥칠 때였다. 동학은 기존의 중국 중심의 유교 문명에 대한 문제의식과 함께 서양의 충격에 대한 대응이라는 이중적인 극복 의지가 있었다. 의암은 서양문명의 극복을 위해서는 단지 의지만이 아니라 서양에서도 배울 점이 많다고 생각했다. 그는 동학東學의 쇄신을 위해서 서양을 배우는 일이 절실하다고 여겼다. 이미 그는 지난 갑오년(1894)의 동학농민혁명을 통해 서양 무기의 위력을 온몸으로 경험한 터였다.

이에 의암 손병희孫秉熙(1861~1922)는 1901년 3월에 손병흠과 이용구를 데리고 미국행[195]을 시도했다.[196] 근대 구미歐美 문명의 본질이 무엇인지 좀 더 알아볼 것을 결심했기 때문이다. 그 결과는 망명亡命임을 내세워 외유外遊의 길에 올랐다.[197] 국외로 나가서 움직이는 세계를 몸소 살펴서, 우리가 처해 있는 처지와 외국이 활동하는 사정과 나라와 나라 사이의 사정 관계 등도 아울러 살피려는, 즉 세계의 대세를 살피려는데 그 의도가 있었다. 이때 의암은 "장래 오도吾道를 세계에 알리고자 할진대, 오늘날 문명文明의 대세大勢를 관찰하지 않으면 불가하다고 생각한다."라고 말했다고 전한다.[198]

하지만 미국으로 바로 가는 배편이 마련되지 않아서 의암은 일본의 오사카 등지에 머물면서 배편을 알아보는 수밖에 없었다. 의암은 이 기간에 잠시 중국의 상해로 가서 여러 유력 인사와 교류하기도 하고 서양문명의 동양으로의 유입을 체험하기도 했다. 이때 의암은 특히 일본의 근대화에 큰 감명을 받았다고 전한다. 의암은 우리나라의 근대화를 위해서는 우선 근대 교육이 필요하다는 사실을 절감했다.[199]

---

195 의암은 "장래 오도(吾道)를 세계에 창명(彰明)코저 할 진대 금일(今日) 문명(文明)의 대세를 관찰하지 않으면 불가하다 생각하노라."라고 말했다. 이돈화 편, 『천도교창건사』 제3편 의암성사, 경인문화사, 1982, 27쪽. 이때 의암은 10년을 기약하고 외유(外遊)를 계획했다. 애초에 미국행을 계획했으나 여행 경비가 부족해서 이루어지지 않았다.

196 "외국을 유람하여 문명 성질과 세계 형편을 자세히 알고 현대문명을 수입할 필요가 있다."라고 주장했다. 「본교역사」, 『천도교회월보』 1915년 1월호, 20쪽.

197 『의암 손병희 선생 전기』, 의암손병희선생기념사업회, 1967, 6쪽.

198 위의 책, 159~160쪽.

199 김용휘, 『손병희의 철학』, 이화여자대학교출판문화원, 2019, 22~23쪽을 요약하여 정리했다.

이에 의암은 동생 병흠秉欽에게 “도가자제道家子弟들에게 문명학술文明學術을 배우게 함이 국가의 장래를 위하여 크게 유익할 터이니, 너는 본국에 돌아가 도인道人들에게 이런 뜻을 타일러라.”라고 말했다.[200] 그 후 의암은 1901년 10월에 다시 서울에 와서 이듬해인 1902년 3월에 일본으로 들어갈 때 동학교인의 자제로 구성된 유학생 24명을 데리고 들어갔다. 1904년에는 2차로 유학생 40명을 데리고 일본으로 갔던 사실로 미루어볼 때, 의암이 근대 교육을 통한 인재의 양성을 특히 중요시했음을 잘 알 수 있다. 이후 의암은 그가 바랐던 미국행을 포기하고, 1906년 1월에 약 5년간의 일본 외유를 마치고 환국했다. 환국 직전인 1905년 12월 1일에 의암은 동학을 근대적인 종교 체계인 천도교天道教로 개편하였다. 의암은 서양문명의 유입을 시대적 대세로 인정하고 열심히 배워야 한다고 생각하고, 문명개화 노선으로 전환을 시도하였다. 반봉건 근대화의 노선을 지속적으로 추진하기 위해서는 ‘시의時宜에 따라 문명개화 해야 한다.’라고 생각했다.

> 첫째, 도전道戰이니, 세계 각국이 각각 문명의 도를 지키어 그 백성을 안보하고, 그 직업을 가르쳐서 그 나라로 하여금 태산같이 안전하게 하니, 이것은 별수 없이 도道 앞에는 대적할 자가 없다는 것이니라. …
>
> -「삼전론三戰論」(1903)

세계에는 여러 나라가 있으며, 각국이 다양한 문명을 발전시키고 있다는 사실을 밝혔다. 문명의 발전에는 다양성이 있을 수밖에 없으며, 각 나라가 나름대로 문명을 유지하고자 노력하고 있다는 사실을 인식하고 있다. 특별히 서양문명에 대해서는 언급이 없다. 어쨌든 의암은 서양의 문명이 앞섰다고 해서 무조건 서양의 사상과 문물을 따르는 일을 경계했으며, 배울 것은 배우되 정신적 근간을 잃어버려서는 안 된다고 주장했다. 그는 무조건 서양을 추종하는 것이 아니라, 자신의 전통 안에서 인문 도덕을 찾아야 함을 강조했다.

---

200 『의암 손병희 선생 전기』, 의암손병희선생기념사업회, 1967, 162쪽.

… 방금 세계 문명은 실로 천지가 한번 크게 변하는 첫 운수라. 먼저 깨닫는 그곳에는 반드시 한울님의 돌보시는 기운이 응하리니, 부디 생각하여 천지가 감동하는 정신을 어기지 말라. …

-「삼전론」(1903)

의암은 자신이 살던 당시를 "세계의 문명이 한번 크게 변하는 때"라고 인식했다. 나아가 의암은 이러한 시대의 흐름을 먼저 깨닫는 일에는 반드시 한울님께서 돌보고 계신다고 주장했다. 그는 이러한 생각을 놓치지 않고 천지가 감동하는 정신을 어긋나게 해서는 안 된다고 강조한다. 굳이 언급하지는 않았지만, 서양문명이 동양에 들어와서 큰 변화를 맞이할 것이라고 주장하고, 서양문명에 대해 보다 적극적인 대응이 필요하다고 강조한 것이다. 세계의 문명이 동양과 서양 사이의 만남을 통해 훨씬 진보된 차원으로 성장하게 될 것이라고 말한 셈이다.

… 옛날 문명의 풍화風化가 동양에서 울렸더니, 이 세상 운수는 곧 폭양爆陽의 기운이 천하에 처음으로 밝아 크게 한번 변하고, 크게 한번 열리는 수이니라. … -「명리전明理傳」(1903)

옛날에는 문명 발달의 중심이 동양에 있었지만, 지금의 운은 확실히 서양에 있다는 것을 인정한 대목이다. 내리쬐는 태양의 빛이 강렬하게 비치는 일과 마찬가지로 서양의 발달한 문명이 천하를 크게 밝히는 형국으로 전개되고 있다고 대세를 파악하고 있으며, 장차 크게 한번 열리는 개벽開闢의 운수가 진행될 것으로 전망한다. 이러한 일이 가능한 근본 원인은 서양과 동양 간의 만남이라는 큰 변화에 있으며 곧 그 결과 새로운 문명의 전개가 이루어질 것이라고 주장한 것이다.

… 서양 사람은 이 세상의 운을 타고 확실히 동양 사람보다 투철하여 각각 활동하는 기운이 있으므로 연구하는 가운데 재주가 늘어 기계가 편리하여 일마다 사업에 성공하고, 정치가 밝아 임금과 신하의 분의를 서로 지키어 잃지 않으므로 공화共和의 정치와 입헌立憲의 정치가 세계에 문명을 하였고 당세當世에 이름을 드러내니, 이것이 동서양 번복飜覆의 이치가

아닌가? … -「명리전」(1903)

의암은 서양인들이 "세상의 운수를 타고났다."라고 긍정적으로 평가한다. 그리고 서양 사람은 동양인보다 매사에 투철한 정신을 지니고 있으며, 활동력이 강하다고 판단한다. 따라서 서양인들은 연구를 통해 재주를 발휘하여 각종 기계의 발명을 이루었으며, 하는 일마다 성공했다고 주장한다. 그리하여 서양에서는 정치가 공명정대하여져서 군주와 신하 사이에 맡은바 분수와 직분을 서로 지켜서 함께 화합하고 어울리는 정치체제를 만들었고, 입헌제의 정치를 도출하여 세계를 문명화시키는 일에 상당히 공헌했다고 주장한다. 특히 의암은 서양의 기술 발달과 정치제도의 발전을 높이 평가한다. 그리하여 서양문명은 "당대에 이름을 높이 드러냈다."라고 높이 평가한 다음, 이는 동양과 서양의 입장이 한번 크게 바뀌는 이치가 다가오는 일을 미리 알려준 일로 판단한다. 예전에는 동양이 서양보다 더 선진적이고 발달한 문명을 지녔었다고 인식하는 마음이 깔려 있다. 여기에는 이전 시대에는 동양이 서양보다 진보된 문명을 구가하고 있었지만, 시대의 흐름에 따라 이제는 서양이 동양보다 더욱 진전된 문명을 누리고 있으므로 동양은 서양문명의 우수한 점을 적극적으로 보고 배워야 할 것이라는 문명개화론적인 시각도 숨어있다. 결론적으로 의암은 지금은 동양과 서양의 문명이 번복飜覆 즉 뒤집히는 문명 전환의 시운時運을 맞이하였다고 주장한다. 동양이 서양문명의 장점을 학습하여 서양문명을 뛰어넘는 새로운 문명을 창조해야 한다고 강조한 셈이다.

> … 방금 서양 사람이 나라가 부富하고 소업所業이 넓어서 천하에 횡행하는 것은 다름이 아니라 먼저 이 이치를 투득하여 인조발달人造發達에 힘을 얻은 것이니라. -「명리전 4」(1903)

의암은 서양인들이 세운 나라가 부유하고 하는 일이 광범위하여 천하를 지배하게 된 것은 '이 이치'를 먼저 깨달았기 때문이며, 인공적으로 물건을 만드는 일에 발달하게 되었다고 평가한다. 여기서 의암이 말한 '이치'는 음양오행陰陽五行의 상생상극相生相克하는 이치다. 위 인용문의 바로 앞 문장에서 의암은 오행五行의 상생과 상극을 통해 각종의 물건들이 만들어진다고 주장했다. 그리고 "한울이 주신 물건의 성품[天賦之物性]"이며, "천연天然한 물리物理를 연구하면 오행이 서로 이루는 일에 있어서 물건을 이루지 못 하는 것이 없다[五行相成, 無物不成]."고 강조했다. 즉 서양문명의 발전을 오행의 상생상극하는 이치를 먼저 깨닫고 실제 생활에 잘 활용했기 때문이라고 설명한다. 여기서 의암이 여전히 동양의 전통적인 음양오행론에 기초하여 서양문명을 인식하는 한계가 엿보인다.

또 의암은 "우리 동양 사람들은 긴 밤에 취한 꿈을 언제 깰는지 기약이 없다. 세계 각국이 죽은 송장으로 대하니, 이것이 (어찌) 통탄할 일이 아니냐?"라고[201] 동양인에 대해 비판하기도 했다. 나아가 의암은 "지금 우리 동양은 방금 상해傷害의 운運[202]에 있는지라. 조야朝野가 솥에서 물이 끓는 듯하고, 민생民生이 물 마른 못에 고기가 날뛰는 것 같다."라고도[203] 말했다. 동양 사람들을 꿈에서 덜 깬 마취 상태에 있는 인물로 보고 있으며, 세계의 여러 나라가 동양의 나라를 마치 죽은 송장을 마주하듯 한다고 강력하게 비판한다. 반면 "동양은 현재 상해傷害의 운수에 처해 있다."라고 주장하여 운명론적인 견해를 표출한 점이 특기할 만하다. 동양이 처한 위기의 원인을 "상해의 운수"로 본 점은 그가 여전히 운세론運勢論이라는 비과학적 운명론에 집착하고 있었다는 사실을 보여준다.

1904년 3월에 의암은 「의정대신각하전상서」에서 "서양지인西洋之人은 재예才藝를 필달必達하여 인조지술人造之術이 축물필비逐物必備하여 차즉가학이인용자야此則可學而引用者也라."라고 했다.[204] 서양인들은 재주와 기예가 발달하여 인공으로 만드는 술책이 뛰어나 만들지 못하는 물건이 없으므로 서양문명을 배워서 인용하여 사용해야 할 것이라는 내용의 상소문이었다.

의암은 서양의 근대문명을 수용하여 일본에 머물면서 근대화 운동을 주도하였는데, 이를 위해 국내에서 1904년에 대동회와 중립회를 거쳐 진보회를 조직하고 근대문명 개

---

201 「명리전(明理傳) 5」.

202 의암은 유학자들이 문명의 시원으로 여기는 삼황오제(三皇五帝) 시대를 "문물제도와 도덕이 완비된 문명지성대(文明之聖代)"라고 찬양하였다.

203 「명리전 6」.

204 천도교중앙총부 교사편찬위원회 편, 『천도교백년약사』 상, 미래문화사, 1981, 341쪽.

화운동을 전개하였다. 진보회의 근대화 운동에 대해 "전 인민이 단결하여 선진국의 문명개화를 따라 배우면 부패한 정치를 일소하고 독립을 보전할 수 있으므로, 정부에 그러한 정치개혁을 요구하기 위해 민회 운동을 시작했다."라고[205] 밝혔다. 이들은 상징적으로 흑의단발黑衣斷髮을 결의하고 시행했다. 의암은 의복의 혁신을 통해 근대화를 지향했고, 서양문명의 우수성을 따라잡으려고 노력했다.

의암은 「준비시대準備時代」(1905)에서 "적어도 삼국시대까지는 우리나라가 부국富國, 강국强國, 문명국文明國, 자유국自由國으로서의 위용을 갖추고 있었으나, 그 이후로는 빈국貧國, 약국弱國, 몽매국蒙昧國, 압제국壓制國으로 전락하고 말았다."라고 주장했다. 특히 그는 조선시대의 물질적, 정신적 유산 모두를 정체와 퇴행의 시각에서 파악하고 개항開港이 이러한 유치한 상태를 벗어나 "오늘의 부강문명국富强文明國인 서구열강西歐列强을 따라 배울 수 있는 일대 기회를 제공했다."라고 주장했다. 조선시대의 역사를 퇴보적인 것으로 파악하고 유학적 전통을 부정하면서 서구 문명의 발전상과 조선 문명의 정체성을 극단적으로 대비하는 이러한 자기비하적인 역사 인식은 문명 개화파의 역사 인식의 전형이라고 할 수 있다. 이처럼 자신의 전통과 정체를 몽매蒙昧의 역사로 치부하고, 이를 시급히 청산하고자 하는 패배주의적 역사 인식이 문명개화로의 전향轉向을 더욱 쉽게 만들었다.[206] 의암이 서양문명을 본받고 따라야 할 우수한 문명으로 인식하고, 서양문명의 수용에 적극적으로 나섰던 정황이 확인된다.

> … 물질의 모양과 풍속은 어느덧 서쪽 한울에 저물고, 장부의 좋은 때는 먼저 동쪽 나라에서 창명되었느니라. …
>
> -「기타시문其他詩文」

의암은 서양의 물질문명은 곧 저물어 사라질 것이라고 주장하고, 장차 동쪽 나라인 우

---

205 『대한매일신보』 1904년 9월 14일자.

206 김정인, 「손병희의 문명개화노선과 3.1운동」, 『한국독립운동사연구』 제19집, 한국독립운동사연구소, 2002, 146쪽.

리나라를 중심으로 "좋은 때"가 생겨나리라고 전망했다. 서양문명은 지는 해와 같고, 동양문명과 우리나라의 문명은 떠오르는 태양과 같다고 노래하였다.

그런데 "의암을 정점으로 하는 중앙집권적 교권敎權 체제의 확립은 국민 교화를 위해서는 동도東道인 신도神道를 선양하면서 동시에 서도西道와 서기西器의 수용에 적극성을 보인 일본의 명치유신明治維新의 영향 하에 추진된 것이었다. 즉 의암의 문명개화 노선은 '일본적 서구'를 추구하는 특징을 갖고 있었다. 서구 문명을 근대화의 선구인 일본이라는 프리즘을 통해 인식하고 수용했다."라는[207] 주장이 있다. 의암이 '서도와 서기'에 '동도와 신도'로 대응하려 했으며, 기본적인 구조는 일본의 명치유신을 본받는 것이었다는 견해다. 의암이 일본을 통해 서양문명에 대응하려 했다는 주장은 받아들일 만하지만, 의암이 추진한 문명개화 노선의 정체를 '일본적 서구'로만 볼 수는 없을 듯하다. 일본을 '거쳐' 서양문명을 인식하고 대응했다는 사실은 인정되지만, 그 내용이 '일본적'이라는 견해는 보충하여 설명될 필요가 있다.

의암이 주로 활동하던 시기에 있어서 서양은 문명국으로서 모방의 대상과 이루어야 할 목표로 인식되었다. 의암은 서양문명의 발전과 확산을 시대적 대세로 인정했지만, 서양문명 자체를 따라야 할 표준으로 보지는 않았다. 그는 수운水雲이 다시 밝힌 '도道와 덕德'을 중심으로 서양의 문물을 잘 활용함으로써 정신과 물질이 어우러진 도덕문명, 도의적 신문명을 꿈꿨다. 일제강점기 천도교 지도자들이 추구했던 것은 서양에 대한 맹목적인 수용도 저항도 아닌, 수운이 깨달아 밝힌 동학東學의 새로운 도덕에 기초하여 서양을 선별적으로 수용함으로써 결과적으로 동서 융합의 신문명을 추구한 것이라고 볼 수 있다.[208]

당시 동학의 평안남도 대접주였던 나인협羅仁協(1872~1951)은 『대한매일신보』에 실은 광고를 통해 "전 인민이 단결하여 선진국의 문명개화를 따라 배우면 부패한 정치를 일소

---

207 위의 글, 149쪽.

208 김용휘, 「20세기 전반 천도교 지도자의 서양 인식과 신문명의 비전」, 『신학과 철학』 제36호, 서강대학교 신학연구소, 2020, 270쪽.

하고 독립을 보전할 수 있으므로, 정부에 그러한 정치개혁을 요구하기 위해 민회民會 운동을 시작했다."라고 선전하였다.[209] 민회 운동이 대한제국 정부에 대해 서구적 근대, 선진 문명을 지향하는 종속적 근대화 노선으로의 전환을 촉구하고자 했던 반정부투쟁의 하나로 전개되었다고 주장한 셈이다. 정치체제의 변화를 핵심으로 서양문명의 수용을 강조한 운동으로 볼 수 있다.

그리고 의암과 1920년대 주류를 형성했던 천도교天道敎 신파新派에 대해서 "동학의 동도주의東道主義를 포기하고, 정신문명의 서구화 · 근대화를 도모하는 민족 개량주의적 노선을 추구했다."라고[210] 보거나 "민족개벽을 통한 민족의 지위와 권익의 향상이란 일제와 대화, 타협하는 가운데 '조선 민족의 자치'를 실현한다는 체제내적 논리였으며, 이러한 논리가 현실 상황의 변화에 따라 대동방주의大東方主義의 재창으로 나타났다."라는[211] 평가가 있다. 또 천도교의 '근대'를 개벽의 시각에서 살펴본 연구도 있다.[212]

1920년대에 발행된 천도교의 기관지인 『개벽』에서 문화는 자연을 개조하는 인간의 능동적 행위이자 성과로서 인간의 속성을 대변하는 개념으로 이해하였다. 문화는 개화와 문명과 함께 새로운 사회로의 지향을 표상하는 개념으로 이해되었다. 개조의 대상은 유교가 주도하던 기존에 있던 낡은 동양 문화였고, 본받아야 할 대상은 서양 문화였다.[213]

그리고 1920년대 초반 문화운동을 주도한 천도교청년회가 추진한 신인간론新人間論과 민족개벽론民族開闢論은 개인과 민족의 모습을 서구의 근대적인 가치관에 따라 변화시키려는 시도였다. 여기에서 신인간의 모습은 자율적이고 개성적이면서도 조화와 협동을 이루는 서구의 자유주의적 인간형을 모델로 한 것이었고, 새 민족의 모습은 유교 사

---

209 『대한매일신보』 1904년 9월 14일자.

210 김정인, 『천도교 근대민족운동 연구』, 한울아카데미, 2009, 353쪽.

211 정용서, 「일제하 천도교청년당의 운동노선과 정치사상」, 『한국사연구』 105집, 한국사연구회, 1999, 271쪽.

212 조성환, '개벽'으로 다시 읽는 한국 근대 - '삼일독립선언서'에 나타난 개벽사상을 중심으로」, 『종교교육학연구』 59집, 한국종교교육학회, 2019, 1~3쪽.

213 송인재, 「『개벽』의 '문화' 관련 기사를 통해 본 천도교의 문화관」, 『시대와 철학』 제28권 3호, 한국철학사상연구회, 2017, 162쪽.

상의 영향인 숭고崇古 · 의타依他 · 숭문崇文 · 숭례崇禮 사상을 탈피하여 활동적인 민족성을 갖는 것이었다.

의암은 서양의 우수한 문명을 취사선택하여 그 장점을 적극적으로 배우자고 주장했다. 선진국의 문명개화를 뒤따라 우리나라도 문명개화를 추구해야 할 것이라고 강조하기도 했다. 물론 의암은 동학의 도덕을 중심으로 서양문명의 우월한 점을 선별적으로 수용하여 동서가 융합하는 신문명을 세워야 한다고 주장하였다.

2) 증산교의 서양문명에 대한 대응

증산은 1904년 2월 8일에서 1905년 9월 5일까지 러시아 제국과 일본 제국이 대한제국, 만주, 인근 해역에서 벌인 러일전쟁에 대해 다음과 같이 주장했다.

> 이때에 천사天師 병욱에게 물어 가라사대 일본과 러시아가 국가의 허약함을 타서 서로 세력을 다투는데 … 너는 어떤 주의主義를 옳게 여기느뇨? 병욱이 대하여 가로대 인종의 차별과 동서양의 구별로 하여 일본을 친선하고 러시아를 멀리함이 옳다 하나이다. 천사 가라사대 네 말이 옳으니라. 이제 만일 서양 사람의 세력을 물리치지 아니하면 동양은 영원히 서양 사람에게 짓밟힌 바 되리라. 그러므로 서양 사람의 세력을 물리치고 동양을 붙잡음이 옳으니, 이제 일본 사람을 천지에 큰 일꾼으로 내세우리라 하시고, 이에 천지대신문天地大神門을 열고 날마다 공사公事를 행하사 사십구일을 한 도수度數로 동남풍을 불리시더니 … 그 뒤로 러시아가 해륙海陸으로 연하야 패敗하니라.
>
> -『대순전경』 4장 10절

위의 인용문에서 증산은 동양을 대표하는 국가로 일본을, 서양을 대표하는 국가로 러시아를 손꼽고 있다. 그리고 증산은 동양과 서양은 인종이 다르고, 동양과 서양의 경계가 뚜렷이 구별된다고 인식하고 있는 제자의 말을 인정한다. 여기서 증산이 동양과 서양이 근본적이고 본질적인 차이와 구분이 있다고 인식했음을 알 수 있다. 그리고 증산은 당시를 동양과 서양의 세력이 충돌하여 다투는 시기로 인식하였고, 서양의 세력을 물리치지 않으면 동양은 영원히 서양의 노예로 살 수밖에 없을 것이라는 위기의식을 토로하였다. 이에 증산은 동양을 대표하고 지키는 "천지의 큰 일꾼"으로 일본을 내세워 서양을 대변하는 러시아에 대항하는 일에 참여시키겠다는 종교적 선언을 선포한다. 증산이 한 일은 천지대신문天地大神門을 열고 천지공사天地公事[214]를 통해 동남풍이 불게 만드는 종교적 행위였다. 일부 증산교인들은 1904년과 1905년에 만주와 한국의 지배권을 두고 러시아와 일본이 벌인 제국주의 전쟁인 러일전쟁이 1905년 5월에 진해만에서 대기하고 있던 일본 연합함대가 계속된 해전에서 러시아의 발틱 함대를 격파하여 결정적으로 일본이 승리했던 역사적 사건에 영향을 미쳤다고 믿는다.

그리고 증산은 우리나라를 서양으로 넘기는 일은 없을 것이라고 주장했다. 우리나라의 주권과 영토가 서양인에게 넘어가는 일은 일어나지 않으리라고 강조한 것이다.

> … 조선을 서양으로 넘기면 인종이 다르므로 차별과 학대가 심하여 살아날 수 없을 것이요, 청국으로 넘기면 그 민중이 우둔하여 뒷감당을 못할 것이오, 일본은 임진난壬辰亂 후로 도술신명道術神明들 사이에 척이 맺혀있으니, 그들에게 넘겨주어야 척이 풀릴지라. 그러므로 그들에게 일시 천하통일지기天下統一之氣와 일월대명지기日月大明之氣를 붙여주어 역사役事를 잘 시키려니와 … (4장 28절)

증산은 동양과 서양의 가장 큰 차이는 바로 인종人種이라고 인식했다. 인간의 종류 자체가 전혀 다르다는 주장이다. 증산은 인종이 구별되기 때문에 우리나라가 서양에 정복된다면 차별과 학대가 심하여 생존 가능성이 거의 없다고 강조한다. 그리고 증산은 우리나라를 청淸나라 즉 만주족이 세운 나라로 넘긴다면 청나라 민중들의 우둔한 성격 때문

214 증산은 서양 과학문명의 한계점을 깊이 인식했으며, 과학 자체로는 그 한계점을 넘지 못할 것을 알고 그 대안을 마련한다. 그의 개벽론은 지금까지 쌓여온 문제에 대한 총체적이고도 극단적인 처방이라 할 수 있다. 증산의 삶은 천지공사(天地公事)의 삶이며, 그 궁극 목적은 우주와 인간의 완성을 지향한다. 인간 완성의 최고 경지는 지심(知心)에 의해 이루어지며, 인간은 우주와 합일하며 마음과 몸, 자연과 정신을 함께 아우른다. 양우석, 「증산과 헤겔의 서양과학문명관」, 『동서정신과학』 6집, 한국동서정신과학회, 2003, 36쪽.

에 감당할 수 없을 것이라고도 말했다. 우리나라의 운명을 청국淸國에도 맡길 수 없다고 강변한 대목이다. 증산은 기본적으로 동양과 서양은 "인종人種이 다르다."라고 인식했다. 인종이 구별되기 때문에 양자 사이에 차별과 학대가 있을 것은 당연하다고 본 것이다. 증산이 조선을 서양에 넘기지 못하는 가장 큰 이유로 손꼽는 것이 바로 "인종의 차이"다. 증산은 조선의 운명을 서양에 맡길 수 없다고 판단하고 우둔한 청국 대신에 척이 맺혀있던 일본을 선택하여 잠시 천하를 통일하는[215] 기운과 일월을 크게 밝히는 기운을 붙여주어 일을 시키려 한다는 종교적 선언을 선포하였다. 그런데 증산은 임진왜란 이후에 일본과 우리나라 사이에 오랫동안 맺히고 쌓였던 원한과 척을 없애기 위해서 우리나라의 운명을 잠시 일본에 맡길 것이라고 선언한다. 그렇게 함으로써 일본이 잠시나마 천하를 통일하는 듯한 기운과 일월을 크고 밝게 만들 정도의 기운을 가질 수 있으리라고 주장한다. 이 모든 일은 증산의 권능으로 일본을 '역사役事'하는 종교적 행위의 결과라는 것이 증산교인들의 믿음이다. 여기서 확인할 수 있는 내용은 증산이 서양은 근본적으로 동양인과는 전혀 다른 종족이기 때문에 동양을 정복하고 지배할 수 없다고 본 점이다. 그리하여 증산은 같은 동양 문화권에 있는 나라 가운데 일본을 선택하여 일시적으로 우리나라의 운명을 위탁했다고 주장한다. 동양이라는 같은 지역에서, 동일한 황인종이기에 이러한 일이 가능하다고 생각했다. 증산은 서양이 동양을 점령하거나 지배할 수 없는 가장 큰 이유가 바로 인종의 차별과 다름에 있다고 보았다. 우리나라와 서양은 '인종의 차별'이 있다. 따라서 동양과 서양은 근본적으로 '다름'이 있다고 인식했다.

> … 가라사대 서양西洋 기운을 몰아내어도 다시 몰려드는 기미가 있음을 이상히 여겼더니 … (4장 36절)

증산은 위의 인용문에서 알 수 있듯이 기본적으로는 "서양 기운을 몰아낸다."라는 태도를 고수했다. 증산은 우리나라로 몰려드는 서양의 기운을 물리치기 위해 노력했다고

---

215 증산은 "세계일가통일정권(世界一家統一政權)의 공사(公事)"를 행하기도 했다. (4장 101절)

주장하고, 자신의 천지공사天地公事를 통해 지상에 이상사회를 이루기 위해 힘썼다. 여기서 "서양 기운"은 서양 문물, 서양 종교, 서양문명을 총체적으로 아울러 부르는 용어로 보인다. 따라서 증산은 동양적 문명과 문화를 바탕으로 하여 서양문명을 접목하려 했던 인물이라고 평가할 수 있다. 증산은 동양을 지키기 위해 서양의 기운과 세력을 막으려 했다고 주장하고 강조한다. 위기에 빠진 동양을 보전하기 위해 증산은 천지공사라는 종교적 행위를 시도했던 인물이다. 따라서 증산의 천지공사는 서양의 침략으로부터 동양을 지키려는 행동으로 볼 수 있다.

> 하루는 어떤 사람이 계룡산鷄龍山 건국建國의 비결秘訣을 물으니, 가라사대 동서양이 통일하게 될 터인데, 계룡산에 건국하여 무슨 일을 하리오? 가로대 언어가 같지 아니하니 어찌하오리까? 가라사대 언어도 장차 통일케 되리라 하시니라. (3장 183절)

어떤 이가 증산에게 정씨鄭氏 진인眞人에 의한 계룡산 도읍설[216]에 관하여 물었더니, 앞으로 동양과 서양이 통일하게 될 것이라고 대답한 대목이다. 증산은 동양문명과 서양문명의 '통일'을 예언한다. 그리고 동양의 언어와 서양의 언어도 장차 통일하게 될 것이라고 주장한다. 증산은 동양과 서양의 일치와 화합과 협력에 대해 강조하고 있으며, 동양문명과 서양문명의 조화를 동양과 서양의 통일이라는 말로 전망하고 있다. 종교적 입장에서의 주장이기는 하지만 궁극적으로 동양과 서양의 화해를 통해 하나로 합해지는 종합 문명을 강조하는 것이다. 이러한 맥락에서 증산은 "앞으로 산금증식産金增殖이 전고前古에 유례가 없게 될 정도"[217]로 발전하게 될 것이라고 예언한다. 각종 산물産物의 발달과 증가가 이루어지는 세상이 전개될 것이며, 증산은 이러한 세상의 본보기를 보여준 서양문명을 적극적으로 수용하고 있다.

---

216 이에 대해서는 김탁, 『조선의 예언사상』 상, 하(북코리아, 2016)를 참고하시오.

217 『대순전경』 3장 189절. 물론 증산은 "이는 내가 장차 거두어 쓰려고 시킨 바"라고 주장한다.

… 가라사대 서양 사람이 발명한 모든 문명이기文明利器를 그대로 두어야 옳으냐 거두어버려야 옳으냐? 대하여 가로대 그대로 두는 것이 인간 생활에 이로울 듯하나이다. 천사 가라사대 네 말이 옳으니, 그들의 문명이기가 하늘로부터 내려온 것이니라 하시고 … 공사公事로써 결정하시니라. (4장 123절)

증산은 제자와의 문답을 통해 "서양 사람이 발명한 모든 문명이기"의 수용을 공사公事로써 결정했다. 서양의 문명이기를 적극적으로 수용할 것을 주장하고 종교적으로 의미를 부여한 것이다. 증산은 서양의 문명이기가 발전한 근본적이고 결정적인 이유는 "하늘의 작용"에 있다고 설명한다. 문명이기의 발전이 인간만의 노력에 의한 것이 아니라 "하늘"로 표현되는 신계神界의 결정에 의한 것이었다는 종교적 설명을 시도하였다. 인간에게 "알음 귀"를 열어주어 각종의 문명이기가 발명될 수 있었다는 해석이다.[218] 어쨌든 증산은 서양문명을 대표하는 문명이기를 매우 적극적으로 수용하고 있으며, 나름대로 종교적인 설명을 하고 그 이유를 대고 있다.

증산이 전망한 앞으로 오는 세상의 모습은 다음과 같다.

앞으로 오는 좋은 세상에는 불 때지 않고 밥을 지어 먹으며, 손에 흙을 묻히지 않고 농사지으며, 도인道人의 집마다 등燈대 한 개씩 세우는데 온 동학洞壑이 크게 밝아 햇빛과 같으리니 이제 전등은 그 표본에 지나지 못하는 것이니라. 또 기차도 화통火桶 없이 몇 만 리를 삽시간에 통행케 되며, 또 문고리와 옷걸이도 황금으로 만들며, 신도 금당혜金唐鞋를 신으리라. 또 곡식 종자도 한번 심어서 베어들인 뒤에 해마다 그 뿌리에 움을 길러서 걷어 들이는 것이 생기리니, 이제와 같이 심고 거두기에 큰 힘이 들지 아니하며, 또 아무리 박전薄田이라도 옥토沃土가 되게 하리니, 이는 땅을 석 자 세 치를 태운 까닭이니라. (5장 18절)

---

218 대순(大巡) 사상에서는 문명의 원동력을 '신인의도(神人依導)의 이법(理法)'이라고 주장한다. 신은 인간의 역사에 적극적으로 개입하여 영향을 미치는 존재로 상정되며, 인간 또한 신의 세계에 영향을 미친다는 말이다. 즉 인간세계가 신명계와 서로 연결된 유기체라는 말이다. 김귀만, 「서양 근대문명의 태동과 대순사상의 문명관 연구」, 대진대학교 대학원 석사학위논문, 2014, 38쪽.

증산은 전등, 기차, 신발 등의 서양문물을 적극적으로 수용하고 있다. 서양문명의 총아인 이기利器들을 기초로 앞으로 올 이상사회를 그리고 있다. 증산이 19세기 후반부터 20세기 초까지 살았던 인물이라는 사실을 고려해 본다면, 그가 예견한 이상사회는 어쩌면 당연한 일로 보인다. 백여 년이 지난 오늘날의 관점에서 보면 증산이 꿈꿨던 이상사회는 상당히 현실에 이미 구현되었다고 평가할 수 있다. 전기밥솥의 발명, 수경水耕 농법의 발전, 화려한 조명 기술의 발달, 초고속 철도의 운행, 각종 장식품의 고급화, 새로운 소재의 신발 착용, 첨단 생명공학을 이용한 새 농법의 실행 등 대부분이 현실적으로 이루어진 세상을 살고 있다. 다만 박토를 옥토로 바꾸는 일은 아직 이루어지지 않았다. 이는 "땅을 석 자 세 치를 태우는 일"이 아직 일어나지 않았기 때문인지도 모른다. 어쨌든 증산은 서양문명을 바탕으로 한 이상사회를 예견했던 인물이며, 서양문명의 이기를 적극적으로 수용하고 있음이 확인된다.

증산이 기유년(1909) 1월 초에 쓴 『현무경玄武經』에 "동유대성인東有大聖人, 왈동학曰東學. 서유대성인西有大聖人, 왈서학曰西學. 도시교민화민都是敎民化民."라는 구절이 있다. 동양에도 큰 성인이 있고, 역시 서양에도 큰 성인이 있다는 말이다. 지역의 경계와 차이에 의해 각기 동학과 서학이라는 용어로 불릴 따름이지만, "백성들을 가르치고 교화하는 일"에 그 목적이 있다는 사실에서는 같다는 주장이다. 더 이상의 설명은 없기 때문에 동학東學과 서학西學의 구체적인 내용이 어떤 것인지는 알 수 없지만, 문맥상 수운水雲의 동학이나 가톨릭을 가리키는 천주교를 의미하는 용어로 사용한 것은 아니라고 짐작할 수 있을 따름이다. 동양과 서양에는 각각 백성들을 가르치고 교화하는 목적에서 성립된 동쪽의 학문과 서쪽의 학문이 따로 있다는 의미를 나타낸 것으로 이해할 수 있다.

> 선도仙道와 불도佛道와 유도儒道와 서도西道는 세계 각 족속의 문화의 근원이 되었나니, 이제 최수운崔水雲은 선도의 종장宗長이 되고, 진묵震默은 불도의 종장이 되고, 주회암朱晦庵은 유도의 종장이 되고, 이마두利瑪竇는 서도의 종장宗長이 되어 각기 그 진액을 거두며 모든 도통신道統神과 문명신文明神을 거느려 각 족속들 사이에 나타난 여러 갈래 문화의 정수精髓를 뽑아 모아 통일케 하느니라. (5장 9절)

증산은 문화의 근원에는 종교가 있다고 주장하고, 각각의 문명에는 문명을 만든 신神이 있다고 강조한다. 이마두는 이탈리아의 예수회 선교사였던 마테오 리치Matteo Ricci(1552~1610)를 가리키는 말이다.[219] 이마두가 그리스도교의 창시자였던 예수(Jesus)를 대신하여 서도西道를 대표하는 우두머리가 되어 문화의 정수를 뽑아 모으는 일을 주도할 것이라는 증산의 종교적 주장이다.[220] 종교가 문화의 근원이라고 파악한 점이 특기할 만하며, 세계 각 종교의 창시자를 대신하여 증산은 자신이 살던 시기와 비교적 가까운 시대에 살았던 여러 종교의 대표적 인물들을 새롭게 특정 종교를 대표하는 인물인 종장宗長으로 임명한 것이다. 그리고 동양의 정신문명을 흔히 유불선儒佛仙으로 표현한 점에서 한발 더 나아가 서도 즉 그리스도교를 세계의 문화를 거론하는데 함께 언급하고 있다는 점도 주목된다. 증산은 자신이 살던 시대에 걸맞은 세계와 문화에 대한 인식을 이렇게 표현한 것이다. 서양의 문명과 문화를 적극적으로 인식하고 있다는 점이 돋보인다. 종교의 종장을 다시 세우는 대목에서 증산은 "서도"라는 표현을 사용했다. 서양에도 나름의 '도道'가 있다는 인식이며, 서양을 긍정적으로 이해하려 했었다는 사실을 짐작할 수 있는 대목이다.

> … 이제 서양에서 건너온 무기武器의 폭위暴威에는 짝이 틀려서 겨루어낼 것이 없으리니 전쟁은 장차 끝을 막으리라. 그러므로 모든 무술武術과 병법兵法을 멀리하고 비록 비열한 것이라도 의통醫統을 알아두라. 사람을 많이 살리면 보은報恩 줄이 찾아들어 영원한 복을 얻으리라. (5장 11절)

위의 인용문에서 증산은 서양을 "무기의 생산처"로 인식하고 있다. 서양문명의 특징

---

219 증산은 "매양 옛사람을 평론하실 때 강태공, 석가모니, 관운장, 이마두를 칭찬하시니라."(『대순전경』 3장 49절)라는 일화가 전한다. 이마두가 증산이 역사상 위대한 인물 가운데 한 사람으로 평가하고 지목된 점이 특기할 만하다.

220 증산은 이마두를 초혼(招魂)하여 광주 무등산 상제봉조(上帝奉詔)에 장사지내기도 했다. (『대순전경』 4장 162절)

가운데 하나를 사람을 살상하는 무기를 생산하는 것으로 파악한 것이다. 그리고 증산은 서양의 우수한 무기를 당할 능력이 동양에는 없을 것이라고 평가한다. 동양에는 서양의 폭압적인 무기에 대항할 힘이 없으므로 동양이 서양과 전쟁을 벌이는 일은 일어나지 않으리라고 예언했다.[221] "전쟁은 장차 끝을 막으리라."라는 증산의 예언에 따라서인지는 알 수 없지만, 근대 이후에 동양과 서양 사이에는 전면적인 전쟁은 일어나지 않았다. 여기서 증산이 강조한 가르침은 "무술과 병법을 멀리하라."라는 것이다. 증산이 말한 의통醫統이 정확히 어떤 것인지는 명확하지 않지만, 이어지는 문맥상 "사람을 많이 살리는 것"으로 짐작된다. 서양의 사람을 해치는 무기에 대항하여 동양의 사람을 돕고 살리는 어떤 것을 지칭한 것이다. 이는 서양의 살인殺人 문명에 대항하여 동양의 활인活人 문명을 강조한 대목이다. 어쨌든 증산은 서양문명의 핵심 가운데 하나를 무기武器라고 지목했으며, 서양문명은 사람을 해치고 죽이는 문명이라고 인식하였다. 나아가 증산은 이러한 서양문명의 폐단을 극복하고 대응하기 위해 "의통"이라는 사람을 살리는 어떤 일이나 물건을 제시하였다. 서양문명에 대해 정신적 대응을 시도한 셈이다. 증산은 서양문명을 설명하고 이해하려고 노력했으며, 서양문명을 극복하기 위한 나름의 방안을 제기한 인물이다.

> 이제 서양 사람에게 재조才操를 배워 다시 그들을 대항하는 것은 배은망덕背恩忘德 줄에 범犯하므로 판밖에서 남의 의뢰 없이 남모르는 법으로 일을 꾸미노라. 일본 사람이 미국米國과 싸우는 것은 배사율背師律에 범하는 것이므로 참혹히 망하리라. (5장 129절)

위의 인용문에 나오는 재조才操는 국어사전에 나오지 않는 말이다. 아마도 무엇을 잘 할 수 있는 타고난 소질이나 어떤 일에 대처하는 방도나 꾀를 뜻하는 '재주'라는 말의 오기誤記로 보인다. 증산은 서양을 "재주가 많은 지역"으로 인식하였다. 각종 문명이기文明

221 증산은 "동서양 싸움을 붙여 기운 판을 바로잡으려 하나 워낙 짝이 틀려 겨루기 어려우므로 병(病)으로써 판을 고르게 되느니라."(5장 32절)라고 말했다.

利器를 발명하고 과학 문물을 발전시킨 지역으로 서양을 바라보는 것이다. 인용문에서는 미국이 서양문명을 대표하는 나라로 나온다. 여기서 "일본이 미국에 의해 참혹히 망한 일"은 제 2차 세계대전의 종결이 1945년 8월에 일본의 히로시마와 나가사키에 떨어진 원자폭탄에 의해 이루어졌던 역사적 사건을 가리킨다. 『대순전경』 6판이 1965년에 출간된 사실을 고려하면, 증산의 예언이 실제로 어김없이 맞았다는 종교적 주장을 뒷받침하기 위해 증보增補된 기록으로 보인다.

> 천天이 이기예以技藝로 여서인與西人하여 이복성인지역以服聖人之役하고, 천天이 이조화以造化로 여오도與吾道하여 이제서인지악以制西人之惡이니라. (6장 140절)

위의 인용문에서 하늘[天]이 서양 사람과 동양 사람을 주재한다는 점이 특기할 만하다. 증산은 기본적으로 하늘이 기예로써 서양 사람들이 성인聖人의 역할을 맡도록 했다고 본다. 서양의 기술과 문예에 대해 매우 긍정적으로 이해하고 있다는 사실이 확인된다. 그럼에도 불구하고 기예와 대비되는 신비한 정신력인 조화造化로써 동양인들이 서양 사람이 행하는 악惡을 제어하도록 했다고 설명한다. 여기서 오도吾道는 증산을 따르는 무리의 도道로도 이해할 수 있지만 서인西人과 대비된다는 점에서 동양인의 도道로 이해해도 무방할 것이다. 어쨌든 증산은 서양은 기예로, 동양은 조화로 세상을 다스린다고 인식했다. 그리고 증산은 서양이 성인을 대신하여 세상에 영향을 미치지만, 그 과정에서 생겨난 악惡은 동양인에 의해서만 다스려질 수 있다고 믿었다. 성인의 역할을 대행하는 서양인의 어쩔 수 없는 악惡은 동양의 조화로써만 극복될 수 있다는 생각이 확인된다. 증산은 근본적으로 서양의 잘못을 동양인에 의해 바로잡을 수 있다고 믿었다. 서양의 기예와 동양의 조화를 대비하여 서술한 대목은 서양의 물질문명과 동양의 정신문명 또는 서양의 기器와 동양의 도道로 대비한 내용과 비슷하다. 즉, 동도서기東道西器와 거의 같은 표현으로 볼 수 있다. 동양의 조화와 서양의 기예가 극명하게 비교된다는 점을 확인할 수 있다.

이와 관련하여 "증산은 민족 간의 문화를 통합하여 그 진액을 추려 세계 통합적 민족주의를 구축함으로써 세계 민족 간의 평화를 이루는 것이었다. 이를 위해 증산은 과거 각 민족의 문화적 충돌을 인정하고, 그 해결을 위해 문화적 통합주의를 주장하였으며, 민족의 문명과 관련된 문명신文明神들을 중심으로 세계 문화의 통일과 통합을 주장하였다."라는 견해가 있다.[222]

> 대개 예로부터 각 지방을 할거割據한 모든 족속族屬들의 분란쟁투紛亂爭鬪는 각 지방신地方神과 지운地運이 서로 통일되지 못함으로 인因함이라. 이제 각 지방신과 지운을 통일케 함이 인류화평人類和平의 원동력이 되느니라. (5장 6절)

세계의 모든 족속은 각기 자기들의 생활 경험의 전승에 따라 특수한 사상을 토대로 색다른 문화를 이룩하였으되, 그것을 발휘하게 되자 마침내 큰 시비가 일어났다. 증산은 민족들의 제각기 문화의 정수를 걷어 후천에 이룩할 문명의 기초를 정한다고 주장했고, 그렇게 믿어졌다. 서양인들에게는 서양인 고유의 문화와 문명이 있고, 동양인에게는 동양인만의 고유하고 특수한 문화와 문명이 있다는 말이다. 그런데 증산은 동양과 서양의 문화와 문명의 근원에는 '신神'이 있다고 주장한다. 각 지역에는 그 지역에 있는 지방신地方神이 있으며, 그 땅의 기운인 지운地運의 작용에 따라 고유하고 특수한 문명이 건설된다는 말이다. 증산은 그 경계를 허물어 합치게 하는 일이 바로 인류의 평화를 가져올 수 있는 유일한 해결책이라고 강조한다.

> 또 모든 족속族屬들은 각기 색다른 생활 경험으로 인因하여 유전遺傳된 특수한 사상思想으로 각기 문화文化를 지어내어 그 마주치는 기회機會에 이르러서는 마침내 큰 시비是非를 이루나니, 그러므로 각 족속의 모든 문화의 진액津液을 뽑아 모아 후천문명後天文明의 기초를 정할지니라. (5장 8절)

---

222 고남식, 「수운과 증산의 민족주의적 요소 비교」, 『신종교연구』 제26집, 한국신종교학회, 2012, 77쪽.

"모든 도통신道統神과 문명신文明神을 거느려 각各 족속族屬들 사이에 나타난 여러 갈래 문화의 정수精髓를 뽑아 모아 통일케 하느니라."(『대순전경』 5장 9절)과 연관되는 구절이다. 증산은 동양문명과 서양문명의 통합과 합일을 주장한다. 증산은 세계의 온갖 민족과 종족이 세운 모든 문화의 정수 즉 엑기스를 뽑아 모아 새로운 '후천문명後天文明'의 기초를 정립하려 한다고 강조한다. 증산이 말한 '후천문명'은 기존의 동양문명과 서양문명이 모두 포함되는 개념과 용어다.

> 하루는 경석에게 일러 가라사대 "전날에는 네가 나의 말을 좇았거니와 이 공사公事에는 내가 네 말을 좇으리니, 모든 일을 묻는 대로 잘 생각하여 대답하라." 하시고, 물어 가라사대 "서양西洋 사람이 발명한 모든 문명이기文明利器를 그대로 두어야 옳으냐 거두어버려야 옳으냐?" 대하여 가로대 "그대로 두는 것이 인간 생활에 이로울 듯하나이다." 천사天師 가라사대 "네 말이 옳으니, 그들의 문명이기가 하늘로부터 내려온 것이니라." 하시고, 또 여러 가지를 물으신 뒤에 공사公事로써 결정하시니라. (4장 123절)

증산은 서양 사람이 발명한 문명이기를 새 세상에도 활용할 수 있으리라고 확언한다. 그리고 서양의 문명이기는 "하늘에서부터 내려온 것"이라는 종교적 설명을 시도한다. 물질의 이면에는 신비의 세계와 영역이 있으며 그 영향으로 비로소 인간 세상의 온갖 물건이 발명될 수 있었다는 해석이다. 증산의 천지공사에서 결정한 대로 서양문명의 문명이기는 장차 전개될 세상에서도 여전히 인류의 생활개선에 이용될 수 있을 것으로 믿어진다.

증산은 힘의 논리로 밀려오는 서구 제국주의에 대해 그 세력을 물리쳐야 한다는 동양수호론東洋守護論을 주장하였다. 이러한 서양에 대한 인식은 일단은 동양을 보호하려는 관점이었다. 이를 위해 증산은 구체적으로 남하南下하는 러시아에 대해 주목하여 일본을 견제 세력으로 해서 동양을 지켜야 한다고 말했다. 증산은 일본을 동양을 대표하는 '일꾼'으로 내세워 러시아에 대항하려 했다.

증산은 "밀려드는 서양 기운을 몰아낸다."라는 목적을 이루기 위해 천지공사天地公事

를 집행한 인물이며 동양을 서양의 침략으로부터 지켜내기 위한 종교적 행위를 시도하기도 했다. 나아가 증산은 동양과 서양의 통일을 예언했고, 도통신과 문명신을 거느려 세계종교의 진액을 거두어 문화통일을 이루고자 했다.

동학의 창시자 수운이 목검을 들고 칼 노래를 부르면서 서양문명의 침략에 대응하려는 물리적 대응을 했다면, 증산은 서양문명의 유입에 대해 정신적 대응을 시도했다. 그는 서양문명의 근원과 본질을 '설명'하고 '이해'하려고 노력했다. 서양문명의 발달을 나름의 종교적 논리로 '설명'하려고 애썼다. 증산은 서양문명이 "천국天國의 모형을 본뜬 것" 또는 "하늘에서 내려온 것"이라고 종교적으로 설명한다. 그리고 증산은 서양문명을 흡수하여 지상에서의 천국 건설에 활용하고자 했다. 서양문명의 장점인 문명이기의 발달을 적극적으로 받아들여 자신의 종교적 행위인 천지공사에 활용했다.

증산은 서양인들의 기예技藝와 악惡을 동양의 조화造化로 제어할 수 있다고 강조했으며, 서양의 살인殺人 문명에 대비되는 동양의 활인活人 문명으로 대응해야 한다고 주장하는데 그 요체는 의통醫統이다. 증산은 동양문명이 서양문명보다 본래 우위에 있다고 말했고, 서양문명은 하늘로부터 내려온 것으로 장차 새 세상을 이루기 위한 한 과정이라고 '설명'하여 대응했다.

3) 대종교의 서양문명에 대한 대응

대종교는 비록 일제강점기에서 민족주의적인 성격을 뚜렷하게 강조했지만, 창시자인 홍암弘巖 나철羅喆(1863~1916)의 '사해일가四海一家'나 '만교합일萬敎合一'의 대아적大我的 성격인 세계주의의 면모를 드러내기도 한다. 나철은 「중광가重光歌」와 「밀유密諭」에서 천신天神의 자손인 단군檀君(대황조大皇祖 또는 성신聖神)을 신앙의 대상으로 하고 이화세계理化世界와 홍익인간弘益人間을 삼일철학三一哲學을 통해 구현하고자 한다. 홍암이 천명한 홍익인간 사상은 모든 종교와 인류를 포용할 수 있는 조화의 원리를 제공하고 있는 범종교적, 범인류적 세계관이다.[223] 이는 세계를 보는 관점이자 민족에서 발산한 세계주의의 기본이념이라고 할 수 있다.

홍암은 국가의 기틀을 튼튼히 하고 민족을 부흥시키는 원동력이 민족의식을 일깨우는 데 있다고 보고, 1909년에 동지 오기호吳基鎬 등 10여 명과 함께 서울 종로구 재동에서 단군대황조신위檀君大皇祖 신위神位를 모시고 「단군교포명서檀君敎佈明書」를 공포함으로써 고려시대 몽골의 침략 이후 700년간 단절되었던 국조國祖 단군檀君을 숭앙하는 단군교를 창시하였다. 그 후 1년 만인 1910년에 대종교大倧敎로 개칭하고 같은 해에 만주 북간도北間島에 지사를 설치했다가, 1914년에는 대종교의 본사를 그곳으로 옮겨 포교 영역을 국내와 만주 일대로 확대하였다.

「중광가重光歌」는 단군 신앙을 부활시킨 홍암의 유시遺詩다. 전체 54장으로 이루어진 이 노래는 각 장章이 본장本章 4행行과 후렴 2행으로 이루어져 있고, 각 행은 3 · 4 · 3 · 4조를 기본 운율로 하는 창가 형식을 띠고 있다. 제목의 '중광重光'은 '거듭 빛남'을 말하는데, 연면히 이어져 오던 단군 신앙이 몽고蒙古의 침입 이후 단절되었다가 7백여 년 만에 부활했음을 뜻한다. 「중광가」는 홍암의 다원주의적 종교관과 인류 보편주의적 세계관을 살필 수 있는 중요한 문건이다.

홍암은 「중광가」에서 다음과 같이 노래한다.

> **4장章**
>
> … 남북南北의 진진오족振振五族, 세계의 신신구종甡甡九種,
>
> 한아배님 품속에, 뜻뜻한 김 골고루,
>
> 오주오훈五主五訓 옛빛이, 오늘날 다시 영령靈靈 …

진진振振은 성盛한 모양이요, 신신甡甡은 많은 모양이다. 오족五族은 누렁이, 흰둥이, 검둥이, 불경이, 푸렁이의 옛날 조선의 부족部族이요, 구종九種은 오족에 양족陽族, 간족干族, 방족方族, 견족畎族을 합한 것이다.[224] 세계 인류를 다섯 족속族屬으로 분류하고 있는데, 백

---

223 박광수, 『한국신종교의 사상과 종교문화』, 집문당, 2012, 266쪽.
224 국학연구소, 『알소리』 8집, 한뿌리, 2009, 150쪽.

인종을 '흰둥이'로 표현하였다. '흰둥이'들이 주축이 되어 세운 문명이 바로 서양문명이라고 주장한 셈이다. 인종에 따라 세운 문명이 각기 다르다고 주장한 점이 특기할만하다. 이에 대비하여 '누렁이' 즉 황인종이 중심이 되어 건설한 문명이 동양문명이라고 본다. 검둥이, 불경이, 푸렁이 등의 종족은 독자적인 문명을 세우지 못한 채 백인종의 서양문명과 황인종의 동양문명에 녹아들어 흡수되었다고 보았다.

9장

도道 연원淵源 찾아보라. 가닥가닥 한배빛,

선가仙家에 천선종조天仙宗祖, 석가釋迦에 제석존숭帝釋尊崇,

유씨儒氏의 상제림여上帝臨汝, 야소耶蘇의 야화화耶和華와,

회회回回의 천주신봉天主信奉, 실상은 한 한배님

세계 각 종교에서 강조하는 대표적인 신앙 대상을 나열하고 있는데, 이들 모두의 실상은 '같은 한배님'에게서 나온 것이라고 주장한다. 여기서 '야화화'는 '여호와'를 가리키고, 회회는 이슬람교를 뜻하며, 천주는 '알라'를 의미한다. 세계에는 다양한 많은 종교가 있는데, 대표적인 것이 도교, 불교, 유교, 기독교, 이슬람교라고 설명하며, 각 종교에서 믿는 교조教祖를 거론한 다음, 세계에 분포한 여러 종교의 실체는 같은 '한배님'에게 연원을 둔 것이라고 주장한다. '한배검'은 우리 민족 고유의 신앙 대상인 '단군'의 다른 이름이다. 한민족 정통주의의 입장에서 엄청나고 파격적인 주장을 한 것이다. 그 실제 여부는 별도로 하더라도 우리 민족만의 신격을 중심으로 세계 각국의 신앙 대상을 통합하려 했다는 점이 특기할 만하다. 즉, 세계 여러 종교의 신神은 모두 한 하느님이신 '한배검'에게서 나왔다고 노래하였다.

43장

… 행봉幸逢한 문명시대文明時代, 천신교天神教 중창重創하야,

태백산太白山 단목하檀木下에, 총교궁總教宮 다시 건축建築,

세계각교世界各教 나 귀일歸一, 천하각족天下各族 나 동화同化 …

홍암은 바야흐로 행복을 맞이하는 새로운 '문명시대'가 열리기 시작하리라고 전망한다. 단군이 세우셨던 천신교天神教, 즉 신교神教가 중광重光되어 태백산 단목檀木 아래에 교단의 본부 건물이 다시 건축될 것이고, 그리하여 세계의 각 종교가 이곳으로 한데 모이고 천하의 여러 족속과 종족이 다 함께 교화되는 새 시대의 전개를 꿈꿨다. 홍암은 '문명시대'라는 용어를 통해 기존의 서양문명이 동양문명과 통합되는 새로운 문명이 일어날 것이라고 주장한 것이다. 지금까지 있었던 낡은 문명이 새 옷을 입고 도약하여 진정한 통합문명과 통일문명이 창건될 것이라는 원대한 포부를 밝힌 대목이다.

54장

… 상제上帝께 호소呼訴하야, 천국天國을 새로 열어,

한 나라 한 신교神教로, 큰 지구地球를 통할統轄케,

대소大小 강약强弱 너 나를, 한 집에 일체애합一體愛合,

한 세계世界 한 도道 빛에, 천민동락天民同樂 만만대萬萬代[225]

홍암은 여러 종교가 상호 비방하지 말고 존중하며 공존하면 훗날 하나가 될 것이라고 굳게 믿었던 듯하다. 그는 '한배검' 또는 '하느님'께 호소하여 지상에 천국天國을 새롭게 연다면 모든 종교가 하나의 종교인 신교神教로 통합되어 지구를 각기 맡아 다스리게 되기를 염원하는 노래를 읊었다. 나아가 홍암은 크고, 작고, 강하고, 약한 존재인 너와 내가 한집을 중심으로 모두가 사랑하고 화합한다면 세계는 하나가 될 것이고, 각 종교는 하나의 길과 빛으로 나아갈 것이어서 하늘과 지상의 모든 사람이 함께 즐거움을 누리는 일이 영원토록 이어질 것이라고 노래한다. 이처럼 광대무변한 홍암의 노래에는 더 이상

225 나철, 「중광가」, 『한검 바른 길 : 첫거름』, 대종교총본사, 1949; 대종교 종경 편수위원회, 『대종교경전(大倧教經典)』, 대종교출판사, 2002, 857 · 871 · 875쪽.

서양과 동양의 분별과 차이가 존재하지 않는다. 홍암의 사상에는 서양문명과 동양문명의 궁극적 화합과 일치와 협력이 있을 뿐이다. 따라서 그는 서양문명을 자신의 꿈과 이상에 적극적으로 '수용'하려 노력했고 그렇게 했던 인물로 평가받을 수 있다.

대종교의 오대종지五大宗旨에서는 민족을 넘어 인류라는 보편적 가치에 부합하는 '애합종족愛合種族', 즉 사랑으로 인류를 합할 것이라는 결속과 통합의 매개 원리를 '사랑'으로 설정하고 있다. 그리고 홍암은 대종교의 범汎인류적 사상을 토대로 인간과 인간의 관계를 넘어 하늘의 뜻에 따라 인간들이 서로 사이좋게 지내는 일을 '호생好生'이라고 표현하기도 했다. 물론 여기서 이야기되는 '종족'은 단군檀君의 자손인 한민족韓民族을 중심으로 하는 말이지만, 민족을 초월하여 인류 전체로까지 확대하여 해석할 수 있다.

홍암弘巖이 지은 『신리대전神理大典』 제3장 한얼사람[神人]에 "다섯 종족을 기르시며[育五族]"라는 구절이 있고, 그 주석에 "다섯 종족은 황인종, 백인족, 흑인족, 홍인족, 남인족들이요[五族은 黃, 白, 玄, 赤, 藍之種也오]."라 했다.[226] 세계 인류를 구성하는 다섯 족속을 얼굴과 몸의 색깔로 나누어본 것이다. 오족五族마다 각기 형성 · 전개 · 발전시킨 독자적인 문명文明이 있다는 사실을 전제하는 대목이다. 이처럼 홍암은 각 문명의 특수성과 독립성을 적극적으로 주장하고 있으며, 나름의 가치를 인정하였다.

홍암이 병진년(1916) 8월 보름 추석날에 교우와 형제자매에게 유언으로 부탁한 말씀인 「밀유密諭」에 "외국外國 사람을 따로 말하지 말고[勿異論域外人]"라는 구절이 있다. 역외인域外人과 역내인域內人을 구별하고 차별하지 말라는 가르침이다. 홍암은 세계동포주의世界同胞主義와 세계일가世界一家를 외치고 주장한 진정한 의미의 '세계인世界人'이었다. 이러한 홍암의 견해에서 볼 때 서양문명과 동양문명의 구분은 무의미하다고 할 수 있다. 서양문명은 서양문명대로, 동양문명은 동양문명 고유의 특성을 가지며, 한 '한배검'의 도道에 연원淵源을 둔 문명들이라고 강조한다. 따라서 홍암은 서양문명을 '수용'하고 있다고 평가할 수 있다.

『신사기神事記』 「조화기造化紀」에 다음과 같은 내용이 있다.

---

226 대종교 종경 편수위원회, 『대종교경전(大倧教經典)』, 대종교출판사, 2002, 466쪽.

다섯 물건 가운데 빼어난 것이 사람인데,

맨 처음에 한 사나이와 한 여인이 있었으니, 나반那般과 아만阿曼이라.

한울가람(송화강松花江)의 동과 서에 있어 처음엔 서로 오가지 못하더니,

오랜 뒤에 만나 서로 짝이 되니라.

그 자손이 나뉘어 다섯 빛깔의 종족이 되니,

황인족, 백인족, 흑인족, 홍인족, 남인족들이니라. …[227]

황인족은 넓은 벌판에 살고, 백인족은 사막에 살고, 흑인족은 흑수黑水가에 살고, 홍인족은 남녘 바닷가에 살고, 남인족은 여러 섬들에서 살게 되니라.[228]

다섯 종족 가운데 황인족이 가장 커서 지파가 넷이 되었으니,

개마산蓋馬山 남쪽에 사는 이들은 양족陽族이 되고, 동쪽에 사는 이들은 간족干族이 되고, 속말강(송화강松花江) 북쪽에 사는 이들은 방족方族이 되고, 서쪽에 사는 이들은 견족畎族이 되니라.[229]

우주를 구성하는 다섯 물건 가운데 가장 빼어난 존재가 인간이고, 인류 최초의 남성은 나반이며 최초의 여성은 아만이라고 주장한다. 인류의 시조가 오랜 시간이 흐른 후에 만나 서로 짝을 이루어 많은 자손을 낳았는데, 그들이 살아가는 지역과 환경의 영향으로 다섯 빛깔의 족속으로 나뉘게 되었다고 주장한다. 족속마다 다른 이름을 가지고 있지만, 궁극적인 시원始原을 찾아보면 나반과 아만이라는 첫 조상에 이르게 되므로 인류는 한 조상祖上을 둔 사람들이라는 점을 강조한 셈이다. 이러한 관점에는 지역마다 세운 문화와 문명이 다를 것이 틀림 없기 때문에 차이점만 부각하는 일은 무의미하고 쓸데없다.

---

227 五物之秀(오물지수)는 曰人(왈인)이라. 厥始有一男一女(궐시유일남일녀)하니, 曰那般(왈나반)과 阿曼(아만)이라. 在天河東西(재천하동서)하야 初不相往來(초불상왕래)러니, 久而後(구이후)에 遇(우)하야 與之耦(여지우)러라. 其子孫(기자손)이 分爲五色族(분위오색족)하니, 曰(왈), 黃(황)과 白(백)과 玄(현)과 赤(적)과 藍(남)이라. …

228 黃(황)은 居大荒原(거대황원)하고, 白(백)은 居沙漠間(거사막간)하고, 玄(현)은 居黑水濱(거흑수빈)하고, 赤(적)은 居大瀛岸(거대영안)하고, 藍(남)은 居諸島中(거제도중)하니라.

229 대종교 종경 편수위원회, 『대종교경전(大倧教經典)』, 대종교출판사, 2002, 487~489쪽.

따라서 서양문명과 동양문명이라는 것도 지역에 따라 각기 다른 빛깔을 가진 종족들이 저마다 세운 독창적인 체계에 불과하다는 견해다.

「봉교과규奉教課規」에 다음과 같은 내용이 있다. 「봉교과규」는 백두산의 백봉白峯교단에서 작성해 홍암 나철에게 전해준 입교용 자료 가운데 하나이다. 「봉교과규」는 1908년 12월 9일에 일본 가이헤이칸에서 두일백杜一白이 정훈모鄭薰模(1868~1943)에게[230] 전해준 여러 자료 가운데 하나이다.[231] 원래는 「단군교포명서」의 부록에 실려 있던 의례서인데, 입교入教 후 교인으로서 지켜야 할 일들을 설명한 것이다. 「봉교과규」는 종교 규범으로서, 민족주의 색채가 강하게 드러나는 조항과 타종교에 대한 관용의 정신을 보이는 대조적 구절이 혼재되어 있다.[232]

> … 1[13조]. 봉교인奉教人은 비록 교외인教外人이나 역외인域外人을 대하더라도 반드시 온화하고 공손하고 겸손하고 화목함으로써 하고, 업신여기거나 모욕하거나 차별함이 없을 것.
>
> 1[14조]. 봉교인은 본국 고대의 옛 충렬과 영웅호걸의 신을 모두 마땅히 숭배하고 존경하되, 비록 다른 나라 성현이나 종교인일지라도 역시 불경하지 말 것.
>
> 1[15조]. 만약 본교本教를 독신篤信하는 사람이 널리 보고 지혜를 더하기 위하여 비록 다른 종교宗教에 들어가 참여해도 역시 금하지 않는다. 비록 다른 종교에 들어간 사람이라도 만일 본교에 입교하고자 하면 역시 허락할 것이다. 무릇 우리 대황조大皇祖의 너그럽고 넓은 큰 도량은 본래 이단異端을 고치도록 강요하지 않는다는 것을 본받았기 때문이다. …
>
> 1[17조]. 비록 역외인域外人이라도 만일 본교本教에 입교入教하고자 하면 역시 허락하여 모두 형제자매로 보고 거리가 없게 할 것. …
>
> -「봉교과규奉教課規」[233]

---

230 정훈모에 대해서는 조준희, 「단재 정훈모의 생애와 활동」, 『대종교연구』 제1집, 한국신교연구소, 2019년 7월, 161~201쪽이 자세하다.

231 조준희, 「대종교 창시자 백봉의 도통전수와 경전류 해제」, 위의 책, 316쪽.

232 위의 글, 348~350쪽.

대종교를 받들거나 믿는 사람은 그렇지 않은 사람이나 우리나라 이외의 지역에 사는 사람들을 차별하지 말라고 가르친다. 나아가 다른 나라의 성현이나 종교인도 공경하라고 가르치며, 심지어 다른 종교에 참여해도 금지하지 않는다고 강조한다. 다른 종교인들이 대종교에 입교하는 일도 금지하지 않으며, 이른바 정통正統과 이단異端의 구별을 강요하지도 않아야 한다고 가르친다. 더욱이 우리나라를 벗어난 다른 지역에 사는 사람이 대종교에 입교하려 하면 형제자매로 대접해야 한다고 강조한다. 이러한 극도의 개방적인 태도는 대종교가 지닌 만인동포주의萬人同胞主義와 무차별사상無差別思想을 잘 표현하고 있다. 이러한 관점에서 본다면 더 이상 서양과 동양의 구분과 차별은 없어지며, 나아가 서양문명과 동양문명의 편 가르기가 의미가 없다. 대종교는 동서양의 지역적 구분과 편 가르기를 넘어서 사해동포四海同胞, 세계일가世界一家를 추구하는 이념을 지닌 종교이다.

백포白圃 서일徐一이 지은 『회삼경會三經』 제1장 삼신三神에 다음과 같은 내용이 있다.

> 오직 사람은 만물 중에서 신령스럽고 빼어나서 위로는 한얼님에 합하고, 아래로는 뭇별들에 응하므로, 그 도道가 한울과 땅과 더불어 셋이 되니라.[234]

백포는 인간이 만물 가운데 가장 신령스럽고 우수한 존재라고 주장하면서 위로는 한울과 합하고 아래로는 많은 별에 응하여 한울, 땅, 사람의 도道가 셋으로 갈라졌다고 말

---

233 … 一. 奉教人(봉교인), 雖對教外之人(수대교외지인), 及域外之人(급역외지인), 必以溫恭謙和(필이온공겸화), 無或有輕侮歧視(무혹유경모기시). 一. 奉教人(봉교인), 於本國古來忠烈英豪之神(어본국고래충렬영호지신), 宜皆崇敬(의개숭경), 而雖他國之賢聖及教門(이수타국지현성급교문), 亦不可不敬(역부가불경). 一. 若篤信本教之人(약독신본교지인), 爲廣見益智(위광견익지), 雖入叅他教(수입참타교), 亦所不禁(역소부금). 雖入他教之人(수입타교지인). 若願入本教(약원입본교), 亦許之(역허지). 盖體我大皇祖(개체아대황조), 寬弘之大度(관홍지대도), 本不改異端也(본부개이단야). … 一. 雖域外之人(수역외지인), 若願入本教(약원입본교), 則亦許之(칙역허지), 皆以兄弟姊妹(개이형제자매), 同視無間(동시무간). … 조준희 · 유영인 편, 『백봉전집』, 역사공간, 2017, 456~461쪽.

234 惟人(유인)은 靈秀於物(영수어물)하야 上合神明(상합신명)하며 下應星辰(하응성신)이라. 故(고)로 其道(기도), 與天地參(여천지참)이니라.

한다. 이러한 관점에서는 동양인과 서양인의 구분과 차별이 무의미하며 모든 인류가 한 한울님의 도와 조화에 따라 이 세상에 나오게 되었다는 주장으로 귀결된다.

백포가 지은 『오대종지강연』은 1914년에서 1916년 사이에 완성한 글로 추정되는데,[235] 여기에 다음과 같은 내용이 있다.

> … 우리 한배검께서는 조화를 차지하사 '한울 나라'를 열어서 … '아홉 겨레'(황黃, 백白, 적赤, 남藍, 풍風, 양陽, 간干, 방方, 견畎)를 다스리시니, 그 몸으로는 '한님(상제上帝)'이시오, 그 쓰임으로는 '세 검' 곧 삼신三神(임因, 웅雄, 검儉)이시다. …[236]

한배검께서 조화를 사용하여 한울 나라를 여시고 아홉 겨레를 다스린다는 내용인데, 체體로는 상제上帝이고 용用으로는 삼신三神이라고 주장한 대목이다. 여기서도 아홉 겨레의 동질성과 다양한 보편성을 강조한다. 이러한 맥락과 주장에서도 지역 간의 차이나 종족 사이의 구분이 설 틈새가 없어지는 것이다. 보편적 인류人類로서의 동질성만 강조되는 것이다.

그리고 백포종사白圃宗師가 지은 『삼문일답三問一答』 상편上篇에는[237] 다음과 같은 대목이 전한다. 『삼일문답』은 대종교의 삼일철학三一哲學을 독특하게 논술한 저술인데, 삼사생三思生인 백포가 일의자一意子인 홍암 사이의 문답형식으로 이루어진 상, 하 양편으로 완성되었다.[238]

> … 일의자一意子가 가로되 … "… 이 세상世上 물욕物慾에 그을리면 「뭇사람」이 되고 그렇지 않아야만 밝은 이가 될지라. 그런즉 공자孔子, 노자老子, 석가釋迦, '예수', '마호메트'가 다 별別

235 국학연구소, 『알소리』 7집, 한뿌리, 2008, 128쪽.
236 위의 책, 130쪽.
237 이 자료는 국학인물연구소 소장 조준희 선생이 제공한 것이다. 『삼일문답』은 백포종사가 1921년 8월 28일 사망 직전인 1921년 무렵에 집필한 것으로 추정된다.
238 국학연구소, 『알소리』 7집, 한뿌리, 2008, 144쪽.

> 사람이 아니오, 오직 그 마음을 괴롭게 하여 자기自己의 본本'성품'을 닦아서 우리보다 먼저 깨달았을 뿐이니, 우리도 마음만 두고 보면 반드시 공자, 노자, 석가, '예수', '마호메트'가 될 것이로되 우리가 먼저 구求하지 못하였으며, 또 뒷세상世上에 나고 앎이 넓지 못한 까닭에 옛날 성철聖哲을 스승할 따름이라. 그러면 나의 아는 바가 공자, 노자, 석가, '예수', '마호메트'들만 못한 까닭에 그들의 도덕道德과 지식智識을 본받아서 스승으로 섬기려니와 만일 그네들과 비슷하다면 그 도덕과 지식을 비교比較하여 벗을 함도 옳고 또 그들에게 지난다면 그 도덕과 지식을 더욱 넓히어서 새로운 세상世上을 만들지니, 이것은 '한얼'께서 밝게 정定하신 진리眞理요, '한울나라天國'에서 길이 쓰이는 공법公法이라. …

원문은 "그런즉 공자孔子, 노자老子, 석가釋迦, 예수, 마호가 다 별別사람이 아니오, 오직 그 마음을 괴롭게 하야, 자기自己의 본本 성품을 닦아서 우리 먼저 깨달았을 뿐이니, 우리도 마음만 두고 보면 반드시 공자, 노자, 석가, 예수, 마호가 될 것이로되, 우리가 먼저 구求하지 못하였으며, 또 뒷세상世上에 나고, 알음이 넓지 못한 까닭에 옛날 성철聖哲을 스승할 따름이라."라고 되어 있다. 위대한 종교인으로 인정되는 공자, 노자, 석가모니, 예수, 마호메트 등은 단지 우리보다 먼저 깨달은 사람에 불과하다고 선언한 다음, 마음을 잘 닦고 알음을 넓힌다면 누구나 성철이 될 수 있다고 가르친다. 백포의 종교관이 동양의 전통적인 유불선儒佛仙 삼교三教를 넘어서 서양의 기독교와 이슬람교에까지 넓혀졌음을 알 수 있다. 요컨대 백포는 서양문명의 핵심을 기독교와 이슬람교라는 종교에 있다고 인식한 것이다.

> … 그러므로 공자孔子와 같은 대성大聖으로도 예악禮樂을 남에게 물으셨으며 또 늙어서 주역周易을 읽는데 가죽 책심이 세 번 끊어졌다 하고, 노자老子와 같은 상진上眞으로도 주周나라에 주하사柱下史가 되어 지식知識을 넓히셨고, 석가釋迦와 같은 대각大覺으로도 설산雪山에서 육년六年 동안 또 가야산伽倻山에서 삼년三年 동안에 도道를 닦으셨고, '예수'의 청고淸高하심으로도 사막沙漠에서 사십일四十日의 금식禁食 기도祈禱를 하셨고, '마호메트'의 활달豁達하심으로도 산굴山窟에서 십년十年 동안 잠심潛心 수도修道를 하셨으니, 이른바 성철聖哲이란 이들도 힘써

닦은 뒤에야 크게 깨달은 것이라. 그러므로 나는 항상 말씀하기를 성철도 별別사람이 아니라 하노니, 그대도 잘 닦으면 곧 성철이오, 성철도 아니 닦았으면 또한 '뭇사람'일 것이다." …

-『삼문일답』

백포는 기독교의 예수와 이슬람교의 창시자 마호메트의 수행 과정에 대해서도 그 요지를 잘 알고 있었다. 백포는 그들은 수행을 열심히 하여 인간이 나아가야 할 모범적인 길을 제시한 위대한 인물들이라고 강조하고, 누구나 그들의 가르침을 따라 잘 닦으면 그들과 같은 존재가 될 수 있다고 인간의 가능성을 최대한 인정하고 있다.

… 바라옵건대 어리석은 무리를 위爲하여 넓으신 덕량德量과 크신 변론辯論으로써 유교儒教, 도교道教, 불교佛教, 기독교基督教, 회회교回回教의 이론理論들을 참조參照하시어 그 길고 짧음과 옳고 그름을 밝혀서 깨우치시면 후학後學과 중생衆生에게 주시는 행복幸福이 그 얼마나 크오리까? …

-『삼문일답』

세계 각 종교의 대표적 이론을 밝게 깨달아 후학과 중생을 가르친다면 그 행복이 무궁무진할 것이라고 말한다. 모든 문명의 핵심과 근본에는 반드시 종교의 가르침이 있다고 주장하며, 대종교가 새롭게 나오게 일도 장차 새 문명을 창조하는 일에 있다고 강조한 것이다.

… 또 앞날에 선생先生님이 말씀하신 진리眞理 · 공법公法으로써 말씀하면 공자孔子 · 노자老子 · 석가釋迦 · 「예수」 · 「마호메트」들의 보신 바와 말씀하신 바가 낱낱이 만고萬古에 고칠 수 없는 진리眞理 · 이론理論이 될 것 아니라 다만 그네들의 먼저 깨달으신 바를 뒷사람에게 보이실 뿐이며, …

백포는 공자, 노자, 석가, 예수, 마호메트 등 동서양 각 종교를 세운 성인들이 내리신 가르침은 영원불변한 진리와 이론이 되는 것이 아니라 먼저 깨달은 것을 후대인에게 보인 것이라고 다시 한번 강조한다. 동양과 서양문명의 핵심이 종교에 있다는 주장이며, 대종교 중광重光의 의의를 보편적 진리의 발현이라고 넌지시 강조한 셈이다.

김영숙(1886~1952)이 지은 『신교원류神敎源流』에 다음과 같은 내용이 있다. 김영숙은 호가 백주白舟이며, 김진金振이라는 필명으로도 활동했던 인물이다. 이시영과 만주로 이주하여 윤세복尹世復(1881~1960)이 경영하는 학교에서 십여 년 동안 교편을 잡다가 대종교에 입교한 후 시교사가 되었으며, 북로군정서 및 신민부의 요원으로 평생을 독립운동에 헌신했던 인물이다. 그는 주시경의 제자로 이극로에게 국어 연구의 결정적인 계기를 만들어 주기도 했다.

> … 사랑이 지극하신 한얼께서 이 어리석은 인간들을 널리 건지시고, 어두운 세계를 크게 밝히시려고 … 동방 태백산太白山에 나리시니 … 이때에 태백산을 중심하여 산거散居하는 부족들이 있었으니, 곧 황黃, 백白, 현玄, 적赤, 남藍, 양陽, 간干, 방方, 견畎 등 구족九族이다. …

인용문에 나오는 태백산은 백두산白頭山을 가리킨다. 여기서 태백산을 중심으로 하여 아홉 족속이 나뉘어 살았다고 주장한다. 세계 인류의 발상지가 태백산이라고 주장한 것이다. 나아가 인류는 같은 동질성을 지녔으며, 얼굴 빛깔이나 인종의 차이에 의해 차별받아서는 안 된다는 점을 주장한 대목이다. 그리고 모든 인류의 중심은 태백산이며, 태백산에 내려오신 한배검의 가르침을 다시 밝힌 대종교의 가치와 의의를 강조하였다.

홍암의 스승이자 훗날 대종교인이 된 김윤식金允植(1835~1922)의 시무時務 방안은 내적으로 근대 제도 개혁이나 부국강병책이 아니라 서양과의 조약의 준수 정도로 소극적인 대응에 머무르고 있었다. 그리고 부강한 서양 제국이 약소한 국가에 강박하고 있는 국제 정세를 비판적으로 보고 있었다.[239] 서양세력의 동양으로의 침략에 대해 부정적으로 인식하고 있었음이 드러난다. 또 김윤식은 1894년에 일어난 동학東學농민군의 척왜斥倭와

239 왕현종, 「한말 유교지식인 김윤식의 서양 인식과 인민 이해」, 『한국연구』, 한국연구원, 2020, 307~308쪽.

척양斥洋 주장에 대해서는 국제적인 통상조약 등을 어길 수 있다는 점을 크게 우려하였다.[240] 김윤식은 국제관계에 주목하여 국내에서 발생한 혁명운동에 대해 나름대로 비판한 셈이다.

박은식朴殷植(1859~1925)은 1911년 5월에 중국으로 망명하여 대종교에 입교한 후 자신의 영적 체험이라고 할 수 있는 『몽배금태조夢拜金太祖』를 펴냈다. 대종교의 역사 인식에 의하면 만주족과 조선족은 같은 민족으로 인식된다. 그 결과 만주족과 조선족을 아우를 수 있는 새로운 민족 개념으로 '대동민족大東民族'이라는 용어가 등장하게 되었다. 이 개념에 따라 박은식은 조선족과 만주족이 하나였던 시대의 역사인 『대동고대사론大東古代史論』(1911)을[241] 저술했다.[242] 박은식은 『대동고대사론』에서 민족 경쟁에서 승리하는 데에는 세력에 의한 승리와 정신에 의한 승리의 두 가지가 있는데, 부국강병富國强兵으로 다른 민족을 압도하는 것이 세력에 의한 승리이며, 신성한 종교와 역사로 다른 민족을 교화 복종시키는 것이 정신의 승리라고 했다.[243]

박은식은 『몽배금태조』에서 "성인은 이를 본받아 만물을 일체로 삼고 사해四海를 일가一家로 삼아 경계와 울타리가 없었습니다."라고[244] 말하여, 모든 생명체가 하나라는 만물일체萬物一體 사상과 인종적 차별이 없이 모든 인류가 한 가족이라는 사해일가四海一家 사상을 주장했다. 나아가 박은식은 강자와 약자가 사회 진화적으로 조화를 이루고자 한 대동사상大同思想을 통해 세계주의를 지향했다. 대동사상을 전파했던 중국의 캉유웨이康有爲와 량치차오梁啓超의 영향을 받은 박은식은 세계가 지구촌으로 통합되는 대동시대에 맞춰 문화 사이의 '교통交通'을 종교적 창조력의 원천으로 중시하였다. 태평의 복락을 함께 향유하는 대동大同의 이상에 함축된 평등과 평화의 가치는 제국주의와 강권주의를 비판하고 도덕적 세계주의를 지향한 것으로 볼 수 있다.[245]

---

240 위의 글, 315쪽.

241 박은식, 『대동고대사론』(1911), 『전집』 4, 동방미디어, 2002, 361~396쪽.

242 김기승, 「박은식의 민족과 세계 인식 - 경쟁과 공생의 이중주」, 『한국사학보』 제39호, 고려사학회, 2010, 203~204쪽.

243 김기승, 위의 글, 204쪽.

244 박은식, 『몽배금태조』, 독립기념관 한국독립운동사연구소, 1989, 212~213쪽.

『몽배금태조』에서 박은식은 금태조金太祖의 입을 빌려 "하늘이 사람을 낳으매 동양과 서양, 황인종과 백인종의 구별이 없다. 그러나 사람의 일, 즉 사업에서는 차이가 나타나 적자로 남아 생존하는 자가 있고, 적응하지 못해 도태되는 자가 있다. 도태되는 것은 하늘의 탓이 아니라 사람의 책임이다."라 했다.[246]

나아가 박은식은 '세계 인권의 평등주의'를 주장했는데, 평등과 평화는 기본적으로 경쟁과 전쟁의 종식을 뜻하는 것이며, 다른 민족, 인종, 국가들이 평등한 관계를 맺어 평화적으로 공생하는 것을 뜻했다. 그 궁극적 목표는 민족과 국가 사이에 지배와 종속 관계가 없는 천하위공天下爲公의 평등한 사회를 건설하는 것이었다. 그리고 민족의 독립도 대동민족의 고유한 과제를 넘어서서 세계의 잘못된 질서를 바로잡는 평등과 평화의 실현이라는 보편적 의미를 함축하고 있는 것으로 인식된다.[247] 박은식에게 있어서 민족의 독립은 더욱 상위의 세계 인권의 평등주의에 기초한 인류의 평화를 대동사회의 이상과 긴밀한 연관 속에서 사유되고 있다.[248]

세계화 시대의 공공가치는 종교의 보편성과 특수성을 함께 존중하는 세계주의, 문화의 다원성을 관용하는 다원주의, 세계시민과 더불어 공공의 행복을 추구하는 상대주의를 들 수 있다. 세계화 시대에 세계주의와 소통, 다원주의와 상통, 그리고 상대주의와 회통會通이 필요하다.[249] 세계주의는 세계 모든 나라의 국민이 하나로 뭉쳐 일체감을 가지고 조화 속에서 상생을 바라보는 관점이다. 오늘날 지구적 차원에서 환경, 인권, 전쟁, 빈곤 등의 문제가 제기되면서 특정 국가와 지역의 이해관계를 넘어 국가 간의 상호 협력과 공동 대응의 필요성이 점점 커지고 있다. 이러한 세계 변화의 흐름은 공동체와 구성원 간의 관계에 기초한 세계주의의 방향과 내용에 큰 영향을 미친다.[250] 세계주의는 세계

---

245 원영상, 「근대 한국종교의 '세계' 인식과 일원주의 및 삼동윤리의 세계관」, 『원불교사상과 종교문화』 제84집, 원불교사상연구원, 2020, 18쪽.

246 김기승, 「박은식의 민족과 세계 인식 - 경쟁과 공생의 이중주」, 『한국사학보』 제39호, 고려사학회, 2010, 206쪽에서 재인용.

247 위의 글, 208쪽.

248 위의 글, 218쪽.

249 김용환, 「세계화 시대 신종교 사이 화합방안」, 『신종교연구』 제28집, 한국신종교학회, 2013, 142쪽.

시민주의와 소통하는 것으로 민족을 매개로 하지 않고 인류 전체를 세계시민으로 보는 열린 민족주의이다. 열린 민족주의는 민족적 획일성을 배제하고 다양성을 추구하여 상대 민족의 권리를 인정한다. 대종교는 민족주의를 배태했지만 '닫힌 민족주의'에 갇혀서는 아니 될 것이다.[251]

대종교는 서양문명을 흰둥이(백인종)들이 세운 문명이며, 서양문명과 동양문명 사이의 협력과 공존을 주장했다. 서양문명의 동점東漸에 독자적인 힘에 의해서가 아니라 서양문명을 적극적으로 받아들여 발전된 사회를 이루어가던 일본日本과 연합하여 통합을 도모하였다. 대종교는 세계의 여러 종교가 같은 '한배검'에게서 연원을 두었다고 주장하고, '한배검'을 중심으로 통합되어야 할 것을 강조했다. 이는 신교神敎의 중광으로 장차 통합 문명이 창건될 것이라는 주장으로 전개되었다. 대종교는 서양문명을 포용하고 범인류적 차원에서 포함하려고 시도했다. 따라서 대종교는 서양문명을 화합의 대상으로 보고 서양문명과의 조화, 공존, 공생을 통해 '수용' 또는 '포용'하려 했다. 대종교는 만인동포주의와 무차별 사상을 강조하여 인류로서의 동질성을 강조하여 서양문명을 적극적으로 '수용'하려고 노력했다. 따라서 대종교의 서양문명에 대한 대응 양식은 '수용'으로 정리할 수 있다.

4) 원불교의 서양문명에 대한 대응

소태산少太山 박중빈朴重彬(1891~1943)은 1916년에 대각大覺했다고 주장한다.

> … 19세기 말엽부터 밖으로는 열강 여러 나라의 침략주의가 기세를 올려, 마침내 세계 동란의 기운이 감돌았고, 급속한 과학문명의 발달은 인류의 정신 세력이 그 주체를 잃게 하였다. … 개화開化의 틈을 타서 재빠르게 밀려든 서양의 물질문명은 도덕의 타락과 사회의 혼란을 가

---

250 위의 글, 142쪽.
251 위의 글, 144쪽.

중시켜 말세의 위기를 더욱 실감하게 하였다.[252]

원불교가 창립되기 직전의 세계적 상황을 서술한 대목이다. 19세기 말과 20세기 초는 서구 열강의 동양 침략이 본격화되던 시기였으며, 특히 곧 세계대전이 발생할 위기 상황에 빠져 있었다고 진단한다. 서양문명의 가장 큰 특징은 과학문명이라고 규정하고, 과학문명의 발달은 오히려 인류의 정신문명이 쇠퇴하는 근본 원인이 되었다고 비판한다. 주체가 되어 과학을 선도해야 할 정신이 과학의 발달에 종속되는 결과를 초래하게 되었다는 주장이다. 서양문명은 물질문명으로도 규정되었다. 개화기에 신속하게 밀려들었던 서양의 발달한 물질문명은 도덕의 타락을 초래하고 사회의 혼란을 부추겼을 뿐이라고 비판한다. 급기야 '말세의 위기'를 더욱 실감하도록 만들었을 뿐이다. 서양의 과학문명 혹은 물질문명은 동양의 도덕문명 또는 정신문명과 대비되어 서술되는데, 서양문명의 폐해가 도덕의 타락, 사회의 혼란 가중 등의 구체적인 형태로 나타나게 되었다고 비판하고 있다.

제1차 세계대전이 전개되는 가운데 세계 지식인들은 앞을 다투어 서구 중심의 물질문명이 종언을 고하고 새로운 정신문명의 시대가 도래할 것을 예견했고, 소태산도 이러한 세계사의 흐름을 냉철히 견지하면서 새로운 정신문명을 주장했다. 소태산은 물질문명을 과거의 폐해로 본 것이 아니라, 정신문명이 주도하는 가운데 물질문명과 정신문명이 조화를 이루어야 한다고 했다. 특히 소태산은 당시 조선 사회가 자본주의의 병폐와 봉건주의의 폐단에 휩싸여 있다는 것을 간파하고 두 양극단을 벗어난 '참 문명 세계'의 건설을 주창했다.[253]

---

252 『원불교교사』「제1편 개벽의 여명, 제1장 동방의 새 불토」.

253 권동우, 「법인기도의 근 · 현대 종교사적 의의 - 소태산의 '문명'론을 중심으로」, 『원불교사상과 종교문화』 제82집, 원불교사상연구원, 2019, 9쪽.

… 지금 세상의 정도는 어두운 밤이 지나가고, 바야흐로 동방에 밝은 해가 솟으려 하는 때이니, 서양이 먼저 문명함은 동방에 해가 오를 때에 그 광명이 서쪽 하늘에 먼저 비침과 같은 것이며, 태양이 중천에 이르면 그 광명이 시방세계에 고루 비치게 되나니, 그때야말로 큰 도덕 세계요 참 문명 세계니라.[254]

소태산은 자신이 살던 당대를 "어두운 밤이 지나가고, 곧 동방의 밝은 해가 솟으려 하는 때"라고 규정한다. 이러한 비유적 표현을 통해 소태산은 서양문명의 발달과 동양문명의 장래를 전망한다. 서양에 문명이 먼저 발달한 근본적 이유는 태양이 떠오를 때 태양의 빛이 서쪽 하늘에 먼저 비치는 일과 같기 때문이라고 설명한다. 그렇지만 장차 태양이 중천에 떠오르게 되면 태양 빛이 사방 전체에 골고루 비치게 될 것이고, 그때가 되면 온 천하가 도덕 세계를 이루어 진정한 문명 세계를 이루게 되리라고 전망한다. 태양의 떠오름을 통해 서양문명의 발달과 동양문명의 장래 전망을 시도한 것이다. 동양문명의 발달에 대한 지극히 긍정적인 낙관을 시도한 셈이다.

… 지금 세상은 전에 없던 문명한 시대가 되었다 하나, 우리는 한갓 그 밖으로 찬란하고 편리한 물질문명에만 도취할 것이 아니라, 마땅히 그에 따르는 결함과 장래의 영향이 어떠할 것을 잘 생각해 보아야 할 것이니, 지금 세상은 밖으로 문명의 도수가 한층 나아갈수록 안으로 병맥病脈의 근원이 깊어져서 이것을 이대로 놓아두다가는 장차 구하지 못할 위경危境에 빠지게 될지라. 세도世道에 관심을 가진 사람들로 하여금 깊은 근심을 금하지 못하게 하는 바이니라.[255]

소태산은 현재의 문명 세계, 즉 서구에 의해 형성된 물질문명은 인류에게 물질적 풍요만 가져온 것이 아니라, 오히려 인류가 물질문명에 '도취'하게 했다고 파악하였다. 급기

254 『대종경』 제14, 「전망품」 21장.

255 『대종경』 제2, 「교의품」 34장. 원불교 교서편수위원회 편, 『원불교전서』(원불교정화사, 2017)를 인용 자료로 삼는다. 초판은 1977년에 발행되었다.

야 물질문명의 폐해가 하나의 병맥病脈으로 깊어졌다고 진단한다. 더욱이 현재와 같이 물질문명의 도수度數가 한층 나아갈수록 그 병맥의 근원이 깊어지리라고 전망한다. 소태산은 제 1차 세계대전 이후에 나타난 세계사적 혼란의 원인이 바로 서구가 주도했던 소위 '물질문명'에 있다고 인식했으며, 이러한 상태를 그대로 내버려둔다면 인류는 결국 파멸하고 말 것이라고 보았다. 소태산은 이러한 시대적 상황을 '말세末世' 혹은 '말법末法'이라고 규정했다.

원불교의 표어는 "물질物質이 개벽開闢 되니, 정신精神을 개벽하자."다. 물질문명이 개벽하는 시기를 맞아 정신문명을 함께 개벽하자는 주장이다. 이는 기본적으로 서양의 문명을 염두에 둔 발언으로 짐작된다. 서양문명의 첨병인 서양 문물이 풍부하게 유입되는 시기를 '개벽'의 증거로 삼은 것이다. 소태산이 문명의 발달에 따라 이제는 정신문화의 '고양'과 '열림'이 있어야 함을 강조한 대목이다.

소태산은 물질문명과 정신문명을 대립하거나 배척하는 관계로 보지 않았다. 소태산은 물질문명을 반드시 배척할 것이 아니라, 정신문명을 향상向上시키고 정신문명이 주도하는 가운데 물질문명을 잘 활용해야 한다고 주장한다.

> 안으로 정신문명을 촉진하여 도학道學을 발전시키고, 밖으로 물질문명을 촉진하여 과학을 발전시켜야 영육靈肉이 쌍전雙全하고 내외內外가 겸전兼全하여 결함 없는 세상이 되리라. 그러나 만일 현대와 같이 물질문명에만 치우치고 정신문명을 등한시하면 마치 철모르는 아이에게 칼을 들려준 것과 같아서, 어느 날 어느 때에 무슨 화禍를 당할지 모를 것이니, 이는 육신은 완전하나 정신에 병이 든 불구자와 같고, 정신문명만 되고 물질문명이 없는 세상은 정신은 완전하나 육신에 병이 든 불구자와 같나니, 그 하나가 충실하지 못하고 어찌 완전한 세상이라 할 수 있으리오?[256]

---

256 『대종경』 제2, 「교의품」 31장.

정신문명의 촉진은 '도학의 발전'으로 귀결될 것이다. 물질문명을 촉진하여 과학을 발전시키는 일은 장차 영혼과 육체가 함께 완전해지는 일을 목표로 하며, 안과 밖에 함께 완성되어야 비로소 결함과 빠짐이 없는 완벽한 세상이 구현되리라고 주장한다. 그런데 작금의 현실은 물질문명에만 치우쳐 정신문명을 소홀히 하고 있어서 흡사 지각을 제대로 갖추지 못한 어린아이가 날카로운 칼을 든 것과 같아서 언제 어떤 화액禍厄을 당할지 모르는 일과 같다고 주장한다. 이러한 일은 육신은 멀쩡할지 몰라도 정신에 깊은 병이 든 장애인과 같다, 이를 확대해 본다면 정신문명만 추구하고 물질문명이 없는 세상 또한 정신은 멀쩡하더라도 육신에 병이 든 장애인과도 같을 것이다. 정신과 육신 모두에 충실함을 추구하는 일이 완전한 세상을 이루는 지름길이라고 주장한 셈이다.

정신문명精神文明은 외적 · 물질적이 아닌, 내적 · 정신적인 면에 의미를 두는 문명이다. 특히 사상 · 종교 · 도덕 · 학술 · 예술 등을 가리킨다. 소태산은 정신문명을 도학문명道學文明이라고 부르기도 했다. 정신문명 곧 도학문명은 물질문명 곧 과학문명을 올바른 방향으로 이끌어가는 문명이다. 물질문명이 육신을 구제하고 밖의 세계를 밝히는 것이라면, 정신문명은 안의 마음을 밝혀 정신의 자립과 자율성을 얻게 하는 문명이다. 정신의 자립과 자율성이 있어야 비로소 물질을 자유자재로 활용할 수 있는 것이다. 인간의 영靈을 구제하는 정신문명과 육신肉身을 구제하는 물질문명이 함께 발전해야 할 것이다.

> … 우리가 건설할 회상會上은 과거에도 보지 못하였고 미래에도 보기 어려운 큰 회상이라. 그러한 회상을 건설하자면 그 법을 제정할 때에 도학道學과 과학科學이 병진하여 참 문명 세계가 열리게 하며 …[257]

소태산이 세우고자 노력했던 세상은 지난 시절에는 없었던 것이며, 다가올 미래에도 좀처럼 보기 어려운 세상이 될 것이다. 그러한 좋은 세상을 만들고자 한다면 도학道學 즉 정신을 올바르게 정립한 다음 여기에 과학이 함께 진행되어야만 '참 문명 세계'의 건설이

---

257 『대종경』 제1, 「서품」 8장.

이루어질 것이라고 주장한다. 도학과 과학의 병진이 '참 문명 세계'의 건설의 핵심 키워드가 되는 셈이다.

원불교에서는 '개교의 동기' 첫머리에서 "오늘날 과학의 문명이 발달함에 따라 물질을 사용하여야 할 사람의 정신은 점점 쇠약하고, 사람이 사용하여야 할 물질의 세력은 날로 융성하여, 쇠약한 그 정신을 항복 받아 물질의 지배를 받게 하므로, 모든 사람이 도리어 저 물질의 노예 생활을 면하지 못하게 되었으니, 그 생활에 어찌 파란고해波瀾苦海가 없으리오?"라고 말하여, 정신이 물질의 지배를 받게 되는 현상을 직시하고, 정신문명을 진작시켜 물질문명과 정신문명이 균형과 조화를 이루는 '참 문명 세계'를 건설하고자 했다. 즉 과학문명 자체를 부정하거나 비판한 것이 아니라 과학문명을 수용하여 선용善用할 주체인 정신문명을 강조한 것이다. 이를 "진리적 종교의 신앙과 사실적 도덕의 훈련으로써 정신의 세력을 확장하고, 물질의 세력을 항복 받아, 파란고해의 일체 생령生靈을 광대무량한 낙원으로 인도하려 함이 그 동기이니라."라고 밝혔다. 서양의 과학문명 또는 물질문명을 있는 그대로 '인정'하고 동양의 독자적인 도덕문명 또는 정신문명을 세워야 한다고 주장한 것이다.

물질物質은 인간의 의식주衣食住 생활에 필요한 모든 것이다. 물질에는 자연적 자원資源으로 얻어진 물질이 있고, 인간이 육체나 기계를 통해 개발한 물질이 있다. 소태산은 『대종경』 교의품 18장에서 "우리의 육신이 이 세상에 나오면 먹고, 입고, 거처할 집이 있어야 하나니, 만일 한 가지라도 없으면 우리의 생활에 결함이 있게 될 것이요."라 했다. 인간은 육신과 정신으로 구성되어 있으며, 이 두 가지의 활동으로 살아가는 존재이다. 인간은 음식을 먹어야 살고, 옷을 입어야 살고, 거처할 집이 있어야만 살 수 있다. 이렇게 먹고, 입고, 거처할 집이 모두가 물질이다. 더욱이 우리의 육신도 여러 가지 물질적 원소가 모여진 물질의 집합체이다. 그러나 소태산은 지나친 물질 추구 현상을 병病으로 보고, 모든 물질 중에 가장 강력한 것이 바로 '돈'이라는 물질이라고 파악한다. 모든 물질은 잘 사용하면 나를 살리고 모든 사람을 살리는 것이다. 그러나 잘못 사용하면 나를 망치고 사회를 혼란하게 만든다는 주장이다.

물질문명物質文明은 정신문명精神文明에 상대되는 말이다. 물질문명은 물질을 기초로 하여 이루어진 문명이라는 뜻이다. 육신 생활의 풍요를 가져다준 문명으로 과학문명科學文明이라고도 한다. 특히 과학기술의 비약적인 발달로 이룩한 20세기의 현대문명을 구체적으로 가리키는 말이기도 하다. 서양에서 발달한 자연과학은 합리적 명증성과 수학의 엄밀성을 절대적인 가치의 척도로 삼았으며, 이는 물리학, 생물과학 등 자연과학의 전반에 걸쳐 비약적인 발전을 이루었다. 이러한 과학의 성과는 산업에 응용되어 새로운 제품을 개발하고, 대량생산체제를 구축하여 물질생활의 편의를 극대화하여 인간의 삶의 양식을 급격하게 변화시켰다. 과학기술은 20세기 후반에 접어들면서 또 한번 비약적으로 발전하여 물질생활뿐만 아니라 정치 · 경제 · 문화 · 사회 등 삶의 전반에 걸쳐 구조적인 변화를 초래했고, 인간의 의식구조에도 광범위한 영향을 끼쳐 가치관을 바꿔놓기에 이르렀다. 현대에 이르러서는 과학기술문명을 배제하고는 인간의 삶을 논할 수 없게 되었으며, 끊임없이 더 많은 편리와 풍요를 추구하게 되면서 정신적 가치보다는 물질적 가치를 우선시하는 경향이 득세하여, 기술 우위의 과학만능주의가 지배적인 사조로 자리를 잡게 되었다. 따라서 현대사회는 물질과학이 주도하는 문명시대라고 할 수 있다. 동양에서는 중체서용中體西用 또는 동도서기東道西器를 주장하여 서양의 과학문명에 대해 비판적이었으나 점차 과학문명을 수용하기 시작했으며, 과학기술의 개발에 적극적으로 나서게 됨으로써 이제는 동양과 서양이 경쟁적으로 과학기술의 발전을 촉진했다. 소태산은 물질문명의 발달에 비해 상대적으로 정신문명이 지체되어 인류의 생활이 균형과 조화를 이루지 못한 현상을 통찰하고 정신개벽精神開闢을 주창했다. 물질은 정신이 주체主體가 되어 활용하는 대상對象임을 분명히 하여 두 문명이 조화로운 새로운 문명세계를 열어가자고 주장한 것이다.

> 세상 사람들이 물질문명과 도덕문명의 두 가지 혜택으로 그 생활에 한없는 편리와 이익을 받게 되나니, 여러 발명가와 도덕가에게 늘 감사하지 아니할 수 없나니라. 그러나 물질문명은 주로 육신 생활에 편리를 주는 것이므로 그 공효가 바로 현상에 나타나기는 하나 그 공덕에 국한이 있으며, 도덕문명은 원래 형상 없는 사람의 마음을 단련하는 것이므로 그 공효가 더디기는 하나 그 공덕에 국한이 없나니, 제생의세濟生醫世 하는 위대한 힘이 어찌 물질문명에 비할

것이며, 그 광명이 어찌 한세상에 그치고 말 것이리오? 그러나 지금 사람들은 아직까지 나타난 물질문명을 찾을 줄 알면서도 형상 없는 도덕문명을 찾는 사람은 적으니, 이것이 당면한 큰 유감이니라.

-『대종경』 교의품 32장

소태산은 물질문명은 현생의 생활에 편리를 주는 것이므로 그 공덕에 국한이 있지만, 정신문명은 영원한 세상에 그 광명이 빛날 것이라고 주장했다. 인류는 물질문명과 도덕문명의 화합과 공존을 통해 발전한다고 전제한 다음, 물질문명의 한계를 극복하기 위해서는 무엇보다도 인간의 마음을 단련하는 도덕문명이 정립되어야 한다고 주장한다. 도덕문명의 효과는 비록 더디기는 하지만 그 공덕은 무한하니 제생의세濟生醫世 즉 뭇 생명을 살리고 병든 세상을 고치는 일에는 물질문명보다 더욱 위대한 능력을 발휘하리라고 강조한다. 소태산은 사정이 이러한데도 사람들은 물질문명에만 힘을 쏟고 도덕문명의 진작에는 소홀히 한다고 비판한다. 물질문명의 한계와 정신문명의 무한성을 강조한 대목이다. 여기서도 소태산이 가진 서양문명의 한계를 동양문명으로 극복하려는 의지를 확인할 수 있다.

원불교에서는 '서양문명'이라는 용어 대신에 '과학문명'이라는 용어를 선호하여 사용했다. 과학은 보편적인 진리나 법칙의 발견을 목적으로 한 체계적인 지식이라고 정의할 수 있으며, 검증이 가능한 방법으로 얻어진 지식의 체계를 말하는 것으로 폭넓게는 거의 모든 학문적 영역에 적용되어 사용되기도 한다. 이 외에도 정신문명과 대비되는 물질문명이라는 용어로 서양문명을 지칭하기도 한다.

원불교의 창시자인 소태산少太山 박중빈朴重彬(1891~1943)은 정신적 생활을 풍요롭게 하는 것을 도학道學이라 하고, 의, 식, 주 등 인간의 육신 생활에 편리를 주는 것을 과학이라고 불렀다. 소태산은 길룡리 간석지의 방언防堰 일을 시작할 때 제자들에게 "우리가 건설할 회상은 과거에도 보지 못했고, 미래에도 보기 어려운 큰 회상이라. 그러한 회상을 건설하자면 그 법을 제정할 때에 도학과 과학이 병진하여 '참 문명 세계'가 열리게 하며"(『대종경』 서품 8장)라고 말했다.

소태산은 제자들에게 "지금 물질문명은 그 세력이 날로 융성하고 물질을 사용하는 사람의 정신은 날로 쇠약하여, 개인, 가정, 사회, 국가가 모두 안정을 얻지 못하고 창생의 도탄이 장차 한이 없게 될지니, 세상을 구할 뜻을 가진 우리로서 어찌 이를 범연히 생각하고 있으리오? … 모든 사람의 정신이 물질에 끌리지 아니하고 물질을 사용하는 사람이 되어주기를 천지에 기도하여 천의에 감동이 있게 하여 볼지어다."(『대종경』 서품 13장)라고 말했다. 그는 서양문명의 핵심을 물질문명으로 인식하고 그 문제점을 해결하는 방안으로 천지에 기도하여 천의天意를 감동할 수 있는 동양의 정신문명을 강조했다.

그리고 소태산은 "안으로 정신문명을 촉진하여 도학을 발전시키고 밖으로 물질문명을 촉진하여 과학을 발전시켜야 영육靈肉이 쌍전雙全하고 내외가 겸전하여 결함 없는 세상"이 올 것이라고 예견했다. 또 그는 물질문명에만 치우치고 정신문명을 등한시하면 마치 철모르는 아이에게 칼을 들려준 것과 같아서 어느 날 어느 때에 무슨 화를 당할지 모르는 상황이 될 것이라고 말했다. 과학만 발전하고 도학이 약하게 되면 육신은 완전하나 정신에 병이 든 불구자와 같은 것이라고 비유하기도 했다. 나아가 소태산은 도학과 과학이 고루 조화롭게 발전이 될 때, 내외문명이 함께 나아가는 시대가 되어 결함 없는 평화 안락한 세계가 될 것이라고 주장한다.

또 소태산은 "지금 세상은 물질문명의 발전을 따라 사 · 농 · 공 · 상에 대한 학식과 기술이 많이 진보되었으며, 생활 기구도 많이 화려하여졌으므로 이 화려한 물질에 눈과 마음이 황홀하여지고 그 반면에 물질을 사용하는 정신은 극도로 쇠약하여, 주인이 된 정신이 도리어 물질의 노예가 되고 말았으니, 이는 실로 크게 근심될 현상이라. 이 세상에 아무리 좋은 물질이라도 사용하는 마음이 바르지 못하면 그 물질이 도리어 악용되고 마는 것이며 … 마음을 바르게 사용하면 모든 문명이 다 낙원을 건설하는데 보조하는 기관이 되는 것이요 … 그러므로 그대들은 새로이 각성하여 이 모든 법의 주인이 되는 용심법用心法을 부지런히 배워서 … 물심物心 양면으로 한 가지 참 문명 세계를 건설하는 데 노력할지어다."(『대종경』 교의품 30장)라고 말했다. 학식과 기술의 진보와 생활기구의 발명을 물질문명의 핵심으로 인식했는데, 이는 서양문명의 특징으로 파악한 것이다. 소태산은 용심법을 동양문명의 핵심으로 인식하고 이를 통해 "참 문명 세계"를 건설하고자 노력했던 인물이다.

궁극적으로 소태산은 "지금은 물질문명이 세계를 지배하고 있지마는, 오는 세상에는 위가 없는 도덕이 굉장히 발전되어 인류의 정신을 문명시키고 물질문명을 지배할 것이며, 물질문명은 도덕 발전의 도움이 될 것이니, … 참 문명 세계를 보게 되리라."(『대종경』 전망품 20장)라고 전망하여, 물질문명으로 규정되는 서양문명의 한계를 벗어나 장차 정신문명을 대표하는 동양문명이 우세한 세상이 올 것이라고 예언한다.

또 소태산은 "지금 세상의 정도는 어두운 밤이 지나가고, 바야흐로 동방에 밝은 해가 솟으려 하는 때이니, 서양이 먼저 문명함은 동방에 해가 오를 때에 그 광명이 서쪽 하늘에 먼저 비침과 같은 것이며, 태양이 중천에 이르면 그 광명이 시방세계에 고루 비치게 되나니, 그때야말로 큰 도덕 세계요, 참 문명 세계니라."(『대종경』 전망품 21장)라고 주장했다. 그는 자신이 살던 시기를 "동방에 밝은 해가 솟으려 하는 때"로 규정하였다. 나아가 소태산은 "서양에 먼저 문명이 발전함"은 "동방에 해가 오르니 그 광명이 서쪽에 먼저 비침"에 비유하고 있다. 장차 해가 중천에 이르면 온 세상에 고루 비치게 되는 이상사회가 이루어질 것을 예언한다. 소태산은 서양문명의 발전을 태양이 솟는 과정의 하나로 인식하고 있다. 시간이 흐름에 따라 동양문명이 서양문명을 압도할 것을 예언한 대목이다.

또 소태산은 "세상에서 비결같이 전해 내려오는 말이, 하늘과 땅이 맷돌같이 딱 붙어서 둘둘 갈아가지고 천지를 일시에 개벽시켜서 악한 자는 죽이고 선한 자는 살리어 새로운 세계를 창조한다는 말이 있다. 그는 다름이 아니다. 땅의 운이 열려서 과학문명이 발달하여 전만고前萬古에 없던 물질문명을 개발시키고, 하늘 운이 열리어 도학道學을 발달시켜서 전만고에 없는 정신문명을 개발시킨다는 말이다. 과거에는 도학과 과학이 병진하지 못하여 일방의 조각 문명이 되었지마는 돌아오는 세상에는 도학과 과학이 병진하여 만고에 없던 전반세계가 돌아온다는 말씀이다."라고 말했다.[258] 비결을 풀이하여 땅

---

258 『대종경선외록』은 이공전이 『대종경』 선외(選外)의 초고 내용을 1978년 1월부터 1979년 11월까지 『원불교신보』에 연재한 내용을 책으로 엮은 것이다. 이공전, 『대종경선외록』, 「도운개벽장(道運開闢章)」, 원불교출판사, 1982, 72~73쪽; 범산 이공전 편저, 서문 성 주석, 『주석 대종경선외록』, 원불교출판사, 2017, 105쪽. 전반세계(氈盤世界)는 소태산이 창안한 용어다. 이 개념에 의하면 전반세계는 서구의 물질문명과 우리

의 운과 하늘의 운이 열리는 일이라고 설명했다. 과학문명과 물질문명을 동일시하고 도학과 정신문명을 동일시했다. 여기서도 서양문명의 특징을 과학문명과 물질문명으로 인식하였고, 동양문명의 특징을 도학과 정신문명으로 인식했음을 알 수 있다.

> 대종사 말씀하시었다. "세상에서 비결같이 전해 내려오는 말이, 하늘과 땅이 맷돌같이 딱 붙어서 둘둘 갈아가지고 천지를 일시에 개벽시켜서 악한 자는 죽이고 선한 자는 살리어 새로운 세계를 창조한다는 말이 있다. 그는 다름이 아니다. 땅의 운이 열려서 과학문명이 발달하여 전만고前萬古에 없던 물질문명을 개발시키고, 하늘 운이 열리어 도학을 발달시켜서 전만고에 없는 정신문명을 개발시킨다는 말이다. 과거에는 도학과 과학이 병진하지 못하여 일방의 조각 문명이 되었지마는 돌아오는 세상에는 도학과 과학이 병진하여 만고에 없던 전반세계가 돌아온다는 말씀이다. 그러므로, 마음 착한 자는 새 기운을 받아서 좋은 세상에 살게 될 것이요, 마음 악한 자는 새 기운을 잘 받지 못하여 좋은 세상을 살지 못하게 될 것이다."

또 소태산은 "외형의 낙원은 과학이 발달하는 머리에 세상이 좋아지는 것이요, 내면의 낙원은 도학이 발달하여 사람 사람이 마음 낙樂 생활하게 되는 것이다. 과거 요순堯舜 시대에는 내면의 낙원은 되었으나 외형의 낙원이 없었고, 현세에는 외형의 낙원은 되었으나 내면의 낙원이 적으니, 우리는 내외 겸전한 좋은 낙원을 건설하기 위하여 물질이 개벽되니 정신을 개벽하자고 한 것이다."라고 말했다.[259] 외형의 낙원은 과학이 발달한 세상이고, 내면의 낙원은 도학이 발달한 세상이라고 구별하여 말했다. 과거 동양의 이상세계로 언급되는 요순시대는 내면의 낙원은 이룰 수 있었지만 외형의 낙원은 이루어지지 못했던 불완전한 세상이었고, 현세의 서양문명이 극도로 유입된 세상은 외형의 낙원은 이룰 수 있었지만 그에 걸맞은 내면의 낙원은 불충분하다고 비판하였다. 내외가 완전하게 이루어지는 낙원을 건설하기 위해서는 물질개벽에 발맞춰 정신개벽을 이루

민족 또는 동양이 주축이 되어 일구어내야 할 정신문명을 아우르는 의미가 있다.

259 『대종경선외록』, 원불교출판사, 1982, 97쪽.

어야 한다고 강조한 대목이다.

그렇다면 '근대'라는 시대를 소태산은 과연 어떻게 인식했는가? 근대화는 동양과 서양 사이의 만남이 이루어지고 두 문명의 공존과 화해와 협력을 지향하고 강조하는 방향으로 전개되었다. 소태산은 동양문명과 서양문명의 '공존과 공영'을 주장한다. 서양문명의 우수성을 '인정'하고 동양문명과의 화합과 공동 번영을 추구한다.

『정전正典』 제1 총서편總序編 제1장 개교의 동기(開教 - 動機)에 "현하現下 과학의 문명이 발달됨에 따라 물질을 사용하여야 할 사람의 정신은 점점 쇠약하고, 사람이 사용하여야 할 물질의 세력은 날로 융성하여, 쇠약한 그 정신을 항복 받아 물질의 지배를 받게 하므로, 모든 사람이 도리어 저 물질의 노예 생활을 면하지 못하게 되었으니, 그 생활에 어찌 파란고해波瀾苦海가 없으리오? 그러므로, 진리적 종교의 신앙과 사실적 도덕의 훈련으로써 정신의 세력을 확장하고, 물질의 세력을 항복 받아, 파란 고해의 일체 생령을 광대무량한 낙원樂園으로 인도하려 함이 그 동기이니라."라 했다.

『대종경大宗經』 제1 서품序品 13장에는 다음과 같은 내용이 있다.

> 대종사 구인九人 단원에게 말씀하시기를 "지금 물질문명은 그 세력이 날로 융성하고 물질을 사용하는 사람의 정신은 날로 쇠약하여, 개인 · 가정 · 사회 · 국가가 모두 안정을 얻지 못하고 창생의 도탄이 장차 한이 없게 될지니, 세상을 구할 뜻을 가진 우리로서 어찌 이를 범연히 생각하고 있으리오? 옛 성현들도 창생을 위하여 지성으로 천지에 기도하여 천의天意를 감동시킨 일이 없지 않나니, 그대들도 이때를 당하여 전일全一한 마음과 지극한 정성으로 모든 사람의 정신이 물질에 끌리지 아니하고 물질을 사용하는 사람이 되어주기를 천지에 기도하여 천의에 감동이 있게 하여 볼지어다. 그대들의 마음은 곧 하늘의 마음이라 마음이 한 번 전일全一하여 조금도 사私가 없게 되면 곧 천지로 더불어 그 덕을 합하여 모든 일이 다 그 마음을 따라 성공이 될 것이니, 그대들은 각자의 마음에 능히 천의를 감동시킬 요소가 있음을 알아야 할 것이며, 각자의 몸에 또한 창생을 제도할 책임이 있음을 항상 명심하라." 하시고, 일자와 방위를 지정하시어 일제히 기도를 계속하게 하시니라.

물질문명의 한계를 지적하고 이를 인간의 정신을 중심으로 하여 하늘의 뜻을 감동시킬 수 있기 위해 노력하자는 말이다. 사람마다 창생을 제도할 책임이 부여되어 있다는 가르침으로 지극한 정성을 기울여 기도하는 방법을 제시하였다.

『대종경大宗經』 제2 교의품敎義品 30장에는 다음과 같은 대목이 있다.

> 또 말씀하시기를 "지금 세상은 물질문명의 발전을 따라 사 · 농 · 공 · 상에 대한 학식과 기술이 많이 진보되었으며, 생활기구도 많이 화려하여졌으므로 이 화려한 물질에 눈과 마음이 황홀하여지고 그 반면에 물질을 사용하는 정신은 극도로 쇠약하여, 주인된 정신이 도리어 물질의 노예가 되고 말았으니 이는 실로 크게 근심될 현상이라. 이 세상에 아무리 좋은 물질이라도 사용하는 마음이 바르지 못하면 그 물질이 도리어 악용되고 마는 것이며, 아무리 좋은 재주와 박람박식이라도 그 사용하는 마음이 바르지 못하면 그 재주와 박람박식이 도리어 공중에 해독을 주게 되는 것이며, 아무리 좋은 환경이라도 그 사용하는 마음이 바르지 못하면 그 환경이 도리어 죄업을 돕지 아니하는가. 그러므로, 천하에 벌여진 모든 바깥 문명이 비록 찬란하다 하나 오직 마음 사용하는 법의 조종 여하에 따라 이 세상을 좋게도 하고 낮게도 하나니, 마음을 바르게 사용하면 모든 문명이 다 낙원을 건설하는데 보조하는 기관이 되는 것이요, 마음을 바르지 못하게 사용하면 모든 문명이 도리어 도둑에게 무기를 주는 것과 같이 되나니라. 그러므로, 그대들은 새로이 각성하여 이 모든 법의 주인이 되는 용심법用心法을 부지런히 배워서 천만 경계에 항상 자리이타自利利他로 모든 것을 선용善用하는 마음의 조종사가 되며, 따라서 그 조종 방법을 여러 사람에게 교화하여 물심物心 양면으로 한 가지 참 문명 세계를 건설하는 데에 노력할지어다."

소태산은 물질문명의 폐해를 지적하고 사람의 마음을 어떻게 사용하느냐에 따라 인류가 바라는 이상적인 세상을 건설하는 일이 결정되리라고 주장한다. 용심법用心法의 핵심은 나와 남이 함께 이롭게 되는 것으로 모든 일에 선용善用하는 마음의 조종사가 되어야 한다고 가르친다. 마음의 조종법을 다른 사람에게 가르쳐서 물질과 마음 양면에서 진정한 의미의 '참 문명세계'를 건설하기 위해 함께 노력하자고 권유한다.

『대종경』 제2 교의품 34장에는 다음과 같은 내용이 있다.

대종사 영산에서 선원 대중에게 말씀하시기를 "지금 세상은 전에 없던 문명한 시대가 되었다 하나 우리는 한갓 그 밖으로 찬란하고 편리한 물질문명에만 도취할 것이 아니라, 마땅히 그에 따르는 결함과 장래의 영향이 어떠할 것을 잘 생각해 보아야 할 것이니, 지금 세상은 밖으로 문명의 도수가 한층 나아갈수록 안으로 병맥病脈의 근원이 깊어져서 이것을 이대로 놓아두다가는 장차 구하지 못할 위경危境에 빠지게 될지라, 세도世道에 관심을 가진 사람들로 하여금 깊은 근심을 금하지 못하게 하는 바이니라. 그러면, 지금 세상은 어떠한 병이 들었는가. 첫째는 돈의 병이니, 인생의 온갖 향락과 욕망을 달성함에는 돈이 먼저 필요하다는 것을 알게 된 사람들은 의리나 염치보다 오직 돈이 중하게 되어 이로 인하여 모든 윤기倫氣가 쇠해지고 정의情誼가 상하는 현상이라 이것이 곧 큰 병이며, 둘째는 원망의 병이니, 개인 · 가정 · 사회 · 국가가 서로 자기의 잘못은 알지 못하고 저편의 잘못만 살피며, 남에게 은혜 입은 것은 알지 못하고 나의 은혜 입힌 것만을 생각하여, 서로서로 미워하고 원망함으로써 크고 작은 싸움이 그칠 날이 없나니, 이것이 곧 큰 병이며, 셋째는 의뢰의 병이니, 이 병은 수백 년 문약文弱의 폐를 입어 이 나라 사람에게 더욱 심한 바로서 부유한 집안 자녀들은 하는 일 없이 놀고먹으려 하며, 자기의 친척이나 벗 가운데에라도 혹 넉넉하게 사는 사람이 있으면 거기에 의지하려 하여 한 사람이 벌면 열 사람이 먹으려 하는 현상이라 이것이 곧 큰 병이며, 넷째는 배울 줄 모르는 병이니, 사람의 인격이 그 구분九分은 배우는 것으로 이루어지는지라, 마치 벌이 꿀을 모으는 것과 같이 어느 방면 어느 계급의 사람에게라도 나에게 필요한 지식이 있다면 반드시 몸을 굽혀 그것을 배워야 할 것이거늘 세상 사람들 중에는 제각기 되지 못한 아만심에 사로잡혀 그 배울 기회를 놓치고 마는 수가 허다하나니, 이것이 곧 큰 병이며, 다섯째는 가르칠 줄 모르는 병이니, 아무리 지식이 많은 사람이라도 그 지식을 사물에 활용할 줄 모르거나, 그것을 펴서 후진에게 가르칠 줄을 모른다면 그것은 알지 못함과 다름이 없는 것이거늘 세상 사람들 중에는 혹 좀 아는 것이 있으면 그것으로 자만自慢하고 자긍自矜하여 모르는 사람과는 상대도 아니하려 하는 수가 허다하나니, 이것이 곧 큰 병이며, 여섯째는 공익심이 없는 병이니, 과거 수천 년 동안 내려온 개인주의가 은산 철벽같이 굳어져서 남을 위하여 일하려는 사람은 근본적으로 드물 뿐 아

> 니라 일시적 어떠한 명예에 끌려서 공중사公衆事를 표방하고 무엇을 하다가도 다시 사심의 발동으로 그 일을 실패 중지하여 이로 말미암아 모든 공익 기관이 거의 피폐하는 현상이라 이것이 곧 큰 병이니라."

소태산은 물질문명의 폐단을 돈의 병, 원망의 병, 의뢰의 병, 배울 줄 모르는 병, 가르칠 줄 모르는 병, 공익심公益心이 없는 병으로 요약하여 제시하고 있다. 그는 이러한 물질문명의 병을 도덕과 정신을 중심으로 고쳐나가야 비로소 인류가 참된 의미의 이상사회를 이룰 수 있다고 주장한다. 물질문명의 병은 정신문명의 약으로 다스려야 한다고 강조한 셈이다.

『대종경』 제3 수행품修行品 60장에 다음과 같은 내용이 있다.

> 또 말씀하시기를 "예로부터 도가道家에서는 심전心田을 발견한 것을 견성見性이라 하고 심전을 계발하는 것을 양성養性과 솔성率性이라 하나니, 이 심전의 공부는 모든 부처와 모든 성인이 다 같이 천직天職으로 삼으신 것이요, 이 세상을 선도善導하는 데에도 또한 그 근본이 되는 것이니라. 그러므로, 우리 회상에서는 심전 계발의 전문 과목으로 수양 · 연구 · 취사의 세 가지 강령을 정하고 그를 실습하기 위하여 일상 수행의 모든 방법을 지시하였나니, 수양은 심전 농사를 짓기 위하여 밭을 깨끗하게 다스리는 과목이요, 연구는 여러 가지 농사짓는 방식을 알리고 농작물과 풀을 구분하는 과목이요, 취사는 아는 그대로 실행하여 폐농廢農을 하지 않고 많은 곡식을 수확하게 하는 과목이니라. 지금 세상은 과학문명의 발달을 따라 사람의 욕심이 날로 치성하므로 심전 계발의 공부가 아니면 이 욕심을 항복 받을 수 없고 욕심을 항복 받지 못하면 세상은 평화를 보기 어려울지라, 그러므로 이 앞으로는 천하의 인심이 자연히 심전 계발을 원하게 될 것이요, 심전 계발을 원할 때에는 그 전문가인 참다운 종교를 찾게 될 것이며, 그중에 수행이 원숙圓熟한 사람은 더욱 한량없는 존대를 받을 것이니, 그대들은 이때에 한 번 더 결심하여 이 심전 농사에 크게 성공하는 모범적 농부가 되어볼지어다."

소태산은 수양, 연구, 취사의 삼강령을 심전을 계발하는 공부라고 부르고, 이를 농사

짓는 법에 비유하여 설명한다. 서양문명의 폐단을 극복할 수 있는 동양문명의 도덕과 정신을 강화하는 구체적인 방법으로 삼강령을 제시한 것이다.

『대종경』 제4 인도품人道品 5장에는 다음과 같은 내용이 있다.

> 대종사 말씀하시기를 "무릇, 천하만사가 다 본말本末과 주종主從이 있나니, 근본을 알아서 근본에 힘쓰면 끝도 자연히 좋아질 것이나, 끝을 따라 끝에만 힘쓰면 근본은 자연 매昧하여질 것이요, 또한 주主를 알아서 주에 힘쓰면 종從도 자연히 좋아질 것이나, 종을 따라 종에만 힘쓰면 주가 자연 매하여질 것이니, 예를 들면 사람에 있어서 마음은 근본이 되고 육신은 끝이 되며, 세상에 있어서 도학은 주가 되고 과학은 종이 되는 바 이 본말과 주종을 분명히 알아야만 비로소 도를 아는 사람이라, 이러한 사람이라야 능히 천하사天下事도 바로잡을 수 있나니라."

소태산은 세상일이 도학道學이 주인이 되고 과학科學은 노예가 되는 것이 이치라고 주장한다. 본말本末과 주종主從 관계를 분명히 아는 사람이 바로 도道를 아는 사람이고, 그런 사람이라야 천하사天下事를 바로잡을 수 있다고 강조한다. 과학문명 또는 물질문명과 도덕문명 또는 정신문명 사이의 관계가 본말과 주종 관계라고 분명히 주장한다. 소태산은 동양문명이 서양문명보다 우위에 있고 본질에 더욱 가까운 문명이라고 강조한 것이다.

『대종경』 제14 전망품展望品 19장에는 다음과 같은 내용이 있다.

> 대종사 말씀하시기를 "근래 어떤 사람들은 이 세상은 말세가 되어 영영 파멸밖에는 길이 없다고 하나 나는 그렇지 않다고 하노니, 성인의 자취가 끊어진 지 오래고 정의 · 도덕이 희미하여졌으니 말세인 것만은 사실이나, 이 세상이 이대로 파멸되지는 아니하리라. 돌아오는 세상이야말로 참으로 크게 문명한 도덕 세계일 것이니, 그러므로 지금은 묵은 세상의 끝이요, 새 세상의 처음이 되어, 시대의 앞길을 추측하기가 퍽 어려우나 오는 세상의 문명을 추측하는 사람이야 어찌 든든하지 아니하며 즐겁지 아니하리오."

소태산은 비록 현세가 성인의 자취가 끊어지고 정의와 도덕이 희미해진 말세末世인 것은 사실이지만, 이 세상이 이대로 파멸하지는 않을 것이라고 강조한다. 그는 앞으로 다가오는 세상은 크게 문명이 발달한 도덕세계가 되리라고 전망하며, 지금은 묵은 세상의 끝이자 새 세상의 처음이라고 주장한다. 소태산은 다가올 문명은 동양의 도덕과 정신이 정립되는 세상이라고 강조한다.

『대종경』 제14 전망품 20장에 다음과 같은 내용이 있다.

> 대종사 또 말씀하시기를 "오는 세상의 모든 인심은 이러하리라. 지금은 대개 남의 것을 못 빼앗아서 한이요, 남을 못 이겨서 걱정이요, 남에게 해를 못 입혀서 근심이지마는, 오는 세상에는 남에게 주지 못하여 한이요, 남에게 지지 못하여 걱정이요, 남을 위해 주지 못하여 근심이 되리라. 또 지금은 대개 개인의 이익을 못 채워서 한이요, 뛰어난 권리와 입신양명立身揚名을 못 하여서 걱정이지마는, 오는 세상에는 공중사公衆事를 못 하여서 한이요, 입신양명할 기회와 권리가 돌아와서 수양할 여가를 얻지 못할까 걱정일 것이며, 또 지금은 대개 사람이 죄짓기를 좋아하며, 죄 다스리는 감옥이 있고, 개인 · 가정 · 사회 · 국가가 국한을 정하여 울과 담을 쌓아서 서로 방어에 전력하지마는, 오는 세상에는 죄짓기를 싫어할 것이며, 개인 · 가정 · 사회 · 국가가 국한을 터서 서로 융통하리라. 또 지금은 물질문명이 세계를 지배하고 있지마는, 오는 세상에는 위 없는 도덕이 굉장히 발전되어 인류의 정신을 문명시키고 물질문명을 지배할 것이며 물질문명은 도덕 발전의 도움이 될 것이니, 멀지 않은 장래에, 산에는 도둑이 없고 길에서는 흘린 것을 줍지 않는 참 문명세계를 보게 되리라."

소태산은 오는 세상은 도덕이 매우 발전하여 인류의 정신을 고양하여 물질문명을 지배하는 사회가 되리라고 전망한다. 나아가 물질문명은 도덕문명의 발달에 도움을 주는 역할을 할 것이라고 예언한다. 소태산은 이러한 세상을 '참 문명 세계'라고 불렀는데, 서양의 물질문명을 지배하고 주관하는 동양의 정신문명이 부상하리라고 강조한 것이다.

소태산의 다음과 같은 말도 전한다.

> 대종사 말씀하시었다. "세상에 낙원이 두 가지가 있으니, 하나는 외형의 낙원이요, 둘은 내

면의 낙원이다. 외형의 낙원은 과학이 발달하는 데 따라 세상이 좋아지는 것이요, 내면의 낙원은 도학이 발달하여 사람이 마음 낙으로 생활하게 되는 것이다. 과거 요순시대에는 내면의 낙원은 되었으나 외형의 낙원이 없었고, 현세에는 외형의 낙원은 되었으나 내면의 낙원이 적으니, 우리는 내외 겸전한 좋은 낙원을 건설하기 위하여 '물질이 개벽되니 정신을 개벽하자.'고 한 것이다."[260]

소태산은 외형의 낙원은 과학이 발달한 세상이고, 내면의 낙원은 도학이 발달하여 마음의 낙樂으로 생활하는 세상이라고 주장한다. 그는 동양의 이상적 세상으로 알려진 요순堯舜시대는 내면의 낙원은 이루었지만 외형의 낙원이 이루어지지 않았던 원시적 문명이었고, 현세는 외형의 낙원을 다소 이루었음에도 불구하고 내면의 낙원이 제대로 이루어지지 않은 문명이라고 진단한다. 소태산은 이러한 과거와 현재의 단점과 한계를 극복하기 위해 내면과 외형이 모두 완전해지는 새로운 문명을 건설하려고 "물질이 개벽되니, 정신을 개벽하자."라는 슬로건을 만들어 선포하였다고 강조한다. 서양 문명의 한계를 넘어서서 동양이 중심이 되어 새로운 정신문명을 건설해야 한다고 주장한 것이다.

『대종경선외록大宗經選外錄』 19 요언법훈장要言法訓章 16절에는 다음과 같은 내용이 있다.

대종사 말씀하시었다. "과학의 주체와 종교의 주체를 간단히 들어 말한다면 과학의 주체는 육신 생활의 편리를 도와주는 것이요, 종교의 주체는 정신생활의 편리를 도와주는 것이다."[261]

과학이 주로 하는 일은 인간의 육신 생활을 편리하게 도와주는 것이고, 종교가 주로 하고자 하는 일은 인간 정신생활의 편리를 도와주는 것이라는 말이다. 과학과 종교가

---

260 이공전, 『대종경선외록』, 「주세불지장(主世佛地章)」 7절, 원불교출판사, 1982, 97쪽; 범산 이공전 편저, 서문 성 주석, 『주석 대종경 선외록』, 원불교출판사, 2017, 145쪽.

261 이공전, 위의 책, 121쪽; 위의 책, 186쪽.

서로 갈래를 달리하고 있다는 점을 강조한다. 과학이 하는 일이 따로 있고, 종교가 하는 일이 따로 있다는 견해를 밝힌 대목이다. 소태산은 이처럼 과학의 영역과 종교의 영역을 서로 뚜렷하게 구분한다. 그의 주장에 따르면 서양문명과 동양문명이 주로 하는 영역 자체가 다르다는 것이다.

원불교의 2대 종법사宗法師인 정산鼎山 송규宋奎(1900~1962)는 1945년 10월에 『건국론建國論』을 저술하여 발간하였다. 광복 직후의 혼란한 정국을 관찰하고 당시 한국이 건설해야 할 민족국가의 성격을 제시하고 있으며, 정치 · 경제 · 사회 · 문화 각 분야에 걸쳐 체제와 제도에 관한 내용을 서술한 저작으로 종교적 성격을 강하게 나타내고 있다. 미美군정軍政의 정치적 혼란 속에서 건국의 장래가 염려되자 정산은 종교가로서의 시국관과 국가관의 일단을 피력하고 『건국론』이라 명명했다. 이 책의 요지는 정신으로써 근본을 삼고, 정치와 교육으로써 줄기를 삼고, 국방 · 건설 · 경제로써 가지와 잎을 삼고, 진화進化의 도道로써 결과를 얻어서 영원한 세상에 뿌리 깊은 국력을 배양하자는 것이다.

『건국론』의 제6장 건설 · 경제 부분에서 정산은 전기 공업의 증강, 지하자원의 개발, 운수 교통의 개수, 농지와 산림의 개량, 위생 보건의 설비 등을 주장하고 있다. 근대의 과학문명과 기술의 진보를 적극적으로 수용하자는 견해를 밝힌 것이다. 특히 6장 13절의 「긴급대책」에서는 "철도, 선박, 기타 운수기관을 엄밀히 조사하여 … 외국 기사를 초빙하여 부족한 기술을 보충하며, 경제력을 통합하여 생산필수품의 공업시설을 급히 해야 한다."라고 역설하였다. 그리고 7장 「진화進化의 도道」에서는 "발명자 우대"와 "특별 기술자 우대"를 강조하기도 했다. 그가 말한 "특별 기술자"는 "국내 사람이 알지 못한 외국 기술과 기타 한 방면의 고유한 비장秘藏의 기술을 학습하여 널리 대중에게 알려서 사회 국가에 큰 발전이 있게 한 자"이다. 외국 기술의 수용에 대해 적극적인 주장을 밝힌 대목이다.

정산鼎山은 "근세의 동란動亂이 갑오동란甲午動亂을 기점으로 하여 일어났나니, 동란의 비롯함이 이 나라에서 된 지라, 평화의 발상도 이 나라에서 되리라. 우리가 경제나 병력으로 세계를 어찌 호령하리오, 새 세상의 대운大運은 성현聖賢 불보살佛菩薩이 주장하나니, 이 나라의 새로운 대도덕大道德으로 장차 천하가 한 집안이 되리라. … 이 나라는 세계의 정신적 중심지가 되리라."라고 전망한다.[262] 평화의 발상이 우리나라를 중심으로 일어날 것인데, 경제력이나 병력으로 강대국이 되는 것이 아니라 새로운 도덕문명으로 세계를 지도하는 상등국上等國이 될 것이라고 예언한 것이다. 우리나라가 세계의 정신적 중심지가 될 것이라는 정산의 이러한 예언은 서양문명에 대한 동양문명의 궁극적 승리를 예견한 것이다.

또 정산은 "근본 되는 법으로 체體를 삼고, 때에 따라 선후先後를 가려 물질을 잘 이용하라. 마음의 조화造化가 큰 것이요, 물질의 소유가 큰 것이 아니니라."라고 말하여[263] 물질의 소유보다 마음의 조화를 강조했다. 물질보다 마음 혹은 정신의 우위를 주장한 것이며, 법法을 주체로 삼아 물질을 작용하라는 가르침이다. 정산은 마음의 조화와 쓰임새가 물질을 소유하는 일보다 더욱 크다고 주장한다. 이는 물질보다 정신을 우위에 두고 우선시하라는 말이다.

정산은 다음과 같이 말하기도 한다.

> 현하現下 물질문명은 금전金錢의 세력을 확창擴昌하게 하여 줌으로 금전의 세력이 이와 같이 날로 융성하여지니, 이 세력으로 인하여 개인 · 가정 · 사회 · 국가가 모다 안정을 얻지 못하고, 모든 사람의 도탄塗炭이 장차 한限이 없게 될 것이니, 단원團圓된 우리로서 어찌 이를 범연히 생각하고 있으리오? …[264]

물질문명의 폐단을 지적한 대목이다. 물질문명의 가장 큰 특징이 "금전의 세력을 확장하는 일"이라고 파악한 후, 물질문명의 융성에 따라 차츰 개인 · 가정 · 사회 · 국가가 모두 안정을 얻지 못한 채 도탄의 경지에 들었다고 비판한다. 이러한 긴박한 상황을 맞아 원불교인들의 자성과 자각을 촉구한 말이다.

---

262 『정산종사법어』 국운편 32장.

263 『정산종사법어』 무본편 5장.

264 정산, 「불법연구회창건사」, 불법연구회 편, 『회보』 제43호, 불법연구회, 1938, 38~41쪽.

또 정산은 "학문이나 기술은 발전에 필요하기는 하나, 진실과 공심公心의 정신 위에 갖추어진 학문과 기술이라야 세상에 이익 주는 학술이 되나니라."라고 말하여[265] 정신을 우위에 두는 학문과 기술이 필요하다고 역설했다. 이 역시 물질문명에 대한 정신문명의 우위와 우월을 강조한 대목이다. 서양의 물질문명보다 동양의 정신문명이 본질적으로 우수하다는 자부심을 드러낸 말이다.

나아가 정산은 "물질이란 우리의 일상생활에 보조물밖에 되지 않는 것이요, 끝까지 놓으려야 놓을 수 없는 것은 우리의 마음이니, 우리는 항상 내 마음에 삼대력三大力을 쌓고 또 쌓아 영원한 세상을 위하여 항상 미리 준비하여야 하느니라."라고 가르쳤다.[266] 물질은 마음을 보조하는 물건에 지나지 않으므로 마음공부에 집중하라는 말이다. 이 또한 물질보다 정신을 강조한 대목이다. 삼대력은 정신수양精神修養, 사리연구事理硏究, 작업취사作業取捨의 삼학三學 수행을 통해서 얻게 되는 수양력, 연구력, 취사력 등의 세 가지 큰 힘이다. 늘 마음을 닦는 일에 힘쓰고 길러 영원히 전개될 이상세계를 준비하라는 가르침이다.

그리고 정산은 "현하現下 물질문명의 발달을 따라 세상의 장엄莊嚴이 날로 찬란해져서 기묘한 일체 문명이기文明利器를 마음껏 소유하고 수용하기로 하면 명예와 권리와 재산이 필요한지라. 모든 인심이 자연 거기에 휩쓸려, 다소라도 구하는 바를 얻고 보면 스스로 거만하고 자부하며, 얻지 못한 이는 어떠한 비루한 일을 해서라도 그 욕망을 채우려 애를 써서, 온갖 죄과를 범하고 갖은 원수의 종자를 심다가, … 더욱 사지死地에 들게 할 것이니 그 얼마나 가련한가? …"라[267] 했다. 물질문명의 발달에 따라 사람들이 온갖 종류의 문명이기를 소유하고 수용하기에만 힘쓰는 상황을 묘사했다. 서양이 발달시킨 물질문명의 폐해를 지적한 대목이다.

---

265 『정산종사법어』 무본편 7장.
266 『정산종사법어』 무본편 29장.
267 『정산종사법어』 근실편 2장.

『성산종사법어鼎山宗師法語』 제2부 법어法語 제6 경의편經義編 2장에는 다음과 같은 내용이 있다.

> 말씀하시기를 "본교의 설립 동기는 과학의 문명에 반대하는 것이 아니라, 모든 물질문명을 선용善用하기 위하여 그 구하는 정신과 사용하는 정신을 바로 세우자는 것이니라."

정산은 서양의 과학문명에 반대하지 않는다고 선언한다. 과학의 발달을 핵심으로 하는 서양의 발전된 물질문명을 잘 이용하기 위해서는 물질문명의 근저에 있는 정신문명이 중요하며, 물질문명을 바르게 사용하는 정신문명의 정립이 필요하다는 주장이다. 정산은 서양의 과학문명 또는 물질문명의 가치와 의의를 거부하거나 비판하지 않는다. 선용善用하기 위한 정신문명 또는 도덕문명의 필요성을 강조한 것이다. 정산은 서양문명을 과학과 물질에 정통한 문명으로 '인정'한 셈이다.

또 정산은 "과학이 아무리 발달하여도 천리天理가 할 일은 천리가 하고, 사람이 할 일은 사람이 하느니라."라 하여,[268] 과학과 천리를 대비시킨 가르침을 언급하기도 했다. 과학의 발달과는 별도로 하늘의 이치가 따로 있다고 주장한 말이다. 이는 과학문명과는 다르고 갈래를 달리하는 정신문명이 별도로 존재하고 있음을 강조한 대목이다. 서양문명이 하지 못했고 하지 못할 일을 이제는 동양이 나서서 새로운 정신문명 또는 도덕문명을 정립해야 한다는 말이다.

정산은 "서역西域에서 상제常啼 보살이 법기法起 보살을 만나러 온다는 것은 서양 사람들이 동방에 법을 구하러 오리라는 뜻이니라."라고[269] 설법하였다. 서양에서 서양 사람들이 동방으로 법을 구해 올 것이라는 말을 불교의 보살에 관한 전설을 언급하여 주장한 대목이다. 이는 서양에서 동양으로 구법求法을 위해 올 것이라고 강조한 말이다. 서양문명의 동양으로의 진출에 대해 종교적인 해석을 내린 것으로 이해할 수 있다.

---

268 『정산종사법어』 법훈편 30절.

269 『정산종사법어』 도운편 14장.

『정산종사법어鼎山宗師法語』 제2부 법어法語 제13 도운편道運編 21장에는 다음과 같은 내용이 전한다.

> 말씀하시기를 "지금 물질문명에 도취한 세상 사람들에게 정신문명을 말한들 어찌 다 알아들으리요마는, 앞으로 오는 세상에는 사람들의 정신이 훨씬 밝아져서, 자기가 지은 죄복罪福과 자기 성품의 내역과 전생의 모든 일들을 자기가 이 생生에서 살아온 젊었을 때 일 같이 잘 알 것이며, 물질문명과 정신문명이 쌍전雙全 병행竝行하는 시대가 될 것이니, 조금만 더 지내보라. 참으로 좋은 세상이 오고 있나니라."

정산은 물질문명의 화려함과 편리함에 도취한 지금 세상에서는 정신문명의 우수성에 대해 아무리 말하더라고 이해할 수 없을 것이라고 전제한다. 그러나 앞으로 전개될 세상은 사람들의 정신이 지금보다 훨씬 밝아져서 자기가 지은 죄와 복, 자기 성품의 본질, 전생과 이생에서의 모든 일을 잘 알 수 있으리라고 전망한다. 이어서 정산은 바야흐로 물질문명과 정신문명이 다 함께 완전해지는 새로운 문명이 전개될 것인데, 이를 "참으로 좋은 세상"이라고 불렀다. 기존의 인류가 전혀 짐작하고 예견할 수 없었던 새 문명을 인류가 곧 맞이하게 될 것이라는 말이다. 여기서 정산이 서양이 발달시킨 물질문명을 '인정'하고 동양의 정신문명과의 공존과 공영을 지향하고 있다는 사실을 알 수 있다. 정산은 "앞으로 오는 세상에는 물질문명과 정신문명이 쌍전雙全 병행竝行하는 시대가 될 것이다."라고 주장하여, 장차 서양문명과 동양문명이 함께 완전해지는 시기가 열리리라고 전망한다.

『정산종사법어』 제2부 법어 제8 응기편應機編 28장에는 다음과 같은 대목이 있다.

> 학인이 묻기를 "도통道通, 법통法通, 영통靈通에 대하여 알고 싶나이다." 말씀하시기를 "도통은 견성見性함이요, 법통은 이치를 응하여 법도를 건설함이요, 영통은 신령한 밝음을 얻음이니라." 또 말씀하시기를 "도통, 법통을 먼저 하고 끝으로 영통을 하여야 하나니, 만일 영통을 먼저 하면 사람이 사邪에 떨어져 그릇되기 쉽고 공부도 커나가지 못 하나니라." 또 말씀하시기

를 "신통神通은 성인의 말변지사라, 주세성자住世聖者가 신통으로 일을 삼으면 인도人道 정의正義를 누가 붙잡으리오? 새 세상 도인들은 신통을 쓸 필요가 없나니, 과학의 모든 문명이 모두 신통이니라."

정산은 신통神通에 관해 설명하면서 신통은 성인聖人이 행하는 자잘한 일에 불과하다고 규정한 다음, 성인이 행해야 할 인도人道의 정의正義와는 본질적으로 다른 작은 일이라고 주장한다. 이윽고 정산은 도인道人들은 신통에 신경을 쓰지 말라고 가르치고, 과학문명이 발전시킨 모든 것을 신통의 영역에 포함한다. 과학문명이 발달시킨 온갖 문명이기 자체가 바로 신통이 드러난 것이라고 주장한 셈이다. 신통이 신적 존재가 가진 뭔가 특별한 힘이 작용하는 것으로 생각하는 것은 착각이며, 인류가 발달시켜 온 온갖 문명이기가 신통이 표현된 것이라고 강조한다. 서양이 중심이 되어 발전시킨 과학문명 또는 물질문명이 신통이라고 주장한 대목이다. 동양적 정신문명의 한 표현으로 믿어져 왔던 신통을 과학문명의 결과로 규정한 일은 서양문명에 대한 부정과 경계를 넘어서서 적극적으로 받아들여 그 공적을 '인정'하는 것이다.

또 정산은 "지금은 동서양이 두루 통하는 시대라, 모든 법을 한 법으로 융통시켜야 하나니라. 물질문명은 서양이 위주니 기회 따라 바꾸어 오고, 정신문명은 동양이 위주니 기회 따라 바꾸어주면 이 세상이 전반세계가 되리라. 대종사大宗師는 동서양의 대운을 겸하셨나니, 대종사의 도덕이 세계를 주재하게 될 것이며, 개벽의 공덕이 시방으로 미쳐 가나니, 곧 일원대도一圓大道가 시방 공덕이 되리라."라고[270] 하여 당대를 "동양과 서양이 두루 통하는 시대"라고 인식하였다. 그는 서양은 물질문명이 위주하고, 동양은 정신문명이 위주라고 규정하여 완전한 이상사회인 '전반세계'가 이루어지는 세상이 전개되리라고 전망한다. 물론 정산은 소태산의 법이 동양과 서양의 큰 운수를 겸비하여 곧 도덕이 주재하는 새 세상을 열리게 할 것이라고 강조한다. 여기서도 서양문명의 핵심은 물질에 있고, 동양문명의 핵심은 정신에 있다고 설명하고 주장한다. 서양문명이 물질과

---

270 『정산종사법어』 유촉편 5장.

과학의 발전에 중점을 두고 특화되었다는 이러한 주장에는 서양문명을 단순히 수용하는 차원을 넘어서서 그 장점을 적극적으로 '인정'하고 있음을 알 수 있다.

『정산종사법어』 제1부 세전世典 제2장 교육敎育에는 다음과 같은 내용이 있다.

> 교육은 세계를 진화시키는 근원이요 인류를 문명케 하는 기초니, 개인 가정 사회 국가의 성쇠와 흥망을 좌우하는 것이 교육을 잘하고 잘못함에 있다 할 것이니라.
>
> 사람이 비록 만물 가운데 가장 영특하다 하나 교육의 힘이 아니면 능히 그 최령最靈의 자격을 이루지 못할 것이며, 가정 · 사회 · 국가 · 세계가 비록 이루어져 있을지라도 또한 교육의 힘이 아니면 능히 유지 · 발전을 보지 못할 것이니, 그러므로, 사람의 일생에 기초가 되는 태중胎中의 기간으로부터 나고 자라는 여러 기간을 통하여 반드시 태교와 유교와 통교의 모든 도道가 잘 베풀어져야만 가정 · 사회 · 국가 세계에 유용한 사람이 될 것이니라.
>
> 또한 교육에는 크게 나누어 두 가지 부문이 있나니, 하나는 과학科學교육이요 하나는 도학道學교육이라, 과학교육은 물질문명의 근본으로서 세상의 외부 발전을 맡았고, 도학교육은 정신문명의 근원으로서 세상의 내부 발전을 맡았나니, 마땅히 이 두 교육을 아울러 나아가되 도학으로써 바탕되는 교육을 삼고 과학으로써 사용하는 교육을 삼아야 안과 밖의 문명이 겸전하고 인류의 행복이 원만하리라.

정산은 교육을 크게 두 부문으로 나누었는데, 과학교육과 도학교육이다. 그는 과학교육은 물질문명의 근본으로 외부의 발전을 맡았고, 도학교육은 정신문명의 근원으로 내부의 발전을 맡았으니, 이 두 교육에 아울러 힘써야 한다고 주장한다. 그렇지만 도학교육이 '바탕이 되고', 과학교육이 '사용하는' 교육이 되어야 한다고 강조한다. 도학교육이 체體가 되고, 과학교육이 용用이 되어야 한다는 말이다. 물론 안과 밖, 내외內外의 문명이 골고루 함께 발전되고 완전해져야 비로소 인류가 진정한 행복의 세계로 진입할 수 있다는 점을 강조한다. 어쨌든 이러한 정산의 주장은 역시 서양문명의 핵심은 과학에 있고, 동양문명의 핵심에는 도학이라는 정신이 있다고 점을 강조한 내용이다.

『정산종사법어』 제2부 법어法語 제1 기연편機緣編 17장에 다음과 같은 내용이 전한다.

원기 38년 4월, 원각성존소태산대종사비圓覺聖尊少太山大宗師碑를 영모원에 세우시며 비에 새기시기를 "대범, 천지에는 사시四時가 순환하고 일월이 대명代明하므로 만물이 그 생성의 도를 얻게 되고, 세상에는 불불佛佛이 계세繼世하고 성성聖聖이 상전相傳하므로 중생이 그 제도의 은恩을 입게 되나니 이는 우주 자연의 정칙이다. 옛날 영산회상靈山會上이 열린 후 정법正法과 상법象法을 지내고 계법季法시대에 들어와서 바른 도道가 행하지 못하고 삿된 법이 세상에 편만하며 정신이 세력을 잃고 물질이 천하를 지배하여 생령生靈의 고해苦海가 날로 증심增深하였나니 이것이 곧 구주救主이신 대종사大宗師께서 다시 이 세상에 출현하시게 된 기연奇緣이다." 하시고 …

정산은 계법季法 또는 말법末法 시대가 되어 세상에 올바른 가르침이 행하지 못하고 사특한 법만 편만하여 "정신이 세력을 잃고 물질이 천하를 지배하고 있다."라고 주장한다. 이에 따라 뭇 생명이 온갖 고통을 겪고 있다고 당시의 정세를 판단한다. 이는 서양의 물질문명이 과도하게 발달하여 세상에 악이 가득하게 되었고, 이에 비하여 동양의 정신문명은 날로 세력을 잃고 피폐하게 되었다는 생각이다. 여기서도 동양 = 정신, 서양 = 물질이라는 도식적인 설명을 시도하고 있다.

『정산종사법어』 제2부 법어 제6 경의편經義編 2장에는 다음과 같은 말이 나온다.

말씀하시기를 "본교의 설립 동기는 과학의 문명에 반대하는 것이 아니라, 모든 물질문명을 선용하기 위하여 그 구하는 정신과 사용하는 정신을 바로 세우자는 것이니라."

원불교의 설립 동기에 대해 정산은 "모든 물질문명을 선용善用하기 위함"이라고 밝힌다. 물질문명의 발달로 있게 된 과학문명의 결과인 온갖 문명이기文明利器를 잘 사용하기 위한 정신을 기르고 제대로 사용할 수 있는 바른 정신을 세우자는 일이 원불교의 창립 동기라고 강조한 것이다. 물론 물질문명과 과학문명은 서양을 염두에 둔 말이고, 구하고 사용하는 정신은 동양에 있다는 점을 넌지시 밝힌 대목이다.

『정산종사법어』 제2부 법어 제9 무본편務本編 18장에는 다음과 같은 내용이 있다.

말씀하시기를 "공덕을 짓는 데에 세 가지 법이 있나니, 첫째는 심공덕心功德이라, 남을 위하고 세상을 구원할 마음을 가지며 널리 대중을 위하여 기도하고 정성을 들이는 것이요, 둘째는 행공덕行功德이니, 자기의 육근六根 작용으로 덕을 베풀고 자기의 소유로 보시를 행하여 실행으로 남에게 이익을 주는 것이요, 셋째는 법공덕法功德이니, 대도大道 정법正法의 혜명慧明을 이어받아 그 법륜을 시방十方 삼세三世에 널리 굴리며, 정신 · 육신 · 물질로 도덕 회상을 크게 발전시키는 공덕이라, 이 공덕이 가장 근본 되는 공덕이니라."

정산은 공덕을 짓는 일에 가장 근본이 되는 것은 법공덕法功德인데, 이는 정신과 육신과 물질로써 도덕회상道德會上을 크게 발전시키는 공덕이라고 주장한다. 정산은 정신과 물질의 공존과 조화를 특히 강조한다. 여기서도 서양의 물질문명과 동양의 정신문명 사이의 조화로운 발전을 도모하는 태도를 엿볼 수 있다.

『정산종사법어』 제2부 법어 제9 무본편務本編 29장에는 다음과 같은 말이 전한다.

말씀하시기를 "물질이란 우리의 일상생활에 보조물밖에 되지 않는 것이요, 끝까지 놓으려야 놓을 수 없는 것은 우리의 마음이니, 우리는 항상 내 마음에 삼대력三大力을 쌓고 또 쌓아 영원한 세상을 위하여 항상 미리 준비하여야 하나니라."

정산의 기본적인 생각은 "물질은 우리들의 일상생활에 필요한 보조물에 불과하다."라는 것이다. 이에 반해 물질을 선용善用하는 '마음'이 더욱 필수라는 입장이다. 물질을 제대로 잘 사용하고 활용할 수 있는 도道와 법法의 중요성을 강조하는 대목인데, 여기서도 서양의 물질문명을 지도하고 이끌 수 있는 동양이 가진 정신문명의 가치와 의의에 특히 주목하는 견해를 알 수 있다.

『정산종사법어』 제2부 법어 제10 근실편勤實編 2장에는 다음과 같은 내용이 있다.

이어 말씀하시기를 "현하現下 물질문명의 발달을 따라 세상의 장엄莊嚴이 날로 찬란해져서 기묘한 일체 문명이기를 마음껏 소유하고 수용하기로 하면 명예와 권리와 재산이 필요한지라, 모든 인심이 지연 거기에 휩쓸러, 다소라도 구하는 바를 얻고 보면 스스로 거만하고 자부하며, 얻지 못한 이는 어떠한 비루한 일을 해서라도 그 욕망을 채우려 애를 써서, 온갖 죄과를 범하고 갖은 원수의 종자를 심다가, 하루아침에 역경의 포수가 신변을 위협할 때에는 경황망조하여 피할 곳을 찾으며 일심과 알음알이와 실행을 다하여 그 위경危境을 돌파하려 하나, 평소에 단련 없는 실력이 잘 효과를 내기가 어려우며, 기왕 저질러 놓은 명예 권리 재산 등이 이모저모로 거리껴서 더욱 사지死地에 들게 할 것이니 그 얼마나 가련한가? 더구나 사람 사람이 누구나 다 당하는 죽음의 시간에는 그 일생에 가지고 있던 명예 · 권리 · 재보財寶 등이 아무 소용이 없고, 그것으로 도리어 업장이 덮이고 애착이 얽혀서 영혼의 자유가 구속되고 선도의 인연이 방해되나니, 여러분은 마땅히 깊이 생각하고 크게 명심하여, 어느 때 어느 사물을 당하든지 매양 마음의 실력을 대조하며 수양 · 연구 · 취사의 삼대력을 양성하는데 모든 정성을 다할지어다."

우선 정산은 자신이 살던 시대를 "물질문명이 지극히 발달한 때"라고 파악한다. 이어서 정산은 물질에 현혹되어 참된 삶을 살지 못하는 사람들에 대해 비판하고, 죽을 때가 되면 이러한 물질은 모두 쓸모가 없을 것이니 마음을 기르는 일인 수양 · 연구 · 취사의 삼대력을 갖추어야 할 것이라고 가르친다. 물질문명의 단점과 약점을 정신문명으로 극복할 수 있으리라는 자신감이 드러난 대목이다.

『정산종사법어』 제2부 법어 제13 도운편道運編 19장에 다음과 같은 말이 전한다.

말씀하시기를 "물질 위주로 균등 사회가 되겠는가. 공도公道 정신이 골라져야 균등 사회가 되고, 투쟁 위주로 평화 세계가 되겠는가. 은혜를 서로 느껴야 참다운 평화 세계가 되나니라."

정산은 물질이 위주가 되어서는 균등한 사회가 이루어질 수 없다고 선언한다. 물질을 중심으로 하는 서양문명에 대한 비판인 셈이다. 이에 비하여 정산은 물질 대신에 공적公的인 도道에 가치를 두는 문명, 즉 동양문명의 회복과 발달이 이루어져야 비로소 균등한 사회가 될 수 있다고 주장한다. 나아가 정산은 투쟁을 위주로 하는 서양문명이 중심이 되어서는 평화로운 세계가 건설될 수 없고, 은혜를 함께 느끼고 공감하는 동양의 도덕문명이 중심이 되어야만 비로소 참된 평화 세계가 세워질 수 있으리라고 강조한다.

『한울안한이치에』 제1편 법문法門과 일화逸話 3 일원의 진리 3절에 다음의 내용이 있다.

> "문질빈빈文質彬彬이란, 문文은 문채이고 질質은 바탕이며, 문은 예의범절이고 질은 마음공부이며, 문은 물질문명이고 질은 정신문명이며, 문은 형식이고 질은 내실이며, 문은 형상이고 질은 무형이므로 개인이나 국가나 천하가 문질빈빈이 되어야 한다."

문文과 질質을 문채와 바탕, 예의범절과 마음공부, 물질문명과 정신문명, 형식과 내실, 형상과 무형에 각각 대비하여 설명한 대목이다. 문과 질이 함께 골고루 발전되어야 이상적인 사회가 세워질 수 있다는 말인데, 이 가운데 물질문명과 정신문명에 대비한 대목이 눈에 띈다. 이전에는 물질문명은 서양에, 정신문명은 동양에 대비하였는데, 여기서는 물질문명과 정신문명이 함께 공존하고 공영해야 할 것이라는 점을 강조한다.

그리고 정산은 "지남철이 쇠를 끄는 힘을 가졌으므로 쇳조각을 잡아당기는 것과 같이 사람도 이 수명 복록 줄을 끌어당기고 흡수할 힘이 있어야 되는 것이다."라고 말하여 과학적 원리로써 정신적 영역의 일을 설명하였다.[271] 이는 정신이 우위에 서서 물질을 선도하고 선용善用하여야 한다는 점을 강조한 말이다.

또 정산은 "과학이란 천도天道, 지도地道, 인도人道 중에 어느 한 부분을 가지고 세밀히 분석하고 해석하는 것이다."라고 정의하기도 했다.[272] 과학에도 하늘의 도가 포함되어 있다고 주목한 부분이다.

정산은 "인공위성이 발사되어서 지구 대기권을 벗어나야 인력을 받지 아니하고 자유로이 선회할 수 있는 것은 마치 사람이 착着에서 벗어나야 삼계를 초탈할 수 있는 것과 같은 이치다."라고 말했다.[273] 인공위성이라는 과학문명의 이기利器가 작동하는 원리를

---

271 박정훈 편저, 『한울안 한이치에』, 원불교출판사, 1982, 22쪽.
272 위의 책, 77쪽.

마음공부에 빗대어 설법한 대목이다. 과학문명과 정신문명의 관련성이 깊다는 점을 설명한 내용으로 볼 수 있다.

또 정산은 "지금은 동서양이 통하는 때다. 모든 법을 한 법으로 융통하여야 한다. 의술도 상통하고 도덕도 상통하게 된다. 두 법을 잘 응용해서 질서 있게 다스리면 진선眞善진미眞美이다. 의복도 동서양 정복이 생길 것이다."라고 말했다.[274] 정산은 당대를 동양과 서양이 서로 통하는 시대라고 규정하고, 동양의 법과 서양의 법이 한데 어울리는 융통이 요청되는 시기라고 주장한다. 그렇게 할 때 비로소 의술醫術과 도덕도 상통하여 진정한 의미의 진선진미한 세상이 열릴 수 있다는 말이다.

그리고 정산은 제자들이 모시고 사진을 찍을 때 "마음의 사진을 찍어야지 껍데기 사진만 찍어서 되겠느냐?"라고 반문했다.[275] 사진술의 발전을 빌어 마음공부의 필요성을 역설한 대목이다. 서양 문물의 발전을 수용하는 일도 필요하지만, 동양이 가진 정신 공부의 중요성을 강조한 말이다.

원불교의 3대 종법사宗法師인 대산大山 김대거金大擧(1914~1998)는 "전압이 강하면 기계가 고장을 일으키고, 전압이 약하면 기계가 작동하지 않듯이 제자와 후진을 가르치는 것도 근기根機에 맞는 지도가 필요하다."라고[276] 말했다. 이는 전압의 강약에 따라 기계의 고장과 작동이 일어난다는 과학적 설명을 들어 제자들을 가르치는 지도력을 설명한 대목이다. 과학적 설명을 비유로 들어 정신적 가르침을 설명하려 했던 점이 특기할 만하다.

『대산종사법어大山宗師法語』 제2 교리편 12장에는 다음과 같은 내용이 있다.

> 대산종사 말씀하시기를 "대종사大宗師께서 대각大覺을 이루시고 세상을 관찰하심에 천지의 개벽기가 도래했음을 미리 아시고 '물질이 개벽되니 정신을 개벽하자.'는 개교 표어를 내

---

273 위의 책, 81쪽.
274 위의 책, 85쪽.
275 위의 책, 106쪽.
276 『대산종사법어』 신심편 20장.

놓으셨느니라. 천지개벽이란 하늘과 땅이 열린다는 뜻이니, 하늘이 열린다 함은 정신개벽을 이름이요 땅이 열린다 함은 물질개벽을 이름이라, 그동안 서양에서는 과학문명이 주로 발달하고 동양에서는 도덕문명이 주로 발달했으나, 앞으로는 동서양이 다 함께 진리적 종교의 신앙과 사실적 도덕의 훈련으로, 밖으로는 의식주의 생활을 개선하여 무지와 빈곤과 질병을 물리치는데 힘써 일생의 신낙원身樂園을 건설하고 안으로는 삼학팔조三學八條로 마음을 개조하고 사은四恩 사요四要로 세상을 건져서 영생의 심낙원心樂園을 건설하는 데 힘써야 하느니라."

대산은 원불교의 개교 표어 대한 자신의 의견을 밝혔다. 물질개벽과 정신개벽에 대해 서양에는 과학문명이 발달했고 동양에는 도덕문명이 발달했다고 논한 다음, 미래에는 동양과 서양이 함께 진리적 종교 신앙과 사실적 도덕 훈련이 있어야 할 것이라고 주장한다. 나아가 대산은 밖으로는 생활을 개선하여 몸의 낙원을 건설하고, 안으로는 마음을 개조하여 마음의 낙원을 건설하는 데 노력해야 한다고 강조한다. 인류의 지난 역사를 서양의 과학문명과 동양의 도덕문명으로 크게 나누어본 점이 특기할 만하다.

또 대산은 "배관을 잘하니 방이 이렇게 따뜻하도다. 거리가 가까워도 선線이 연결되어 있지 않으면 차갑고, 거리가 멀어도 선이 연결되어 있으면 따뜻한 것처럼, 공부인工夫人도 법法의 선이 연결되어 있어야 평화 안락한 생활을 할 수 있느니라."라고[277] 말했다. 배관하는 선의 길고 짧음에 따라 방이 따뜻해진다는 과학적 설명을 비유로 삼아 공부하는 사람들이 추구하는 법에 관해 설명한 대목이다. 역시 과학적 발견을 비유로 삼아 정신적 가르침에 관해 설명한다. 과학을 통해 정신의 수양 또는 수행을 설명하려 했던 점이 돋보인다.

그리고 대산은 "철鐵은 용광로를 거쳐야 정철이 되고, 법은 성리性理에 근거해야 대도大道 정법正法이 되며, 도인은 성리를 단련해야 큰 도인이 되느니라."라고[278] 가르쳤다. 철

---

277 『대산종사법어』 신심편 58장.
278 『대산종사법어』 교리편 66장.

이 용광로에서 단련되는 과정을 비유로 들어 법을 닦는 과정을 설명한 대목이다. 과학적 설명을 통해 정신적 가르침에 관해 설명하는 점이 특기할 만하다.

나아가 대산은 "우리의 훈련법은 장인匠人이 도자기를 빚거나 쇠를 담금질하는 것과 같고, 어미 닭이 알을 품는 것과 같으며, 스승이 제자를 훈습薰習하는 것과 같으니라."라고[279] 말했다. 훈련법을 장인이 도자기를 빚는 일과 쇠를 담금질하는 일에 비유한 것이다. 이 또한 철을 담금질하는 일에 스승과 제자 사이의 훈련법을 비유한 대목이다. 물질을 통해 정신을 설명하려 한 점이 특기할 만하다.

또 대산은 "훈련원과 선원禪院은 삼세업장三世業障을 녹이는 용광로요, 불과佛果를 증득證得하는 적공실積功室이며 … 기계도 쓰지 않고 놓아두면 녹이 슬게 되는 것처럼 우리의 삶도 삼학三學 공부로 훈련을 해야 한다."라고[280] 말했다. 선원에 대해 쇠를 제련하는 용광로에 비유했으며, 기계를 사용하지 않고 놓아두면 녹이 슬어 못쓰게 되는 이치를 인용하여 삼학三學 공부의 훈련법이 중요하다고 강조한 대목이다. 과학적 설명을 비유로 들어 마음공부의 중요성을 지적한 점이 특기할 만하다.

『대산종사법어』 제6 회상편 57장에 다음과 같은 내용이 있다.

> 대산종사, 이어 말씀하시기를 "오늘 이 대사식의 자리를 빌려 나의 마음을 다음과 같이 밝히는 바입니다. 첫째 우리 회상은 일대겁一大劫 만에 도래하는 새 회상會上으로 새 천지 새 역사를 창조하고 천여래千如來 만보살萬菩薩을 배출하여 억조창생의 복문福門을 열어줄 천명天命을 부여받은 전무후무한 큰 회상임을 믿고 깨달아 실행하였으며, 둘째 이 회상이 열린 이 시대는 일대겁 만에 도래하는 천지개벽의 시대, 원시반본原始反本하는 시대, 선후천先後天이 교역交易하는 시대임을 알았으며, 셋째 대종사께서 새 천지 새 회상의 새 역사를 열어 제생의세濟生醫世하기 위해 오신 주세불住世佛이심을 잊지 않았으며, 넷째 일원대도一圓大道는 천하의 대도大道요 만고의 대법大法이며, 사은四恩 보은報恩은 세계평화의 원리요 대도大道며, 사요四要 실천은 세

---

279 『대산종사법어』 훈련편 11장.

280 『대산종사법어』 훈련편 13장.

계 균등의 원리요 대도며, 삼학三學 수행은 만생령萬生靈 부활의 원리요 대도임을 깨달았으며, 다섯째 우리 회상의 경륜은 원형이정元亨利貞의 순리에 따라 춘종하육春種夏育 추수동장秋收冬藏의 순서에 따라 교운敎運이 무궁함을 믿었으며, 여섯째 미래는 도학道學 문명과 과학科學 문명이 병행하는 원만한 세계가 건설되어 인류의 영靈과 육肉에 있어서 무지와 빈곤과 질병이 퇴치되어 이 지상에 하나의 세계, 평화의 세계, 균등의 세계, 선경仙境의 세계, 낙원의 세계가 건설되는 일원주의一圓主義가 실현될 것을 믿어 의심치 않으며 한결같은 마음으로 오늘에 이르렀습니다. …

위의 인용문에는 도학문명과 과학문명의 병행을 강조하는 대목이 있다. 동양의 도학문명과 서양의 과학문명을 대비시킨 것이다. 여기서 동양의 도학문명을 대표하는 것은 바로 원불교라고 자부한다. 인류의 영혼과 육체를 함께 발달시키기 위해서는 도학과 과학이 모두 필요함을 역설한 대목이다. 동양과 서양의 공존, 동양문명과 서양문명의 공영을 주창한 대목이다.

『대산종사법문집』 제2집 제1부 교리敎理에 「원만평등한 세계건설[四恩四要]」라는 대목에 다음과 같은 내용이 있다.

우리 대종사님께서 병진丙辰 3월 26일에 대각大覺을 이루신 후 앞으로의 세상을 보시고 장차 수륙공水陸空에 있는 모든 중생을 제도하기 위하여 법을 짜 놓으셨으니, 이 법이 앞으로 세상에 맞아 갈 것이며, 우리 정전正典에는 새 세상을 살아갈 길을 밝혀 주시고 모든 법을 밝혀 놓으셨다. 그런데 과거 성현들이 법을 내놓으셨는데 어찌하여 대종사님께서 새삼스럽게 새로 법을 내셨는가. 그것은 과거 성현聖賢들이 법을 내시어 많은 중생을 제도濟度하셨으나, 이미 그 과거 시대는 가고 새로운 천지가 열렸으니, 이 현세現世로부터 미래 중생을 제도濟度하기 위한 새 세상의 첫 단계에 새 법을 마련하여 놓으신 것이다. 대종사께서 대각을 이루신 후 처음 세상을 관찰하시고 천지는 개벽기開闢期가 도래到來하였다고 말씀하셨는데, 이 '천지개벽天地開闢'이란 과연 무엇을 이름인가?

내가 어렸을 때에는 노인들이 천지개벽이란 말은 하셨는데, 그들은 천지개벽을 해석解釋하되, 하늘과 땅이 맞닿아서 맷돌처럼 갈아가지고 그중에서 죄罪진 자는 죽고 복福진 자는 산다고 하였다, 그래서 어느 마을 집에서는 노인이 천지개벽한다는 말을 듣고 울을 뚫고 도망질치려는 일까지 있었다고 하나, 이것은 당치않은 어리석은 소견이며, 또 고어古語에 천지현격天地懸隔이라, 하늘과 땅이 멀리 있다고 하나, 그런 것도 아니니다. 천지개벽이란 하늘과 땅이 열린다는 것으로 하늘이 열린다 함은 정신개벽精神開闢을 이름이며 땅이 열린다 함은 물질物質의 개벽을 이름이다. 저 서양西洋에서는 땅이 열림에 물질문명物質文明 · 과학문명科學文明이 발달發達되어서 호롱에 불을 켜다가 밝은 전등電燈을 사용使用하며, 새가 아니면 날지 못할 공중을 임의任意로 날며, 그밖에도 의 · 식 · 주가 한限없이 편리하게 발달되어 육신肉身의 낙원樂園이 건설되었고, 동양東洋에서는 하늘이 열림에 정신문명 · 도덕문명道德文明이 발달되어서 인인人人개개個個가 일원一圓의 깃발 아래 안으로는 삼학팔조三學八條를 수행修行하고, 밖으로는 사은사요四恩四要를 실행實行하여 정신의 낙원이 건설되는데, 서양에 건설되는 육신의 낙원이란 일생에 속한 것으로 객客이 되는 것이며, 동양에 건설되는 정신의 낙원은 영원한 것으로서 주主가 되는 것이다. 그래서 결국 천지의 개벽이란 서양으로부터 땅이 열려오고, 동양으로부터 하늘이 열려가서 동서東西와 주객主客이 함께 열린다는 것이다. …

위의 인용문에서 하늘의 개벽을 '정신개벽', 땅의 개벽을 '물질개벽'이라고 규정한다. 서양에서는 땅의 개벽이 있어서 물질문명 또는 과학문명이 발달하여 전등, 비행기, 의식주에 필요한 각종 물건이 발명되어 '육신의 낙원'이 건설되었고, 동양에서는 하늘의 개벽이 있어서 정신문명 또는 도덕문명이 발달하여 장차 삼학팔조의 수행과 사은사요의 실행을 통해 '정신의 낙원'이 건설되리라고 전망한다. 나아가 대산은 서양에 건설되는 '육신의 낙원'은 사람의 일생에만 지속되는 객客이요, 동양에 건설되는 '정신의 낙원'은 영원한 것으로 주主가 되리라고 강조한다. 그리하여 천지의 개벽은 서양의 '땅 개벽'과 동양의 '하늘 개벽'이 함께 이루어져 동양과 서양, 주인과 손님이 같이 열리는 열어가는 일이라고 주장한다. 천지개벽을 천개벽天開闢과 지개벽地開闢으로 나누어서 보았고, 각각 동양과 서양에 대비하여 설명한 대목이 인상적이다. 개벽을 '문명의 발달'로 해석하고, 문명의 발달에 관해 동양과 서양이 각기 주관하고 주로 하는 것이 별도로 있다고 주장한 것이다. 동양과 서양이 각기 맡은 역할과 기능이 따로 있다는 설명이 특기할 만하다. 과학과 물질문명이 발달할수록 그만큼 지개벽이 이루어지는 것이고, 도덕과 정신문명이 그에 발맞추어 함께 발달해야 비로소 천개벽이 이루어질 수 있다고 강조한 것이다. 개벽을 갑자기 별안간 순식간에 이루어지는 낯선 것이 아니라 점진적이고 순차적인 과정에 있다고 해석한 것이다. 개벽의 이룸은 '순간'이 아니라 '과정'에 있다는 생각이다. 특히 동양과 서양이 맡은 개벽이 각기 다르며 특화特化되어 있다는 주장이 특기할 만하다. 어느 한쪽에서 이루어지는 개벽을 부정하고 전 세계가 함께 이루어나가는 개벽을 지향한다.

『대산종사법문집』 제2집 제9부 행사 치사의 「세계평화의 삼대 방안」에 다음과 같은 내용이 있다.

> … 본인은 오늘 귀하와 만난 기념으로 세계평화를 위한 몇 가지 방안을 제시하고자 합니다. 첫째, 종교UR의 탄생입니다. 한 가정에도 엄부嚴父와 자모慈母가 있어야 원만한 가정을 이룩해 나가듯이, 세계도 원만히 다스려 나가려면 엄부의 역할인 정치 유엔과 자모의 역할인 종교 유엔이 아울러 있어야 합니다. 정치 유엔은 오래전에 창설되어 그 역할을 하고 있으나 이 유엔만으로는 인류의 근원적 평화를 이룰 수 없는 것이니 하루속히 종교 유엔을 탄생시켜 세계 문제에 대한 정신적 해결에 힘을 써야 하겠습니다.
>
> 둘째, 공동시장의 개척입니다. 현재의 유럽공동시장과 같은 지역 공동시장이 세계에 몇 군데 더 발족되도록 촉구하여 세계 경제가 유무상통有無相通의 교류를 통하여 물질문명의 은혜가 세계 도처에 고루 미치고 빈곤 · 무지 · 질병에서 신음하는 동포들이 없도록 하자는 것입니다.
>
> 셋째, 심전계발心田啓發의 훈련입니다. 우리 인류는 그동안 과학기술로써 수륙공水陸空을 개발하여 화려한 물질문명을 이루고 있는 반면 도덕에 의한 정신을 훈련시키는 면은 이에 미치지 못하여 도리어 물질의 노예 생활을 면하지 못하고 있으니 우리 종교인들은 이에 합심 합력하여 전 인류의 심전계발에 앞장서 정신과 물질이 조화된 참 문명 세계를 건설하자는 것입니다. … (원기 63년 10월 24일)

대산은 심전계발의 훈련을 역실하면서 인류가 과학기술을 이용하여 화려한 물질문명을 발달시켰지만, 도덕에 의한 정신훈련에는 힘을 기울이지 못해 물질의 노예 생활을 하고 있다고 주장하고, 종교인들이 힘을 합쳐서 해결해 나가자고 강조한다. 대산이 지향하는 일은 "정신과 물질이 조화를 이루는 참 문명 세계의 건설"이다. 서양 물질문명의 발달에 보조를 맞추어 동양의 정신문명을 발달시키자는 주장이다. 동양과 서양이 각기 주장하고 맡은 바 역할이 다르다는 사실을 부각한 대목이며, 동양문명의 발달을 위해 원불교를 중심으로 이루어나가자는 자부심을 드러냈다.

『대산종사법문집』 제3집 제2편 교법敎法 90 「봉불奉佛의 의의」에 다음과 같은 대목이 있다.

> 부산교구청 봉불식에서 봉불의 의의에 대하여 말씀하시기를 "봉불의 의의는 첫째, 우리 몸 법당에 마음 부처님의 모시고 원만하게 살자는 것이다. 가정이나 사회나 국가 세계가 원만하게 되자는 것이요, 전 인류와 전 생령이 다 함께 마음의 고향에 돌아가자는 것이다. 인류의 영원한 스승인 부처님이나 공자님, 노자님, 예수님, 대종사님 등 모든 성현들이 함께 돌아가 의지하는 곳이 있다. 일 있을 때에는 세상에 나오시어 일을 하시고, 일이 없을 때에는 자기의 본성本性 자리에 돌아가신다. 그곳이 불성佛性 자리고, 자성自性 자리며, 원적무별圓寂無別하여 고해가 없는 자리이다. 보통 사람들은 조금 좋으면 도道에 넘치게 좋아하고 조금 싫으면 울고불고하여 좋았다 싫었다 하는데, 부처님께서는 그렇지 않으시다. 좋은 일이 있을 때나, 싫은 일이 있을 때나, 본성 자리 자성 자리 불성 자리에 돌아가 원적무별한 적멸궁전寂滅宮殿이 된다. 그 자리가 대적광전大寂光殿이며 크게 고요한 자리며 빛나는 자리다, 그러므로 중생은 칠정七情(= 희노우구애증욕喜怒憂懼愛憎欲)에 묻혀 살고, 부처님은 적멸궁전, 대적광전, 영보도국靈寶道局인 자리, 곧 마음의 고향에서 사신다.
>
> 둘째, 마음의 거울을 비추어 보자는 것이다. 오늘날 세계는 발전의 속도가 점점 가속화되고 모든 일이 복잡다단해져서 쉴 틈이 없게 되었다. 그렇기 때문에 노이로제 환자와 신경 쇠약자가 늘어가고 있다. 선진국일수록 물질문명은 발달되었지만 그와 반대로 정신질환 문제로 고민하고 있다. …

발달한 물질문명을 자랑하는 선진국일수록 도리어 정신질환이 문제가 되는 사회라는 말이다. 서양의 발전된 물질문명의 폐해를 지적한 대목이다. 서양을 부러워하지 말고 동양의 정신과 도덕을 길러 물질문명을 선도하고 선용善用하자는 가르침이다.

『대산종사법문집』 제1집 정전대의正典大意 5 「개교의 동기」에는 다음과 같은 내용이 있다.

> 물질이 개벽되니 정신을 개벽하자는 것은 대종사님의 개교 표어이신 바, 전래傳來로 천지개벽이 되면 전무후무한 새 세상이 된다는 말이 있으니 이것은 이 천지가 없어지고 새 천지가 열리는 것이 아니라 천개天開는 곧 정신문명 · 도덕문명이 크게 융창隆昌하여 사람의 마음이 개조됨을 이름이요, 지벽地闢은 곧 과학문명 · 물질문명의 발달로 육신의 생활(의식주)이 개선됨을 이름이다. 그러나 그동안 물질문명만 발달됨에 따라 물질을 사용하는 사람의 정신은 갈수록 그 힘을 잃고 오히려 물질문명의 노예가 된 지라, 새 세상을 이끌어 갈 새 종교의 출현이 더욱 절실하게 되었다. 이때에 대종사께서 대각大覺을 이루시고 천지개벽의 일대 변역기一大變易期가 다다랐음을 간파하사 정신문명의 터전으로서 진리적 종교의 신앙과 사실적 도덕의 훈련법을 내세우신 바,
>
> 첫째, 하늘만 높이던 사상을 땅까지 숭배하게 하시고 아버지만 위하던 사상을 어머니도 같이 위하게 하시며 선비만 숭상하던 정신을 농공상農工商도 아울러 평등하게 하시고 입법자立法者만 숭배하던 정신을 치법자治法者까지 평등하게 할 뿐만 아니라 천지 · 부모 · 동포 · 법률을 차등 없이 신봉하게 하셨으며 의뢰 생활하던 정신을 자력 생활하는 정신으로, 불합리한 차별제도를 지우차별智愚差別로 돌리셨으며, 자기 자녀만 가르치던 정신을 남의 자녀까지 가르치는 정신으로, 자기만 잘살려던 정신을 온 인류가 다 같이 잘 살 수 있는 공도주의公道主義 정신으로 돌리셨으며,
>
> 둘째, 과거의 편벽된 개체신앙을 원만한 전체 신앙으로, 자력 편중이나 타력 편중을 자타력병진自他力竝進 신앙으로, 또는 편벽된 일방적 수행을 삼학병진三學竝進의 원만한 수행으로 돌리셨으며, 신앙과 수행을 함께 밝히셨고, 영육靈肉을 쌍전雙全하게 하시며 공부와 생활을 아울러 닦게 하시고 동動과 정靜을 따라 공부를 여의지 않는 길을 밝히셨으니 이것이 바로 병든 세

상을 구출하여 광대무량한 낙원을 건설하는 대도요 천지개벽의 문을 열어 놓으심이니라.

*** 세계 오대성자五大聖者의 근본정신**

불타佛陀 = 대평등大平等의 자비주의 = 대각주의大覺主義

노자老子 = 대해탈大解脫의 자연주의 = 무위주의無爲主義

예수 = 대희생大犧牲의 박애주의 = 유화주의柔和主義

공자孔子 = 대실천大實踐의 중도주의 = 인의주의仁義主義

대종사 = 대원만大圓滿의 일원주의 = 세계주의世界主義

하늘의 개벽을 정신문명과 도덕문명의 발달로, 땅의 개벽을 물질문명과 과학문명의 발달로 본다. 그런데 물질문명이 발달함에 따라 오히려 물질을 사용하는 사람의 정신이 피폐해지는 현상이 나타나 물질의 노예가 되고 말았다고 비판한다. 이에 새로운 정신과 도덕을 주창하는 소태산 대종사의 새 종교가 이 세상에 출현하게 되었다고 설명한 후, 그 핵심을 진리적 종교의 신앙과 사실적 도덕의 훈련이라고 설명한다. 서양의 물질문명과 과학문명을 이끈 지개벽地開闢에 병행하여 동양의 정신문명과 도덕문명의 발달에 있어서 소태산 대종사의 가르침이 새로운 전환점이 되리라고 전망한다.

『대산종사법문집』 제2집 제4부 신년법문 「진리의 눈을 뜨자」에 다음과 같은 내용이 있다.

… 더욱 현하現下 인류는 물질문명의 급속한 발달과 도덕道德의 퇴폐로 물욕物慾에 가리어 진리의 눈이 어두울 대로 어두워져서, 천지天地의 대소유무大小有無의 이치理致와 인간人間의 시비이해是非利害의 일이며 흥망성쇠興亡盛衰와 길흉화복吉凶禍福이 조석朝夕으로 변화하는 것을 모르고, 욕심을 따라 수단방법手段方法을 가리지 않고 행동行動하다가 고해苦海에 빠져 무수한 고통과 어둠을 자초自初하고 있습니다. …

대산은 당대를 "물질문명의 급속한 발달과 도덕의 퇴폐로 진리의 눈이 어두워진 시대"로 규정한다. 그리하여 인류는 욕심에 따라 제멋대로 행동하다가 결국 고해에 빠져 한없는 고통과 어둠을 초래하고 있다고 부언한다. 대산이 말한 물질문명은 서양의 과학기술에 기반을 둔 문명이다. 서양 물질문명의 폐단을 지적한 대목이다.

『대산종사법문집』 제3집 제7편 법훈法訓 262 「서교와 서양문명」에는 다음과 같이 서양문명이라는 용어가 분명히 나온다.

> 말씀하시기를 "대종사님께서 '갑자년甲子年부터는 서교西教와 서양문명이 거두어지는 때이며, 한국에 와서 세계종교가 대결한 연후에 새 종교가 출현할 것이다.'라고 하셨다. 지금 한국과 동남아 일대에서 서교가 극단적인 방향에서 어떤 변화가 이루어지고 있는 것 같다. 극極하면 반드시 변화를 가져오는 것이다. 과일나무가 노목이 될 때에는 그 해에 과일이 다른 나무보다 더 많이 열린다. 그리고 다음 해에는 완전히 고사목枯死木이 되어 버린다. 또한 저녁 땅거미가 내릴 때에도 잠시 밝았다가 갑자기 어두워지는 법이다. 우리 교단도 앞으로 십 년이 중요하다. 자체 훈련으로 실력 배양에 힘쓰자. 그때에 가서는 돈이 없어 일 못하는 경우는 없을 것이다. 인재가 모자라 큰 걱정이 될 것이다. 그러니 우리는 오직 실력 배양에 힘쓰자."

대산은 소태산 대종사의 말을 인용하여 갑자년(1924)부터 서교와 서양문명이 거두어지게 될 것이라고 주장한다. 소태산은 자신이 살던 시대부터 점차 서양문명의 운수가 쇠퇴하리라고 전망하였다. 소태산의 "한국에 새 종교가 출현할 것이다."라는 말은 불법연구회(원불교의 전신)가 새롭게 창립된 사건을 염두에 둔 말이다. 그리고 대산은 한국과 동남아시아 일대에서 그리스도교가 성행하는 일은 어떤 큰 전환점의 시작이라고 해석한다. 이에 대해 대산은 과일나무와 석양 무렵의 풍경을 빗대어 해석한 다음, 원불교가 훈련을 통해 실력을 배양하자고 강조한다. 나아가 대산은 그때가 되면 경제적 조건은 문제가 되지 않고 오로지 인재의 부족이 큰 걱정거리가 될 것이라고 주장한다.

『대산종사법문집』 제3집 제2편 교법教法 11 「도학과 과학의 병진」에는 다음과 같은 내용이 있다.

> 친히 저술하신 교리 실천도에서 육대 강령을 표어로 말씀하시기를 "도학道學만 주장하고 과학科學을 무시해 버리면 빈궁貧窮에 빠지기 쉽고, 과학만 주장하고 도학을 무시해 버리면 전쟁의 화구禍口로 몰아넣기 쉽다." (원기 51년 3월 7일)

도덕과 정신만 강조하고 과학을 무시하면 가난해지고, 과학과 물질만 강조하고 도학道學을 무시하면 전쟁의 재앙을 초래할 위험이 있다는 말이다. 대산은 도학과 과학의 병진竝進 내지 겸전兼全을 주장하고 있다.

『대산종사법문집』 제3집 제3편 수행修行 51 「전 인류가 해야 할 공부」에는 다음과 같은 대목이 보인다.

> 말씀하시기를 "선진국을 중심으로 생활은 향상됐으나 세계에 부랑아浮浪兒들이 많은 것은 그들이 정신의 안정을 얻지 못하고 방황하기 때문이다. 그러니 정신수양을 통하여 마음 안정을 얻도록 해야 하겠으며, 과학이 발달하여 밤도 낮과 같이 밝은 문명 세계이나 세계 도처에서 몰지각한 어두운 행동이 그치지 않고 있음은 진리의 어둠이 깔려 있기 때문이니, 일과 이치를 연구하여 마음의 등불을 밝히도록 해야 한다.

대산은 이른바 서양의 선진국들이 생활의 향상은 이루었지만 국민 가운데 부랑자들이 많은 이유는 정신의 안정을 얻지 못한 채 방황하는 것이라고 비판한다. 이러한 문제를 해결하기 위해서는 오로지 '정신수양'이 필요하고 '정신수양'을 이루는 방법은 동양의 도학道學문명에서 구해야 함을 강조한다. 나아가 대산은 과학의 발달에 힘입어 밤을 낮과 같이 생활하는 세상이 되었지만 여전히 곳곳에 몰지각한 행위가 끊이지 않는 이유는 진리의 횃불을 밝히지 못하기 때문이라고 주장한다. 이에 대해 대산은 사리事理를 연구하여 개개인의 '마음의 등불'을 밝히는 것이 이러한 문제의 해결책이라고 제시한다.

원불교의 『교사敎史』 제1편 개벽開闢의 여명黎明 제1장 동방東方의 새 불토佛土 5 「일대 전환의 시대」에는 다음과 같은 내용이 있다.

> 대종사께서 이 세상에 오신 시대는 인류 역사상 일찍이 없었던 큰 격동의 시대요 일대 전환의 시대였다. 19세기 말엽부터 밖으로는 열강 여러 나라의 침략주의가 기세를 올려, 마침내 세계 동란의 기운이 감돌았고, 급속한 과학문명의 발달은 인류의 정신 세력이 그 주체를 잃게 하였다. 안으로 한국의 국정은 극도로 피폐되고, 외세의 침범으로 국가의 존망이 경각에 달려 있었으며, 수백 년 내려온 불합리한 차별제도 아래서 수탈과 탄압에 시달린 민중은 도탄에 빠져 있는 가운데, 개화의 틈을 타서 재빠르게 밀려든 서양의 물질문명은 도덕의 타락과 사회의 혼란을 가중시켜 말세의 위기를 더욱 실감하게 하였다.
>
> 당시의 일대 위기를, 후일, 대종사께서는 "현하現下 과학의 문명이 발달됨에 따라, 물질을 사용하여야 할 사람의 정신은 점점 쇠약하고, 사람이 사용하여야 할 물질의 세력은 날로 융성하여, 쇠약한 그 정신을 항복 받아, 물질의 지배를 받게 하므로, 모든 사람이 도리어 저 물질의 노예 생활을 면하지 못하게 되었으니, 그 생활에 어찌 파란 고해가 없으리오?"라고 개교의 동기 설명에 요약하여 개탄하시고, "이제부터는 묵은 세상을 새 세상으로 건설하게 된다."라고 말씀하시었다.

소태산이 살았던 당대를 대전환기로 규정한 다음 서양 열강의 동양 침략이 드세게 있어서 결국은 세계대전으로 격화했고, 과학문명의 급속한 발달은 오히려 인류의 정신력이 쇠퇴하는 결과를 초래했다고 본다. 특히 우리나라는 밀려든 서양의 물질문명 때문에 도덕이 타락하고 사회의 혼란이 가중되어 말세末世의 위기를 심각하게 느꼈다고 진단한다. 이에 대해 소태산은 과학문명의 발달이 도리어 인간의 정신을 점차 쇠약하게 만들고 물질이 정신을 지배하여 사람이 물질의 노예가 되었다고 한탄한다. 이러한 위기 상황에서 불법연구회가 창립되어 묵은 세상을 새 세상으로 바꾸는 위대한 일이 시작되리라고 전망한다. 여기서 소태산이 말한 묵은 세상은 물질문명이 팽배하여 정신문명을 억압하는 시대요, 새 세상은 그 반대라고 이해할 수 있다.

『교사教史』 제1편 개벽開闢의 여명黎明 제4장 회상건설會上建設의 정초定礎 「4. 구인九人 단원의 기도」에는 다음과 같은 내용이 있다.

원기 4년(1919, 己未) 3월, 방인 공사를 마친 후, 대종사, 9인 단원에게 말씀하시기를 "지금 물질문명은 그 세력이 날로 융성하고, 물질을 사용하는 사람의 정신은 날로 쇠약하여, 개인 · 가정 · 사회 · 국가가 모두 안정을 얻지 못하고, 창생의 도탄이 장차 한이 없게 될지니, 세상을 구할 뜻을 가진 우리로서 어찌 이를 범연히 생각하고 있으리오?" …

위의 인용문에서 소태산은 자신이 살던 시대를 "물질문명의 세력이 나날이 융성해지는 때"라고 규정한다. 그리고 "물질을 사용하는 인간의 정신은 나날이 쇠약해지는 때"라고도 규정한다. 그리하여 세상은 개인 · 가정 · 사회 · 국가가 모두 안정을 찾지 못하고 도탄이 끝없이 펼쳐지는 말세가 되었다고 주장한다. 소태산은 이러한 시대를 맞이하여 "세상을 구하고자 하는 뜻"을 세운 사람들이 무시하고 소홀히 해서는 안 될 것이라고 가르친다.

한편 "근대 한국종교는 세계주의를 서양과 동양문명의 만남의 시점에서 근대문명의 한계를 뛰어넘는 새로운 테제로서 제안한다."라는 주장이 있다.[281] 이는 서양문명과 동양문명의 만남 자체가 근대문명의 한계를 뛰어넘으려는 노력으로 보는 견해다.

*원불교*는 서양 근대문명의 발생으로 이미 개벽開闢이 시작된 것으로 주장했다. 즉, 원불교는 서양의 문명이 상징하는 물질의 성취를 개벽의 발판으로 이해하고, '자리이타自利利他'를 경제적 자립을 위한 노동과 분업적 상호 은혜로 해석한다. 원불교는 근대 서구인처럼 물질을 추구하고 과학적 지식을 추구하는 것을 도덕적으로 정당화했다. 다만 원불교는 개인의 소유所有 대신 보은報恩을 강조함으로써, 자본주의사회와는 다른 방향을 지향했다.[282]

소태산은 과학기술의 발달과 경제적 풍요를 '물질개벽'으로 표현하여 일단 긍정적 평가를 내리면서도 물질개벽에 부수되어 인간이 물질의 지배를 받게 되었다고 개탄하고,

---

281 원영상, 「근대 한국종교의 '세계' 인식과 일원주의 및 삼동윤리의 세계관」, 『원불교사상과 종교문화』 제84집, 원불교사상연구원, 2020, 9쪽.

282 이혜경, 「원불교 윤리의 근대적 성격」, 『개념과 소통』 제30호, 한림대학교 한림과학원, 2022, 178쪽.

물질개벽이 인류의 행복으로 연장되기 위해서는 정신개벽이 선행되어야 한다고 주장했는데, 여기서 정신개벽의 역할을 우리 민족이 맡아야 한다고 생각하였다. 또 소태산은 우리 민족이 주도하는 후천개벽의 사상을 예견하면서 서구의 문명을 긍정적으로 인식해 외세와의 평화적인 공존을 모색했다는 점에서 이행기에 대한 그의 대응 논리를 찾아볼 수 있다. 이를 중세와 근대의 겸전兼全, 물질문명과 정신문명의 겸전이라고 표현한다면, 소태산 사상의 핵심은 바로 이렇듯 상호 배타적인 양자兩者를 아우르는 겸전성兼全性에 있다고 할 수 있겠다.[283]

원불교는 당시 우리나라로 밀려오던 서양문명에 대해 평화적이고 온건한 방법으로 대응하고자 노력했다. 그러나 원불교는 서양문명이 도덕을 타락시키고 사회의 혼란을 가중하는 것으로 그 한계를 동양문명으로 극복하려 했다. 물질문명의 발달과 함께 정신문명의 고양과 열림이 있어야 한다고 주장하고 동양의 도덕문명을 정립해야 함을 역설한다. 원불교는 서양의 과학문명 또는 물질문명을 적극적으로 '인정'하는 입장에서 서양에서 특화된 문명으로 이해한다. 그렇지만 서양문명의 폐해와 단점을 고치고 보완하기 위해서는 반드시 동양의 독자적인 도덕과 정신문명을 정립하여 대응책을 마련해야 한다고 강조한다. 용심법用心法, 마음공부, 정신개벽 등의 용어로 불리는 영육쌍전靈肉雙全, 과학과 도학의 겸전兼全으로 특징되는 '참 문명 세계'를 건설을 추구한다. 그리고 과학문명을 신통神通의 하나로 '인정'하고 물질문명을 선용善用하기 위해서는 수양, 연구, 취사와 함께 심전계발心田啓發 공부가 필요하다고 강조한다. 원불교는 궁극적으로 동양문명의 회복과 발달을 전망했으며, 세계의 중심지가 도덕이 정립되는 지역인 동양이 되리라고 예견한다. 그리고 동양문명과 서양문명 간의 관계는 본말本末과 주종主從 관계라고 주장하고, 서양문명에 대한 동양문명의 궁극적 승리를 강조한다.

요약한다면 원불교는 서양문명을 '인정'하고, 동양문명과의 공존과 공영, 쌍전과 병행을 강조한다. 서양문명과 동양문명의 이상적 만남을 통해 새로운 문명이 건설되리라는 전망을 제기하면서도 물질과 정신 또는 과학과 도덕으로 이분적으로 인식하였다. 원

---

283 박경주, 『한국 시가문학의 흐름』, 도서출판 월인, 2009, 412쪽.

불교는 서양문명을 적극적으로 받아들이고자 노력했고, 서양문명의 우수성과 발전상을 '긍정'하고 '인정'하는 입장이었다. 물론 서양문명의 비도덕성을 보완하고 대체할 정신문명은 동양에서 출발한 원불교의 도덕문명이라는 자부심과 긍지를 강조하기도 했다. 따라서 원불교의 서양문명에 대한 대응양식은 '인정'으로 요약할 수 있다. 그리고 원불교는 과학과 물질로 대표되는 서양문명을 동양의 우월한 도덕으로 지도하려는 입장을 지켰다. 또 원불교는 동양과 서양이 분립하여 발전을 도모하는 체계로 인식한다. 원불교는 서양문명을 물질과 과학을 중심으로 특화되어 발전된 문명으로 '인정'하는 입장이다.

5) 통일교의 서양문명에 대한 대응

문선명은 역사를 '태초의 완전한 상태로의 복귀復歸 과정'이라고 주장한다.

> 역사적인 복귀 노정을 총괄적으로 살펴보면, 하나님은 지금까지 소생 · 장성 · 완성의 3단계를 통해 섭리해 나오셨다는 것을 알 수 있습니다. 구약시대의 종의 시대, 신약시대의 양자의 시대, 성약시대의 참자녀 시대를 넘어 참부모 시대로 들어가는 복귀 노정인 것입니다. …[284]

역사의 복귀 노정을 주관하시는 하나님께서는 소생所生, 장성長成, 완성完成의 세 단계를 통해 섭리해 오셨는데, 각각 구약舊約시대에 해당하는 노예시대, 신약新約시대에 해당하는 양자養子시대, 성약成約 시대에 해당하는 참자녀 시대를 거쳐 궁극적으로는 참부모 시대로 들어가게 된다고 주장한다. 종, 양자, 참자녀 시대를 지난 후에 종국적으로 참부모 시대에 들어서야 비로소 인류의 복귀 노정이 완성된다는 말이다. 인류의 역사가 생生 → 장長 → 성成으로 진행되었다는 점을 강조한다. 그리고 구약시대의 인류는 노예의 신분이었고, 신약시대의 인류는 양자였으며, 성약시대의 인류는 참자녀의 신분이었지만,

---

284 『문선명선생말씀선집』 15권, 49쪽, 1965년 2월 7일.

장차 인류는 '참부모'의 시대로 접어들 것이라고 주장한다. 기독교의 구약시대와 신약시대는 노예와 양자의 신분을 벗어나지 못했던 미완성되고 불완전한 시대였지만, 앞으로 전개될 시대에는 인류가 하나님의 '참자녀'가 되는 새로운 세상이 될 것이고, 결국에는 하나님을 대신하는 '참부모'가 등장하여 인류를 섭리하게 된다고 강조한다.

> 이 삼천리 반도를 중심삼고 서구문명의 최후의 결실과 아시아문명의 최후의 결실을 이루어 가지고 하나님 앞에 바쳐야 한다는 것입니다.[285]

문선명은 한반도를 중심으로 삼아 서양문명의 최후결실과 아시아 문명의 최후 결실이 이루어져야 한다고 주장한다. 이러한 동양문명과 서양문명의 결실은 궁극적으로는 하나님께 바치는 일이라고 강조한다.

> 일본은 섬나라로서 아시아에서는 처음으로 서양문명을 정착시켰습니다. 다음은 반도 문명시대입니다. 한반도는 동양과 서양의 문명이 일치하는 장소입니다.[286]

문선명은 아시아에서 처음으로 서양문명을 들여와 정착한 나라가 일본이었다면 앞으로 동양문명과 서양문명이 일치되어 통일되는 국가는 한반도에 있는 한국이라고 주장한다. 이를 반도 문명시대라고 부른 후 한국을 중심으로 동양문명과 서양문명이 통일되리라고 강조한 것이다.

> 구약시대에는 원시적인 종교 형태를 갖고 나왔고, 신약시대에는 시대적인 종교를 갖고 나왔습니다. 즉, 말하자면 신약시대는 근대의 20세기 문명까지 연결되어 온 그러한 종교시대입니다. 통일교회는 무슨 종교냐? 통일교회는 원시적인 종교, 시대적인 종교보다 새로운 차원의

---

285 『문선명선생말씀선집』 79권, 75쪽, 1975년 6월 1일.
286 『문선명선생말씀선집』 115권, 171쪽, 1981년 11월 10일.

미래적인 종교가 되어야 되겠나, 이렇게 보는 것입니다.[287]

문선명은 구약시대는 원시적인 종교였고, 신약시대는 당대의 상황에 맞춘 종교였다고 주장한다. 이어서 신약시대는 20세기까지 계속되어 온 긴 역사였다고 회고한다. 나아가 문선명은 신약시대가 끝난 후에 통일교회가 새롭게 등장하여 지난 시대의 종교인 원시적인 형태와 시대적인 형태를 벗어나 새로운 차원의 미래적인 종교가 되리라고 전망한다. 통일교의 역할이 새 시대에 걸맞은 미래종교未來宗教라는 점을 강조한 대목이다.

한반도는 세계에서 선과 악이 가장 날카롭게 맞서고 있는 세계사적 지역이 되고 있으며, 이 지역에서 선이 악을 무찔러 승리할 때 세계의 모든 악은 망하게 되는 것입니다. 하나님은 전 섭리사를 두고 이와 같이 한국 국민과 전 세계 자유인이 합하여 전체적 승리를 거둘 것을 고대하고 계십니다.[288]

문선명은 한반도를 중심으로 선과 악이 세계적인 투쟁을 벌이고 있다고 주장한다. 한반도에서 선이 악을 물리쳐야만 비로소 세계적인 차원의 평화가 전개될 수 있고, 이러한 일에는 하나님께서 주관하시는 섭리의 역사가 펼쳐지고 있다고 강조한다. 한반도는 하나님이 주목하시는 중심지라는 주장이다.

세계사의 총합적 유산이라 일컬을 수 있는 동과 서, 남과 북의 만남, 정신과 물질, 유심과 유물의 대결과 혼돈들이 집약되어 한반도에서 소용돌이침도 마치 새 시대를 잉태한 산모의 몸부림과도 같은 것입니다.[289]

---

287 『문선명선생말씀선집』 122권, 9쪽, 1982년 10월 31일.
288 『문선명선생말씀선집』 129권, 331쪽, 1983년 12월 14일.
289 『문선명선생말씀선집』 135권, 238쪽, 1985년 12월 11일.

세계사의 총체적 유산인 동과 서의 만남, 남과 북의 만남, 정신과 물질의 대결, 유심론과 유물론의 혼돈들 등이 집약되어 소용돌이치는 곳이 바로 한반도라는 지적이며, 이러한 일이 발생하는 것은 마치 잉태한 산모가 새 생명을 낳기 위해 고통스러워하는 몸부림과도 같다고 설명한다. 혼돈과 갈등과 투쟁을 거쳐야 비로소 새로운 진보가 가능하고 새로운 문명의 탄생이 가능하다는 점을 강조한 대목이다.

> 세계주의적 미국을 위해 자기 자체 일개국을 희생시키고 일개 기독교를 희생시켜서라도 세계적 기반 판도를 닦는 것이 하나님의 뜻인데도 불구하고, 거기에 위배되고 반대된 자리에 나가니, 미국 자체도 곤두박질하는 것입니다. 가정이 깨져 나가고, 교회가 깨져 나가고, 나라가 깨져 나가고, 전부 엉망진창입니다. 다 병이 났습니다. …[290]

문선명은 세계주의를 표방하는 서양문명의 대표로 미국을 손꼽는다. 그는 미국과 기독교를 희생하여 세계적 판도를 닦아야 하는 것이 하나님의 뜻인데 이를 위배하고 반대되는 일을 저질러 결국 미국이 꼬꾸라지는 사태가 발생했다고 주장한다. 이에 따라 가정과 교회는 물론 국가도 손상되어 엉망진창이 되는 전 세계가 병이 든 위기 상황에 빠지게 되었다고 주장한다. 문선명은 서양문명의 총아로 이제는 미국을 들고 있으며, 기독교를 대표하는 나라도 역시 미국이라고 주장한다. 이는 그가 살던 시대적 상황을 반영한 대목으로 이해된다.

> 이제 세계에서 벌어지는 최후의 어려운 문제가 뭐냐? 동서문화의 분립입니다. 동양과 서양을 어떻게 하나 만드느냐 하는 것이 문제입니다. 그것은 인간의 힘으로는 안 됩니다. 좌익과 우익이 하나되는데 있어서는 좌익으로도 안 되고, 우익으로도 안 됩니다. 여기에 두익頭翼이 나와야 됩니다. 그래서 두익사상의 현현을 말하고 있는 것입니다. 인간들이 잘났다는 인본주의 사상, 유물주의 사상 가지고는 안 됩니다. 물본주의 사상과 인본주의 사상으로는 안 된다는

---

290 『문선명선생말씀선집』 143권, 189쪽, 1986년 3월 18일.

것입니다. 천의天意에 의한 본연의 심정을 중심삼은 신본주의神本主義 사상으로 돌아가야 됩니다. 이런 문제를 제시해 가지고, 동서로 분립된 이 모든 문화 배경을 어떻게 연결시키느냐 하는 것입니다. …[291]

문선명은 동양과 서양의 문화가 분립分立된 것이 인류 역사 최후의 어려운 문제라고 주장한다. 그는 동양과 서양의 문화 또는 문명이 하나가 되는 세상을 이상적으로 생각했는데, 이는 인간의 노력만으로는 도저히 해결할 수 없다고 강조한다. 하나님의 계획과 섭리에 의해서만 풀 수 있는 문제라는 견해다. 나아가 문선명은 세계의 사상적 조류가 좌익左翼과 우익右翼으로 나뉘어서 대결하는 구도로 진행되는데, 이 둘이 하나가 되기 위해서는 어느 한쪽의 힘만으로는 안 되며, 오로지 좌우 두 날개의 중심에 있는 두익頭翼으로서만 가능하다고 주장한다. 그리고 인간의 힘을 강조하는 인본주의人本主義와 물질의 세력을 중심으로 삼는 유물주의唯物主義도 그 어느 한쪽만으로는 세계의 질서와 원리를 통일할 수 없다고 강조한다. 문선명은 인본주의와 물본주의의 한계를 극복할 수 있는 새로운 사상체계로서 하늘의 뜻에 기초하고 하늘의 심정이 중심이 되는 신본주의神本主義를 제시한다. 신본주의가 중심이 되어야 비로소 동양과 서양으로 나뉜 문명과 문화가 연결되어 하나가 될 수 있다고 주장한다.

우리가 공산주의의 본질이 무신론에 있음을 간파할 때, 이를 극복하는 이데올로기가 하나님을 인정하고 하나님을 중심으로 하는 이념이어야 한다는 것은 말할 나위도 없습니다. 우리는 이 이데올로기를 하나님주의 또는 두익사상이라고 부릅니다. 절대적인 하나님 중심의 세계관이야말로 공산주의로부터 인간을 해방시킬 수 있는 가장 효과적인 무기입니다. 그것은 하나님의 계시다 하는 참 진리만이 하나님의 없다 하는 거짓을 일소할 수 있기 때문입니다.[292]

---

291 『문선명선생말씀선집』 168권, 112쪽, 1987년 9월 13일.
292 『문선명선생말씀선집』 168권, 237쪽, 1987년 9월 21일.

문선명은 공산주의의 본질이 무신론無神論이라고 주장하고 이를 극복하기 위한 이데올로기로 "하나님을 인정하고 하나님을 중심으로 하는 이념"인 '하나님주의'를 제시한다. '하나님주의'를 다른 이름으로는 '두익頭翼 사상'이라고 부를 수 있는데 이는 절대적인 하나님 중심의 세계관으로 정의할 수 있다고 주장한다. 공산주의로부터 인간을 해방할 수 있는 가장 효과적인 사상적 무기로 '하나님주의'를 손꼽고 있으며, 하나님께서 참으로 존재하신다는 진리로서만이 하나님이 없다는 무신론의 거짓을 없앨 수 있다고 강조한다.

> 한국은 역사시대의 모든 종교와 인류를 하나님의 뜻에 맞게끔 수습해 가지고 통일적인 세계와 통일적인 천국을 건설할 수 있는 책임을 하는 나라가 되어야 합니다.[293]

문선명은 한국이 지난 인류 역사의 모든 종교를 하나님의 뜻에 맞게 수습하여 통일세계와 통일 천국을 건설하는 책임을 진 나라가 되어야 한다고 주장한다. 한국의 문명사적 책임과 의무를 지적한 말이다.

> 근세 아시아에서 제일 짧은 역사를 가지고 세계 동서양의 문화를 흡수하고 종교를 흡수한 것은 한국밖에 없습니다. 유교로부터 불교와 기독교를 받아들인 것입니다. 이 단시간 내에, 이 40년 내에 서양문물을 흡수해 들여와 열매맺힌 것입니다. 열매는 씨와 같은 입장이기 때문에 반도문명은 세계를 살릴 수 있는 하나의 기원이 이루어져 가지고 이상적으로 안착되는 사랑의 세계로 넘어가야만 행복의 기지가 되는 것입니다.[294]

한국이 세계의 문명을 하나로 통일할 나라라는 자신의 주장에 대한 근거로 문선명은 한국이 동서양의 문화와 종교를 가장 짧은 시간에 흡수한 지역이라고 설명한다. 나아

---

293 『문선명선생말씀선집』 168권, 312쪽, 1987년 10월 1일.
294 『문선명선생말씀선집』 179권, 122쪽, 1988년 8월 1일.

가 문선명은 한국이 유교에 기초하여 적극적으로 불교와 기독교라는 외부 종교와 문명을 수용하였고, 특히 최근 40년 안에 서양의 문물을 흡수하여 문명의 열매를 맺은 곳이라고 주장한다. 그리고 반도를 중심으로 전개되는 문명이 세계를 구원할 수 있는 신기원을 이룬다고 주장하며, 반도가 사랑의 세계로 넘어가는 행복의 기지가 되리라고 전망한다.

> 한국은 세계 문제의 축소체입니다. 그러므로 세계 문제의 해결은 한국 문제의 해결과 불가분의 관계에 있습니다.[295]

한국은 세계의 온갖 종류의 문제가 모여있는 장소인데, 세계적 문제의 해결은 반드시 한국을 중심으로 하는 문제의 해결과 서로 긴밀하게 연결되어 있다는 주장이다. 문제가 있는 곳에 그 해결책도 함께 있다는 주장인 셈이다. 세계적 차원의 문제가 풀리기 위해서는 세계적인 문제가 집약된 지역에서 먼저 해결책이 제시되어야 한다는 점을 강조한 지적이다.

> 우리 조국 한국 땅에서부터 세계적인 지도자들을 배출하여 통일의 세계, 평화의 세계인 지상낙원을 성취해야 할 것입니다. 우리 조국의 통일은 물론 동서의 문화적 차이와 남북의 빈부격차를 하나님주의와 두익사상으로 해소하며, 사랑을 중심한 인류 대가족사회인 평화의 세계를 건설해 나가야 할 것입니다.[296]

문선명은 통일세계, 평화 세계를 이루어 지상낙원을 성취할 주도적인 민족으로 우리 민족을 들고 있다. 한국에서부터 세계적인 지도자들이 배출되어 조국의 통일을 성취하고, 동양과 서양의 문화적 차이를 없애고, 남과 북의 빈부격차도 해소해야 한다고 주장

---

295 『문선명선생말씀선집』 193권, 317쪽, 1989년 10월 12일.
296 『문선명선생말씀선집』 195권, 52쪽, 1989년 11월 3일.

한다. 이러한 일은 '하나님주의' 또는 '두익사상'이라고 부를 수 있는데, 그 궁극적인 지향점은 사랑이 중심이 되는 인류 가족 사회를 이루어 평화 세계를 건설하는 일이라고 강조한다.

> 남북이 갈라지고 남북의 빈부의 격차가 벌어진 걸 하나로 만들어야 됩니다. 동서의 문화를 하나로 만들어야 됩니다. 인종차별, 문화의 차별을 없애고 하나로 만들어야 됩니다. 무엇으로 하나되겠느냐? 이것이 절대적인 하나의 사랑으로부터 출발되지 못했기 때문에, 이 절대적인 사랑으로써 우주 판도 위에 딱 해 놓으면 통일교회를 반대하는 함성이 없어지게 될 것입니다. …[297]

또 문선명은 남과 북의 통일은 물론 동양과 서양의 문화통일을 지향한다. 인종차별과 문화 차별을 없애서 하나로 통일되는 일은 하나님의 절대적인 하나의 사랑에서 시작해야 한다고 주장하고, 절대적인 사랑을 우주적 차원에서 전개하는 일을 통일교회가 맡을 것을 자임한다.

> 서양문명과 동양문명이 어느 때 합해야 되느냐? 합하는 데는 어디서 합할 것이냐? … 반도에서 합하는 것입니다. 이렇게 볼 때 아시아에서 반도국가로서 제일 미묘한 자리에 있는 것이 한국입니다. …[298]

문선명은 서양문명과 동양문명이 통일되는 지역이 한반도라고 주장한다. 아시아 지역에 있는 반도 국가인 한국이 우주의 신비한 기운이 간직된 땅이라고 강조하면서 한반도를 중심으로 동양문명과 서양문명의 통일이 이루어지리라고 전망한다.

---

297 『문선명선생말씀선집』 195권, 122쪽, 1989년 11월 5일.
298 『문선명선생말씀선집』 196권, 162쪽, 1990년 1월 1일.

인류 역시를 보면 구약시대, 신약시대, 성약시대 이렇게 3시대가 있습니다. 여기서 구약시대는 어떤 시대예요? 제물을 희생삼아 자녀를 구제하는 시대입니다. 하나님의 아들이 올 준비를 하는 것입니다. 신약시대는 예수님이 제물이 되어 부모를 맞이하는 시대입니다. 그렇기 때문에 재림시대를 맞이하여 신랑 신부를 세워 부모를 맞이하기 위한 준비를 해 왔습니다. 성약시대에 선생님이 중심이 되어 참부모라는 이름을 가지고 지금까지 40여 년간 고생해 온 것은 하나님을 지상에 맞이하기 위해서입니다. 그래 가지고 신인일체神人一體가 되는 것입니다. …[299]

문선명은 인류의 지난 역사를 구약, 신약, 성약시대로 구분한다. 구약시대는 희생제물을 사용하여 자녀를 구제하던 시대였는데 하나님의 아들이신 예수님을 맞이하기 위해 준비하던 때였다고 주장한다. 신약시대는 하나님의 아들인 예수님께서 손수 제물이 되어 앞으로 오실 부모를 맞이하기 위한 때였는데, 구원의 절대자가 재림再臨하기 위한 준비 과정으로서 신랑과 신부가 되어 부모를 맞이할 과정이었다고 주장한다. 나아가 문선명은 이제 성약시대를 맞아 문선명 자신이 중심이 되어 '참부모'가 하나님을 이 땅에 모셔서 진정한 의미의 신인일체의 시대가 열릴 것이고 강조한다. 여기서 '참부모'는 통일교의 창시자인 문선명과 그의 부인인 한학자를 가리키는 말이다. 요컨대 문선명은 스스로 '참부모'라고 인식하고 주장했으며, 지상에서 신인일체가 이루어지는 세상을 꿈꿨다.

아담 나라는 오시는 재림주님 나라인데, 그것이 한반도입니다. … 한반도는 사망과 생명의 경계선입니다.[300]

문선명은 '아담 나라'는 곧 '재림주님 나라'라고 주장한다. 인류의 시조로 믿어지는 기독교의 아담이 '재림주님'이라는 말인데, 그 나라가 이제는 한반도라고 강조한 것이다.

---

299 『문선명선생말씀선집』 200권, 55쪽, 1990년 2월 23일.

300 『문선명선생말씀선집』 201권, 52쪽, 1990년 2월 28일.

한반도는 삶과 죽음의 경계를 가르고 판단하는 선線에 해당하는 중요한 지역이라는 말이다.

> 공산주의나 민주주의는 좌우 사상입니다. 좌우 사상이 뭐냐 하면 가인 아벨의 형제 사상인데, 동양에서 나올 수 있는 새로운 사상은 부모의 사상이라는 것입니다. 부모를 중심 삼아 가지고 아시아를 중심 삼고 좌우가 통일돼야 된다 이겁니다. 이것을 두익사상이라고 하는 것입니다. … 너희들이 주장하는 것보다도 부모님이 주장하는 것이 더 좋으니, 따라가야 된다고 하면 '예스.' 한다는 것입니다.[301]

문선명은 공산주의와 민주주의 사상을 좌익사상과 우익사상으로 보고, 이를 구약의 가인과 아벨에게서 유래한 형제 사상으로 규정한다. 서양에서는 형제 차원의 사상만 전개되었다고 평가한 것이다. 이와 대비하여 동양사상은 '부모의 사상'으로 서양 사상보다 고차원에 있다고 주장한다. 나아가 문선명은 이제 인류는 아시아 즉 부모사상의 발상지인 동양을 중심으로 삼아 형제 사상의 근거지인 서양 사상을 통일시켜야 한다고 강조한다. 형제를 포괄하는 부모의 입장과 사상을 두익頭翼사상이라고 이름짓고, 형제로 나뉜 서양 사상을 부모 사상으로 통일해야 할 것이라고 주장하는 것이다. 형제는 그 태생의 원천인 부모를 따라가야 하는 일이 당연하므로 부모 사상을 확립하면 자연스레 형제 사상이 뒤따라오기 마련이라고 강조한다.

> 지금의 세상이 물질만능 시대라고는 하나, 정신에 있어서는 영零의 시대입니다. 그러므로 정신을 중심삼고 물질을 끌고 내려가야 할 것이 통일교회의 사명입니다. 지금 학교도 기술교육은 하지만 인격교육을 안 합니다. 신이고 인간이고 없다 그 말입니다. 그것을 우리가 지탱해서 이 길을 내려가야 되는 것입니다. 내려가는 길을 출발해서 하나의 순환 법도로서 이걸 갖다 대야 하는 것입니다. 환고향還故鄕해서 남북통일을 해야 하는 것입니다. … 통일교회는 민주와

---

301 『남북통일』, 519쪽.

공산을 동일할 수 있는 곳이요, 모든 종교를 통일할 수 있는 곳입니다. 그리고 종교와 세상도 통일할 수 있는 곳입니다. 하늘땅을 통일해야 하는 천리天理의 대도大道 앞에 책임을 지고 왔는데 …[302]

문선명은 당대를 물질만능 시대로 규정한다. 그러나 정신적인 면에 있어서는 아무것도 없는 시대라고 비판한 후 이제는 정신을 중심으로 삼아 물질을 끌고 내려가야 한다고 주장하고, 이러한 책임을 맡은 단체가 바로 통일교라고 강조한다. 그리고 문선명은 현재의 학교 교육이 기술에만 치중하고 인격은 소홀히 한다고 주장하고, 이를 극복하고 고쳐야 한다고 주장한다. 나아가 그는 민주주의와 공산주의의 통일과 세계종교의 통일이 가능한 조직은 통일교회라고 강조한 다음, 궁극적으로 하늘과 땅을 통일하는 하늘의 이치가 통일교에 있다고 강조한다.

… 어차피 태평양 문명권 시대에는 통일세계가 와야 되기 때문에 다 정비되어야 하는 것입니다. 미국 민주주의도 안 되고, 공산주의도 안 되는 것입니다. 그러니까 이 시대에 두익頭翼 사상, 하나님주의가 나와야 된다는 것입니다.[303]

문선명은 당대를 '태평양 문명권 시대'라고도 규정한다. 태평양 지역 즉 동양을 중심으로 통일세계가 전개되리라는 전망이다. 이때에는 민주주의와 공산주의 아닌 두익사상 또는 하나님주의가 나와서 통일시킬 것이라는 주장이다.

… 이제 기독교 문명을 통일적인 내용으로 소화시켜 구라파를 하나로 화합하고 남북미를 화합할 수 있는 것은 기독교 문명권밖엔 없습니다. 그런데 서양의 기독교 문명권이 아시아로 넘어오고 있습니다. … 태평양 문명권이 눈앞에 다가오는 환경을 직시하면서 아시아 제국서

302 『문선명선생말씀선집』 202권, 270쪽, 1990년 5월 25일.
303 『문선명선생말씀선집』 207권, 46쪽, 1990년 10월 28일.

기독교문화 배경을 거족적으로 갖추어 가지고 수용 태세를 갖출 수 있는 나라가 있다면 그것은 일본도 아니요, 중국도 아니요, 소련도 아니요, 오로지 한국입니다.[304]

앞으로 세계 문명은 틀림없이 아시아를 찾아옵니다. 태평양 문명권 시대가 도래한다는 것입니다. … 대한민국이 그걸 주도해야 된다고 보는 것입니다.[305]

문선명은 다가오는 미래에 세계의 문명은 반드시 아시아를 찾아올 것이고, 그리하여 결국은 태평양 문명권의 시대가 도래하리라고 전망한다. 나아가 문선명은 그러한 시대를 주도할 나라가 대한민국이라고 주장한다. 새 시대를 열 막중한 책임과 위대한 사명이 한민족에게 있다는 점을 강조한 셈이다.

… 국가적 기준에서 천국 들어갈 수 있는 시대가 온다는 것입니다. 그러므로 지상천국, 천상천국이 현현한다는 것입니다.[306]

문선명은 인류는 바야흐로 천국에 들어갈 수 있는 시대가 열린다고 주장한다. 그리하여 지상에 천국이 건설되고, 천상에도 천국이 세워지리라고 전망한다.

남북통일은 동서의 빈부도 해소되고, 서양문명과 동양문명이 하나 되는 것입니다. 원래는 정신문명의 중심이 동양입니다. 그렇기 때문에 모든 종교는 동양에서 나왔습니다. 종교권이 성하게 되면 물질을 내버려야 합니다. … 물질문명을 발전시킨 것이 서양 사람들입니다. 서구는 지식을 통해 가지고 알면 알수록 내 땅이라고 점령하고 다 그랬습니다. 전부 지식으로 말미암아 판도를 확장했습니다. 그렇지만 동양에서는 돈을 전부 저버렸습니다. 그러나 정신적 기

---

304 『문선명선생말씀선집』 222권, 134쪽, 1991년 10월 28일.
305 『문선명선생말씀선집』 207권, 281쪽, 1990년 11월 11일.
306 『문선명선생말씀선집』 211권, 204쪽, 1990년 12월 30일.

순과 물질적 기준이 일체화할 때는 통일이 벌어지는 것입니다. 물질문명이 아시아를 찾아오는 것입니다. 태평양권에서 서구 문명과 아시아 문명이 연합해서 새로운 세계로 넘어가는 문명시대가 옵니다. 그것이 태평양 문명권 시대입니다.[307]

문선명이 주장하는 남북통일은 서양문명과 동양문명의 통일이기도 하다. 정신문명의 중심은 동양이고, 이 동양문명에서 세계의 모든 종교가 나왔다고 주장한다. 이에 반해 물질문명은 서양에서 발달했는데, 서양인들은 지식을 통해 다른 지역을 침략하고 그 판도를 확장했다고 비판한다. 문선명은 장차 정신적 기준과 물질적 기준이 일체가 되어 통일이 이루어지리라고 전망하고, 서양의 물질문명이 동양의 정신문명을 찾아오는 과정이라고 설명한다. 결국에는 태평양권인 동양에서 서양문명과 아시아 문명의 연합과 통일이 이루어져서 새로운 문명시대가 열릴 것인데 이를 태평양 문명권 시대라고 주장한다.

… 통일교회만이 태평양 문명권을 종적 사랑과 횡적 사랑을 편성하여 완성시킨 영원한 이상의 본향지로 갈 수 있는 것입니다.[308]

문선명은 태평양 문명권에서 하나님의 종적 사랑과 횡적 사랑이 완성되리라고 전망한 다음 이를 영원한 이상의 고향이라고 불렀다.

… 정신 문명권인 아시아에서 예수님을 중심 삼고 하나의 세계적 지도 국가 기준을 이루어야만 합니다. … 동양문명을 배경으로 하고 미래에 부흥 통일될 수 있는 기독교 문명의 내용을 가지고 기독교 문화권을 수습해서 세계적인 배후 관계를 묶은 것이 세계평화종교연합의 결성입니다.[309]

---

307 『문선명선생말씀선집』 212권, 138쪽, 1991년 1월 2일.
308 『문선명선생말씀선집』 216권, 206쪽, 1991년 3월 31일.

문선명은 아시아 즉 동양을 정신 문명권으로 규정하고, 이곳에서 예수님을 중심으로 하나의 세계를 지도할 수 있는 국가가 출현할 것이라고 주장한다. 그는 동양문명을 배경으로 기독교 문명이 부흥하고 통일되리라고 전망하며, 기독교 문화권을 세계적 차원에서 통일시키려는 조직이 세계평화종교연합이라고 주장한다.

> 아시아 대륙에서 세계 통일권으로 나가는 과정에서 서양문명과 동양문명을 중심 삼고 태평양 문명권이 나오는 것입니다. …[310]

문선명은 세계 통일로 나아가는 과정에서 서양문명과 동양문명이 통일되는 태평양 문명권이 나올 것이라고 주장한다.

> 아시아에서 한국을 중심 삼고 기독교와 수많은 종교를 배경으로 해서 엮어가지고 태평양 문화권을 내놓으려고 하는 것입니다.[311]

문선명은 태평양 문화권의 중심에는 한국이 있다고 강조하고 기독교와 다른 많은 종교가 하나로 통일될 것이라고 주장한다.

> … 역사를 거쳐오면서 한국은 종교 결실의 왕국으로 지내 왔습니다. 불교가 그렇고, 유교, 기독교가 그렇습니다.[312]

문선명은 한국이 불교, 유교, 기독교가 유입되어 결실된 지역이므로 '종교 결실의 왕국'이 되리라고 전망하기도 한다.

---

309 『문선명선생말씀선집』 218권, 364쪽, 1991년 8월 22일.
310 『문선명선생말씀선집』 218권, 362쪽, 1991년 8월 22일.
311 『문선명선생말씀선집』 221권, 196쪽, 1991년 10월 24일.
312 『문선명선생말씀선집』 222권, 36쪽, 1991년 10월 27일.

한반도는 최후의 역사를 종결지을 곳입니다. 이것을 문화사로 보면 공산주의와 민주주의의 결착점입니다.[313]

또 문선명은 한반도는 인류 역사의 최후를 종결할 지역이라고 주장하고, 문화사적으로 본다면 한반도는 공산주의 세력과 민주주의 세력의 대결 장소라고 강조한다. 즉, 앞으로 공산주의와 민주주의가 통일되어 새로운 문화와 문명이 솟아날 땅이 바로 한반도라고 주장한 것이다.

앞으로 황인종시대, 옐로 파워(Yellow Power) 시대가 온다고 합니다. 태평양 문화권 세계라고 하는 것은 아시아를 두고 하는 말입니다. 앞으로 인류는 어차피 그렇게 되는 것입니다. … 그러니까 앞으로 세계는 황인종의 시대로 가는 것입니다.[314]

문선명은 이제 서양문명이 중심이 되었던 백인종 시대를 지나 장차 동양문명이 중심이 되는 황인종 시대가 열리리라고 주장한다. 황인종 시대를 다른 말로 하면 태평양 문화권 세계가 전개되는 때라고 부를 수 있고, 아시아 지역의 황인종이 중심이 되어 세계의 문명이 발달하게 되리라고 전망한다. 서양문명의 쇠퇴와 동양문명의 발전적 전개를 '황인종 시대'라고 부른 것이다.

태평양 문화권은 이렇게 해서 아시아 통일과 세계 통일을 향해 나아가는 것입니다. 그래서 잃어버린 모든 것을 탕감복귀하는 것입니다.[315]

문선명은 태평양 문화권 시대는 곧 황인종 시대인데 아시아의 통일을 거쳐 세계의 통

---

313 『문선명선생말씀선집』 228권, 231쪽, 1992년 4월 3일.
314 『문선명선생말씀선집』 244권, 135쪽, 1993년 2월 1일.
315 『문선명선생말씀선집』 250권, 292쪽, 1993년 10월 15일.

일을 지향하는 일이 중점이 되는 시기라고 주장한다. 이는 하나님께서 잃어버린 모든 것을 탕감복귀하는 과정이기도 하다고 강조한다. 기독교의 구원사를 탕감복귀의 역사로 해석하고 이를 아시아와 세계의 통일과 연관시킨 것이다.

> … 왜 태평양 문명시대가 오느냐 하면, 서양문명이나 동양문명은 잃어버린 아버지의 몸을 찾아야 하기 때문입니다. 예수가 아버지로 왔는데 아버지의 몸을 죽여 버렸습니다. 이걸 찾아서 영적 구원과 기독교권 내에서 하나로 만들지 않고는 안 되겠기 때문에 동양을 찾아오는 것입니다. 오시는 주님을 중심 삼고, 한반도가 이태리와 마찬가지입니다. … 지중해보다 태평양 시대입니다. 방대한 환경을 중심 삼고 아시아에 돌아와 연결되니 그것이 한반도입니다. 한반도가 남자의 생식기라면 일본은 여자의 생식기입니다. 이것이 하나 안 될 수 없다는 것입니다. 이게 하나 되어야 통일천하의 시대가 오는 것입니다. 그래서 한국을 아담국가라 하고, 일본을 해와국가라 합니다.[316]

문선명은 다가올 미래의 이상사회를 '태평양 문명시대'라고 부른다. 장차 서양문명과 동양문명의 차별과 구별이 없어지는 진정한 의미의 이상적인 시대가 전개될 것이라고 주장한 것이다. 문선명은 기독교의 예수가 아버지의 자격으로 이 세상에 왔지만 아버지의 몸을 죽여버리는 실수를 했다고 비판한 다음, 이제는 새로운 구원자가 동양에 태어나 영적靈的 구원을 이루고 기독교 문화권을 하나로 통일할 것이라고 강조한다. 문선명은 자신의 이러한 주장의 근거로 한반도가 반도의 지형으로 이태리와 비슷하다는 점을 들고 있다. 이제는 기독교 문명의 중심지였던 지중해 시대가 지나가고 곧 태평양 시대가 전개되리라고 주장한다. 그리고 문선명은 한반도를 남성의 생식기에 비유한다면 일본열도는 여성의 생식기에 해당한다고 말한다. 남성과 여성이 합쳐서 하나가 되는 자연의 이치에 따라 한반도와 일본열도는 통일이 될 수밖에 없다고 주장한 다음, 통일천하統一天下의 시대가 전개되리라고 강조한다. 즉, 동양의 한국과 일본이 중심이 되어 새로운 차

---

316 『문선명선생말씀선집』 251권, 147쪽, 1993년 10월 17일.

원의 새 분명이 열리리라는 주장이다. 이러한 맥락에서 문신명은 한국을 구약에 나오는 아담에 해당하는 국가라면 일본은 해와(이브)에 해당하는 나라라고 주장한다. 인류의 첫 조상으로 믿어지는 아담과 해와를 상징하는 두 국가인 한국과 일본이 하나가 되어 세계의 통일을 이루게 되는 시대가 올 것이라고 주장한 것이다.

> 오늘날 전 세계를 두고 볼 때 2천 년 전의 국가들처럼 피폐해 가고 있습니다. 이런 나라 중에도 이스라엘과 같은 국가로 한국을 세우고, 로마와 같은 미국을 세워 섭리하고 계십니다. 이 두 국가만 하나가 되면, 세계를 하나 만들 수 있는 기반이 이루어지게 되어 있습니다. 영적인 기독교의 세계적 기반 위에 공산세계를 흡수하여 지상천국의 완성이 벌이지는 것입니다. … 그래서 우리 통일교회는 개인 · 가정 · 종족 · 민족 · 국가 · 세계의 완성 기반을 다 닦았습니다. 그렇기 때문에 오색 인종이 한 식구가 되어 있다는 것입니다. 제3 이스라엘 민족은 세계적인 나라의 기반 위에 영계와 육계를 중심삼은 하늘나라를 가질 수 있는 민족인 것입니다. 그래서 우리는 새로운 제3 이스라엘 민족이 되어 있다는 것입니다.[317]

문선명은 당대를 피폐해 가는 시대로 규정하고, 이제 2천 년 전의 이스라엘과 같은 국가로 한국이 세워지고 2천 년 전의 로마와도 같은 미국과 함께 하나님의 섭리가 펼쳐지고 있다고 주장한다. 나아가 문선명은 한국과 미국이 하나가 되는 통일이 이루어지면 영적靈的인 기독교의 기반 위에 공산 세계가 흡수되어 지상천국이 건설되고 완성될 것이라고 강조한다. 그는 이러한 전망을 통해 장차 통일교가 중심이 되어 개인 · 가정 · 종족 · 민족 · 국가 · 세계의 완성 기반을 만들었다고도 주장한다. 이에 따라 세계의 여러 인종이 한 식구가 될 것이고, 제3 이스라엘 민족에 해당하는 한민족이 중심이 되어 영계靈界와 육계肉界에 각각 천국天國이 세워질 것이라고 강조한다.

문선명은 서양문명을 극복 · 흡수 · 통일의 대상이자 하위 개념으로 인식하고, 서양문명의 핵심인 기독교를 스스로 총결산하여 '완성'하고자 시도했다. 동양문명과 서양문

---

317 『축복과 이상가정』, 529쪽.

명의 공생과 협력을 주장하기도 했지만, 한반도를 동서東西 문화의 통일이 이루어질 장소라고 주장하고, 반도 문명시대 또는 태평양 문명권 시대가 전개되어 장차 '황인종의 시대'가 되리라고 전망한다. 그리고 앞으로는 좌익사상인 공산주의와 우익사상인 민주주의가 통일되어 두익頭翼 사상 또는 '하나님주의'가 지배 이데올로기가 되리라고 예견했다. 그는 '하나님주의'를 인본주의와 유물주의를 극복하고 통일시킨 신본주의神本主義라고도 불렀다. 나아가 문선명은 한민족이 통일세계와 통일 천국을 건설할 책임을 진 민족이라고 주장하기도 했다. 문선명은 자신이 세운 단체인 통일교라는 이름에서도 알 수 있듯이 미완성되었던 것을 '완성'하고 분열된 것을 '통일'하고자 노력했던 인물이다. 통일교는 서양문명을 '성숙'하고 '완성'하고자 노력했다. 그의 서양문명에 관한 대응 방법은 '성숙'과 '완성'으로 요약된다. 문선명은 예수의 능력에 의해서 출발한 서양의 기독교 문명이 불완전하고 미완성된 것이라고 비판하고, 이를 대신하여 완성할 '재림 예수'인 자신의 주도 아래 새로운 문명의 탄생을 예언했다. 여기서 '재림 예수'는 문선명 자신을 가리킨다. 문선명은 서양문명을 흡수하여 새 이념으로의 '완성'을 추구했다.

4. 한국신종교의 서양문명에 대한 인식과 대응의 의의

종교는 본래 독선적獨善的이고 독단적獨斷的인 신념이나 학설인 도그마dogma다. 이러한 맥락에서 개별 종교는 자체적으로 특정한 사상을 단순화시킨 '교리教理'를 주장한다. 그러므로 종교는 도식화圖式化를 통해 강렬한 이념과 복종적 신앙을 유도하는 체계다. 특히 종교 창시자는 자신의 사상을 표현하기 위한 체계를 갖춘 조직적인 저술을 남기거나 상세한 설명을 시도하지 않은 채 이른바 '말씀'의 형태로만 후대에 전설적 존재로서 전해질 뿐이고, 그의 사후死後에 '말씀'은 더욱 신성화神聖化와 신비화神祕化 과정을 겪고 성화聖化되어 해석 자체가 불가능하다고까지 '믿어지기' 마련이다. 따라서 종교적 주장은 특정한 사안이나 사건에 대해 철학적이거나 원리적인 서술이나 설명이 없고, 다만 '믿음의 체계'로서만 후대에 전승된다. 종교가는 논리적인 주장을 펴는 학자나 일관된 주제 의식을 서술하는 작가가 아니다. 종교가는 '논리'를 초월하거나 벗어나서 일상을 넘어서서 '선포' 또는 '선언'을 행하는 사람이다. 그러므로 특정 종교가의 사상을 알아보기 위한 일에도 어떤 이념이나 사건에 대한 '말씀'이나 '주장'만 전할 뿐이다. 따라서 그 핵심을 나름의 입장에서 '해석'하는 수밖에 없는 서술구조가 있을 따름이다.

한국 신종교의 서양문명에 대한 인식과 대응을 알아보는 과정에서도 사정은 마찬가지다. 특정 교단의 창시자와 계승자가 서양문명에 대해 직접적인 언급을 한 경우는 매우 드물다. 특히 서양문명에 대한 인식과 대응 양식을 고찰하기 위해서도 단편적인 언급만 했기 때문에 주변 상황을 살피고 유추할 수밖에 없다는 한계가 있다. 그럼에도 불구하고 한국 신종교의 서양문명에 대한 인식과 대응을 알아보는 작업은, 서양문명의 유입과 그 충격이 한국종교사에 미친 커다란 영향력으로 인해 매우 중요하다.

동학의 창시자 수운은 서양문명에 관해 소문이나 풍문을 통해 간접적으로 전해 들었다. 그가 살았던 시기에는 우리나라에 서양문명의 직접적인 유입은 일부 계층에서 제한적으로 이루어졌을 따름이다. 수운은 이러한 서양문명의 일방적 침략 행위에 대해 강한 부정을 표현했고, 때로는 저항 의식을 표출하며 때로는 무력 항쟁까지도 서슴지 않는 태도를 보였다. 동학의 창시자인 수운은 서양(문명)에 대해 경이로움과 놀라움을 표했다. 서양 세력의 동양 진출에 대해 두려움과 불안을 느낀 수운은 그에 대한 풍문을 통해 서양을 낯선 체계로 받아들여 '경계'했다. 서양 세력의 중국 침략과 수도인 북경의 함락 소식을 통해 수운은 서양의 침략성과 호전성을 인식했으며, 서양을 동양보다 강한 세력을 지닌 우월성을 지닌 문명으로 인식했다.

수운은 서양 세력을 강대하고 강력한 것으로 이해했고, 따라서 수운은 그에 대한 두려움과 위기의식을 느꼈고, 서양 세력이 곧 우리나라로도 밀려들 것을 염려하고 이에 대한 불안감을 토로했다. 한마디로 말하자면 수운은 서양 세력과 문명을 호전적인 '침략'으로 인식했다. 그리고 수운은 서양 세력의 본원과 핵심을 그들의 가르침을 뜻하는 서학西學으로 인식했는데, 서학은 한계를 가진 실제적 공효功效가 없는 허무虛無에 가까운 가르침이라고 인식했다. 나아가 수운은 서학은 하나님 또는 한울님이 내려주신 참된 가르침이 결단코 아니며, 요망한 서양적西洋賊 혹은 서양 오랑캐의 학學에 불과하다고 비판하였다.

또 수운은 기본적으로 동양의 전통적인 음양론陰陽論에 기초하여 서양문명을 '음陰'으로 보았고, 동양문명을 그에 반하는 양陽이라는 개념으로 인식했다. 그리고 동학은 서양문명을 강한 힘을 가진 세력의 근원 또는 중심으로 인식하여 서양문명을 하나의 강력한 '세력'으로 인식했다. 그러나 본질에 있어서 수운은 서양은 동양의 양陽에 의해 다스려지고 이끌어질 문명으로 인식하여, 현실적 차원의 열세를 정신적 차원에서 극복하려고 동학을 창도하였다. 수운은 서양문명을 우리나라의 문명에 대한 '도전'으로 인식하여 '경계'했다.

해월은 서양을 무력武力으로 무장한 강한 세력으로 인식했으며, 의암은 서양문명의 특징을 재주와 기예에 통달하는 기술에 능통한 것으로 인식하였다. 또 의암은 서양을 동양보다 훨씬 뛰어난 진보와 발전을 이룬 문명국文明國으로 인식했고, 특히 부국강병富國强兵으로 대변되는 강대국强大國으로 인식했다. 따라서 의암은 서양문명을 찬탄讚嘆과 희구希求의 대상으로 인식하였다. 동학의 창시자인 수운이 주로 활동한 시기인 1860년대와 의암이 주로 활동한 1910년대부터 1920년대 사이에는 50년에서 60년 이상의 상당한 차이가 있다. 따라서 수운과 의암의 서양문명에 대한 인식과 대응이 확연한 차이가 날 수밖에 없다. 이 점이 고려되어야 동학의 서양문명에 대한 관점과 반응을 제대로 확인할 수 있을 것이다.

동학은 서양문명에 대해 경이로움과 놀라움을 표했다. 서양문명을 '미지未知' 즉, '알 수 없는 것'이라고 인식했고, 이에 대한 '경계'와 '두려움'을 표출했고, 불안과 위기의식을 느꼈다. 그리고 동학은 서양문명을 호전적인 '침략' 세력으로 인식하여 '낯섦'으로 대하고 배타적 관점과 거부의식으로 일관했다. 애초에 동학은 서양문명에 대해 상당히 관심을 가졌지만 '놀라움', '두려움' 등의 경계심으로 거부와 비판의 대상으로 인식하였다.

증산은 서양을 지상에서 가장 높은 건축물을 가진 우월한 문명을 지닌 지역이라고 생각했고, 천상天上의 지고至高한 존재였던 자신이 이 땅에 내려온 성스러운 공간으로 인식했다. 그리고 증산은 서양을 기차와 윤선輪船 등의 각종 근대적 문명이기文明利器를 고도로 발전시킨 우수한 문명을 세운 지역으로 평가했다. 또 증산은 자신의 천지공사天地公事

에 서양 종이를 자주 사용했으며, 직접 윤선과 기차를 탔던 경험도 있다. 반면 증산은 당대를 "동양이 서양으로 떠넘어가는 때"라고 규정하여 서양이 동양을 넘보는 위협적 존재라고 생각해서 '동양의 적'으로 인식하기도 했다. 그리고 증산은 서양은 명부冥府 즉 어두운 곳이나 저승을 뜻하는 세계라고 규정하기도 했다. 또 증산은 서양문명이 발달한 이면에는 동양에서 건너간 도통신道通神과 문명신文明神이 있었다고 주장하였다. 나아가 증산은 서양문명의 교만과 폭력성을 지적하기도 했으며, 서양문명은 본디 천국天國의 모형을 본뜬 것이라고 인식했다. 그리고 증산은 서양문명의 핵심인 서교西敎는 신명神明을 박대하기 때문에 궁극적인 결실을 얻을 수는 없을 것이라고 부정적으로 평가하기도 했다. 또 증산은 기독교의 교회를 직접 찾아가 의식을 살펴본 후 "족히 취할 것이 없다." 라는 부정적 평가도 내린 적이 있다. 이 외에도 증산은 서양을 천자신天子神과 우사雨師 등의 신격神格이 있는 지역이라고 주장하기도 했다. 요컨대 증산은 서양문명이 '천국의 모형을 본뜬 것'이라고 주장하여 이 땅에 진정한 이상사회의 건설을 위한 한 '과정'으로 인식했다.

대종교는 서양문명을 '아시아를 위협하는 세력'으로 인식했고, '백인종이 세운 문명'으로서 당시에 가장 우세한 세력을 유지한 것으로 이해했다. 그리고 대종교에서는 서양을 장차 자신의 교세가 펼쳐질 가능성이 있는 지역인 외도교계外道敎界의 하나로 설정하고 있었으며, 서양을 '기독교의 발상지'로 인식했고, 서양이 유럽, 아메리카, 아프리카 등의 여러 지역으로 나뉘어있다는 사실도 잘 알고 있었다. 대종교는 세계의 종교에 대해서도 동양의 전통적 종교관이었던 유불선儒佛仙 이외에 '야耶' 즉 기독교가 있다고 인식했고, 모든 종교의 시원始原이 한배검에게서 출발했으며 유럽, 아메리카, 아프리카의 여러 지역에 사는 많은 족속도 한배검의 덕성德性으로부터 기원했다고 인식했다. 특히 대종교는 서양문명을 태초에 탄생했던 여러 족속族屬 가운데 하나인 '백족白族이 세운 문명'으로 인식했다. 나아가 서양문명도 '한배검의 자손 가운데 하나가 세운 문명'이라고 주장했다. 이처럼 대종교는 세계의 모든 족속이 모두가 한배검이라는 공통의 기원과 조상을 두고 있다고 강조했다. 대종교는 서양문명을 '한배검에서 출발한 여러 문명 가운데 하나'로 생각했으며, 서양문명은 백족의 발전이 이룬 결과라고 인식했다. 그러므로 대종교는 서양문명을 백인종 또는 백족의 문명으로서 동양문명과는 '별립別立'된 것으로 인식했다. 서양문명을 '여럿 가운데 하나'로 인식하는 타협적 태도를 보였다고 평가할 수 있다.

원불교는 서양문명이 '과학적 지식을 위주로 발달한 문명'이며, 주로 각종 문명이기의 발명으로 대표되는 '물질을 중심으로 발전한 문명'이라고 인식했다. 그리고 서양문명은 찬란한 태양이 떠오르면 먼저 서쪽 지역을 비추기 때문에 '태양 빛을 많이 받은 문명'에 비유하지만, 근본적으로 '도덕이 부족하거나 빠져 있는 불완전한 문명'이라고 인식하였다. 특히 서양문명의 파괴력에 대해 비판적으로 인식하였다. 그리고 원불교는 서양문명이 과학과 물질에만 몰두한 문명이라고 이해하여 '분립' '특화'된 문명이라고 인식했다. 특히 서양문명과 동양문명을 물질과 정신, 과학과 도덕으로 나뉘어 이분적으로 인식하였다.

통일교는 서양문명을 '백인종이 건설한 문명'으로 인식하고, '하나님의 물질적 축복이 내린 문명'이라고 이해한다. 그리고 통일교의 창시자인 문선명은 서양문명을 식육食肉문화를 기본으로 하는 '피와 투쟁의 역사가 펼쳐졌던 문명'으로 인식하는데, 이제는 지향할 방향을 잃고 '타락하고 실패한 불완전한 문명'이라고 비판한다. 그리고 문선명은 서양문명을 석양에 기우는 '어둠이 찾아드는 문명'이라고 인식하며, 세계의 문명이 점차 서진西進하여 동쪽으로 향하고 있고 더욱 고차원으로 발달하게 되리라고 전망한다. 문선명을 이러한 현상을 대서양 문명이 태평양 중심의 문명으로 바뀌는 것이라고 설명한다. 문선명은 이 모든 일에 하나님의 섭리가 작용한 것이라고 인식한다. 따라서 통일교는 서양문명을 '미완성된 불완전성을 지닌 문명'으로 인식했고, 이제는 동양을 중심으로 새로운 문명이 전개되리라고 주장했다.

동학의 창시자인 수운은 서양문명을 우리나라의 문명에 대한 도전으로 인식했다. 이러한 서양문명의 도전을 방어하고 이에 맞서기 위한 저항의 방식으로서 수운은 '대결'을 지향했다. 서양의 물리적 도전에 응전하기 위해 동양의 도道와 학學인 '동학東學이라는 정신적 차원에서의 대응'을 선택했다. 구체적으로는 영부靈符, 주문呪文, 검가劍歌 등의 '영적靈的이고 정신적 차원의 대응'이었다. 그리고 수운은 동양의 '도道'로써 서양의 '술術'을 제압하고 극복하려 했다. 또 수운은 음陰인 양학洋學을 양陽인 동학으로 이기려 했다. 나아가 수운은 나무로 만든 칼을 사용하여 목木으로 막강한 무기를 자랑하는 서양의 금金을 이길 수 있다는 새로운 논리를 주장하기도 했다. 그렇지만 동학의 서양문명에 대한 대응은 하늘에 제사를 지내거나 신비한 부적이나 조화가 깃든 글을 외우고 나무로 만든 칼을 가지고 춤을 추는 등의 주술적이고 신비적인 대응이었다는 한계를 지녔다.

해월은 서양 세력의 동진東進이라는 사태를 해결하기에는 낡은 시대와 지난 시대를 뜻하는 선천先天의 도덕으로는 역부족이라고 판단한다. 새 술은 새 부대에, 새 시대에는 '새로운 도덕문명이 꽃피우는 일'로 대응하려 했다. 해월은 물질을 중심으로 삼고 위주로 하는 문명으로는 새롭게 다가오는 시대의 사상적 기반과 도덕의 함양을 감당할 수 없을 것이라고 주장했다. 그리고 해월은 기계의 발달을 촉진하여 발전된 문명을 구가한 것이 서양문명이라면 이에 대비하여 인간의 정신적 진보의 총체인 사상의 발전은 동양문명에 있다고 주장하였다. 기계 즉 물질의 발달을 인정하면서도 다소 폄하貶下하는 입장에서 동양의 정신이 서양의 그것보다 우수하다는 점을 강조한 대목이다.

의암은 서양의 우수한 문명을 취사선택取捨選擇하여 그 장점을 적극적으로 배우자고 주장했다. 그는 선진국의 문명개화文明開化를 뒤따라 우리나라도 문명개화를 추구해야 하리라고 강조하기도 했다. 물론 의암은 동학의 도덕을 중심으로 서양문명의 우월한 점을 선별적으로 수용하여 동서東西가 융합하는 신문명新文明을 세워야 할 것이라는 입장이었다.

동학(천도교)은 서양문명에 대하여 '경계'하고 '비판'했다. 또 동학은 낯선 서양문명을 '경계'하였고, 잘못된 가치체계를 가진 서양문명에 대해 '비판'하였다. 동학의 서양문명에 대한 대응방식은 '대결'과 '투쟁'이다. 그리고 동학(천도교)은 서양문명에 대해 저항하고 투쟁하며 방어하고자 했는데, 핵심 용어로 본다면 서양문명의 '대결'에 대해 '응전'했다고 평가할 수 있다.

증산은 "밀려드는 서양 기운을 몰아낸다."라는 목적을 이루기 위해 천지공사天地公事를 집행한 인물이며, 동양을 서양의 침략으로부터 지켜내기 위한 종교적 행위를 시도하기도 했다. 나아가 증산은 동양과 서양의 통일을 예언했고, 도통신과 문명신을 거느려 세계

종교의 진액을 거두어 문화 통일을 이루고자 했다. 동학의 창시자인 수운이 목검을 들고 칼 노래를 부르면서 서양문명의 침략에 대응하려는 물리적 대응을 시도했다면, 증산은 서양문명의 유입에 대해 정신적 대응을 시도했다. 그는 서양문명의 근원과 본질을 '설명'하고 '이해'하려고 노력했다. 서양문명의 발달을 나름의 종교적 논리로 '해명'하려고 애썼다. 증산은 서양문명이 '천국天國의 모형을 본뜬 것' 또는 '하늘에서 내려온 것'이라고 종교적으로 '설명'한다. 그리고 증산은 서양문명을 흡수하여 지상에서의 천국 건설에 활용하고자 했다. 증산은 서양문명의 장점인 문명이기의 발달을 적극적으로 받아들여 자신의 종교적 행위인 천지공사에 활용하려 했던 인물이다. 나아가 증산은 서양인들의 기예技藝와 악惡을 동양의 조화造化로 제어할 수 있다고 강조했으며, 서양의 살인殺人 문명에 대비되는 '동양의 활인活人 문명으로 대응'해야 한다고 주장하는데 그 요체는 의통醫統이다. 증산은 동양문명이 서양문명보다 본래 우위에 있다고 말했고, 서양문명은 하늘로부터 내려온 것으로 장차 새 세상을 이루기 위한 한 과정이라고 '설명'하여 대응했다.

대종교는 서양문명을 흰둥이(백인종)들이 세운 문명이며, 서양문명과 동양문명 사이의 '협력과 공존'을 주장했다. 대종교는 서양문명의 동점東漸에 독자적인 힘에 의해서가 아니라 서양문명을 적극적으로 받아들여 발전된 사회를 이루어가던 일본日本과 연합하여 통합을 꾀하였다. 그리고 대종교는 세계의 여러 종교가 같은 '한배검'에게서 연원을 두었다고 주장하고, '한배검'을 중심으로 통합되어야 할 것을 강조했다. 이는 신교神敎의 중광으로 장차 통합 문명이 창건될 것이라는 주장으로 전개되었다. 대종교는 서양문명을 '포용하고 범인류적 차원에서 포함'하려고 시도했다. 따라서 대종교는 서양문명을 화합의 대상으로 보고 서양문명과의 조화, 공존, 공생을 통해 '수용' 또는 '포용'하려 했다. 대종교는 만인동포주의와 무차별 사상을 강조하여 인류로서의 동질성을 강조하여 서양문명을 적극적으로 '수용'하려고 노력했다. 따라서 대종교의 서양문명에 대한 대응 양식은 '수용'으로 정리할 수 있다.

원불교는 서양문명의 장점은 인정하면서 단점이 있는 부분을 보강해 결국 판세를 주도해 나가는 방법으로 대응하고자 했다. 따라서 원불교는 당시 우리나라로 밀려오던 서양문명에 대해 평화적이고 온건한 방법으로 대응하고자 노력했다. 그러나 원불교는 서양문명이 도덕을 다락시키고 사회의 혼란을 가중하는 것으로 그 한계를 동양문명으로 극복하려 했다. 물질문명의 발달과 함께 정신문명의 고양과 열림이 있어야 할 것이라고 주장하고, 특히 동양의 도덕문명을 정립해야 함을 역설했다. 또 원불교는 서양의 과학문명 또는 물질문명을 적극적으로 '인정'하는 입장에서 서양에서 특화된 문명으로 이해한다. 그렇지만 서양문명의 폐해와 단점을 고치고 보완하기 위해서는 반드시 동양의 독자적인 '도덕과 정신문명을 정립'하여 대응책을 마련해야 한다고 강조했다. 나아가 원불교는 용심법用心法, 마음공부, 정신개벽 등의 용어로 불리는 영육쌍전靈肉雙全, 과학과 도학의 겸전兼全으로 특징되는 '참 문명 세계'의 건설을 추구한다. 그리고 과학문명을 신통神通의 하나로 '인정'하고 물질문명을 선용善用하기 위해서는 수양, 연구, 취사와 함께 심전계발心田啓發 공부가 필요하다고 강조한다. 그리고 원불교는 궁극적으로 동양문명의 회복과 발달을 전망했으며, 세계의 중심지가 도덕이 정립되는 지역인 동양이 되리라고 예견한다. 또 동양문명과 서양문명 간의 관계는 본말本末과 주종主從 관계라고 주장하고, 서양문명에 대한 동양문명의 궁극적 승리를 강조한다. 요약한다면 원불교는 서양문명을 '인정'하고, 동양문명과의 공존과 공영, 쌍전과 병행을 강조한다. 서양문명과 동양문명의 이상적 만남을 통해 새로운 문명이 건설되리라는 전망을 제기하면서도 물질과 정신 또는 과학과 도덕으로 이분적으로 인식하였다.

원불교는 서양문명을 적극적으로 받아들이고자 노력했고, 서양문명의 우수성과 발전상을 '긍정'하고 '인정'하는 입장이었다. 물론 서양문명의 비도덕성을 보완하고 대체할 정신문명은 동양에서 출발한 원불교의 도덕문명이라는 자부심과 긍지를 강조하기도 했다. 따라서 원불교의 서양문명에 대한 대응 양식은 '인정'으로 요약할 수 있다. 그리고 원불교는 과학과 물질로 대표되는 서양문명을 동양의 우월한 도덕으로 지도하려는 입장을 지켰다. 또 원불교는 동양과 서양이 분립하여 발전을 도모하는 체계로 인식한다. 원불교는 서양문명을 물질과 과학을 중심으로 특화되어 발전된 문명으로 '인정'하는 입장이다.

통일교의 창시자인 문선명은 서양문명을 극복 · 흡수 · 통일의 대상이자 하위 개념으로 인식하고, 서양문명의 핵심인 기독교를 스스로 총결산하여 '완성'하고자 시도했다.

동양문명과 서양문명의 공생과 협력을 주장하기도 했지만, 한반도를 동서東西 문화의 통일이 이루어질 장소라고 주장하고, 반도 문명시대 또는 태평양 문명권 시대가 전개되어 장차 '황인종의 시대'가 되리라고 전망한다. 그리고 앞으로는 좌익사상인 공산주의와 우익사상인 민주주의가 통일되어 두익頭翼 사상 또는 '하나님주의'가 지배 이데올로기가 될 것이라고 예견했다. 그는 '하나님주의'를 인본주의와 유물주의를 극복하고 통일시킨 신본주의神本主義라고도 불렀다. 나아가 문선명은 한민족이 통일세계와 통일 천국을 건설할 책임을 진 민족이라고 주장하기도 했다. 문선명은 자신이 세운 단체인 통일교라는 이름에서도 알 수 있듯이 미완성되었던 것을 '완성'하고 분열된 것을 '통일'하고자 노력했던 인물이다. 통일교는 서양문명을 '성숙'하고 '완성'하려 했다. 그의 서양문명에 관한 대응 방법은 '성숙'과 '완성'으로 요약된다. 문선명은 예수의 능력에 의해 출발한 서양의 기독교 문명이 불완전하고 미완성된 것이라고 비판하고, 이를 대신하여 완성할 '재림 예수'인 자기의 주도 아래 새로운 문명의 탄생을 예언했다. 여기서 '재림 예수'는 문선명 자신을 가리킨다. 따라서 문선명은 서양문명을 흡수하여 새 이념으로의 '완성'을 추구했던 인물이다.

한국 신종교의 서양문명에 대한 인식과 대응은 개화기開化期에 전개되었던 소위 동도서기론東道西器論[318]의 인식과 거의 비슷하다. 동도서기론은 동양의 도를 지키면서 서양의 기술을 받아들이자는 논리다. 유교적 질서를 지키는 가운데, 서양의 우수한 군사·과학기술을 수용함으로써 국가체제를 유지하고자 하는 것이 그 내용이다. 한말韓末에 전개된 동도서기론은 개화사상과 밀접한 관련이 있다. 대내외적 위기라는 시대 배경하에서 형성된 동도서기 사상은 개화사상과 함께 국내외의 위기를 부국강병富國强兵과 근대화近代化의 실현을 통한 국가 독립의 확보를 통해 서양문명을 극복하려는 공통된 목표를 가지고 있었다. 즉 한국에서의 동도서기론적 개화사상은 동도東道 위에 서양의 과학

---

318 '동도서기'라는 용어는 1898년 11월 20일 전 도사(都事) 전병훈(全秉薰, 1857~1927)이 올린 소(疏)에서 처음 나타난다. '도(道)'와 '기(器)'는『주역(周易)』「계사(繫辭)」의 "형이상(形而上)을 도(道)라 하고, 형이하(形而下)를 기(器)라 한다."라는 구절에서 유래한다.

· 군사 기술을 수용하려는 것이었지만, 근본적으로 지향하는 바는 부국강병을 통한 자주독립의 확보에 있었다. 이 논리를 한국에서는 '동도서기론', 중국에서는 '중체서용론中體西用論', 일본에서는 '화혼양재론和魂洋才論'으로 표현했다.

동도서기론은 동양의 정신 혹은 도덕을 기초에 두고 서양의 과학과 기술을 받아들이자는 동도東道를 '본本'으로 하는 서기西器 수용론이었다.[319] 동양문명과 서양문명에 대한 인식과 양자 간의 관계 설정에 대한 인식이라는 면에서, 동도서기론적 사유 구조는 1894년에 시작된 갑오개혁과 청일전쟁 이후에도 변용을 거치면서 지속되었다. 20세기에 들어서도 동양과 서양을 도道(도덕/정신)와 기器(과학/기술)로 구분하여 이해하려는 사고는 완전히 소멸하지 않았고, 근래의 아시아적 가치론이란 것도 동양의 정신문화에 대한 긍정적인 관점을 핵심으로 한다는 점에서 기본적으로 동도서기론의 범위를 많이 벗어나지 않는다.[320] 동도서기론은 1880년 초반에 체계화되기 시작하여 광무光武 연간인 1897년부터 1907년까지 조선의 개혁운동이나 구상으로 제기되었다.

동도서기론은 '서西'의 위세가 '동東'을 사실상 압도하게 되었을 때, 그에 대응하는 과정에서 형성된 것이다. 동도서기론은 개항開港 이후, 특히 1882년 임오군란壬午軍亂을 수습하는 과정에서 개화開化를 천명하는 국왕의 윤음綸音이 발표되면서 확산하였다. 동도서기론의 핵심은 유교적 윤리 질서인 '동도'와 전통적인 정치사회인 '동법東法'은 고수하고, 서양 문화 가운데 정치와 윤리 사상은 배제하고 군사 기술과 과학기술로 대표되는 '서기西器'를 수용하여 부강한 나라를 건설한다는 것이었다.[321] 이와 같이 동도와 서기로 차별하는 본말론적本末論的 사고는 서양문명에 대한 동양문명의 우월의식을 바탕으로 한 것이었다. 서양이라는 외세의 침략에 따라 동양문명에 대한 위기감이 고조된 데서 비롯된 이론이었다. 동도서기론은 오랑캐로만 인식되던 서양이 산업혁명의 결과 우세한 힘을 갖추고 동양을 압박하는 전대미문의 문명적 위기 상황에 대응하기 위해 나타난 고심의

---

319 배항섭, 「동도서기론의 구조와 전개 양상」, 『사림』 42권, 수선사학회, 2012, 1쪽.

320 김문용, 「동도서기론은 얼마나 유효한가?」, 김교빈 · 김시천 편, 『가치 청바지 - 동서양의 가치는 화해할 수 있을까?』, 웅진, 2007 참고.

321 정창렬, 「한말 변혁운동의 정치, 경제적 성격」, 『한국민족주의론』, 창작과 비평사, 1982, 18쪽.

표현이 나타난 사유 방식이었다.[322]

우리나라에 'civilization'의 번역어로서의 '문명文明' 개념이 소개된 것은 1880년대 들어서였다. 유길준에 의해 처음 문명이라는 용어가 사용된 이래 서서히 하나의 개념으로 정착되어 갔다. 특히 1894년 갑오경장 이후 『독립신문』과 『매일신문』을 중심으로 문명론이 활발하게 전개되면서 문명의 하나의 유행어가 되었다. 문명을 어떻게 이해하는가는 논자에 따라 차이가 있었지만, 대체로 그것은 서양 문물의 수용을 의미하였다. 서양 문물의 수용을 통해 부강富强을 달성하는 일이 문명으로 이해되기도 하였고, 부강의 효과가 문명으로 설명되기도 했다.[323] 1890년대 중반 이후 문명론이 본격적으로 전개된 이후 문명은 서양과 거의 동일한 개념으로 정착되고 있었다. 서양의 총체적인 모습이 문명이라는 단어에 집약되어 있었다. 당시에 서양문명을 물질문명과 정신문명으로 구분하는 모습은 잘 나타나지 않았다. 문명은 총체적인 서양문명으로 이해되었다.[324]

동서양의 문명 개념은 이상理想을 향한 진보 혹은 개조를 긍정하고 있고, 이적夷狄과 야만野蠻이라는 절대적 타자를 상정하는 차별 기제를 갖고 있으며, 강력한 가치 영역인 '교敎'를 통해 물질, 이익과 관련한 영역을 강력히 규제하고 있다. 게다가 그 개념의 내용을 규정하는 주요 요소들인 문화, 지역, 종족, 인종이라는 범주 역시 흡사하다.[325] 당시의 '교敎'는 대한제국기(1897~1910)에 서양과 일본으로부터 유입된 '종교宗敎' 개념 유입의 영향을 받았으며, 대한제국의 건국 취지였던 "옛것을 바탕으로 삼고, 새로운 것은 참고한다."라는 구본신참舊本新參이 반영되었으나, 실제로는 종교 개념에 대한 깊은 이해가 없는 구본舊本의 성격이 더 강했으며 그 배경 담론 속에서도 큰 차이가 없었다.[326]

---

322 배항섭, 「동도서기론의 구조와 전개 양상」, 『사림』 42권, 수선사학회, 2012, 27쪽.

323 노대환, 「1905~1910년 문명론의 전개와 새로운 문명관 모색」, 『유교사상연구』 제39집, 한국유교학회, 2010, 349쪽.

324 노대환, 위의 글, 372쪽.

325 이경구, 「한국에서 중화(中華)의식과 기독교적 문명의식의 비교사적 고찰」, 『개념과 소통』 6집, 한림과학원, 2010, 6~7쪽.

326 이종우, 「예교(禮敎)에서 종교(宗敎)로 - 대한제국기 종교정책과 배경 담론들을 중심으로」, 『원불교사상과 종교문화』 81집, 원광대학교 원불교사상연구원, 2019, 434쪽.

동도서기 사상을 개화사상의 한 분파로 이해하는 경우, 개화사상을 개국 및 그 선후의 대외적 위기에 대응한 근대 지향의 실사구시實事求是 사상으로 보면서, 동도서기 사상이 그 한 흐름으로서 점진적 개혁을 추구했던 사상이라고 파악한다. 대내외적 위기라는 시대적 배경하에서 형성된 동도서기 사상은 개화사상과 함께 국내외의 위기를 부국강병과 근대화의 실현을 통한 국가 독립의 확보를 통해 극복하려는 공통된 목표를 가지고 있었다. 즉 한국에서의 동도서기적 개화사상은 동도 위에 서양의 과학 · 군사 기술을 수용하려는 것이었지만, 근본적으로 지향하는 바는 부국강병을 통한 자주독립의 확보에 있었다. 그러나 개화 정책을 수립하는 노선과 수행 방법에 있어서는 급진적 문명개화론과 차이가 있었다. 동도서기론은 조선 말기에 서세동점西勢東漸의 시대적 상황 속에서 중국 양무운동洋務運動의 기치로 내세운 '중체서용론中體西用論'이나 일본의 '화혼양재론和魂洋才論'과 같은 의미를 갖는 것이다. 이러한 사상은 서양문명의 우위를 산업 · 기술 · 과학 · 무기 등 물질적인 면에서는 일단 인정하는 대신, 동양의 정신문화, 주로 유교적 가치관 및 세계관을 우위에 두려 한 것이라고 볼 수 있다. 특히 동도서기론은 1880년대 초 김윤식金允植 · 신기선申箕善 등이 주창한 전통적인 제도와 사상(도道)은 지키되 근대 서구적인 기술(기器)은 받아들이자는 이론이라고 보기도 한다.

동도서기론은 사상적 측면에서 볼 때는 성리학의 이기론적理氣論的 우위관優位觀에 근거를 두고 있으며, 문화적 측면에서 볼 때는 존왕양이尊王攘夷를 표방하는 소중화사상小中華思想인 화이론적 세계관華夷論的世界觀에 그 이론적 배경을 두고 있다. 따라서 동도서기론은 전통적 지배 질서 계급과 이해관계를 온존穩存시키면서 외형적인 부국강병을 이룩하려는 보수적 개량주의를 이론화시킨 것이라고 할 수 있다. 그러나 부국강병책을 추진하는 과정에서 대두되었던 동도서기론의 의미는 점차로 개화파에 의해 서양의 '기器' 뿐만이 아니고 제도 · 문화 · 사상까지 그 우월성이 인정됨에 따라, 명明나라 이후 중화中華사상의 중핵을 이루는 소중화로서의 조선이 세계 문화의 중심이라는 의식의 붕괴와 함께 퇴색되지 않을 수 없게 되었다. 이와 관련하여 "동도서기론파는 시대의 변혁에 따라 동도東道를 개혁해 내지 못하였고 서도西道를 걸러내어 자신의 도에 결합하려는 주체적 노력이 없었던 반면, 동학 · 천도교가 중요한 역할을 한 점은 '동도의 변혁'을 이루어낸

것이다."라고 주장한 연구자도 있다.[327]

이 글에서 말하는 서양문명이란 르네상스 이후 서양 근세의 이른바 고전적 자연과학을 바탕으로 한 총괄적 기술문명을 뜻한다. 서양의 도전을 극복하기 위한 정책으로 제시된 동도서기론은 근대화 과정에서 타문화 수용의 논리와 실천을 간명하게 보여주는 개념이다. 그러나 동도서기론은 시간이 흐름에 따라 더 이상 현실을 설명할 수 있는 사유로서의 생명력을 가지기 어려웠다. 이후 동도서기론은 신구학론新舊學論으로 발전하였다. 군주권君主權이 몰락하면서 이제 유교儒敎는 정치적 질서를 유지하는 힘이 없게 되어 동도東道는 개혁의 대상이 되어갔다. 이후 동도는 학문과 종교의 범주로 축소된 개념으로 이해되었다.[328] 후기로 오면서 동도서기론은 서도 수용의 압박이 높아지기 시작하자 적극적인 동도보존론東道保存論으로 그 중심이 이동하여 기독교 등 서도의 수용은 물론 어떠한 정치제도의 변화도 반대하고, 동도의 변용에 대해서도 소극적인 자세를 취함에 따라 역사적으로 보수적인 모습을 드러내 보였다.[329]

도道는 형이상자形而上者이며 하늘과 땅의 모든 것들이 있는 그대로 존재하는 이유다. 기器는 형이하계形而下界에서 구체성을 띄는 데 사용하는 구체적인 도구이다. 도道는 목적이고, 기器는 수단이다. 수단은 목적보다 열등하며 목적을 섬기기 위해 존재한다. 서양의 기술은 수단일 뿐이며, 목적 즉 우월한 동양의 도덕적 가치를 섬기기 위해 존재한다. 그러나 이런 편리한 동도서기론東道西器論의 공식은 자기도 모르게 문화의 물질적 · 기능적 · 기술적 발현들이 그 토대인 정신적 실체로부터 분리될 수 있다고 가정하고 있으므로 '철학의 빈곤'을 드러낸다. 도道와 기器는 한 존재의 두 상관적 측면이다. 기器는 도道의 물질적이고 도구적이며 기능적인 형태이며, 기器를 도道로부터 분리하여 그것이 도道가 아니라고 말하는 자는 기器와 도道를 이해하지 못한 것이다.[330] 동도서기론은 서

---

327 정혜정, 『동학, 천도교의 교육사상과 실천』, 혜안, 2001, 365~366쪽.

328 심의용, 「동도서기론의 변용에 대한 연구 - 운양 김윤식을 중심으로」, 『인문사회 21』 10권 4호, 아시아문화학술원, 2019, 1743쪽.

329 홍원식, 「동도서기론과 개화사상」, 『한국학논집』 62집, 계명대학교 한국학연구원, 2016, 153쪽.

330 정재식, 『한국 유교와 서구문명의 충돌』, 연세대학교 출판부, 2005, 334쪽.

기西器가 서도西道의 산물이며 서기의 주체적 수용이 서도의 이해 없이는 불가능하다는 것을 간과함으로써 이론적으로 실패하고 만다. 1890년대에 들어 서양의 정치제도 등이 실시되면서 현실적으로도 설득력을 잃었고, 제국주의에 의해 국권을 상실함으로써 더 이상의 실험 기회도 박탈당하였다.[331]

동도서기론은 도道와 기器를 분리가 가능한 것으로 보았다. 그런데 도道가 사물의 근거 또는 법칙이고, 기器가 사물 자체라면 도와 기는 필연적으로 연관되어 있어야 한다. 도덕 질서와 문물제도, 특히 사회제도는 긴밀히 결합해 있어 도를 유지하면서 기를 바꾸는 것은 불가능하다. 즉 서기의 수용은 필연적으로 서도의 도래를 초래하므로 서도를 배척하고 서기만 받아들인다는 것은 불가능하다.[332] 정신과 물질의 단순한 이분법 이외에도 서기에 대한 불완전한 이해와 동도東道에 대한 막연한 우월감이 동도서기론이 실패할 수밖에 없었던 이유다.[333] 이처럼 동도서기론은 자국의 문화적 전통과 나라를 지키기 위한 편리한 방법론적인 이론이었지만, 서구문화와 근대화의 도전에 효과적으로 맞설 수 있는 이론이 되지는 못하였다. 특히 동도서기론은 서양 문화의 핵심을 단순히 부국강병이나 삶의 편리를 위한 과학과 기술로만 파악했다는 한계가 있다. 서기를 동양이 서양과 대결하기 위한 도구이자 일상의 편리를 얻기 위한 도구로서 이해했을 뿐이며, 그 기원과 작동 방식에는 관심이 없었다.

동서東西문화의 우월성에 대한 비교는 절대적인 것일 수 없고, 역사적 상대성만 가질 뿐이다. 따라서 동도서기론은 동양의 도를 영원불변한 것으로 보았다는 한계가 있다. 그리고 동도의 우월성에 대한 믿음과 강조는 동도가 갖는 역사적인 성격에 대한 성찰뿐만 아니라 서도와 서기의 현실적 우위가 갖는 역사성에 대한 진지한 성찰도 가로막았다. 동양은 이기성명理氣性命의 학문을 위주로 하는 형이상形而上의 도道를 중심으로 하지만, 서양은 궁리측량窮理測量의 가르침을 위주로 하는 형이하形以下의 기器에 힘쓰기 때문에

---

331 오향미, 「동아시아 공동체 형성을 위한 모색: 동도서기론의 극복과 문화번역의 가능성」, 『신아세아』 제11권 제4호, 신아시아연구소, 2004, 91쪽.

332 김문용, 「동도서기론의 논리와 전개」, 『한국근대 개화사상과 개화운동』, 신서원, 1998, 217 · 220쪽.

333 김상환, 「테크놀로지 시대의 동도서기론」, 『철학사상』 16집, 서울대학교 철학사상연구소, 2003.

물질문명을 발달시킬 수 있다고 보았다.[334] 서양의 과학지식이나 기술 제도의 활용을 도모하기는 하지만 도기분리론道器分離論, 나아가 동도서기론적東道西器論的 입장이 논리적으로 타당하며 현실적으로 실현이 가능한 것이었는가에 대해서는 좀 더 깊은 성찰이 요청된다.

조선은 근대문명을 일본으로부터 배운다. 친중親中 위정척사파와 조선의 왕실은 모두 근대문명을 금수禽獸와 같은 서양 오랑캐의 것으로 치부하고 거부하면서 그 내용을 제대로 알려고도 하지 않았다. 당시 조선朝鮮이 상국上國으로 모시던 청淸은 왕조의 명맥을 간신히 유지하면서도 여전히 중국의 유교儒教 문명이 우월하다는 '중체서용론中體西用論'을 견지하고 있었다. 따라서 조선이 근대문명을 배울 수 있었던 유일한 통로는 '문명개화文明開化'의 이름으로 급속한 근대화를 이루고 있던 일본이었다. 문명개화론은 당시 일본이 근본적인 서양화西洋化 즉 문명개화를 이룩하지 못했다는 것을 전제한 논리였다. 따라서 일본에서 문명개화론자들이란 서양의 종교를 비롯한 문화와 사상의 수용을 주장하는 세력을 의미했다. 문명개화론자들은 부국강병富國强兵을 이룩하기 위해서는 동도東道의 폐기까지도 가능하다고 생각하였다. 그들은 서양의 제도를 수용하는 일은 물론이고 종교 그 가운데에서도 기독교의 수용까지도 고려하고 있었다.[335] 물론 문명개화론자들이 기독교를 수용 대상으로 인식했다고 해서 개종改宗을 의미하는 것은 아니었다. 그들은 기독교를 어디까지나 인민의 교화 수단, 즉 기독교를 믿는 나라들은 문명개화를 이루었으므로 조선도 기독교가 문명개화의 수단으로 활용될 수 있으리라는 기대였다.

조선의 경우 북학론北學論에서부터 이어지는 개혁론改革論의 바탕 위에서 서양의 존재를 인정하고 '개국開國'을 통하여 국가의 발전을 시도하려는 노력이 박규수朴珪壽(1807~1877)를 중심으로 시도되었다. 그러나 여전히 조선을 '문명'으로 자부하면서 서구를 '야

334 이규경, 『오주연문장전산고(五洲衍文長箋散稿)』, 「용기변증설(用氣辨證說)」 원래 도(道)와 기(器)는 『주역(周易)』 「계사(繫辭)」에서 나오는 개념이다.
335 유영익, 「개화파 인사들의 개신교 수용 양태」, 『조선근현대사론』, 일조각, 1992, 93쪽.

만' 또는 '금수'로 간주하여 문명개화론과는 거리가 멀었고, 점차로 동도서기론으로 체계화되었다.[336] 문명개화론은 1880년대 초반 일본 명치유신明治維新의 근대화 과정에 매료되어 서양문명의 적극적인 수용을 통해 근대화 개혁을 추구했던 갑신정변 주역들에 의해서 제기되었는데, 갑오개혁, 청일전쟁에서의 일본 승리, 미국의 부국강병에 대한 새로운 인식 등을 배경으로 더욱 확산해 갔다. 문명개화론자들이 수용하려고 했던 서양문명은 기술문명을 비롯하여 정교政教, 곧 정치사상과 기독교 신앙 문제를 포괄하는 것이었다. 그들은 '개화'를 위해 철저한 개항과 통상무역을 강조하고, 또한 교육과 계몽을 통하여 서양문명을 배워야 한다고 주장하였다. 그들은 도시나 건축물, 도로 시설 등의 외형적인 생활 모습에서 생활 습관에 이르기까지 서양의 모든 것을 닮아가려고 하였다. 그들이 수립하려고 했던 사회는 결국 서구의 자본주의사회였다. 그들은 이런 서구화西歐化의 과정을 문명화文明化, 개화開化 곧 문명개화文明開化라고 하였으며, 이 '개화'의 모델은 일본이었고, 더 궁극적으로는 미국이었다.[337]

결국에는 당대에 '개화'는 유행병이 되었고, 잘못된 개화가 득세하였다. 서학西學이냐 아니면 서교西教냐 하는 논쟁은 기독교의 전면 포교와 더불어 무의미한 논쟁이 되었으며, 동도서기론도 실질적 역할을 상실하였다. 동도서기는 오로지 관념적인 상태에서 '혼魂은 조선 것이요, 과학기술은 서양 것'이라는 식으로 막연하게 잔류하게 되거나, 아니면 '그저 조선혼朝鮮魂이 중요하다.'라는 수준으로, 지극히 퇴영적으로 잔류하였다. 나중에는 아예 조선 민족의 혼魂조차도 개조해야 한다는 식의 민족 개조론까지 등장하게 되었다. 그리하여 개화문명開化文明만을 부르짖는 세상이 되어갈 수밖에 없는 상황에 도달하였다. 우리의 정신을 보존하면서, 서양의 기술만을 받아들이겠다는 논리는 서서히 사라지고 오로지 개화파開化派만이 득세하는 세상이 되었다. 또한 우리의 개화론은 실질적으로 일본의 강력한 그늘에서 이루어지게 되는데, 당대의 비극이 있었다.[338]

---

336 주진오, 「19세기 후반 문명개화론의 형성과 전개」, 연세대학교 국학연구원, 『서구문화의 수용과 근대개혁』, 태학사, 2004, 42쪽.

337 김도형, 「대한제국 초기 문명개화론의 발전」, 연세대학교 국학연구원, 위의 책, 73쪽.

338 국사편찬위원회 편저, 『한국문화사 31. 서구문화와의 만남』, 경인문화사, 2010, 34쪽.

한국 신종교는 문명개화론이 아니라 철저하고 근본적인 동도서기론의 입장이었다. 서양문명의 핵심인 기독교를 대체하여 대신할 새로운 도道로서 스스로를 인식하고 강조하였다. 기독교 대신에 새로운 가르침을 제기하여 진정한 의미에서 동양문명의 정수精髓를 굳건하게 지키려는 열정과 노력이 집약되어 나타난 것이 바로 한국 신종교의 여러 교단이다.

그러나 우리의 동도서기론은 본말本末과 체용體用을 애써 구분하는 모순을 애초부터 지니고 있었다. 어떻게 이理와 기氣가 구분되는 문화가 가능할까? 문화는 사회 지리적 여건과 토양에서 비롯되는 것이다. 외적 표출로서의 기氣란 결코 이理가 없이는 이루어질 수 없는 것이다. 그러하니 동도서기론은 불완전성으로 인해 근대사회로의 전환을 매듭짓지 못하고 소멸해 갈 수밖에 없었다. 이후의 동도서기론은 서기수용西器受容보다는 동도보존東道保存의 논리로 후퇴하는 퇴영적인 모습을 보여주었다. 정신이 물질을 이길 수 있다고 생각하고, 정신력 즉 이념만 있으면 그 아무리 강력한 무력武力을 가진 외세外勢라고 물리칠 수 있다는 생각이 사상으로 굳어진 것이 이른바 동도서기론의 큰 약점이었다.

동도서기론東道西器論은 도식적圖式的인 이원론二元論이라는 한계를 지닌 이론이다. 그리고 동도서기론은 고정불변한 도道와 기器를 유형화하는 고착된 사고방식이라는 결정적인 단점을 가지고 있다. 도道와 기器에 대해 고정화된 개념화를 시도하여 선언적 주장이나 자의적 분류로 단언적 주장을 펼쳤을 따름이다. 단순 논리를 펼치는 단순화의 오류에 빠지고 말았다. 특히 자기중심의 우월의식을 표출하여 상대방을 의도적으로 폄하貶下하는 태도로 일관하여 논리적이고 체계적인 설명이 부족하거나 없었다. 나아가 동도서기론은 변화의 과정을 애써 무시하거나 소홀히 하는 사고방식이라는 한계도 드러냈다. 따라서 동도서기론은 현실적 힘과 상황의 열세를 모면하기 위한 관념적 극복 논리라는 결정적 약점이 있는 사상이었다. 이러한 동도서기론의 한계와 단점은 한국 신종교의 서양문명에 대한 인식과 대응 방법에도 그대로 적용할 수 있다. 그렇지만 한국 신종교의 창시자와 계승자들이 당대의 현실을 인식하고 대응하는 시의적절하고 유효한 방안의 하나로 자신들의 가르침을 주장하고 펼쳤다는 '종교적 진실'은 당시에도 분명히 효과가 있었고, 앞으로도 그 가치와 의의는 영원할 것이다. '역사적 사실'은 결단코 '종교적 진실'이 갖는 믿음의 힘을 이기지 못한다. 바로 여기에 종교의 힘이 있는 것이다.

한국 신종교의 서양문명에 대한 인식과 대응을 고찰한 이 글은 다음과 같이 정리할 수 있다.

첫째, 인식과 대응 양식의 단계적 변화가 확인된다. 시간의 흐름에 따라 변화의 단계가 달랐고, 인식의 양상과 대응 방법에도 확연한 차이를 보인다.

한국 신종교의 효시를 이룬 동학의 창시자인 수운은 서양문명을 낯선 체계로 받아들여 '경계'했고, 이에 대해 비록 신비하고 주술적인 방법이었지만 영부靈符, 주문呪文, 목검木劍을 이용한 칼 노래 등으로 '대결'하려 했다. 해월은 서양문명을 강력한 무력武力을 지닌 문명으로 인식했고, 인간의 정신적 진보의 총체인 사상의 발전을 통해 대응하려 했다. 의암은 서양문명을 찬탄讚嘆과 희구希求의 대상으로 인식했고, 동학의 도덕을 중심으로 서양문명의 우월한 점을 선별적으로 수용하여 동서東西가 융합하는 신문명新文明을 세워야 한다고 대응했다. 증산은 서양문명의 교만과 폭력성을 지적하였고, 서양문명은 본디 천국天國의 모형을 본뜬 것으로 인식했다. 증산은 서양문명이 '하늘에서 내려온 것'이라고 종교적으로 '설명'하고 서양문명을 흡수하여 지상에서의 천국 건설에 활용하고자 했다. 나아가 증산은 서양인들의 기예技藝와 악惡을 동양의 조화造化로 제어할 수 있다고 강조했으며, 서양의 살인殺人 문명에 대비되는 '동양의 활인活人 문명으로 대응'해야 한다고 주장했다. 대종교를 중광重光한 홍암은 서양문명을 '아시아를 위협하는 세력' 또는 '백인종이 세운 문명'으로 인식했다. 그리고 대종교에서는 서양을 '기독교의 발상지'로 인식했고, 서양이 유럽, 아메리카, 아프리카 등의 여러 지역으로 나뉘어있다고 인식했다. 대종교는 서양문명을 화합의 대상으로 보고 서양문명과의 조화, 공존, 공생을 통해 '수용' 또는 '포용'하려 했다. 원불교는 서양문명이 '과학적 지식을 위주로 발달한 문명' 또는 '물질을 중심으로 발전한 문명'이라고 인식했고, 근본적으로 '도덕이 부족하거나 빠져 있는 불완전한 문명'이라고 인식하였다. 그리고 원불교는 서양문명이 과학과 물질에만 몰두한 문명이라고 이해하여 '분립' 또는 '특화'된 문명이라고 인식했다. 원불교는 서양문명을 '인정'하고, 동양문명과의 공존과 공영, 쌍전과 병행을 강조했고, 서양문명의 우수성과 발전상을 '긍정'하고 '인정'하는 입장이었다. 통일교를 세운 문선명은 서양문명을 '백인종이 건설한 문명'으로 '하나님의 물질적 축복이 내린 문명'이라고 인식했고, '피와 투쟁의 역사가 펼쳐졌던 문명'으로 '타락하고 실패한 불완전한 문명'이라고 비판했다. 문선명은 서양문명을 극복 · 흡수 · 통일의 대상이자 하위 개념으로 인식하고, 서양문명의 핵심인 기독교를 스스로 총결산하여 '완성'하고자 했다.

둘째, 인식과 대응 양식이 특징적으로 구분된다. 동학의 서양문명에 대한 인식은 '경계'였고 대응이 '대결'이었다. 증산교의 서양문명에 대한 인식은 '이해'였고 대응은 '설명'이었다. 대종교의 서양문명에 대한 인식은 '포용'이었고 대응은 '수용'이었다. 원불교의 서양문명에 대한 인식은 '긍정'이었고, 대응은 '인정'이었다. 통일교의 서양문명에 대한 인식은 '흡수'였고 대응은 '완성'이었다.

셋째, 인식과 대응 양식이 시간의 흐름에 따라 점차 '적극적인' 인식과 대응으로 나타나는 경향이 있다. 서양문명에 대한 인식과 대응이 '경계와 대결' → '이해와 설명' → '포용과 수용' → '긍정과 인정' → '흡수와 완성'으로 점점 변화하는 양상이 확인된다. 따라서 한국 신종교는 서양문명과의 공존을 지향하고 승화하여 새로운 문명을 건설하고자 노력한 신념 체계라고 평가할 수 있다.

넷째, 인식과 대응이 동도서기론東道西器論의 일종으로 이해할 수 있다. 한국 신종교는 도道, 즉 정신과 도덕을 지키고 고수하려는 입장에서 서양문명을 받아들이고자 했다. 따라서 한국신종교는 동양문명이 서양문명보다 정신적 우수성과 우월성을 지닌 신념 체계라는 사실을 자부하고 적극적으로 강조한다.

한국 신종교의 고유한 사상으로 선천先天과 후천後天의 변혁과 개벽開闢사상이 있다. 지나간 선천시대의 분할주의와 폐쇄주의를 버리고 후천개벽의 통합주의, 개방주의로 나아가자는 주장을 담고 있다. 서양이나 외세의 물질문명이 비록 긍정할 부분은 분명히 있지만, 우리 민족이 주도하는 또는 동양적인 정신문명이 주가 되어 이를 포용해야 함을 제시했다. 이러한 한국 신종교의 후천개벽사상은 무정견無政見한 외세 의존적 개화파나 전통적 지배 질서와 윤리의 회복을 강조한 주자학적 보수주의자 어느 쪽에도 속하지 않고, 중세적 가치인 정신과 도덕문명을 중시하면서도 근대적인 서구의 물질문명을 긍정적이고 수용적인 차원에서 받아들였다는 점에서 중세에 대한 비판적 계승으로서의 근대성으로 찾아볼 수 있다.

5. 맺음말

동양문명과 서양문명의 만남과 교류의 역사와 양상을 한국 신종교의 대응 양식을 통해 확인할 수 있다. 그리고 한국 신종교의 서양문명에 대한 인식과 대응이 단계적으로 성숙하고 완성되는 과정에서 동양문명과 서양문명의 공존과 화해와 조화를 지향하는 모습을 볼 수 있다. 따라서 한국 신종교의 서양문명에 대한 인식과 대응은 궁극적으로는 두 문명이 함께 완성되는 이상을 지향하고 추구해 왔던 과정이라고 규정할 수 있다. 한국 신종교는 우리나라의 도덕과 문명이 이미 세계 최고라고 믿고, 북방 오랑캐인 청淸과 남쪽 오랑캐인 왜倭와 서양 오랑캐인 양이洋夷의 사이비 문물에 의해 오염되지 않도록 지켜내고자 했다. 그러므로 한국 신종교는 민족적 자존自尊과 선민의식選民意識이 표출된 강력한 신념 체계로서 수많은 한국인의 마음을 사로잡은 종교였다.

동양과 서양의 문명이 본격적으로 교류하는 시기에 한국 신종교는 서양문명에 대해 나름대로 인식과 대응을 도모했다. 서양문명의 유입과 확산에 대해 동학은 낯설고 두려운 것으로 인식했고, 증산교는 천국의 모형을 본뜬 세계로 보았고, 대종교는 태초의 여러 민족의 확산이 이루어낸 발전으로 보았고, 원불교는 교화의 대상으로 인식했고, 통일교는 하나님의 역사役事가 이룬 세계의 하나로 바라보았다. 그리고 서양문명에 대응하여 동학은 '경계'했고, 증산교는 '설명'하려 했고, 대종교는 '수용'하려 했으며, 원불교는 '인정'하고자 했고, 통일교는 '완성'하려 했다. 이처럼 서양문명에 대해 '자생한' 한국 신종교는 다양한 방식으로 대응했다.

자유시장경제라는 이데올로기에 갇힌 나머지 상황을 부인하고 자기기만에 빠져, 재앙을 눈앞에 두고도 아무런 행동도 취하지 못하고 서양문명이 곧 몰락할 것이라는 진단이 있다.[339] 그리고 지구 온난화가 초래할 기후변화, 전 지구적 환경 재앙과 혼란, 인구 이동에 따른 흑사병의 창궐, 자원 고갈 등으로 인류는 장차 엄청난 비극을 맞이하게 되리라는 전망도 있고, 문명 붕괴의 역사적 분석과 '시장의 실패'를 예측하기도 한다. 특히 해안 침수, 대량 이주, 식량 부족, 전염병 유행 등 온갖 끔찍한 재앙이 인류를 덮치기 시작하여 사회 혼란이 극에 달할 것이라고 주장하기도 한다. 이러한 위기 상황을 맞이한 세계의 역사를 조망할 때 한국 신종교에서 주장한 새로운 문명의 도래와 이에 대한 준비가 필요할 것이라는 주장에 귀를 기울여야 할 시점에 우리는 서 있다.

---

339 나오미 오레스케스, 에릭 M. 콘웨이 공저, 홍한별 역, 강양구 해제, 『다가올 역사, 서양문명의 몰락』, 갈라파고스, 2016, 17쪽.

제2장

한국신종교의 생명사상

머리말
한국 신종교 창시자들의 생명 이해
한국 신종교 창시자들의 생명사상
한국 신종교 창시자와 계승자들의 생명사상이 갖는 특성과 의의
맺음말

제2장

한국신종교의 생명사상

- 창시자와 계승자들을 중심으로

1. 머리말

생명은 목숨 또는 살아있는 사람이나 생물을 뜻한다. 또 생명은 '살아있는 상태' 또는 '살아있는 존재'를 의미한다. 그러나 이 '살아있다.'라는 개념을 규정하는 일은 무척 어렵다. 다만 살아있는 존재를 흔히 무생물과 대비하여 생명이라는 표현을 해 왔을 뿐이다. 생명을 단순한 생기론生氣論이나 기계론적機械論的 차원으로 인식했던 과거를 넘어서, 오늘날에는 생명을 고도의 유기체적有機體的 복합성과 통합된 전일성全一性을 내포한 개념으로 이해하는 경향이 강하다. 세계 속의 인간을 비롯한 모든 살아있는 존재는 독립되어 독자적으로 존재하는 개물個物이 아니라 상호 의존적인 연관 속에서 불가분의 유기적 관계로 서로 연결되어 있다고 보는 것이다.

생명은 우리의 경험 속에서 비교적 손쉽게 추상해 낼 수 있는 개념이며 통용되는 개념이다. 생명은 '살아있음'에 근거해 있다. '살아있음'의 성격을 추상해 낸 개념이 바로 '생명'이다.[1] 생명 개념 속에는 이런 추상적 개념 외에도 '생명체'라는 의미의 생명 개념이

1 장회익, 『삶과 온 생명』, 도서출판 솔, 1998, 167쪽.

함께 포함되어 있다. 따라서 생명과 생명체는 생명에 대한 이원론적 개념이 아니라 일원론적 개념이다. 추상 개념으로서의 생명과 구체 개념으로서의 생명이 일원론적

이기 때문에, 생명에 대한 정의는 그렇게 간단하게 정의될 수 없다.[2]

생명은 "유기체가 태어나서 죽을 때까지의 살아 있는 상태, 또는 그동안 나타내는 모든 현상의 전체"를 뜻한다. 이외에도 "동물과 식물의, 생물로서 살아있게 하는 힘"을 말하며, "생명을 가지고 스스로 생활현상을 유지해 나가는 물체"를 가리키는 말이다. '생명'은 생명을 파괴하려는 힘인 '죽임'과 맞서 있다. 생명을 파괴하는 것은 반생명反生命으로 죽임을 의미한다. 생명은 살아있는 그 자체로서 일정한 수명을 가지고 신진대사의 활동을 한다. 이러한 행위를 주체자로서 수행하는 것을 생명체라고 하며, 이러한 활동이 불가능한 상태를 죽음이라 한다.

사상思想은 "사회, 정치, 인생 등에 대한 일정한 견해나 생각"을 뜻한다. 따라서 생명사상生命思想은 "인간을 비롯한 동식물의 생명에 대한 체계화된 견해나 입장"을 의미하는 용어다. 생명사상은 '살아있는 것에 대한 외경심畏敬心'이 핵심이다. '생명에 대한 사랑과 경외敬畏'가 생명사상의 바탕이다. 살고자 하는 욕구는 모든 존재의 가장 원초적인 본능이다. 만일 그러한 욕구가 없다면 더 이상 존재임을 그치고, 존재가 아닌 것으로 바뀌고 말 것이다. 따라서 생명력은 모든 존재의 근원이며 원동력이다. 그리고 생명은 삶의 근원적인 질서를 실천하고자 한다. 결국 생명사상은 생명을 존중하고 생명에 대한 외경畏敬을 바탕으로 생명의 원리를 추구하는 사상으로 정의할 수 있다. 따라서 생명사상은 생명 소외, 생명 파괴를 거부한다. 생명사상은 살아 움직이는, 즉 생동하는 생명에 대한 온전한 이해를 토대로 한 생명의 세계관을 바탕으로 한 사상체계다.

생명은 죽임의 문화와 죽임의 양식을 거부한다. 죽음의 반대말인 삶은 살아있음을 뜻한다. 따라서 '살림'은 생명 존중과 생명 공경의 사상이며 행동양식이다. 생명은 본원적인 것이며, 근원적인 것이고, 실상적인 것이다. 그러므로 생명사상은 생명 경시, 생명 착취, 생명 소외, 생명 파괴를 거부하고, 살아 움직이고 약동하며 생동하는 생명을

---

2 김영선, 『생명과 죽음』, 다산글방, 2002, 17~18쪽.

존중하고 공경하는 사상이다. 살림은 삶과 죽음의 대립에 토대를 두지 않고, 삶과 죽음을 다 포함하는 생명과 그 생명을 인위적으로 억압, 착취, 간섭, 오염, 파괴, 무시, 살해하는 '죽임'에 대한 대응 개념이자 극복 운동이다.[3] 이와 관련하여 한국 생명사상의 특징은 남성적이고 경쟁적 사고가 아니고, '틈'이라든지 '공생共生'이라든지 '공명共鳴' 등의 여유 있고 부드러운 여성적 사고로 공동체 전체를 살리는 방향으로 전개되고 있다는 연구가 있다.[4]

생명이 우주와 인간의 본질이며, 그 생명이 정신과 물질 간의 조화, 자유와 질서 간의 균형 속에서 발전해 왔다고 보는 역사관인 생명사관生命史觀을 주장하는 사람도 있다.[5] 그리고 생명 운동의 출발점은 자기 안에 무궁한 우주 생명이 살아있으며, 그 우주 생명은 또한 이웃 속에도 살아있으므로 이웃을 거룩한 존재로, 한울님으로 공경할 뿐만 아니라 동식물과 무기물 속에서까지 살아있는 한울님을 인정하고, 그 우주 생명을 공경하며 공간과 시간 전체, 과거, 현재, 미래의 온 삼라만상을 모두 한 생명의 순환과 연속으로 인정하는 그러한 생각과 각성이어야 한다는 주장도 있다.[6]

이 글에서 필자는 동학의 창시자인 수운水雲 최제우崔濟愚(1824~1864), 동학의 2대 교주인 해월海月 최시형崔時亨(1827~1898), 증산교의 창시자인 증산甑山 강일순姜一淳(1871~1909), 원불교의 창시자인 소태산少太山 박중빈朴重彬(1891~1943), 원불교의 2대 종법사인 정산鼎山 송규宋奎(1900~1962), 원불교의 3대 종법사인 대산大山 김대거金大擧(1914~1998) 등의 한국 신종교의 창시자와 주요 계승자들의 생명사상을 경전 기록과 일화를 중심으로 살펴보고자 한다. 이러한 연구를 통해 한국 신종교의 생명사상이 갖는 특성과 의의를 추출하려 한다.

---

3 김지하, 『생명과 평화의 길』, 문학과 지성사, 2005, 62쪽.
4 이경숙 · 박재순 · 차옥숭, 『한국 생명사상의 뿌리』, 이화여자대학교출판부, 2001, 200쪽.
5 이찬구, 『생명사관 : 인류 구원의 새로운 패러다임』, 지상사, 2010.
6 김지하, 『생명』, 도서출판 솔, 1992, 37쪽.

2. 한국 신종교 창시자들의 생명 이해

1) 수운의 생명 이해

수운은 삼라만상의 온갖 것들이 음양陰陽의 원리와 법칙에 따라 생겨났다고 보았다.

> 천지음양天地陰陽 시판후始判後에, 백천만물百千萬物 화化해 나서 … -「도덕가」

수운은 동양의 전통사상인 음양설陰陽說에 따라서 천지 만물의 생성을 이해하고 있다. 따라서 수운은 "나도 또한 이 세상에, 양의사상兩儀四象 품기稟氣 해서, 신체발부身體髮膚 받아내어"(「도덕가」)라고 노래하여, 인간도 음양陰陽과 태음太陰, 태양太陽, 소음少陰, 소양少陽의 사상四象의 원리에 따라 이 세상에 태어난다고 설파한다.

그리고 수운은 인간의 탄생에는 한울님의 조화造化가 작용하며, 한울님의 명命에 의해 가능한 일이라고 다음과 같이 주장하였다.

> … 장평갱졸長平坑卒[7] 많은 사람, 한울님을 우러러서, 조화중造化中에 생겼으니 … -「권학가」
>
> … 나도 또한 한울님께, 명복命福 받아 출세出世하니 … -「안심가」

나아가 수운은 특히 사람의 탄생에는 땅의 기운이 작용한다고 여긴다.[8] 인간 생명의 기원을 하늘과 땅의 조화력에서 찾고 있다는 점이 특기할 만하고 하늘을 인격화한 신적 존재인 한울님을 강조한 점이 주목된다.

무엇보다도 수운은 인간이 만물 가운데 가장 신령한 존재라고 이해하고 믿었다.

---

7 기원전 260년 진(秦) 소왕(昭王) 47년에 진(秦)의 장군인 백기(白起)가 조(趙)나라의 장수였던 조괄(趙括)과 벌인 장평전투에서 사로잡은 조나라 군사 40만 명을 갱(坑)에 묻어 죽인 사건을 가리키는 고사(故事)다.

8 … 전해 오는 세상 말이, 인걸(人傑)은 지령(地靈)이라. …「몽중노소문답가」

… 하물며 만물지간萬物之間, 유인惟人이 최령最靈일네. … -「안심가」

인간을 모든 생명 가운데 가장 높은 존재로 이해하고 있다. 그런데 수운은 금수禽獸와 인간을 철저하게 구분하고 차별화하여 이해한다.

… 부모의 가르침을, 아니 듣고 낭유浪遊 하면, 금수禽獸에 가직하고, 자행자지自行自止 아닐런가? … -「교훈가」

… 나도 또한 한울님께, 분부받아 그린 부符를, 금수 같은 너희 몸에, 불사약不死藥이 미칠쏘냐? … -「안심가」

… 한울님이 뜻을 두면, 금수 같은 세상 사람, 얼풋이 알아내네, … -「몽중노소문답가」

천지음양天地陰陽 시판후始判後에, 백천만물百千萬物 화化해 나서, 지우자至愚者 금수요, 최령자最靈者 사람이라. … -「도덕가」

짐승과 사람은 동일한 생명체이지만 그 구별은 분명하다고 본다. 생명 또는 생명력 자체는 같지만 차이는 명백히 있다는 말이다.

또한 수운은 생령生靈 가운데 초목草木이 있다고 보았다.

… 대저 생령生靈 초목군생草木群生, 사생재천死生在天 아닐런가? …

풀과 나무들도 살아있는 생명체로 인정하고 있으며, 그들의 존재도 하늘 혹은 한울에 의지하고 달려 있다고 보았다. 풀 한 포기, 나무 한 그루에도 신성한 존재로부터 기인하는 생명이 있다고 본 점이 특기할 만하다.

나아가 수운은 동양의 전통적인 음양론에 따라 다음과 같이 말한다.

… 천지天地 역시 귀신鬼神이오, 귀신鬼神 역시 음양陰陽인줄 … -「도덕가」

이처럼 수운은 귀신의 세계를 지배하는 원리도 인간계와 마찬가지로 음양설陰陽說에 토대를 둔다고 생각한다. 천지간에 있는 귀신도 하나의 독립된 생명체이며, 음과 양의 이치에 의존하여 존재한다고 여겼다.

특히 수운은 그의 독창적인 시천주侍天主 사상을 통해 모든 사람이 신령한 우주적 생명인 한울님을 모시고 있는 존재라고 파악했다. 나아가 수운은 '시侍'를 "내유신령內有神靈, 외유기화外有氣化라고 풀이했다. 안으로는 신령한 생명이 있고, 밖으로는 생명력의 발현이 있다는 말이다. 그리고 수운은 기화지신氣化之神이라는 표현에서도 '신령한 생명 또는 신령한 생명력'을 강조했다.

수운은 「논학문論學文」에서 기氣에 대해 "허령虛靈이 창창蒼蒼하여 일에 간섭하지 아니함이 없고, 일에 명령하지 아니함이 없으나 모양이 있는 것 같으나 형상하기 어렵고 들리는 듯하지만 보기는 어려우니, 이것은 또한 혼원渾元한 '한 기운[一氣]'이니라."라고 풀이했다. 여기서 기氣 또는 지기至氣는 우주의 모든 존재에게 생명을 불어넣는 변화의 원리이면서 동시에 무한한 근본 에너지라고 볼 수 있다. 이 지기는 시간과 공간 밖에 스스로 존재하는 것이 아니라 우주의 변화하는 내재적 힘이며, 인간의 깊은 곳에 있는 본래아本來我이다. 결국 수운은 생명의 본질을 신령神靈과 기氣로 이해하고 인식했다.

2) 해월의 생명 이해

해월에게 있어 천지天地와 부모父母는 동격同格이다.

천지는 곧 부모요, 부모는 곧 천지니, 천지부모는 일체니라. [天地卽父母(천지즉부모)요, 父母卽天地(부모즉천지)니, 天地父母(천지부모)는 一體也(일체야)니라.] …

-『해월신사법설』「천지부모」

해월은 천지天地는 만물의 부모父母라고 말한다. 하늘을 아버지, 땅을 어머니로 모시라는[9] 종교적 명령과 선언이다. 인간을 둘러싼 우주 전체와 유기물과 무기물 모두를 살아 있는 유기체로 파악하고, 이를 극진하게 섬기라는 말이다.

그리고 해월은 만물의 화생化生이 이기理氣의 조화에 의한 것이라고 주장했고,[10] 특히 해와 달을 음양의 정精이 응집된 것이라고[11] 강조했다. 이는 동양 전래의 음양론을 그대로 수용한 것이다.

해월은 사람의 포태胞胎 과정을 설명하면서 한 점의 물[水]에서 시작하여 이슬, 한 알의 구슬 형상이었다가 3개월이 되면 화공化工의 현묘한 조화造化의 수단으로 어머님의 혈기血氣를 받아 코, 눈, 머리, 넋, 오장, 육부, 사지를 이룬다고 설명한다.[12] 인간의 탄생에 화공化工 즉 조화옹造化翁의 힘이 작용한다고 보았다.

또 해월은 음양론뿐만 아니라 다음과 같이 오행론五行論도 적극적으로 받아들인다.

> … 사람은 오행五行의 빼어난 기운이요, 곡식은 오행의 으뜸가는 기운이니[人是五行之秀氣也(인시오행지수기야)요, 穀是五行之元氣也(곡시오행기원기)니] …
>
> -『해월신사법설』「천지부모」

> … 한울님은 음양오행陰陽五行으로 만민萬民을 화생化生하고 오곡五穀을 장양長養한즉, 사람은 곧 오행의 가장 빼어난 기운이요, 곡식도 또한 오행의 으뜸가는 기운이라. 오행五行의 원기元氣로써 오행의 수기秀氣를 기르나니, 화化해서 나고 자라서 이루는 것은 이것이 한울님이 아니고 누구이며, 은혜가 아니고 무엇이라 말하리오? … -『해월신사법설』「도결道訣」

---

9 … 천지(天地)는 만물의 아버지요 어머니이니라. …『해월신사법설』「천지부모」.

10 … 만물이 화해 낳으니, 천지(天地) 이기(理氣)의 조화(造化)가 아니고 무엇인가?[萬物化生(만물화생)하니 非天地理氣造化而何也(비천지이기조화이하야)아?]『해월신사법설』「천지부모」.

11 … 무엇이 해가 되었으며, 무엇이 달이 되었는가? 해는 양(陽)의 정(精)이요, 달은 음(陰)의 정(精)이니라. …『해월신사법설』「천지이기(天地理氣)」.

12 『해월신사법설』「천지이기」.

해월은 천지 만물의 생명에는 한울님의 조화에 의한 음양과 오행의 작용이 있다고 보았다. 이는 해월이 동양 전래의 음양오행설을 적극적으로 수용했음을 알 수 있는 대목이다.

나아가 해월은 인간뿐만 아니라 파충류나 곤충에게도 어떤 '앎'이 있다고 다음과 같이 말했다.

> … 칩충蟄蟲이[13] 구멍에 삶이여, 또한 앎[知]이 있고 앎이 있도다. …
>
> -『해월신사법설』「강서降書」

해월은 미물 곤충의 생명에도 '지知'가 있다고 주장하여, 나름대로 독자적인 체계를 갖추었다고 강조한 것이다.

나아가 해월은 경천敬天, 경인敬人, 경물敬物의 삼경三敬을 강조했다. 특히 그는 경물에까지 이르러야 "천지기화天地氣化의 덕德에 합일合一될 수 있다."라고 주장했다. 물物은 인간 이외의 뭇 생명 전체를 가리키는 용어다. 따라서 해월은 모든 존재의 생명을 깊이 인정하고 존중할 것을 강조했다. 만물에 대한 경외심을 가지고 사랑하고 존중하는 자세야말로 천지의 기화氣化에 합일하는 방법이라는 점을 강조한 것이다.

또 해월은 이천식천以天食天이라는 독창적인 논리를 펼쳤다.

> 내 항상 말할 때에 물건마다 한울이요, 일마다 한울이라[物物天, 事事天] 하였나니, 만약 이 이치를 옳다고 인정한다면 모든 물건이 다 한울로써 한울을 먹는 것 아님이 없을지니[以天食天] …
>
> -『해월신사법설』,「이천식천」

해월의 이천식천은 약육강식弱肉强食이나 적자생존適者生存의 원리에 입각한 것이 아니라 생명의 본성에 따른 생명의 전환이라는 '생명의 순환' 원리에 따르는 것이다. 해월은

13 개구리와 벌레 등을 가리키는 말이다.

이천식천以天食天은 한울이 한울 전체를 키우기 위하여 종속을 양養하고 종속과 종속의 연대적 성장과 발전을 도모하는 것이라고 밝힌다.[14]

3) 의암의 생명 이해

동학의 3대 교주인 의암義菴 손병희孫秉熙(1861~1922)의 사상에는 생명사상과 관련시킬 만한 내용이 별로 없다. 그는 "만물이 각각 시천주侍天主의 근본이 있음을 파혹破惑하고"라고[15] 말한 적이 있어서 시천주 사상을 계승했다는 점만 확인된다. 의암은 "내 마음은 곧 천지 만물 고금 세계를 스스로 주재하는 한 조화옹造化翁이니라."라고[16] 말하여 인간의 마음을 조화옹에 비유했다. 유정有情과 무정無情에 대해 언급하기도 했으며,[17] "한울과 땅이 생긴 이래로 많은 중생의 움직임과 일체 선악이 다 바로 사람 사람의 마음에 달린 것이다."라고[18] 주장했다.

나아가 의암은 "천天, 지地, 인人 삼재三才란 도무지 한 기운[一氣] 뿐이니라."라[19] 했다. 또 의암은 "무극無極이 태극太極을 낳은 것이라. 무극은 음陰이요, 태극은 양陽이니, … 등이 다 음양 아님이 없다."라고[20] 주장했다. 그는 "음양의 조화로 만물이 생긴다.", "음양이 처음 나뉘어 오행五行이 생기고, 오행이 덕을 합하여 만물을 이룬다."라는[21] 입장이고, "사는 근본은 음양, 동정動靜, 조화造化의 이치다.",[22] "음양이치陰陽理致 천지순환天地循環, 잠간暫間 설화說話 덮어두고",[23] "음양이기陰陽理氣 조화調和되어",[24] "음양조화陰陽造化 다 알

---

14 이경숙 · 박재순 · 차옥숭, 『한국 생명사상의 뿌리』, 이화여자대학교출판부, 2001, 185쪽.
15 『의암성사법설』「수수명실록(授受明實錄)」.
16 『의암성사법설』「무체법경」(4) 견성해(見性解).
17 『의암성사법설』「무체법경」(9) 진심불염(眞心不染).
18 『의암성사법설』「후경(後經)」(2).
19 『의암성사법설』「각세진경(覺世眞經)」.
20 『의암성사법설』「각세진경」.
21 『의암성사법설』「명심장(明心章)」.
22 『의암성사법설』「위생보호장」.
23 『의암성사법설』「몽중문답가」.
24 『의암성사법설』「몽중문답가」.

아서",[25] "한울 땅이 열림에 건곤乾坤이 정定하였고, 만물의 이치가 자연스러움에 오행五行이 상생相生하여서, 기운이 엉기어 불길같이 성盛함에 만물이 화생化生 하였느니라.",[26] "한울 높고 땅 두터운 사이에 금목수화토金木水火土가 상생상극相生相克하여 물건 모양마다 각기 그 개성을 이루었다."[27] 등의 말을 통해 전통적인 동양의 음양오행설陰陽五行說을 받아들이고 있다. 또한 의암은 "만물 가운데 가장 신령한 만물의 우두머리가 있으니, 문자를 만든 처음에 이름하여 사람이라 일렀다.",[28] "사람은 동물의 영장靈長이다.",[29] "사람은 만물을 다스리는 주인[人爲治物之主]이다."[30] 등의 말을 하여 전통적 유학儒學의 입장을 그대로 이어받았다. 다만 "우주는 원래 영靈의 표현이다."라고[31] 주장한 점이 특기할 만하며, "천만물千萬物이 한 기운에서 시작되었다[於千萬物始一氣]."라[32] 하여 주기론主氣論을 받아들인 점이 주목된다.

3. 한국 신종교 창시자들의 생명사상

1) 수운의 시천주侍天主 사상

동학을 생명사상의 관점에서 바라본 논문들에 대한 상세한 연구사를 검토한 선행 연구가 있다.[33]

---

25 『의암성사법설』「몽중문답가」.
26 『의암성사법설』「명리전(明理傳)」(1) 창세원인장(創世原因章).
27 『의암성사법설』「명리전」(4) 응천산이발달인조장(應天産而發達人造章).
28 『의암성사법설』「명리전」(1) 창세원인장(創世原因章).
29 『의암성사법설』「명리전」(2) 척언허무장(斥言虛誣章), 「삼전론(三戰論)」.
30 『의암성사법설』「삼전론」(3) 재전(財戰).
31 『의암성사법설』「성령출세설(性靈出世說)」.
32 『의암성사법설』「시문(詩文)」.
33 김용휘, 「해월 최시형의 자연관과 생명사상」, 『철학논총』 90집, 새한철학회, 2017, 166~167쪽.

수운에게 있어 천주天主는 지기至氣와 나른, 지기를 초월해서 있는 존재가 아니다. 오히려 지기가 가지고 있는 신령함, 영묘함을 천주라고 할 수 있다. 굳이 구분하자면 천주의 존재 양태가 지기이고, 지기의 영묘한 속성이 천주라고 할 수 있다. 그래서 천주와 지기는 하나이면서 둘이고, 둘이면서 하나인 관계에 있다.[34] 김경재는 기氣가 영적靈的이기도 하다는 것이 성리학적性理學的 기론氣論과 차별되는 지점이라고 주장하였다.[35]

수운의 한울님은 우주 자연 속에 가득 차 있는 기운이며, 스스로 생성 변화하면서 모든 만물 속에 깃들어 있는 신령神靈이다. 이 기운은 어떤 특별한 계기에서 인간에게 체험될 수는 있지만, 지기至氣와 다른 독립적인 실체를 가진 초월자는 아니다. 수운의 생명사상은 그의 시천주 사상에서 찾아볼 수 있다.

2) 해월의 만물막비시천주萬物莫非侍天主 사상

해월은 만물이 모두 천주를 모시고 있다고 다음과 같이 주장하여, 수운의 시천주 사상의 외연을 인간 이외에 만물에까지 확장하였다.

> … 만물이 시천주侍天主 아님이 없으니, 능히 이 이치를 알면 살생은 금치 아니해도 자연히 금해지리라. … 날짐승 삼천도 각각 그 종류가 있고, 털벌레 삼천도 각각 그 목숨[命]이 있으니, 물건을 공경하면[敬物] 덕이 만방에 미치리라.
>
> -『해월신사법설』「대인접물待人接物」

이는 해월이 1885년 무렵에 상주尙州에서 각지에서 찾아오는 교도들에게 행한 설법 가운데 하나다.[36] 인간뿐만 아니라 짐승과 벌레도 천주 즉 한울님을 모시고 있는 성스러

---

34 김용휘, 「최제우의 시천주에 나타난 천관(天觀)」, 『한국사상사학』 제20집, 한국사상사학회, 2003, 228~229쪽.

35 김경재, 「동학의 신관(神觀)」, 『동학사상논총』 제1집, 천도교중앙총부, 1982, 218쪽.

36 천도교중앙총부 교사편찬위원회 편, 『천도교백년약사』 상, 미래문화사, 1981, 151쪽.

운 존재라고 강조한 해월은 온갖 만물을 공경하라고 가르친다. 수운의 시천주 사상을 천지 만물의 모든 존재에까지 널리 확대하여 새롭게 해석한 점이 특기할 만하다.

해월은 어린아이의 걸음걸이에도 민감하게 반응하는 생명 존중의 심정을 극도로 표현하기도 했다.

> … 우주에 가득 찬 것은 도시都是 혼원渾元한 한 기운이니, 한 걸음이라도 감히 경솔하게 걷지 못할 것이니라. 내가 한가히 있을 때에 한 어린이가 나막신을 신고 빠르게 앞을 지나니, 그 소리가 땅을 울리어 놀라서 일어나 가슴을 어루만지며, "그 어린이의 나막신 소리에 내 가슴이 아프더라."라고 말했었노라. 땅을 소중히 여기기를 어머님의 살 같이 하라. …
>
> -『해월신사법설』「성誠, 경敬, 신信」

해월이 1897년 10월 무렵에 행한 법문이다.[37] 이러한 해월의 경지를 '만물과 하나가 된 상태'라고 해석하기도 한다.[38] 땅을 어머님의 살과 같이 느끼는 감수성 깊은 마음이 요청된다는 주장이다. 땅은 물론 그 땅에서 난 모든 것들을 아끼고 소중하게 여기라는 가르침이기도 하다. 우주 자연은 근원적 생명력과 일정한 이치를 가진 기운 덩어리이며, 모든 만물은 그 기운에서 생성된 것이라는 말이다.

나아가 해월은 사람은 물론 만물이 모두 나의 형제자매요, 동포라는 진리를 깨달을 것을 주장하였다.

> … 모든 사람과 만물이 다 나의 동포同胞라는 전체의 진리를 깨달을 것이요 …
>
> -『해월신사법설』「삼경三敬」

---

37 위의 책, 300~301쪽.

38 최준식, 「우리 스승 우습게 보지 말라」, 부산예술문화대학 동학연구소 엮음, 『해월 최시형과 동학사상』, 예문서원, 1999, 30쪽.

인간과 사연도 모두 하늘이 표현된 것이므로 모든 사람과 만물이 다 나의 동포라는 인식이 가능한 것이다. 천지 만물이 모두 생명을 지닌 거룩한 존재이므로 그 사실을 철저하게 깨닫고 공경하라는 가르침이다.

해월의 자연관에 대해 "첫째, 자연이 그 자체로 살아있다고 본다. 자연은 단순한 물질들의 총합으로서의 물리적인 공간이 아니라 모든 만물을 낳는 생명의 근원으로서 살아있다. 둘째, 천지가 비어 있지 않다는 인식이다. 천지는 기운으로 가득 차 만물을 낳고 만물을 서로 연결하고 있다. 셋째, 인간의 마음과 기운이 천지의 기운과 연결되어 활용할 수 있다는 점을 강조한다." 등으로 정리한 연구가 있다. 이처럼 해월은 자연을 인간과 분리될 수 없는 감응하는 영적靈的 실재實在로 이해함으로써 절대적 유일신을 설정하지 않고도 종교적 신앙이 가능하게 한 동시에 인간의 주체적인 마음의 활용을 보다 강조하는 수양론을 정립했다.[39]

해월은 천지라고 표현되는 만물을 살아있는 부모님을 모시듯 하라고 가르쳤다.

> 천지는 곧 부모요, 부모는 곧 천지니, 천지부모天地父母는 일체니라. … 천지는 만물의 아버지요, 어머니이니라. …천지부모를 길이 모셔 잊지 않는 것을 깊은 물가에 이르듯이 하며, 엷은 얼음을 밟는 듯이 하여, 지성으로 효도를 다 하고 극진히 공경을 다 하는 것은 사람의 자식된 도리이니라. …
>
> -『해월신사법설』「천지부모」

해월은 천지 자체를 우리가 받들어 모셔야 할 거룩한 '님'으로서, "천지부모天地父母"라고 하면서, 육신의 부모와 똑같이 섬겨야 한다고 가르쳤다.

나아가 해월은 미물로 천대받았던 새의 울음소리조차 한울님의 목소리라고 주장하며, 공경할 것을 가르쳤다.

---

39 김용휘, 「해월 최시형의 자연관과 생명사상」, 『철학논총』 90집, 새한철학회, 2017, 170~172쪽.

… 한울님 말씀이 어찌 따로 있으리오? 사람의 말이 곧 한울님 말씀[天語]이며, 새소리도 역시 시천주侍天主의 소리이니라. … -『해월신사법설』「천어天語」

수운에게서 '시천주侍天主'는 어디까지나 인간을 설명하는데 머물렀을 뿐 그것을 만물萬物까지 적용하지는 않았던 것으로 보인다. 하지만 해월은 "어찌 반드시 사람만이 홀로 한울님을 모셨다 이르리오? 천지 만물이 다 한울님을 모시지 않은 것이 없느니라. 저 새소리도 또한 시천주의 소리니라."라고[40] 하면서 스승의 시천주를 만물에까지 확장하였다.[41]

해월에게 있어서 '자연'이 근원적 실재인 지기至氣가 생명으로 드러나고, 다시 본래의 실재로서 환원하는 생성변화의 그 모든 과정이자 그것을 담고 있는 공간이라면, '생명'은 본래의 무형한 하늘이 유형한 하늘로 드러난 것이다. 그러므로 드러난 만물은 모두 하늘의 표현이자, 그 자체로 생명이다.[42]

우리 인간도 하늘이지만, 우리가 먹는 식물과 동물도 모두 하늘이다. 비록 살기 위해서 먹어야 하지만, 그 존재도 하늘처럼 소중하고 귀한 존재라는 것이다. 그러므로 먹는 행위 자체를 신성하게 여겨야 한다는 것이며, 먹더라도 독식하거나 함부로 먹어서는 안된다는 말이다. 생명의 순환적인 상호의존관계를 알고, 그 질서를 깨뜨리지 않는 범위 내에서 먹는 행위가 이루어져야 하며, 그것은 결국 전체 생명을 키우는 일이기도 하다. 요컨대 이천식천以天食天은 생명의 순환 이치와 상호 의존성을 알고, 모든 존재를 소중하게 모시는 삶을 살아야 한다는 의미이다.[43]

해월의 생명사상과 생명윤리를 가장 잘 보여주고 있는 가르침은 삼경三敬이며, 그중에서도 경물敬物이다. 수운의 시천주侍天主는 사인여천事人如天을 통해 드러나며, 경물敬物에서 완성된다.

---

40 『해월신사법설』, 「영부주문」.
41 김용휘, 「해월 최시형의 자연관과 생명사상」, 『철학논총』 90집, 새한철학회, 2017, 169쪽.
42 위의 글, 175~176쪽.
43 위의 글, 176~177쪽.

… 셋째는 물건을 공경함이니, 사람은 사람을 공경함으로써 도덕의 최고 경지가 되지 못하고, 나아가 물건을 공경함에까지 이르러야 천지기화天地氣化의 덕에 합일될 수 있느니라.[44]

경물은 생물이든 무생물이든 모든 존재를, 심지어 주변의 물건조차도 아끼고 소중히 대하라는 가르침이다. 이러한 맥락에서 해월은 풀 한 포기라도 함부로 꺾어서는 안 된다고 가르쳤다.[45]

… 가신 물이나 아무 물이나 땅에 부울 때에 멀리 뿌리지 말며, 가래침을 멀리 뱉지 말며, 코를 멀리 풀지 말며, 침과 코가 땅에 떨어지거든 닦아 없이 하고, 또한 침을 멀리 뱉고, 코를 멀리 풀고, 물을 멀리 뿌리면 곧 천지부모天地父母님 얼굴에 뱉는 것이니, 부디 그리 아시고 조심하옵소서, … -『해월신사법설』「내수도문內修道文」

동학이 하늘[天]을 준칙으로 삼아 지향한 새로운 문명은 생명이 가치의 중심이 되는 세계다. 우주를 하나의 유기체적 생명으로 보는 동학의 관점에서는 우주에 존재하는 모든 것들은 가치적으로 동등하며, 모두가 하늘이기에 평등하고 고귀한 존재이다.

3) 증산의 시천지侍天地 사상과 신천지新天地 사상

증산 강일순의 생명사상[46]을 알 수 있는 핵심적인 구절은 다음과 같다.

---

44 『해월신사법설』「삼경」.

45 … 만물이 시천주 아님이 없으니, 능히 이 이치를 알면 살생은 금치 아니해도 자연히 금해지리라. … 초목의 싹을 꺾지 아니한 뒤에라야 산림이 무성하리라. … 만물을 공경하면 덕이 만방에 미치리라. 『해월신사법설』「대인접물」.

46 선행 연구로는 박경혜, 「대순사상의 생명관 연구」, 대진대학교 석사학위논문, 2001; 윤재근, 「한국 신종교의 도교 문화와 생명관」, 『종교교육학연구』 33집, 한국종교교육학회, 2010; 김영주, 「생명윤리와 대순진리회의 종교교육」, 『종교교육학연구』 45집, 한국종교교육학회, 2014; 최치봉, 「대순사상의 생명관과 인생관」, 『대순사상논총』 33집, 대순사상학술원, 2019 등이 있다.

> 천지간天地間에 찬 것이 신神이니, 풀잎 하나라도 신神이 떠나면 마르고, 흙 바른 벽壁이라도 신神이 떠나면 무너지고, 손톱 밑에 가시 하나 드는 것도 신神이 들어서 되느니라.
>
> -『대순전경大巡典經』 6장 99절

증산은 만물개유신성론萬物皆有神性論을 주장하여 "만물에 신神이 깃들어 있다."라고 강조했다. 결국 증산이 말하는 신성神性은 생명生命을 가리킨다. 증산은 들판에 무수히 피어나는 풀잎 하나에도 신神이 있어서 그 신이 떠나면 풀이 말라 죽는다고 주장하였다. 그리고 흔히 무생물체로 여겨지는 집의 벽에도 신神 또는 신명神明[47]이 있어서 그를 주관하는 신이 떠나면 무너진다고 주장하였다. 이는 천지 만물에서 일어나는 온갖 현상과 사건의 배후에 신(명)이 있거나 작용한다는 주장과 믿음이다.[48]

1909년 정월에 증산이 직접 썼다고 전하는 『현무경玄武經』에 다음과 같은 구절이 있다.[49]

> … 지천하지세자知天下之勢者 유천하지생기有天下之生氣, 암천하지세자暗天下之勢者, 유천하지사기有天下之死氣 … (4장 129절)

증산은 천하가 움직이는 기세를 알고 모르는 차이를 천하의 생기生氣와 사기死氣가 있는 것으로 크게 구별하였다. 생기는 '살아가는, 살 수 있는 기운이나 낌새'를 사기는 '죽는, 죽어가는 기운이나 조짐'을 뜻한다. 천하가 움직여나가는 판세를 아는 사람에게는 천하의 사는 기운이 있다는 말이다. 여기서 생기生氣는 생명의 기운 또는 살아있는 기운을 가리키는 말이다. 천하가 공글러가는 대세에는 항상 생명의 기운이 있다는 주장이기도 하다.

---

47 대순진리회의 『전경(典經)』 교법 3장 2절에는 신명(神明)이라고 적혀 있다.

48 김탁, 「증산 강일순의 신명사상」, 『대순사상논총』 제35집, 대순사상학술원, 2020, 115쪽.

49 『대순전경』에도 같은 내용이 실려 있다.

다음으로는 증산의 생명사상을 알 수 있는 중요한 구절을 살펴보자.

… 대저 제생의세濟生醫世는 성인聖人의 도道요, 재민혁세災民革世는 웅패雄霸의 술術이라. 이제 천하가 웅패에게 괴롭힌 지 오래인지라. 내가 상생相生의 도道로써 만민萬民을 교화敎化하며 세상을 평안平安케 하려 하노니, 새 세상을 보기가 어려운 것이 아니오, 마음을 고치기가 어려운 것이라. 이제부터 마음을 잘 고치라. 대인大人을 공부하는 자는 항상 남 살리기를 생각하여야 하나니, 어찌 억조億兆를 멸망케 하고 홀로 잘 되기를 도모함이 옳으리오 하시니 … (2장 42절)

'남 살리기'가 성인의 도道요 곧 생명을 구제하고 세상을 고치는 법방法方이라는 말이다. 여기서 핵심은 '살리기'다. 죽어가는 생명을 '살리는' 일이 세상을 구원하는 구체적인 방법이라는 말이다. 죽음을 넘어서 생명을 구하는 일이 요체다. 산 것을 원하고, 죽음을 거부하는 것이 제생의세의 길이다. 결국 증산은 제濟와 생生의 핵심을 '남 살리기'에서 구하였다. 증산은 나의 생명이 소중한 만큼 남의 생명을 구하는 일이 세계를 구원하는 유일한 길이라는 점을 강조한 셈이다.

한편 『대순전경大巡典經』에는 '생명'이라는 용어가 다음 구절에 한 번 나온다.

대흥리 거사막 장성원의 어린 아해가 병들어서 낮이면 낫고 밤이면 신열身熱과 기침으로 잠을 자지 못하여 두어 달 동안 고통하거늘, 성원이 아해를 안고 와서 고쳐주시기를 청하니, 가라사대 이 증수症祟는 곧 서양으로부터 멀리 온 비별飛鱉[50]이니, 산으로 옮기면 금수禽獸도 또한 생명生命이요, 바다로 옮기면 어별魚鼈도 또한 생명이니, 전선電線에 붙여서 사방四方으로 흩어가게 하리라 하시고, 성원을 명하사 철사鐵砂 두어 자를 구하여 아해의 머리 위에 두었다가 전선대 밑에 버리라 하시니, 성원이 그대로 하여 곧 나으니라. (8장 37절)

---

50 직역하면 "나르는 자라"라는 말인데, 병을 퍼뜨리는 바이러스 또는 병원체를 가리키는 말로 추정된다.

삶의 반대말은 죽음이다. 그리고 삶의 태도에는 살림과 죽임이 있다. 증산은 어린아이의 질병을 치료하기 위해 그 질병을 다른 곳으로 옮긴다는 상징적인 행위를 시도한다. 이때 증산은 산과 바다에 있는 짐승과 물고기들도 살아있는 생명이니 그쪽으로 질병을 옮기는 일은 부당하다고 말한다. 급기야 증산은 전깃줄을 통해 질병을 사방으로 흩어버렸다. 전기는 살아있는 생명으로 취급하지 않았다. 어쨌든 증산은 사람뿐만 아니라 짐승과 물고기도 산 생명으로 인정했으며, 그들에게 질병을 퍼뜨리는 일을 금했다. 생명이 있는 존재에 대한 인식과 존중이 드러나는 대목이다.

그리고 증산은 "어려서부터 호생好生의 덕德이 많았다."(1장 5절)라고 전한다. "나무 심으시기를 즐기시며, 자라나는 초목草木을 꺾지 아니하시고, 미세한 곤충이라도 해害하지 아니하시며, 혹 위기에 빠진 생물을 보시면 힘써 구했다."라고 한다. 생명을 가진 모든 것들을 사랑했다는 말이다. '호생의 덕'은 중국의 전설적 제왕인 순舜임금의 덕을 가리킬 때 사용하는 용어로 동양의 한자문화권에서는 자주 사용된다.

증산은 자기 제자의 부인이 해산解産하려 하자 "그대의 집에 삼신三神이 들어가니, 산기産氣가 있을지라."라고 말했다. (2장 3절) 또 증산은 "하늘이 사람을 낼 때에는 무한한 공부를 들이나니, 모든 선령신先靈神들이 쓸 자손 하나씩 타내려고 60년 동안 힘을 들여도 못 타는 자도 많다."라고 말했다. (3장 87절) 인간 생명의 탄생에는 삼신과 선령신의 도움과 작용이 있다는 주장이다. 그 사실 여부는 논외로 하더라도 증산은 인간은 신적 존재의 보호와 기원에 의해 태어나는 신비한 존재라고 강조한 것이다.

또 증산은 "천지는 망량魍魎이 주장主張, 일월은 조왕竈王이 주장, 성신星辰은 칠성七星이 주장"한다는 글을 쓴 적이 있다. (3장 134절) 천지, 일월, 성신 등의 자연계의 배후에 망량신, 조왕, 칠성 등의 신격神格이 있어 다스린다는 말이다. 이는 자연은 비인격적인 물질로 이루어지지 않고, 살아있는 신비한 존재에 의해 작용하고 작동된다는 주장이다. 해와 달과 별의 이면에는 살아있는 신적 존재라는 초월적 생명체가 있다는 말이다. 이처럼 증산은 무기물로 이루어졌다고 믿어지는 천체계天體界에도 인간을 넘어선 생명이 존재한다고 믿었다.

나아가 증산의 유별난 생명 사랑이 미물인 새와 닭에게까지 미쳤다는 다음과 같은 일화가 전한다.

> 하루는 부친이 벼를 말리는데 새와 닭의 무리를 심히 쫓으시니, 천사天師 만류하여 가라사대 새 짐승이 한 알씩 쪼아 먹는 것을 그렇게 못 보시니 사람을 먹일 수 있나이까 하시되, 부친이 듣지 않고 굳이 쫓더니, 뜻밖에 백일白日에 뇌우雷雨가 대작大作하여 말리던 벼가 다 표류하여 한 알도 건지지 못하였더라. (1장 11절)

그리고 증산이 행한 천지공사天地公事의 한 부문인 해원공사解冤公事가 동물들에게도 적용된다는 다음과 같은 주장과 믿음도 제기된다.

> 상제께서 대원사에서의 공부를 마치고 옷을 갈아입고 방에서 나오시니, 대원사 골짜기에 각색의 새와 각종의 짐승이 갑자기 모여들어 반기면서 무엇을 애원하는 듯하니라. 이것을 보시고 상제께서 가라사대 "너희 무리도 후천後天 해원解冤을 구하려 함인가?" 하시니, 금수禽獸들이 알아들은 듯이 머리를 숙이는도다. 상제께서 "알았으니 물러들 가 있거라."고 타이르시니, 수많은 금수들이 그 이르심을 좇는도다.
>
> -『전경典經』 행록 제2장 15절(대순진리회출판부)

그리고 일본인 사냥꾼이 기러기 떼를 향해 총을 쏘려 하자 증산이 "군자君子, 차마 보지 못할 일이라."라고 말하고 발을 땅에 한 번 구르니 그 총이 불발되었다는 일화도 전한다. (2장 57절) 증산의 생명 사랑과 존중이 동물에게까지 미쳤다는 말이다. 그리고 증산은 꿩을 잡으려고 홀치기를 만들려는 제자에게 "너희는 잡을 공부를 하라. 나는 살릴 공부를 하리라."라고 말했다고 전한다. 그러자 이로부터 꿩 떼가 많이 내려와도 한 마리도 홀치기에 걸리지 않았다고 한다. (2장 58절)

나아가 증산은 곤충도 감정을 지닌 존재라고까지 주장한다.

파리 죽은 귀신이라도 원망이 붙으면 천지공사天地公事가 아니니라. (6장 44절)

증산의 주장에 따르면 한낱 미물인 파리도 원망이라는 감정을 지닐 수 있는 존재다. 이 말은 기본적으로는 모든 존재의 해원解冤을 강조한 대목이지만, 곤충도 인간처럼 사랑하고 미워하는 감정을 지닌다는 주장이기도 하다. 증산은 자신의 천지공사가 미물 곤충의 해원으로 완성될 것이라고 강조했다.

또 증산은 "지금은 천지에 수기水氣가 돌지 않아 묘를 써도 발음發蔭이 되지 않는다."라고 말하고, "이 뒤에 수기가 돌 때에는 와지끈 소리가 나면서 그 후에 땅 기운이 발하리라."라고 주장했다. (3장 68절) 땅도 '물 기운'이 돌아야 비로소 제 역할을 할 수 있을 것이라는 말이다. 여기서 '기운'은 생명의 또 다른 표현으로 보인다.

그리고 증산은 "서양신명西洋神明이 배에 실어 오는 화물표貨物標를 따라서 넘어온다."라고 주장하고, 늘 뱃소리를 했다고 전한다. (4장 168절) 화물표라는 무생물에 신명이 붙어있다는 말이다. 이처럼 증산은 한낱 물질적인 종이에도 신비한 존재의 작용이 있다고 강조했다. 이러한 증산의 주장과 믿음은 동물과 식물을 포함한 자연계를 넘어서 물질계에도 생명이 깃들어 있으므로 존중하고 사랑해야 한다는 사상으로 전개된다.

선천에는 돈에 눈이 어두워서 불의한 사람을 따랐거니와 이 뒤로는 그 눈을 틔워서 선한 사람을 따르게 하리라. (6장 11절)

위의 인용문에서 증산은 돈이라는 종이에도 '눈'이 있다고 주장한다. 종이에도 동물처럼 눈이 달려 있다는 말이다. 역시 실제로 그런지는 믿음의 영역에 있다. 어쨌든 물활론物活論으로 비춰는 이러한 증산의 말은 모든 물질의 배후에는 신비로운 작용이 있음을 강조한 말이지만 '만물개유생명萬物皆有生命' 사상으로 볼 수도 있는 대목이다.

또 증산은 밥알 하나에도 생명이 깃들어 있으며, 하늘과 연관되어 있다고도 주장했다.

밥티 하나라도 땅에 흘린 것을 반드시 주우시며 가라사대 상차 밥 찾는 소리가 구천九天에 사무치리니 어찌 경홀히 하리오? 한낱 쌀이라도 하늘이 아니니라 하시니라. (3장 74절)

그리고 증산은 "신 또는 신명과 인간은 반복하는 순환구조 속에 존재한다."라고 주장했다.

… 생유어사生由於死하고, 사유어생死由於生하나니 … (6장 110절)

위의 인용문은 "인간의 삶은 죽음의 세계에서 연유하고, 인간의 죽음은 인간의 삶에 말미암는다."라고 의역할 수 있다. 인간의 삶과 죽음이 서로 꼬리를 물고 순환한다는 뜻이다. 증산은 불교 이후에 전개된 동양의 윤회론輪回論을 포괄적으로 인정하고 받아들였다고 평가할 수 있다.

그리고 『대순전경』 3장 155절에는 증산의 제자가 돼지를 기르다가 도적을 맞은 일에 대해, 증산이 "그 돼지를 찾지 말라. 네 전생前生에 그 사람의 눈을 속여서 손해를 끼쳤으므로 이제 그 보복을 받는 것이니라."라고 말했다는 일화가 전한다. 오랜 세월을 거쳐 생명은 짐승과 인간 사이에서 순환하기도 한다는 그의 믿음이 확인되는 대목이며, 역시 불교 윤회론의 영향이 확인된다.

『대순전경』 3장 144절에는 증산이 "예수교도는 예수의 재강림再降臨을 기다리고, 불교도는 미륵의 출세出世를 기다리고, 동학신도는 최수운의 갱생更生을 기다리나니, 누구든지 한 사람만 오면 각기 저의 스승이라 하여 따르리라."라고 말했다는 기록이 있다. 이어지는 3장 145절에서는 증산이 "내가 출세할 때에는 천지가 진동하고 뇌성벽력이 크게 일어날 것이다."라고 말한다. 5장 39절에서 증산은 자신이 장차 다시 이 세상에 나올 때에는 "하룻저녁에 주루보각珠樓寶閣 36만 칸을 지어 각기 닦은 공덕에 따라서 앉히고 옷과 밥을 신명들이 받들게 하겠다."라고 제자들에게 약속한다. 인간의 생명은 이생에서 일회적으로 끝나는 것이 아니라 내세에서 다시 다른 사람으로 태어나기도 한다는 증산의 생각을 알 수 있는 구절이다. 새 사람으로 다시 태어나는 일이 가능하다는 말이다.

여기서 생명의 순환과 윤회설이 한 번 더 확인된다.

그런데 증산은 다음과 같이 동학東學을 비판한다.

> … 가라사대 동학은 드는 날로부터 녹祿이 떨어지나니, 대저 녹이란 것은 곤坤에 붙어있는 것이거늘, 동학은 시천주조화정侍天主造化定이라 하여 하늘에만 편중하는 까닭이요, … (4장 46절)

증산의 사상에는 동학의 영향이 매우 깊다.[51] 그런데도 증산은 시천주侍天呪의 시천侍天에 대해 비판한 것이다. 하늘만 높이고 땅은 홀대했다는 것이 핵심이다. 증산은 땅이 인간의 복록을 맡았다고 주장하면서 동학의 사상적 편향성을 비판했다. 과연 그런지는 믿음의 영역에 속한 문제다. 이와 관련하여 "천사天師 가라사대 선천先天에는 하늘만 높이고 땅은 높이지 아니하였으니, 이는 지덕地德이 큰 것을 모름이라. 이 뒤에는 하늘과 땅을 일체로 받듦이 옳으니라."라고 말했다.(6장 1절) 나아가 증산은 제자들에게 오주五呪라는 주문에서 "신천지가가장세新天地家家長世 일월일월만사지日月日月萬事知", "신천지조화정新天地造化定 영세불망만사지永世不忘萬事知" 등의 주문을 가르쳐주기도 했다.(4장 46절) "신천지新天地"라는 용어를 주문에 넣은 것이다. 그런데 4장 46절에는 '다섯 주문'이라고 하면서도 '여덟 주문'을 싣고 있고, 7장 4절에는 "시천지조화정侍天地造化定 영세불망만사지永世不忘萬事知"가 포함된 다섯 개의 주문이 실려 있다. 이 부분은 교단 측의 보완과 해명이 필요한 대목이다. 증산이 동학의 시천주侍天主를 시천지侍天地로 바꾼 일은 분명하지만, 여전히 현재 대부분의 증산교단에서는 시천주侍天主를 주문에 사용하는 실정이다.

여기서 증산이 땅의 덕을 기리는 의미에서 시천지侍天地를 주장했던 점은 높이 평가되어야 할 것이다. 하늘과 땅을 함께 높이라는 그의 주장은 이제는 땅도 마땅히 주목받고 존중받아야 한다는 종교적 선언이다. 증산의 뜻이 하늘과 땅으로 대표되는 삼라만상의

---

51 김탁, 『한국종교사에서의 동학과 증산교의 만남』, 한누리미디어, 2000 참고.

해원과 완성이라면 '신천지新天地'나 '시천지侍天地'가 들어간 오주가 많이 외워져야 할 것이다.

4) 소태산의 생명사상

원불교의 '생명'에 대한 이해는 '일원一圓'의 진리관을 기반으로 한 순환성의 특성을 보인다. 이는 원불교의 우주관, 생명관, 인간관, 사회관 등을 관통하는 것으로, 모든 존재는 생로병사生老病死와 춘하추동春夏秋冬, 성주괴공成住壞空 등의 과정을 통해 탄생과 소멸을 반복적으로 지속한다고 본다.[52] 원불교에서 말하는 '일원'은 곧 전 우주를 관통하고 있는 진리의 본체를 말하며, 그 진리의 속성이 모든 현상세계에 깃들어 있다고 주장한다. 따라서 일원의 진리는 모든 존재의 근원이며, 이러한 진리적 속성이 현상을 통해 표상되는 양태를 네 가지로 구분한 것이 천지天地, 부모父母, 동포同胞, 법률法律이다.

또한 원불교에서는 모든 생명이 순환적 원리에 의해 태어나고 살아가며, 병들거나 노후해서 죽거나 사라진다고 본다. 물론 죽고 사라진다는 것이 끝을 의미하는 것은 아니다. 에너지 불변의 법칙처럼 사라진 것은 다시 새로운 형태로 태어나며, 특정 존재의 형태로 삶을 지속하다가 다시 죽거나 사라지는 과정을 반복적으로 순환한다. 다만 이러한 순환이 인간 세계를 통해 무의미한 반복으로 지속되는 것은 아니다. 그 속에서 어떤 존재는 '진급進級'의 과정을 거치면서 성인聖人 혹은 부처에 가까워지는가 하면, 어느 존재는 '강급降級'의 과정을 거치면서 축생畜生 혹은 지옥地獄과 같은 세계를 향해 변화해 간다.[53]

원불교학을 통해 생명 문제를 직접적으로 다룬 연구는 서경전이[54] 처음이다. 그는 소태산은 근본적으로 '생명 긍정'의 사상을 가지고 있으며, 그것은 일원상 진리를 바탕으

---

52 권동우, 「원불교 생명윤리와 사회적 실천 방안 고찰」, 『원불교사상과 종교문화』 62집, 원광대학교 원불교사상연구원, 2014, 383~384쪽.

53 위의 글, 385쪽.

54 서경전, 「소태산의 생명종교사상」, 『원불교사상』 19집, 원광대학교 원불교사상연구원, 1995.

로 한 것이며, 사은四恩과 불공법佛供法에 의해 구체화한다고 하는 '일원一圓 → 사은四恩 → 불공佛供'의 원리를 주장했다. 나아가 그는 이러한 논리를 바탕으로 원불교의 생명윤리와 환경윤리를 제시했다. 다만 생명윤리의 필요성을 선언적으로 제시하는데 그친 점이 아쉽다.

박상권은 과학의 발달에 따라 생명의 문제도 과학적으로 규정되는 시점에서 원불교적 생명윤리의 중요성과 실천적 역할을 제시하였다. 나아가 그는 현실이 과학에 따라 큰 영향을 받는 시점에서 종교는 윤리적 기준으로 인간의 가치 기준에 통제적 역할을 해야 한다고 주장했다. 또 그는 생명윤리의 실천 원리로 '처처불상處處佛像 사사불공事事佛供'을 제시한다.[55]

강성경도 '일원 → 사은 → 불공'으로 이어지는 논리구조 속에서 원불교 환경운동에 있어 '생명 보호'의 문제에 대한 교리적 해석과 더불어 실천적 방향을 제시하였다. 특히 강성경은 원불교가 '은적恩的 생명윤리'를 기반으로 실제적인 생명보호 운동을 해 나가기 위해 제언했다는 점에서 앞선 교학 중심의 해석적 연구에서 한 걸음 나아갔다.[56]

그리고 류성태는 원불교에서 현실적인 생명윤리의 문제에 직접적으로 어떻게 대응해 갈 것인가에 대한 방향에 대해 논했다. 그는 사회적으로 논란이 되는 생명윤리 문제인 낙태, 안락사, 자살, 사형제도, 생명복제 등의 문제에 대해 원불교의 대응 방향성을 구체적인 방향으로 제시했다는 의의가 있다.[57]

소태산은 다음과 같이 말한다.

> 세상의 유정有情 무정無情이 다 생生의 요소가 있으며, 하나도 아주 없어지는 것은 없고, 다만 그 형상을 변해 갈 따름이니, … 우주 만물이 모두 다 영원히 죽어 없어지지 아니하고 저 지푸라기 하나까지도 백 천억 화신化身을 내어 갖은 조화와 능력을 발휘하느니라. 그러므로 그대

---

55 박상권, 「원불교의 생명사상 - 생명의 인식과 실천 원리에 대하여」, 『원불교학』 제2권 1호, 한국원불교학회, 1997.

56 강성경, 「원불교의 생명보호운동 연구」, 『종교교육학연구』 제12권 제1호, 한국종교교육학회, 2001.

57 류성태, 「원불교 생명윤리에 대한 연구」, 『동양학연구』 3집, 원광대학교 동양학연구소, 2007.

들은 이러한 이치를 깊이 연구하여 우주 만유가 다 같이 생멸生滅없는 진리 가운데 한량없는 생生을 누리는 것을 깨쳐 얻으라. -『대종경』 제9「천도품薦度品」 15장

지푸라기로 표현되는 아주 하찮은 물건에도 부처의 품성이 들어있다는 말이다. 그리고 우주 만물은 모두 생멸이 없는 가운데 생生 즉 삶을 누리고 있다고 주장한다. 여기서 생生은 생명과 같은 말로 이해할 수 있다. 결국 소태산은 생명뿐만 아니라 존재하는 모든 것들이 무한한 순환과정을 통해 상호 의존적 관계를 형성하고 있다고 주장한다.

또한 소태산은 인간을 넘어 모든 존재의 '없어서는 살 수 없는 필연적 관계성'을 인식하면서 이를 '은혜[恩]'의 관계로 파악하였다. 소태산은 일원一圓의 진리가 가지는 속성은 현상계를 통해 네 가지로 그 모습을 나타내는데 천지, 부모, 동포, 법률이라고 파악했다. 나아가 소태산은 없어서는 살 수 없는 은혜를 입었으므로[被恩] 이에 대해 필연적으로 은혜를 갚는 '보은행報恩行'을 실천해야 한다고 강조했다. 이에 대해 김홍철은 소태산의 은恩사상은 첫째, 나의 존재근거를 드러내 주는 없어서는 살 수 없는 생명적 관계다. 둘째, 나의 존재근거를 드러내 줄 뿐 아니라 만물이 상생상화相生相和하게 하는 관계 작용의 원리이다. 셋째, 은恩은 우주가 생성 발전하는 기본적인 힘이라고 정리했다.[58]

그런데 소태산은 다음과 같이 이승과 저승의 구분을 인정하지 않았다.

대종사 말씀하시기를 "세상 말이 살아있는 세상을 이승이라 하고, 죽어 가는 세상을 저승이라 하여, 이승과 저승을 다른 세계 같이 생각하고 있으나, 다만 그 몸과 위치를 바꿀 따름이요 다른 세상이 따로 있는 것이 아니니라." -『대종경』「천도품」 10장

소태산은 "생사生死라 하는 것은 마치 사시四時가 순환하는 것과도 같고, 주야晝夜가 반복되는 것과도 같아서, 이것이 곧 우주 만물을 운행하는 법칙이요, 천지를 순환하게 하는 진리라."라고 하여, 생명의 시종始終으로서의 생사生死를 우주의 대역大易, 즉 생생生生

58 김홍철, 『원불교사상논고』, 원광대학교출판국, 1980, 212~214쪽.

하는 우주의 순환 진리로 설파한다.

나아가 소태산은 "식물들은 뿌리를 땅에 박고 살므로 그 씨나 뿌리가 땅속에 심어지면 시절의 인연을 따라 싹이 트고 자라나며, 동물들은 하늘에 뿌리를 박고 살므로 마음 한 번 가지고 몸 한 번 행동하고 말 한 번 한 것이라도 그 업인業因이 허공 법계에 심어져서, 제각기 선악善惡의 연緣을 따라 지은 대로 과보果報가 나타나나니, 어찌 사람을 속이고 하늘을 속이리오?"라고 말하였다. 식물의 생명도 인연因緣에 의해 생겨나며, 동물의 생명도 개체가 지은 업보業報에 따라 형성되어 그 과보로 인해 행로에 행복과 불행이 전개된다고 주장한 것이다.

또한 소태산은 천도薦度 법문에서 각자가 지은 업보로 인해 인간의 생사윤회가 이루어진다고 주장하였다. 그는 "네가 선악간善惡間 받은바 그것이 지나간 세상에 지은 바 그것이요, 이 세상에서 지은 바 그것이 미래 세상에 또다시 받게 될 바 그것이니"라 하여 생사윤회에 따라 선악업보善惡業報로써 생명의 소멸과 형성이 반복되고 지속된다고 강조하였다.

소태산은 다음과 같이 "생명"이라는 말을 사용했다.

> … 대범 천지에는 도와 덕이 있으니 … 만물은 이 대도가 유행되어 대덕이 나타나는 가운데 그 생명을 지속하며 그 형각形殼을 보존하느니라. …[59]

소태산은 천지의 대도大道가 지닌 덕德이 나타나서 생명이 지속되며, 생명체가 장양長養된다고 주장한다. 이처럼 생명이라는 말을 직접 사용함으로써 천지의 도와 덕을 통해서 모든 생명체가 길러진다고 강조한 것이다. 물론 천지天地, 부모父母, 동포同胞, 법률法律의 사은四恩은 어느 하나 우리의 생명을 기르는 데 도움이 되지 않는 것이 없다. 따라서 원불교에서는 사은의 은혜가 우리에게 생명 활동을 가능하게 하는 지중한 것이라고 강조한다.

---

59 『정전(正典)』 제2장 사은(四恩) 제1절 천지은(天地恩) 1. 천지피은(天地被恩)의 강령.

그리고 소태산의 "사람도 없고, 금수禽獸도 없고, 초목草木도 없는 곳에서 나 혼자라도 살 수 있을 것인가 하고 생각해 볼 것이니, 그런다면 누구나 살지 못할 것은 다 인증할 것이다."라는[60] 말은 금수초목禽獸草木도 하나의 동포同胞 개념으로 풀이하여 동포의 도움이 없이, 동포의 의지가 없이, 동포의 공급이 없이 살 수 없다면 그같이 큰 은혜가 또 어디 있겠는가 하는 지적이다. 그리하여 소태산은 생명에 대한 경외敬畏의식을 인간뿐만 아니라 동물과 식물까지 확산시키고 있다. 이는 생명 평등의 의식으로서 생명체에 대한 범주를 포함해서 동물과 식물, 심지어는 미물 곤충까지 확산해야 한다는 상징적 의미를 보여주고 있다. 금수초목도 연고 없이는 살생하거나 꺾지 말 것이라는 동포보은同胞報恩의 조목은 생명에 대한 경외의식을 강조하고 생명 평등의 의식을 일깨워주고 있다.[61]

소태산은 "우주 만유는 곧 법신불法身佛의 응화신應化身이니, 당하는 곳마다 부처님[處處佛像]이요, 일일이 불공법[事事佛供]이라."라고[62] 가르쳤다. 살아있는 생명체를 모두 부처님으로 보고 불공佛供드리듯 하라는 말이다. 또 소태산은 그 불공의 대상이 설혹 미천한 생명체라 할지라도 이를 무시하지 말고 항상 경외敬畏하는 마음으로 해야 한다고 가르쳤다. 결국 "처처불상處處佛像 사사불공事事佛供"의 정신은 전全 생령生靈을 부처님의 모습처럼 여기고 함부로 대하지 말아야 한다는 법문이다.

그리고 "천지 만물 허공법계가 다 부처 아님이 없나니, 우리는 어느 때 어느 곳이든지 항상 경외심을 놓지 말고 존엄하신 부처님을 대하는 청정한 마음과 경건한 태도로 천만사물에 응할 것이며, 천만사물의 당처에 직접 불공하기를 힘써"라는 소태산의 말은 만유萬有의 생명성을 존중하라는 가르침이다.

소태산의 다음과 같은 일화가 전한다.

---

60 『정전』 제2장 사은 제3절 동포은(同胞恩) 1. 동포피은(同胞被恩)의 강령.

61 류성태, 「소태산의 생명관」, 『정신개벽』 제13집, 원광대학교 원불교사상연구원, 1994, 179쪽.

62 『정전』 제10장 불공(佛供)하는 법.

대종사 금강산 유점사를 가시는 도중 쉬어 계시는데, 어디서 다람쥐 한 마리가 앞에 나와서 재롱을 부렸다. 대종사 귀여운 마음이 나서 무심히 손에 쥐셨던 돌을 던진 것이 다람쥐에 명중되어 그 자리에서 죽었다. 대종사 무수히 애석하게 여기시고 말씀하시었다. "네가 이곳에서 나 오기를 기다렸더냐? 내가 이번 길에 소창하고 모운 정신기운을 네게 쏟아 너의 영로靈路를 밝혀 주리라." 하시고 총부에 오셔서까지 무수히 심고心告를 드려 천도遷度하여 주시었다.

-『대종경선외록大宗經選外錄』「제생의세장濟生醫世章」13장[63]

소태산은 자신이 무심코 던진 돌에 맞아 죽은 다람쥐 한 마리에 안타까운 마음을 금할 수 없었다. 이에 소태산은 온갖 정력을 기울여 그 다람쥐의 죽은 영혼을 위로하고 천도시켜 주었다는 이야기다. 여기서 주목되는 점은 다람쥐에게도 영靈이 있다는 것이며, 한낱 미물인 짐승의 천도에 소태산이 전력을 기울였다는 것이다.[64] 동물에게도 소중한 생명이 있다는 사실에 주목한 소태산의 생명 사랑과 그의 생명사상을 엿볼 수 있는 대목이다.

그런데 위의 예화와는 다소 느낌이 다른 다음과 같은 이야기도 전한다.

총부 과수원에 제충除蟲을 하려 하는데 무수한 살생殺生을 하게 되므로, 대중이 서로 주저하였다. 대종사 말씀하시었다. "이는 연고緣故가 있는 일이며, 또는 대도大道 사업을 위하는 일이니 과보果報는 염려 말라. 과보는 교중敎中과 내가 담당하리라." 대중이 그 말씀을 듣고 안심하고 제충 작업을 하였다. 그 후 어느 날 총부 근처 수리 방죽이 가뭄으로 거의 말랐는데, 이웃 마을 사람들이 많이 물고기들을 잡고 있었다. 총부 대중 몇 사람이 지나가다가 그것을 구경하고 있던 중, 한 사람이 전일 대종사의 말씀을 본떠서 말하였다. "동지들 중에 누구든지

---

63 이공전, 『대종경선외록』, 원불교출판사, 1982, 83쪽.

64 이 다람쥐가 죽은 다음에 평안도에서 사람으로 태어나 전무 출신을 하게 되었다는 이야기가 전한다고 한다. 손정윤 편저, 『원각성존 소태산 대종사 일화집』, 원불교출판사, 1995, 67쪽.

돈을 내서 이 싼 물고기를 많이 사 가지고 대중공양을 한번 하라. 살생한 과보는 내가 전부 담당하리라." 대종사 그 사실을 전해 들으시고 크게 놀라며 말씀하시었다. "그 사람이 어찌 그렇게 무서운 말을 함부로 하리요? 사람이 말 한마디로 수천 생生 지옥고地獄苦에 떨어지기도 하고, 수백 생 축생보畜生報를 받기도 하는 것이다. 그 말이 어떤 말이라고 그렇게 함부로 하리오?" 대종사 그 제자를 불러 바로 참회의 심고心告를 올리게 하시고 "그 말을 고치라." 하시었다.

-『대종경선외록』「인연과보장因緣果報章」2장[65]

과수원의 해충을 제거하려면 어쩔 수 없이 많은 살생을 할 수밖에 없다. 그러자 대중들이 살생의 과보果報를 받을까 두려워 제충 작업을 망설였다. 이에 소태산은 과보가 없을 것이라고 단호하게 말하며, 만일 과보가 있다면 자신이 맡을 것이라고 선언했다. 과보라는 불교적 관념에 대한 소태산의 견해를 밝힌 대목이다. 그런데 소태산은 자신의 이러한 말을 따라서 자신이 과보를 책임질 터이니 물고기를 잡아먹자고 말한 어떤 제자의 잘못을 호되게 지적한다. 경우와 상황에 따라 과보의 여부가 결정된다는 말이다. 소태산의 이러한 입장은 증산의 "파리 죽은 귀신에게도 원한의 감정이 있다."라는 말과 대비된다. 소태산은 과수원의 과실을 지키는 일은 공적인 사업을 위한 일이기 때문에 곤충을 죽이는 일이 과보가 될 수 없다고 잘라 말한다. 나아가 소태산은 공도公道가 아닌 사적私的인 욕망을 위해 물고기를 잡아먹는 행위는 지독한 과보를 받을 위험한 행동이라고 가르친다. 생명사상에도 경우에 따라 다른 해석과 결정이 필요함을 역설한 대목이다.

이 밖에도 소태산에 대한 다음과 같은 일화도 전한다.

총부에서 기르던 어린 개가 동리 큰 개에게 물리어 죽을 지경에 이른지라. 그 비명 소리 심히 처량하거늘, 대종사 들으시고 말씀하시기를 "생명을 아끼어 죽기 싫어하는 것은 사람이나

---

65 이공전, 『대종경선외록』, 원불교출판사, 1982, 52~53쪽.

짐승이나 일반이라." 하시고, 성안聖顔에 불쌍히 여기시는 기색을 띠시더니 마침내 절명하매 재비齋費를 내리시며 예감禮監에게 명하사 "떠나는 개의 영혼을 위하여 칠七 · 칠七 천도제薦度祭를 지내주라." 하시니라.

-『대종경』「실시품」34장

49일 동안이나 죽은 어린 개의 영혼을 위해 제사를 지내주라는 소태산의 말은 그의 생명 존중과 사랑이 미물인 짐승에게까지 미쳤다는 사실을 잘 알려준다. 짐승의 생명도 존중해야 하며, 나아가 천도薦度의 대상으로도 이해되고 있다.

나아가 소태산은 "세간의 모든 애착과 탐착을 여의고 매일매일 법설法說을 들어 정신을 맑히고 정력을 얻어나가면, 자신의 천도만 될 뿐 아니라 그 법력이 허공 법계에 사무쳐서 이 주위에 살고 있는 미물곤충까지도 부지중 천도가 될 수 있나니"라고 하여 미물곤충의 천도도 강조했다.

그리고 "인간에게 있어서 살생은 가장 큰 죄이다. 만 생령을 사랑하는 것이 가장 큰 덕이다. 아무런 이유도 없이는 개미 한 마리 풀 한 포기라도 죽여서는 안 된다. 생명을 사랑하는 마음에서 세상이 평화로워지고, 살생을 좋아하는 마음에서 세상이 어지럽고 전쟁이 일어나는 것이다."라는 소태산의 법문이 생각나 거북이를 삶아 먹으려던 마음을 고쳐 방생해 주었다는 어떤 사람의 일화도 전한다.[66]

또 아픈 아이를 고치기 위해 참새 새끼를 삶아서 그 물을 먹이려는 제자에게 소태산은 "참새 새끼도 생명이다. 참새도 제 새끼를 지극히 사랑한다. 자기를 좋게 하기 위해 다른 생명을 살생하면 상극相克의 악연惡緣이 맺히게 되는 법이다."라고 타일렀다는 이야기도 전한다.[67] 생명을 없애는 일을 하면 항상 악한 인연이 생기기 마련이라는 가르침이다.

소태산의 문하에 창부娼婦 몇 사람이 입교하여 자주 내왕하자 이를 꺼림하게 여기고

---

66 손정윤 편저,『소태산 대종사 일화』, 원불교출판사, 1977, 25쪽.

67 손정윤 편저,『원각성존 소태산 대종사 일화집』, 원불교출판사, 1995, 169~170쪽.

싫어하는 제자들에게 그는 "불법佛法의 정신은 항상 대자대비大慈大悲의 정신으로 일체 중생을 두루 제도하는 데에 있는 것이다. 비록 창녀라 할지라도 어찌 제도濟度의 범위에서 제외할 수 있겠는가? 제도의 문은 도리어 그러한 죄고罪辜 중생을 위하여 열린 것이다. 그러한 중생일수록 더욱 반갑게 맞이하여, 그 악을 느껴 스스로 깨치게 하고, 그 업을 부끄럽게 생각하여 스스로 놓게 하는 것이 교화의 참 본분이다. … 세상에는 신분의 고하가 있고, 직업의 귀천이 있으나 불성佛性에는 아무런 차별이 없는 것이다."라고 말했다는 이야기가 전한다.[68] 중생제도의 길에는 신분의 고하나 직업의 차별이 없다는 가르침이다.

나아가 소태산은 다음과 같은 충격적인 말까지 했다고 전한다.

> 대종사께서 … "앵두 아버지가 부처고, 똥이 부처다. …[69]

위의 인용문에 나오는 '앵두 아버지'는 원불교 총부에서 똥을 퍼내는 등의 궂은일을 맡아서 하는 사람이다. 소태산은 자신이 설법할 때 똥 냄새를 풍기면서 툇마루에 걸터앉아 법문을 듣는 앵두 아버지를 못마땅하게 여기는 여자 학인들에게 위와 같은 말을 했다고 전한다.

대종사 설법하실 때 똥 부처에 대하여 말씀하시었다. "똥이 부처다. 똥 부처에게 불공佛供을 잘하면 복이 돌아오고, 똥 부처에게 불공을 잘못하면 벌이 돌아온다. 똥이 썩어서 죽은 것 같고 아무 능력이 없는 것 같으나, 이를 거름 삼아 채소를 가꾸면 그 채소가 그 기운을 받아서 잘 자라게 되지만, 이것을 잘못 처리하면 더러움과 악취의 피해를 받는 것이다. 그러니 어찌 더러운 똥이라 하여 이것이 아무런 영험이 없다 하겠느냐?"[70]

소태산은 사람의 배설물인 똥조차 부처로 인정하고 불공을 드리라는 엄청난 발언을

---

68 손정윤 편저, 앞의 책(1977), 57~58쪽.

69 서문 성 엮음, 『대종사님의 그때 그 말씀 1』, 원불교출판사, 1997, 109쪽; 서문 성 엮음, 『원불교 일화집』, 원불교출판사, 2006, 37쪽에도 거의 동일한 내용이 나온다.

70 서문 성 엮음, 위의 책(1997), 111쪽.

했다. 똥은 생태계의 순환과정을 거쳐 채소로 자라 다시 인간의 몸속으로 들어온다는 지적을 하면서 소태산은 똥에게 불공을 올리라는 파격적인 가르침을 내렸다.

이 외에도 저녁 공양에 논 고동회가 반찬으로 올라오자 소태산은 "살생하면 못쓴다. 정성을 생각해서 한 개만 먹겠다. 앞으로는 살생하지 말라."고 경계했다는 이야기가 전한다.[71] 논 고동을 잡아먹는 일상적인 행위조차 살생을 범한 일로 경계한 것이다. 그의 생명 사랑의 범위가 매우 고차원적이었다는 점이 확인되는 대목이다.

또 소태산에 얽힌 다음과 일화도 전한다.

> 어느 날 봉래정사 앞마당에 큰 지렁이가 죽어 있었다. 이를 보고 어린 정화가 깜짝 놀라 소리쳤다. … 언니 경순이가 의젓한 목소리로 동생을 나무랐다. "애두, 놀래기는, 사람이나 지렁이나 불성佛性은 다 같은 것인데, 뭐가 무섭니?" 옆에서 이런 이야기를 듣고 있던 대종사가 물었다. "경순아, 지렁이에게도 정말 불성이 있느냐?" "그럼요, 있고말고요." "정화야, 너는 어떻게 생각하느냐? 언니와 같이 지렁이에게도 불성이 있다고 생각하느냐?" "그래요. 저도 그렇게 생각해요." "어떠한 점이 그러느냐?" "지렁이도 밟으면 살려고 꿈틀거리지 않아요?" "그래, 네 말이 옳다."[72]

중국 당대唐代의 조주趙州(778~898)선사의 "개에게는 불성佛性이 없다."라는 '구자무불성拘子無佛性'이라는 화두話頭와 대비되는 말이다. 소태산은 불교의 『화엄경華嚴經』과 『열반경涅槃經』에 나오는 "모든 중생衆生은 모두 부처가 될 성품을 지니고 있다[一切衆生, 悉有佛性]."라는 여래장如來藏 사상을 그대로 받아들이고 있는 셈이다.

그렇지만 소태산은 미물과 짐승에게 지나친 애정을 표시하는 일에 대해서는 경계했다. "분수에 넘치게 많이 얻어먹고 살면 후생에 사람이 되더라도 빈천보貧賤報를 받게 된

---

71 손정윤 편저, 『소태산 대종사 일화』, 원불교출판사, 1977, 188쪽. 거의 비슷한 일화가 손정윤 편저, 『원각성존 소태산 대종사 일화집』, 원불교출판사, 1995, 217쪽에도 있다.

72 손정윤 편저, 위의 책(1977), 189~190쪽; 손정윤 편저, 위의 책(1995), 218쪽.

다."라는 이유에서였다.[73] 불교의 업보설과 인과설에 의거하여 동물 사랑에도 과유불급過猶不及의 원칙이 적용된다는 것이다.

이 외에도 "붕어를 보고 회膾 생각만 하고, 소를 보고 고기 맛 생각만 해도 마음속으로 살생을 한 것이다."라는 소태산의 법어도 전한다.[74] 사람이 생각하는 일조차 살생이라는 계율을 범한 중대한 일이라고 지적한 대목이다. 마음을 다스리고 생각을 내는 일에도 항상 경계하라는 종교적 가르침이다.

5) 정산의 생명사상

정산은 어려서부터 "마음이 인자하여 미물 곤충도 해치지 아니하고, 나뭇잎 하나라도 함부로 따지 않았다."라고 전한다.[75] 정산의 약력을 적은 「정산鼎山 대원정사大圓正師 약력略歷」에는 "어려서부터 천품天稟이 총명하시고, 국량이 호대浩大하시며, 기상氣像이 화청하시므로 모든 사람이 다 선동仙童으로 일컬었으며 … 모든 생물들을 매양 호생好生의 덕德으로써 대하사 그 자비慈悲가 미물에까지 미치시며 …"라 했다.[76]

소태산이 강조하고 체계화한 사은四恩은 만萬 생령生靈이 네 가지의 은혜로 우주에 충만한 기운과 더불어 그 생명을 유지하며 살아간다는 사실에 기초한다. 이와 관련하여 정산은 "대종사께서는 이 우주의 진리를 드러내시사 우리가 네 가지 큰 은혜를 입고 사는 것을 밝혀주시었나니, 그대들은 대종사의 상생대도相生大道인 사은의 교리가 만생령萬生靈을 제도濟度하는 가장 큰길이며"라고[77] 말했다. 사은의 교리 체계가 바로 뭇 살아 있는 생명을 구원하는 핵심 방법이라는 것이다.

정산 송규는 1961년 4월 26일 개교開敎 46년 축하식에서 기념 법문을 했는데, 이른바

---

73 손정윤 편저, 위의 책(1995), 63~64쪽.
74 손정윤 편저, 앞의 책(1977), 190쪽.
75 박정훈, 『정산종사전』, 원불교출판사, 2002, 41쪽.
76 이공전, 『범산문집, 범범록(凡凡錄)』, 원불교출판사, 1987, 178쪽.
77 『정산종사법어』「경의편」 8장.

삼동윤리三同倫理다.

> 삼동윤리의 첫째 강령은 동원도리同源道理니 모든 종교와 교회가 그 근본은 다 같은 한 근원의 도리인 것을 알아서 서로 대동화합大同和合하자는 것이요, 둘째 강령은 동기연계同氣連契니 곧 모든 인종과 생령生靈이 근본은 다 같은 한 기운으로서 연계된 동포同胞인 것을 알아서 서로 대동화합하자는 것이요, 그 셋째 강령은 동척사업同拓事業이니, 곧 모든 사업과 주장이 다 같이 세상을 개척하는 데에 힘이 되는 것을 알아서, 서로 대동화합하자는 것"이라고 하시었다.[78]

삼동윤리의 두 번째 강령인 동기연계는 인종과 생령[79]을 일체로 보는 것이다. 이러한 입장에서 정산은 "모든 사람이 다 같은 동포 형제인 것이며, 인류뿐 아니라 금수와 곤충까지라도 본래 한 큰 기운으로 연결되어 있다."라고[80] 강조한다. 이는 '대자대비적大慈大悲的 생명사상'의 핵심이다.

정산은 우주의 존재 즉 생명체는 영靈, 기氣, 질質로 구성되어 있다고[81] 주장했다. 그는 "우주宇宙 만유萬有가 영靈과 기氣와 질質로써 구성되어 있나니, 영靈은 만유의 본체로서 영원불멸한 성품이며, 기氣는 만유의 생기生氣로서 그 개체를 생동케 하는 힘이며, 질質은 만유의 바탕으로서 그 형체를 이름이라."라고[82] 말했다. 여기서 생기는 곧 생명력生命力

---

78 『원불교교사』 제3편 성업의 결실 4. 삼동윤리 선포와 법은 재단 설립, 『원불교전서』, 1134~1135쪽.

79 생령(生靈)은 영식(靈識)이 있는 모든 생명체를 가리키는 말이다. 살아있는 일체의 생명, 살아있는 생명체의 영혼, 살아있는 넋이라는 뜻으로, '생명'을 이르는 말이나 생명보다 더 넓은 의미로 사용되기도 한다. 원광대학교 원불교사상연구원 편, 『원불교대사전』, 원불교출판사, 2013, 536쪽.

80 『정산종사법어』 「도운편」 36장.

81 천지 만물이나 사람이나 영(靈), 기(氣), 질(質)의 세 가지로 구성된바 영(靈)이라 함은 안 보이는 것이나 형상 있고 없는 것을 지배하는 것으로서, 천지는 대령(大靈)이요 사람은 개령(個靈)인데 합치면 하나가 되는 것이며, 기(氣)라 함은 조화를 나투게 하는 힘으로서 천지에는 사시 순환이나 풍운우로상설의 변화를 가리키는 것이고, 사람에는 호흡하고 동작하는 것이며, 질(質)이라 함은 이의 바탕으로서 천지에는 땅이고, 사람에는 뼈와 살이다. 그런데 이 삼합(三合)이 조화가 잘 되면 천지나 사람이나 이상이 없는데, 조화가 잘못되면 천지에 괴변이 생기고 사람에 병고가 일어난다. … 박정훈 편저, 『한울안 한이치에』, 원불교출판사, 1982, 64~65쪽.

이다.

그리고 정산은 "질質이라 함은 이의 바탕으로서 천지에는 땅이고, 사람에게는 뼈와 살이다. 그런데 이 삼합三合이 조화가 잘 되면 천지나 사람이나 이상이 없는데, 조화가 잘못되면 천지에 괴변이 생기고 사람에게 병고가 일어난다,"라고[83] 주장했다.

또 정산은 천지와 내가 동일한 일체이며, 나와 천지가 같은 마음이라는 내용의 신령한 주문을 제자들에게 전해주기도 했다.[84] 나아가 정산은 인간의 영혼이 음식이라는 현실의 물질을 섭취한다는 것은 잘못된 생각이라고 밝혀주기도 했다.[85] 또한 정산은 식물도 말라 죽은 다음에는 땅의 기운을 받지 못한다고 잘라 말했다.[86] 그러면서도 정산은 전선도 기운이 통한 바요, 무정물인 식물이 비료를 흡수하는 일도 기운이 통했기 때문이라고 주장했다.[87] 산 것과 죽은 것의 차이에 대해 나름대로 설명한 대목이다.

정산은 다음과 같이 기氣와 영지靈知에 의해 만물이 생生한다고 설명하기도 했다.

> 말씀하시기를 "기氣가 영지靈知를 머금고, 영지가 기를 머금은지라, 기가 곧 영지요, 영지가 곧 기니, 형상 있는 것 형상 없는 것과 동물 · 식물과 달리는 것 나는 것이 다 기氣의 부림이요, 영靈의 나타남이라. 대성大性이란 곧 영과 기가 합일하여 둘 아닌 자리니라." 하시고 …
>
> -『정산종사법어』「원리편」14장

---

82 『정산종사법어』「원리편」13장.

83 박정훈 편저, 앞의 책(1982), 65쪽.

84 예전을 편찬하시며 '영주(靈呪)를 내리시니 "천지영기아심정(天地靈氣我心定), 만사여의아심통(萬事如意我心通), 천지여아동일체(天地與我同一體), 아여천지동심정(我與天地同心正)"이요 …『정산종사법어』「예도편」21장.

85 … 제단(祭壇)에 음식을 차리는 것은 그 관계자의 정성을 바치는 한 형식이 되는 것은 사실이나 영혼이 흠향한다는 것은 이해하기에 분명치 못한 바가 있으니, 몸이 이미 없는 이상 다시 인간 음식을 취하여 생활할 리 없으며, 또는 각자의 과보(果報)를 따라 수생(受生)한 이상 이 음식이 무슨 관계가 있으리오? …『정산종사법어』「예도편」6장.

86 … 보통 식물도 살아있는 때에는 땅의 정기를 받으나 말라 죽은 이상에는 땅의 정기를 받지 못하거늘, …『정산종사법어』「예도편」8장.

87 … 무선 전선을 이용하면 천만리 밖의 소리를 듣게 되는 것도 기운이 서로 통한 까닭이며, 무정한 식물도 그 주위에 비료를 주면 자연히 흡수할 줄 아는 것도 기운이 서로 통한 까닭이니, …『정산종사법어』「예도편」9장.

학인이 묻기를 "기氣와 영지靈知가 둘이 아니라 하셨사온데 어찌하여 식물에는 영지를 볼 수 없나이까?" 말하시기를 "만물이 화생化生하는데 구분이 있나니, 영지가 주가 되어 기운을 머금은즉 동물이 되고, 기운이 주가 되어 기운을 머금은 것이 식물이라. 동물은 개령個靈이 있으나 식물은 대령大靈만 있나니라." … -『정산종사법어』「원리편」 15장

동물과 식물의 구분을 기와 영지의 주종主從관계로 설명하는 것이다. 생명현상의 본질에 대해 나름대로 종교적 설명을 시도한 대목으로 보인다.

정산에 대한 다음과 같은 일화도 전한다.

종법실宗法室 앞 감나무에 새들이 자주 앉아 홍시를 쪼아서 버려놓음을 보시고, 시자侍者에게 말씀하시기를 "저러한 새들도 대회상大會上의 창립에 도움은 주지 못할망정 빚을 져서야 쓰겠느냐? 좇으라." 하시고, 시자가 없을 때에는 손수 좇으시니라.

-『정산종사법어』「근실편」 32장

미물인 새들도 이상세계를 이루기 위한 일에 방해하고 거슬려 결국은 책임을 지게 될 것이라는 말이다. 이러한 일을 막기 위해 새를 좇아냈다는 이야기다. 단순히 새들이 홍시라는 음식을 먹는 행위를 막기 위함이 아니라는 주장이다. 이는 증산甑山의 새와 짐승이 조금씩 먹는 행위조차 받아들이지 못하면 어떻게 인간을 이해하고 받아들일 수 있을 것인가라는 말과 비교된다. 정산은 이상세계의 창립을 위해서는 새와 같은 미물들의 부정적인 과보果報를 막아야 한다는 견해이다.

이 외에도 정산에 얽힌 다음과 같은 이야기도 전한다.

정산종사 손수 붕어의 배를 따고 있는지라. 뵙던 사람들이 놀라서 그 연유를 물으니 대답하였다. "어머님 병환에 붕어가 약이 된다는데, 죄짓는 일을 남에게 하라고 할 수 없어서 내가 하고 있는 중이다."[88]

정산은 붕어의 생명을 없애는 살생도 나른 사람에세 시키지 않고 직집 했는데, 이는 타인이 죄를 짓는 일을 막기 위한 일이었다고 설명한 것이다. 이와 관련하여 정산의 "살생계殺生戒를 지키는 동시에 연고緣故 없이 생명을 상해傷害하지 말라."는[89] 말도 전한다.

정산은 "약을 쓰되 살생을 하여 약을 만들지는 말라."고 당부하기도[90] 했다. 정산은 병석에서 자신에게 도움이 된다는 이유로 생명을 해치면서 약을 만드는 일을 경계한 것이다. 그리고 정산은 미물인 새의 자유로운 생명 활동에 대해 가르침을 내리기도 했다.[91]

또 정산은 꽃꽂이, 수족관, 새 기르기 등에 대해서는 비판적 입장이다.

> 한 학생이 꽃을 꺾어 화병에 꽂아 조실祖室에 올리는지라. 정산종사께서 말씀하시었다. "네 정성이니 이번에는 받는다마는 앞으로는 꺾어오지 말라. 꽃은 핀 본래자리에 그대로 두고 실컷 보자. 어항도 그렇고, 조롱도 그렇다. 대해大海 장강長江에 무변허공無邊虛空에 걸림 없이 노니는 그대로를 보자. 이 말을 적어두어라."[92]

이와 관련한 다음과 같은 정산의 법문도 전한다.

> 시자에게 말씀하시기를 "어항을 치우라. 못에서 마음대로 헤엄침을 보리라. 조롱鳥籠을 열어주라. 숲에서 마음대로 나는 것을 보리라."
>
> -『정산종사법어』「유촉편」33장

---

88 박정훈, 『정산종사전』, 원불교출판사, 2002, 280쪽.

89 『정산종사법어』「경의편」34장.

90 한 교우가 약용(藥用)으로 산 잉어를 바치거늘 "죽은 것은 없더냐?" 하시고, 그가 간 후 시자에게 "못에 놓아 기르라." 하시니라. 『정산종사법어』「생사편」32장.

91 한 제자 조실 앞에 새 조롱을 걸어놓는지라. 조롱 속에서 새들이 재잘거리며 노는 것을 보시고 시자에게 말씀하셨다. "우리가 만일 울안에 갇혀 있다고 하면 심경이 어떠하겠느냐? 저 새들이 좋아하는 곳은 허공과 숲이니 날려 보내라." 박정훈 편저, 『한울안 한이치에』, 원불교출판사, 1982, 144쪽.

92 박정훈, 『정산종사전』, 원불교출판사, 2002, 438쪽.

한 제자 조실에 어항을 갖다 놓고 매일 밥을 주고 물을 갈아주는지라. 일주일 동안 그대로 두고 보시더니, 그 제자에게 말씀하셨다. "고기의 본래 집이 어디냐? 그 본 집으로 돌려보내라."[93]

정산은 호생好生의 도道, 덕德, 기氣가 각각 하늘, 땅, 만물에 있다고 주장하고, 불보살佛菩薩은 이 모두를 두루 갖춘 존재라고 가르쳤다.

"하늘에는 호생好生의 도道가 있고, 땅에는 호생의 덕德이 있으며, 만물에도 호생의 기운이 있는 것이다. 불보살佛菩薩은 이 세 가지를 갖추셨으므로 화피초목化被草木하고 뇌급만방賴及萬方 하는 것이다."[94]

정산의 법문과 일화를 모은 『정산종사법어』(1982)가 있다. 이 가운데 정산의 생명사상을 알 수 있는 구절들을 살펴보자.

김홍철이 여쭈었다. "식물의 후생後生은 현실에 볼 수 있으나, 동물의 후생은 현실에 볼 수 없으니, 이를 어떻게 밝게 볼 수 있습니까?" "식물의 생명이 식물 자체 속에 있지 아니하고, 동물의 생명이 동물 자체 속에 있지 아니하니, 있지 아니한 가운데 참 생명이 있음을 알 것이요, 이 육신을 참 나로 알지 말라."[95]

식물의 생명이 식물 자체 속에 있지 않고, 동물의 생명도 동물 자체 속에 있지 않다는 말이다. 정산은 "있지 아니한 가운데 참 생명이 있다."라고 가르치며, 사람도 몸을 참된 나로 알지 않아야 한다고 주장했다. 여기서 '참'은 생명의 본질을 가리키는 용어로 이해

---

93 박정훈 편저, 『한울안 한이치에』, 원불교출판사, 1982, 145쪽.
94 위의 책, 15쪽.
95 위의 책, 37쪽.

된다. 나아가 정산은 독사, 미물 곤충도 동포同胞의 범주에 포함하고 있다.[96]

정산에 대한 다음과 같은 일화가 전한다.

> 서늘한 바람이 일기 시작한 초가을 밤이었다. … 시자가 모기약을 가져다가 뿜기 시작하였더니 "그만해 두어라." 하시는데, 그치지 않고 자꾸 뿜었다. 그때 반야심경 액자나 괘종시계 뒤에 벌들이 수없이 의지하고 살았는지, 모기약의 독 기운으로 벌들이 놀라서 '윙'하고 온 방을 허덕이었다. 누워계셨던 정산종사께서는 깜짝 놀라 자리에서 일어나시며 크게 말씀하셨다. "그만 뿌리라 할 때 그만 뿌릴 일이지, 하나도 죽지 않게 다 살려내라." 이때 정산종사께서는 무척 마음이 아프신 표정이시었다. …[97]

미물 곤충에 불과한 벌들이 죽은 일에 대해서도 정산의 가슴이 아픈 보살의 마음을 나투었다. 이와 관련된 정산의 가르침도 있다.[98]

그리고 정산은 나뭇가지에도 생명이 깃들어 있다고 다음과 같이 강조하기도 했다.

> 동산선원에 계실 때, 아이들이 지나가며 나뭇가지를 소용없이 끊는 것을 보시고 말씀하셨다. "어찌 저런고? 나는 어려서부터 나뭇잎 하나 함부로 따지 아니하였다."[99]

사사불공事事佛供의 정신에 따르면 나뭇잎 하나라도 무심코 따서는 안 된다는 가르침이다.

그리고 생신을 맞이한 정산에게 제자들이 삼계탕을 올리자 "생명을 죽여 생일을 축하하는 일이 도가에서 어디 있으며, 사람으로서 할 수 있는 일이더냐? 살생이란 약으로도

---

96 "독사가 어찌 동포은(同胞恩)이 되겠습니까?" "미물 곤충이 있어야 하겠느냐? 없어야 하겠느냐?" "있어야 하겠습니다." "그러면 은혜가 아니겠느냐?" 박정훈 편저, 『한울안 한이치에』, 원불교출판사, 1982, 49쪽.

97 위의 책, 149쪽.

98 여름밤 전등불에 뭇 벌레들이 날아와 죽는 것을 보시고 말씀하셨다. "공사(公事) 외에는 불을 켜지 말라." 위의 책, 145쪽.

99 위의 책, 124쪽.

안 해야 하며, 남에게도 살생하는 약을 가르쳐주지 않아야 한다."라고 말하며 몹시 화를 냈다는 일화도 전한다.[100] 이와 관련하여 "짐승한테까지도 덕화德化를 끼쳐야 한다."라는 정산의 법어도 전한다.[101]

6) 대산의 생명사상

대산은 소태산의 법은 "우주 만물을 모두 살아있는 부처로 모시고, 살리고, 구제하라는 가르침"이라고 규정한다.

> 대산종사 말씀하시기를 "… 대종사께서 내놓으신 이 법은 우주와 만물까지도 다 살아있는 부처로 모시고 살리고 구제할 수 있도록 해 주셨으므로, 우리는 『정전正典』에 밝혀주신 한 말씀 한 말씀을 깊이 받들고 모실 줄 알아야 하느니라.
>
> -『대산종사법어』「교리편」 8장

이와 관련하여 대산의 다음과 같은 말도 전한다.

> 대산종사 말씀하시기를 "… 견성見性은 청정법신불을 보는 것으로, 우주 만유 삼라만상이 모두 부처임을 아는 것이요, …
>
> -『대산종사법어』「교리편」 26장

그리고 대산은 활인活人의 개념을 금수와 초목까지도 확대하여 다음과 같이 해석한다.

---

100 손정윤 편저, 『원각성존 소태산 대종사 일화집』, 원불교출판사, 1995, 77~78쪽.
101 위의 책, 112쪽.

대산종사 말씀하시기를 "온 인류가 서로 잘 살려면 인생 5대 철학을 갖춰야 하나니, 첫째는 인생人生이니 금수초목禽獸草木까지라도 모두 살리는 활인活人으로 살 것이요, …

-『대산종사법어』「운심편」 44장

위의 인용문의 활인活人은 엄격하게 말하면 활물活物이라고 할 수 있다. 짐승, 풀, 나무도 모두 살리는 일을 강조한 대목이다.

나아가 대산은 일체의 만물을 모두 부처로 알고 불공을 드리라고 가르쳤다. 그의 만물평등과 만물 생명사상이 확인되는 대목이다.

… 말씀하시기를 "원불교의 신앙은 처처불상處處佛像 사사불공事事佛供의 신앙이니, 원불교에서 말하는 타력他力은 상像에 의지하는 타력이 아니라 내가 곧 하나님이요 부처님이라고 하는 진리에 대한 믿음을 바탕으로 하고 있나니, 우리는 석가세존만을 부처로 아는 것이 아니라 일체 만물을 다 부처로 알고 불공佛供의 대상으로 삼느니라."

-『대산종사법어』「동원편」 7장

대산은 소태산의 사상이 하늘뿐만 아니라 땅까지 숭배하고 위하라는 가르침이라고 설파했다.[102] 또 대산은 전체 선령先靈과 전체 생령生靈을 숭상하고 존경하라고 가르쳤으며,[103] 동포同胞의 개념에 유정有情, 무정無情의 일체 생명이 포함된다고 주장했다.[104] 그리고 대산은 우주에 가득 차 있는 법신불法身佛을 모시라고 강조했다.[105]

---

102 대산종사, 이어 말씀하시기를 "대종사께서는 하늘만 높이던 사상을 땅까지 숭배하게 하시고, 아버지만 위하던 사상을 어머니도 같이 위하게 하시며, …『대산종사법어』「교리편」 13장.

103 대산종사, 영모묘원 봉고식에서 말씀하시기를 "일원주의는 세계주의요, 일원사당은 세계 사당이니, 천불(千佛) 만성(萬聖)과 전(全) 선령(先靈)과 전(全) 생령(生靈)을 위한 숭덕존공(崇德尊公)의 큰 불사(佛事)요 큰 불공(佛供)이니라. …『대산종사법어』「교리편」 44장.

104 대산종사 말씀하시기를 "… '동포응감지위'하고 염원할 때에 사, 농, 공, 상과 유정(有情) · 무정(無情)의 일체 동포가 빠짐없이 응감하시도록 … 정성스럽게 기도를 올려야 하며 …"『대산종사법어』「교리편」 74장.

105 대산종사 말씀하시기를 "불공을 할 때 사심 잡념이 없이 정성을 다하고 보면 그것이 바로 선(禪) 공부니, 청정한 법신불(法身佛)이 우주에 두루 가득 차 있음을 깨닫고 이 부처님들을 모실 줄 알아야 '산 부처'니라. …

한편 대산의 다음과 같은 말이 전한다.

> 대산종사, 조실祖室 청소를 마치고 돌아가는 학인들을 보시며 말씀하시기를 "나는 저들을 대종사나 정산종사와 똑같이 생각하나니, 저들의 몸이 저들만의 몸이 아니요, 대종사와 정산종사의 몸임을 알아서 우리가 늘 챙기고 보살펴줘야 하느니라."
>
> -『대산종사법어』「신심편」26장

공부하는 학인들을 신앙의 대상인 소태산 대종사와 정산 종사와 동등하게 대하라는 가르침이다. 여기서 대산의 사람을 대하는 마음 자세가 차별을 두지 않는다는 사실을 확인할 수 있다. 그리고 모든 사람에게 공통으로 있는 생명에는 차등이 없다고 생각했음을 알 수 있다.

4. 한국 신종교 창시자와 계승자들의 생명사상이 갖는 특성과 의의

한국 신종교의 창시자와 계승자들 역시 기성종교의 그들과 거의 같은 맥락에서 생명의 중요성을 강조한다. 이들은 인간을 포함한 만물이 지닌 생명의 진정한 가치를 회복할 것을 강조하며, 생명 사랑의 실천을 통해 진정한 구원이 이루어질 것이라고 주장한다.

이제 한국 신종교의 생명사상이 가지는 특성과 의의를 정리해 보자.

첫째, 한국 신종교의 생명사상은 만물개유생명론萬物皆有生命論이 핵심이다. 동학의 창시자인 수운은 인간은 누구나 신령한 영성靈性을 지닌 존재라는 시천주侍天主 사상을 통해 인간은 누구나 평등하게 한울님을 모시고 있다고 주장했다. 해월은 만물이 모두 한울

『대산종사법어』「교리편」82장.

님을 모시고 있다는 만물막비시천주萬物莫非侍天主 사상을 전개하여 수운의 시천주 사상을 더욱 심화시키고 확장하였다. 증산은 만물에는 모두 신명神明이라는 초월적 존재가 깃들어 있고, 그의 작용으로 생명이 가능하다고 주장하였다. 그리고 소태산은 뭇 생령生靈들의 생명을 강조했으며, 특히 정산은 생명을 지닌 모든 존재에 대한 자비심으로만이 세계 구원이 가능함을 역설했다. 나아가 대산도 소태산과 정산의 생명사상을 수용하여 활인活人은 물론 활물活物까지 주장했다. 수운, 증산, 소태산의 사상에 있어서 공통으로 드러나는 부분은 전체 우주가 하나의 생명운동으로 한 과정 안에 있다고 본 점이며, 운동하는 우주를 천지의 생명 원리로 이해한다는 점이다.[106] 생명의 진정한 성격은 바로 자연이며, 지연의 목적은 바로 생명이라는 것을 암시하고 있다.[107] 이러한 맥락에서 동물, 식물 등 삼라만상 모든 존재의 신령한 영성靈性을 회복하는 생명사상의 오늘날의 온갖 문제들을 해결하는 하나의 방안으로 요청된다.

둘째, 한국 신종교는 기성종교의 생명사상을 새로운 차원으로 전개하고 발전시켰다. 한국 신종교 창시자와 계승자들은 하늘에서 하늘과 땅으로, 하늘과 땅에서 하늘 땅 만물로 생명사상을 발전시켰으며, 생명사상이 지닌 기존의 외연을 더욱 확장하였다. 수운의 시천주侍天主에서 증산의 시천지侍天地로 확장되었으며, 해월에 이르러서는 경천敬天에서 경인敬人을 거쳐 경물敬物로 생명사상이 확대되어 전개된다. 그리고 원불교에 이르면 생령으로 표현되는 동물 사랑에서 동물과 식물 사랑으로, 다시 만물 사랑으로 생명사상의 개념이 더욱 확장된다.

셋째, 한국 신종교의 생명사상은 '개벽開闢'을 위한 실천 이념으로 제시되었다. 개벽의 바탕이 되는 한국 신종교의 생명사상은 그 실천윤리로서 전개되었는데, 수운과 해월의 시천주와 증산의 해원解冤과 상생相生, 원불교의 은恩 사상은 생명사상을 실제 생활에서 실천하고 실행하는 구체적인 이념으로 제시되었다. 개벽이 실현되는 세상을 이 땅에 만

106 김홍철, 「한국 신종교사상에 나타난 생명윤리의 흐름」, 『원불교사상과 종교문화』 33집, 원광대학교 원불교사상연구원, 2006, 26쪽.
107 민영현, 「동학과 선(仙), 그 인간관과 생명사상에 관하여」, 『동학학보』 9호, 동학학회, 2005, 35쪽.

들기 위해서는 인간의 구체적인 노력과 의지에 따른 실천 운동이 요청된다. 즉 한국 신종교의 생명사상은 개벽을 요청하는 이러한 시대정신에 부응한 이념적 무기로 제시되었다.

넷째, 한국 신종교 생명사상을 실현하기 위한 중심과 주체는 인간이며, 그 실현 여부는 전적으로 인간의 몫이다. 인간의 의지와 열정을 바탕으로 한 끊임없는 노력만이 생명사상의 온전한 구현을 이룰 수 있을 것이다. 이는 한국 신종교의 인간중심의 사고방식이 확인되는 대목이기도 하다. 생명 사랑은 구호로만 이룰 수 없다. 실천을 통해서만이 조금씩 이루어질 수 있는 사상이다.

다섯째, 한국 신종교 창시자와 계승자들의 생명사상은 점진적 과정에 의해 이루어진다. 인간과 동물, 인간과 식물, 인간과 만물 사이에 '소통과 공감'이 있어야 비로소 생명사상이 온전하게 발현될 수 있을 것이다. 선언과 구호에 그쳐서는 생명사상이 지닌 특성과 의의가 드러날 수 없다. 그리고 그 일은 어느 순간 갑자기 이루어지는 일회적이고 급박한 사건으로 일어나지 않는다. 생명사상을 지닌 사람들의 오랫동안의 구도求道 과정과 열정을 통해 서서히 세상에 실현될 것이다. 이러한 맥락에서 한국 신종교의 생명사상이 지닌 궁극적이고 원대한 목표인 지상천국地上天國의 건설을 이루어가기까지는 상당한 시일이 걸릴 것이라고 보인다.

5. 맺음말

이 글에서 필자는 한국 신종교 창시자와 계승자들의 생명 존중과 생명 사랑을 살펴보았다. 생명사상은 단순한 이해와 논리가 아니다. 생명사상은 삼라만상 모든 존재와 공감共感으로 이루어지는 내가 '느끼는' 일에서 출발하는 하나의 '종교적 사건'이다. 종교는 '논리'가 아니라 '체험'이다. 한국 신종교 창시자와 계승자들은 자신들이 몸소 느낀 바를 표현하고 말씀으로 남겼을 따름이다. 따라서 그들을 정신적 스승이나 종교적 교주로 따르는 사람들은 위대한 선각자들의 생명사상을 모범적 공감 능력과 실천을 실행했던 인물로서 본받아야 할 이상적 모델로 삼아야 할 것이다. 생명사상은 살아있는 '생생한' 체험이지 결코 단순한 '논리적' 주장이 아니다. 생명사상은 말 그대로 생명을 '느껴야' 한다. 만유萬有와의 동질감을 느끼고 함께 할 때 비로소 진정한 의미의 생명 인식과 사랑이 점차 구현될 것이다. 종교는 '이념'이 아니라 '실천'이다. 한국 신종교 창시자와 계승자들의 가르침은 내가 오늘 이 자리에서 실천해 나가는 행위에서 비로소 실현될 수 있을 것이다. 생명사상에 대한 단순한 이해와 인식은 결코 우리들을 변화시킬 수 있는 구체적인 힘이 없다. 그들의 위대한 가르침을 받아들이고 일상생활에서 실천해 나가야만 비로소 바람직한 교도敎徒로서 자격이 있을 것이다. 실행하지 않는 믿음은 무의미하다.

동학은 '시侍'의 철학과 사상을 제시했다. 천주天主 또는 천지天地를 '모시라.'는 주장이다. 수운은 시천주를 해석하면서 "안으로는 신령神靈이 있고, 밖으로는 기화氣化가 있다."라고 말했다. 또한 그는 지기至氣를 강조하는 기론氣論을 펼쳐 약동하는 생명력으로서의 기氣를 강조했다. 해월은 천지의 모든 만물이 한울님을 모신 성스럽고 거룩한 존재라고 주장하여 수운의 시천주 사상을 확대·발전시켰다.

증산은 '신新'이라는 개념을 강조했다. 인간을 둘러싼 천지天地 즉 우주 만물을 '새롭게 하라.'는 사상을 전개했다. 이는 그가 행한 천지공사天地公事의 핵심이기도 하다. 그리고 증산은 인간의 탄생에는 삼신三神과 선령신先靈神들의 간섭과 공덕이 작용한다고 주장했고, 천지간에 신적神的 존재인 신명神明이 가득 차 있다고 강조하여 신비하고 초월적인 존재와 만유생명萬有生命을 연결하였다.

또한 원불교에서는 '은恩'의 사상을 전개했다. 천지은天地恩과 부모은父母恩을 강조하고 그 은혜를 입음에 대해 '보은報恩하라.'고 주장했다. 소태산은 생명은 없어지지 않고 형상이 변할 따름이라고 주장하고, 업인業因, 과보果報, 불성佛性 등의 불교적 개념을 사용하여 생명현상을 이해했다. 그리고 정산은 '살아있는 것들을 사랑하고 아낌'이라는 호생好生을 강조했으며, 대산은 활인活人과 활물活物 정신을 강조했다.

이제 한국 신종교 창시자와 계승자들의 생명사상을 실제 생활에서 구현시키는 일은 오로지 그들을 믿고 따르는 사람들의 역할과 몫으로 남았다. 생명의 신비를 느끼고 감싸

안으며 그들을 보호하고 경외하는 일은 생명사상의 온전한 구현을 위해 필수적인 일이다. 앞으로 한국 신종교 창시자와 계승자들의 생명사상이 단순한 사상으로 남아 있지 않고, 그들이 이상으로 삼은 지상천국 건설을 위한 실행으로 이어지기를 바란다.

제3장

동학사상의 종교적 전승

머리말
증산에 미친 동학의 영향
증산의 동학에 대한 평가
증산의 동학을 넘어선 대안
맺음말

제3장

동학사상의 종교적 전승

- 증산사상을 중심으로

1. 머리말

"태양 아래 새로운 것은 없다." 어떤 새로운 사상이라 하더라도 그보다 앞선 사상에 일정하고 지속적인 영향을 받을 수밖에 없다. 새로움은 항상 기성의 것을 비판적으로 계승함으로써 만이 태동할 수 있는 것이다. 동학 이후 발생한 증산교는 시대적으로 후대에 발생했기 때문에 동학의 사상과 교리 체계에 일정한 영향을 받았다. 이 글에서는 증산교에 미친 동학의 영향을 시대, 지역, 인물, 사상의 순으로 살펴보고 증산의 동학에 대한 평가와 동학을 넘어선 대안을 모색한 부분을 고찰하고자 한다. 동학사상이 당대에 영향력을 발휘하는 데 그친 것이 아니라 시대적으로 후대에 발생한 증산교에 끼친 사상적 감화과정을 살펴 동학사상의 종교적 전승의 경로와 파급에 대해 알아보고자 한다.

2. 증산에 미친 동학의 영향

1) 시대

동학은 교조인 수운水雲 최제우崔濟愚(1824~1864)가 1860년 음력 4월 5일에 극적인 종교적 체험을 통해 창도하여 한국 신종교의 효시가 되었다. 동학은 조선 말기의 시대적 상황에서 서학西學에 대처하기 위한 민족적 입장에서 창립된 종교다. 1892년과 1893년에 동학교단의 지도부에 의해 전개된 대선생신원운동大先生伸冤運動과 이후 새로운 양상으로 전개된 1894년의 동학농민혁명운동은 봉건적 수취 체제의 혁파와 사회신분제의 타파를 목표로 삼은 반봉건의 과제와 일제의 침략과 서구열강의 경제적 침투로부터 나라를 보존하고 경제적 자립을 추구하여 자주적인 근대국가를 수립하기 위한 반침략의 과제를 실현하기 위해 대규모로 추진된 민중봉기였다.

증산교의 교조인 증산甑山 강일순姜一淳(1871~1909)은 1901년 음력 7월 5일에 종교적 깨달음을 얻은 후 자신의 가르침을 널리 알렸다. 수운과 증산은 19세기 후반이라는 동일한 시대에 한반도에서 각기 40여 년 간의 비교적 짧은 생애를 살았다는 공통점이 있다. 수운과 증산이 조선 후기라는 동일한 시대를 배경으로 각자의 종교 활동을 나름대로 전개했다는 역사적 사실은 분명하다. 거의 같은 시대에 기존 질서와 사상의 해체와 새로운 외부사상의 침입에 대한 해결책을 모색하는 과정에서 수운과 증산은 각기 다른 이념적 방법으로 자신들만의 고유한 종교와 사상체계를 수립하고자 했다.

2) 지역

수운은 경상도 지역을 중심으로 그의 가르침을 펼쳤으며, 증산은 전라도 지역을 중심으로 활동하였다. 그러나 동학이 사회적으로 가장 활발히 활동하고 영향을 미친 1894년의 동학농민혁명의 발생지는 전라북도 고부군古阜郡이었다. 증산의 탄생지가 바로 이곳 고부군이었다. 따라서 증산이 태어나고 자라고 주로 살았던 지역에서 동학농민운동이 활발하게 전개되었다는 점에서 볼 때, 증산은 동학의 사상과 교리 체계에 상당한 영향을 받았으리라는 점은 충분한 개연성을 지닌다. 증산이 자신의 독창적 종교 행위인 천지공사天地公事를 행하면서 두루 순회한 지역은 전북全北 칠군七郡으로 전주, 태인, 정읍, 고부, 부안, 순창, 함열 등이었다.(『대순전경大巡典經』[1] 3장 13절) 이 지역들은 동학농민혁명이 찬란한 승리와 가슴 아픈 실패를 겪은 중심 지역이었다.

증산의 생애에 가장 큰 영향을 미친 사건은 그가 살던 인근 고을에서 대규모로 일어났던 동학의 혁명적 봉기였다. 증산은 동학농민혁명의 발발과 그 전개과정에 대해 예의주시했으며, 혁명이 실패한 후 그에 대한 대안을 모색하는 과정에서 자신의 독자적인 사상을 체계화하려 노력했다.

3) 인물

증산을 따랐던 제자들 가운데 많은 사람이 동학을 믿거나 그에 영향을 받았던 인물들이었다. 먼저 증산의 수제자로 손꼽히는 김형렬金亨烈(1862~1932)은 1894년 11월 동학군의 청주 공격에 참가했던 인물이다.(1장 19절)

훗날 증산교단의 획기적인 발전을 가져온 보천교普天敎의 교주 차경석車京石(1880~1936)은 전라도 지역 동학의 지도급 인사였다. 정확히는 1904년 8월에 동학의 조직을 중심으로 결성된 일진회一進會의 전라도 지역 총대總代였다.[2] 증산이 차경석[3]을 처음 만난 때는 1907년 5월이었는데, 당시 차경석은 동학의 3대 교주 손병희孫秉熙(1861~1922)의 처사에

---

1 이 글에서는 『대순전경』 6판(1965)을 인용문헌으로 삼았다. 증산교단의 경전 성립사에 대해서는 김탁, 「증산교의 교리 체계화 과정」, 『증산교학』(미래향문화, 1992)을 참고하시오.

2 … 원래 경석은 동학신도로서 일진회 전북 총대를 지낸 일이 잇는대 … 『증산천사공사기』, 상생사, 1926, 70면. 이 외에도 "22세에 일진회에 가입하여 전라남북도 순회관(巡廻官)을 지냈다."라는 기록이 있다. 홍범초, 『범증산교사』, 한누리, 1988, 60쪽. 그러나 차경석이 22세가 되던 해인 1902년에는 일진회가 조직도 되지 않았기 때문에 그가 순회관을 지냈다는 기록은 신빙성이 부족하다.

3 차경석의 아버지인 차치구(車致九, 1851~1894)는 동학농민혁명의 시발점인 고부성(古阜城) 함락에 동참한 중요한 인물 가운데 한 사람이었다. 그는 "정읍두령(井邑頭領)"으로 지칭되었다. 오지영, 『동학사』, 영창서관, 1940; 이장희 교주(校註), 『동학사』, 박영사, 1974, 135쪽.

불만을 품고 새로운 길을 모색하고 있었다고 전한다.(3장 19절)

박공우는 동학신도(2장 67절, 72절, 3장 21절)였으며, 차경석의 절친한 친구로서 동학의 수련법에 따라 49일 동안 기도하던 시기에 증산을 만났다. 박공우가 "일진회의 한 두목頭目으로 있었다."는 기록도 전한다.[4] 정남기는 증산의 처남으로 일진회원이었다.(3장 14절)[5] 그리고 안내성, 문공신, 황응종, 신경수, 박장근 등이 동학신도였다는 기록이 있는데,(3장 25절) 초기 경전에는 일진회원이라고 적혀 있다.[6] 일진회는 1904년 8월에 조직되었고, 손병희는 일진회가 자신의 의도와 다르게 전개되자 1905년 12월에 독자적으로 천도교天道教를 조직하였다.

김경학도 동학신도로서 시천주侍天呪 수련을 했던 인물이다.(2장 111절) 증산과 함께 감옥에 갇혔던 허성회도 동학을 신앙했다는 보고가 있다.[7] 이 밖에도 증산의 종도로 보기는 어렵지만 시천주를 읽었다는 전쾌문[8]이 증산을 찾아왔던 기록도 있다.(7장 11절) 유한필이 동학신도였다는 기록도 있는데,(2장 81절) 증산의 종도로 보기는 어렵다.

4) 사상

(1) 시천주侍天主와 시천주侍天呪

수운이 경신년(1860) 음력 4월 5일에 결정적인 종교체험을 통해 한울님이라는 최고 절대신絶對神에게서 받은 것은 "오심즉여심吾心卽汝心"의 심법心法이다. 즉 수운은 "나의 마음이 곧 너의 마음"이라는 심법을 통해 한울님이 바로 내 안에 모셔져 있다는 사실을 깨닫게 되고, 나아가 이 "내 안에 모셔져 있다."라는 '시천주侍天主'를 자신의 가장 핵심적인 종교사상으로 삼았다.[9] 수운은 인간은 누구나 한울님을 모시고 있기 때문에 인간을 떠나

---

4 『증산천사공사기』, 상생사, 1926, 76면.
5 1904년 7월에 일진회원이 되었다고 전한다. 위의 책, 33쪽.
6 위의 책, 73쪽.
7 증산도 도전편찬위원회, 『증산도 도전』, 대원출판사, 1992, 1084쪽.
8 본명은 전태일(全泰一, 1861~?)로 그가 살던 지역의 동학 두목이었다. 위의 책, 1084쪽.
9 윤석산, 『동학교조 수운 최제우』, 도서출판 모시는 사람들, 2004, 214쪽.

서 한울님을 생각할 수 없으며, 한울님의 뜻도 인간을 통해서만이 구현될 수 있다고 주장했다.[10] 이와 같은 시천주侍天主는 곧 무궁한 존재인 한울님을 내 안에 모셨다는 뜻이므로, 궁극적으로 무한한 우주와 더불어 '무궁한 나'가 될 수 있는 그러한 동학의 인간관을 이루는 근간이 된다.[11]

수운은 최고 절대신인 천주天主 즉 한울님과 대화하고 계시를 받은 한국종교사 최초의 인물이다. 한울님을 내 몸에 모셨다는 자각을 처음하고, 이를 많은 사람들에게로 넓힌 독창적인 교리 체계를 정립한 수운은 한국종교사에서 커다란 발자취를 남겼다. 수운의 절대자와의 만남이라는 신비체험은 그 이전에는 유례를 찾아보기 힘든 새로운 지평을 개척한 종교적 사건으로 기억되어야 할 것이다.

증산의 친필 저작인 『현무경玄武經』에 "기도祈禱"라는 구절 아래 "시천주조화정侍天主造化定 영세불망만사지永世不忘萬事知"라는 글귀가 있으며, 모두 3번 언급된다. 또 "지기금지원위대강至氣今至願爲大降"도 3번이나 쓰여 있다. 『현무경』에 기록된 글귀가 그리 많지 않다는 점을 고려해 볼 때, 동학의 강령문降靈文과 시천주侍天呪가 자주 언급되었다는 사실은 동학의 사상체계에 끼친 동학의 영향이 지대했음을 알려준다. 그리고 『현무경』에 "지기금지사월래至氣今至四月來"라는 구절도 있다. 원래 이 글귀는 수운이 자신의 종교체험을 강조한 강령주문降靈呪文이다.[12] 천지의 지극한 기운이 경신년(1860) 음력 4월에 자신에게 내렸다는 사실을 "지극한 기운이 4월에 (나에게 이미) 이르렀노라."라고 힘주어 말한 대목이다.

또 『현무경』에 "동유대성인東有大聖人 왈동학曰東學, 서유대성인西有大聖人 왈서학曰西學, 도시교민화민都是敎民化民."이라는 구절이 전한다.

그리고 증산은 천지공사를 행할 때 시천주를 직접 썼으며, 제자들에게 시천주를 외우라고 명하기도 했다.

---

10 위의 책, 215쪽.

11 위의 책, 221쪽.

12 선생주문(先生呪文) 가운데 강령주문(降靈呪文)이다. 지기금지원위대강(至氣今至願爲大降)은 제자주문(弟子呪文)에 있는 강령주문이다.

하루는 공사公事를 보실 새, 글을 쓰시니 이러하니라. 무내팔자無奈八字 지기금지원위대강至氣今至願爲大降. 욕속부달欲速不達 시천주조화정侍天主造化定 영세불망만사지永世不忘萬事知 …(4장 137절)

… 경석과 내성에게 시천주侍天呪를 혀와 입술을 움직이지 말고 많이 묵송默誦하라 하시니라. (3장 133절)

… 천사天師 일러 가라사대 … 네 형에게 혀와 입술을 움직이지 말고 시천주侍天呪를 읽되, 기거동작起居動作할 때라도 잠시도 쉬지 말고 읽게 하라 하시니라. (4장 149절)[13]

또 증산은 "지기금지원위대강至氣今至願爲大降"과 "시천주조화정侍天主造化定 영세불망만사지永世不忘萬事知"를 제자들에게 불러주고 깨끗이 쓰게 했다. (3장 134절) 증산이 자신의 종교적 행위를 시도하는 과정에서 동학의 강령주문과 시천주를 사용했다.

… 글을 써서 형렬의 집 벽에 붙이시니 이러하니라. 시천주조화정侍天主造化定 영세불망만사지永世不忘萬事知 법사法師 지기금지원위대강至氣今至願爲大降 경주용담보은신慶州龍潭報恩神 전주동곡해원신全州銅谷解冤神 연월일年月日 (4장 23절)

증산은 동학의 시천주를 직접 써서 벽에 붙였으며, 동학의 강령주문을 세로로 적었다. 나아가 증산은 수운을 보은신報恩神에 비유하고, 자신을 해원신解冤神이라고 주장했다. 경주 용담은 수운이 용담정을 지어 도를 깨친 장소이자 자신의 가르침을 사람들에게 널리 전한 곳이고, 전주 동곡은 증산이 약방을 열어 세상 사람들의 온갖 질병을 널리 구제하려 했던 장소다.

이 외에도 증산은 제자들에게 동학의 시천주를 외우게 했으며, 자신의 천지공사에 중

---

13 동생 차윤경을 시켜 차경석에게 명한 말이다.

요하게 사용했다.

> … 시천주侍天呪를 읽게 하시니 … (4장 82절)

> 하루는 약방에 가서 종도 여덟 사람을 벌려 앉히시고, 사물탕四物湯 한 첩을 지어 그 봉지에 사람을 그리사 두 손으로 드시고, 시천주侍天呪 세 번을 읽으신 뒤에, 여러 사람에게 차례로 돌려서 그와 같이 시키시고, "남조선南朝鮮 배가 범피중류汎彼中流로다."라고 노래하시며, 가라사대 상륙上陸하였으니 풍파風波는 없으리라 하시니라. (4장 150절)

증산은 묵은 치질로 수십 년 동안 고생하던 사람에게 "아침마다 시천주侍天呪를 일곱 번씩 외우라."고 하여 낫게 했다. (8장 4절) 증산은 시천주의 실제적인 효능을 기대하고 주술적으로 이용했다.

또 증산은 고부인高夫人의 안질眼疾을 제자들에게 "경주용담慶州龍潭 대도덕大道德 봉천명奉天命 봉신교奉神敎 대선생전大先生前 여율령如律令 심행審行 선지후각先知後覺 …"이라는 구절을 읽게 하여 낫게 했다. (9장 55절) 수운의 신비한 종교체험을 적극적으로 인정하고 그에게 비는 방법으로 질병을 치료했던 것이다.

그리고 증산은 동학의 강령문降靈文인 "지기금지원위대강至氣今至願爲大降"에 대해 독자적인 풀이를 시도하기도 했다.

> 하루는 공사公事를 보시며 글을 쓰시니 이러하니라. 지왈至曰 천지화복지天地禍福至, 기왈氣曰 천지화복기天地禍福氣, 금왈今曰, 지무망至無忘, 강왈降曰, 천지화복강天地禍福降. (4장 139절)

증산은 천지天地의 화禍와 복福을 중심으로 동학의 강령문을 해석하고 있다. 증산은 천지화복天地禍福이라는 구절을 각 글자에 덧붙이는 단순한 형식으로 동학의 강령문에 대해 나름대로 풀이하였다. 이러한 증산의 해석은 하늘의 재앙과 복락이 특정인에게 이르거나 내려오는 일로서만 강령문이 이해되게 만들기 때문에, 실제적인 효능이 있는지 없는지에 따라 시천주를 판단하는 것으로 동학 주문에 대한 주술적 변용을 이루었다고 볼 수 있다.

증산이 태을주太乙呪와 함께 중요하게 가르쳐준 오주五呪에 시천주가 들어 있으며, 만사지萬事知, 성경신誠敬信, 지기금지원위대강至氣今至願爲大降 등 수운이 사용한 독창적인 용어가 보인다.

> 정미년(1907) 겨울에 고부 와룡리에 계실 때 종도들에게 오주五呪를 가르쳐주시며 가라사대 이 글은 천지天地의 진액津液이니라 하시니 이러하니라. 시천지가가장세侍天地家家長世 일월일월日月日月 만사지萬事知, 시천주조화정侍天主造化定 영세불망만사지永世不忘萬事知, 복록성경신福祿誠敬信 수명성경신壽命誠敬信 지기금지원위대강至氣今至願爲大降, 명덕관음明德觀音 팔음팔양八陰八陽 지기금지원위대강至氣今至願爲大降, 삼계해마대제신위원진천존관성제군三界解魔大帝神位願趁天尊關聖帝君 (7장 4절)

> 하루는 종도들을 둘러앉히시고 오주五呪를 써서 한 사람에게 주어 읽히시고, 만명萬名에게 전하라 하사 다짐을 받으신 뒤에 … (7장 7절)

증산은 수운의 시천주를 높이 평가했으며, 시천주는 이미 자신의 탄강誕降으로 실현되었으므로 새로운 주문인 태을주를 사용하라고 주장했다.

> 하루는 종도들에게 물어 가라사대 최수운崔水雲의 시천주侍天呪는 포교오십년공부布敎五十年工夫가 들어 있고, 김경흔은 오십 년 공부로 태을주太乙呪을 얻었나니, 같은 오십 년 공부에 어느 주문呪文을 취함이 옳으냐? … 가라사대 시천주侍天呪는 이미 행세行世되었으니 태을주를 쓰라 하시고 … (7장 8절)

그리고 증산은 도道를 전하는 방법으로 청수淸水를 모시고 시천주를 외우도록 했다.

… 이튿날 덕겸을 명하사 새올 최창조에게 가서 전도傳道하라 하시니, 덕겸이 그 방법을 물은대, 가라사대 창조의 집 조용한 방을 치우고, 청수淸水 한 동이를 길러다 놓고, 수도자受道者들을 모아놓고, 수저 마흔아홉 개를 동이 앞에 놓고, 시천주侍天呪를 일곱 번 읽은 뒤에, 수저를 모아 잡아 쇠 소리를 내며 닭 울기까지 행하라. … (7장 22절)

(2) 도수度數

수운은 천지도수天地度數라는 용어를 사용했다.

… 자오제지후自五帝之後로 성인聖人이 이생以生하사 일월성진日月星辰과 천지도수天地度數를 성출문권成出文卷 이이정천도지상연而以定天道之常然하여 일동일정一動一靜과 일성일패一盛一敗를 부지어천명付之於天命하니 … 오제 후로부터 성인이 나시어 일월성진과 천지도수를 글로 적어내어 천도의 떳떳함을 정하여 일동일정과 일성일패를 천명에 부쳤으니 …

-「포덕문布德文」

수운은 도수를 "하늘에서 운명적으로 정해 놓은 계획" 또는 "세상을 지배하는 원칙이나 원리"라는 의미로 사용하였다. 도수라는 용어는 수운의 천사문답天師問答과정에서 한울님이 사용했던 표현이기도 하다. "너의 공부 이미 지극하고, 네의 수련修煉이 이미 도수에 차고"라 하여,[14] 수운의 종교체험 과정에서 한울님은 수운의 수련이 정해진 기준에 알맞게 이르렀음을 "도수에 찼다."라고 말했다.

증산도 도수라는 용어를 사용했으며, 특히 자신이 도수를 지어나간다고 강조했다.

… 천사天師 일러 가라사대 인사人事는 기회機會가 있고, 천리天理는 도수度數가 있나니, 그 기회를 지으며 도수를 짜내는 것이 공사公事의 규범이라. … (2장 42절)

---

14 이돈화 편술, 「제1편 수운대신사(水雲大神師)」, 『천도교창건사』, 천도교중앙종리원, 1933, 15쪽.

… 내가 천지운로天地運路를 뜯어고쳐 물샐 틈 없이 도수度數를 굳게 짜놓았으니, 제 도수에 돌아 닿는 대로 새 기틀이 열리리라. … (4장 173절)

… 그러므로 이제 천지도수天地度數를 뜯어고치며 … (5장 4절)

이제 하늘도 뜯어고치고 땅도 뜯어고쳐 물샐 틈 없이 도수를 짜놓았으니, 제 한도限度에 돌아 닿는 대로 새 기틀이 열리리라. … (5장 10절)

증산은 자신이 상제上帝의 의지와 권능權能으로 천지의 도수를 결정한다고 주장했다.[15] 증산은 도수度數를 '세상을 다스리는 법칙'이라는 의미로 사용하여, 새롭게 열릴 후천後天을 지배할 새로운 법도라는 뜻으로 자신의 천지공사天地公事에서 강조하였다. 증산은 천지의 운행하는 도수가 정해진 고정불변한 것이 아니라, 천지가 바뀌는 도수를 스스로의 힘으로 개조할 수 있다고 주장했다. 따라서 증산은 도수라는 용어와 개념에 대한 근본적인 종교적 재해석을 가했던 인물이다. 증산은 삼계대권三界大權을 주재하는 지고至高의 존재인 자신이 선천先天의 도수를 뜯어고칠 능력이 있다고 주장한다. 선천에서 후천으로 새롭게 바뀌는 엄청난 변화를 불러일으키고, 인간계와 신명계의 운명을 새로 결정하는 일이 바로 도수를 새로 정하는 일이다. 도수를 바르게 정리하는 주체는 '나'로 표현되는 증산 자신이다. 새로운 세상이 전개되도록 우주 운행의 법도와 질서를 고친 존재가 바로 상제로서의 증산이다. 이후 증산교단에서는 새로운 천지를 완성할 수 있는 새로운 도수가 신앙 대상인 증산에 의해 결정되고 집행되었다고 믿는다.

증산이 강조한 것은 도수度數의 가변성可變性이다. 인간이 결코 벗어날 수 없는 운명의 굴레처럼 정해지고 강요된 우주의 질서와 법칙은 없다는 것이 증산의 생각이다. 선천으로 규정된 낡고 지나간 세상에서는 도수가 '정해진 법칙과 규범'으로 인정되었다면, 이

---

15 증산의 도수사상(度數思想)에 대해서는 김탁, 「증산과 정산의 도수사상」, 『대순사상논총』 30집(대진대학교 대순사상학술원, 2018)을 참고하시오.

제 다가오는 후천後天을 맞아 증산은 스스로 상제上帝의 권위와 능력으로 선천의 도수를 후천의 도수로 '뜯어고쳐' 새로 결정한다고 믿어진다. 기존의 정의와 해석에서 도수는 결코 바꿀 수 없는 고정불변한 체계였다면, 이제 증산의 권능에 의해 도수는 새롭게 바뀔 수 있고 바뀌어야 하는 체계로 거듭난 것이다.

증산이 사용한 도수의 용례는 다음과 같다.

> 이제는 천지도수天地度數가 정리되어 각 신명神明의 자리가 잡히는 때라. … (6장 126절)
>
> … 이에 천지대신문天地大神門을 열고 날마다 공사公事를 행하사 사십구일을 한 도수度數로 하여 동남풍東南風을 불리시더니 … (4장 10절)
>
> … 또 남조선南朝鮮 배 도수度數를 돌린다 하사 … (4장 15절)
>
> … 바둑의 원조元祖 단주丹朱의 해원도수解冤度數를 이곳에 부쳐서 … (4장 28절)
>
> … 후천음양도수後天陰陽度數를 보려 하노니 … (4장 47절)
>
> … 너는 정음정양도수正陰正陽度數니 … (4장 49절)
>
> … 백의군왕백의장상도수白衣君王白衣將相度數를 보실 새 … (4장 50절)

(3) 성경신誠敬信

수운은 성경신이라는 독창적인 용어를 사용했다.

> 오도박이약吾道博而約, 불용다언의不用多言義, 별무타도리別無他道理, 성경신삼자誠敬信三字. … 우리 도는 넓고도 간략하니, 많은 말을 할 것이 아니라, 별로 다른 도리가 없고, 성誠, 경敬, 신信 석자이니라. …
>
> -「좌잠座箴」

수운은 자신의 도를 요약하면 성誠, 경敬, 신信 세 글자라고 강조한다. 전통적인 동양 문화권에서 성경誠敬은 자주 언급되는 용어지만, 성경신誠敬信이라는 용례는 없다. 따라서 성경신은 수운이 처음으로 사용한 말이다. 특히 신信을 덧붙여 강조한 점이 특기할 만하다. 수운은 신信에 대해 특별히 다음과 같이 설명한다.

… 대저 이 도는 마음으로 믿는 것이 정성이 되느니라. 믿을 신자를 풀어보면 사람의 말이라는 뜻이니, 사람의 말 가운데는 옳고 그름이 있는 것을, 그중에서 옳은 말은 취하고, 그른 말은 버려 거듭 생각하여 마음을 정하라. 한번 작정한 뒤에는 다른 말을 믿지 않는 것이 믿음이니, 이와 같이 닦아야 마침내 그 정성을 이루느니라. 정성과 믿음이여, 그 법칙이 멀지 아니하니라. 사람의 말로 이루었으니, 먼저 믿고 뒤에 정성하라. [大抵此道(대저차도)는 心信爲誠(심신위성)이라. 以信爲幻(이신위환)이면 人而言之(인이언지)니 言之其中(언지기중)에 曰可曰否(왈가왈부)를 取可退否(취가퇴부)하여 再思心定(재사심정)하라. 定之後言(정지후언)을 不信曰信(불신왈신)이니 如斯修之(여사수지)라야 乃成其誠(내성기성)이니라. 誠與信兮(성여신혜)여 其則不遠(기칙불원)이라. 人言以成(인언이성)하니 先信後誠(선신후성)하라.] …「수덕문修德文」

"마음으로 믿는 것"이 바로 정성이 된다고 설명한 수운은 신信을 "사람의 말"이라고 풀었고, 옳은 말을 취하여 거듭 생각하여 마음을 정하라고 주장하였다. 나아가 수운은 "한번 결정한 다음에는 다른 말을 믿지 않는 것이 바로 믿음이다."라고 주장하여 신信의 중요성을 강조한다. 한국종교사에서 이처럼 신信을 강조한 것은 아마도 서학西學의 영향이 크게 미쳤던 결과로 보인다. 어쨌든 수운은 기존의 유학자들과 같이 성誠과 경敬만을 강조하는데에 그치지 않고, 신信을 자기 가르침의 중요한 지표로 삼았다. 수운의 이러한 성경신誠敬信이라는 용어는 증산에게도 큰 영향을 끼쳤다. 증산은 『현무경玄武經』에서 "지기금지원위대강至氣今至願爲大降, 천지성경신天地誠敬信"이라는 구절을 썼다.

그리고 증산은 다음과 같이 오주五呪라는 주문에서 세 번째 주문으로 성경신이라는 글귀를 사용하였다.

… 오주五呪를 수련케 하시니 이러하니라. … 수명성경신壽命誠敬信 지기금지원위대강至氣今至願爲大降, 복록성경신福祿誠敬信 지기금지원위대강至氣今至願爲大降 … (4장 46절, 7장 4절)[16]

---

16 7장 4절에는 복록성경신이 수명성경신보다 먼저 언급된다. 4장 46절은 여덟 개의 주문이 적혀 있기 때문에 엄밀한 의미의 오주(五呪)라고 할 수 없다. 어쨌든 4장 46절에는 수명성경신이 복록성경신보다 앞에 언급

수운이 자신의 도道의 요체로 설명한 성경신誠敬信을 증산은 적극적으로 받아들여 사신의 독창적인 주문에서 동학의 강령주降靈呪와 함께 사용하였다. 수명과 복록이라는 말이 첫머리에 나오지만, 성경신이 덧붙여진 형태로 이루어진 주문은 수운의 영향을 받은 것이 분명하다. 특히 동학의 강령주가 덧붙여진 사실에서도 그러하다. 증산이 "천지天地의 진액津液"이라고 표현한 오주五呪 가운데 세 번째 주문이 "복록성경신 수명성경신 지기금지원위대강"이다. 증산은 오주를 정미년(1907) 겨울에 제자들에게 가르쳐주었다.[17] 그리고 증산은 제자를 평가하는 때에도 성경신이라는 용어를 사용했다.[18] 이처럼 증산은 수운의 성경신에 상당한 영향을 받았으며, 이를 자신의 독창적인 주문에 사용했으며, 사람을 평가하는 일에도 인용하였다.

(4) 『동경대전東經大全』과 『용담유사龍潭遺辭』

> 형렬이 양식이 떨어져서 손 오는 것을 괴롭게 여기거늘, 가라사대 개문납객開門納客에 기수기연其數其然이라 하나니, 사람이 와야 하느니라. (7장 21절)

"문을 열고 손님을 맞으니, 그 수가 그럴듯하다."라는 구절은 수운이 가르침을 펴는 과정에서 자신을 찾아오는 사람들에 대해 묘사한 「수덕문修德文」에 나온다.

> … 수운水雲의 글에 "산하대운山河大運이 진귀차도盡歸此道라."하고 … (5장 7절)

위의 인용문에 나오는 "이 산하山河의 큰 운수가 모두 이 도道에 돌아온다."라는 구절은 『동경대전東經大全』의 도유道儒들이 천도天道의 시운時運을 깨닫지 못하고 마음만 급함을

된다.

17 오주(五呪)의 변화과정과 자세한 논증은 김탁, 『한국종교사에서의 동학과 증산교의 만남』(한누리미디어, 2000)을 참고하시오.

18 … 경석이 성경신(誠敬信)이 지극하므로 … (4장 48절)

한탄한다는 「탄도유심급歎道儒心急」의 첫 머리에 나온다.

> 수운가사에 "인물人物보고 가사家舍보고, 모몰염치冒沒廉恥 추존推尊말라."라고 하였으며,[19] 또 그 시詩에 "선불처변명불수善不處變名不秀"라 하였나니 알아두라. (6장 133절)

『동경대전』「우음偶吟」에는 "처변을 잘못하면 이름이 드러나지 못하리라. 선불처변명불수善不處卞名不秀."라 했다. 「우음」은 7언 율시 총 20구로 이루어졌는데, 인용 부분은 14번째 구절이다.

> 수운시水雲詩에 "도기장존사불입道氣長存邪不入"이라 하였으나, 나는 "진심견수복선래眞心堅守福先來"라 하노라. (6장 90절)

증산은 수운의 시를 인용한 다음, 그와의 대결 의식의 표현으로 자신이 지은 시구를 제시한다. 증산이 인용한 수운의 시는 수운이 1859년 10월에 용담정龍潭亭에서 지은 시로, 세상을 구원하기 위한 참된 도를 깨닫고 말겠다는 굳은 의지를 밝히고 있는 입춘시立春詩의 앞부분이다.

> 하루는 공사公事를 보시며 글을 쓰시니 이러하니라. 성사聖師 의통醫統 경주용담慶州龍潭 무극신無極神 대도덕大道德 봉천명奉天命 봉신교奉神敎 대선생전大先生前 여율령심행如律令審行 …
> (4장 140절)

위의 인용문에서 "경주 용담"이라는 표현이 있는 것으로 볼 때 수운과 관련된 기록이

19 이 구절과 동일한 기록은 『용담유사』에는 보이지 않는다. 다만 모몰염치라는 구절은 「도수사」에 "모몰염치 작난하니, 이는 역시 난도자요."에 나온다. 모몰염치는 "염치도 없이"라고 풀이할 수 있다. 또 「도덕가」에 "모몰염치 추존하니, 우습다 저 사람은"이라는 내용이 보인다.

분명하다. 왜냐하면 천명天命과 신교神教라는 용어는 증산이 자신의 출세出世에 대해 언급하면서 "최수운에게 천명과 신교를 내려"라고 주장한 대목이 있기 때문이다.

또 증산은 수운가사에 대해 세 가지 기운이 감추어져 있다고 평가했다.

> 수운가사에 세 기운이 갊어 있으니, 말은 소장蘇張의 구변口辯이 있고, 글은 이두李杜의 문장文章이 있고, 앎은 강절康節의 지식知識이 있나니, 다 내 비결秘訣이니라. (6장 136절)

증산은 『용담유사』 대신 수운이 지은 가사라는 의미로 수운가사水雲歌詞라는 용어를 사용한다. 증산은 수운가사에 말, 글, 앎의 최고 경지가 모두 들어있다고 주장했다. 말은 중국 전국시대戰國時代의 소진蘇秦과 장의張儀의 뛰어남이 있고, 글은 중국 당대唐代의 유명한 시인인 이백李白(701~762)과 두보杜甫(712~770)에 비교할 만하며, 앎은 중국 송대宋代의 철학자 소옹邵雍(1011~1077)의 지식에 비견할만한 책이 바로 수운가사라고 주장한 증산은 수운가사가 자기의 일을 미리 알려주기 위한 비결秘訣이라고 자의적으로 강조했다.

또 증산은 천하의 물[水] 기운을 돌리는 공사公事를 시도한다고 주장하면서, 직접 수운가사를 펴서 일부분을 소리 내어 읽었다고 전한다.

> 하루는 종도들에게 일러 가라사대 이제 천하에 수기水氣가 말랐으니 수기를 돌리리라 하시고 … 가라사대, 이 가운데 수운가사를 가진 자가 있으니 가져오라. 과연 한 사람이 가사를 내어 올리고 물러가거늘, 그 책 중간을 펴 드시고 한 절을 읽으시니 하였으되 "시운詩云, 벌가벌가伐柯伐柯여, 기칙불원其則不遠이라. 내 앞에 보는 것은 어길 바 없지만은, 이는 도시都是 사람이요, 부재어근不在於近이라. 목전지사目前之事 쉽게 알고, 심량深量없이 하다 가서, 말래지사末來之事 같잔하면, 그 아니 내 한恨인가?"라 하니라. 처음에 가는 소리로 한 번 읽으시니 맑은 날에 문득 뇌성이 일어나거늘, 다시 크게 읽으시니 뇌성이 대포 소리와 같이 일어나서 천지진동하며, 또 지진이 일어나서 여러 사람이 정신을 잃고 엎드러지거늘 … (4장 88절)

증산이 읽은 부분은 『용담유사』 「흥비가興比歌」의 1절부터 5절까지다. 「흥비가」의 첫 대목인데, 수운이 『시경詩經』「벌가伐柯」에 나오는 구절을 인용하여 곧 닥칠 일도 짐작하지 못하는 사람들의 어리석음을 노래한 대목이다. 증산이 이 구절을 인용하여 읽은 것은, 비록 지금 자신이 행하는 일이 하찮은 일로 보일지도 모르나 장차 큰 결과를 이룰 것이라는 확신을 드러낸 것이다.

또 증산은 자신의 가르침을 잘 이어받아 마음을 바르게 하고 닦기에 힘쓰라고 제자들에게 당부하면서 『용담유사』를 인용하기도 했다.

> … 마음을 바루고 닦기를 잘 하라. 수운가사에 "많고 많은 저 사람에, 어떤 사람 이러하고, 어떤 사람 저러한가?"라 함과 같이 탄식 줄이 나오리라. (6장 98절)

> 수운가사에 "제 소위 추리推理한다고, 생각나니 그뿐이라." 하였나니, 너희들이 이곳을 떠나지 아니함은 의혹이 더하는 연고緣故라. 이곳이 곧 선방仙房이니라. (6장 91절)

증산이 인용한 『용담유사』는 「흥비가」 8절부터 14절이다. 증산이 인용했다는 "많고 많은 저 사람에"라는 구절은 「흥비가」에는 없다. 「흥비가」의 인용 부분은 세상의 운수는 다 같이 밝지만, 그를 받아들일 수 있는 사람의 역량은 제각기 다르다는 내용이다. 이와 거의 비슷한 대목으로 「도수사」 80절과 81절에도 "명명한 이 운수는 다 같이 밝지만은, 어떤 사람 군자 되고 어떤 사람 저러한고."라는 기록도 있다.

> 수운가사에 "원처遠處에 일이 있어, 가게 되면 이利가 되고, 아니 가면 해害가 된다."라 하였으며, 또 "네가 무슨 복력福力으로, 불로자득不勞自得 하단 말가?"라 하였나니 알아두라. (6장 145절)

앞부분은 『용담유사』「흥비가」 62절과 63절이고, 뒷부분은 「교훈가」 200절이다. 「흥비가」는 먼 곳에 볼일이 있어 길을 나섰다가 중도에 돌아오면 만사가 헛된 일이 된다는 내용으로, 한번 작정한 일은 끝까지 밀고 나가라는 수운의 가르침이 들어있다. 뒷부분은 운수는 좋지만 이를 받아들이려면 스스로의 노력이 절대적으로 요구된다는 내용이다. 결국 노력하지 않고 얻는 결과는 없다는 수운의 가르침이다.

> 수운가사에 "운수運數는 가까워 오고, 조같(기회)은 잠시로다."라 하였나니, 도道에 뜻하는 자의 거울이니라. (6장 146절)

증산이 인용한 대목은 『용담유사』 「흥비가」의 82절과 83절이다. 조같에 대해 목마름으로 해석하는 사람도 있지만, 증산은 기회라고 해석했다. 운수와 조같이 대비된다고 볼 때, 증산의 해석이 문맥상 옳다고 여겨진다. 그리고 증산은 "운수가 가까워 온다."라고 인용했지만, 「흥비가」의 원문은 "운수는 길어진다."다. 운수와 조같이 대비가 된다면, '잠시'에 대비하여 '길다.'라는 표현이 옳을 듯하다.

> 수운가사水雲歌辭에 "난법난도亂法亂道 하는 사람, 날 볼 낯이 무엇인가?"라 하였나니, 부디 죄를 짓지 말라. (6장 63절)

위의 구절은 『용담유사』 「도수사」에 "난법난도 하는 사람, 날 볼 낯이 무엇인고?"에 나온다. 수운은 난도자亂道者와 난법자亂法者를 구별하고 있는데, 난도자는 자포자기自暴自棄하여 염치도 없이 난을 짓는 사람이요, 난법자는 스승도 이루지 못한 법을 저 혼자 안다고 교만을 부리는 사람이다.

무극대도無極大道라는 용어는 「교훈가」 48절에 나오는데, 이는 『대순전경』의 "이제 말세末世를 당하야 앞으로 무극대운無極大運이 열리나니"(2장 5절)라는 증산의 말로 이어진다. 그리고 「용담가」 50절의 "하날님 하신 말씀, 개벽 후 오만년의"라는 구절과 58절의 "무극대도 닦아내 오만년지 운수로다."라는 수운의 말은, 증산에 이르면 "후천後天 오만년"(4장 40절)으로 더욱 구체화한다. 수운은 후천後天이라는 용어를 사용하지 않았지만, 증산은 후천이라고 명시했다.

그리고 「안심가」의 2절과 3절인 "대저 생령 초목군생, 사생재천 아닐런가, 하물며 만물지간 유인唯人이 최령最靈일네."라는 구절은 증산의 "만물의 영장靈長되는 사람이"(4장 108절)라는 표현으로 이어진다. 또 「안심가」 14절인 "호천금궐 상제님도 불택선악不擇善惡 하신다네."와 「도덕가」 40절과 41절의 "그러나 하날님은 지공무사하신 마음 불택선악 하시나니"에서 수운은 상제는 선과 악을 가리지 않는다고 노래했다. 이는 증산이 스스로를 "나는 독毒함도 천하의 독을 다 가졌고, 선善함도 천하의 선을 다 가졌다."(3장 71절)라고 말한 근거가 된다고 볼 수 있다.

증산의 언행록인 『대순전경大巡典經』에 책 이름이 정확하게 언급되는 경우가 매우 드물다는 사실을 고려해 볼 때, 『용담유사』의 빈번한 인용은 『용담유사』가 증산의 사상체계를 형성하는 데 상당한 영향을 끼쳤다는 사실을 증명한다. 증산이 직접 『용담유사』의 기록을 인용하고 있으며, 제자들의 입을 통해 『용담유사』의 내용이 빈번하게 언급되고 있다는 점은, 그만큼 증산과 그를 따르는 사람들에게 미친 동학의 영향을 반영하고 있다.

그리고 증산은 동학혁명운동의 주창자인 전봉준全琫準(1855~1895)을 높이 평가했으며, 그가 죽은 후에 조선명부朝鮮冥府가 되었다고 주장했다.

> 하루는 종도들에게 일러 가라사대 시속에 전명숙全明淑의 결訣이라 하여 전주全州 고부古阜 녹두새라 이르나, 이는 전주 고부 녹지사祿持士라는 말이니, 장차 천지녹지사天地祿持士가 모여들어 선경仙境을 건설하게 되리라. (3장 99절)

> … 전명숙이 거사擧事할 때에 상놈을 양반 만들어주려는 마음을 두었으므로 죽어서 잘 되어 조선명부朝鮮冥府가 되었느니라. (6장 29절)

> 세상 사람이 전명숙의 힘을 많이 입었나니, 한묶에 팔십 냥 하는 세금을 삼십 냥으로 감減하게 한 자는 전명숙이라. 언론言論이라도 그의 이름을 해害하지 말라. (6장 116절)

(5) 육임

증산은 "하루는 공우에게 마음으로 속 육임六任을 정하라 하시거늘"라고 말했다고 전한다. (4장 82절) 육임은 원래 동학의 조직을 일컫는 용어다. 동학은 1884년 10월에 2대 교주인 해월海月 최시형崔時亨(1827~1898)에 의해 동학의 포교조직으로 육임제六任制가 정해진다.[20] 당시 동학의 지도부는 특정한 책임을 행하며, 특정한 자격을 소유해야 하는 여섯 명의 공직자로 구성되는 간부들을 두어, 지방조직을 강화하고 업무 절차를 표준화하려고 노력했다. 교장敎長, 교수敎授, 도집都執, 집강執綱, 대정大正, 중정中正으로 구성된 육임제는 동학의 고유한 조직으로 널리 알려졌다. 그리고 초기 동학교단에는 육임을 맡은 사람들이 사무를 보던 육임소六任所라는 장소가 따로 존재했다.

이후 동학교단에서는 1889년 7월에는 관헌官憲의 지목을 피하기 위하여 이 육임제를 잠시 폐지하기도 했지만, 1891년 5월에는 육임제를 부활시켜 시행하였다. 육임은 교주인 해월에 의해 임명되었으며, 육임을 맡은 인물들에게 교주의 임명장을 나누어주기도 했던 것으로 보인다. 육임제는 1906년 2월에 발표된 천도교의 조직에서도 그대로 사용되어 당시에는 경성京城에 육임소가 설치되어 교무敎務를 주관하였다. 즉 동학이 천도교로 이름을 바꾼 다음에도 육임제는 계속 사용되었던 동학 고유의 조직 체계였다.

증산이 동학의 기본조직인 육임제를 자신의 포교조직으로 생각하고 있었다는 사실은 『증산천사공사기』(1926) 125면에 "각기 십만 인에게 포교布敎하라 하시니 … 매인每人이 육인六人씩 전하라 하시더라."라는 기록으로도 확인된다. 특정인이 각기 여섯 명에게 포교하라는 증산의 종교적 명령은 동학의 육임제에 근거한 말이다. 그리고 『대순전경』 4장 82절에서 증산의 제자인 박공우가 마음속으로 육임六任의 한 사람으로 생각한 사람에 대해 증산이 불가하다고 선언하자, 그 사람이 며칠 후에 죽어버렸다는 기록이 있다. 육임의 한 사람에 포함되는 사실이 매우 중요한 사활死活의 문제라는 점이 암시되어 있다. 이 육임은 후대의 증산교단의 조직 체계에서는 신도 한 사람이 책임지고 포교해야 할 기본적인 인원수가 여섯 명이라는 의미로 받아들여진다. 보천교普天敎에서는 60 방주

---

20 이돈화 편술, 『천도교창건사』, 천도교중앙종리원, 1933, 34쪽.

方主 아래 6임任, 12임任, 8임任, 15임任을 두어 피라미드식 조직을 형성하여, 간부 교인만 557,600명에 이르는 방대한 조직을 이루었다.[21] 결국 보천교는 동학의 육임제를 활용하여 신도의 숫자를 늘려 확대된 엄청난 조직을 이루었던 셈이다.

증산은 "또 경석에게 일러 가라사대 너는 접주接主가 되라. 나는 접사接使가 되리라."(3장 33절)라고 말했다고 전한다. 그런데 증산이 말한 접사는 동학의 조직에서는 찾아볼 수 없는 직명職名이다. 아마도 증산이 접주를 부리는 직책으로 접사라는 새로운 용어를 사용했던 듯하다.

증산은 대인大人의 행차가 있기 전에 손병희가 삼초三哨를 맡았다고 말하고, 손병희의 만사輓詞를 지어 불살랐다.(3장 150절) 그런데 과연 증산이 그가 죽은 후 13년 뒤에나 죽게 될 손병희의 만사를 직접 지었는지는 의문스럽다. 왜냐하면 일반적으로 만사는 특정인의 죽음을 접하고 난 다음에 짓는 추도문의 성격을 띠기 때문이다. 아마도 손병희의 죽음 이후에 증산의 신성함을 강조하기 위해 증산교단 측에서 추가한 부분으로 보인다.

그리고 증산은 자신의 제자에게 손병희의 기운을 붙여보았다고도 다음과 같이 전한다.

> … 밤중에 등불을 끄고 방안에서 돌아다니면서 시천주侍天呪를 읽게 하시니, 문득 한 사람이 꺼꾸러지거늘, 여러 사람이 놀래어 읽기를 그치니, 가라사대 놀래지 말고 계속하여 읽으라 하신지라. 다시 계속하여 한 식경을 지낸 뒤에 읽기를 그치고 불을 밝히니, 손병욱이 꺼꾸러져 죽었는지라. 가라사대 병욱에게 손병희의 기운을 붙여 보았더니 이기지 못한다 하시며 물을 머금어서 얼굴에 뿜으시니, 병욱이 겨우 정신을 돌리거늘 … 이에 일러 가라사대 시천주侍天呪에 큰 기운이 박혀있도다. … (4장 82절)

증산이 동학의 제3대 교주인 손병희를 인정하고 있으며, 동학의 시천주를 높이 평가했다는 사실이 드러나는 대목이다.

증산은 손병희를 영웅이라고 불렀으며, 그가 난리를 꾸밀 선진주先眞主라고 말하기도

---

21 村山智順, 『조선(朝鮮)의 유사종교(類似宗敎)』, 조선총독부, 1935, 303~305쪽 참조.

했다.

> 어떤 사람이 여쭈어 가로대 조선지말朝鮮之末에 이란吏亂이 있으리라 하오니 그러하오리까? 가라사대 손병희孫秉熙가 영웅英雄이라. 장차 난리를 꾸미리니 그 일을 이름이니, 손병희가 선진주先眞主라, 박절하게 성城돌 밑에서 턱을 고이고 앉아서 거의擧義하므로 성사成事치 못하리라. (5장 24절)

『정감록鄭鑑錄』의 "만약 말세가 닥치면 아전이 태수를 죽이는데 조금도 거리낌이 없고"와 "아전과 군교軍校는 아래에서 약탈을 일삼으니"라는 구절에서 연유했을 "조선지말朝鮮之末에 이란吏亂이 있으리라."라는 예언의 주동자로 증산은 손병희를 지목하였다. 나아가 증산은 손병희의 거사가 결국은 성공하지 못하고 실패할 것이라고 결론짓는다. 이는 손병희의 삶을 살펴볼 때, 그가 주도한 1919년의 3.1독립만세운동을 가리키는 것으로 보인다.

3. 증산의 동학에 대한 평가

1) 동학농민혁명의 한계와 실패를 예언

갑오년(1894)의 동학혁명운동의 발발은 당시 24세였던 청년 증산의 독자적인 사상이 형성되는 데 결정적인 계기가 되었다. 이는 증산교단의 초기 경전인 『증산천사공사기甑山天師公事記』(1926)의 "천사天師께서 개연蓋然히 세도世道의 날로 그릇됨을 근심하사, 광구匡救하실 뜻을 두시기는 이 해에 비롯하니라."(4면)라는 기록을 통해 알 수 있다.

여기서 "이 해"는 바로 동학혁명운동이 일어난 갑오년이다. 동학이 청년 증산의 사상이 형성되는 과정에서 매우 큰 영향력을 끼쳤다는 사실은 동학의 거사가 결국 실패한 후에 비로소 증산이 "세도世道의 날로 그릇됨을 근심하는" 대사회적인 안목을 갖게 되었다는 기록으로도 확인된다. 이 기록의 바로 앞부분에는 "고부인古阜人 전봉준全琫準이 동학당東學黨을 모아, 병兵을 들어 시정時政을 반항反抗하니, 일세一世가 흉동洶動되는지라."라는 기록이 있어서 동학혁명운동에 대한 다소 부정적인 평가와 함께, 증산이 동학혁명운동이 결국은 그해 겨울에 이르러 패망할 것을 예언하며 여러 사람들에게 동학을 벗어날 것을 권유했던 일이 적혀 있다. 따라서 증산이 한 개인의 평범한 삶을 벗어나 "천하를 크게 구원하려 함[匡救天下]"이라는 큰 뜻을 품게 만든 결정적 계기가 바로 동학혁명운동의 발발과 실패라는 역사적 사건이었음을 알 수 있다.

동학혁명운동에 대한 평가도 초기 경전인 『증산천사공사기』(1926)에서는 "동학당을 모아 병兵을 들어 시정時政에 반항한 일"로 표현하여 상당히 부정적인 견해를 표명했지만, 종교적 경전 체계인 『대순전경大巡典經』 초판(1929)에서는 "당시의 악정惡政을 분개하야, 동학신도를 모아 혁명革命을 일으키려 했던 일"(2장 1절)로 기록하여 비교적 긍정적인 견해를 드러낸다. 나아가 『대순전경』 3판(1947)에서는 동학혁명운동을 "보국안민輔國安民의 표효標號로 일어난 혁명"(1장 14절)이라고 규정하여, 긍정적인 평가와 아울러 그 역사적 가치와 의의를 적극적으로 인정하는 견해로 급선회하였다.

> 스물네 살 되시던 갑오년에 태인泰仁 동골 사람 전봉준全琫準이 당시의 악정惡政에 분개하여 보국안민輔國安民의 표호로 동학신도를 모아 고부에서 혁명을 일으키니, 온 세상이 들끓는지라. 천사天師 그 전도前途가 이롭지 못할 줄을 아시고 … 겨울에 이르러 패멸될 것을 예언하시며 망동妄動치 말라고 효유曉諭하시니라. (1장 14절)

증산은 동학혁명운동이 "악독한 정치"에 분개하여 일어난 "나라를 지키고 백성을 편안하게 하려는 뜻"을 기치로 삼아 일어난 '혁명革命'이라고 평가한다. 악에 대항하여 일어난 선한 무리의 혁신운동이 동학의 본질이라고 말한 증산은 일단 긍정적인 견해에서 동학혁명운동을 평가하고 있다. 그렇지만 동학혁명운동이 결국에는 실패하고 말 것이라고 예상한 증산은 함부로 움직이거나 참가하지 말라는 말로 동학혁명운동에의 동참을 거부하였다.

> 혁명난革命亂 후로 국정國情은 더욱 부패하야 세속世俗은 날로 악화惡化하고 … 동학東學은 혁명 실패 후에 기세를 펴지 못하여 거의 자취를 거두게 되고 … (1장 27절)

증산은 동학이 갑오년의 혁명운동이 실패로 끝난 후에 기세를 펴지 못한 상태였다고 설명한다. 증산의 사회 인식에 동학혁명운동이 대단한 비중을 차지했었다는 사실은, 증산이 "혁명난 후로"라는 용어로써 사회에 대해 평가하고 있다는 점, 즉 동학혁명운동을 기준점으로 삼아 그 이전과 이후를 비교하고 있다는 점에서도 확인된다. 다만 혁명革命과 난亂이라는 대비되는 평가로 동학을 인식하고 있다는 점이 다소 애매모호하다고 여겨진다. 어쨌든 증산은 동학혁명운동이 실패한 후, 세상을 널리 구원하겠다는 자신의 결심을 굳히고, 그 방법을 찾기 위해 다양한 분야의 각종 서적을 폭넓게 읽은 다음, 마침내 천하유력天下遊歷의 길을 나섰다.

증산은 동학혁명운동이 한때 찬란한 승리를 구가하던 시기를 지난 한참 후에야 그해 시월에 발상지인 동골에 직접 찾아가서 동학접주東學接主 안윤거를 방문하였다.(1장 15절) 이때도 증산은 동학이 "필경 패망을 면치 못하겠으므로 동학군의 발원지에 효유하러 왔노라."라고 말했다. 증산은 "무고한 생민을 전화戰禍에 몰아들이지 말라. 섣달이 되면 그들이 전패全敗하리라."라고 동학혁명운동의 앞날을 불길하게 예언했다.

그리고 증산은 동학군이 경성京城으로 향할 때 청주淸州 근처에서 사람들에게 "저희들의 불리한 장래를 알려 한 사람이라도 화禍를 면하게 함이로다."라고 말하고, "나는 동학東學에 종군從軍하여 온 것이 아니요, 구경求景하러 왔노라."라고 주장했다.(1장 18절) 동학혁명운동에 동참하는 것이 아니라 동학혁명운동의 전개 과정을 객관적 입장에서 살펴보러 왔다고 강변한 것이다. 어쨌거나 증산이 동학군의 진군 경로를 따라 고향을 떠나 먼 길을 나섰으며, 동학군의 뒤를 따라 여러 곳을 방문했다는 사실은 분명하다. 증산은 동학군의 동태에 대해 예의주시하면서 자신의 앞날을 새로운 시각에서 모색하고 있었다.

동학혁명운동이 아쉽게 실패한 후 이듬해인 을미년(1895) 봄에 고부古阜 지방의 유생들이 평란平亂되었음을 축하하는 시회詩會를 열 때, 증산도 참여했다.(1장 24절) "난이 평정되었음"을 의미하는 평란平亂을 기념하는 시회에 참석했다는 점에서 증산이 동학혁명운동에 대해 가졌던 감정과 평가의 한 단면을 엿볼 수 있다. 일단 증산은 동학을 "난亂"으로 인식했다. 동학혁명운동에 대해 세상을 어지럽게 만드는 난리로 평가하고 인정한 증산은 시회詩會라는 유교적 모임에 참가함으로써 자신의 감정과 판단을 드러냈다.

증산이 순창淳昌 농바우[籠岩]에 머물 때 "이곳에 큰 기운이 묻혀 있으니 이제 풀어쓰리라. 전명숙全明淑과 최익현崔益鉉은 그 사람이 아니므로 도리어 해害를 받았느니라."라고 말했다. (4장 27절) 특정한 지역에 묻혀 있는 커다란 기운은 그를 받아 사용할 특정한 인물이 정해져 있다는 주장이다. 그런데 증산은 동학혁명운동을 일으킨 전봉준과 일제의 침략에 맞서 온몸으로 항거했던 유생인 최익현(1833~1907)은 큰 기운을 받아 사용할 그릇이 못 되어 결국은 하고자 하는 바를 이루지 못하고 실패했다는 평가를 내렸다. 요컨대 증산은 전봉준이 지기地氣를 제대로 이용하지 못할 국량이 좁은 인물이라고 평했다. 전봉준이 특정한 지역에 숨어있던 큰 기운을 사용하기에 합당한 인물이었다면, 동학혁명운동은 성공했을 것이라는 아쉬움을 토로한 대목이기도 하다. 어쨌든 증산은 동학혁명운동을 일으킨 전봉준에 대해 나름의 한계를 지녔던 인물로 혁명을 성공적으로 완수하지 못할 인물이라고 평가하였다.

그리고 증산은 을사년(1905) 3월에 일진회원一進會員과 전주全州 아전 사이의 다툼에 대해 "어렵게 살아난 것이 또 죽게 되니, 구원하여 주리라."고 말하고 공사公事를 보아 일진회와 아전이 화해하게 했다. (2장 37절) 일진회는 동학혁명운동의 정신을 이어받아 새로운 활동을 전개했다고 전하는 단체다. 동학을 계승하겠다는 포부로 일어난 일진회가 또다시 멸망의 길로 들어섰다고 판단한 증산은 '구원'해 주겠다고 선언하고 일련의 종교적 행위를 통해 지역을 맡아 다스리던 아전들과의 분쟁을 해결해 주었다고 믿어진다. 여기서 증산이 동학을 이어 일어난 활동과 움직임에 대해 주목하고 있었으며, 그들의 동향에 대해 지대한 관심을 지니고 있었다는 사실이 확인된다. 결국 증산은 동학의 정신을 제대로 이어받은 새로운 운동의 전개에 대단한 주목과 관심을 표명했다.

2) 유교의 한계를 벗어나지 못함

증산은 수운 최제우가 새로운 종교운동을 표방하고 일어났지만, 여전히 오랫동안 내려온 유교儒教의 한계를 벗어나지 못했다고 평가한다.

> … 수운水雲이 능히 유교儒教의 테 밖에 벗어나 진법眞法을 들쳐 내어 신도神道와 인문人文의 푯대를 지으며 대도大道의 참 빛을 열지 못하므로, 드디어 갑자년甲子年에 천명天命과 신교神教를 거두고, 신미년辛未年에 스스로 세상에 내려왔노라. (5장 12절)

증산은 동학의 창시자인 수운이 유교의 테두리를 벗어나지 못했던 인물이라고 평했으며, 따라서 수운은 '참된 진리'를 드러내지 못했다고 평가했다. 증산은 대도의 '참 빛'을 열지 못하는 수운을 책망하고, 갑자년(1864)에 그에게 내렸던 '하늘의 명령'과 '신성한 가르침'을 거두어들였다고 주장했다. 이에 따라 수운은 인간으로의 삶을 마치고 결국 세상을 떠나게 되었다는 말이다. 하늘로부터 내려진 명령과 가르침이 제자리로 돌아가자마자 수운의 생명은 끊어질 수밖에 없었다는 생각이 반영되었다. 어쨌든 증산은 동학이 새로운 가르침을 제시하겠노라고 외쳤지만 유교적 한계를 벗어나지 못한 제한된 종교운동이었다고 평가하였다. 이를 증산은 수운은 "유교의 테 밖을 벗어나지 못했다."라는 말로 표현한 것이다. 한마디로 말해 증산은 동학을 유교의 아류亞流로 파악한 것이다.

동학이 유교적 범주에 속했다는 증산의 이러한 주장은 수운이 남긴 『동경대전』과 『용담유사』의 곳곳에 확인된다. 먼저 「포덕문布德文」에 나오는 "천명天命", "군자君子", "도덕道德", "천도天道", "천덕天德", "천리天理"는 유교적 맥락에서 자주 사용되는 용어다. 그리고 「논학문論學文」에 등장하는 "삼재三才의 이치", "오행五行의 수數", "천지인天地人 삼재의 수數", "도성입덕道成立德", "천시天時", "천명", "공자孔子", "추로지풍鄒魯之風", "명명기덕明明其德", "군자지덕君子之德", "소인지덕小人之德", "요순지세堯舜之世" 등의 용어도 그러하다. 또 「수덕문修德文」에 언급되는 "원형이정元亨利貞", "천도지상天道之常", "유일집중惟一執中", "부자夫子", "선유先儒", "사림士林", "현사賢士", "자공지례子貢之禮", "중니지도仲尼之蹈", "인의 예지仁義禮智", "선성先聖", "군자지행君子之行", "도성덕립道成德立", "성덕聖德", "경이성지敬以誠之" 등의 용어도 유교적 범주에 속함을 그 누구도 부인할 수 없을 것이다. 나아가 「교훈가敎訓歌」의 "오행五行", "삼강三綱", "오륜五倫", "여필종부女必從夫", "수신제가修身齊家", "군자君子", "현인군자賢人君子", "명명기덕明明其德", "부자유친父子有親", "요순堯舜같은 성현聖賢들" 등의 용례에서도 동학에 끼친 유교의 엄청난 영향을 확인할 수 있다.

그리고 『용담유사』 「안심가安心歌」에서도 "요순성세堯舜聖世"와 "국태민안國泰民安"이라는 표현이 나온다. 또 「용담가龍潭歌」에도 "추로지풍鄒魯之風", "소중화小中華", "위국충신爲國忠臣", "입신양명立身揚名" 등의 용어가 보이며, 「몽중노소문답가夢中老少問答歌」의 "요순지치堯舜之治", "공맹지덕孔孟之德", "수신제가修身齊家", "태평성세太平聖世", "국태민안國泰民安" 등도 유교적 맥락에서 사용되는 용어다. 나아가 「도수사道修詞」의 "신통육예身通六藝", "공부자孔夫子 어진 도덕道德", "수인사修人事 대천명待天命", "현인군자賢人君子", "수신제가修身齊家", "삼강오륜三綱五倫", "인의예지신仁義禮智信" 등은 유교적 범주에 자주 등장하는 용어다. 그리고 「권학가勸學歌」에는 "부자유친父子有親", "군신유의君臣有義", "부부유별夫婦有別", "장유유서長幼有序", "붕우유신朋友有信", "요순성세堯舜聖世", "현인군자賢人君子", "삼황오제三皇五帝", "경천순천敬天順天", "충신열사忠臣烈士", "효자효부孝子孝婦", "득죄군왕得罪君王", "예의오륜禮義五倫" 등의 유교적 용어가 나오며, 「도덕가道德歌」에는 "천지음양天地陰陽", "주역괘周易卦", "대학大學", "명명기덕明明其德", "지어지선止於至善", "중용中庸", "천명지위성天命之謂性", "솔성지위도率性之謂道", "수도지위교修道之謂敎", "도덕군자道德君子", "현인군자賢人君子", "대인大人은 여천지합기덕與天地合其德, 여일월합기명與日月合其明", "여귀신합기길흉與鬼神合其吉凶", "수신修身", "군자君子", "양의사상兩儀四象", "요순지세堯舜之世", "공자지세孔子之世", "인의예지仁義禮智", "세간오륜世間五倫", "인성지강人性之綱", "성현聖賢", "경명순리敬命順理" 등의 유교적 범주에 속하는 용어가 등장한다. 또 「흥비가興比歌」의 "현인달사賢人達士", "합기덕合其德", "입신양명立身揚名" 등도 유교적 이해에서 자주 언급되는 용어다.

이처럼 『동경대전』과 『용담유사』에는 유교적 소양과 이해가 없이는 결코 해석하고 납득하기 어려운 용어가 많이 등장한다. 따라서 수운이 유교의 범주와 한계를 벗어나지 못한 유교의 아류라는 증산의 비판과 평가는 어느 정도 유효하고 합당하다. 증산은 동학이 새로운 종교운동과 사상이라는 깃발을 높이 들었지만, 실은 유교적 가르침의 범주를 벗어나지 못한 한계를 지녔다고 비판적으로 평가했다. 동학이 유교의 또 다른 변주곡에 불과하다는 증산의 비판은 어느 정도 맞는 말이며, 동학이 지닌 여러 측면의 하나이기는 하지만 동학에 대한 후대의 비판 가운데 가장 신랄한 것이다. 어쨌든 증산은 수운이 지닌 유교적 태생의 한계성을 지적함으로써 자신만의 독창적인 주장을 펼치기 시작한다.

3) 가르침의 한계

먼저 증산은 동학의 주문呪文이 기본적으로 한계를 지녔다고 비판하였다.

> 공우 물어 가로대 동학주東學呪에 강降을 받는 자가 많이 있으되, 나는 강降을 받지 못하였나이다. 가라사대 이는 다 제우강濟愚降이요 천강天降은 아니리라. 천강을 받는 자는 병든 자를 한번 만져도 낫고 건너보기만 하여도 낫느니라. (3장 56절)

증산은 동학의 주문을 수련하는 과정에서 나타나는 이적異蹟은 수운의 개인적인 능력에 근거하여 일어나는 단순한 신비체험일 뿐이라고 평가한다. 증산은 하늘의 능력에서 기인하는 천강天降을 받는 사람은 동학의 주문을 외워서 얻는 이적과는 비교가 되지 않을 정도로 엄청난 수준이 될 것이라고 주장했다. 결국 증산은 동학의 주문이 일정한 한계를 지닌 것에 불과하며, 그를 통해 나타나는 신비체험이나 치병治病 효과도 진정한 체험은 아니라고 비판하였다. 천강은 증산 자신이 언젠가는 제자들에게 내려줄 능력으로 짐작되는데, 이는 증산이 자신이 바로 수운에게 천명天命을 내려주었던 상제上帝라고 주장했던 점에서 추측할 수 있다.

또 증산은 동학사상이 하늘에만 치우쳐 있고, 땅은 소홀히 했다고 다음과 같이 비판한다.

> … 천사天師 가라사대 동학東學은 드는 날로부터 녹祿이 떨어지나니, 대저 녹祿이란 것은 곤

坤에 붙어있는 것이거늘 동학은 시천주조화정侍天主造化定이라 하여 하늘에만 편중偏重하는 까닭이요. … (4장 46절)

그리고 증산은 동학의 탄부呑符 행위에 대해 비판하고, 차후에 진인眞人이 출현하여 진강眞降을 내려줄 것이라고 주장하였다.

> 공우 여쭈어 가로대 동학東學에 강필降筆로 부符를 그려서 병자病者를 먹이면 낫는 자도 있고 죽는 자도 있어 일치하지 못하니 무슨 연고緣故니이까? 가라사대 부符를 먹이면 비위脾胃를 상傷하게 하여 해害가 될지언정 이利롭지 못할 것이오, 혹 차효를 보았다는 자는 본시 나을 사람이니라. 강降에 허강虛降과 진강眞降이 있는데, 진인眞人은 허강이 없느니라. 도통道通시킨 뒤에 강降을 내려 주리니, 진강을 받은 자는 병자를 만져도 낫고 건너다보기만 하여도 낫고 말만 하여도 낫느니라. (7장 15절)

증산은 손병희가 전주에 온다는 소식을 듣고 "서울에 교당을 짓는다고 빙자하고 그 부하인 어린 아해들 옷고름에 채운 돈까지 떼어다가 큰 집과 작은 집을 거느리고 행락行樂하며 온 부하들을 망친다 하니 그 무능함을 가히 알지라."라고 비판했다. (4장 33절) 증산은 손병희가 서울에 교단을 짓는다는 명목으로 교도들의 금전을 모아서는 실은 자신의 개인적인 치부와 유흥에 사용한다고 비판했다.

또 『증산천사공사기』(1926) 98면에는 "천도교주天道敎主 손병희"가 "사설邪說로 교도敎徒를 무혹誣惑하야 이제 피폐疲弊가 극도에 달하였으니"라 했다. 손병희의 신분이 확실하게 밝혀지고 있으며, 수운이나 전명숙과는 달리 손병희에 대해서는 삿된 교설로 혹세무민한다고 부정적으로 평가한 점이 특기할 만하다. 이는 증산 자신이 동학의 참된 정신을 이어받았노라고 자처했기 때문에 현실적인 동학의 계승을 자임한 천도교의 대표자를 폄하貶下할 수밖에 없었던 사정이 반영된 것으로 보인다.

4) 욕심과 포한抱恨

증산은 동학혁명운동의 본질이 지배계층이 되고자 하는 피지배계층의 욕심이라고 에둘러 말했다.

> … 원래 동학은 보국안민輔國安民을 주창하였으나, 때가 때 아니므로 안으로는 불량不良하고 겉으로만 꾸며내는 일이 되고 말았나니, 후천後天 일을 부르짖었음에 지나지 못한 것이라. 마음으로 각기 왕후장상王侯將相을 바라다가 뜻을 이루지 못하고 그릇 죽은 자가 수만 명이라. 원한寃恨이 창천漲天하였으니 그 신명神明을 해원解寃시키지 아니하면 후천에는 역도逆度에 걸려 정사政事를 못하게 되리라. … (4장 48절)

증산은 동학농민혁명이 실은 왕후장상과 같은 지배계급이 되려는 욕망으로 가득 찬 운동으로 폭력적인 방법을 사용했다고 비판했다. 증산은 동학東學을 수운의 가르침을 중심으로 이해한 것이 아니라, 갑오년(1894)에 일어난 혁명운동을 중심으로 이해하였다. 즉 증산은 "동학이 보국안민輔國安民을 주창했다."라고 평가했다. 보국안민은 수운이 강조한 시천주侍天主 사상이 아니라, 갑오년의 혁명운동의 과정에서 나온 표어일 따름이다. 증산은 자신이 살던 인근 지역에서 감수성이 예민한 청년기에 일어났던 혁명운동을 중심으로 동학을 인식하고 이해했다.

증산은 동학혁명운동에 대해 "때가 아니었다."라는 한마디 말로 평가하고 규정한다. 증산은 동학혁명운동이 근본적으로 시운時運을 잘못 알고 행했던 무리한 움직임이었다고 평했다. 그는 갑오년의 동학운동은 세상의 변화에 맞추어 알맞은 시기를 맞아 일어난 '혁명'이 아니라 잘못된 판단과 예측으로 발생했던 세상을 어지럽힌 '난리'일 따름이라고 평가했다. 시기를 맞추지 못하고 무리하게 일으킨 난리는 바람직한 결과를 얻지 못할 것은 자명한 이치다. 결국 증산은 동학운동이 끝내 실패로 마감될 것이 분명했던 자충수自充手였다고 비판했다. 나아가 증산은 동학혁명운동을 "안으로는 불량하고 겉으로만 꾸며댔던 일"에 불과했던 사건이라고 혹심하게 비판하였다. 그 구체적인 양상은 바로

'마음속으로는 왕후장상王侯將相이 되기 위한 욕심이 있으면서도, 겉으로는 보국안민輔國安民이라는 거창한 구호를 외친 일'이다. 그리고 증산은 동학의 기본적인 성격에 대해 "후천後天 일을 부르짖었던 일"이라고 규정했다. 결국 증산은 동학운동을 후천이라는 이상세계가 도래할 것을 예비하고 준비했던 사건이라고 평가하여, 동학이 일정한 정도의 역할밖에 할 수 없었던 부족한 역량의 사상운동이었다고 선언했다. 여기서 증산은 후천이 자신의 손에 의해 비로소 완성되고 이루어질 것이라는 자신감을 표현했다고 볼 수 있다. 나아가 증산은 동학운동의 시운時運을 잘못 판단한 무리한 움직임은, 결국 수만 명의 그릇된 죽음을 초래했을 뿐이라고 심하게 비판적인 평가를 내린다.

또 증산은 동학혁명운동이 실패로 끝나고만 것은 동학신도들이 「안심가」를 잘못 해석했기 때문이라고 비판하였다.

> 동학신도들이 안심가安心歌를 잘못 해석하여 난亂을 지었느니라. 일본 사람이 삼백 년 동안 돈 모이는 공부와 총 쏘는 공부와 모든 부강지술富强之術을 배워왔나니, 너희들은 무엇을 배웠느뇨? 일심一心으로 석 달을 못 배웠고, 삼 년을 못 배웠나니, 무엇으로 저희들을 대항하리오? 저희들을 하나나 죽이면 너희들은 백이나 죽으리니, 그런 생각은 하지 말라. … (5장 20절)

「안심가」는 수운이 1860년에 지은 4.4조의 한글 가사인데, 모두 145구절로 이루어져 있다. 증산이 언급한 동학신도들이 잘못 해석한 「안심가」의 구절이 과연 어떤 부분인지는 현재로서는 정확하게 알 수 없다. 다만 위의 인용문에서 이어지는 내용이 일본 사람과 관련이 있기 때문에 「안심가」의 "십이제국 괴질운수, 다시 개벽 아닐런가? … 기험하다 기험하다, 아국운수 기험하다. 개 같은 왜적 놈아, 너의 신명 돌아보라. 너희 역시 하륙해서, 무슨 은덕 있었던고? … 개 같은 왜적 놈을, 한울님께 조화 받아, 일야一夜에 멸하고서 … 한울님이 내 몸 내서, 아국운수我國運數 보전하네. …"라는 대목이라고 짐작된다. 즉 동학신도들이 매우 위험한 처지에 놓인 우리나라의 운수를 보전하기 위해서, 교조敎祖인 수운이 한울님께 조화력을 받아 개 같은 왜적을 하룻밤에 진멸시킬 수 있으리라고 「안심가」를 잘못 해석하여 혁명을 일으켰다고 증산이 봤을 가능성이 있다. 그러나 증산은 동학신도들의 이러한 해석은 한울님의 신비한 조화력造化力에만 의지한 일이며, 현실을 무시한 지나친 해석이기 때문에 잘못된 것이었다고 호되게 비판한다. 증산은 갑오년(1894)의 동학혁명운동을 일단 난亂으로 규정하여 다소 비판적인 입장에 선다.

나아가 증산은 개 같은 왜적 놈이라고 동학신도들이 비난하는 일본 사람들에 대해 그들은 임진난(1592) 이후 무려 3백여 년 동안이나 부국강병富國强兵을 위해 열심히 노력해 왔던 민족이라고 평가한다. 반면 증산은 우리 민족은 일본인에게 엄청난 치욕을 당한 임진년 이후에도 정신을 차리지 못하고, 개인이기주의나 집단이기주의에 빠져서 국가를 경영하기 위한 계획을 제대로 세우지도 못했고, 실행에 옮기지도 못했다고 비판한다. 이에 대해 증산은 "돈 모으는 공부와 총 쏘는 공부"를 삼백 년 동안이나 해 왔던 일본 사람들을 "일심一心으로 석 달을 못 배웠고, 삼 년을 못 배운" 조선 사람이 대항하는 일은, 죽음을 자초하는 일일 뿐이라고 평하기도 했다. 이는 증산이 살았던 당시의 국내정세에 대한 비판인데, "저희를 하나나 죽이면, 너희들은 백이나 죽으리니, 그런 생각은 하지 말라."는 것이 증산의 최종적 가르침이었다.

4. 증산의 동학을 넘어선 대안

1) 천주天主 탄강誕降

「포덕문」에서 수운은 봄과 가을이 갈아들고 사시四時가 성하고 쇠하는 질서가 천주天主 즉 한울님 조화造化의 자취라고 주장했다. 「포덕문」에 나오는 경신년(1860) 4월에 있었던 수운의 신비체험에 상제上帝가 나타나 "너를 세상에 내어 사람들에게 법을 가르치게 하려 하노라."라고 말했다. 그 핵심은 상제가 내리는 영부靈符를 받아 사람들을 질병에서 건지고 상제의 주문呪文을 받아 사람을 가르치는 일이다.

「안심가安心歌」에서는 "호천금궐昊天金闕 상제上帝님"이 공중에서 말씀을 내렸다. 수운은 자신의 종교체험에 나타난 신비한 존재를 상제 혹은 천주라고 불렀다.

또「논학문」에서는 사람들이 수운에게 "천령天靈이 강림降臨하였다 하니 어찌된 일입니까?"라고 물었다. 이에 수운은 "가고 돌아오지 아니함이 없는 이치[無往不復之理]"를 받은 것이라고 대답하고, 이를 천도天道라고 불렀다.

그런데 증산은 자신이 바로 수운의 종교체험에 등장하는 천주天主라고 다음과 같이 주장했다.

> … 인류와 신명계神明界의 큰 겁액劫厄을 구천九天에 하소연하므로, 내가 서천서역西天西域 대법국大法國 천계탑千階塔에 내려와서 삼계三界를 둘러보고 천하天下에 대순大巡하다가, 이 동토東土에 그쳐 모악산母岳山 금산사金山寺 미륵금상彌勒金像에 임하여 삼십년을 지내면서, 최수운崔水雲에게 천명天命과 신교神敎를 내려 대도大道를 세우게 하였더니, … (5장 12절)

증산은 자신이 바로 수운의 종교체험에 등장하는 천주 즉 한울님이라고 주장했다. 구체적으로 증산은 "하늘의 명령"과 "신성한 가르침"을 수운에게 계시했다고 강조한다. 즉 증산은 수운에게 천명과 신교를 내려준 한울님이라고 자신의 신분을 밝혔다.

위의 기록과 연관된『증산천사공사기』(1926)의 내용은 다음과 같다.

> … 최수운崔水雲에게 제세대도濟世大道를 계시啓示하섯더니, 제우濟愚가 능히 유가전헌儒家典憲을 초월하야 대도大道의 진취眞趣를 천명闡明치 못함으로, 드디어 천명을 거두시고, 갑자甲子로부터 팔괘八卦에 응하야 팔년八年을 경經한 후 신미辛未에 친히 탄강誕降하시니, 동경대전東經大全과 밋 가사중歌詞中에 이른바 '상제上帝'는 곳 천사天師를 이름일진저. <차절此節은 차경석車京石 전술傳述> …[22]

증산이 태어난 해가 수운이 죽은 지 8년 후라는 역사적 사실에 대해,『증산천사공사기』는 팔괘八卦에 응한 8년 후인 신미년(1871)이라는 종교적 해석을 내리고 있다. 그리고 동

---

22 『증산천사공사기』, 상생사, 1926, 11면.

학의 경전에 나오는 상제上帝가 바로 증산甑山을 가리킨다고 강조한다. 물론 이는 「근안謹按」이라는 기록 형태로 적혀 있는 내용으로 차경석의 개인적인 해석이었지만, 이러한 기록이 후대에 이르러 증산교의 교리가 점차 체계화되는 과정에서 『대순전경』 5장 12절과 같은 내용으로 정립되고 있다. 증산은 수운의 죽음과 자신의 탄강 사이의 관계를 강조함으로써, 자신이 바로 '동학의 완성자'로서 이 땅에 강림했다고 주장했다. 이는 세계종교사에서도 그 유례를 찾아보기 힘든 주장이다. 인류 역사를 통해 자기가 신神으로부터 나왔다고 강조하든가 신의 메시지를 받았다고 주장하는 사람들은 많았다. 공자孔子는 성현聖賢으로 인정되고, 석가모니는 생로병사生老病死라는 고통의 윤회를 초월한 불타佛陀로 이해되고, 예수는 하느님의 아들로 믿어지고, 마호메트은 알라신의 유일한 메신저로 믿어진다. 그러나 증산은 자신이 바로 천상의 지고한 주재자이자 최고신인 상제라고 주장했다.

증산은 1871년 9월 19일에 탄강誕降한 자신이 삼계三界의 대권大權을 주재하여 장차 선경仙境을 건설하여 중생을 구원할 존재라고 주장했다.

> "나는 삼계대권三界大權을 주재主宰하여 조화造化로써 천지를 개벽하고 불로장생의 선경仙境을 열어 고해苦海에 빠진 중생을 건지려 하노라."(2장 5절)

나아가 증산은 자신의 구원 행위는 인간만이 아니라 신명들까지도 남김없이 널리 건지는 일인 천지개벽이라고 강조했다.

> 천사天師 가라사대 이제 혼란키 짝이 없는 말대末代의 천지를 뜯어고쳐 새 세상을 열고 비겁否劫에 빠진 인간과 신명을 널리 건져 각기 안정을 누리게 하리니, 이것이 곧 천지개벽天地開闢이라. 옛일을 이음도 아니요, 세운世運에 매여 있는 일도 아니요, 오직 내가 처음 짓는 일이라. … (5장 1절)

또 증산은 "천지의 도수를 뜯어고치는 일"이 상제인 자신이 행할 일이라고 강조하기도 했다.

… 이제 천지도수天地度數를 뜯어고치며 … 세상을 고치리라. … (5장 4절)

그리고 증산은 "동학주東學呪에 '시천주조화정侍天主造化定'이라 하였으니, 내 일을 이름이라."라고 말했다. (3장 22절) 증산은 동학의 주문에서 이야기되던 천주天主가 바로 자신이라는 종교적 선언을 선포했다. 또 증산은 "나를 믿는 자는 무궁한 행복을 얻어 선경仙境의 낙樂을 누릴 것이니, 이것이 참 동학東學이라."라고 강조했다. (3장 22절) 증산은 자신의 도가 바로 동학의 정수인 "참 동학"이라고 주장했다. 동학의 진수眞髓를 이 세상에 구현하는 일이 증산 자기의 손에 의해 이루어질 것이라는 점을 강조했다. 나아가 증산은 "동학신자 간에 대선생大先生이 갱생更生하리라고 전하니, 이는 대선생代先生이 다시 나리라는 말이니, 내가 곧 대선생代先生이로라."라고 말했다. (3장 22절) 수운이 다시 태어날 것이라는 믿음이 동학신도들 사이에 전하지만, 이는 잘못된 믿음이며 수운을 대신할 대선생代先生인 자신의 탄생을 예언한 말이라고 강조한 것이다.

증산은 인류가 오랫동안 기다려왔던 구원의 절대자는 결국 한 사람을 지칭하는 것이며, 그가 바로 자신이라고 주장했다.

하루는 종도들에게 일러 가라사대 예수교도는 예수의 재강림再降臨을 기다리고, 불교도는 미륵彌勒의 출세出世를 기다리고, 동학신도는 최수운崔水雲의 갱생更生을 기다리나니, 누구든지 한 사람만 오면 각기 저의 스승이라 하여 따르리라. (3장 144절)

또 증산은 자신을 개벽장開闢長이라고도 주장했는데, 인간과 신명을 모두 구원하는 절대자를 뜻한다.

… 이는 개벽장開闢長이 날 것을 이름이라. 내가 삼계대권三界大權을 주재主宰하여 천지를 개벽하며 무궁한 선경仙境의 운수를 정하고 조화정부造化政府를 열어 재겁災劫에 싸인 신명神明과

민중을 건지려 하니 … (4장 1절)

2) 신명의 역사役事

증산은 명부冥府 즉 사람이 죽어서 간다고 믿어지는 곳인 저승은 나라마다 그를 관장하는 우두머리가 각각 존재한다고 주장했다. 그런데 증산은 상제인 자신의 의지와 권능으로 조선, 중국, 일본의 명부를 맡은 우두머리를 그가 살았던 시대의 직전까지 생존했던 인물로 교체했다고 선포했다.

… 날마다 명부공사冥府公事를 행하시며 가라사대 명부공사의 심리審理를 따라서 세상의 모든 일이 결정되나니 명부冥府의 혼란으로 인하여 세계도 또한 혼란하게 되느니라 하시고, 전명숙全明淑으로 조선명부朝鮮冥府, 김일부金一夫로 청국명부清國冥府, 최수운崔水雲으로 일본명부日本冥府를 각기 주장主張케 한다 하시며 날마다 글을 써서 불사르니라. (4장 1절)

증산은 조선의 명부를 다스릴 존재로는 동학혁명운동의 주동자였던 전봉준(1855~1895)을 임명하였고,[23] 중국의 명부를 책임지는 인물로는 정역正易사상의 창시자인 김일부(1826~1898)를 임명했으며, 일본의 명부를 이끌 인물로는 동학의 창시자였던 최제우(1824~1864)를 임명했다고 주장하였다. 근세의 인물이었던 이들 이전에는 각국의 명부를 다스리던 인물이 생전에 어떤 사람이었는지에 대해서는 언급이 없다. 이들 이전에도 여러 나라마다 명부가 있었다고 상정한다면 나름대로 우두머리가 있었을 것이 분명하다. 어쨌든 증산은 조선과 일본의 명부를 다스릴 존재로 전봉준과 최제우라는 동학과 관련된 인물의 사후 신격神格을 임명했다고 믿어진다.

증산은 회문산回文山의 오선위기혈五仙圍碁穴에 중국의 전설적 제왕인 요堯임금의 아들

---

23 증산은 "전명숙이 거사(擧事)할 때에, 상놈을 양반 만들어주려는 마음을 두었으므로, 죽어서 잘 되어 조선명부(朝鮮冥府)가 되었느니라."라고 말했다. (6장 29절)

인 단주丹朱의 해원도수解冤度數를 부쳐서 조선국운朝鮮國運을 돌리려 한다고 주장하고, 승부가 속히 나지 않으므로 "최수운崔水雲을 청해 와서 증인으로 세우고 승부를 결정하려 하노라."라고 말했다. (4장 28절) 이때 증산은 최수운을 대접하는 식혜를 빚게 하고 제자들에게 특정한 글귀의 주문을 곡조에 맞춰 읽게 했다. 이윽고 찬 기운이 돌자, 증산은 "최수운이 왔으니 조용히 들어보라."라고 말했고, 돌연 식혜를 둔 경쇠 위에서 수운가사에 있는 "가장이 엄숙하면 그런 빛이 왜 있으리?"라고[24] 외치는 소리가 들렸다고 한다. 그러자 증산은 경쇠 위쪽을 향하여 "두어 마디로 알아듣지 못하게 수작酬酌한" 뒤에 "조선을 일본에게 넘긴다."라고 말했다. (4장 28절) 증산은 수운의 신명을 불러 자신의 천지공사에 신비하게 활용했다고 믿어진 것이다.

나아가 증산은 수운의 영혼을 불러 장사葬事지냈다고 믿어진다.

> 다시 비에 물을 적셔 그 방벽房壁에 인형人形을 그리고, 그 앞에 청수淸水를 놓고, 꿇어앉으사 상여喪輿 소리를 하시며, 가라사대 … 최수운崔水雲을 초혼招魂하여 순창淳昌 회문산回文山 오선위기五仙圍碁에 장사葬事하노라 하시고 … (4장 162절)

증산은 일종의 의례적 행위를 통해 수운을 순창군 회문산에 있다는 오선위기혈이라는 명당에 장사를 지냈다고 전한다. 이러한 증산의 종교적 행위가 과연 어떤 의미가 있는지에 관해서는 자세히 알 길이 없지만, 증산이 회문산을 '아버지 산'으로 그 의미를 부여했고, 회문산을 '어머니 산'인 김제군 모악산에 응기應氣시켜 지운地運을 통일하고 산하山河의 기령氣靈을 통일한다고 했던 주장과 연관된다고 추측해 볼 수 있다. (5장 7절) 이때 증산은 수운이 『동경대전』「탄도유심급歎道儒心急」의 첫머리에서 말했던 "산하대운山河大運이 진귀차도盡歸此道하니"라는 구절을 인용했다. "지운의 통일"은 "대개 예로부터 각 지방을 할거한 모든 족속의 분란 쟁투는 각 지방신地方神과 지운이 서로 통일되지 못함을 인함이라. 그러므로 이제 각 지방신과 지운을 통일케 함이 인류화평人類和平의 원동력이

---

24 『용담유사』「도수사(道修詞)」에 "가장이 엄숙하면 이런 빛이 왜 있으며"라고 나온다.

되느니라."(5장 6절)라는 증산의 말에서 확인되듯이 인류가 평화의 길로 갈 수 있도록 하는 첫걸음이다.

그리고 증산은 수운을 선도仙道의 종장宗長으로 임명하였다고 믿어진다.

> 선도仙道와 불도佛道와 유도儒道와 서도西道는 세계 각 족속 문화의 근원이 되었나니, 이제 최수운崔水雲은 선도仙道의 종장宗長이 되고 … 각기 그 진액津液을 거두며 모든 도통신道統神과 문명신文明神을 거느려 각 족속들 사이에 나타난 여러 갈래 문화의 정수精髓를 뽑아 모아 통일케 하느니라. (5장 9절)

증산은 수운을 선도의 진액을 모으고, 선도의 모든 도통신과 문명신을 거느리는 역할을 맡은 우두머리로 임명했다. 이에 따라 수운은 궁극적으로 인류의 모든 종교를 통합하고 문화를 통일하려는 시도를 주도하는 선도의 종장으로 임명되어 단순한 동학의 창시자를 넘어서서 새로운 종교적 재평가를 이루었다.

그리고 증산은 자신의 천지공사에 『용담유사』「흥비가興比歌」의 첫 부분을 인용하기도 했다.

> … 가라사대 이 가운데 수운가사水雲歌辭를 가진 자가 있으니 가져오라. … 그 책 중간을 펴시고 한 절을 읽으시니 하였으되 "시운詩云 벌가벌가伐柯伐柯여 기측불원其則不遠이라. 내 앞에 보는 것을 어길 바 없지마는, 이는 도시都是 사람이요 부재어근不在於近이라. 목전지사目前之事 쉽게 알고, 심량深量없이 하다 가서, 말래지사末來之事 같잖으면, 그 아니 내 한恨인가?"라 하니라. 처음에 가는 소리로 한번 읽으시니, 맑은 날에 문득 뇌성雷聲이 일어나거늘, 다시 크게 읽으시니, 뇌성이 대포 소리와 같이 일어나서 천지진동天地震動하며, 또 지진이 일어나서 여러 사람이 정신을 잃고 엎드러지거늘 … (4장 88절)

증산은 자신이 태어나고 자랐던 전라도 고부군古阜郡이라는 지역에서 접할 수 있었던 동학에 대한 부분적인 정보를 바탕으로 동학을 이해하고 있었다고 보인다. 이는 증산이 동학의 제2대 교주인 최시형崔時亨(1827~1898)에 대해서는 전혀 언급하지 않는다는 점에서 확인된다. 결국 증산은 동학의 창시자인 수운을 잇는 동학의 활동 주체를 종교적 성향의 최시형이 아니라 사회운동 경향의 전봉준이라고 이해했다. 우선 증산은 전봉준이 천하의 명장名將 가운데 손꼽히는 인물이라고 평가한다.

> 하루는 종도들에게 명하사 과거의 모든 명장名將을 써 들이라 하시니 … 경석이 모든 창업군주創業君主와 명장을 낱낱이 기록하고, 맨 끝에 전명숙全明淑을 써서 올린 데, 가라사대 왜 전명숙은 맨 끝에 썼느냐? 경석이 대하여 가로대 왼편으로부터 보시면 전명숙이 첫머리가 되나이다. 천사天師 가라사대 네 말이 옳도다. 전명숙은 진실로 만고명장萬古名將이라. 백의한사白衣寒士로 일어나서 능히 천하를 움직였느니라 하시니라. (4장 122절)

증산은 전봉준이 아무것도 가진 것이 없는 몸으로 떨치고 일어나 천하를 움직이게 했던 위대한 인물이라고 평가했다. 그리고 증산은 전봉준이 천하의 난을 일으키게 했던 인물이라고 평가한다.

> … 작난作亂하는 자도 조화造化요, 정란靖亂하는 자도 조화라. 최수운崔水雲은 동세動世를 맡았고, 나는 정세靖世를 맡았나니, 전명숙全明淑의 동動은 곧 천하天下의 난亂을 동動케 하였느니라. (5장 19절)

증산은 수운이 세상을 움직이는 일 즉 난리를 일으키는 임무를 맡았고, 자신은 세상을 평정하는 일 곧 난리를 다스리는 임무를 맡았다고 주장했다. 여기서 주목할 점은 증산은 동학의 창시자인 수운이 맡은 동세動世라는 임무를 구체적인 역사적 사건으로 현실화한 인물이 바로 전봉준이라고 본 점이다. 증산은 전봉준이야말로 비로소 동학이 맡은 본연의 역할을 실제로 수행한 인물이며, 이러한 전봉준이 일으킨 동학혁명운동이라는 난리가 천하의 난리를 불러일으키는 결정적인 계기가 되었다고 평가한다. 실제로 동학군의 봉기를 막고자 청국군을 불러들인 당시 조선의 정책에 일본군도 강압적으로 참가함으로써 청일전쟁이 일어났다.

증산은 전봉준이 조선의 운명을 맡은 남조선南朝鮮 뱃질의 도사공이라고 말했다.

> … 또 가라사대 이 일은 남조선南朝鮮 배질이라. 혈식천추도덕군자血食千秋道德君子의 신명神明이 뱃질을 하고, 전명숙全明淑이 도사공都樣工이 되었느니라. … 일심一心 가진 자가 아니면 이 배를 타지 못하리라 하시고 … (4장 118절)

전봉준은 일심一心을 가진 혈식천추도덕군자의[25] 대표자로서 죽은 후에 남조선 뱃질을 책임지는 도사공이 되었다고 믿어진다. 모든 사람의 존경을 받아온 도덕적 인물을 가리키는 혈식천추도덕군자의 한 사람으로서, 조선 땅의 역사상 모든 도덕군자의 신명을 대표하는 인물로서 전봉준은 증산의 권능에 의해 재평가되었다. 증산은 전봉준을 단순히 동학혁명운동의 주동자로 평가하는 일을 넘어서서 조선의 운명을 맡아 다스리는 인물로 인정했으며, 전봉준이 죽은 후에도 신명계神明界에서 중요한 역할을 여전히 수행하고 있다고 강조했다.

3) 신명의 해원解寃

증산은 동학농민혁명의 지도자인 전봉준의 해원을 위한 공사公事를 집행했다고 믿어진다. 전봉준은 1894년 11월 공주公州 우금牛禁 고개에서 관군과 일본군에게 패배한 뒤 11월 28일 장성長城의 입암산성笠岩山城을 도착하여 5일 동안 몸을 숨기다가 12월 4일에 혈혈단신孑孑單身으로 순창군淳昌郡 쌍치면雙置面 피노리避老里에 이르렀다. 전봉준은 이곳에서 옛 부하였던 숨어있던 김경천金敬天을 만났으나 그가 전주 감영의 아전을 지냈던 한신현韓信賢에게 밀고密告하여 붙잡히고 말았다.[26]

---

25 혈식(血食)은 자손이 계속 이어져 제사 지내는 일이 끊어지지 않는 일을 뜻한다. 김탁, 「증산교의 신관」, 『증산교학』, 미래향문화, 1992, 85쪽.

〈순창淳昌〉 피노리에 이르사 … 가라사대 전명숙全明淑이 이곳에서 잡혔는데, 사명기司命旗가 없어서 포한抱恨하였나니, 이제 기旗를 세워 해원解寃시키노라. … (4장 30절)

증산은 전봉준이 억울하게 체포당했던 장소에 직접 찾아가서 그의 해원공사解寃公事를 행했다고 믿어진다. 증산은 전봉준이 체포될 때 사명기司命旗 즉 장수가 군졸에게 명령을 내릴 때 사용하는 깃발이 없어서 원한을 맺었다고 주장한다. 이를 해원解冤하기 위해 증산은 누런 개 한 마리를 잡고 술 한 동이를 빚고, 인근에서 가장 큰 소나무 한 그루를 베어다가 청靑, 홍紅, 황黃 삼색으로 물들인 백지白紙를 달고, 또 다른 백지에 시천주侍天呪를 써서 남쪽에서 파온 황토를 조금씩 싸서 그 나무에 달아 깃대처럼 집 앞에 세웠다. 이는 많은 군사를 호령하는 사명기를 상징적으로 만들어준 일이었다.

그리고 증산은 동학농민혁명 과정에서 억울하게 죽은 사람들의 원한을 해소하기 위해 자신의 제자인 차경석을 내세웠다.

… 그러므로 이제 그 신명神明들을 해원解寃시키려고 그 두령頭領을 정하려는 중인데, 경석京石이 십이제국十二諸國을 말하니 이는 자청함이라. 그 부친이 동학두목東學頭目으로 그릇 죽었고, 저도 또한 동학총대東學總代였으니, 오늘부터는 동학신명東學神明들을 전부 그에게 붙여 보냈으니, 이 자리에서 왕후장상王侯將相의 해원이 되리라 하시고, 주지周紙에 글을 쓰시며 외인의 출입을 금하시니라. 또 일러 가라사대 동학신명이 전부 이 자리에서 해원되리니, 뒷날 두고 보라. 금전도 무수히 소비할 것이요, 사람 수효도 갑오년甲午年보다 훨씬 많게 되리니, 이렇게 풀어놓아야 후천後天에 아무 일도 없으리라. (4장 48절)

증산의 평가에 의하면 동학운동은 보국안민輔國安民이라는 거대한 목표를 제대로 달성하지 못했으며, 오히려 많은 억울한 죽음을 초래하게 하여 결과적으로는 수만 명의 무수한 원한만 낳게 만들었던 일이다. 증산이 이룩하고자 노력하는 이상사회인 후천後天

---

26 신복룡, 『전봉준의 생애와 사상』, 양영각, 1982, 134~141쪽.

은 무엇보다도 억눌리고 짓밟히고 층층이 맺힌 온갖 원한들을 모조리 풀어 없애는 해원解冤을 통해서 비로소 접근이 가능한 세계다. 따라서 그러한 이상사회의 중심이 될 조선 땅에서 근세에 일어났던 동학운동의 과정에서 생겼던 많은 원한도 마땅히 풀어주어야 할 것이다.

증산은 자신이 바로 '실패로 끝난 동학혁명운동의 새로운 진행'을 맡은 인물이라고 자처했으며, 원한을 품은 동학신명東學神明의 해원解冤 과정이 훗날 차경석車京石이 일으킬 종교운동인 보천교普天敎와 연결될 것이라고 주장했다. 증산이 행한 동학신명들의 해원 방법은 바로 동학신도들이 그토록 바랐던 왕후장상王侯將相이 되게 해주는 것이다. 과연 증산은 어떻게 하여 수만 명의 동학신명들을 해원할 수 있다고 주장했을까? 증산은 자신의 제자인 차경석이라는 인물을 우두머리로 삼아 그에게 모든 동학신명을 붙여주어 원한을 풀도록 만들었다고 믿어진다. 이때 증산은 자신감이 있는 어조로 "이 자리에서 왕후장상의 해원이 되리라."라고 선언했다. 여기서 과연 증산의 말대로 동학신명들이 실제로 해원이 되었는지 안 되었는지는, 어디까지나 믿음의 문제이므로 이 글에서 다룰 성격의 문제가 아니다. 다만 필자는 증산이 주장한 동학신명의 해원이 어떻게 이루어질까에 대한 일반인의 의문에 대해, 증산교인들의 믿음을 통해 어느 정도나마 답하고자 한다.

차경석은 훗날 보천교普天敎의 교주가 된다. 그가 일으킨 보천교 운동은 한때 신도의 수에 대해 자칭 육백만 명이나 된다고 자처할 정도로 일제강점기 최대의 종교운동이었다. 보천교는 철저한 다단계적인 인적人的 조직을 기반으로 한 세포 분열식의 포교 활동을 통해 엄청난 신도를 모았다. 바로 이러한 종교 조직을 통해 왕후장상이 되고자 열망했던 동학신명들이 생전에 품었던 많은 원한을 풀어나갈 수 있었다는 것이 증산교인들의 믿음이다. 즉 실제로 왕이나 제후가 될 수 없었던 평범한 사람들이 그 꿈을 이루지 못하고 그들이 죽은 다음에라도 왕 노릇 혹은 제후 노릇을 해 볼 수 있는 유일한 방법은, 종교 조직의 대표자나 간부에게 신명神明으로나마 '붙어서' 살아생전에 못다 했던 욕망을 채울 수 있을 것이라는 설명과 믿음이다. 특정한 종교 조직의 대표나 간부는 곧 그 조직 체계 내에서는 정치조직의 왕이나 제후에 못지않은 존경과 특권을 누리는 것이 일반적이며, 증산교인들은 이러한 일이 일제강점기에 있었던 보천교라는 엄청난 종교 조직을 통해 실제로 가능했다고 믿는다. 차경석은 자신의 아버지가 동학군의 지방 책임자 가운데 한 사람이었으며, 그 자신도 일진회의 간부를 역임했던 인물이다. 증산은 동학운동과 일정하고 밀접한 관련이 있는 차경석이라는 특정한 인물을 중심으로 엄청난 규모의 종교운동이 요원의 불길처럼 거세게 일어날 것이며, 이러한 과정에서 왕후장상이 되고자 했으나 생전에는 그 꿈을 이루지 못했던 수만 명의 동학신명들의 수많은 원한이 남김없이 풀려갈 것이라고 주장하고 강조했다.

4) 예언과 이상향 추구

수운은 「결訣」에서 "춘래소식응유지春來消息應有知, 지상신선문위근地上神仙聞爲近." 즉 "봄 오는 소식을 응당히 알 수 있나니, 지상신선地上神仙의 소식이 가까워 오네."라고 노래했다. 또 수운은 「교훈가」에서 "입도入道한 세상 사람, 그날부터 군자君子되어, 무위이화無爲而化 될 것이니, 지상신선地上神仙 네 아니냐?"라 했다. 그리고 「안심가」에서는 "춘삼월春三月 호시절好時節에, 태평가太平歌 불러보세."라고 노래했고, 「도수사」에서도 "춘삼월 호시절에 또다시 만나볼까?"라고 읊었다. 수운은 다가올 이상세계를 "봄" 또는 "춘삼월春三月"이라고 불렀으며, 그때가 되면 사람들이 지상신선地上神仙이 되리라고 전망했다.

증산은 자신이 장차 다시 세상에 나타날 것이라고 예언했다. "내가 출세出世할 때에는 천지가 진동하고 뇌성벽력이 크게 일어나리라."(3장 145절) 증산은 자신의 재강림을 "출세出世"라고 표현했다.

또 증산은 자신이 출세할 때에는 일순간에 호화로운 건물들이 엄청나게 세워질 것이며, 그곳에 사람들이 닦은 공적에 따라 들어갈 수 있을 것이며, 그때에는 신명들이 의식衣食을 제공할 것이라고 주장했다.

> 내가 출세出世할 때에는 하룻저녁에 주루보각珠樓寶閣 삼십 육만 칸을 지어 각기 닦은 공덕에 따라서 앉을 자리에 들어 앉혀 옷과 밥을 신명神明들이 받들게 하리니 … (5장 39절)

또 증산은 "내가 출세할 때에는 대두목大頭目이라도 다섯 사람 데리고 따르기가 어려우리니, 희귀稀貴하다는 희자稀字가 드물 희자니라."(3장 181절)라고 말하여, 자신의 재강림을 믿고 따를 사람이 매우 드물 것이라고도 주장했다.

수운은 "악독한 질병이 세상이 가득 찰 것"과 '다시 개벽開闢'과 '괴질운수怪疾運數'를 주장했다.

> … 시고是故, 아국我國, 악질만세惡疾滿世, 민무사시지안民無四時之安, 시역상해지수야是亦傷害之數也. … 그러므로 우리나라는 악독한 질병이 세상에 가득 차서, 백성들이 한 해 내내 평안할 때가 없으니, 이 또한 상해傷害의 운수이기 때문이다. … -「포덕문布德文」

수운은 「안심가」에서 "십이제국十二諸國 괴질운수怪疾運數, 다시 개벽開闢 아닐런가?"라고 노래했으며, 「몽중노소문답가」에서 "십이제국 괴질운수, 다시 개벽 아닐런가?"라 했다. 또 「권학가」에서 "아동방我東方 삼년괴질三年怪疾"이라고 노래하여, 전 세계에 괴질이 퍼지는 때가 다시 개벽이 되는 시점이 될 것이며 우리나라에는 3년 동안 괴질이 번질 것이라고 예언했다.

그런데 증산은 『현무경』에서 "세무충世無忠, 세무효世無孝, 세무열世無烈, 시고천하개병是故天下皆病."이라고 주장하여, 충효열忠孝烈이라는 도덕이 무너졌기 때문에 천하가 모두 병드는 위기 상황을 맞이했다고 괴질의 발생 원인에 대해 주장했다.

나아가 증산은 괴병의 발생을 구체적으로 예언했다.

> … 또 가라사대 이 뒤에 괴이한 병病이 온 세계를 엄습하여 몸 돌이킬 틈이 없이 이와 같이 사람을 죽일 때가 있으리니 … (4장 82절)

증산은 괴병이 발생하는 것은 동양과 서양의 세력을 고르게 만드는 결과를 초래할 것이라고도 말했다.

동서양東西洋 싸움을 붙여 기운 판을 바로잡으려 하나 워낙 짝이 틀려 겨루기 어려우므로 병病으로써 판을 고르게 되느니라. (5장 32절)

증산은 괴질을 병겁病劫 또는 급살병이라고 표현했으며, 상당히 구체적으로 묘사했다.

… 선천개벽先天開闢 이후로 수한도병水旱刀兵의 겁재劫災가 서로 번갈아서 그칠 새 없이 세상을 진탕하였으나 아직 병겁病劫은 크게 없었나니, 이 뒤에는 병겁이 온 세상을 엄습하여 인류를 전멸케 하되 살아날 방법을 얻지 못하리니, 모든 기사묘법奇事妙法을 다 버리고 의통醫統을 알아두라. … (5장 33절)

이 뒤에 괴병怪病이 돌 때에는 자다가도 죽고, 먹다가도 죽고, 왕래하다가도 죽어, 묶어낼 자가 없어 쇠스랑으로 찍어내되, 신 돌려 신을 정신을 차리지 못하리라. (5장 34절)

시속時俗에 부녀자들이 비위만 거슬리면 급살急殺맞아 죽으라 이르나니, 이는 급살병急殺病을 이름이라. … (5장 35절)

… 가라사대 전全 인류人類가 진멸지경(殄滅之境)에 이르렀는데, 아무리 하여도 전부 다 건져 살리기는 어려우니 … (5장 37절)

증산은 병겁이 지난 후에 전개될 이상사회에 대해서도 예언했다.

후천後天에는 천하天下가 한 집안이 되어 위무威武와 형벌을 쓰지 아니하고 조화造化로써 중생을 다스려 화化할지니, 벼슬아치는 직품을 따라 화권化權이 열리므로 분의分義에 넘는 폐단이 없고, 백성은 원통과 한恨과 상극相克과 사나움과 탐심과 음탕과 노여움과 모든 번뇌가 그치므로 성음소모聲音笑貌에 화기和氣가 무르녹고, 동정어묵動靜語默이 도덕에 합하며, 쇠병사장衰病死葬을 면하여 불로불사不老不死하며, 빈부의 차별이 철폐되고, 맛있는 음식과 좋은 옷이 요구하는 대로 빼닫이칸에 나타나며, 모든 일은 자유욕구自由慾求에 응하여 신명神明이 수종隨從들며, 운거雲車를 타고 공중을 날아 먼 데와 험한 데를 다니며, 하늘이 나직하여 오르내림을 뜻대로 하며, 지혜가 밝아서 과거, 미래, 현재 시방세계의 모든 일을 통달하며, 수화풍水火風 삼재三災가 없어지고, 상서祥瑞가 무르녹아 청화명려淸和明麗한 낙원樂園으로 화化하리라. (5장 16절)

증산은 수운보다 한결 자세한 어조로 이상사회의 모습에 대해 전망했다.

5. 맺음말

특정한 시대적 상황에서 태동한 독창적인 사상은 후대에 일정한 영향을 끼친다. 아울러 시대적으로 후대에 발생한 사상은 항상 앞선 사상을 극복하고 보완하는 형태로 제기될 수밖에 없다. '새로움'은 늘 '기존과 기성의 것'을 전제로 하여 '완성'을 지향한다.

증산교의 창시자 증산은 수운이 창도한 동학의 부족한 점을 보완하면서 완성했다고 주장했다. 수운의 종교체험에 등장하는 천주天主 즉 한울님이 바로 증산 자신이라고 강조하면서 증산은 자신의 독창적인 사상을 나름대로 정립하고자 노력했다.

동학사상의 후대 전승 과정에서 그 종교적 측면에 주목한 이 글은 다음과 같이 정리할 수 있다.

첫째, 증산은 자신의 종교사상과 체계를 정립하는 과정에서 앞선 시기의 동학사상을 적극적으로 수용했다.

동학의 종교조직인 천도교에서는 증산교와 증산사상이 동학사상의 아류라고 폄하貶下하기도 한다. 증산교 교단에서는 수운선생의 동학이 증산 선생의 강림을 예비한 선지자적 사상에 불과하다고 평가한다. 그러나 아류나 앞선 시기의 미완성된 사상이라는 비판은 역사적 시각에서 볼 때는 별로 의미가 없는 독선적인 주장에 불과하다. 한국종교사의 도도한 흐름을 고려하면 동학과 증산교는 각자 고유한 영역을 지키는 독자적인 사상체계를 형성하였다. 시대적 조건과 영향의 차이가 드러날 뿐이다. 시대적으로 후대에 발생한 증산사상이 동학사상의 지대한 영향을 받았고, 그 보완과 극복을 위해 태동했음은 명백하다. 한국 신종교의 역사를 살펴볼 때 증산교만큼 동학의 영향을 많이 받는 종단은 드물다. 증산은 동학의 한계를 나름대로 제시하고 그를 보완하는 형태로 제기된 새로운 종교사상이다.

둘째, 증산은 동학사상을 비판적으로 계승한 인물이다.

증산은 동학사상을 무비판적으로 수용하는 데 그친 것이 아니라 자신의 관점과 체계에서 동학사상을 일정하게 받아들였다. 증산은 동학사상이 신명들을 소홀히 대접하거나 영적인 차원의 구원에 미비했던 점에 주목하여 자신의 독창적인 해원解冤 사상을 제시했으며, 동학사상이 다가올 이상사회에 대해 선언적 구호에 그친 점을 보완하여 보다 구체적인 형태로 새로운 예언을 제기함으로써 종교적 측면의 전승을 추구하였다. 특히 증산은 동학사상 이후 뚜렷한 방향성을 상실했던 한국 민중사상의 행방을 종교적 형태의 증산사상으로 집약시켰다는 점이 주목된다.

셋째, 증산은 동학사상의 완성을 자신의 종교적 목표로 삼았으며, 자신의 가르침이 바로 '참 동학'이라고 주장했다.

동학의 진정한 핵심이 증산 자신에 의해 제시되었노라고 강조했다. 항상 앞선 시기의 사상과 사건의 부족한 점과 실패를 딛고 나서야 나름대로 새로운 사상이 출발하고 전개된다. 증산은 당대의 관점에서 동학사상과 동학농민혁명의 실패를 종교적으로 완성하려 했던 인물이다. 이는 어쩌면 역사적 필연으로 보인다. 새로운 사상은 항상 앞선 사상의 부족한 부분을 보충하고자 하는 과정에서, 나아가 그 실패를 극복하는 과정에서, 점진적으로 이루어지는 것이기 때문이다. 현실적인 동학사상과 동학농민혁명의 부족과 실패에 대해 새롭게 해석하고 이를 더욱 발전적으로 계승하려는 일련의 종교적 노력들이 결집하여 나타난 것이 바로 증산사상과 증산교단이다.

무엇보다도 증산은 자신이 바로 수운을 대신한 대선생代先生이라고 강조하였으며, 자신이 수운의 종교체험에 등장하는 상제上帝 또는 천주天主 즉 한울님이라고 주장하였다. 증산은 동학의 발생 자체가 자신의 계시啓示로 인해 가능했던 일이라고 주장한다. 증산은 수운에게 천명과 신교를 내려준 상제 또는 한울님으로 믿어진다. 신계神界의 최고 주재자가 인간 세상에 직접 강림했다는 증산의 이러한 주장은 이전의 한국종교사에서는 찾아볼 수 없었던 획기적인 새로운 내용이다. 지상의 인간에게 계시를 내려주었으나 그가 맡은 바 사명을 다하지 못하자, 이제 절대자가 직접 인간의 몸을 빌려 이 세상에 태어났다는 증산의 주장과 증산교인들의 믿음은 세계종교사에서도 독특하게 평가받아야 할 정도다. 물론 증산의 이러한 주장은 시대적으로 앞선 동학을 창조적으로 수용하기 위해, 수운의 종교체험에서 나타난 한울님이 바로 자신이었다는 종교적 확신과 믿음에서 비롯된 것으로 보인다. 어쨌든 증산은 자신이 최고 절대자라는 생각을 확고하게 가지고 있었으며, 나아가 일련의 종교적 행위를 통해 지상에 이상사회를 건설하기 위한 모든 준비 작업을 마쳤다고 강조했다. 증산은 상제上帝의 권위와 능력으로 천지의 운로를 뜯어고치는 천지공사天地公事를 집행하노라고 주장하였다. 이는 한국종교사에서 최초로 최고 절대자라고 주장한 사건이었으며, 세계종교사에서도 그 유례를 찾아보기 힘든 독특한 사상이다. 증산이 행한 천지공사에는 동학의 창시자인 수운과 동학혁명운동의 주동자인 전봉준이 자주 등장하고 중요한 역할을 맡는다. 그만큼 증산은 동학의 완성을 항상 염두에 두고 자신의 독창적인 사상을 정립하고자 노력했던 인물이다. 나아가 증산은 동학사상에는 미약하거나 미비했던 종교적 측면을 해원解冤사상, 신명神明사상, 예언사상 등으로 제시하였다. 특히 병겁病劫의 발생과 자신의 출세出世를 강조한 대목이 인상적이다. 결국 증산은 동학의 완성을 지향하면서 자신만의 독창적이고 독자적인 사상을 제시하였다. 따라서 증산사상은 동학보다 훨씬 종교적 성향이 강하다고 평가할 수 있겠다. 나아가 증산은 동학의 시천주侍天呪는 자신의 인간계 탄강誕降으로 이미 실현되었으므로 앞으로는 태을주太乙呪라는 새로운 주문을 읽으라는 종교적 명령을 내리기도 했다.

동학농민혁명의 실패라는 역사적 사건을 증산은 자신만의 새로운 종교사상으로 극복하고자 노력했다. 증산은 수운의 '다시 개벽' 사상을 더욱 심화시켜 자신만의 독창적인 '후천개벽' 사상으로 전개하였다. 그는 천주天主 또는 상제上帝의 관점에서 천지도수天地度數를 새롭게 짠다고 주장하였고, 해원과 상생相生을 강조하여 독창적인 종교사상을 정립하였으며, 신명神明사상과 인존人尊사상을 통해 새로운 인간관을 제시하였다. 동학사상이 있었기 때문에 증산은 자신의 고유한 사상체계를 형성하고 정립할 수 있었다. 동학사상은 역사의 무대에서 사라진 것이 아니라 새로운 옷을 입고 다시 등장했다. 동학의 정통을 이었다는 천도교뿐만 아니라 여러 증산교단에서도 동학사상의 영향이 지금도 확인된다. 증산교단에서는 동학의 창시자인 수운과 동학혁명운동의 주동자인 전봉준에 대한 신앙이 곳곳에 보인다. 향후 동학사상과 증산사상이 공통으로 지향한 새로운 인간과 사회에 대한 전망과 열정을 이 땅에 구체화하고 현실화하기 위한 끊임없는 노력은 현시대를 살아가는 우리들의 몫으로 남아 있다는 사실을 명심해야 한다.

제4장

증산교단 미륵신앙의 성립과 전개

머리말
증산교단 미륵신앙의 성립
증산교단 미륵신앙의 전개
증산교단 미륵신앙의 특성과 의의
맺음말

제4장

증산교단 미륵신앙의 성립과 전개

1. 머리말

이 글에서는 불교의 미륵신앙이 증산교단의 여러 교파에서는 어떻게 수용되었는지를 살펴보고, 증산교단의 독창적인 미륵신앙이 성립되는 과정을 정리한 다음, 불교의 미륵신앙과는 별도로 독자적인 형태로 성립 · 전개된 증산교단 미륵신앙의 전모를 일정하게 밝혀 증산교단 미륵신앙이 갖는 특성과 의의를 추출하고자 한다.

미륵보살은 현재 부처님이 되고자 수행하고 있는 보살이지만, 현재불인 석가불釋迦佛에 이어서 다음 대에 부처가 되기로 정해져 있기 때문에 당래불當來佛로서 미륵불彌勒佛이라고도 불린다. 미륵신앙은 수행과 선행을 통해 미륵보살이 성불할 때까지 머무는 도솔천兜率天에 왕생할 것을 권하고 믿는 미륵상생上生 신앙과 56억 7천만 년 후라는 아득히 먼 미래에 미륵불이 이 세상에 내려와 설법하게 될 용화회상龍華會上에 대한 신앙인 미륵하생下生 신앙으로 크게 나뉜다. 미륵불은 희망을 안겨주는 희망불希望佛이다.[1]

그런데 미륵이 하생하는 세계는 전륜성왕轉輪聖王에 의해서 평정된, 이미 평화롭고 번

---

1 홍윤식, 「한국사상에 있어 미륵신앙과 그 사상적 구조」, 『한국사상사학』 6권, 한국사상사학회, 1994, 75쪽.

영하는 시대다. 미륵은 세상을 변혁하러 내려오는 것이 아니라, 이미 모든 세속적 문제가 해결된 세계를 완성하러 온다. 더욱이 그 시기 또한 아득한 미래로 지정되어 있다. 여기에는 임박한 미래의 종말에 대한 인식이나 세계의 급진적인 변화에 대한 기대가 빠져있다. 전근대의 정치적 반란이나 종말론적인 종교운동에 흔히 등장하는 미륵신앙은 미륵의 현실 개입이나 생불生佛 형태로의 출현에 대한 대망待望이라는 면에서 불교 경전의 '미륵彌勒 하생下生' 신앙과 구분되는 '미륵 출세出世' 신앙으로 부를 수 있을 것이다.[2] 이와 관련하여 한국의 경우에는 미륵 세상이 미래에 다가올 이상세계이기 때문에, 그와 대비되는 현재의 말세적인 상황이 강조된다고 본 연구가 있다.[3]

2. 증산교단 미륵신앙의 성립

증산甑山 강일순姜一淳(1871~1909)은 불교의 본질을 '미륵을 기다리는 종교'라고 이해했다.

> … 불교는 미륵彌勒의 출세出世를 기다리고 … (3장 144절)[4]

불교가 석가모니의 교법을 중심으로 전개된 종교라는 역사적 사실을 바탕으로 하지만, 그 중심 교리는 앞으로 다가올 미륵 세계를 기다리는 종교라고 인식한 것이다. 증산은 불교의 핵심 교리가 미륵불이 구현하는 이상향을 이루는 일이라고 파악했다.

나아가 증산은 "내가 바로 미륵불이다."라고 주장하여, 그를 따르는 사람들은 그를 미륵불로 믿었다.

---

2 한승훈, 「미륵, 개벽, 요나오시 : 동아시아 종교사에서의 위기와 혁세 인식」, 『종교와 문화』 제40호, 서울대학교 종교문제연구소, 2021, 33쪽.

3 미야타 노보루(宮田登), 『미로쿠신앙의 연구』, 동경, 미래사, 1975, 323~324쪽.

4 이 글에서는 증산교단의 대표적 경전인 『대순전경(大巡典經)』 6판(1965)을 인용 자료로 삼는다. 증산교단의 경전 성립사에 대해서는 김탁의 「증산교의 교리 체계화 과정」, 『증산교학』(미래향문화사, 1992)을 참고하시오.

천사天師께서는 얼굴이 원만하사 금산金山 미륵불彌勒佛과 흡사하시며, 양미산兩眉間에 불표佛表가 있으시고 … (2장 134절)

증산은 자신이 살던 인근 지역에 있던 김제 모악산母岳山 금산사金山寺에 안치된 미륵불상과 매우 비슷한 용모를 지녔다고 전한다. 이는 증산이 바로 미륵불이라는 믿음과 주장의 결정적인 근거가 되었다. "증산이 바로 미륵불"이라는 주변인들의 확고한 믿음은 이러한 전언과 퍼져나간 소문에 힘입어 활기차게 전개되었다.

증산은 자신을 대접하기 위해 집안의 솥을 팔아서 음식을 마련하려는 제자에게 "솥이 들썩이는 것은 곧 미륵불이 출세하려는 징조"라고 말했다. (4장 2절) 금산사의 미륵불이 솥 위에 모셔져 있다는 사실에 빗대어 자신의 출현을 미륵불의 출세로 강조했다. 금산사의 미륵불만이 유독 솥 위에 입불立佛로 모셔져 있는 사실에 빗대어 증산이 스스로를 미륵불로 자처한 셈이다.[5]

증산은 김경학의 아들 용주의 폐병을 "아비가 오는데 일어나 맞지 아니하느냐?"라고 꾸짖어 치유했다고 전한다. (8장 38절) 증산이 자신을 용주의 '아버지'라고 칭한 것은 용주의 모친이 용주가 어렸을 때 그를 금산사 미륵불의 아들로 정하고 치성을 들여온 사실을 지적한 것이다. 당시에는 어린아이의 몸이 허약하면 부처에게 상징적으로 파는 관습이 있었다. 이 역시 증산이 스스로를 미륵불이라고 자처했던 일화로 볼 수 있다.

증산은 "나는 곧 미륵彌勒이라. 금산사金山寺 미륵전彌勒殿 장육금신丈六金身은 여의주如意珠를 손에 들었으되, 나는 입에 물었노라." 하시고, 아랫입술 속에 있는 홍점紅點을 보여 주셨다는 증산교단 최초의 기록이 있다.[6] 증산은 자신이 미륵불이라고 확신했으며, 그를 따르던 종도들도 그렇게 믿었으며, 신체의 점까지도 신비한 보물을 상징한다고 여겼음이 확인된다. 입속의 붉은 점에 관한 이야기는 더욱 구체적인 형태로 확대되기도 했다.[7]

---

5 홍범초, 『증산교개설』, 창문각, 1982, 149쪽.

6 『증산천사공사기』, 상생사, 1926, 146면.

증산은 그를 따르는 사람들로부터 '살아있는 부처님'으로 믿어졌다.(2장 73절) '살아있는 부처'는 '산 부처'요, '행동하는 부처'다. 이미 지나간 과거에 살았던 과거불, 죽은 부처, 모셔져 있는 부처가 아니라 숨 쉬고 행동하는 '산 부처'로 믿어졌다.

> … 또 가라사대 너는 좌불坐佛이 되어 처소處所를 잘 지키라. 나는 유불遊佛이 되리라 하시니라. (3장 40절)

증산은 김형렬이라는 제자에게 좌불이 되라고 말하고, 자신은 '돌아다니는 부처'가 될 것이라고 주장했다. 유불遊佛은 '행동하는 부처'요, '살아있는 부처'다. 행동하고 살아있는 부처는 모셔지고 믿어지기만 하는 부처가 아니라, 세상을 구원하기 위해 열심히 노력하고 행동하는 부처다. 곧 미륵불이다.

증산은 금산사에서 도보로 약 10분 아래에 있는 용화동龍華洞을 특별히 지목하여 "이곳이 용화도장龍華道場이라."(3장 83절)고 말하고, "이곳에서 사람이 나서거든 정분을 두고 지내라."라고 제자들에게 일러주기도 했다. 용화동은 전북 김제군 금산면 금산리 안에 있는 용화동을 가리킨다. 증산은 미륵불이 펼친다는 용화회상龍華會上이 실제 역사에서 실현되는 장소가 바로 용화동이라고 주장하였고, 그 중심인물이 자신이라고 은근히 강조했던 셈이다. 이러한 증산의 주장은 후대에 용화불교龍華佛敎라는 증산교단이 금산사 인근 30리 지역 안에 들어와야 개벽시대에 살아남을 수 있다는 시한부 말세론적 신앙으로 이어지기도 했다.

그리고 증산이 "내가 천지를 개벽하여 후천의 운수를 열고 오만년의 무량한 선경仙境을 만들려 하나니, 이것이 용화세계龍華世界요 상생相生의 대도大道가 바로 나의 도道이니라."라고 말했다는 기록도 전한다.[8] 불교의 미륵신앙에서 강조한 용화회상이 바로 증산이 건설할 이상사회의 또 다른 이름이라는 말이다.

---

7 김찬문, 김태진 원저, 『천지공사 실록 동곡비서』, 동곡서원, 1990, 30쪽.

8 이중성 편술, 『천지개벽경』, 대도연수원 부설 용봉출판, 1992, 35쪽.

증산은 "삼천三遷이라야 일이 이루어지느니라."(6장 30절)라고 말했는데, 이는 미륵불의 3회 설법을 뜻하는 것으로 해석되기도 한다.[9] 그리고 증산의 친필 저작인 『현무경玄武經』에 도솔兜率이라는 용어가 보이는데, 이는 미륵보살이 거처하고 있다는 도솔천兜率天을 가리키는 말이다.

> 매양 구릿골 앞 큰 나무 밑에서 소풍하실 새 금산金山 안과 용화동龍華洞을 가리켜, 가라사대 이곳이 나의 기지基址라. 장차 꽃밭이 될 것이요, 이곳에 인성人城이 쌓이리라 하시고, 또 "천황지황인황후天皇地皇人皇後, 천하지대금산사天下之大金山寺"라고 말씀하시고, 또 "만국활계남조선萬國活計南朝鮮, 청풍명월금산사淸風明月金山寺 …"라고 외우시고 … (3장 136절)

위의 인용문에서 증산은 금산사와 용화동이 있는 계곡이 바로 자신의 도를 펼칠 본부가 될 것이라고 말했다. 그리고 이곳은 '꽃밭'으로 표현된 이상향이 이루어질 장소이며, 용화세계를 주도할 뛰어난 인물들이 모여들어 거대한 도시를 이루리라고 전망했다. 나아가 증산은 미륵불이 모셔져 있는 금산사를 천하에서 가장 훌륭한 사찰이라고 찬양하고, 이상향의 맑은 바람과 밝은 달이 비치는 멋진 절이라고 노래했다. 아울러 금산사를 중심으로 세계 만국의 인류를 살리는 신비한 계책이 나올 것이라고 강조했다.

증산은 "내가 천하에 대순大巡하다가 석가모니의 당래불찬탄설게當來佛讚歎說偈에 의거하여 승僧 진표眞表가 당래當來의 비음秘音을 감통感通하고 모악산 금산사에 금신金身을 세워 지심기원至心祈願하여 오던 곳에 이르렀느니라."라고 말했다.[10]

> 또 가라사대 내가 금산사金山寺로 들어가서 불양답佛養沓이나 차지하리라. (9장 9절)

증산은 자신이 죽은 후에 금산사에 들어가서 미륵불을 공양하기 위해 경작되는 전답

---

9 홍범초, 『증산교개설』, 창문각, 1982, 162~163쪽.
10 『대순전경』 초판(1929), 9장 11절.

을 차지할 것이라고 말했다. 이는 이 세상을 떠난 후에도 금산사의 미륵불을 중심으로 믿음이 진행되는 일에 전적으로 관여할 것이라고 주장한 셈이다.

증산처럼 자신을 미륵불이라고 주장했던 인물들의 사례를 중국과 우리나라의 역사에서 찾아본 별도의 글이 있다.[11]

3. 증산교단 미륵신앙의 전개

증산교단 미륵신앙의 출발과 성립은 증산이 자신의 영체靈體라고 주장한 금산사의 미륵불상을 중심으로 시작되었으며, 금산사가 위치한 김제군 지역을 중심으로 전개되었다. 이와 관련하여 김방룡은 "'미륵이 출현하여 용화회상이라는 새로운 이상세계를 건설한다.'라는 메시지는 미륵신앙 혹은 미륵신앙 운동에 민중들을 끌어들이는 핵심적인 요소이다. 역사 속에서 금산사가 미륵신앙의 메카로 민중들 속에서 자리매김한 것은 진표 당시와 일제강점기와 해방 이후 증산교단이 활발히 활동할 때라고 생각한다."라고 주장한다.[12]

1) 김형렬金亨烈의 미륵불교彌勒佛敎

김형렬(1862~1932)은 증산의 첫 번째 종도가 되었던 인물로 증산이 화천化天할 때까지 가장 가까이에서 그를 따랐다. 김형렬은 1909년 증산이 화천한 후 그해 8월 1일에 증산의 치성을 드리기 위해 금산사에 가서 미륵불에 참배하고 난 후에 신안神眼이 열렸다고 전한다. 증산이 화천하기 직전 1909년 6월 20일에 종도들에게 "8월 1일에 환궁하리라." 라고 말했는데, 이 말에 의지해 김형렬이 그날 신안으로 미륵불을 뵙게 되었다는 주장이

---

11 김탁, 「대순진리회의 미륵사상 현황과 그 과제」, 『대순사상논총』 제42집, 대순사상학술원, 2022, 171~174쪽.

12 김방룡, 「금산사의 미륵신앙과 호국애민정신」, 『금산사와 호국불교』, 조계종 불교사회연구소, 2021, 83쪽.

다.[13]

증산이 화천한 후 그를 따르던 제자들은 생전에 "나는 곧 미륵불이니라."라고 말씀하셨고, 화천할 무렵에 "금산사로 들어가리라."라고 말씀하신 일에 근거하여 금산사의 미륵전彌勒殿에 참배하여 증산을 대한 듯이 정성을 들이면 깨달음이 있을 것이라고 생각했다. 이들은 금산사 미륵불의 몸에 "옥황상제지위玉皇上帝之位"라고 쓴 종이를 붙이고 치성을 올렸다.[14]

종도들은 증산을 옥황상제이자 미륵불이라고 믿었던 사실을 알 수 있다. 미륵불과 옥황상제를 동일시했던 것이 증산교단 초기 미륵신앙의 형태였다. 불교와 도교적인 신격이 아무런 꺼림이 없이 동시에 받아들여졌다는 사실이 흥미롭다. 증산이 곧 미륵불이요, 옥황상제라는 이러한 신행은 후대의 증산교단 미륵신앙에 상당한 영향을 끼친다. 즉 미륵신앙만 고집하는 것이 아니라 도교나 민간신앙의 최고신과도 소통하고 융합하고 있음이 확인된다. 어쨌든 증산이 죽은 후에 그의 종도들이 행한 최초의 종교적 행위는 금산사의 미륵전에 참배하고 치성을 올리는 일이었다.

증산의 유언에 따라 제자인 김형렬 등이 모악산 금산사의 미륵전 앞에서 치성드리다가 일본 경찰에 체포되어 복역하기도 했다.[15] 1915년 김형렬은 모악산 금강대에 올라가 108일 기도 후 또다시 신안神眼이 열려 영서靈書를 받고 1918년에는 위봉사威鳳寺 주지 곽법경郭法鏡과 협의하여 증산의 영체靈體가 머물러 있는 금산사에 미륵불교를 세워 활동하다가 1919년 9월에 금산사 미륵전에서 치성드리다가 당시 금산사 주지가 비밀결사를 조직하여 독립운동을 일으키려 획책한다는 혐의로 밀고하여 일제 경찰에 체포되어 감옥살이를 하기도 했다. 1921년 봄에는 서울에서 '미륵불교진흥회'라는 명칭으로 다시 활동하다가 1922년 9월에는 '미륵불교'로 개칭하였다. 이렇게 김형렬은 금산사의 미륵불을 증산의 영체靈體로 보고 그를 신앙의 대상으로 삼아 미륵불교라는 교파를 창설·운

---

13 이정립, 『증산교사』, 증산교본부, 1977, 40~42쪽; 홍범초, 『범증산교사』, 도서출판 한누리, 1988, 179쪽.

14 위의 책, 41쪽.

15 이강오, 『한국신흥종교총감』, 대흥기획, 1992, 194쪽.

영하다가 1931년에 사망했다. 그가 사망하자 이 교파는 흩어지고 말았다.[16]

증산교단 가운데 금산사에서 활동한 인물은 증산의 수제자로 일컬어지는 김형렬이다. 일본 경찰의 감시자료인 『보천교 일반普天教一般』의[17] 「훔치교 분파상황」, '태을교 김형렬파'에서는 다음과 같이 밝히고 있다.

> (김형렬은) 대정 원년(1912) 일부의 교도를 이끌고 분리하여, 주문의 시작 부분에 있는 '태을太乙' 두 글자를 따서 태을교라는 명칭으로 고쳐 차경석파에 대항하였다. … 그 후 김형렬은 김제군 수류면 금산사에 거주해, 태을교에서 말하는 소위 옥황상제는 불교에서 말하는 미륵불과 이명동체異名同体인 존재로서, 태을교의 신령은 금산사 미륵불상에 존재한다고 말하며 제사의식을 올렸다. 또한 그들이 말하는 주문도 불교에서 배태한 것으로, 태을교는 불교와 떨어질 수 없는 인연이 있다고 하여 창도하였는데, 한편 실제로는 미신 사교邪教로서 항상 관헌의 감시를 받고 있었다. 따라서 이들에 대한 엄중한 경찰 단속을 벗어나기 위해, 또 다른 한편으로 금산사의 본산인 전주군 소양면 위봉사의 전 주지인 곽법경郭法鏡의 권유에 따라, 대정 7년(1918) 8월에 태을교도 모두가 미륵교로 귀의했다. 동시에 금산사의 한쪽 방에 미륵교 본부를 두어, 곽법경 등과 함께 각지를 순회 포교하여, 한 때에는 4,500명이 넘는 교도들이 있었다. 하지만 그들은 단체 세력을 이용하여 불온한 계획을 세울 수 있다는 의심을 받았으므로 경찰서의 조사를 받았다. 이 때문에 그 세력은 견제를 받아 교의 세력을 키울 수 없었으므로 점차 쇠퇴의 정세로 들어가기 시작하였다.[18]

김형렬은 태을교와 미륵교라는 교단을 세운 후 1923년에는 미륵불의 현성顯聖이 있어 미륵불교진흥회를 조직하였다. 이들 교명에서 알 수 있듯이 김형렬은 금산사의 미륵불

---

16 홍범초, 『범증산교사』, 한누리미디어, 1988, 178~186쪽.

17 이 자료는 일제강점기 전북 지역의 종교를 감시하여 보고한 자료로서 '「普天教一般」(管內最近の狀況說明資料(全北) 附錄)'이란 제목으로 일본 학습원대학(學習院大學) 동양문화연구소(東洋文化硏究所)에 소장되어 있던 글이다. 이를 충남대 충청문화연구소가 『일제강점기 보천교의 민족운동 자료집 Ⅱ』에 수록하였다.

18 일제강점기 보천교의 민족운동 자료집 편찬위원회, 『일제강점기 보천교의 민족운동 자료집 Ⅱ』, 도서출판 기역, 2017, 182~183쪽.

을 중심으로 자신의 종교 활동을 전개했으며, 그 핵심은 미륵불이 곧 증산이라고 믿었던 점이다.

1934년 봄에 금산사의 미륵존불상이 소실되자, 39척의 입상불立像佛로 다시 조성했는데 김형렬은 이 일에 앞장섰다. 김형렬의 미륵불교는 1932년 그의 사후 해체되었다.

2) 대한불교법상종

김형렬의 미륵불교를 재건한 사람은 유제봉柳濟鳳(1870~1954)이다. 유제봉은 김형렬을 이어 '용화계龍華契'로 이름을 바꾸어 활동하기도 하였으며, 그 뒤 최선호崔善湖와 최선애崔善愛(1924~) 부부에게로 종맥宗脈을 이어오다가 1954년부터는 최선애가 주도적으로 활동하였다. 그리고 1964년 '미륵불교'의 이름을 '대한불교법상종'으로 바꾸어 1969년 2월 문화공보부에 정식 불교 교단으로 등록하였다. 여기에서는 미륵불의 화신이 증산이라고 숭배하며, 주요 경전으로 『미륵상생경』과 『미륵하생경』 등의 미륵 경전과 『금강경』과 『반야경』 등 불교 경전 그리고 『현무경』과 『대순전경』 등 증산교단의 경전 등이 있다. 또 여러 수행법 가운데 '미륵십선도彌勒十善道'를 실천할 것을 강조하는 점이 주목된다.[19]

대한불교법상종에서도 "미륵불의 화신이 증산"이라는 신앙이 확인된다는 점이 특기할 만하다. 증산과 미륵불을 동일시하고 있다. 그리고 옥황상제라는 표현이 전혀 등장하지 않는 점도 독특하다. 나아가 김형렬의 미륵불교를 계승했지만, 1960년대부터는 이러한 사실을 밝히지 않은 채 나라에 '불교 교단'으로 등록했다. 이때 법상종法相宗이라는 용어는 금산사를 창건한 진표율사에게까지 법맥을 잇고 있다는 점을 주장하기 위함이다. 어쨌든 대한불교법상종은 표면상으로는 불교 교단을 자처하지만, 그 내면을 들여다보면 미륵불이 증산으로 출세했다고 믿는 증산교단이다.

김형렬이 유제봉에게 법계를 전하고 사망한 뒤에 2대 화상이 된 금산사 주지 유제봉

---

19 김홍철, 『한국신종교사전』, 도서출판 모시는 사람들, 2016, 316~ 317쪽.

은 계속해서 불사佛事를 행하다가 1954년에 최선호의 부인인 최선애에게 선사로부터 받은 법계를 전하고 사망했다고 한다. 1969년 3월에는[20] 대한불교법상종 포교원의 등록을 문화공보부로부터 받았다. 당시 교단의 소재지는 충남 논산군 두마면 무남리에 두었고, 대표자는 전영동이었다. 이후 총본산의 소재지를 김제시 금산면 금산리로 옮겼다. 종조宗祖는 진표율사眞表律師였다.[21]

어쨌든 이들은 1964년 6월에 "미륵불의 현신계시顯身啓示"로 법상종의 부활 사업을 일으켰다.[22] 최선애는 1964년에 미륵불의 계시를 받고 미륵불교를 '대한불교법상종'이라고 명칭을 바꾸어 1970년에 문공부에 등록하고 지금까지 활동을 계속하고 있다. 대한불교법상종에서는 "금산사 미륵불(증산)을 주불로 신앙"하고 미륵 경전들을 주요한 경전으로 하여 신행한다. 즉 이 교단에서는 금산사에 봉안된 미륵불상을 증산의 영체로 굳게 믿고 있다.

> … 미륵신도 대표 김형렬金亨烈 화상和尙은 … 대법천사大法天師께서 유언하시되, 대원사大元寺에 가서 박금곡 화상과 상의하야 삭발위승削髮爲僧하소. 불지양생佛之養生이니 불佛로써 깨치라 하심을 깨닫고 …[23]

위의 인용문에서 이름이 밝히지 않은 "대법천사"는 증산 강일순을 지칭하는 말이다. 이들은 1919년 음력 9월 19일에 금산사 향로전에서 불공을 드리다가 일본 관헌에 80여 명이 체포되었다. 증산의 탄생일에 맞춰 치성을 드렸는데, 이러한 사실에서도 이들이 겉으로는 미륵신앙을 표방했지만 실제로는 증산신앙을 했었음이 드러난다.

그런데 이들은 "맑은 바람 밝은 달 아래 모악산이요, 온 나라를 건질 계책은 계룡산에

---

20 『한국신종교사전』의 기록이 부정확한 것으로 보인다. 대한불교법상종에서 발행한 자료를 근거로 바로잡아야 할 것이다.

21 『대한불교법상종미륵불총본산종지(大韓佛敎法相宗彌勒佛總本山宗旨)』, 호서출판사, 1975, 발간사와 종교단체 등록증과 19쪽.

22 위의 책, 140쪽.

23 위의 책, 137쪽.

있도다. 3층 옥경玉京에는 구름이 잔뜩 끼어 있고, 옥황상제께서 강림하셔서 창생을 건진다네. 청풍명월모악산淸風明月母岳山, 만국활계계룡산萬國活計鷄龍山, 삼층옥우운소립三層玉宇雲霄立, 옥제강림제창생玉帝降臨濟蒼生."라는 제자題字를 사용했다.[24] 이는 증산이 썼다고 전하는 "청풍명월금산사淸風明月金山寺, 만국활계남조선萬國活計南朝鮮" 운운의 글귀와 매우 비슷하다. 여기서도 이들의 신행에 미친 증산의 영향이 확인되는데, 구원의 중심지로 계룡산이 언급된 점이 특기할 만하다.

대한불교법상종에서는 "만국활기남조선萬國活氣南朝鮮, 청풍명월금산사淸風明月金山寺"라는 글귀를 들어 금산사를 설명하는 데 사용하기도 했다.[25] 앞에서 언급한 증산이 외워주었던 한시 구절과 매우 비슷하다는 점이 주목된다.

그리고 이 교단에서 사용한 가사의 내용에 "삼계해마대제신위원진천존관성제군三界解魔大帝神位願趁天尊關聖帝君", "신천지조화정新天地造化定", "명덕관음팔음팔양明德觀音八陰八陽", "가가장세家家長世", "일월일월만사지日月日月萬事知" 등의 용어가 나오는데,[26] 이들 용어는 증산이 독창적으로 사용했던 말로 오주五呪라는 주문에 나온다.

대한불교법상종에서 1975년에 간행한 책에는 증산이 사용한 글귀가 나오고 그를 지칭하는 대법천사라는 용어는 한 번 있지만, 증산이라는 이름이 공식적으로는 언급되지 않는다. 그러나 이 교단에서 간행한 『법상종 연다. 새 세상 문 찾으시라. 미륵불 총본산』(법상종 미륵불 본산, 2001)에는 증산이라는 이름이 공식적으로 드러난다. 이 책의 6쪽에 진묵대사의 영정이 실려 있는데, 이를 설명하는 부분에서 "증산상제甑山上帝께서 불지종장佛之宗長은 진묵이라고 하셔서 『대순전경大巡典經』에 명시되어 있다."라고 적었다. 또 7쪽에는 증산이 천지공사天地公事를 보았던 동곡약방銅谷藥房의 사진과 안내문이 사진으로 실려 있다. 나아가 16쪽과 17쪽에는 "증산선생은 하늘에서는 옥황상제玉皇上帝이시며, 현세에는 사람의 몸으로 태어나사 천지운로天地運路를 개조하사 새 하늘 새 땅을 여시고

---

24 위의 책, 142쪽.
25 위의 책, 174쪽.
26 위의 책, 143쪽.

미륵彌勒을 태어내어 후천後天 용화세계龍華世界를 다스리게 하시니라."라고 적었다. 또 39쪽과 40쪽에서는 "감결甘結", "기초동량基礎棟梁", "사지당왕事之當旺 재어천지在於天地 필부재인必不在人 천지생인용인天地生人用人", "포태胞胎 양생養生 욕대浴帶 관왕冠旺 쇠병衰病 사장死葬", "불지형체佛之形體, 선지조화仙之造化, 유지범절儒之凡節", "허무虛無 적멸寂滅 이조以詔" 등등 증산이 생존 시에 썼다고 전하는 글귀들이 실려 있다. 이어서 "공사公事를 보실새 차경석車京石에게 명하사 … 치성을 드리게 하시고"라는 구절을 싣고 진묵震默이 동방문명신東方文明神들을 거느리고 서양으로 건너가서 서방 문명을 발전시켜 왔다는 증산의 말을 언급한다. 102쪽에서는 "'나를 보고 싶거든 금산사 미륵불을 보라.'고 하신 증산성인甑山聖人의 유언으로 호국불교로 등장, 조국의 독립운동을 하고자 뜻을 받들어 치성을 드리며, 상제님의 각서에 의하여 태운太雲 김형렬 화상을 대표로 추대했다."라고 교단의 내력을 밝혔다. 또한 108쪽에서는 "증산성인의 수제자 태운 김형렬 화상"이라고 적고 나서 교단의 법계가 계승되었다고 주장했다. 이어지는 내용에서는 증산의 말씀이 몇 구절 실려 있으며, "증산선생은 하늘에서는 옥황상제시며 … 미륵으로 태어나셔서 후천 용화세계를 다스리시니라."라고 기록했다. 이 대목에 이어지는 기록에서도 증산을 "상제上帝님"이라고 부르면서 증산의 언행 몇 구절을 자세하게 인용하였다. 119쪽부터 121쪽에는 김형렬의 셋째 딸 말순末順의 전생이 관세음보살이었으며 증산이 그녀를 수부首婦와 후비后妃로 삼아 감결甘結 공사를 보았다는 기록을 싣고 있다. 이처럼 대한불교법상종은 이름만 불교 교단이지, 실은 증산교단의 하나다. 증산을 미륵불로 믿고 있으며, 미륵불이 펼칠 이상세계를 '후천 용화세계'라고 주장하여 불교의 용화회상과 한국 신종교의 후천을 결합하였다. 그리고 옥황상제와 미륵불이 증산이라는 신격에 하나로 통합되어 있다고 믿는 점이 특기할 만하다.

3) 증산법종교甑山法宗教

증산 강일순의 외동딸인 화은당華恩堂 강순임姜舜任(1904~1958)에 의해 창립된 증산법종교에서도 미륵신앙이 행해지고 있다. 애초에 1953년 10월에는 증산선불교甑山仙佛教

라는 교명으로 공보처에 등록하였다. 이 교단에서 간행한 교칙을 보면 "삼계의 대도사 증산 미륵부처님의 진법상眞法相을 본존으로 하고, 선체仙體 불심佛心 유용儒用의 삼합덕三合德으로 성경신誠敬信하여 숭도덕崇道德 한다."라고 했다. 이같이 신앙의 대상이 증산미륵세존甑山彌勒世尊인 것을 명문화했고, 강순임은 자신을 선사禪師라고 불렀다. 그런데 당시의 교리도 해원解冤, 보은報恩, 상생相生이어서 다른 증산교단의 대표적 교리와 같았다. 증산선불교도 불교 교단의 하나로 보이지만, 실은 증산교단의 하나라는 사실이 인용문을 통해 드러난다. 이 교단도 증산을 '미륵부처님' 또는 '미륵세존'으로 믿었다는 점에서 증산과 미륵불을 일체로 신앙했다는 사실이 드러난다.

갑신년(1944)에 "큰 금부처가 들어오시더니 '나는 미륵불이라. 앞으로 내가 출세하야 중생으로 하여금 해원, 상생, 보은의 법도를 마련하여 제도함과 아울러 조화정부를 세워 선경세계를 건설하리라.' 하시면서 금성산에 천신과 지신을 위하여 큰 치성을 올리도록 하라고 명령하시기에"라는 기록이 있다.[27] 이를 면밀하게 검토해 보면, 당시에는 증산이 곧 미륵불이라는 신행이 정착되지 않았음을 알 수 있다. 왜냐하면 증산교단의 핵심교리인 해원, 상생, 보은과 조화정부라는 개념이 증산 자신의 말로 기록된 것이 아니라 '큰 금부처'의 말로 기록되었기 때문이다. 이때에는 미륵불과 증산의 일체화가 이루어진 상태가 아니었음을 알 수 있다. 그렇지만 미륵불이 증산의 핵심적인 주장인 "조화정부를 세워 해원, 상생, 보은의 이념으로 선경세계仙境世界를 건설할 것이다."라는 말을 한다는 전언이 특기할 만하다.

을유년(1945)에는 증산의 성령이 하강하여 "이 뒤에 참 해방이 되어야 비로소 세계가 한 집안이 될 것이요, 화순세계和順世界며 청명세계淸明世界며 용화세계龍華世界가 찾아올 것이니라."라고 말했다고 한다.[28] 증산이 곧 해방될 것을 예언하면서 화순, 청명, 용화세계가 이루어질 것이라고 말했다는 전언이다. 미륵불의 하강下降에 의해 이루어질 이상세계를 '용화세계'라고 표현한 점이 특기할 만하다. 불교에서는 '용화회상龍華會上'으로

27 증산법종교, 『화은당실기(華恩堂實記)』, 도서출판 대흥기획, 1960, 81쪽.
28 위의 책, 129쪽.

부른다.

증산법종교의 「도수가」라는[29] 가사에 "용화 준비 하여보자. 용화회를 여는 날에, 세계화순 자연이라."라 노래했으며,[30] "지상천국 목전일세. 당래용화 터 닦고자 … 시호 시호 좋은 시호, 용화일꾼 들어오네. … 용화 기초 확립하세."라고[31] 읊었다. 그리고 "용화대운 대경살세. 경축하고 경축하세. … 용화회상 못 들어가, 땅을 치고 한탄하리."라고 노래했다.[32] 용화세계를 여는 '용화 일꾼'이 들어올 것이라고 노래한 점이 특기할 만하다. 미륵불이 여는 용화세계를 열어갈 사람들을 '용화 일꾼'이라고 표현한 것인데, 자신의 교단에 모이는 사람들을 그렇게 표현한 것이다. 지상천국으로 용화회와 용화회상을 설명한 점이 미륵하생 신앙의 특성과 같고, 스스로 용화세계의 기초를 확립하는 일꾼으로 자임한 점이 돋보인다.

또 강순임이 1949년 6월 24일 증산의 화천化天기념일에 치성을 올리니, 천지신장天地神將이 내려와서 "미륵불상이 지상에 현현하니 천상에서도 대회가 열리노라. 미륵불께서 천상의 마리지瑪理池 일월삼룡日月三龍에 누워계시다가 열 석 자의 금불金佛로 화현하시게 되면 그 삼룡도 일어나게 되느니라. 12월 26일에는 불상의 조상을 마치고 예불하라. 기념 치성이 끝나는 대로 불상 조성을 시작하되 조각하는 사람은 선사(강순임)의 지시를 받도록 하라."는 계시를 내렸다고 한다.[33] 이 일은 증산이 생전에 "장차 열 석 자로 오리라."라는 말을 했는데, 이것이 실현되었다는 주장으로 이어진 것이다. 이 계시에 따라 열 석 자 미륵금상을 조성하여 삼청전三淸殿에 모시고 12월 26일에 개안식을 올렸다. 금산사의 미륵불상과 다른 독자적인 미륵금불상을 조성했다는 말이다. 이제 증산은 금산사의 미륵불상에 좌정하지 않고, 그의 딸인 강순임이 세운 교단에서 만든 새로운 금불상에 좌정하게 되었다는 주장이다.

---

29 「도수가」는 화은당 강순임의 남편인 구암(鳩岩) 김병철(金炳徹, 1905~1970)이 1945년에 지은 것이다.

30 증산법종교, 『화은당실기(華恩堂實記)』, 도서출판 대흥기획, 1960, 133쪽.

31 위의 책, 137~138쪽.

32 위의 책, 140쪽.

33 위의 책, 158쪽.

그 뒤 증산법종교에서는 증산을 '증산미륵세존甑山彌勒世尊님'으로 신앙하고 있는데, 이 미륵금상을 신앙 대상으로 삼고 있다.[34] 이 불상은 머리에 시루를 쓰고 있는 독특한 형태로 모셔져 있는데, 시루는 증산의 '증甑'으로 증산을 상징하는 물건으로 인식된다. 증산법종교에서도 증산을 미륵불과 일체로 믿고 있음이 확인되며, 이제 독자적인 교단을 창립했기 때문에 금산사의 미륵불상과는 별도의 미륵금상을 증산이 내려준 계시에 따라 조성했다고 주장하기에 이른 것이다. 이후에도 미륵불은 강순임에게 여러 차례 계시를 내린다. 물론 이 미륵불은 자신의 부친인 증산을 가리킨다.

계사년(1953) 10월에 교명을 '증산선불교甑山仙佛教 증산천사법문연구회甑山天師法文研究會'로 공보처에 등록했는데, 신앙 대상은 '증산미륵불甑山彌勒佛'이고, 해원, 상생, 보은을 교리로 했다.[35] 불교 교단의 하나로 오해하기 쉽지만, 해원, 상생, 보은을 핵심 교리로 삼았다는 점과 증산을 미륵불로 신앙한다는 점을 분명히 했기 때문에 증산교단의 하나로 보아야 한다.

1960년 4.19혁명 전야 12시에 삼청전에 모셔진 미륵불상에서 땀이 흘러내려 좌대가 모두 젖고 수건으로 닦아서 짜낸 물이 석 되가 넘었다는 이야기가 전한다.[36] 나라에 큰 사건이 일어나기 직전에 미륵불상에 특이한 현상이 일어난다는 믿음이 전승되고 있다는 사실이 확인되는 대목이다.

4) 태인泰仁 미륵불교

창교주 수산秀山 정인표鄭寅杓(1897~1955)는 1934년 1월에 전주 교외의 미륵당彌勒堂에서 참선하다가 미륵세존彌勒世尊의 현상現像을 체험하고 대각을 얻었으며, 이때 미륵세존과 부자지륜父子之倫을 맺었다고 주장한다.[37] 이 교단에서는 이러한 수산의 득도得道로 인

---

34 홍범초, 『범증산교사』, 한누리미디어, 1988, 675~682쪽.

35 증산법종교, 『화은당실기(華恩堂實記)』, 도서출판 대흥기획, 1960, 239쪽.

36 위의 책, 253쪽.

37 전경현 편저, 『범증산종단사』 하권, 2019, 130쪽.

해 이듬해인 1935년에 금산사 미륵불이 소실되었다고 주장한다. 증산미륵세존께서 김형렬에게 도통을 전하였다가 다시 1934년에 수산의 득도得道로서 체형體形이 인물로 출세하게 되었기 때문에 이러한 일이 일어났다고 믿는다.

수산은 1940년 12월에 비밀결사인 신인동맹神人同盟이 일제 경찰에 발각되어 치안유지법 위반으로 징역 6년의 옥고를 치렀다. 해방 후 태인에 다시 교문을 열고 교도들을 교화하니 한때 1만여 명에 이르렀다. 1950년 1월에는 교세가 날로 커짐에 따라 정읍군 태인면 태성리에 미륵불영원회彌勒佛永圓會 본부라는 간판을 걸고 종교 활동을 전개하였다. 1952년 12월에 교세가 크게 발전하여 미륵불교본부를 정읍군 태인면 태흥리로 이전하였다.

태인 미륵불교의 신앙 대상은 구천미륵불九天彌勒佛인 증산이요, 증산이 행한 천지공사가 미륵불교 교리의 핵심이며, 이 교단의 교리에 나오는 유불선 합일이나 해원, 보은, 상생 등이 증산교단의 교화법리와 일치한다. 이 교단에서 간행한 『인화도덕경人化道德經』에는 증산이 구천상제九天上帝로 있다가 선기仙氣로 금산사 미륵금상에 강림한 증산이 바로 미륵부처님이라고 강조한다. 또 『미륵성전彌勒聖典』에 "신미년(1871) 9월 19일 조선 전라도 고부군 우덕면 객망리에서 증산 강일순이라는 이름으로 대도大道에 출세하시어 … 묵은 하늘을 새 하늘로 뜯어고치고 회천명개조화回天命改造化의 천지공사를 시작하시며 … 인간에서는 증산이라고 하나 나는 미륵불이다 하시고 … 천지공사를 39세에 마치시고 기유년(1909) 6월 24일 천주天主로 화천化天하셨느니라."라 했다. 이 교단의 성전인 대장전大藏殿에는 구천미륵불九天彌勒佛이 석가모니불 보다도 높은 위상으로 받들어지고 있다. 도교와 민간신앙에서 유래한 상제 신앙과 불교의 미륵신앙이 융합되어 '구천미륵불'로 신앙되는 점이 특기할 만하다. 이 교단에서도 증산과 미륵불은 일체로 본다.

태인 미륵불교에서는 새로 팔괘八卦를 정했는데, 미륵세존하도팔괘彌勒世尊河圖八卦 또는 미륵세존팔괘라고부른다. 이 팔괘는 손건감간진곤이태巽乾坎艮震坤離兌로 배열되어 있는데, 북쪽에 건乾, 남쪽에 곤坤, 서쪽에 태兌, 동쪽에 간艮이 위치한다. 이러한 새로운 괘도를 만든 이는 미륵세존 곧 증산甑山이라고 주장하는 점이 특기할 만하다. 또 대장전大藏殿에서 아침저녁으로 외우는 주문에 "미륵세존도솔천궁조화彌勒世尊兜率造化라.", "미륵불대도大道 선불유仙佛儒 삼합연기三合連氣 천추만세千秋萬歲"라는 구설이 포함되어 있다.[38] 미륵불과 관련된 독특한 팔괘를 주장했다는 점이 특기할 만하며, 미륵불과 조화造化라는 용어가 결합된 점도 특이하며, 미륵불의 도가 유불선 삼합의 도라고 강조한 점도 이채롭다.

그리고 이 교단에서 외우는 많은 주문 가운데 '미륵불 정신 통일 주문'과 '미륵둔신彌勒遁神 정각도통正覺道通 주문'도 있다. 또 길념일吉念日로 음양력 9월 19일을 미륵불 탄강일로, 음양력 7월 12일을 미륵불 득도일로 치성을 드리고, 기념일로 음양력 6월 24일을 미륵불 화천일로 치성을 올린다. 증산의 탄강일과 화천일을 기념하고 있음이 확인되는데, 미륵불 득도일이 7월 12일인 점은 그 이유를 자세히 알 수 없다. 대부분의 증산교단에서는 7월 5일이나 7월 7일을 증산이 도를 깨달은 날로 기념한다.

수산은 1938년 4월에 금산사에 신도 50여 명을 모으고, 김형렬의 영신靈神을 미륵불위좌彌勒佛位座에 봉안하라고 지시하였다.[39] 또 수산은 1953년 5월에 설법을 통하여 자기가 아미타불阿彌陀佛임을 밝히고, 미륵부처님이 아미타불을 낳아서 아미타불이 이 세계를 평화롭게 한다고 주장하기도 했다.[40] 갑자기 김형렬의 영혼을 미륵불의 좌위에 모신 이유에 대해서는 더 이상의 설명이 없으므로 알 수 없다. 그리고 수산은 자신을 아미타불이라고 주장했는데, 미륵불이 아미타불을 낳았다는 표현은 그의 대각에 미륵불과 부자父子 관계를 맺었다는 주장과 연관되는 대목이다.

태인 미륵불교에서는 『미륵불대자보전彌勒佛大慈補全』, 『미륵불태화대자경彌勒佛泰和大慈經』 등의 경전도 간행하였다. 또 1958년 4월에 건축된 이 교단 수덕전水德殿의 주벽은 구천상제九天上帝로 불리는 미륵불이고, 우보처右補處는 주세아미타불住世阿彌陀佛로 존칭하는 수산秀山이다. 1962년 12월에 미륵불교라는 교단 명의로 문교부에 등록하였다.

---

38 전경현 편저, 『범증산종단사』 하권, 2019, 157~158쪽.

39 설일심(雪一心), 『애국의 거불』, 9쪽; 전경현 편저, 위의 책, 132쪽에서 재인용.

40 이원장, 『미륵성전』, 홍법원, 1981, 218쪽; 전경현 편저, 위의 책, 138쪽에서 재인용.

5) 용화교龍華敎

창시자 서백일徐白一(1893~1966)은 1947년에 지리산 하동에 상불사上佛寺를 세우고 용화교라 칭했다. 그는 본교를 창립하기 전 오랜 구도 끝에 미륵세존으로부터 전법 수기를 받았다고 주장한다. 미륵세존이 말하기를 "너를 앞에 두고 출세 행장을 너를 시킬 참이니 언제든지 법은 이곳에서 듣게 하라. 너는 나를 금일 상봉이나 나는 네가 숙면熟面이다. 너를 금일 이곳에서 만난 것은 너의 앞길에 용화운로를 세상에 펼 시운이 당도하였기로 너를 이곳에서 만난 바라. 유가비법喩伽秘法을 전수하니 이 법으로 중생을 교화하라. 이제부터 너는 미륵신앙으로 살벌중殺伐中에 빠진 창생을 제도하라. 나는 공음空陰을 맡아 백겁천추百劫千秋에 한이 맺힌 원신寃神을 해원하리라. 세월이 여류하야 출세일을 당도하면 중생고衆生苦의 뿌리를 영원히 소멸하고 불멸불사 극락대에 한없이 즐기리라."라 했다는 것이다.[41]

이러한 전법 수기를 받은 서백일은 1950년 전주시 완산동에 원각사圓覺寺를 세우고 대한불교용화종大韓佛敎龍華宗을 창립하였다. 겉으로는 불교인 것처럼 활동했지만, 사실은 미륵불로서의 강증산을 신봉하는 증산교파였다. 1965년에는 김제군 금산면 청도리에 용화사龍華寺를 건립하고, 대한불교용화사大韓佛敎龍華寺라는 간판을 걸고 스스로 교주가 되었다.

용화교의 경전 가운데『용화보전』32쪽과『만법전萬法典』76쪽에 "증산이 미륵불로 하늘에 있다가 서천서역 대법국 천계탑에 내려 동방으로 와서 금산사 금불金佛에 8년간 의지했고, 고부 객망리 강씨 배를 빌려 인간으로 화하여 석가세존 삼천 년 만인 1871년 9월 19일에 미륵불로 나셨다."라고 적혀 있다. 그리고 용화교인들은 이상사회가 미륵불인 강증산의 능력으로 성취되는 선경仙境이라고 믿는다. 따라서 용화교에서도 미륵불과 증산을 일체로 신앙했었다는 사실이 확인된다.

그런데 서백일은 스스로 미륵불을 자처하였다.[42] 그는 1971년에는 석가불 3천 년 만

---

41 『용화보전(龍華寶典)』, 용화교본부, 1971, 15~18쪽.

에 미륵세존님께서 세상에 내려오셔서 평화와 안락의 세상을 건설하게 될 것인데, 이때 모든 사람이 다 죽어버리고 다만 금산리金山里에 있는 용화사를 중심으로 한 30리 안에 들어와 있는 사람만이 살아남아 새 세상의 주인이 된다고 주장했다. 증산이 미륵불이라는 신앙에서 한 걸음 더 나아가 이제는 교주인 자신이 미륵불이라고 주장했다는[43] 점이 특기할 만하다. 이처럼 증산교단의 특정교파에서는 교주를 미륵불로 신봉하기도 했다.

6) 용화사龍華社

창립주 김근하金槿下(1901~1971)는 1959년 4월에 용화대도龍華大道를 창설하였으나 이듬해 6월에 교단을 해산하였고, 1961년 5월에 자신의 집에 용화사를 창립하였다. 이 교단의 신앙 대상은 증산대성甑山大聖을 창조주이자 하느님이시며, 미륵부처님이시며, 단군왕검檀君王儉의 후신後身으로 믿는 것이었다.[44] 용화龍華라는 용어에서 불교의 미륵신앙을 적극적으로 수용한 흔적이 확인되며, 증산을 창조주, 하느님, 미륵부처님, 단군왕검의 후신으로 믿었던 점이 매우 특기할 만하다. 증산에게 여러 신격의 최고신이 함께 공존하고 있다는 믿음이 성립되었다. 이러한 입장에서는 미륵불이 구원의 한 절대자로 인식되고 있음을 알 수 있다. 증산과 미륵불이 일체라는 신앙과는 결을 달리한 점이 독특하다.

7) 오동정교단

오동정교단을 창립한 김낙원金洛元(1890~1973)은 1965년 7월에 용화교향도회龍華敎香道會라는 종교단체를 결성하였다. 그는 교조인 증산을 석가불의 승통불承統佛인 미륵세

---

42 『동아일보』 1966년 3월 28일자 기사에 "미륵불이란 존칭을 받아왔다."라는 기록이 있다.

43 서백일은 자신을 "미륵에게 사람들을 인도하는 자"라고 주장하기도 했고, 때로는 스스로를 "살아있는 부처[活佛]"이라고 자처했다.

44 전경현 편저, 『범증산종단사』 하권, 2019, 312쪽.

존彌勒世尊으로 신앙하였는데, 미륵세존은 동학의 경전에 나오는 호천금궐昊天金闕 상제上帝이자 하나님이라고 주장했다. 그는 증산교단의 대표적 주문인 태을주太乙呪에 나오는 태을천상원군太乙天上元君을 '우리 미륵세존님'이라고 말하기도 했다.[45] 이 교단에서는 증산을 미륵세존, 호천금궐의 상제, 하나님으로 믿었고, 특히 태을천상원군을 미륵세존님으로 믿었던 점이 특기할 만하다. 여기서도 미륵신앙이 상제 신앙, 하나님 신앙, 태을천상원군 신앙 등의 도교적, 기독교적 신앙과 융합되었다는 사실이 확인된다.

8) 이제원夷齊院(동곡서원銅谷書院)

창립자 이효진李孝鎭(1920~2007)은 증산을 미륵불로 존칭하는 것은 잘못된 일이며, 미륵불은 대두목大頭目으로 증산과 별개의 인물이라고 주장하였다. 금산사의 미륵불이 증산상제께서 내려보내는 대두목이자 단주丹朱라고 강조했다.[46] 이처럼 증산과 미륵불이 별도의 존재라고 믿었던 증산교단도 있었던 점이 매우 특기할 만하다. 이제원에서는 미륵불은 증산이 강조했던 대두목大頭目이라고 주장했고, 그가 증산이 태초의 원한을 지녔던 요堯임금의 아들인 단주라고 강조했던 점이 매우 독특하다.

9) 대한불교미륵종大韓佛敎彌勒宗

창시자 김홍현金洪玄(1907~1989)이 홍원洪原 김계주金桂朱(1896~1950)의 무을교戊乙敎를 개명한 교파다. 김홍현은 김계주의 무을교를 이어받아 교주로서 활동하다가 1964년 10월에 대한불교미륵종으로 교명을 바꾸었다. 1969년에는 금산사의 종鐘불사 경비의 절반에 달하는 거액을 이 교파의 신도들이 부담하기도 했다. 이들이 금산사의 종 불사에 참여한 이유는 증산이 사망하기 전에 "나를 보고 싶거든 금산사 미륵불을 보라."고 했으

45 위의 책, 336쪽.
46 위의 책, 386쪽.

며, 또 그 해가 증산이 사망한 지 환갑이 되는 해였기 때문이었다. 김홍현은 1970년에 전남 광산군 서창면 운리동에 있던 본교의 본부를 자신의 고향인 전북 고창군 성봉면 하고리에 이전하여 미륵전 등의 대소건물을 짓고 교단을 운영하다가 1989년에 사망했다. 대한불교미륵종에서는 1985년 4월에 미륵후천통세비彌勒後天統世碑를 세웠고, 그 종헌 종규에 "본종本宗은 천지개벽天地開闢 미륵세존彌勒世尊 대권포덕大權布德 인청상감仁淸上監 삼계원사三界元師 덕세광존德世廣尊을 신봉한다."라고 적혀 있다.

광산군에 교단이 있을 때 본부인 무을궁전戊乙宮殿에 증산을 상징하는 천탑天塔, 여처자余處子를 상징하는 지탑地塔, 미래에 올 구원자를 상징하는 인탑人塔을 모셨으며 기타 다양한 신앙 대상도 함께 모셨다. 그런데 김홍현이 총본부를 전북 고창군으로 옮기면서는 미륵불 신앙의 형태로 바뀌었다. 현재 도덕궁에는 증산대성甑山大聖을 미륵불로 중앙에 모시고, 우측에 교주였던 김계주, 좌측에는 여처자를 상像으로 모시고 있다. 물론 여기에 모신 미륵불은 강증산姜甑山을 가리킨다. 교단에서는 증산을 '미륵님'으로 부른다. 『미륵천륜경彌勒天倫經』을 간행하기도 했으며, 1982년 5월에는 전북 고창에 미륵후천통세비彌勒後天統世碑를 건립하였다. 이 교단도 증산을 중심 신앙 대상으로 모신 증산교단의 하나다. 그런데 초기에는 미륵신앙의 수용이 미미하게만 확인되지만, 후대에 가서는 증산을 미륵불로 신앙한다는 사실이 확인된다. 미륵종이라는 명칭에서 불교 교단으로 보기 쉽지만, 실은 증산교단이다.

10) 증산교본부

『대순전경』을 편찬한 이상호李祥昊(1888~1867), 이정립李正立(1895~1968) 형제가 창립한 교단이다. 1928년 동화교東華敎 → 1945년 대법사大法社 → 1955년 증산대도회甑山大道會 → 1961년 동도교증산교회東道敎甑山敎會 → 1968년 증산교본부甑山敎本部로 교단명을 바꾸어왔다. 이 교단에서는 미륵불을 따로 조성하여 모시지 않았고, 증산을 통천상제統天上帝이자 미륵불로 신앙한다. 증산과 미륵불을 일체로 보고 믿는다.

11) 대순진리회大巡眞理會

우당牛堂 박한경朴漢慶(1917~1996)이 1969년 4월에 서울시 중곡동에서 창설한 교단으로, 1993년 2월에는 여주로 본부를 이전하였다. 1925년에 정산鼎山 조철제趙哲濟(1895~1958)가 세운 무극도無極道에서 비롯했는데, 구천대원조화주신九天大元造化主神으로 존재하는 증산상제를 신앙하는 교단이다.

대순진리회의 금강산 대순진리회 토성 수련도장에는 1997년 11월 24일에 미륵불을 봉안하였다.[47] "후천선경을 열어주실 미륵불이 금강산 1만 2천 봉의 지기地氣를 머금고 있는 토성도장에 봉안됨으로써, 도인들은 상제님에 대한 믿음을 더욱 확고히 하게 되었다."라고 전한다.[48] 그런데 미륵불과 증산상제와의 관련성이 애매하게 표현되었다. 증산의 영정과는 따로 미륵불이 모셔짐으로써 증산과 미륵불이 다른 신격으로 이해되고 믿어질 가능성이 제기된 것이다. 따라서 대순진리회에서는 증산상제의 구제창생救濟蒼生하기 위해 오셨다는 종교적 의미를 상像으로 모신 것일 뿐이라는 입장이다. 즉 증산이 바로 미륵불이라고 믿는 것은 아니다.

토성 수련도장의 미륵불에는 평배 4배를 올린다, 서가여래釋迦如來 전에도 평배 3배를 올리는데 이보다 격을 높여 예를 드리는 것이다. 불교의 석가모니불보다 미륵불이 더 높은 신격이라는 뜻이 담긴 의례다. 이에 대해 도전님은 배례의 격식에 대해 "하고 싶은 대로 하라."고 했고, 현재는 배례와 읍배를 자율적 정성으로 올린다. 여기서 도전님은 창설자 박한경을 가리키는데, 그는 토성 수련도장에 미륵불을 모시라고 분부했을 때 "이 미륵불은 상징적인 의미로 모시는 것이다."라고 말했다고 전한다.[49] 따라서 박한경은 증산이 곧 미륵불이라는 대부분의 증산교단의 교리 체계와는 "상징적인 의미"로 모

---

47 높이 19.5m, 둘레 12.12m의 동양 최대의 입석 미륵불로, 형태는 관촉사의 은진 미륵불과 비슷한 모양으로 조성되었다.

48 『대순회보』 제57호, 1997년 11월, 8면.

49 윤미정, 「금강산 토성 수련도장의 미륵불에 대한 예(禮)」, 『대순회보』 214호, 대순진리회 교무부, 2019년 1월.

신다고 결이 다른 주장을 했다.

도전님께서는 솥 위에 얹혀있는 것은 모두 '시루'라고 말씀하셨으므로 솥 위에 자리하고 있는 미륵이 곧 '시루[甑]'에 해당이 되고, '산山' 글자 형태의 미륵삼존불로 서 있는 까닭에 솥 위의 미륵은 결국 '증산甑山'을 표상表象하고 있다.[50]

그럼에도 불구하고 위의 인용문에서 알 수 있듯이 금산사의 미륵불을 증산의 영체로 믿는 신행은 대순진리회에서도 확인된다. 왜 토성 수련도장에 따로 미륵불을 조성하여 모시는지에 대한 더욱 명확한 교단 측의 입장이 밝혀져야 할 부분이다.

진표율사眞表律師가 금산사金山寺의 용추를 숯으로 메우고, 솥을 올려놓은 위에 미륵불을 봉안한 것은 증산甑山, 정산鼎山의 양산兩山의 진리를 암시하여 도의 근원을 밝혀놓은 것이며, 상제님께서 "나를 보고 싶거든 금산사로 오라."고 하심도 미륵불과 솥의 양산의 이치를 알라는 말씀인 것입니다.[51]

대순진리회에서는 시루와 솥을 상징적으로 모신 금산사 미륵불의 모습을 증산에서 정산으로 이어지는 도통의 계승을 밝혀주는 결정적 근거로 본다. 대순진리회의 연원을 이야기할 때 반드시 언급되는 내용인데, 향후 보다 분명한 설명을 통해 미륵불과 증산과의 관계에 대해 교단의 견해를 밝혀야 할 것으로 보인다.

이봉호는 "증산의 신격은 불, 보살, 신성들을 초월할 뿐만 아니라, 서학까지도 초월하는 궁극적 신격으로서 모든 신들 위에 군림하는 최고의 신격인 '상제'인데, '증산즉미륵甑山卽彌勒'의 입장을 견지하면, 궁극적 신격으로서 구천상제의 신격을 축소하는 오류를 범하게 될 것이다."라고 주장하였다. 그는 "구천상제九天上帝로서 증산은 특정한 종교의 특정한 신神일 수 없다."라고 강조했다.[52] 증산의 신격이 불교의 미륵불로 국한되어서는 안 된다는 주장이다.

---

50 교무부, 「상제님의 발자취를 찾아서(5)」, 『대순회보』 69호, 2007년 4월.

51 「도전님 훈시」, 『대순회보』 5호, 1986년 10월, 『대순지침』.

52 이봉호, 「전경에 나타난 '미륵'의 성격」, 『대순사상논총』 26집, 대순사상학술원, 2016, 48 · 70쪽.

12) 증산도甑山道

운산雲山 안세찬安世燦(1922~2012)이 1975년에 아들 경전耕田 안중건安重建(1954~현재)과 함께 창립하였다. 이 교단에서는 도교의 옥황상제, 불교의 미륵존불, 기독교의 하나님이 모두 같은 한 분인 증산을 호칭하는 명칭이라고 본다.

증산도의 미륵에 대한 신앙과 인식은 의례 때마다 읽는 「심고문心告文」에 "우주 일가의 후천선경을 열어주신 개벽장 하느님이시며, 미륵존불이시며, 삼계대권을 주재하옵신 증산 상제님"이라는[53] 표현에서 분명하게 알 수 있다.

이 외에 미륵신앙을 하고 있는 증산교단을 열거해 보면 용화교(이근하), 용화미륵불연구소(서승영), 미륵증산교(정삼룡), 증산미륵도(장영주), 미륵종산대도회(서원섭), 용화세존미륵불증산대도회(서원호), 증산진법회(배용덕), 동도법종금강도(강승태), 청도대향원(김삼일), 증산도장(안세찬), 금산사미륵불숭봉회(정혜천), 미륵교(유동윤), 용화사(김근하), 미륵정심회(이호정), 미륵증산교(정삼례), 증산미륵도(장영준), 미륵불영원회(정공일), 대한법상종광제원(변중규), 인도교(채경대) 등이 있다는 연구가 있다.[54]

그러나 위에서 언급한 교단 이외에도 미륵회불숭배회彌勒會佛崇拜會,[55] 장영주張永株(1930~2011)의 한국미륵사상연구회(진해원眞解寃),[56] 서원섭이 1968년 부산에 세운 서원섭徐元燮의 용화미륵불증산대도龍華彌勒佛甑山大道에서도 증산을 미륵불로 신앙한다.

그리고 서승영徐承泳의 용화미륵불교연구회에서는 그가 미륵세존님에게 상생원리相生原理의 대근원大根源인 불종송주경佛宗誦呪經을 받았다고 주장한다. 나아가 악한 자는 미륵세존님의 호신천부인護身天符印을 받지 못해 신병神兵을 피할 수 없을 것이라고 강조했다.[57] 증산교단에서 미륵불로부터 새로운 경전을 전수받았다고 주장한 점이 특기할 만

---

53 『증산도 도전(道典)』, 증산도 도전편찬위원회, 1992.

54 김홍철, 「한국신종교의 미륵신앙」, 『한국사상사학』 제6집, 한국사상사학회, 1994, 260쪽.

55 1950년에 강성태(姜聖泰)를 중심으로 조직된 교단이다. 금산사를 중심으로 여러 미륵신앙이 별립하여 팽창하는 것을 통합하기 위해 만들었으나 많은 금액을 편취한 후 곧 사라졌다. 유병덕, 『계룡산하 종교집단체와 모악산하 종교집단체의 비교 연구』, 문화공보부, 1968, 259~260쪽.

56 애초에는 진혜원(眞慧院)이었는데 이름을 바꾸었다.

하고, 미륵불이 신병을 물리치는 특별한 부적을 전해준다는 믿음도 독특하다.

또한 유동윤(1899~?)이 창립한 미륵교彌勒教, 정혜천鄭惠天(1912~2008)이 1973년에 결성한 미륵숭봉회彌勒崇奉會,[58] 서원호(1912~1982)가 1975년에 부산에서 세운 용화세존미륵불증산대도회 등에서도 증산교단의 미륵신앙이 확인된다.

증산교단의 미륵하생 신앙의 특징을 류병덕은 첫째, 미륵으로 나타날 인물을 찾으려는 태도, 둘째, 미륵의 의지를 실현할 수 있는 선택된 땅을 찾으려는 것, 셋째, 미륵 하생의 시기를 정하고 기다리는 태도, 넷째, 미륵이 하생하기 위해서 극도의 위기를 맞게 된다는 태도, 다섯째, 대망의지待望意志로 현실을 부정하며 요행을 찾는 태도 등으로 정리하였다.[59]

4. 증산교단 미륵신앙의 특성과 의의

앞에서 논의한 내용을 정리하면 다음과 같다.

첫째, 대부분의 증산교단에서는 '새 세상을 다스릴 새로운 부처'가 바로 교단의 창시자인 증산 강일순이라고 믿는다. 불교의 미륵불 신앙을 적극적으로 수용하여 증산이 바로 새로 오실 미륵불이라는 강력한 신앙 체계를 형성하였다. 증산교단에서는 창시자인 증산을 미륵불로 신앙한다. 이는 선천 세계와 후천 세계의 전환을 가져올 신성한 존재로서 미륵불인 증산을 믿고 따르는 일이다. 이는 불교의 미륵신앙을 한국적으로 독특하게 전개한 종교현상으로 이해된다. 따라서 증산교는 불교 교리의 창조적 수용과 변용을 이룸과 동시에 그 발전적 계승을 시도한 신종교 운동으로 평가할 수 있다. 특히 증산은 자

57 전경현 편저, 『범증산종단사』 하권, 2019, 525 · 527쪽.

58 훗날 증산대도일화장(甑山大道一俐場)으로 이름을 고쳤다.

59 류병덕, 「일제시의 미륵하생신앙」, 『한국미륵사상연구』, 동국대학교 불교문화연구원, 1997, 219~239쪽.

신이 살던 인근 지역에서 가장 두드러지고 유력한 종교운동이었던 금산사의 미륵불 신앙을 적극적으로 수용하고 독창적으로 변용하였다. 증산은 자신이 세상을 구원할 메시아라고 자처했으며, 세계의 우주론적 변혁을 주재할 존재로 인식했다. 따라서 이러한 확신과 인식을 바탕으로 증산이 곧 '구원의 절대자'라는 믿음이 형성되었고, 불교의 구원자인 미래불로서의 미륵신앙을 적극적으로 수용한 결과가 바로 증산교단의 미륵신앙으로 제기된 것이다.

증산은 자신을 둘러싼 역사적 현실을 우주적인 격변의 때로 생각하고 이에 적극적으로 반응하는 양식으로 스스로 세계의 변혁을 대망하는 혁세革世의 상징인 미륵불로 자처하였다. 이는 변혁적인 민중사상의 하나로 보아야 한다. 단순한 기복신앙이 아니다. 여기에는 석가불과 미륵불의 교대라는 혁세적革世的 세계관이 반영되어 있는데, '우주 질서의 근원적 차원의 바뀜'을 강조했다. 따라서 증산교단의 미륵신앙은 기존 세상과는 질적으로 전혀 다른 새로운 세상이 열릴 것이라는 개벽開闢 사상과도 깊은 관련이 있다. 따라서 증산교단의 미륵신앙은 불교의 전통적 미륵신앙을 한국적 개벽사상으로 흡수하여 새롭게 전개한 사상으로 이해해야 할 것이다.

증산은 이 세상에 태어나기 전에 영적 존재로서 금산사의 미륵불에 삼십 년 동안 머물렀다고 주장하였고, 증산의 모습이 금산사의 미륵불과 매우 비슷했다는 전언이 있으며, 스스로 금산사 미륵불로 자처했으며, 사후에는 금산사의 불양답을 차지하겠다는 말을 남겨 금산사의 미륵불을 중심으로 독창적인 미륵신앙을 성립하였다. 이에 힘입어 증산 사후 많은 증산교단이 제각기 성립된 후에는 여러 교단에서 교조敎祖인 증산을 미륵불로 믿는 신행이 전개되고 발전되었다.

증산은 불교의 미륵신앙 가운데 특히 모악산 금산사를 중심으로 형성되었던 미륵신앙을 적극적으로 받아들여 독특한 해석을 내렸던 인물이다. 증산은 자신이 태어나고 자랐으며 독창적인 종교 행위를 시도했던 인근 지역에서 가장 유명한 불교의 미륵신앙을 수용하여 나름대로 새로운 해석을 시도하였다. 증산은 자신이 바로 오랫동안 기다려왔던 미륵이라고 주장했으며, 그의 제자들은 이러한 그의 주장을 받아들여 불교적 미륵신앙과는 다른 새로운 미륵신앙을 형성했다. 이러한 신행의 영향으로 현재에도 금산사의 미륵불은 증산교인들이 주요한 성지로 인식하고 방문하는 중요한 장소다. 특정한 사찰을 중심으로 형성된 미륵신앙이 한국 신종교의 주요 교단 가운데 하나인 증산교단의 믿음에 상당한 영향을 미쳤다는 역사적 사실이 확인되는 대목이다.

증산교단의 미륵신앙은 불교 미륵신앙의 한국적 수용과 전개라는 특성을 가진다. 미래의 먼 훗날에 이 땅에 내려오실 미륵부처님에 대한 신앙이 이 땅에 이미 증산이라는 인물이 미륵불로 강림하셨다는 믿음과 신행으로 성립되고 전개되었다. 이는 전형적인 불교의 미륵하생 신앙과도 구별되는 독창적인 신앙이다. 불교의 미륵하생 신앙은 전륜성왕에 의해 평정된 이상적인 세상에 미륵이 내려와 세 차례의 설법을 통해 무수히 많은 중생을 구제한다는 믿음이지만, 증산교단의 미륵신앙은 당래불當來佛로서의 미륵불이 증산으로 지상에 이미 내려와 천지공사天地公事라는 독창적인 종교적 행위로 이상사회의 지상건설을 주도했다는 믿음이다. 불교의 미륵불이 설법을 통해 구원하려 한다는 신앙 체계이지만, 증산교단의 미륵신앙에서는 창시자인 미륵불인 증산이 천지공사로 미래의 일을 미리 확정해 놓았다는 구원을 강조한다. 완결되고 완성된 형태로 행해지는 설법이 아니라, 인간의 구체적인 노력이 뒤따라야 하는 종교적 행위와 실천을 강조하는 믿음이다.

그리고 증산교단의 미륵신앙은 새 세상을 꿈꾸는 민중들의 염원과 열망이 투영되고 집약된 사상으로 제시되었다. 동학농민혁명의 처절한 좌절 이후 새로운 세상에 대한 민중의 열망은 증산의 권능에 의해 다시 한번 열매 맺는다. 증산은 혁세적인 종교적 상상력을 극대화하여 현재 세상의 역전이 이루어질 것과 현 질서의 근본적인 붕괴를 지향한다. 이러한 반란과 저항의 모티브가 미륵의 출세로 현실 세계의 변혁으로 이어진다는 인식으로 이어졌다. 현재의 세계를 부정하고 새로운 세계를 가져올 종교적 상징으로서 미륵은 간헐적으로 분출하였고, 민중의 혁세革世를 향한 꿈을 이루어줄 존재로서의 미륵에 대한 믿음이 강조되었다. 불교 전통에서 미륵은 '과거'가 아니라 '미래'의 부처다. 그렇지만 증산은 미륵을 자신이 살던 당대에 출현한 '현재'의 부처라고 주장했다. '아직 오지 않은 부처'가 아니라 '지금 와 있는' 부처라는 선언을 통해 불교의 미륵신앙을 독창적으로 해석하여 새로운 전통과 신앙을 수립한 것이다.

둘째, 미륵은 혁세革世를 지향하는 인물의 상징이다. 증산은 중국의 불교 교파와 각종 반란 사건에서 스스로 미륵불로 자처하던 인물들과 한국의 궁예와 이금 등의 인물이 미륵불이라고 주장한 전통을 이어받아, 자신이 바로 새로 온 부처인 미륵불이라고 주장하였다. 특히 정치적이거나 개인적 주장에 그쳤던 기존의 미륵불을 자처하는 자들을 뛰어넘어, 증산은 종교적 주장을 나름대로 체계적으로 제시하였다. 기존의 세계와 질서에 대한 변혁 의지가 집약된 형태로서의 미륵신앙을 적극적으로 받아들여 독창적인 신앙으로 체계화한 것이다.

셋째, 이상사회에 대한 전망이 미륵불의 세상으로 표현되었다. 인간이 누구나 깨달아 완성될 수 있다는 믿음이 강조되었다. 도솔천이라는 죽음 이후의 세상을 상정하는 것이 아니라 인간이 사는 이 땅에 이상사회가 건설될 것이라는 믿음으로 전개되었다. 미륵상생 신앙이 아니라 미륵하생 신앙의 주요 동기를 빌려서 증산은 새로운 현세적 구원을 약속하였다. 증산은 인간이 발을 디디고 숨 쉬며 살아가는 이 땅 위에 이상사회가 세워질 것이라는 점을 강조하여 독특한 형태의 새로운 구원관을 제시했다. 이는 불교의 구원관과도 구별되는 독창적 측면을 가진다. 증산은 불교의 미륵하생 신앙을 계승했지만, 그 강조점은 분명히 달랐다. 새로운 종교운동인 증산교단이 그 정당성과 권위를 획득하는 과정에서 불교의 미륵신앙을 적극적으로 수용한 것으로 평가할 수 있다. 특히 새 세상을 갈망하는 민중적 믿음의 대상이었던 미륵의 하생下生 신앙을 주로 받아들였다. 미륵불에 의탁하여 새로운 시대를 갈망하던 민중들의 오랜 염원이 증산에 대한 신앙으로 집약되었다. 미륵상생上生 신앙은 미륵이 거주한다는 이상사회인 도솔천兜率天에 왕생하려는 믿음이지만, 미륵하생 신앙은 미륵이 이 땅에 내려와 용화회상龍華會上을 통해 중생을 널리 구제한다는 믿음이다. 관념적인 이상향을 어디에 있다고 상정하는지가 두 믿음의 분기점이다. 이 가운데 증산교단은 지상에 이상사회를 이루려는 입장에서 미륵하생 신앙을 선택하여 창시자인 증산이 바로 미륵불이라는 믿음을 성립시키고 전개·발전시켰다. 그리고 중국과 한국의 기존 사건에서는 미륵이 대부분 반란의 상징으로 표상되었지만, 증산의 경우는 그렇지 않다. 증산은 반란의 미륵이 아니라 평화와 이상의 미륵을 주장하였다.

넷째, 증산교단의 미륵신앙은 승산이 미륵불이라고 믿음으로써 불교의 미륵신앙을 본질에 있어서 변화시켰다. 불교에서 미륵은 아주 오랜 시간이 지난 후에 이 땅에 오실 미래불未來佛로 믿어진다. 이에 반해 증산교단에서는 창시자 증산이 바로 미륵불이라고 주장하고 믿는다. 따라서 증산교인의 견해에서 미륵불은 더는 미래불이 아닌 현세불現世佛이 된다. 먼 미래의 어떤 시점에 지상에 내려올 부처를 신앙하는 것이 아니라, 지금 바로 이 순간 우리와 함께 숨 쉬는 부처인 미륵불이 바로 증산이라는 증산교인들의 믿음은 불교 미륵신앙의 한국적 변용의 한 전형적인 모습이다. 따라서 증산교인들은 미륵불은 더는 미래에 오실 부처님이 아니라 최근에 이 땅에 내려왔던 부처님으로 이해하고 믿는다. 그렇지만 지금 현재의 시점에서는 미륵불로서의 증산도 이미 과거불過去佛로 받아들여진다. 이미 이 땅에 다녀갔던 미륵불인 증산은 과연 어떤 일을 했다고 믿어지는가? 증산은 설법을 통해 중생을 구원한 것이 아니라 곧 다가올 현세에 지상에 이상사회를 건설하기 위한 구체적인 방법을 마련한 천지공사를 집행했다고 믿어진다. 현세 구원을 위한 실제적 행위가 미륵불인 증산이 이루어놓은 위대한 업적이라고 주장되는 것이다.

다섯째, 지금까지 역사상 미륵불을 자처하여 정치적 반란, 왕조의 건국자, 소규모 집단의 숭배자로 믿어지던 사람들은 당대의 일회적 사건으로 그쳤지만, 증산교단의 미륵신앙은 증산 사후에도 계속 이어지는 지속성이 있어서 그 종교적 생명력이 유지된다. 증산은 미륵불로 믿어지고 믿어졌으며, 그가 역사의 무대에서 사라진 이후에도 증산이 미륵불로 신행되는 종교의 역사가 계속되고 있다. 단순한 일회적 반짝임으로 그친 것이 아니라 증산교단의 역사가 이어지는 한 창시자인 증산이 바로 미륵불이라는 믿음은 조금씩 그 모습을 바꾸더라도 여전히 계속해서 전개될 것이다. 여기서 증산교단의 미륵신앙이 가지는 독특성을 찾아볼 수 있다. 물론 증산교단의 미륵신앙은 불교의 본래적인 미륵신앙과는 매우 다른 구조와 특성을 가진 고유한 형태를 지닌 채로 일정하게 유지될 것으로 전망된다. 당대에 그친 일시적인 미륵신앙으로 성립되었던 지난 역사상의 여러 미륵불 자처자와는 격을 달리하는 증산교단의 미륵신앙은, 종교 교단으로 성립되고 전개되어 온 고유하고 독특한 신앙의 역사를 가지기 때문에 그 지속성을 확보할 수 있었다.

여섯째, 증산교단 미륵신앙의 독특한 점은 창시자인 증산을 미륵불이자 상제上帝로 믿는다는 복합성에 있다. 증산은 불교의 이상적 존재인 미륵불인 동시에 동양 문화권의 최고 주재자인 유교적 관념에서의 이상적 존재인 상제 또는 구천상제九天上帝로 받들어지고 믿어졌으며, 나아가 도교적 최고신격인 옥황상제玉皇上帝로도 숭배된다. 동양 문화권의 각 종교에서 믿어지는 최고의 신격이자 이상적 신격이 증산이라는 한 인물에게 집중적으로 나타나는 특성을 가지는 신행이 이어지는 것이다. 이는 여러 종교의 통합과 통일을 지향하는 한국 신종교의 고유한 입장에서 성립되고 전개된 독특한 종교적 현상과 신행으로 평가할 수 있는데, 불교의 미륵신앙이 한국 신종교의 교리 체계에 흡수되었다고 볼 수 있다. 최고 신격에 대한 신행의 복합화가 이루어졌다고 평가할 수 있겠다. 그리고 증산교단에서는 증산을 불교, 유교, 도교의 각 최고 신격으로만 신행하지 않는다. 여러 종교에서 추구하고 이상적으로 믿는 최고의 신격이 결국은 증산이라는 한 인물과 신격으로 통합된다고 믿는 것이다. 심지어 기독교의 하느님마저도 증산이라는 주장과 믿음도 확인된다. 이와 관련하여 증산교단보다 후대에 성립된 물법교에서 시작된 교단인 봉남교계奉南敎系에서도 '미륵존불彌勒尊佛'을 주송呪誦하며, 창시자 김봉남金奉南(1898~1950)을 미륵불彌勒佛과 동일시하여 용화불龍華佛의 은총을 통해서 세상을 구도하는 구세불救世佛로 신앙하였다.[60] 이 교단에서는 신앙 대상인 태상노군太上老君과 함께 미륵존불彌勒尊佛을 받드는데, 미륵불은 당래 제세불濟世佛로서 후천 용화세계를 이룩하려고 물법을 가지고 나왔다고 한다. 김봉남은 자신을 미륵불이라고 자처하기도 했다. 김봉남이 사망한 후에 그를 따르는 교단들에서는 그를 신인神人, 부처님, 태상노군, 용화부처님(미륵불)로 신앙한다.[61]

일곱째, 불교의 미륵신앙이 미륵불이 출현하여 행할 설법을 듣고 구원받는 일방적이고 수동적인 신행인데 비교해, 증산교단의 미륵신앙은 증산이 행한 천지공사를 그가 짜놓은 도수度數에 따라 이 세상에서 직접 참여하고 실제로 이루어야 하는 일을 맡은 '일꾼'들의 노력과 행위에 의한 실천을 강조한다는 점이 주목된다. 미륵불의 설법을 청해 듣는

60 이강오, 「봉남교계총론」, 『한국신흥종교총람』 자료편 제5부 참조.

61 위의 책, 554쪽.

행위에 의한 일방적인 차원의 구원이 아니라 증산 미륵불의 공사公事에 실제로 참여하고 함께 이루어나가는 실천이 강조되었다. 믿음에 의해 구원받는 것이 아니라 행동으로 스스로 구원해야 한다는 사실이 역설되었다. 따라서 구원은 일방적으로 주어지는 것이 아니라 내가 스스로 짓고 쟁취하는 공동의 실천 행위에 의해서만 가능하다는 주장과 믿음이다. 불교에서는 미륵불을 단순히 믿고 따르는 일이 강조되었다면, 증산교단에서는 미륵불의 구원행救援行에 다함께 동참하는 일이 더욱 강조된 셈이다.

여덟째, 불교의 미륵신앙이 미륵불이라는 '주장'만 있고 '내용'이 없는데 비교해, 증산교단의 미륵신앙은 창시자인 증산이 바로 미륵불이며 그가 특별하고 독창적인 종교적 행위인 천지공사를 집행했다고 믿는다. 불교의 미륵신앙에는 미륵불이 먼 훗날 지상에 내려와 세 차례의 설법을 통해 대중을 널리 구제할 것이라는 주장만 있고, 그 내용에 대해서는 언급이 없고 다만 이상적인 세상의 모습에 관해서만 설명할 따름이다. 반면 증산교단의 미륵신앙은 미륵불이 설법에 의지하지 않고 독특한 종교적 행위에 따라 대중들을 모두 깨닫게 할 수 있다는 점을 강조한 특성이 있다. 이는 기존의 미륵불을 자처하던 사람들이 단순한 주장만 있었다는 점과도 구별되는 점이다. 즉 지금까지는 미륵불이라는 주장만 있었을 뿐이지 그 미륵불이 구원의 절대자로서 과연 어떤 일을 행할 것인가에 대한 논의와 내용은 없었다. 그런데 증산은 자신이 미륵불로서 천지공사를 집행하여 모든 인류를 남김없이 구원하여 이 땅에 이상사회를 건설하겠다는 '내용'을 강조하였다. 바로 이 점이 독창적이고 특기할 만하다.

아홉째, 증산교단의 미륵신앙에 있어서 미륵의 세상은 결코 저절로 오는 것이 아니다. 미륵불을 믿고 따르는 사람들의 실천에 따라 조금씩 만들어지는 세상으로 이해할 수 있다. 증산교단의 미륵불은 좌불坐佛이 아니라 활불活佛이다. 그 미륵은 단순히 신앙의 대상으로만 높여지고 머무는 존재가 아니라, 스스로 새 세상을 열어나가는 '살아서 활동하는 부처님'으로 믿어진다. 적극적으로 실천하는 존재로서 증산교단의 미륵신앙은 과거지향적인 믿음이 아닌 미래지향적 사상으로 전개되었다. 이러한 증산교단의 미륵신앙은 미륵불이 추구하는 용화회상이라는 이상향이 이 땅에 세워지기 위해서는 인간의 적극적이고 능동적인 참여가 필요하고 요청된다는 사상으로 발전하였다. 따라서

'미륵의 세상'을 만들기 위해서는 단순한 기원이나 믿음이 아닌 구체적 실천과 행위가 요구되는 것이다. 지상에 미륵불의 용화세계가 이루어질 때까지 미륵불의 현현顯現은 계속해서 이어질 것이며, 향후 새로운 미륵신앙을 추구하는 교단이 새롭게 출현할 것으로 전망된다. 앞으로 개개인이 스스로 미륵이 되고, 미륵의 세상을 만들어가기 위해서는 불교의 미륵십선彌勒十善과 증산교단의 독특한 미륵신앙의 원만한 결합이 추구되어야 할 것이다. 증산교단의 미륵신앙은 불교의 전통적인 미륵신앙과는 그 결을 달리한다. 미륵불로 오신 증산이 천지공사라는 종교적 행위로 용화회상의 기틀을 만들어두었으며, 그를 믿고 따르는 사람들의 끊임없는 노력과 실천을 통해서만이 비로소 그러한 이상향이 이루어질 수 있을 것이라는 믿음으로 전개되었다. 언젠가는 이 땅에 내려와 설법을 통해 대중을 구원한다는 불교의 미륵신앙은 한층 적극적인 열정과 행위로 지상에 선경仙境을 만들어가자는 증산교단의 미륵신앙으로 더욱 구체화하여 전개되었다고 평가된다.

5. 맺음말

미륵은 불교 전통의 맥락에 놓여 있을 때 이미 '미래'에 올 존재였다. 따라서 미륵불은 석가, 관음, 아미타보다 다음 세상의 지배자이자 구원자로 선택되기에 적합했다. 이와 관련하여 증산교단의 미륵신앙에서 미륵의 시간도 가까운 역사적 미래에 놓여 있다. 석가불로 대변되는 현재의 세상은 쇠락하고 멸망해야 할 낡은 세계로 인식된다. 반면 미륵불로 믿어지는 증산이 주도할 이 세상은 쇠락한 세계를 대체할 새로운 시대, 곧 혁세革世의 상징이다.

금산사의 미륵전을 중심으로 찾아들었던 대부분의 미륵신도는 증산교 계통의 신종교 신도들이었다. 이들의 미륵신앙은 불교의 전통적인 미륵신앙과는 다른 형태로 전개되었다. 이에 전통적인 불교의 미륵신앙을 전개하기 위해서 이종익李鍾益(1912~1991)은 불교십선운동본부佛敎十善運動本部를 조직하고, 훗날 조계종의 총무원장이 된 송월주宋月

珠(1935~2021)는 미륵성신회彌勒正信會를 조직하기도 했다.

증산을 미륵불로 신앙하는 일은 어디까지나 믿음의 영역에 속하는 문제다. 어쨌든 여러 증산교단에서 교조인 증산을 미륵불로 믿고 불교적 교단 명칭을 사용하는 교파를 세웠다는 사실 자체가 불교의 미륵신앙을 나름대로 한국 신종교의 맥락에서 적극적으로 수용한 결과였다. 미륵불교, 대한불교법상종, 용화교, 용화사, 대한불교미륵종 등의 교단 명칭은 얼핏 보면 불교의 한 종파로 보기 쉽다. 그러나 그 교리를 살펴보면 증산 강일순을 미륵불로 모시는 단체라는 사실을 알 수 있다. 불교의 교리가 한국 신종교의 교리로 변용된 것이다. 따라서 이러한 신행은 미륵신앙의 한국적 변용으로 이름할 수 있겠다.

불교의 고유한 미륵신앙과는 다르게 교단의 창시자가 미륵불로 오셨다는 믿음을 각자 나름대로 전개하는 형식으로 전개된 한국 신종교 특히 증산교단의 미륵신앙은 주목할 만한 특유의 특징을 지닌다. 미륵불이 인간 세상에 인간의 몸으로 현현하였다는 하생下生 신앙을 특히 강조했다. 여기서 미륵불은 내생來生이 아니라 현생現生에서 인간 구원을 위해 헌신한다고 믿어진다. 도솔천에서 설법하는 미륵불이 아니라 이 세상에 몸을 나투어 인류 구원의 대업을 이루어나갈 것으로 믿어지는 것이다. 그렇지만 아득히 먼 미래의 특정 시점에 이 세상에 내려올 것으로 기대되는 미륵불의 하생이 아니라 지금 이 땅에 내려온 미륵불이 요청되는 각종 정치 · 사회적 요구에 따라 동아시아 문화권에서는 역사적으로 미륵불을 자처하는 사람들이 간혹 있었다. 때로는 정치적 군왕의 모습으로, 때로는 종교적 단체의 수장으로 미륵불을 자처하는 인물들이 등장한 것이다. 한국 근대종교사에서도 증산이 미륵불을 자처했다. 그는 금산사의 미륵대망彌勒待望 신앙에 주목하고 이를 적극적으로 수용하여 자신의 독창적인 종교 행위인 천지공사天地公事와 연관시켰다. 스스로 미륵불로 자처하고 그 자격과 권능으로 우주의 질서를 근본적으로 변혁시키는 천지공사를 집행한다고 선언한 것이다. 사실 여부와 실현 여부는 믿음의 영역에 있는 문제이지만, 그 종교적 천재성이 번뜩임은 부정할 수 없는 사실이다. 그리고 증산에게 있어서 이상사회의 현재에서의 건설이 목표로 상정된다. 현세구원現世救援의 관점에서 미륵신앙이 변용되어 이해된 것이다.

그리고 미륵의 세상을 지금 여기서 만들어 나가자는 도덕적 실천 운동과 자각을 요청하는 신행으로 전개될 필요가 있다. 무조건 내가 믿는 종교의 창시자가 미륵불이라는 독선적인 믿음은 자칫하면 이웃 종교를 무시하는 오만으로 나타나기가 쉽다. 나를 철저히 낮추고 미륵불을 모시는 마음과 행동은 어떻게 하면 될 것인가를 화두로 삼아 현재의 관점에서 이상사회를 지상에 이루려는 온갖 노력이 뒤따를 때 비로소 미륵의 세상이 점차 다가올 수 있을 것이다.

믿음과 이상은 행위와 실천을 통해서만이 현실화할 수 있다. 용화회상이라는 이상향이 저절로 이 세상 펼쳐지는 것은 아닐 것이다. 미륵불의 설법을 듣고 이를 믿고 따르는 중생들의 끊임없이 행하는 오랜 노력이 쌓일 때 비로소 이 땅에 용화龍華의 이상세계가 이루어질 수 있을 것이다. 미륵하생 신앙이 미륵불의 설법이 전제된다면, 증산교단의 미륵신앙은 증산의 천지공사가 전제되는 이상사회관理想社會觀을 주장한다. 현대의 미륵불 선양 운동인 십선十善 운동과 증산교단 미륵신앙 사이의 접점을 찾아 미륵불을 모시고 미륵불의 온전한 정신을 이 땅에 구현하고 실천하여 진정한 의미에서 스스로 구원하는 미륵의 세상을 만들어가는 것이 지금 여기서 우리가 해야 할 일이 아닐까? 불교계와 증산교단의 겸허한 자성과 구체적인 실천을 촉구하면서 글을 맺는다.

제5장

대순사상 미륵신앙의 현황과 과제

머리말
대순사상 미륵신앙의 성립
대순사상 미륵신앙의 현황
대순사상 미륵신앙의 과제
맺음말

제5장

대순사상 미륵신앙의 현황과 과제

1. 머리말

증산교단은 단일 교파로 계승되어온 것이 아니라 지금까지 여러 교파가 성립되고 각기 독자적인 신행을 형성하여 나름대로 다양한 형태의 믿음을 이어가고 있는 한국 신종교의 대표적 교단이다. 이 글에서는 불교의 미륵신앙이 증산교단의 여러 교파에서는 어떻게 수용되었는지를 간략하게 살펴보고, 특히 현재 증산교단 최대 교파인 대순진리회의 독창적인 미륵신앙이 성립되는 과정을 알아본 다음, 그 미륵신앙의 현황과 앞으로의 과제에 대해 알아보고자 한다. 이러한 연구를 통해 불교의 미륵신앙과는 별도로 독자적인 형태로 성립 · 전개된 대순진리회 미륵신앙의 전모를 일정하게 밝힐 수 있을 것이며, 궁극적으로는 대순진리회 미륵신앙이 갖는 종교적 특성과 의의를 추출할 수 있을 것이다. 그리고 최고 신격으로 믿어지는 증산과 불교적 구원자로서의 미륵불이 갖는 위상이 다소 겹치거나 어떤 면에서는 애매한 형태로 표현되는 대순진리회의 신행에 대해 객관적으로 평가하고, 향후 어떻게 진행될 것인지를 전망하여 대순진리회 미륵신앙의 방향성을 예상한 다음, 대순진리회 신앙인들의 미륵불에 대한 믿음과 신앙 행위가 갖는 종교적 의미에 대해 알아보고자 한다.

먼저 기존의 증산교단 미륵신앙에 대한 논문들을 분석하여 보충할 점을 중심으로 삼아 비판적으로 검토하고 서술한다. 2장에서는 증산교단 미륵신앙의 성립 과정에 대해 관련된 경전의 기록을 중점적으로 살펴 그 형성과 의미에 대해 고찰한다. 그리고 불교의 미륵신앙 가운데 특히 하생下生 신앙으로 규정할 수 있는 역사적 사건들을 중국과 우리나라의 역사 기록을 중심으로 알아본다. 3장에서는 증산교단 미륵신앙의 전개 과정에 대해 특히 대순진리회의 신행을 개괄적으로 살펴 그 특징을 고찰한다. 신앙 대상인 증산과 미륵불을 동일시하는 듯하면서도 현재에는 증산과는 다른 미륵불 신앙을 도입한 듯한 대순진리회 신행의 특징을 알아보겠다. 그리고 4장에서는 지금까지의 논의를 토대로 삼아 대순진리회 미륵신앙의 특성과 의의를 추출하여 서술한다. 맺음말에서는 대순진리회 미륵신앙의 독창성을 향후 어떻게 발전시킬 수 있을까에 대해 일정하게 전망해 본다.

이러한 연구를 위해 미륵신앙과 관련된 증산교단의 경전 기록을 모두 뽑아 그 내용과 의미를 중심으로 세밀하게 분석한다. 그리고 증산 사후에 전개되는 증산교단 미륵신앙의 성립 과정에 대한 관련 증언과 기록을 중점적으로 고찰하여 그 신행信行의 역사를 현재적 시점에서 재구성한다. 나아가 대순진리회 미륵신앙의 현황과 과제를 살펴보기 위해 관련 기록을 재검토하여 정리한 다음, 그 의의에 대해 고찰한다. 특히 미륵신앙과 관련된 대순진리회의 자료들을 세밀하게 검토하여 향후 전개될 미륵신앙과 관련된 과제들을 서술하고자 한다.

신앙은 살아있는 생물이다. 신앙은 과거에 이미 지나간 죽은 형태가 아니라, 생생히 살아 숨 쉬는 형태로 후대에 계승된다. 따라서 오늘날은 현재 믿어지고 행해지는 대순진리회 미륵신앙의 현황을 개괄하고 그 특성과 의의를 불교의 미륵신앙과 대비하는 연구가 요청되는 시점이다. 대순진리회 미륵신앙과 불교의 미륵신앙을 관련지어 논술한 기존 논문들의 한계를 나름대로 극복하고 그 문제점을 해결하기 위한 첫걸음으로 시도되는 이 글은, 향후 불교의 미륵신앙과는 다른 독창적인 형태로 전개된 대순진리회 미륵신앙의 위상을 정립하고 그 의의를 밝히는 소중한 밑거름이 될 것이다. 그리고 다소 애매하게 제기되는 대순진리회 미륵신앙의 현주소를 파악하고 이를 토대로 삼아 앞으로 대순진리회의 미륵신앙이 어떻게 전개되어야 할지에 대해 일정하게 전망해 보고자 한다. 이러한 연구는 현재 대순진리회의 전개 과정과 활동과 맞물려 서로 피드백 작용을 할 수 있는 기제로 작동할 수 있을 것이다.

미륵보살은 현재 부처님이 되고자 수행하고 있는 보살이지만, 현재불인 석가불釋迦佛에 이어서 다음 대에 부처가 되기로 정해져 있기 때문에 당래불當來佛로서 미륵불彌勒佛이라고도 불린다. 미륵신앙은 수행과 선행을 통해 미륵보살이 성불할 때까지 머무는 도솔천兜率天에 왕생할 것을 권하고 믿는 미륵상생上生 신앙과 56억 7천만 년 후라는 아득히 먼 미래에 미륵불이 이 세상에 내려와 설법하게 될 용화회상龍華會上에 대한 신앙인 미륵하생下生 신앙으로 크게 나뉜다. 전자는 미륵이 머무는 세계가 영원한 천상에 있고, 후자는 미래의 인간 세상에 있다. 어쨌든 미륵불은 '내일 오실 부처님'이라는 미래불未來佛이지만 현재불現在佛인 석가釋迦의 교설에 의한 교화가 불가능하게 된 오탁악세五濁惡世의 말법末法 시대에 나타난다고 믿어진다. 이는 미륵불이 우리에게 희망을 안겨주는 희망불希望佛이라는 특징을 지닌다.[1]

미륵이 하생下生하는 세계는 전륜성왕轉輪聖王에 의해서 평정된, 이미 평화롭고 번영하는 시대다. 미륵은 세상을 변혁하러 내려오는 것이 아니라, 이미 모든 세속적 문제가 해결된 세계를 완성하러 온다. 더욱이 그 시기 또한 아득한 미래로 지정되어 있다. 여기에는 임박한 미래의 종말에 대한 인식이나 세계의 급진적인 변화에 대한 기대가 빠져있다. 전근대의 정치적 반란이나 종말론적인 종교운동에 흔히 등장하는 미륵신앙은 미륵의 현실 개입이나 생불生佛 형태로의 출현에 대한 대망待望이라는 면에서 '미륵 하생' 신앙과 구분되는 '미륵 출세出世' 신앙으로 부를 수 있을 것이다.[2] 이와 관련하여 한국의 경우에는 미륵의 세상이 미래에 다가올 이상세계이기 때문에, 그와 대비되는 현재의 말세적인 상황이 강조된다고 본 연구가 있다.[3]

---

1 홍윤식, 「한국사상에 있어 미륵신앙과 그 사상적 구조」, 『한국사상사학』 6호, 한국사상사학회, 1994, 75쪽.

2 한승훈, 「미륵, 개벽, 요나오시 : 동아시아 종교사에서의 위기와 혁세 인식」, 『종교와 문화』 제40호, 서울대학교 종교문제연구소, 2021, 33쪽.

3 미야타 노보루[宮田登], 『미로쿠신앙의 연구』, 동경, 미래사, 1975, 323~324쪽.

구사회는 "증산이 건설하려는 이상세계는 미륵 세계가 아니라, 유, 불, 선을 포섭하고 조화시켜 설계한 새로운 미륵세계인 후천선경後天仙境이다."라고 주장했다.[4]

윤재근은 "증산의 미륵사상은 민중에게 보다 익숙한 미륵신앙을 통해 후천의 도래를 선포하고자 한 의도였다."라고 정리한다.[5]

김남희는 "증산교는 불교의 미륵신앙을 받아들여 한국적 상황에 맞게 전개한 이상적인 삶을 향한 '희망의 종교'로서 그 위치를 확고히 하고 있다."라고 정리하였다.[6]

이병욱은 "조선시대의 불교에서는 '미륵불'과 '삼교회통三敎會通 사상'이 각각 다른 것이었는데, 대순사상에서는 '미륵불 관념'과 '삼교회통사상'이 하나로 연결된다."라고 주장했다.[7]

정인택은 "증산교는 미륵신앙적인 종교라고 생각된다."라고 주장했다.[8]

최종석은 "증산이 미륵의 도래로 나타나는 용화세계를 자신이 건설하고자 하는 이상세계의 모델로 삼았다."라고 주장하였다.[9]

이처럼 기존의 논의들은 대부분 증산교단의 미륵신앙이 갖는 특징만 간단히 언급했을 뿐, 현재 대순진리회에서 신행信行되고 있는 미륵신앙의 현황과 특성에 대한 글이 아니다. 그리고 대순진리회에서 미륵신앙이 갖는 의의에 대해서도 미처 논의하지 못했으며, 더욱이 대순진리회에서 상제上帝 신앙과 미륵신앙의 중첩성 또는 독립성에 대해서도 논하지 않고 있다.

---

4 구사회, 「미륵사상과 강증산」, 『불교어문논집』 제3집, 한국불교어문학회, 1998, 43쪽.

5 윤재근, 「증산사상의 불교 수용과 해석」, 『신종교연구』 제23집, 한국신종교학회, 2010, 181 · 188쪽.

6 김남희, 「증산교의 미륵신앙의 수용과 전개과정」, 『한국불교학』 61집, 한국불교학회, 2011, 100쪽.

7 이병욱, 「한국불교에서 본 대순사상 - 미륵사상과 삼교회통(조화)사상을 중심으로」, 『대순사상논총』 제25집, 대순사상학술원, 2015, 183쪽.

8 정인택, 「한국 근대의 미륵신앙에 관한 연구」, 원광대학교대학원 박사학위논문, 2016, 88쪽.

9 최종석, 「증산교에 나타난 불교적 요소 - 미륵신앙의 수용을 중심으로」, 『선문화연구』 23권, 한국불교선리연구원, 2017, 248 · 255쪽.

2. 대순사상 미륵신앙의 성립

증산甑山 강일순姜一淳(1871~1909)은 불교의 본질을 '미륵을 기다리는 종교'라고 이해했다.

> … 불교 신자는 미륵彌勒의 출세出世를 기다리고 … (예시 79절)[10]

불교가 석가모니의 교법을 중심으로 전개된 종교라는 역사적 사실을 바탕으로 하지만, 그 중심 교리는 앞으로 다가올 미륵 세계를 기다리는 종교라고 인식한다. 증산은 이제 불교는 과거의 부처가 아닌 새 부처인 미륵의 지상 강림을 대망하는 교리 체계를 지녔다고 이해하였다.

나아가 증산은 "내가 바로 미륵불이다."라고 주장하고 선언하여, 그를 따르는 사람들은 증산을 미륵불로 믿었다.

> 그리고 상제께서 어느 날에 가라사대 "나는 곧 미륵彌勒이라. 금산사金山寺 미륵전 육장금신六丈金神은 여의주를 손에 받았으되, 나는 입에 물었노라."라고 하셨도다. … 상제의 용안은 금산사의 미륵금신과 흡사하시며, 양미간兩眉間에 둥근 백호주白毫珠가 있고 … (행록 2장 16절)

증산은 자신이 살던 인근 지역에 있던 김제 모악산母岳山 금산사金山寺에 안치된 미륵불상과 매우 비슷한 용모를 지녔다고 전한다. 이는 증산이 바로 미륵불이라는 믿음과 주장의 결정적인 근거가 되었다. "증산이 바로 미륵불"이라는 주변인들의 확고한 믿음은 이러한 전언과 퍼져나간 소문에 힘입어 활기차게 전개되었다. 미륵불의 지상 강림이 증산의 권능에 의해 실제로 이루어졌다는 종도從徒들의 소박한 믿음은 불교의 핵심 교리를 증산이 비로소 완성되었다는 후대 증산교단의 굳건한 신행信行으로 전개하였다.

---

10 『전경(典經)』 12판(대순진리회교무부, 1989)을 인용 자료로 삼는다.

증산은 "나는 곧 미륵彌勒이라. 금산사金山寺 미륵전彌勒殿 장육금신丈六金身은 여의주如意珠를 손에 들었으되, 나는 입에 물었노라." 하시고, 아랫입술 속에 있는 홍점紅點을 보여주셨다는 증산교단 최초의 기록이 있다.[11] 애초부터 증산은 "내가 바로 미륵불"이라고 주장했으며, 그 결정적인 증거로 입속의 붉은 점이 바로 여의주라고 강조했다고 전한다.

어쨌든 증산은 자신이 미륵불이라는 확신을 지니고 있었으며, 그를 따르던 종도들도 그렇게 믿었으며, 신체의 점까지도 신비한 보물을 상징한다고 여겼음이 확인된다. 입속의 붉은 점에 관한 이야기는 더욱 구체적인 형태로 확대되기도 했다.[12]

> 상제께서 형렬의 집에 머무르고 계실 때 형렬이 집안이 가난하여 보리밥으로 상제를 공양하여 오던 차에 8월 추석절을 맞게 되어 쇠솥을 팔아서 공양코자 하는지라. 상제께서 가라사대 "솥이 들썩이니 미륵불彌勒佛이 출세出世하리라."고 이르셨도다. (예시 86절)

증산은 자신을 대접하기 위해 집안의 솥을 팔아서 음식을 마련하려는 제자에게 "솥이 들썩이는 것은 곧 미륵불이 출세하려는 징조"라고 말했다. 금산사의 미륵불이 솥 위에 모셔져 있다는 사실에 빗대어 자신의 출현을 미륵불의 출세로 강조했다. 금산사의 미륵불은 연못 위에 조성되었는데, 그 습기를 막기 위해 철로 만든 솥을 만든 다음 그 위에 불상을 세웠다고 전한다. 금산사의 미륵불만이 유독 솥 위에 입불立佛로 모셔져 있는 사실에 빗대어 증산이 스스로를 미륵불로 자처한 것이다.[13]

또 "석가불은 사바세계의 도주道主요, 미륵불은 용화세계의 도주이니, 사바세계는 고해苦海요 용화세계는 선경仙境이니, 미륵불의 조화선경造化仙境은 하늘 문이 넓게 열

---

11 『증산천사공사기』, 상생사, 1926, 146면.

12 또 가라사대 "금산사 삼층전 미륵은 손바닥에 불(여의주)을 받았으나, 나는 입에다 물었노라." 하시고 입을 열어 보여주시니, 좌측 볼에 붉은 점이 바둑돌같이 박혀 있더라. 김찬문, 김태진 원저, 『천지공사 실록 동곡비서』, 동곡서원, 1990, 30쪽.

13 홍범초, 『증산교개설』, 창문각, 1982, 149쪽.

리고 …"라는 기록도[14] 전한다. 석가모니와 미륵불을 비교하고 있으며, 각기 사바세계와 용화세계를 주관하고 있는 존재라고 서술하고, 고해와 선경이라는 극명한 차이가 있다고 대비시킨다. 여기서 증산은 미륵불로서 장차 용화세계를 건설할 존재라고 강조한다.[15]

> 나는 금산미륵金山彌勒이노라.[16]

위의 구절은 증산이 단도직입적으로 자신을 금산사의 미륵불이라고 주장했다는 전언이다. 증산이 불교의 미륵신앙을 적극적으로 받아들이고, 특정 사찰의 미륵불상과 자신을 동일시했다는 말이다.

> 어느 제자가 증산에게 묻기를 "닥쳐올 난리에 차가운 쇠는 떠 있는 쇠이니, 쇠를 따르는 사람은 산다는 말이 있으니 그러하오니까"라 하니, 증산께서 대답하시기를 "이러하므로 토정土亭이 천관산天冠山 아래 금인琴人이 옥새를 받들고, 모악산 금부처가 능히 말한다고 하지 않았느냐?"라고 하셨다. …[17]

"부금냉금"이라는 비결은 정확한 편찬연대를 알 수 없는 『정감록』에 수록된 「초창결」에 다음과 같이 나온다.

> "부금냉금浮金冷金은 무엇이며, 엄택곡부奄宅曲阜는 무엇인가?"라고 물으니, "부금냉금은 농기구다. 엄택곡부는 밭 앞의 총록總錄이니, 모두 궁벽한 곳에 살며 농사짓는 것이다."라 했다. …[18]

---

14 이중성 편술, 『천지개벽경』, 대도연수원 부설 용봉출판, 1992, 55~58쪽.
15 이중성 편술, 『천지개벽경』, 대도연수원 부설 용봉출판, 1992, 59쪽.
16 위의 책, 14쪽.
17 위의 책, 51쪽.

그리고 모악산 아래에 있는 금부처가 말할 수 있다는 이야기는 조선 말기에 민간에 널리 퍼졌던 비결이다. "모악산두금불능어母岳山頭金佛能語"라는 표현이 현전하는 『정감록』 「운기구책」과 「감결」에 보인다.[19] 이처럼 증산은 당시 민중 속에 널리 퍼졌던 미륵에 관한 비결 신앙을 적극적으로 수용했다.

이러한 비결 신앙은 대순진리회의 『전경』에도 다음과 같이 수용된다.

> … 상제께서 종도들에게 "… 모악산하母岳山下에 금불金佛이 능언能言하고, 육장금불六丈金佛이 화위전녀化爲全女이라. …"란 구절을 외워주셨도다. (예시 14절)

이와 관련하여 1920년대 초기에 보천교의 예언 해석과 관련된 다음과 같은 기록이 있다.

> … "광축光丑 수변괴雖變怪 증산甑山 통구하通九夏"라는 글귀가 있는데, 여기서 광축은 광무황제光武皇帝 신축년辛丑年(1901)을 뜻하는 것이라고 하였다. 신축년은 증산대성께서 성도成道하신 해이다. 이때에 증산의 교敎가 구하九夏 곧 천하에 통달한다는 뜻으로 해석하였다. … 이에 따라 같은 비결에 "팔난유오운八難流午運, 명슬존태을鳴膝尊太乙"이라는 구절은 태을주太乙呪를 외우는 수련을 주로 하는 본교本敎를 따라야만 이 절박한 삼재팔난三災八難의 말세운수末世運數를 면할 수 있다는 것으로 해석하였다. 또 같은 비결의 "장육금신丈六金身 화위전녀化爲全女"라는 구절은 화위전녀의 전녀全女 두 글자를 합하면 강姜자가 되는데 이는 금산사의 장육미륵불상이 강증산姜甑山으로 화신하였다는 것으로 설명하였다. 또 같은 비결에 "모악산하母岳山下 금불능언金佛能言 천관산하天冠山下 금인봉새琴人奉璽"라는 구절

18 … 問曰(문왈), 浮金冷金何也(부금냉금하야)? 奄宅曲阜何也(엄택곡부하야)? 曰(왈), 浮金冷金(부금냉금), 卽農具(즉농구), 奄宅曲阜(엄택곡부), 卽前田總錄耳(즉전전총록이). 都是窮居作農也(도시궁거작농야). … 「초창결」, 『정감록집성』, 아세아문화사, 1973, 173쪽.

19 「운기구책」, 『정감록』(한성도서주식회사, 1923), 안춘근, 『정감록집성』, 아세아문화사, 1973, 497쪽; 「감결」, 『정감록』(한성도서주식회사, 1923), 안춘근, 같은 책, 601쪽; 「감인록」, 『정감록』(한성도서주식회사, 1923), 안춘근, 같은 책, 624쪽. 「감결」과 「감인록」에는 금불능언(金佛能言)으로 나온다.

은 모악산하 금산사 미륵불의 화신 강증산이 창교創教하므로써 천관산 곧 정읍 대흥리 앞에 있는 입암산笠岩山 머리에 금인琴人 차경석이 옥새를 받들어 제위帝位에 오른다는 뜻으로 해석하였다. … [20]

"모악산하, 금불능언"과 "천관산하, 금인봉새"는 『정감록』에 자주 나오는 구절이다.[21] 그러나 "장육금신丈六金身, 화위전녀化爲全女"라는 구절은 보천교의 포교 활동이 활발할 당시에 이러한 비결이나 예언이 유포되었을 가능성은 있지만, 현존하는 소위 『정감록』에는 보이지 않는다. 아마도 이 구절은 당시 강증산의 출세를 비결로 풀이하려던 사람들이 만들어낸 비결이라고 짐작된다.

증산은 "삼천三遷이라야 일이 이루워지느니라."(예시 87절)라고 말했는데, 이는 미륵불의 3회 설법을 뜻하는 것으로 해석되기도 한다.[22] 그리고 증산의 친필 저작인 『현무경玄武經』에 도솔兜率이라는 용어가 보이는데, 이는 미륵보살이 거처하고 있다는 도솔천兜率天을 가리키는 말이다.

이능화(1869~1943)는 「조선고대신교이행朝鮮古代神教已行」에서 "또 태을교太乙教가 있는데 훔치교吽哆教라고도 한다. 근년 호남에 강증산이라는 이가 있었는데 이름은 일순一淳이다. 28세에 금구군 금산사에 들어가 절의 동쪽 기슭에서 백일 간 이슬을 맞으며 좌정하여 득도하여 금산사 미륵불의 화신이라고 불렸다. 죽어서 태을천상원군太乙天上元君이 되었다고 한다."라는 기록을 남겼다.[23] 증산이 매우 이른 시기부터 금산사의 미륵불과 동일시되었으며, 그가 죽은 후에 태을천상원군이라는 도교적 성향이 짙게 풍기는 신격이 되었다는 믿음이 있었다는 전언이다.

---

20 홍범초, 『범증산교사(汎甑山教史)』, 도서출판 한누리, 1988, 76~77쪽.

21 「운기구책」, 『정감록』(한성도서주식회사, 1923), 안춘근, 『정감록집성』, 아세아문화사, 1973, 497쪽. 자세한 내용은 김탁, 『일제강점기의 예언사상』(북코리아, 2019)을 참고하시오.

22 홍범초, 『증산교개설』, 창문각, 1982, 162~163쪽.

23 이능화, 「조선고대신교이행(朝鮮古代神教已行)」, 『역주 조선불교통사』 6권, 동국대출판부, 2010, 596쪽.

상제께서는 약방에 갖추어 둔 모든 물목을 기록하여 공우와 광찬에게 주고 가라사대 "이 물목기物目記를 금산사金山寺에 가지고 가서 그곳에 봉안한 석가불상釋迦佛像을 향하여 그 불상을 업어다 마당 서쪽에 옮겨 세우리라고 마음속으로 생각 하면서 불사르라." 하시니, 두 사람이 금산사에 가서 명하신 대로 행하니라. 이로부터 몇 해 지난 후에 금산사를 중수重修할 때 석가불전釋迦佛殿을 마당 서쪽에 옮겨 세우니 미륵전彌勒殿 앞이 넓어지느니라. 이 불전이 오늘날의 대장전大藏殿이로다. (공사 제2장 11절)

위의 인용문은 증산이 설립한 동곡약방銅谷藥房에 비치된 물품의 목록기目錄記를 금산사에서 불태우는 상징적 행위 때문에 훗날 미륵불을 모신 전각의 전망이 석가불을 모신 전각의 전망보다 넓어지게 되었다는 말이다. 미륵불이 석가불보다 우수한 존재라는 주장을 반영하는 대목이며, 이러한 일이 증산의 공사公事에 의해 결정되었다는 사실을 강조한 부분이다.

증산은 자신이 이 땅에 내려오게 된 인연에 대해 다음과 같이 설명했다.

… 원시의 모든 신성神聖과 불佛과 보살菩薩이 회집會集하여 인류와 신명계神明界의 이 겁액劫厄을 구천九天에 하소연하므로, 내가 서양西洋 대법국大法國 천계탑天啓塔에 내려와 천하를 대순大巡하다가 이 동토東土에 그쳐 모악산母岳山 금산사金山寺 삼층전三層殿 미륵금불彌勒金佛에 이르러 삼십 년을 지내다가 최제우崔濟愚에게 제세대도濟世大道를 계시하였으되, 제우가 능히 유교儒敎의 전헌典憲을 넘어 대도大道의 참뜻을 밝히지 못하므로 갑자년에 드디어 천명과 신교神敎를 거두고 신미년에 강세降世하였노라."고 말씀하셨도다. (교운 제1장 9절)

증산은 이 세상에 내려오기 전에 구천九天에 있었다고 주장한다. 신성한 존재들의 하소연에 의지해 증산은 세상을 구원하기 위해 먼저 서양에 있는 대법국 천계탑에서 내려와 세상을 둘러보았다고 이야기를 들려준다. 지상에 안착할 장소를 물색하던 증산은 드디어 우리나라의 모악산에 있는 금산사로 내려올 것을 결정한다. 증산은 금산사에서도 미륵금불에 안주하였다고 주장한다. 금산사에 있는 많은 불상 가운데서도 특히 미륵상

彌勒像에 내려왔다고 주장한 것이다. 증산이 금산사 미륵금상에 머무른 기간은 무려 30년 동안이었다고 이야기된다. 오랫동안 금산사의 미륵금불에 영적靈的으로 머무르던 증산은, 먼저 수운水雲 최제우崔濟愚(1824~1864)에게 천명과 신교를 내려 세상을 구원할 책무를 맡겼다고 주장한다. 그런데 수운이 가진 능력의 한계로 인해 그 책임을 다하지 못하자 증산은 1864년 갑자년에 천명을 거두었다. 이 해는 수운이 죽음을 맞이한 해이다. 증산의 권능으로 천명을 거두자 이에 응해 수운이 숨을 거두었다는 말이다. 이윽고 증산은 1871년 신미년에 스스로 이 세상에 내려왔다고 주장한다. 그런데 『증산천사공사기』(1926)에는 "팔괘八卦에 응하여 수운이 죽은 후 8년 만에 증산이 세상에 내려왔다."라고 설명한다.

증산은 자신이 바로 미륵불이라는 점을 이 세상에 태어나기 오래전에 이미 금산사의 미륵금상彌勒金像에 영적靈的인 존재로 머물렀었다는 이야기를 통해 강조했다. 이러한 주장과 믿음에 힘입어 후대의 증산교인들은 금산사 미륵금상을 증산의 영체靈體라고 믿었다.

증산은 "내가 천하에 대순大巡하다가 석가모니의 당래불찬탄설게當來佛讚歎說偈에 의거하여 승僧 진표眞表가 당래當來의 비음秘音을 감통感通하고 모악산 금산사에 금신金身을 세워 지심기원至心祈願하여 오던 곳에 이르렀느니라."라고 말했다.[24]

> 상제께서 가라사대 "내가 금산사金山寺로 들어가리니, 나를 보고 싶거든 금산사로 오너라."고 하셨도다. (행록 5장 29절)

증산은 임종 무렵에 "나를 보려면 금산사로 오너라."고 말했다고 전한다. 금산사는 거대한 미륵불이 모셔져 있는 것으로 유명한 우리나라 미륵신앙에 있어서 중요한 불교 사찰이다. 증산은 자신이 죽은 후에 자기를 보고 싶은 사람이 있으면 금산사의 미륵불을 참배하러 오라고 말했다. 증산이 불교의 사찰과 불상을 자신의 신앙 체계 안으로 흡

24 『대순전경』 초판, 1929, 9장 11절.

수한 지점이다. 어쨌든 증산이 자신을 금산사의 미륵불과 동일시했던 점은 분명히 확인된다.

그렇다면 증산처럼 자신을 미륵불이라고 주장했던 인물들의 사례를 살펴보자.

우선 중국 북위北魏 시대에 일어난 승려 법경法慶의 난(515)에서 법경은 스스로를 대승大乘이라고 불렀으며 "새로운 부처가 세상에 나왔으니, 오래된 마귀를 제거하자[新佛出世, 除去舊魔]."라고 주장하면서 경전과 불상을 불태우고 승려들을 살해했다.[25] 여기서 '새로운 부처'는 곧 미륵불을 뜻하며, 이는 미륵하생 신앙과 민중 반란이 결합된 최초의 사례다. 그리고 수隋의 대업大業 6년(610) 백의白衣를 입고 향화香花를 가진 무리가 미륵의 출세를 빙자하여 난동을 부렸다.

> … (중국) 수隋의 송자현宋子賢은 스스로 미륵이라고 칭했다.[26] 송宋의 왕칙王則[27]은 『오룡적루경五龍滴淚經』을 익히고는 "석가釋迦가 쇠하여 물러나면 미륵불이 세상을 차지할 것"이라고 했다. …[28]

송자현은 밤에 누각 위에 광명光明을 일으켜 부처의 모습을 하고는 스스로 미륵이 세상에 나왔다고 주장하였으며(자칭미륵출세自稱彌勒出世), 환술幻術을 써서 추종자를 모아 거병을 시도하였다.[29] 새로운 혁명을 위한 반란 사건에 미륵불 신앙이 이용된 사례다.

이와 비슷한 시기에 협서陝西의 사문沙門 향해명向海明도 스스로 미륵불출세彌勒佛出世를 칭하며 반란을 일으켰다. 협서夾西 부풍락扶風樂의 사문이었던 향해명向海明이 미륵의 화신이라고 자칭하면서 반란을 일으켰다.[30] 불교의 교리에 밝았던 승려 출신의 거사擧事꾼

---

25 『위서(魏書)』 권19 상, 경목 12왕(王), 열전 제7 상, 三石善吉, 최진규 역, 『중국의 천년왕국』, 고려원, 1993, 98~150쪽.

26 대업(大業) 9년(613)에 일어난 사건이다.

27 왕칙에 대한 기록은 『송사(宋史)』 권292, 열전 51, 「명호(明鎬)」에 나온다.

28 이익(李瀷, 1681~1763)의 『성호사설(星湖僿說)』 권17, 인사문(人事門), 「미륵불」에서 재인용.

29 『수서(隋書)』 권23, 지(志) 18, 「오행하(五行下)」.

이 스스로 미륵불이라고 자처하며 반란 사건을 주도했던 일이다.

당대唐代에는 무주혁명武周革命을 일으킨 일당들이 "측천則天은 바로 미륵의 하생下生이며, 염부제의 주主가 된다."라고 주장하였다. 측천무후는 관료와 민중들의 청원을 받아들이는 형식을 취하여 황제로 등극하기 위해 정치적 혁명을 도모하는 일에 미륵신앙을 이용했다. 절대왕권을 강화하는 작업에 왕이 곧 미륵불이라는 주장이 받아들여진 것이다.

후량後梁 때 봉화화상奉化和尙 장정자長汀子 계차契此라는 승려가 항상 포대布袋 하나를 메고 시중에 걸식하면서 스스로 미륵의 화신이라고 칭했다. 그는 정명貞明 3년(917)에 "미륵진미륵彌勒眞彌勒, 분신천백억分身千百億, 시시시시인時時示時人, 시인자부지時人自不識"라는 게송을 설하고 입적하였다. 이후 그는 포대화상이라고 불렸으며, 중국의 사찰에서 본존불의 협시로서 또는 사찰 입구의 사천왕문 중앙에 봉안되어 중국 미륵신앙의 한 흐름으로 이어졌다.[31] 미륵이라고 믿어진 한 승려의 행적이 후대 민간 미륵신앙의 효시가 되었던 사례다.

이후에도 중국에서는 백련교白蓮敎 등의 민간종교 결사들에서 '반란의 미륵'은 계속해서 나타난다.[32] 또 원말元末의 군벌이었던 한산동韓山童과 한림아韓林兒 부자는 "천하가 크게 어지러우니 미륵불이 하생下生할 것"이라고 주장하였다.[33]

우리나라에서는 신라新羅 흥륜사興輪寺 승僧 진자법사眞慈法師가 미륵상彌勒像 앞에 나아가 미륵대성彌勒大聖께서 화랑花郞으로 이 세상에 출현하기를 기도하여, 미시랑未尸郞이라는 화랑으로 출현했다고 전한다.[34] 미륵이 화랑이라는 청소년 수련집단의 한 구성원으로 태어났다는 믿음이다.

---

30 陽白衣, 「미륵신앙재중국적유전(彌勒信仰在中國的流轉)」, 『마한백제문화』 제7집, 원광대학교 마한백제문화연구소, 1984, 80~81쪽.

31 김삼룡, 『한국미륵신앙의 연구』, 동화출판공사, 1983, 222~223쪽.

32 Barend J. Ter Haar 저, 송요후 역, 『중국 역사상의 민간종교운동』, 신서원, 2007, 20~36쪽.

33 『원사(元史)』 권122, 열전 10, 「한림아」.

34 『삼국유사』 권 제 3, 탑상 제 4.

그리고 신라의 노힐부득奴肹不得이 출가 수행하여 백월산 무등곡에서 미륵을 간절히 구하는 수행을 한 후에 성도成道하여 마침내 미륵불이 되었다는 설화가 전한다.[35] 이 현신성불現身成佛 신앙은 통일신라의 전성기인 경덕왕 시대에 이루어진 것으로 보인다.[36] 이는 인간이 수행을 거쳐 미륵불이 될 수도 있음을 알려주는 사례다.

9세기 말 궁예弓裔(재위 891~918)는 오늘날의 강원도와 경기지방에 웅거하여 태봉泰封이라는 나라를 세웠는데, 스스로 미륵불을 자칭하면서 전륜성왕으로 행세하면서 새로운 나라를 건설하고자 노력했다. 궁예는 금색 모자를 쓰고 몸에 승복을 입었으며, 자기의 맏아들을 청광보살淸光菩薩, 작은아들을 신광보살新光菩薩이라고 불렀다. 그는 불경 20여 권을 만들고 미륵관심법彌勒觀心法을 행한다고 주장하면서 미륵신앙을 통해 권력의 정당성을 확보하고자 했다.[37] 미륵불 신앙이 국가권력을 수립하는 데 이용된 사례이며, 신생 국가의 이상을 담보하는 기제로 기능했으며, 미륵불이 신성神聖 가족을 이룬다는 주장으로 이어진 사례다.

14세기 후반 우왕禑王 때에 경상도 고성지방 출신인 이금伊金(?~1382)이 자칭 미륵불이라고 주장하면서 "만일 내 말을 믿지 않으면 삼월에 이르러서 해와 달이 모두 빛을 잃으리라."라고 말하였다.[38] 미륵불이 인간계의 천체 운행 질서와 연관된다는 믿음이 확인된다.

그리고 고려 우왕 7년(1381) 4월에도 개성에서 미륵을 자칭하는 승려가 나타났으며, 고려 우왕 8년(1382) 2월에도 사노私奴 무적無敵이 스스로 미륵의 화신이라고 사칭하다가 형벌을 받아 죽임을 당했다.[39] 승려는 물론 노비도 미륵불이라고 자처한 사례가 확인된다. 신분이 어떠하든지 상관없이 누구나 자신이 바로 미륵불이라고 주장한 사례이다.

---

35 『삼국유사』 권3, 탑상 4.

36 목정배, 「한국미륵신앙의 역사성」, 『한국사상사학』 6권, 한국사상사학회, 1994, 59쪽.

37 『삼국사기』 권50, 열전, 궁예조.

38 『고려사』 권107 열전 20, 「권화(權和)」.

39 『고려사』 권134, 열전 47.

조선朝鮮 숙종 14년(1688) 7월에 경기도 양주楊州에서 승려 여환呂還과 용녀부인龍女夫人이라 불리는 그의 아내 원향元香 등이 지금 세상이 석가의 시대[釋迦代]이며, 이 시대의 수명이 거의 다하여 이제는 미륵불이 나올 것이라고 주장하였다.[40] 이 사건과 관련된 사람의 진술에 "미륵불이 지금 당장 세상에 나온다[彌勒佛今當出世]."라는 말이 전한다. 여환이 미륵불이라는 정확한 주장은 아니지만, 은연중에 여환이 미륵불이라는 암시를 했던 증언으로 보인다. 역시 반란을 도모한 사건에 미륵신앙이 이용된 사례다.

영조 34년(1758) 황해도 지역에서 생불 혹은 미륵이라 칭하는 네 명의 여성들에 의한 종교운동이 일어나 지역민들이 사당을 허물고 제사를 폐지하는 일이 있었다. 이 사건에서는 무당을 중심으로 한 대중들은 미륵불이라 자칭하는 이금의 명령에 따라 신명에 대한 기도와 제사를 중지하였다.[41] 이 사건은 미륵신앙이 민간화하는 과정을 보여주는 사례다.

> … [영조 34년(1758)] 수년 전 해서의 시골 여자 하나가 갑자기 미륵이 강림했다고 하면서 환망幻妄한 말을 많이 하자 사방에서 선동되었는데, 관에서 금지할 수가 없었다. 스스로 미륵이라고 하면서 석가와 원수가 되었다고 했고, …[42]

위 사건에서 여성의 몸에 '미륵이 강림'했다는 주장이 있었던 점이 특기할 만하고, 미륵과 석가를 대척점에서 인식하고 있었음도 확인된다.

그리고 영조 39년(1763) 10월에도 "황해도에서 미륵불이라고 일컫는 자가 있었기에 법으로 다스렸었다."라는 기록이 있다.[43]

---

40 이 사건에 대해서는 김탁, 『조선의 예언사상』 상(북코리아, 2016)과 한승훈, 「조선후기 혁세적 민중종교운동 연구 - 17세기 용녀부인 사건에서의 미륵신앙과 무속」(서울대학교대학원 석사학위논문, 2012)을 참고하시오.

41 최종성, 「무업(巫業) 없는 무당 : 개종 상황에 놓인 조선의 무당들」, 『종교학연구』 32집, 서울대학교 종교문제연구소, 2014, 11~17쪽.

42 이익(李瀷, 1681~1763)의 『성호사설(星湖僿說)』 권17, 인사문(人事門) 「미륵불」.

43 『조선왕조실록』 영조 39년 10월 2일자.

정조 9년(1785)에 함경도 삼수부에서 일어난 역모 사건에서 신사神事를 주도한 단천성인端川聖人 혹은 미륵성인彌勒聖人이라고 불리던 여성은 이 의례를 베풀면 "새로운 세계[新世界]를 맞을 수 있고 미륵세계彌勒世界를 맞을 수 있다."라고 주장했다.[44] 이 사건은 여성이 주도한 것이고, 특히 미륵이 미륵세계를 여는 신성한 존재로 믿어졌다는 사실이 확인된다.

조선 후기에 미륵신앙이 기복신앙에서 변혁사상으로 부상하였으며,[45] 미륵신앙을 이상사회의 도래를 추구하는 혁명사상으로 파악한 연구가 있다.[46] 그리고 미륵 시대의 종말로부터 석가의 시대가 시작되었다는 무가巫歌 속 창세創世신화의 전도된 형태로 비밀결사들의 반란 신화가 파악되었다는 주장도 있다.[47]

3. 대순사상 미륵신앙의 현황

증산교단 미륵신앙의 출발과 성립은 증산이 자신의 영체靈體라고 주장한 금산사의 미륵불상을 중심으로 시작되었으며, 금산사가 위치한 김제군 지역을 중심으로 전개되었다. 이와 관련하여 김방룡은 "'미륵이 출현하여 용화회상이라는 새로운 이상세계를 건설한다.'라는 메시지는 미륵신앙 혹은 미륵신앙 운동에 민중들을 끌어들이는 핵심적인 요소이다. 역사 속에서 금산사가 미륵신앙의 메카로 민중들 속에서 자리매김한 것은 진표 당시와 일제강점기와 해방 이후 증산교단이 활발히 활동할 때라고 생각한다."라고 주장한다.[48]

---

44 고성훈, 「정조년간 삼수부 역모 사건의 추이와 성격」, 『사학연구』 90집, 한국사학회, 2008 참고.

45 고성훈, 「조선후기 민란의 전형 - 미륵신앙과 정감록을 내세운 변란」, 『민란의 시대 : 조선시대의 민란과 변란들』, 가람기획, 2004.

46 정석종, 『조선 후기 사회변동연구』, 일조각, 1983, 46~47쪽.

47 한승훈, 「미륵의 시대, 진인의 귀환 : 조선 후기 종교운동에 대한 '반란의 현상학'」, 『종교연구』 75집, 한국종교연구, 2015.

48 김방룡, 「금산사의 미륵신앙과 호국애민정신」, 『금산사와 호국불교』, 조계종 불교사회연구소, 2021, 83쪽.

김형렬金亨烈의 미륵불교彌勒佛敎, 유세봉柳濟鳳과 최신애崔善愛의 대한불교법상종, 강순임姜舜任의 증산법종교甑山法宗敎, 정인표鄭寅杓의 태인泰仁 미륵불교, 김낙원金洛元의 오동정교단, 김홍현金洪玄의 대한불교미륵종 등등 거의 모든 증산교단에서는 증산과 미륵불을 동일시하여 신앙한다. 특히 서백일徐白一(1893~1966)의 용화교龍華敎에서는 교주 스스로가 미륵불을 자처했다는 특색이 있다.[49]

김근하金槿下(1901~1971)의 용화사龍華社에서는 증산을 창조주이자 하느님이시며, 미륵부처님이시며, 단군왕검檀君王儉의 후신後身으로 믿었다.[50] 증산에게 여러 신격의 최고신이 함께 공존하고 있다는 믿음이 성립되었다. 증산과 미륵불이 일체라는 신앙과는 결을 달리한 점이 독특하다.

이효진李孝鎭(1920~2007)의 이제원夷齊院(동곡서원銅谷書院)에서는 증산을 미륵불로 존칭하는 것은 잘못된 일이며, 미륵불은 대두목大頭目으로 증산과 별개의 인물이라고 주장하였다. 금산사의 미륵불이 증산상제甑山上帝께서 내려보내는 대두목이자 단주丹朱라고 강조했다.[51] 이처럼 증산과 미륵불이 별도의 존재라고 믿었던 증산교단도 있었던 점이 매우 특기할 만하다.

『대순전경』을 편찬한 이상호李祥昊(1888~1867), 이정립李正立(1895~1968) 형제가 창립한 교단은 1928년 동화교東華敎 → 1945년 대법사大法社 → 1955년 증산대도회甑山大道會 → 1961년 동도교증산교회東道敎甑山敎會 → 1968년 증산교본부甑山敎本部로 교단 이름을 바꾸어왔다. 이 교단에서는 미륵불을 따로 조성하여 모시지 않았고, 증산을 통천상제統天上帝이자 미륵불로 신앙한다. 증산과 미륵불을 일체로 보고 믿는다.

안세찬安世燦(1922~2012)의 증산도에서는 의례 때마다 읽는 「심고문心告文」에서 "우주일가宇宙一家의 후천선경을 열어주신 개벽장開闢長 하느님이시며, 미륵존불이시며, 삼계대권三界大權을 주재하옵신 증산 상제님"이라는[52] 표현을 사용한다. 증산을 하느님이자

---

49 『동아일보』 1966년 3월 28일자 기사에 "미륵불이란 존칭을 받아왔다."라는 기록이 있다.
50 전경현 편저, 『범증산종단사』 하권, 2019, 312쪽.
51 전경현 편저, 『범증산종단사』 하권, 2019, 386쪽.
52 『증산도 도전(道典)』, 증산도 도전편찬위원회, 1992.

미륵불이며 상제님이라고 믿는 것이다.

이 외에 미륵신앙을 하는 증산교단을 열거하면 용화교(이근하), 용화미륵불연구소(서승영), 미륵증산교(정삼룡), 증산미륵도(장영주), 미륵종산대도회(서원섭), 용화세존미륵불증산대도회(서원호), 증산진법회(배용덕), 동도법종금강도(강승태), 청도대향원(김삼일), 증산도장(안세찬), 금산사미륵불숭봉회(정혜천), 미륵교(유동윤), 용화사(김근하), 미륵정심회(이호정), 미륵증산교(정삼례), 증산미륵도(장영준), 미륵불영원회(정공일), 대한법상종광제원(변중규), 인도교(채경대) 등이 있다는 연구가 있다.[53]

그러나 위에서 언급한 교단 이외에도 미륵회불숭배회彌勒會佛崇拜會,[54] 장영주張永株(1930~2011)의 한국미륵사상연구회(진해원眞解宛),[55] 서원섭이 1968년 부산에 세운 서원섭徐元燮의 용화미륵불증산대도龍華彌勒佛甑山大道에서도 증산을 미륵불로 신앙한다.

그리고 서승영徐承泳의 용화미륵불교연구회에서는 그가 미륵세존님으로부터 상생원리相生原理의 대근원大根源인 불종송주경佛宗誦呪經을 받았다고 주장한다. 나아가 악한 자는 미륵세존님의 호신천부인護身天符印을 받지 못해 신병神兵을 피할 수 없을 것이라고 강조했다.[56] 미륵불로부터 새로운 경전을 전해 받았노라고 주장한 점이 특기할 만하고, 미륵불이 신병神兵을 물리치는 특별한 부적을 전해준다는 믿음이 독특하다.

또한 유동윤(1899~?)이 창립한 미륵교彌勒敎, 정혜천鄭惠天(1912~2008)이 1973년에 결성한 미륵숭봉회彌勒崇奉會,[57] 서원호(1912~1982)가 1975년에 부산에서 세운 용화세존미륵불증산대도회 등에서도 증산교단의 미륵신앙이 확인된다.

우당牛堂 박한경朴漢慶(1917~1996)이 1969년 4월에 서울시 중곡동에서 창설한 대순진리회大巡眞理會는 1993년 2월에는 경기도 여주로 본부를 이전하였다. 대순진리회는 1925

---

53 김홍철, 「한국신종교의 미륵신앙」, 『한국사상사학』 제6집, 한국사상사학회, 1994, 260쪽.

54 1950년에 강성태(姜聖泰)를 중심으로 조직된 교단이다. 금산사를 중심으로 여러 미륵신앙이 별립(別立)하여 팽창하는 것을 통합하기 위해 만들었으나 많은 금액을 편취한 후 곧 사라졌다. 유병덕, 『계룡산하 종교집단체와 모악산하 종교집단체의 비교 연구』, 문화공보부, 1968, 259~260쪽.

55 애초에는 진혜원(眞慧院)이었는데 이름을 바꾸었다.

56 전경현 편저, 『범증산종단사』 하권, 2019, 525 · 527쪽.

57 훗날 증산대도일화장(甑山大道一俰場)으로 이름을 고쳤다.

년에 정산鼎山 조철제趙哲濟(1895~1958)가 세운 무극도無極道에서 비롯했는데, 구천대원조화주신九天大元造化主神으로 존재하는 증산상제甑山上帝를 신앙하는 교단이다.

대순진리회의 금강산 토성 수련도장에는 1997년 11월 24일에 미륵불을 봉안하였다.[58] 이러한 사실에 대해 교단 측에서는 "후천선경을 열어주실 미륵불이 금강산 1만 2천 봉의 지기地氣를 머금고 있는 토성도장에 봉안됨으로써, 도인들은 상제님에 대한 믿음을 더욱 확고히 하게 되었다."라고 전한다.[59] 미륵불이 후천선경을 열어줄 주체적 신격으로 표현된 것이며, 금강산의 땅 기운을 본받아 1만 2천 명의 도통군자道通君子가 나올 것이라는 믿음과 연결하였다. 불교의 미륵신앙을 후천 건설이라는 한국 신종교의 독창적인 교리와 관련지었고, 특히 지기를 주장하면서 민간신앙을 흡수하면서 그 종교적 의의를 내세운 점이 독특하다. 이는 불교 미륵신앙의 한국 신종교적 변용으로 이해할 수 있는 사안이다.

그런데 대순진리회의 이러한 주장과 믿음은 미륵불과 증산상제 사이의 신격神格 동이同異에 대한 의문은 물론 두 신격 사이의 구체적 관련성이 다소 애매하게 표현되었다는 점이 단점으로 지적될 수 있다. 토성 수련도장에는 여주 본부도장과 마찬가지로 영대靈臺에 증산의 초상이 모셔져 있다. 이처럼 증산의 영정을 모시고 있는 토성 수련도장에 따로 미륵불이 입상으로 모셔짐으로써 증산과 미륵불이 다른 신격으로 이해되고 믿어질 가능성이 제기될 수 있다.

이에 대해 대순진리회에서는 증산상제가 구제창생救濟蒼生하기 위해 이 땅에 오셨다는 종교적 함의를 다만 미륵불이라는 상像으로 모신 것일 뿐이라는 입장이다. 즉 증산이 바로 미륵불이라고 믿는 것은 아니라는 주장이다.

대순진리회의 도인들은 금강산 토성 수련도장의 미륵불에는 평배平拜로 4배를 올린다. 서가여래釋迦如來 전에도 평배 3배를 올리는데, 이보다 격을 높여 예를 드리는 것이

---

58 높이 19.5m, 둘레 12.12m의 동양 최대의 입석 미륵불로, 형태는 관촉사의 은진 미륵불과 비슷한 모양으로 조성되었다.

59 『대순회보』 제57호, 1997년 11월, 1면.

다. 불교의 석가모니불보다 미륵불이 더 높은 신격이라는 뜻이 담긴 의례로 이해할 수 있다. 이에 대해 박한경 도전은 그 배례의 격식에 대해서는 각자 "하고 싶은 대로 하라." 라고 말했고, 현재는 도인들이 배례와 읍배를 자율적 정성으로 올린다고 한다. 박한경 도전이 토성 수련도장에 미륵불을 모시라고 분부했을 때 "이 미륵불은 상징적인 의미로 모시는 것이다."라고 말했다고 전한다.[60]

결국 박한경 도전은 "증산이 곧 미륵불이다."라는 대부분 증산교단의 교리 체계와는 다르게 단지 "상징적인 의미로 모신다."라는 그 종교적 맥락과 의미가 다소 다른 독특한 주장을 했다. 대순진리회에서는 증산을 미륵불 자체로 보지 않고, 더욱이 증산을 하느님, 상제님 등의 여러 최고 신격과 동일시하지도 않는다. 미륵불은 증산상제를 '상징'하는 신격일 따름이다. 바로 이러한 의미에서 대순진리회에서는 증산을 구원의 절대자를 상징하는 미륵부처님의 상像을 모심으로써 일반인들의 신행에 도움을 줄 수 있다는 입장을 고수한다.

박한경 도전은 미륵삼존불에 대해 다음과 같이 설명한 적이 있다.

> 도전님께서는 솥 위에 얹혀있는 것은 모두 '시루'라고 말씀하셨으므로 솥 위에 자리하고 있는 미륵이 곧 '시루[甑]'에 해당이 되고, '산山' 글자 형태의 미륵삼존불로 서 있는 까닭에 솥 위의 미륵은 결국 '증산甑山'을 표상表象하고 있다.[61]

솥 위에 얹혀있는 형태로 세워진 금산사의 미륵불에 대한 설명으로 보인다. 여기서 박한경 도전은 솥 위에 서 있는 불상佛像은 모두 '시루'이며, '시루'는 곧 '증甑' 자로 표현되기 때문에 미륵불은 곧 증산을 가리킨다고 지적한다. 나아가 증산의 호에 나오는 '산山' 자에 대해서도 단순한 글자가 아니라 미륵불을 보위하는 협시보살 두 위位를 함께 모시

---

60 윤미정, 「금강산 토성 수련도장의 미륵불에 대한 예(禮)」, 『대순회보』 214호, 대순진리회 교무부, 2019년 1월.

61 교무부, 「상제님의 발자취를 찾아서(5)」, 『대순회보』 69호, 2007년 4월.

는 일을 뜻한다고 밝혀주었다. 결국 금산사의 미륵삼존불 자체가 바로 증산을 '표상'하고 있다는 설명이다. 이러한 박한경 도전의 설명은 증산이 곧 미륵불이 아니라 미륵삼존불로 모셔진 형태가 증산을 상징 또는 표상하고 있다는 말이다.

그럼에도 불구하고 위의 인용문에서 알 수 있듯이 금산사의 미륵불을 증산의 영체靈體로 믿는 신행은 대순진리회에서도 확인된다. 대순진리회 도인들의 주요 성지순례聖地巡禮에는 반드시 김제 금산사金山寺가 포함되어 있기 때문이다. 그렇다면 대순진리회에서는 금산사의 미륵불상을 참배하는 대신에 왜 금강산 토성 수련도장에 따로 거대한 미륵불을 석상으로 조성하여 모시는지에 관한 더욱 명확한 교단 측의 견해가 표명되어야 할 것이다.

나아가 대순진리회에서는 금산사의 미륵불이 가지는 종교적 함의에 대해 다음과 같이 적극적으로 표현한다.

> 진표율사眞表律師가 금산사金山寺의 용추를 숯으로 메우고, 솥을 올려놓은 위에 미륵불을 봉안한 것은 증산甑山 · 정산鼎山 양산兩山의 진리를 암시하여 도道의 근원을 밝혀놓은 것이며, 상제님께서 "나를 보고 싶거든 금산사로 오라."라고 하심도 미륵불과 솥의 양산의 이치를 알라는 말씀인 것입니다.[62]

대순진리회에서는 시루와 솥을 상징적으로 모신 금산사 미륵불의 모습을 증산에서 정산鼎山 조철제趙哲濟(1895~1958)로 이어지는 도통道統의 계승을 밝혀주는 결정적 근거로 본다. 여기서 시루는 솥 위에 모셔진 미륵을 상징한다. 어쨌든 이러한 주장은 대순진리회의 연원을 이야기할 때 반드시 언급되는 내용인데, 향후 보다 분명한 설명을 통해 미륵불과 증산과의 관계에 대해 교단의 의견을 밝혀야 할 것으로 보인다.

위의 인용문과 관련한 『전경典經』의 다음과 같은 기록도 있다.

---

62 「도전님 훈시」, 『대순회보』 5호, 1986년 10월, 『대순지침』.

또 상제께서는 때로 금산사의 금불金佛을 양산도兩山道라고 이름하시고, 세속에 있는 말의 양산도와 비유하기도 하셨도다. (예시 15절)

이봉호는 "증산의 신격은 불, 보살, 신성들을 초월할 뿐만 아니라, 서학까지도 초월하는 궁극적 신격으로서 모든 신들 위에 군림하는 최고의 신격인 '상제'인데, '증산즉미륵甑山卽彌勒'의 입장을 견지하면, 궁극적 신격으로서 구천상제九天上帝의 신격神格을 축소하는 오류를 범하게 될 것이다."라고 주장하였다. 그는 "구천상제로서 증산은 특정한 종교의 특정한 신神일 수 없다."라고 강조했다.[63] 증산의 신격이 불교의 미륵불로 국한되어서는 안 된다는 주장이다.

증산교단의 미륵하생 신앙의 특징을 류병덕은 첫째, 미륵으로 나타날 인물을 찾으려는 태도, 둘째, 미륵의 의지를 실현할 수 있는 선택된 땅을 찾으려는 것, 셋째, 미륵彌勒하생下生의 시기를 정하고 기다리는 태도, 넷째, 미륵이 하생하기 위해서 극도의 위기를 맞게 된다는 태도, 다섯째, 대망의지待望意志로 현실을 부정하며 요행을 찾는 태도 등으로 정리하였다.[64]

4. 대순사상 미륵신앙의 과제

대순진리회의 미륵신앙이 앞으로 해결해야 할 종교적 과제는 다음과 같이 정리할 수 있겠다.

첫째, 다소 애매모호하게 제시되는 미륵신앙과 증산신앙의 경계가 더욱 분명하게 설명되고 밝혀져야 할 것이다. 대부분의 증산교단에서는 '새 세상을 다스릴 새로운 부처'

---

63 이봉호, 「전경에 나타난 '미륵'의 성격」, 『대순사상논총』 26집, 대순사상학술원, 2016, 48 · 70쪽.
64 류병덕, 「일제시의 미륵하생신앙」, 『한국미륵사상연구』, 동국대학교 불교문화연구원, 1997, 219~239쪽.

가 바로 교단의 창시자인 증산 강일순이라고 믿는다. 불교의 미륵불 신앙을 적극적으로 수용하여 증산이 바로 새로 오신 미륵불이라는 강력한 신앙 체계를 형성하였다. 이는 불교의 미륵신앙을 한국적으로 독특하게 전개한 종교현상으로 이해된다. 따라서 증산교는 불교 교리의 창조적 수용과 변용을 이룸과 동시에 그 발전적 계승을 시도한 신종교 운동으로 평가할 수 있다. 특히 증산은 자신이 살던 인근 지역에서 가장 두드러지고 유력한 종교운동이었던 금산사의 미륵불 신앙을 적극적으로 수용하고 독창적으로 변용하였다.

증산은 자기를 세상을 구원할 메시아로 자처했으며, 세계의 우주론적 변혁을 주재할 존재로 인식했다. 따라서 이러한 확신과 인식을 바탕으로 증산이 곧 '구원의 절대자'라는 믿음이 형성되었고, 불교의 구원자인 미래불로서의 미륵신앙을 적극적으로 수용한 결과가 바로 증산교단의 미륵신앙으로 제기된 것이다. 그런데 이러한 대부분 증산교단의 신앙과는 달리 대순진리회의 미륵신앙은 맥락이 약간 다르다. 한 도장에 증산의 초상화와 미륵입상을 같이 모심으로써 증산신앙과 미륵신앙을 모두 인정하고 있다. 여기서 두 신앙의 경계가 모호하다는 문제가 제기될 수 있다. 필자는 앞으로 이 부분이 해결되어야 할 종교적 과제라고 생각한다.

둘째, 금강산 토성 수련도장에 모셔진 미륵입상의 모습에 관한 종교적 설명이 필요할 것이다.

증산은 이 세상에 태어나기 전에 영적 존재로서 금산사의 미륵불상에 삼십 년 동안 머물렀다고 주장하였고, 증산의 모습이 금산사의 미륵불과 매우 비슷했다는 전언이 있으며, 스스로 금산사 미륵불로 자처했으며, 사후에는 금산사의 불양답佛養畓을 차지하겠다는 말을 남겨 금산사의 미륵불을 중심으로 독창적인 미륵신앙을 성립하였다. 그런데 대순진리회에서 모셔진 미륵금상은 금산사 미륵불상의 모습이 아니라 관촉사의 미륵불상과 모습이 흡사하다. 왜 이러한 변화가 있었을까에 대한 종교적 의문에 대해 교단 측에서는 일정한 해답을 제시해야 할 것이다. 애초에 증산이 강조한 미륵신앙의 핵심은 금산사의 미륵불상과 깊이 연관된 것이었는데, 백여 년이 지난 후에는 입상立像의 또 다른 대표적 불상인 관촉사의 미륵불상과 관련이 있는 신행을 바뀌었다. 왜 이러한 변화가 있었는지에 대해서 보다 명확한 설명이 요청된다.

셋째, 대순진리회의 미륵신앙은 불교의 미륵 하생下生의 모티브만 빌렸을 뿐이고, 불교의 미륵신앙과는 거의 관련이 없다는 점이 분명하게 인식되어야 하겠다. 미래의 먼 훗날에 이 땅에 내려오실 미륵부처님에 대한 불교의 미륵신앙이 이 땅에 이미 증산이라는 인물이 미륵불로서 강림하셨다는 믿음과 신행이 핵심인 대순사상의 미륵신앙으로 성립되고 전개되었다.

불교의 미륵하생 신앙은 전륜성왕에 의해 평정된 이상적인 세상에 미륵이 내려와 세 차례의 설법을 통해 무수히 많은 중생을 구제한다는 믿음이지만, 대순사상의 미륵신앙은 당래불當來佛로서의 미륵불이 증산으로 지상에 이미 내려와 천지공사天地公事라는 독창적인 종교적 행위로 이상사회의 지상건설을 주도했다는 믿음이다. 불교 전통에서 미륵은 '과거'가 아니라 '미래'의 부처다. 그렇지만 증산은 미륵을 자신이 살던 당대에 출현한 '현재'의 부처라고 주장했다. '아직 오지 않은 부처'가 아니라 '지금 와 있는' 부처라는 선언을 통해 불교의 미륵신앙을 독창적으로 해석하여 새로운 전통과 신앙을 수립한 것이다.

그리고 불교의 미륵불이 설법을 통해 구원하려 한다는 신앙 체계이지만, 대순사상의 미륵신앙은 창시자인 미륵불인 증산이 천지공사라는 신비한 종교적 행위로 미래의 일을 미리 확정해 놓았다는 새로운 차원의 구원을 강조한다. 이와 관련하여 대순사상의 미륵신앙이 재정립되어야 할 것이다.

넷째, 대순사상 미륵신앙의 독특한 점은 창시자인 증산을 미륵불이자 상제上帝로 믿는다는 복합성에 있다는 점이 거듭 밝혀져야 할 것이다. 증산은 불교의 이상적 존재인 미륵불인 동시에 동양 문화권의 최고 주재자인 유교적 관념에서의 이상적 존재인 상제上帝 또는 구천상제九天上帝로 받들어지고 믿어졌으며, 나아가 도교적 최고 신격인 구천응원뇌성보화천존으로도 숭배된다. 동양 문화권의 각 종교에서 신앙되는 최고 신격이자 이상적 신격이 증산이라는 한 인물에게 집중적으로 나타나는 특성을 가지는 신행이 주장되며 강조되는 것이다. 이는 여러 종교의 통합과 통일을 지향하는 한국 신종교의 고유한 입장에서 성립되고 전개된 독특한 종교적 현상과 신행으로 평가할 수 있는데, 불교의 미륵신앙이 한국 신종교의 교리 체계에 흡수되었다고 볼 수 있다.

다섯째, 불교의 미륵신앙과 구별되는 대순사상 미륵신앙만의 고유한 특성이 강조되어야 할 것이다. 불교의 미륵신앙이 미륵불이 출현하여 행할 설법을 듣고 구원받는 일방적이고 수동적인 신행信行인데 비교해, 증산교단의 미륵신앙은 증산이 행한 천지공사天地公事를 그가 짜놓은 도수度數에 따라 이 세상에서 직접 참여하고 실제로 이루어야 하는 일을 맡은 '일꾼'들의 노력과 행위에 의한 실천을 강조한다는 점이 주목된다. 미륵불의 설법을 청해 듣는 행위에 의한 일방적인 차원의 구원이 아니라, 증산 미륵불의 공사公事에 실제로 참여하고 함께 이루어나가는 실천이 더욱 강조되었다. 믿음에 의해 구원받는 것이 아니라 행동으로 스스로 구원해야 한다는 사실이 역설된 것이다. 결국 구원은 일방적으로 주어지는 것이 아니라 내가 스스로 짓고 만들어가는 공동의 실천 행위에 의해서만 가능하리라는 입장과 믿음이다. 불교에서는 미륵불을 단순히 믿고 따르는 일이 강조되었다면, 대순사상에서는 미륵불의 구원행救援行에 동참하는 일이 매우 강조된 셈이다.

여섯째, 불교의 미륵신앙을 넘어선 대순사상의 독창적인 미륵신앙 체계가 확립되어야 할 것이다. 대순진리회는 박한경 도전의 사후에 종단의 여러 사업에 대한 결정권이 함께 사라진 상태다. 현재 대순진리회는 교단 간부들로 이루어진 회의체를 통한 의결을 거친 후 공론화 과정을 통해 여러 사업과 신행의 요목들이 결정되는 실정이다. 대순사상 미륵신앙의 중심을 잡아야 향후 신행의 바람직한 척도를 마련할 수 있을 것이다. 앞으로 불교의 미륵신앙과는 맥락과 결을 달리하는 대순사상 고유의 독창적인 미륵신앙을 확립하고자 할 때 예상되는 많은 문제점을 예상하고 그 해결을 위한 작업에 더욱 집중해야 할 것이다.

5. 맺음말

미륵은 불교 전통의 맥락에 놓여 있을 때 이미 '미래'에 올 존재였다. 따라서 미륵불은 석가, 관음, 아미타보다 다음 세상의 지배자이자 구원자로 선택되기에 적합했다. 이와 관련하여 증산교단의 미륵신앙에서 미륵의 시간도 가까운 역사적 미래에 놓여 있다. 석가불로 대변되는 현재의 세상은 쇠락하고 멸망해야 할 낡은 세계로 인식된다. 반면 미륵불로 믿어지는 증산이 주도할 이 세상은 쇠락한 세계를 대체할 새로운 시대, 곧 혁세革世의 상징이 된다.

금산사의 미륵전을 중심으로 찾아들었던 대부분의 미륵 신자는 증산교 계통의 신종교 신도들이었다. 이들의 미륵신앙은 불교의 전통적인 미륵신앙과는 다른 형태로 전개되었다. 이에 전통적인 불교의 미륵신앙을 전개하기 위해서 이종익李鍾益(1912~1991)은 불교십선운동본부佛敎十善運動本部를 조직하고, 훗날 조계종의 총무원장이 된 송월주宋月珠(1935~2021)는 미륵정신회彌勒正信會를 조직하기도 했다.

증산을 미륵불로 신앙하는 일은 어디까지나 믿음의 영역에 속하는 문제다. 어쨌든 여러 증산교단에서 교조인 증산을 미륵불로 믿고 불교적 교단 명칭을 사용하는 교파를 세웠다는 사실 자체가 불교의 미륵신앙을 나름대로 한국 신종교의 맥락에서 적극적으로 수용한 결과였다. 미륵불교, 대한불교법상종, 용화교, 용화사, 대한불교미륵종 등의 교단 이름은 얼핏 보면 불교의 한 종파로 보기 쉽다. 그러나 그 구체적인 교리를 살펴보면 증산 강일순을 미륵불로 모시는 단체라는 사실을 알 수 있다. 불교의 교리가 한국 신종교의 교리로 변용된 것이다. 따라서 이러한 신행은 '불교 미륵신앙의 한국적 변용'으로 이름할 수 있겠다.

불교의 고유한 미륵신앙과는 다르게 교단의 창시자가 미륵불로 오셨다는 믿음을 각자 나름대로 전개하는 형식으로 전개된 한국 신종교 특히 증산교단의 미륵신앙은 주목할 만한 특유의 특징을 지닌다. 증산교단에서는 미륵불이 인간 세상에 인간의 몸으로 현현하였다는 하생下生 신앙을 특히 강조한다. 여기서 미륵불은 내생이 아니라 현생에서 인간 구원을 위해 헌신한다고 믿어진다. 도솔천에서 설법하는 미륵불이 아니라 이 세상에 몸을 나두어 인류 구원의 대업을 이루어나갈 것으로 믿어지는 것이다. 그렇지만 아득히 먼 미래의 특정 시점에 이 세상에 내려올 것으로 기대되는 미륵불의 하생이 아니라, 지금 이 땅에 내려온 미륵불이 요청되는 각종 정치 · 사회적 요구에 따라 동아시아 문화권에서는 역사적으로 미륵불을 자처하는 사람들이 간혹 있었다. 때로는 정치적 군왕의 모습으로, 때로는 종교적 단체의 수장으로 미륵불을 자처하는 인물들이 등장한 것이다.

한국 근대종교사에서도 증산이 미륵불을 자처했다. 그는 금산사의 미륵대망彌勒待望 신앙에 주목하고 이를 적극적으로 수용하여 자신의 독창적인 종교행위인 천지공사天地公事와 연관시켰다. 증산은 스스로 미륵불로 자처하고 그 자격과 권능으로 우주의 질서를 근본적으로 변혁시키는 천지공사를 집행한다고 선언한 것이다. 사실 여부와 실현 여부는 믿음의 영역에 있는 문제이지만, 그 종교적 천재성이 번뜩임은 부정할 수 없는 엄연한 역사적 사실이다. 그리고 증산에게 있어서 이상사회의 현실적 건설이 목표로 상정된다. 현세 구원의 관점에서 미륵신앙이 변용되어 이해된 것이다.

그리고 대순사상의 미륵사상은 미륵의 세상을 지금 여기서 만들어 나가자는 도덕적 실천 운동과 자각을 요청하는 신행으로 전개될 필요가 있다. 무조건적 주장으로 내가 믿는 종교의 창시자가 미륵불이라는 독선적인 믿음은 자칫하면 이웃 종교를 무시하는 오만으로 나타나기가 쉽다. 나를 철저히 낮추고 미륵불을 모시는 마음과 행동은 어떻게 하면 될 것인가를 화두話頭로 삼아 현재의 관점에서 이상사회를 지상에 이루려는 온갖 노력이 뒤따를 때 비로소 미륵의 세상이 점차 다가올 수 있을 것이다.

믿음과 이상은 행위와 실천을 통해서만이 현실로 실현될 수 있다. 용화회상龍華會上이라는 이상향이 저절로 이 세상 펼쳐지는 것은 아닐 것이다. 미륵불의 설법을 듣고 이를 믿고 따르는 중생들의 끊임없는 오랫동안의 노력이 쌓일 때 비로소 이 땅에 용화의 이상세계가 이루어질 수 있을 것이다. 미륵하생 신앙은 미륵불의 설법이 전제된다면, 대순사상의 미륵신앙은 증산의 천지공사가 전제되는 이상사회관理想社會觀을 주장한다. 현대의 미륵불 선양 운동인 십선十善 운동과 증산교단의 미륵신앙의 접점을 찾아 미륵불을 모시고 미륵불의 온전한 정신을 이 땅에 구현하고 실천하여 진정한 의미에서 스스로 구원하는 미륵의 세상을 만들어가는 것이 지금 여기서 우리가 해야 할 일이 아닐까? 불교계와 증산교단의 겸허한 자성과 구체적인 실천을 촉구하면서 글을 맺는다.

제6장

증산교단甑山教團 성립과 전개의 역사

머리말
증산교단 성립의 배경과 요인
증산교단의 성립과 전개
증산교단의 전개과정
증산교단사의 특성과 의의
맺음말

제6장

증산교단 성립과 전개의 역사

1. 머리말

종교는 구원救援과 제도濟度라는 그 근본 목적을 달성하기 위해 조직과 형식을 갖추기 마련인데 이를 교단이라고 부른다. 그러므로 교단은 특정한 종교의 교조敎祖나 창시자創始者의 정신을 실현하기 위한 수단이자 도구라고 말할 수 있다. 따라서 교단은 같은 종교를 신봉하는 신자 집단을 가리키며, 교단은 구성원들과 함께 종교의 목적을 달성하기 위한 제도, 조직, 의례 등을 갖추고 있다. 즉 종교 집단의 조직 운영과 관리를 위해 교단이 형성된다. 시간이 흐름에 따라 교권敎權의 수호라는 명분 아래 교조 정신의 올바른 계승이라는 이른바 '정통성'을 내세우며 다양한 교파敎派로의 분열이 발생하기 마련이다. 여기서 교파란 종교의 분파分派를 가리키는 말이다.

인간은 누구나 죽기 마련이다. 그러나 몇몇 위대한 인물들은 그의 죽음 이후에도 오랫동안 후대인들의 기억에 여전히 남아 있고, 특수한 방식으로 기념된다. 특히 몇몇 종교적 인물들은 그들의 삶과 행적을 통한 특별한 가르침이 후대에 전승되고 사람들에 의해 추앙되고 믿음으로까지 전개된다. 보통의 인간들은 그가 죽은 후 얼마 지나지 않아 그 직계 후손들의 기억 속에서조차 사라지기 마련이다. 반면에 몇몇 특별하고 위대한 인물들은 초월적이고 신비한 존재로 신성화神聖化 내지 신격화神格化되는 작업을 거쳐 궁극적인 신앙의 대상이 된다.

인류가 전개해 온 역사에서 일부 특출한 인물들에 대해서는 그들의 생애와 교훈에 감화받은 후대인들에 의해 그를 숭앙하는 단체가 형성되기도 한다. 단순히 존경받을 만한 세속적 위인偉人에서 벗어나 지고至高한 종교적 신앙 대상으로까지 승화되는 것이다. 이러한 몇몇 종교적 인물들은 그들의 삶과 가르침에 관한 이야기가 후대에도 계속해서 반복되며 전승되고 기념된다. 특히 그들의 사망일은 물론 이제는 탄생일까지도 기념되는데, 이는 종교 교단의 정기적인 의례의 형태로 정립되기에 이른다. 일반적으로 동양 문화권에서는 죽은 4대代 조상까지는 봉사奉祀한다. 특정한 인간이 생명을 지닌 상태로 후손을 만날 수 있는 최대의 기간이 4대代라고 여겨지기 때문이다. 가끔은 위대한 업적과 공적을 쌓은 인물들은 특별히 불천위不遷位로 모셔지기도 하며, 때로는 위패, 영정, 동상의 형태로 특별하게 모셔지기도 한다.

특별히 어떤 종교적 인물들의 생애와 가르침에 관한 이야기들은 일관된 주제 의식과 관점에서 집대성되어 이른바 '경전經典'의 형태로 정리되어 일정한 체계화 과정을 거쳐 교단의 주요 근거와 신앙의 내용이 된다. 어떤 경우에는 특별한 계시를 통해 교조나 창시자와 만났다고 주장하거나, 일정하고 특별한 수련과 훈련을 통해 신비체험을 겪었다고 주장하면서 새로운 형태의 교단이 형성되기도 한다. 따라서 세속적 존경을 받는 위인보다도 성聖스러운 세계에 속한다고 믿어지는 종교 인물의 생명력이 이미 죽은 자들 가운데 기념되고 추억되는 인물 중에서도 가장 강력하고 그 영향력도 매우 크다. 따라서 이들 종교 인물의 생애와 교훈은 일정한 교리로 성립되고 시간의 흐름에 따라 이에 대한 다양한 해석이 내려져서 여러 교단으로 성립되어 전개되기도 한다. 애초에는 하나의 교단으로 출발하지만, 곧 여러 다양한 형태의 교파로의 분열상이 나타나기 시작하는 것이다.

이 글에서는 증산甑山 강일순姜一淳(1871~1909)의 사례를 살펴봄으로써 그의 사후에 교단이 성립되고 전개되는 과정을 알아보고자 한다. 역사적 실존 인물인 증산이 과연 어떤 과정을 거쳐 '증산상제甑山上帝' 또는 '증산 하느님'으로 믿어지는지를 분석하며, 그 종교적 내용과 의미를 고찰하고 나아가 그 종교적 의의를 분석하겠다.

증산교단은 단기간에 교파 분열이 극에 이른 교단이다. 증산이 죽은 후 최초의 교단이 성립된 1911년 이후 불과 백여 년 만인 현재까지 다양한 증산 신앙을 주장하는 무려 130여 개의 교단이 세워졌을 정도다. 물론 지금은 역사의 무대에서 사라진 교단들도 상당수 있지만, 여전히 많은 증산교단의 역사가 엄존하는 상황이다. 교단의 분열은 지도자의 교권 장악에 대한 욕심, 조직이나 교단의 운영 문제에 대한 이견, 교리와 신행에 대한 이견과 불만 등이 원인이다. 어쨌든 증산교단의 역사는 '교단의 성립과 전개 과정'을 살필 수 있는 가장 모범적 사례가 분명하다. 따라서 증산교단사는 종교단체 즉 교단이 성립되고 분열되는 과정을 관찰할 수 있는 매우 적절한 연구 대상이기도 하다.

증산교단의 역사에 대해서는 이정립李正立(1895~1968)의 『증산교사』(1977)와 홍범초洪凡草(1935~2001)의 『범증산교사』(1988)가 대표적인 업적이다. 『증산교사』는 이정립이 생전에 집필했던 것을 그의 사후에 유고로 간행한 것으로, 그가 직접 전해 들었던 증산교단사의 초기에 일어났던 중요한 사건들에 대해 비교적 객관적으로 서술하고 있는 책이다. 사건 중심의 교단사라고 평가할 수 있다.

『범증산교사』는 여러 사진 자료와 각 교단 신단神壇의 구조와 형식 등을 포함하여 증산교단의 각 교파에 대해 해당 교단들에서 간행된 경전 내용, 단편적 기록, 구술 자료 등을 적절하게 배분하여 서술한 책이다. 특히 『범증산교사』는 증산교단의 여러 교파에서 간행했던 저작들에 대한 세밀한 목록이 첨부되어 있어서 관련 연구에 있어 훌륭한 지침과 신빙성이 높은 자료들을 제공하고 있다는 점이 특기할 만하며 주목된다.

이후 오랫동안 증산교단사와 관련된 저작이 나오지 않았는데, 최근에 전경현이 편찬한 『범증산종단사』(2019)가 인터넷에 공개된[1] 이후로 상당한 양의 관련 정보가 확보되었다. 증산교단의 최근 분파의 역사와 상황은 물론 해당 교단의 대표적 인물들에 대해서도 비교적 많은 정보가 수록되어 있어서 증산교단의 현황에 대해 자세히 알 수 있는 훌륭한 저술이다. 더욱이 해당 교단을 서술하면서 현장에서 직접 찍은 컬러사진들을 적절하게 배합하여 기록한 점이 주목된다.

---

1 '다음 까페'에서 '범증산도생방'을 검색하면 볼 수 있다.

그런데 증산교단의 역사를 서술한 이들 세 권의 저술들은 증산교단 여러 교파의 지난 역사에 대한 정보는 비교적 잘 정리되어 있지만, 그 자료에 대한 적극적인 해석과 의미 부여에 대한 시도는 거의 하지 않고 있다는 일정한 한계가 있다. 각 교단을 창시한 인물들에 대해서도 객관적인 사실을 나열하는 수준에 머물렀을 따름이며, 객관적인 차원의 세밀한 '분석'을 시도하지는 않았다. 물론 이러한 저술들이 기본적인 '서술'을 위주로 하는 작업이었고, 특히 이정립과 홍범초는 교단의 운영에 직접 참여했던 인물이었다는 점을 고려하고, 주어진 시대적 상황과 한계를 생각한다면 매우 의미가 있는 성과라는 사실은 분명하다.

이에 필자는 자료를 넘어선 '해석'을 지향하며, 특히 일정한 범주로 엮어 '분류'하고 '유형별 정리'를 시도하여 관련학계에 공식적으로 보고하여 향후의 모범적 논문을 기대하면서 한층 객관적 입장의 연구 성과를 제공하고자 노력한다. 증산교단의 성립 과정에 대한 객관적이고 분석적인 연구를 통해 본격적인 연구를 유도하는 기초연구로서의 성격이 강조되는 이유가 바로 여기에 있다. 이는 향후 증산교단의 역사를 연구하는 데 작업에 필수적인 자료와 논문을 제공하기 위한 연구라는 의의도 있다. 보다 종합적이고 체계적이며 객관적 입장의 연구를 표방하면서 이 연구는 진행될 것이다.

2. 증산교단 성립의 배경과 요인

대부분 종교 교단의 창시자나 교조는 자신이 살아있는 동안에는 특별한 조직을 형성하지 않았다. 다만 그의 가르침과 행적을 믿고 따르는 사람들이 있었을 따름이다. 창시자 또는 교조의 죽음 이후에 그를 직접 만나보고 느낄 수 없었던 사람들이 그를 기억하고 추모하는 과정에서 하나의 독립된 교단 조직이 형성되기 시작하는 경우가 대부분이다. 이는 증산교단의 창시자나 교조로 받들고 믿어지는 증산甑山 강일순姜一淳(1871~1909)의 사례에도 마찬가지로 적용된다. 증산은 그가 살아생전에는 교단을 조직한 일이 없었다. 다만 증산을 믿고 따르는 사람들 즉 '종도從徒'들이 있었을 뿐이다.

증산교단은 다양한 신행信行을 보이며 상당한 수의 교단들이 분립하는 활발한 역사를 지녔다. 따라서 증산교단은 세계종교사에서도 그와 비슷한 사례를 도저히 찾아보기 힘들 정도로 풍부하고 다양한 신앙의 역사를 자랑하며 교파들이 제각기 나뉘어 전개된 역사를 보인다. 교조인 증산甑山 한 사람을 두고도 증산교인들은 상제上帝, 미륵불彌勒佛, 호천상제昊天上帝, 구천응원뇌성보화천존九天應元雷聲普化天尊, 천주天主님, 후천천황씨後天天皇氏, 아버님, 어머님 등 다양한 호칭으로 부르고 믿어왔으며, 그 신격神格을 여러 형태의 상징과 위패로 모시기도 했다.

증산교단은 과연 어떻게 해서 그렇게도 많고 다양한 교단을 형성하게 되었으며, 그 원천이나 원동력은 무엇이었는지를 알아보는 일은 증산 신앙의 다양한 양상과 그 종교적 의미를 파악하는 일이며, 나아가 증산교단들의 공통분모가 되는 신앙은 과연 어떠한 것인지를 탐구하는 일이기도 하다. 다양성을 살펴봄으로써 그 속에 숨겨진 공통 분모를 고찰하는 일도 이 연구의 한 목표다. 이러한 연구를 통해서 비로소 '증산 신앙의 본질'을 이해할 수 있을 것이며, 그 종교사적 의의와 위상을 정립할 수 있을 것이다. 특히 이 연구를 통해 증산 신앙의 형성과 성립 과정을 증산의 후계자들을 중심으로 살펴봄으로써 하나의 독립된 교단을 세운 인물들에 관한 더욱 진전된 객관적인 연구가 이루어지는 계기가 마련되어 '종교적 인물의 경향성'을 파악하고 이해할 수 있을 것이며, 향후 '신종교 교단의 형성 과정'을 일정하게 전망할 수도 있을 것이다.

그렇다면 증산의 후계자들은 왜 교조인 증산을 열렬히 신앙하며, 어떻게 신앙했는가, 그리고 어떤 경로를 통해서 독립된 교단을 세울 수 있었는가, 그들이 행한 일은 어떠하고, 그 사회적 · 종교적 함의는 과연 무엇인가 등등의 의문을 해결하기 위한 한 방법으로서 이 연구는 진행된다. 최종적으로는 증산의 후계자들이 과연 어떤 사회의 건설을 꿈꿨으며, 그 행위의 주된 것은 무엇이었는가와 그 결과는 어떠했는가에 대해서도 나름대로 일정한 해답을 제시하고자 노력하겠다.

경전의 체계화 과정과 함께 주문呪文과 의례儀禮의 확정 과정을 거쳐 독립된 하나의 교단이 비로소 성립된다. 그들 과정에 대해 면밀하게 분석함으로써 비로소 증산교단의 종교사적 의의와 후대에 미친 영향을 확인할 수 있을 것이다. 증산이 이 세상을 떠난 후에

도 잊히지 않고 그의 행적과 가르침을 전언傳言이나 기록記錄을 통해 접한 후계자와 그들의 계승자들에 의해서도 독립된 교단들이 제각기 형성되었다. 증산과의 직접적인 접촉이나 명백한 영향을 입지 않은 상태에서도 독립된 형태의 새로운 교단들이 성립될 수 있었다. 때로는 증산과의 영적靈的인 만남을 강조하거나 증산이 남긴 말씀에 대한 새로운 해석을 강조하면서 새로 교단을 창립하기도 했다. 나아가 증산에 대한 새로운 인식과 이해를 바탕으로 교단 창립을 선언하거나 계시나 신비체험을 강조하면서 새 교단을 세우기도 했다.

그렇다면 과연 구체적으로 어떤 경로와 방법을 거쳐서 이러한 일이 가능한 것인가? 이러한 근본적이고 본질적인 질문에 대한 학문적 접근방법의 하나로 이 연구는 기획되고 진행될 것이다. 어떤 인물이 '왜' 그리고 '어떻게' 해서 하나의 독립 교단을 형성할 수 있었는지 세밀하고 구체적인 분석을 시도하는 것이 이 연구가 지향하는 바이다.

1) 증산의 죽음

증산의 죽음은 '화천化天'[『증산천사공사기甑山天師公事記』(1926), 『대순전경大巡典經』 초판(1929), 2판(1933), 3판(1947), 4판(1949), 5판(1960), 6판(1965)][2] 또는 '천화天化'[『이사전서二師全書』(1935)]로 표현된다. "근원 자리인 하늘로 돌아간다."라는 뜻이다. 이 외에도 증산의 죽음을 "신선神仙이 되어 영생을 얻었다."라는 의미로 선화仙化라고 표현하기도 한다.[3]

증산은 죽기 10일 전부터 "식사를 끊고 소주燒酒만 마시는" 일반인으로서는 이해하기 힘든 행동을 했다고 전한다.[4]

> 기유년(1909) 유월 초 열흘 날 … 이로부터 음식을 끊으시고 간혹 소주燒酒만 마시셨다. …

---

2 증산교단의 경전성립사에 대해서는 김탁, 『증산교학』(미래향문화, 1992)을 참고하시오.

3 홍우, 『동학문명』, 일조각, 1980, 5쪽; 김탁, 『증산 강일순』, 한국학술정보, 2006, 113쪽.

4 『증산천사공사기』, 상생사, 1926, 143면; 『대순전경』 9장 26절.

스무이튿날 형렬을 명하사 보리밥 한 그릇을 지어 오게 하사 쉬었음을 보시고 인因하여 절록絶祿되었음을 선언하셨다. … 스무 나흗날 오전에 화천化天하시니, … 기유己酉 6월 24일 서력西曆 1909년 8월 9일이라. …[5]

증산은 죽기 하루 전에 "사람의 죽고 삶은 쉬우니, 몸에 있는 정기精氣만 흩으면 죽고 다시 합하면 산다."라고 말하고, "내가 천하사天下事를 도모하기 위해 지금 떠나려 한다."라고 말했다고 전한다. 이러한 기록은 증산이 죽은 것은 '단순한 죽음'이 아니라, 스스로 음식을 끊고 죽은 뒤에 천하사天下事를 도모하기 위해서 어쩔 수 없이 받아들인 '의도된 죽음'이고 '예정된 죽음'임을 알리고자 한 것이다.

『증산천사공사기』(1926)에는 증산이 허망하게 죽자 거의 모든 종도從徒가 떠나갔고, 김형렬, 차경석, 박공우, 김자현, 김갑칠, 김덕찬 등 6명만 남아서 조촐하게 장례를 치렀다고 기록하였다.[6]

2) 금산사 미륵불에 대한 치성致誠

증산은 "또 가라사대 내가 금산사金山寺로 들어가서 불양답佛養畓이나 차지하리라."(9장 9절)[7]와 "또 가라사대 내가 금산사金山寺로 들어가리니, 나를 보고 싶으면 금산사로 오라."(9장 11절)라는 말을 남겼다. 이러한 증산의 말을 기억하고 증산이 죽은 후에도 그를 따르던 종도들은 먼저 금산사로 가서 치성을 올리기로 작정한다.

… 7월 그믐께 차경석과 김광찬이 김형렬을 방문하고 장래 일을 의논할 새, 차경석이 가로

---

5 이정립, 『증산교사』, 증산교본부, 1977, 40쪽.

6 이정립, 위의 책에는 "김형렬, 차경석, 박공우 등 3~4인이 남아서 치상(治喪)하여, 구릿골 뒷산 장탯날에 초빈(草殯)하였다."라 했다.

7 이 글에서는 증산교단의 공통적이고 대표적인 경전인 『대순전경』 6판(1965)을 대표적인 인용 자료로 삼는다.

대 "천사天師께서 당신當身이 곧 미륵불彌勒佛이라고 말씀하셨고, 또 화천化天하실 때에 금산사金山寺로 들어가리라 하셨으니, 우리가 이제 미륵전彌勒殿에 참배參拜하여 당신當身을 대한 듯이 정성을 들여 취取할 길을 생각하면 반드시 당신의 감화感化를 받아 깨달음이 있으리라." 하니, 모두 옳게 여겨 치성물致誠物을 준비하여 금산사에 들어가니 …[8]

증산의 종도들이 금산사에 이르자 어떤 늙은 여신도가 금산사의 돌문 밖에서 기다리다가 그들을 환영하였다. 그녀는 자신의 지난밤 꿈에 금산사 여러 불타佛陀와 오백나한과 호위 신장들이 일제히 돌문 밖에 나와서 어느 거룩한 행차를 맞아들이는데, 그 행차 뒤에 그대들이 따라오는 일을 보았노라고 말했다. 여기서 "어느 거룩한 행차"는 증산의 행차를 가리키는 말인 듯하다.

어쨌든 김형렬, 차경석, 김광찬 등은 미륵전彌勒殿에 들어가 참배하고 종이에 '옥황상제지위玉皇上帝之位'라고 써서 미륵불의 몸에 붙이고 치성致誠을 올렸다.[9] 치성을 올린 후에는 위패位牌 종이를 떼어 사실私室에 가서 벽壁에 붙여 모시고 각기 정심正心하여 증산甑山을 사모思慕하더니, 김형렬이 문득 신안神眼으로 석가불釋迦佛의 말을 가로막는 미륵불彌勒佛의 모습을 보았다고 한다. 그러나 더 이상의 '말씀'을 듣지 못한 이들은 공부를 파하고 돌아왔는데, 그날이 바로 8월 1일이었다고 전한다. 증산은 자신이 죽기 직전에 "8월 1일에 환궁還宮하리라."라고 말한 적이 있었다.

3) 종도들의 대선생代先生 찾기

금산사의 치성이 헛일로 돌아간 후, 이윽고 종도들은 이제 생전의 증산을 대신할 만한 스승을 찾기로 하고 각자 흩어져 사방으로 돌아다니기 시작했다.

---

8 이정립, 『증산교사』, 증산교본부, 1977, 41쪽.
9 위의 책, 41쪽.

… 이 뒤로 종도從徒들은 천사天師와 같은 다른 스승을 찾아보려고 두세 넷씩 작반作伴하여 사방으로 돌아다녔다. …[10]

그러나 이 일마저 결국 실패로 끝나버리자, 종도들은 개인적으로 치성을 올리거나 자기 수련에 들어갔다.

4) 태을주太乙呪의 기적

그런데 증산이 생전에 무척 강조했던 태을주를 읽자, 병자가 낫는 이적異蹟이 발생하여 증산에 대한 신비한 이야기들이 널리 퍼지기 시작했다. 이 일은 훗날 교단이 성립되는 결정적이고 중대한 분기점이 되었고, 후대에도 많은 영향을 끼쳤다.

1910년 2월에 종도 김경학金京學이 증산을 대체할 스승을 찾아다니다가 실패하고 고향 집에 돌아오니, 마침 그의 노모가 급병急病으로 사망하였고 가족들이 상을 치를 물품을 준비하기에 바빴다. 이에 김경학이 "내가 만고대신인萬古大神人을 따르다가 노모상老母喪에 종신終身하지 못하게 됨을 스스로 믿지 못하겠노라."라며 대성통곡大聲痛哭하였다.

… 일시一時에 마음을 돌려 천사天師께 빌고, 태을주太乙呪를 외우니, 문득 노모가 살아나는지라. 경학은 이로부터 "태을주로 사람을 많이 건으리라." 하신 천사의 말씀을 깨닫고, 천사의 화권化權이 자기에게 전傳하여졌다는 자신自信을 얻어서 이웃 마을에 병자病者가 생기면 자청해 가서 태을주를 외워서 고쳐주니, "경학이 신의神醫가 되었다."라는 소문이 전파되기 시작하였다. …[11]

태을주를 읽자 죽었던 김경학의 노모가 다시 살아나는 엄청난 기적이 있었다는 이야

---

10 이정립, 『증산교사』, 증산교본부, 1977, 42쪽.
11 위의 책, 42쪽.

기다. 이러한 믿기 힘든 사실을 몸소 체험한 김경학은 "태을주가 사람을 살리는 주문"이라고 확신하고, 주변에 병자가 있다는 말만 들으면 자청해서 그들을 구하기 위해 나섰다. 이 과정에서 평범한 인물이었던 김경학이 신적인 권능을 지닌 의사가 되었다는 소문이 퍼졌다고 한다. 예로부터 특정한 종교의 발생에는 반드시 '기적적인 치병治病'에 관한 이야기가 빠짐없이 있기 마련이다. 아무리 훌륭한 교리를 지닌 종교라 하더라도 실제적인 인간의 고통을 구할 수 있어야 그 확산이 가능한 것이다.

당시 놋점에 살던 유의경이라는 사람이 장티부스에 걸려 죽게 되었다가, 김경학의 소문을 듣고 찾아가서 시료施療를 청하자, 김경학이 "밤에 청수淸水를 올려 기도하고 태을주를 외우니" 유의경의 병이 며칠이 지나 완쾌되었다. 이에 유의경이 김경학에게 주문呪文을 읽어 큰 병이 치료되는 이유를 묻자, 김경학이 "증산甑山의 신성神聖하심을 말하여 신앙의 길을 인도하고, 유의경을 데리고 금산사金山寺에 이르러 미륵전彌勒殿에 치성을 올린 뒤에, 증산이 생전에 거처하던 구릿골 약방에 이르러 증산의 유적遺蹟을 참관하게 했다."라고 한다. 김경학이 다른 사람에게 '태을주의 기적'이 있게 된 원인과 근거를 '증산의 말씀과 가르침'이라고 전한 일이 포교布教의 시작이었던 셈이다. 교조의 '말씀의 전달'과 '행적의 답사'가 특정 종교의 시작이요 첫걸음이었음이 확인되는 대목이다.

이때 유의경이 약방 벽에서 "봉명개훈奉命開訓"이란 글자가 적힌 종이와 큰 '날 일日'자가 쓰인 종이를 발견하고, 집에 돌아와 청수를 올리고 태을주太乙呪를 외우니 문득 신안神眼이 열리며 기적奇蹟이 나타나 "소문을 듣고 찾아오는 사람이 날로 많아져서 비로소 포교가 개시되었다."라 한다.[12] 김경학의 인도로 증산을 '만난' 유의경은 자신만의 독특한 체험을 하였다. 그리고 유의경은 김경학이 가르쳐준 대로 "청수淸水를 올리고 태을주를 외우는 행위"를 따라 했다. 이러한 신행을 거듭한 결과 이제는 유의경도 "신안神眼이 열리며 기적이 나타나는 이적"이 일어났다. 그리고 이 일도 소문을 타고 사람들이 많이 찾아와 '포교'가 본격적으로 시작되는 계기가 되었다.

---

12 이정립, 『증산교사』, 증산교본부, 1977, 43쪽.

… 이로부터 태을주太乙呪를 읽으면 신神의 감화感化가 내리는 줄을 알게 되어, 드디어 태을주를 읽는 것으로 포교 방법을 정하게 되고, 종도從徒들도 이로부터 태을주를 읽는 것으로 수련修鍊을 행하기 시작하였으니 …[13]

태을주를 읽으면 병든 사람이 기적적으로 낫는 일이 결정적인 계기가 되어 증산은 사람들의 기억에 다시 '소환'되었고, 그의 말씀과 행적에 대한 신기한 이야기들이 널리 알려지게 되었다. 이러한 배경에 의해 증산을 믿는 집단이 성립되는 실마리가 형성되기 시작했다.

"천사天師 경학의 집에 대학교大學校를 정하시고, 가라사대 이 학교가 크리라. …" … 하시니라. (7장 1절)

태을주를 읽어 병든 사람들을 고치는 기적적인 사건이 생기고, 증산에 대한 신비한 이야기들이 퍼지기 시작한 일을 『증산교사』(1977)에서는 위에 인용한 증산의 말이 정확하게 응험한 것으로 서술한다. "큰 가르침이 시작되는 곳"을 김경학의 집으로 정했던 증산의 천지공사天地公事가 응험하여 비로소 김경학으로부터 태을주의 기적이 일어날 수 있었고 후대의 많은 증산교단이 성립 · 전개되는 결정적 계기가 되었다고 평가하는 것이다. 대부분의 교단이 교조나 그 후계자들이 질병을 치료하는 일에서 비롯되었던 역사가 증산교단의 역사에도 그대로 적용되는 것이다. 어쨌든 '태을주의 기적'이 증산교단 성립사의 첫머리를 장식한다.

---

13 이정립, 『증산교사』, 증산교본부, 1977, 43쪽.

3. 증산교단의 성립과 전개

특정한 종교 교단이 과연 어떤 과정을 거쳐 어떻게 생겨나는지에 관한 연구는 종교 연구에 있어서 핵심적인 주제가 된다. 그리고 특정 교단의 창시자나 교조의 생애에 있어서 그의 가르침과 행적에 특별한 감화를 받은 인물들이 그의 사후에도 여전히 그를 기억하고 추모하며, 그의 가르침과 행적을 특별하고 독창적인 형태로 새롭게 재구성하여, 이를 바탕으로 하나의 새로운 교단을 세우는 것이다. 교조 또는 창시자의 사후에 결성되는 특정 교단의 성립 과정에 관한 연구는 종교의 발생이론을 살피는 일과 직결된 문제다. 오래전에 성립 · 전개 · 발전된 기성종교의 교단 형성 과정을 알아보는 일은 시간을 많이 거슬러 올라가야 하기에 어려움이 무척 많을 수밖에 없는 매우 힘든 일이다. 이에 비해 신종교의 발생 과정은 비교적 최근에 일어난 생생한 사건으로 기억되고 전승되기 때문에 이에 대한 접근과 연구가 손쉬울 수 있다. 바로 이러한 관점과 맥락에서 신종교의 교단 성립과 전개 과정을 연구하는 일은 곧 종교의 발생이론 문제와 긴밀하게 연결되어 있다.

지금까지 특정한 교단의 교조敎祖들에 관한 연구는 많이 있었고, 그들의 생애와 가르침 그리고 행적에 관한 연구는 많았다. 그런데 하나의 종교 교단이 새롭게 탄생하기까지 실제로 중요한 사실은, 그 교조의 역사적 삶이 끝난 후에도 그의 정신과 가르침을 이어받은 후계자와 계승자들에 의해 새로운 교단으로 탄생할 수 있었다는 점이다. 이는 엄연한 역사적 사건과 진실이 분명하다. 특정한 교조를 믿고 따랐던 후계자와 계승자들의 활발한 활동이 없었더라면, 제아무리 훌륭한 가르침과 업적을 남긴 교조라고 할지라도 자칫하면 역사의 뒤편에 영원히 묻혀버렸거나 시간의 흐름 속에 사라져 버렸을지도 모른다. 따라서 한 교단의 창립 과정에 있어서 교조의 중요성과 거의 맞먹을 정도로 그의 후계자와 계승자들의 역할은 지대한 영향을 미친다. 그렇다면 “이른바 특정 종교 교단의 교조로 숭앙받는 인물의 후계자와 계승자들은 과연 어떠한 입장과 배경에서 하나의 독립된 새로운 교단을 형성하고 조직할 수 있었는가?”라는 근본적인 의문과 문제가 제기될 수 있다.

특정 교단의 창립에 있어서 후계자와 계승자들의 영향은 교조와 마찬가지로 매우 중요하게 인식되고 조명받아야 마땅하다. 바로 이러한 관점에서 본 연구는 증산에 관한 연구를 벗어나 이제는 증산의 가르침과 정신을 계승하여 독자적인 교단을 형성했던 수많은 증산의 후계자와 계승자들에 관한 연구를 시도하는 것이다. 증산교단을 형성한 것은 교조인 증산이 아니라 어디까지나 증산의 후계자와 계승자들이었다. 따라서 증산의 후계자와 계승자들에 관한 연구는 곧 증산교단의 형성과 성립의 역사를 고찰하는 일이 될 것이다. 교조의 가르침과 행적에 관한 연구도 중요한 일이지만, 이제는 그 주목과 관점을 바꾸어 교조의 후계자나 계승자에 관한 연구도 반드시 있어야 하며 요청된다. 이제는 교조가 아닌 교조의 후계자와 계승자들에 관한 연구를 통해 교단의 성립과 전개 과정에 대한 천착과 연구가 필요한 시점이다.

교조나 창시자들이 이른바 교단을 형성한 경우는 거의 없다. 그는 자신의 가르침과 언행을 따르는 사람들을 거느렸을 따름이다. 교조의 사후에 그를 기억하고 추모하는 자세에서 새로운 교단을 형성한 것은 분명 교조의 후계자와 계승자들이었다. 그럼에도 불구하고 이제껏 한국 신종교의 여러 교단에 관한 연구는 해당 교조들에만 주목했을 뿐이고, 그의 사상과 가르침을 온전하게 계승, 발전시켜 새로운 종교 단체를 성립한 후계자와 계승자들에 관한 연구와 관심은 거의 없었던 실정이다.

이제 특정 교단을 대표하는 교조敎祖의 후계자들에 주목한 연구 성과들이 나와서 더욱 풍성하고 제대로 서술된 진정한 의미의 해당 종교의 교단사가 새롭게 완성되어 그 교단들의 가르침과 특성이 분명하게 다시 밝혀져야 할 시점에 서 있다. 특정한 교단의 대표자인 교조에 관한 연구를 넘어서, 바야흐로 그의 정신을 이어간 후계자와 계승자들에 관한 본격적인 연구와 관심이 더욱 필요한 궁극적인 이유가 바로 여기에 있다. 하나의 독립된 교단을 세운 '창교創敎'의 실제적이고 핵심 주인공들인 이들 교조의 후계자와 계승자들에 대한 주목과 집중적 연구는 신종교 발생에 대한 기초 자료로서 기능할 수 있으며, 장차 이러한 자료들을 집대성하면 종교 발생의 원인을 파악하는 이론의 최종 완성을 지향하는 연구 성과가 될 수도 있을 것으로 전망된다.

비교적 가까운 시기에 확실한 자료로써 검증이 가능한 순서와 과정을 밟아 성립되는 신종교 교단의 전개 과정을 자세히 고찰하고 분석하는 일을 통해 비로소 그 옛날 하나의 종교단체가 결성되는 과정을 거슬러 이해할 수 있는 것이다. 교단의 전개 과정을 고찰하는 일에는 교조의 생애와 사상을 연구하는 일보다는 오히려 그의 후계자와 계승자들의 생애와 행적을 연구하는 일이 더욱 필요하다. 왜냐하면 실제로 특정한 독립된 하나의 교단을 형성하는 일은 교조의 몫이 아니라 그 후계자와 계승자들의 몫이자 그들의 활발한 활동과 역할에 의해 비로소 가능한 일이었기 때문이다. 바로 이러한 관점과 맥락에서 신종교에 관한 분석적 연구는 곧 종교 연구의 본바탕이 될 수도 있다. 하나의 모범적 사례연구로서 신종교를 연구하는 일이, 일반 개념인 종교 연구의 구체적인 방법론이자 핵심 연구가 될 수 있는 까닭이다.

이 연구는 증산교단의 교조로 숭앙받고 믿어지는 증산 강일순의 후계자와 계승자들은 과연 어떤 사람들이었으며, 그들은 어떻게 해서 증산을 믿고 따르게 되었으며, 증산 사후에도 증산에 관한 이야기와 단편적인 기록을 통해서 증산 신앙을 계승하면서 나름대로 독자적인 형태로 정립하여 결국은 독립된 하나의 교단을 형성하게 되는가, 그리고 그 결정적 이유와 근거는 무엇이었는가를 학문적 입장에서 객관적으로 분석하고 고찰하는 일을 목표로 삼는다.

나아가 증산의 후계자와 계승자들이 경험한 독특한 종교체험들, 즉 인연, 감화, 수련, 계시, 학습, 혈연, 해석, 의례, 신비 등의 과정을 통해 각기 독자적인 교단을 형성하는 경로를 면밀하게 살펴 독립된 하나의 교단이 성립하기까지 그 구체적 과정을 자세히 알아본다. 이러한 연구는 하나의 독립된 종교 교단이 성립되고 전개되는 과정을 고찰하는 일로서, 그 주동자이자 추진자인 종교 인물들에 관한 연구와 더불어 이 연구의 핵심적 주제가 된다. 그리고 증산의 가르침을 믿고 따랐던 후계자와 계승자들의 신분, 학식, 경제적 여건, 사회적 맥락, 지역적 배경 등을 상세하게 고찰하여 하나의 개별적인 종교 교단을 형성하는 인물들에 관한 분석적 연구를 통해 종교 단체의 성립 과정을 알아보는 연구를 시도한다.

이러한 연구를 통해 종교 인물 혹은 종교적 인물의 행적, 언행, 성격, 성향, 인적 사항, 사회적 영향력 등에 대한 자세한 정보를 얻을 수 있을 것이다. 한 종교단체가 형성되는 일이 가능하게 된 원천 또는 원동력은 과연 무엇이며, 그것이 과연 어떻게 작용하는지를 알아보는 일이 이 연구의 최종 목표다. 증산의 정신과 가르침을 이어받았다고 주장하면서 새로운 교단을 세운 인물들, 즉 증산의 후계자와 계승자들에 관한 연구는 증산교단사의 새로운 정립을 위해서도 반드시 요청된다. 증산교단의 역사에 대한 객관적 이해와 인식에 제대로 도달하기 위한 연구로서도 증산의 후계자와 계승자들에 관한 연구는 반드시 있어야 하며 요청된다. 증산의 후계자와 계승자들에 대한 주목과 연구를 통해 과연 어떤 과정을 거쳐 수많은 증산교단이 형성될 수 있었는지를 분석하여 증산 신앙의 다양성이 제대로 밝혀지는 결정적인 계기로 삼아야 하겠다.

연구 목적은 증산교단의 교조인 증산 강일순의 사후에 독립된 교단들을 창립한 인물들의 행적과 창교創敎 과정에 관한 연구를 통해 한 교단이 성립되기까지에 미친 그들의 영향력에 대해 면밀하게 알아보는 일이다. 1909년 6월에 증산이 이 세상을 떠난 후 고판례高判禮(1880~1935)에 의해 1911년 9월에 최초의 증산교단인 선도교仙道敎가 창립된 이래, 현재까지 증산교단에는 최소한 130여 개의 교파가 성립되어 발전적으로 전개되었다. 세계종교사에서도 그 유례를 찾아보기 힘들 정도로 비교적 매우 짧은 시간 안에 수많은 교파가 세워졌던 셈이다.

그리고 증산교단의 신앙은 유교적, 불교적, 도교적, 민간신앙적, 무속적 입장에서 각기 다른 여러 형태의 다양한 신앙 형태로 분파되어 제각기 성립되고 전개되었다. 심지어 교조인 증산을 부르는 존호나 호칭도 교단마다 달라서 무려 50여 개에 이른다는 보고가 있을 정도다. 따라서 종교의 발생 과정을 알아보기 위해서는 증산교단의 교파 분열 과정과 교단사의 형성과 전개 과정을 살펴보는 일이 최적의 방법이자 가장 효율적인 방법 가운데 하나일 것이다.

구체적으로 어떻게, 왜, 어떤 이유로 인해 특정한 하나의 독립된 종교 교단이 형성되는지를 연구하기 위해서는 아마도 증산교단의 성립과 전개 과정을 고찰하는 일이 최고의 선택 방법일 것이다. 이러한 맥락과 의미에서 증산 사후에 전개된 수많은 증산교단 가운데 유력한 세력을 지속하고 발전시켰던 여러 주요 교단을 선정하여, 교단을 형성하고 성립시켰던 창교주創敎主들에 관해 분석적으로 연구하는 일이 이 연구의 목적이다.

아울러 해당 교단의 창교주들은 과연 어떤 인물이었기에 하나의 독립된 교단을 세우는 일이 가능했으며, 그 교단이 추구하고 목표하는 바는 무엇이었는지, 그리고 독립된 교단을 성립시킨 구체적인 근거는 과연 어떠한 것이었는지를 상세하게 분석하여 종교 발생의 원인과 그 원동력을 찾아보는 것이 이 연구가 지향하는 바이다.

이제 증산의 후계자 또는 계승자들에 관한 더욱 본격적이며 학술적인 입장의 연구가 시급하게 진행되어야 할 시점에 와 있다. 이에 이 연구를 통해 증산의 후계자와 계승자들의 행적과 가르침이 널리 알려짐으로써 한국 종교사상의 우월성과 다양성을 널리 알릴 수 있는 사상적 전환점과 학술적 계기를 마련해야 하겠다.

1) 증산 탄신 기념 치성 개최

하나의 집단이 형성되는 일에는 조직화 과정을 거치기 마련이다. 하나의 독립된 교단이 성립되는 일도 마찬가지다. 일반적으로 사람들은 대부분 그가 죽은 날이 기념되고 그날에 맞추어 특별한 형식의 의례가 뒤따른다. 그렇지만 특별한 몇몇 인물들, 특히 종교적 인물들만이 그가 태어난 날이 기념되고 그에 따른 특별한 기도나 의례가 치러진다. 이제 더 이상 그를 직접 만나볼 수 없다는 현실의 제약을 벗어나서 그에 대한 간절한 그리움이 종교적 상징으로까지 승화되어 교조라는 인물에 대한 일정한 기념일이 정해지고 그에 맞는 합당한 형식의 의례가 있게 되는 것이다. 따라서 종교의 탄생은 그 종교의 창시자나 교조의 탄생일이 기념되는 일에서부터 비롯한다고 해도 과언이 아니다. 증산은 그가 세상을 떠난 지 불과 2년 만에 그의 탄생일이 기념되었다. 증산교단사의 첫걸음이다.

> (1911년) 9월 열아흐렛날은 천사天師의 탄신誕辰이라. 고부인高夫人이 경석京石에게 기념치성記念致誠을 올릴 것을 명命하니, … 열아흐렛날 새벽에 천사天師께 치성을 올리니, 천사天師의 탄신 치성이 이로부터 시작되었다. …[14]

여기서 고부인은 고판례高判禮(1880~1935)를 가리키는 말이다. 고판례는 증산과 종교적 결혼을 한 인물로 흔히 증산의 세 번째 부인으로 불린다.

2) 고판례의 신비체험과 교단 창립선언

그런데 증산의 탄신 기념 치성을 올린 다음 날, 이를 주도했던 고판례에게 신비한 체험이 있었다.

> 스무날 아침에 고부인高夫人이 마당에서 혼도昏倒하거늘, 방房안으로 떠메어다 눕히고 사지四肢를 주무르되 소생蘇生할 희망이 없는지라. 온 집안이 통곡하더니, 정오正午쯤 될 때 문득 소생하여 일어나 앉으며, 기괴한 음성으로 경석을 향하여 누구임을 묻거늘, 경석이 자기의 성명姓名을 고告한대, 또 무슨 생生임을 묻거늘, 경진생庚辰生임을 고告하니, 가로대 "나도 경진생이라. 속담에 '동갑同甲 장사 이利 남는다.' 하나니, 우리 두 사람이 동무 장사하자."하고, 또 생일生日을 묻거늘, 유월 초하룻날임을 고하니, 가로대 "내 생일은 삼월 스무 엿샛날이니, 그대는 이종移種 물을 맡으라. 나는 낙종落種 물을 맡을 것이요, 추수秋收할 사람은 다시 있나니라." 하니, 그 음성音聲이 천사天師의 음성과 흡사하였다. 이로부터 고부인高夫人은 신력神力을 통하여 신이神異한 기적奇蹟과 명철明徹한 지혜를 얻게 되었다. …[15]

고판례가 몇 시간 동안 죽은 듯 기절했다가 깨어난 후, 생전에 증산의 목소리로 차경석車京石(1880~1936)에게 이름과 생일을 묻고 알 듯 모를 듯한 몇 마디를 건넸다. 이 이야기가 널리 퍼지자 "증산의 영靈이 그의 부인에게 내렸다."라는 소문으로 확대되기 시작했다. 이윽고 이 소문을 전해 들은 증산의 종도들이 다투어 고판례를 찾아오기 시작했고, 교단 창립의 결정적 계기가 되었다.

---

14 이정립, 『증산교사』, 증산교본부, 1977, 48쪽.
15 위의 책, 48~49쪽.

이후 고판례는 증산이 세상에 살아있을 때 사용하던 약장, 궤, 약방 기구, 부벽시附壁詩, 액자, 벽지 등 구릿골 약방의 온갖 물건들을 가져와서 교단 창립을 위한 징표로 삼고, 증산을 따르던 종도들을 공식적으로 소집했다.

> … 이에 고부인이 교단敎團을 창립創立한다고 선언하고, 대흥리大興里 경석의 집을 본소本所로 지정하고, 여러 종도에게 명하여 포교布教에 종사케 하였다. … 이로부터 종도들은 유의경이 수련하던 방법으로써 포교 방법을 정하여 각처에서 포교 활동을 일으키니, 태을주太乙呪를 읽으면 광명현상光明現象이 나타나서 신력神力을 체험하게 되는 일과 또 태을주를 읽으면 난치難治의 질병이 치료되는 일로 인하여 포교 활동이 급속도로 벌어져서 신도信徒들이 구름일 듯이 모여들게 되었다. …[16]

바야흐로 증산교단사가 시작되었다. "교단을 창립한다."라고 '선언'한 사람은 증산의 셋째 부인인 고판례였다. 그리고 그녀의 사촌 동생인 차경석의 집이 '교단의 중심지'로 정해졌다. 또 그녀는 증산의 종도들에게 '포교에 임하라.'라는 종교적 명령을 내렸고, '태을주太乙呪를 읽는 일'을 포교 방법으로 정했으며, 그에 따라 '태을주를 읽으면 빛이 나타나는 현상이 있고, 신비한 힘을 체험한다.'라는 종교적 효과가 있었으며, '태을주를 외우면 난치병도 치료된다.'라는 종교적 효능이 알려졌으며, '신도들이 매우 많이 모였다.' 라는 종교적 결과가 있었다고 전한다.

1914년 무렵에는 이 도문道門이 태을주太乙呪를 외우는 교단이라는 의미로 태을교太乙教 또는 신선술神仙術을 공부한다는 뜻의 선도교仙道教로 불렸다. 태을주를 외우면 몸을 떠는 행위인 '전신戰身'과 깨달아 아는 일 또는 신비한 현상을 느끼는 일인 '개안開眼'을 통해 신력神力을 체험하였다고 전한다. 눈에 보이지 않는 교리가 아니라 눈에 보이는 직접적 효과가 입증되어야 비로소 사람들이 '믿기 시작하는' 것이다. 이처럼 종교의 시작은 교리가 아닌 생생한 체험을 통해서만 가능하다. 실제적 체험과 효과가 없으면 그 어떤 종

---

16 이정립, 『증산교사』, 증산교본부, 1977, 51쪽.

교라도 시작되지 못할 것이다. 그만큼 종교에서는 이론보다는 실재가 중요한 출발점이 된다.

3) 차경석의 교권 장악 시도와 조직화

차경석車京石(1880~1936)은 1898년과 1899년에 발생한 일명 '영학당英學黨 사건' 또는 '무술(1898) · 기해(1899) 농민 봉기 사건'에서[17] 농민군 측의 거괴巨魁였다.[18] 이후 차경석은 동학의 전국 조직인 진보회進步會의 간부로 활동하였으며, 일진회一進會의 '전라도 순회관' 또는 '총대總代'를 맡기도 했다.[19]

차경석은 1907년 5월에 원평院坪 부근의 한 주막에서 증산을 만났다.(『대순전경』 3장 16절) 차경석은 송사訟事 문제로 전주에 가던 중에 증산이 대삿갓에 푸단님 행색으로 종도 두어 사람을 데리고 오는 소탈하면서 씩씩한 기운을 비범하게 여겨 말씀을 청했다. 송사의 진행 방향을 묻는 차경석에게 증산은 "이 송사는 그대에게 유리하리라. 그러나 이 송사로 인해 피고의 열한 명 식구는 앞길을 잃으리니, 대인大人으로서는 차마 할 일이 아니니라. 남아男兒가 반드시 활인지기活人之氣를 띌 것이요, 살기殺氣를 띰이 불가(不可)하니라."라고 대답해 주었다. 이에 차경석이 크게 감복하여 전주행을 작파하고 그 문서를 불살라버렸다.(『대순전경』 3장 18절)

이후 증산은 동학신명東學神明의 해원공사解冤公事를 차경석에게 맡겼다.(『대순전경』 4장 48절) 또 증산은 1908년 11월에는 대흥리 차경석의 집을 포정소布政所로 정하였다.(『대순전경』 4장 115절) 이러한 일은 동학농민혁명 때 희생된 사람들의 엄청난 원한들이 차경석이 벌일 대규모 종교운동의 진행 과정에서 풀어 없어질 것을 증산이 공사公事로 처결

---

17 동학농민혁명 직후에 쫓기던 이들이 전라북도 고부(古阜)의 영학교회에 의탁하면서 만들어진 모임인 영학계(英學契)에서 주도한 농민봉기이다.

18 이때 차경석은 거괴통인(巨魁通引), 즉 농민 봉기의 주모자인 최익서(崔益瑞)의 보좌역이었다.

19 이상호, 『증산천사공사기』, 상생사, 1926, 70면; 이돈화 편, 『천도교창건사』, 천도교중앙종리원, 1933, 45~48쪽; 천도교중앙총부 교사편찬위원회 편, 『천도교백년약사』 상, 미래문화사, 1981, 350쪽.

했으며, 정사政事를 널리 펴는 일에 비유할 수 있듯이 국권회복운동國權回復運動이라는 정치적 목표를 함께 이룰 것이라는 풍문이 퍼질 것을 예정한 일이라고 해석되고 믿어졌다. 어쨌든 후에 차경석은 수백만 명의 교도를 자랑했던 보천교普天敎를 세웠고, 교단의 포교운동이 곧 국권회복운동의 일환으로 인식되어 사람들의 많은 관심과 입교를 가능하게 했음은 분명한 사실이다.

이후 점차 커지는 교권을 장악하기 위해 차경석은 사촌누이인 고판례를 뒷방에 연금한 다음, 1916년부터는 자신을 따르는 사람들을 뽑아 독자적인 조직을 형성하기 시작했다.

> (1916년) 차경석은 모였던 교인 대표 중에서 … 스물네 사람을 선발하여 … 이십사방주二十四方主로 임명하여 각기 연원체계淵源體系를 조직하게 하고, 이 이십사방주를 임명하는 자리에서 고부인高夫人의 거처居處하는 방房을 예문禮門이라고 부를 것과 예문에는 주렴珠簾을 씌울 것과 이로부터는 누구를 물론하고 경석의 승낙과 안내가 없이는 예문에 출입하지 못할 것을 발표하고 … 경석에게 대한 비난이 일어나고, 경석에게 불평을 품은 자는 모두 교단敎團을 이탈하여 버렸었다. …[20]

차경석은 방주方主라는 이름으로 24명을 선발하여 조직을 이루었다. 동시에 차경석은 이종사촌 누이였던 고판례를 신도들과 완전히 격리하는 명령을 내려 그녀와 신도와의 만남을 철저하게 가로막았고, 이러한 일에 불만을 품은 증산의 종도들이 이 교단을 벗어나 독자적인 교단을 세우는 계기가 되게 했다. 증산교단 최초의 교단을 창립한다고 선언한 고판례가 점차 차경석의 교권 장악 시도에 말려들어 주도권과 실권을 잃게 되었다. 차경석의 이러한 시도에 반발한 사람들이 교단을 뛰쳐나가 새로운 독자적 형태의 교단이 성립되기 시작했다. 따라서 '낙종落種 물'을 맡은 고판례의 사명이 끝나고, '이종移種 물'을 맡은 차경석의 시대가 서서히 열림으로써 고판례의 신비체험에 보이는 말이 현실에 전개되기 시작한 일로 해석된다.

---

20 이정립, 『증산교사』, 증산교본부, 1977, 57~58쪽.

… 이 뒤로 고부인은 전연全然히 신도信徒들을 만나보지 못하게 됨에 예문禮門이라는 좋은 이름 아래 완연宛然히 연금(軟禁)을 당한 것과 다름없게 되었음을 깨달았다. …[21]

신도들과 만날 수 없는 상태에서 뒷방에서 연금 상태로 지내던 고판례는 자신의 비참한 처지를 깨달았다. 이윽고 그녀는 자신을 따르는 적은 사람들과 함께 정읍의 선도교仙道教 본소本所를 떠나 소규모의 교단으로 명맥을 이어갈 수밖에 없었다. 차경석의 기세에 완전히 밀려 고판례는 사람들의 기억 속에서 거의 잊히고 말았다. 물론 교단의 창립선언을 뜻하는 '낙종落種 물'을 맡은 자신의 종교적 임무를 무사히 마쳤다는 후대의 해석이 뒤따르지만 말이다.

4. 증산교단의 전개과정

증산의 후계자들은 일단 증산의 생전에 그의 가르침을 직접 받고 감화받았던 인물들인 후계자들, 증산 사후에 그의 행적과 가르침을 전해 듣고 증산 신앙을 한 계승자들, 증산 사후 많은 시간이 지난 후에 특정한 교단의 영향을 직접 또는 간접적으로 받고 증산 신앙을 하게 된 2차 후계자들 등으로 크게 나누어볼 수 있다.

증산의 후계자와 계승자들에 대한 집중 조명을 통한 구체적이고 분석적인 연구가 이 연구가 특히 지향하는 바이다. 즉 증산의 후계자와 계승자들의 정확한 생몰연대, 출생지, 성장 과정, 교육환경, 경제적 여건, 사회적 배경, 성격, 종교적 회심回心의 과정, 교단의 창립과정, 후대에 끼친 종교적 영향 등에 대한 상세하고 비교적 정확한 정보를 모두 수집하여 학술적 입장에서 일관된 주제 의식을 가지고 객관적으로 서술하고자 한다. 먼저 인물 중심의 교단사教團史를 서술하는 일을 1차 목표로 삼고, 그 목표에 도달하는 방법으로서 독립된 여러 증산교단을 창교創教한 증산의 후계자와 계승자들의 구체적 행적과

21 이정립, 『증산교사』, 증산교본부, 1977, 59쪽.

가르침을 자세히 알아보고자 한다. 그러므로 '인물 중심으로 서술된 종교사 또는 종교조직사'를 서술하는 일이 이 연구의 구체적인 내용이다.

연구 방법은 교단별로 발행되거나 전하는 경전, 해석서, 구전 자료, 필사 자료 등의 구체적인 기록을 통해 해당 교단이 창립되는 과정에 있어서 창교주創教主들의 역할과 기능에 대해 알아본 다음, 후대에 미친 영향과 그 의의에 대해 객관적으로 분석하여 연구한다. 이러한 연구 작업을 위해서 비교적 객관적인 기록을 통한 문헌 비평적 입장의 자료 분석 방법을 지향한다. 증거와 신뢰할 만한 근거로써 특정한 교단의 역사를 서술하는 일이 이 연구의 일차적 연구 방법이다. 나아가 이러한 연구 방법을 기초로 삼아 해당 자료에 대한 세밀한 분석과 해석을 시도하여 그 특성과 의의를 규명하고, 증산교단들을 어떤 범주의 유형으로 분류할 것인지 결정한다. 이러한 유형별 분류를 통해 특정한 증산교단이 성립되고 전개되는 과정을 고찰할 수 있을 것이며, 앞으로 특정한 어떤 독립된 종교 교단의 성립과 전개 과정을 살펴보는 일에도 중요한 척도가 될 수 있을 것이다.

이 글에서는 증산의 후계자나 계승자로서 하나의 독립된 교단을 형성한 주요 인물들을 인연형, 감화형, 조직형, 분열형, 경세형, 성물형, 수련형, 주문형, 학습형, 계시형, 경전형, 혈연형, 의례형, 신비형, 화신형, 해석형, 학술형 등의 유형별로 분류하여 분석하고자 한다.

1) 인연형因緣型

인연은 사람과 사람 사이의 연분 또는 사람이 상황이나 일 · 사물과 맺어지는 관계다. 따라서 인연형은 증산과의 개인적 만남을 인연으로 해서 교단을 창립한 경우다. 대표적인 예를 들자면, 고판례高判禮(1880~1935)는 1907년 동짓달에 이종사촌인 차경석의 소개로 증산과 만나 '종교적 결혼'을 했던 여인이다. 이때 증산은 "나의 일은 수부首婦가 들어야 하는 일이니, 네가 일을 하려거든 수부를 들여세우라."라고 말했다고 전한다.

『대순전경』 3장 31절에 "동짓달 초사흗날 천사天師께서 고부인高夫人을 만나 결혼하실새, 부인에게 일러 가라사대 '내가 너를 만나려고 15년 동안 정력을 들였나니, 이로부터 천지대업天地大業을 네게 맡기리라.' 하시고"라는 내용이 있다. 증산은 천지의 큰일을 고판례에게 맡긴다고 파격적으로 선언하였다. 일반적으로 증산은 20대 초반에 결혼한 본부인인 정치순鄭治順, 1904년 가을 무렵에 맞이한 김형렬의 둘째 딸 김말순金末順, 1907년에 만난 고판례 등 3명의 부인을 두었다고 전한다. 이 가운데 독자적인 형태의 교단을 세운 인물은 고판례가 유일하다.

증산은 고판례를 '천하 여성의 첫머리'를 뜻하는 수부首婦[22]로 선택하여(『대순전경』 3장 30절), 자신이 행한 각종 천지공사天地公事에 적극적으로 참여시켰다. "부인에게 모든 일을 가르치시며, 문명文命을 쓰실 때도 반드시 부인의 손에 붓을 쥐게 하시고, 천사께서 등 뒤에 겹쳐 앉으사 부인의 손목을 붙들어 쓰이게 하시니라."(『대순전경』 3장 32절)라는 내용은 증산이 고판례를 만난 이후에는 천지공사를 그녀와 함께 보았다는 후대의 믿음을 촉발하였다. 그리고 증산은 고판례가 "장차 천하 사람의 두목頭目이 되리니, 속히 도통道通을 하리라."라고 말했으며(『대순전경』 3장 127절), 동상례同床禮를[23] 받게 했는데(『대순전경』 4장 64절), 이때 증산은 고판례에게 "내가 너가 되고, 네가 나 되는 일이니라."라고 말했다고 한다. 또 증산은 고판례로 하여금 자신의 배 위에 걸터앉아 칼로 배를 겨누며 "나를 일등一等으로 정하여 모든 일을 맡겨 주시렵니까?"라고 다짐을 받게 하고 허락하는 말을 한 다음에 "오늘의 이 다짐은 털끝만치도 어김이 없으리라."라고 선언하며 종도들을 증인으로 세웠다. 이후 증산은 1909년 1월에는 자신을 대신하여 고판례와 차경석에게 고사告祀를 지내게 했다.(『대순전경』 4장 131절) 훗날 고판례는 증산과의 인연 특히 결혼을 강조하면서 증산 사후에 독자적인 교단을 세웠다. 그녀의 신비체험으로부터 증산 교단의 역사가 비로소 시작되었다는 역사적 사실이 기억되어야 할 것이다.

이처럼 증산과 부부의 인연을 맺은 인물이 증산이 죽은 후에 독립된 교단을 창립하는

---

22 일반인의 안목으로 볼 때 수부(首婦)는 증산의 부인(夫人)이지만, 신앙인의 관점에서 보면, 증산의 권능을 입어 증산과 대등한 자격으로 천지공사에 참여하여 천하의 여인들의 온갖 권리를 반영시키는 '천하 모든 여인의 우두머리'다.

23 동상례(東床禮)는 장가든 신랑이 신부의 집에 머무르는 동안 신부 측 젊은 일가친척이나 마을 청년들이 신랑을 거꾸로 매달아 발바닥을 치며 노는 풍습이다. 동상례(同床禮)는 오기(誤記)로 보인다.

경우가 인연형 교단의 대표적 사례다. 그녀는 증산 사후 2년이 지난 1911년 음력 9월에 증산의 탄신 기념 치성을 행했는데, 그 이튿날 오전에 잠시 기절했다가 일어나서는 갑자기 생전 증산의 목소리로 말하는 이적을 나타낸 후에 교단의 창립을 공식적으로 선언했다.

1914년에 순천에 살던 장기동張基東의 의연義捐으로 정읍군 대흥리에 교실敎室을 지어 비로소 본소本所의 면목을 세우니, 이에 교세가 날로 흥왕하였다. 당시에는 뚜렷한 교명敎名이 없었는데, 그 교도들이 태을주太乙呪를 읽는 교단이라는 뜻에서 세간에서 태을교太乙敎라고 불렀다. 이후 차경석이 통교권統敎權을 장악하여 1916년 동지冬至에 24방주方主를 임명하고, 고판례가 거주하는 방에는 예문禮門이라고 하여 주렴을 씌우고 자신의 승낙이 없이는 출입을 금하였다. 이에 교도들을 만날 기회를 잃게 된 고판례는 1918년 9월에 대흥리를 떠나 김제군 백산면 송삼리에 있던 천종서千鍾瑞의 집으로 옮겨갔고, 그해 10월에 조종리祖宗里에 새로운 교단을 세웠다.

1931년 동짓달에는 조종골 본소 건물은 강응칠에게 넘겨주고 십여 인의 제자들과 함께 김제군 용화동에 있던 이상호李祥昊가 세운 동화교東華敎와 통합 교단을 세웠다. 고판례는 1933년 동짓달에는 군산군 임피군의 오성산五聖山 수양소로 옮겨 은거하였고, 1935년 10월에 선화仙化하였다.

2) 감화형感化型

감화는 좋은 영향을 받아 생각이나 행동이 바람직하게 변한다는 뜻이다. 따라서 감화형은 살아생전의 증산에게 가르침을 직접 받고 그에게서 많은 감화를 받은 후, 증산이 1909년 음력 6월에 갑자기 죽자, 그를 대신할 스승을 찾아다니다가 실패하고 각기 독립된 교단을 세운 유형이다. 이른바 친자종도親炙從徒들에 의해 교단이 창립된 경우들을 가리킨다. 김형렬, 차경석, 박공우, 문공신, 안내성, 이치복 등이 세운 교단들이 이에 해당한다. 증산을 직접 만나보았다는 일 자체가 교단 창립의 가장 큰 근거가 되었던 사례들이다. 증산과의 만남 자체가 종통宗統을 계승한 일이라고 주장하면서 교단 창립의 결정적인 이유라고 주장한 사례나. 여기서는 대표적인 교단으로 김형렬이 세운 미륵불교에 대해 살펴본다.

김형렬金亨烈(1862~1932)은 1894년 동학농민혁명이 일어났을 때 증산을 동곡銅谷 뒷산인 구성산九城山에 있는 학선암學仙庵으로 모셔 글 읽기를 청하기도 했다. 그리고 증산의 만류에도 불구하고 동학군東學軍에 가담했다가 위지危地에서 증산의 도움으로 목숨을 구한 적도 있었으며, 1897년에는 증산의 서당에 그의 아들 찬문贊文을 보내 글을 배우게 하기도 했다. 김형렬이 증산을 모시기 시작한 것은 1902년 4월부터이다. 증산의 첫 번째 종도從徒가 된 김형렬은 이로부터 1909년 6월 증산이 화천化天하기 전까지 금구군 환평, 하운동 제비창골, 청도리 등으로 옮기면서 가족과 함께 증산의 천지공사를 지극정성으로 시봉侍奉하였다. 김형렬은 증산을 따른 최초의 종도이자 수석 종도로서 8년 동안을 한결같이 모셨다.

증산이 화천한 뒤에 1911년 9월 고판례가 정읍군 대흥리에 최초의 교단을 세우자 여기에 참여한 김형렬은, 1914년 정월에 차경석이 종도들을 중상모략하자 이에 분노하여 교단을 이탈하고 따로 교단을 세울 것을 꾀하였다. 그해 가을에 증산의 첫째 부인인 정치순鄭治順을 모셔다 수련을 시켜서 신력神力이 통하면 받들어 교단을 세우고자 했지만, 정씨가 실진失眞하자 포기하였다. 1915년 봄에 모악산母岳山 금강대金剛臺에 올라가서 백일 동안 수련하다가 신안神眼이 열려서 영서靈書를 받으니, 이 글은 금강대문답金剛臺問答이라는 제호로 세간에 발표되었다.[24] 이로부터 김형렬은 신력을 얻어 포교에 전력하였는데, 당시 특정한 이름은 없었으나 금산사의 미륵불을 영체靈體로 받들었기 때문에 금산사 미륵불을 받드는 종교단체로 알려졌다.

1916년에 김형렬은 신도 360명을 선발하여 전국 360개 군郡에 보내 한날한시에 물형부物形符를 전신주 밑에 묻고 일본에 변란이 일어나기를 기원하였다. 일본의 패망을 기원하는 이러한 그의 신앙적인 노력이 실패로 끝나자, 신도들이 많이 이탈하였다. 1917년에는 신도들과 함께 독립운동 성금을 모아 상해임시정부에 전달하기도 했다. 1919년

---

24 이정립, 『증산교사』, 증산교본부, 1977, 64~66쪽.

9월에 독립운동 혐의로 일본 경찰에 체포되어 교단 활동을 잠시 중단했던 김형렬은, 1920년 3월에 석방된 후 1921년 봄에 서울에 올라가 불교진흥회佛教振興會를 조직하였다. 1922년 9월에는 불교진흥회를 미륵불교彌勒佛教로 고치고 본부를 금산사로 옮겼다. 이상호李祥昊가 1926년에 간행한 『증산천사공사기甑山天師公事記』와 1929년에 간행한 『대순전경大巡典經』의 기본 자료가 거의 김형렬의 구술口述에 의한 것이었다.

김형렬은 1914년에 자신의 연비를 차경석이 가로채려 했다는 명분으로 고판례의 선도교仙道教에서 분립하여 미륵불교를 세웠고, 1915년에는 안내성安乃成이 고판례의 선도교에서 분립하여 증산대도교(선도仙道)를 세웠고, 1916년에는 김송환, 이치복(이영로) 등이 분립하였다.

3) 조직형組織型

조직은 일정한 지위와 역할을 부여받은 사람이나 집단이 특정한 목적을 달성하기 위하여 질서 있는 하나의 집단을 이룸을 뜻한다. 따라서 조직형의 교단은 조직을 중심으로 포교 활동이 광범위하게 일어나 발전된 경우다. 보천교가 전국적인 규모로 그 조직이 확대될 시기의 신앙유형과 이후 1924년의 보천교 혁신 운동의 결과로 보천교가 쇠퇴하기 시작하고 각 지방에서 독립적으로 교단의 조직이 확장되는 과정에서 점차 보천교에서 벗어나 자신들만의 새로운 교단을 형성한 유형이 조직형에 해당한다. 상당히 많은 수의 증산교단이 이에 해당한다. 조직형은 조직승계형과 비슷하다. 조직승계형은 애초의 보천교 분파와는 별도로 특정 교단의 조직을 그 창교주가 사망한 이후에 그대로 물려받아 독립된 교단을 형성한 유형이다. 특정 교단의 신행을 거의 그대로 계승하여 창교주의 정신을 잇는다는 명분 아래 스스로 교단을 재조직하는 유형이 이에 속한다.

(1) 보천교

차경석이 세운 보천교普天教는 1916년 24방위方位에 응한 24방주方主를 임명한 일이 출발점이 되었고, 이후 1919년 10월에는 60 방주제方主制를 실시하였다. 오행五行 가운데 수화목금水火木金에 해당하는 4명의 교정敎正과 사방四方의 동서남북東西南北과 사시四時의 춘하추동春夏秋冬에 해당하는 8명의 교령敎領을 합친 12방方, 그리고 24방위方位에 해당하는 24명의 포주胞主와 24절후節候에 해당하는 24명의 운주運主 등으로 구성되었다.[25] 그리고 대리代理의 명칭은 금목수화金木水火에는 사司, 동북東北에는 수守, 서남西南에는 교交, 춘하추동春夏秋冬에는 섭攝, 24방方에는 포감胞監, 24절節에는 운독運督이라 부르고, 6임任은 대리代理, 경례敬禮, 교무敎務, 절의節義, 찰이察異, 행신行信으로 부르게 했다.[26]

차경석은 1920년 4월에 육임六任에서 기원한 임任의 개념을 확장하여 교단 연원제淵源制 조직의 기본단위로 활용한다. 즉 방方의 6임 아래에 12임, 12임 아래에 8임, 8임 아래에 15임을 조직하였다. 전체 연원제淵源制 조직을 15임 - 8임 - 12임 - 6임 - 60방부 - 주인장(교주)의 편제로 중층 체계화한 것이다. 이 조직에 동원된 사람은 모두 557,700인이었다.[27] 이는 연원제 조직의 세포분열을 극대화하여 그 원심성을 강화하였고, 교세가 폭발적으로 증가하는 기반이 되었다.

날이 갈수록 입교자의 수가 늘어나자, 보천교에서는 1921년 1월에는 각 도道에 정리正理 1인과 부정리副正理 1인을 두고, 각 군郡에는 포장布長 1인과 부포장副布長 1인을 두어 교체敎體를 강화하였다. 이러한 조직은 남자에게만 한정된 것이 아니라 여성에게도 같은 형태로 적용하여 소위 여방주女方主 제도도 있었다.[28] 1923년 12월 동지冬至 치성에서 차경석의 부인 박씨朴氏가 주요 간부와 협의한 결과, 동서남북에 여방주女方主를 두고, 그 밑에 각각 6명의 방주方主를 두었으며, 그 외에도 남자 방주제에 준해 6임, 12임, 8임 등의 60 방주제를 만들어 나갔다.[29]

이 외에도 보천교는 60 방주제方主制와 별도로 이십팔수二十八宿 선화사宣化師를 조직하

---

25 이영호, 『보천교연혁사』 상, 보천교중앙총정원, 1948, 100~111면.

26 이정립, 『증산교사』, 증산교본부, 1977, 77쪽.

27 이영호, 앞의 책, 13면; 『조선의 유사종교』(1935)에도 매 임(任)에 100명 단위의 포교를 기준으로 임명하였을 때, 그 조직의 책임자만 무려 55만 6천7백 명에 달한다고 보고했다. 무라야마 지쥰, 『조선의 유사종교』, 조선총독부 중추원, 1935, 251~253쪽.

28 이영호, 위의 책, 14면.

29 김철수, 『잃어버린 역사, 보천교』, 상생출판, 2018, 87~88쪽.

였다. 규奎, 루婁, 위胃, 필畢, 자觜, 삼參의 칠위七位는 수부水部에 속하고, 각角, 항亢, 저氐, 방房, 심心, 미尾, 기箕의 칠위는 화부火部에 속하고, 정井, 귀鬼, 류柳, 성星, 장張, 익翼, 진軫의 칠위七位는 금부金部에 속하고, 두斗, 우牛, 여女, 허虛, 위危, 실室, 벽壁의 칠위는 목부木部에 속한다.[30]

1924년 보천교의 대외 홍보 기사에는 1919년 이후 1~2년 동안 교도의 수효가 수백만 명에 달했다는 기록이 있을 정도로[31] 방대한 조직이 있었다.

(2) 대순진리회

대순진리회大巡眞理會는 우당牛堂 박한경朴漢慶(1917~1996)이 1969년에 세운 증산계 교단이다. 박한경은 1917년 11월에 충북 괴산군 장연면 방곡리에서 태어났다. 유년 시절에 서당에서 한문을 수학했고, 1934년에 수안보 보통학교를 졸업하고, 1937년에 결혼한 후 1941년까지 진대 사립학교와 신흥서당에서 교편생활을 하였다. 1946년 정월에 이모 집에서 조철제趙哲濟의 무극도無極道를 접하였다. 이때부터 박한경은 포덕布德에 힘썼으며, 1948년 부산시에 태극도본부가 설치된 이후 1949년에 충주지방 차포감, 1952년 9월에 부포감을 거쳐서 1955년에는 충주 방면의 포감으로 임명되었다. 1956년에는 도인 대표로 『태극도통감』을 초안하였을 정도로 당시 태극도에서 사업공로가 가장 컸다. 1958년 2월 하순 무렵에 당시의 태극도주 조철제는 "박한경을 도전都典으로 임명하니, 그는 총도전總都典이니라."라고 말할 정도로 실질적인 종단 운영을 그에게 전수하였다. 이후 박한경은 1967년까지 약 10년 동안 태극도를 운영하면서 여러 사업을 추진하였다. 우선 조철제의 진법眞法 공부를 시행하기 위해 감천도장을 증축 및 개축하여 시학, 시법, 법학 공부와 개안 공부인 청학 공부까지 병행하였다. 1967년 8월에 이르러 당시 태극도의 임원들이 협의회를 중심으로 박한경에게 반기를 들기 시작했고, 이후 1년 동안 태극도 임원들의 불신이 심해지면서 더 이상 종단을 운영해 나갈 수 없게 되자, 박한

---

30 민영국, 『도훈(道訓)』, 보천교중앙총정원, 1986, 23쪽.

31 「손의 질문에 답함 - 답객난(答客難)」, 『보광(普光)』 제3호, 1924년 1월 27일, 31쪽.

경은 마침내 1968년 7월에 감천도장을 나와 서울로 향했다. 1969년 1월 말부터 49일 동안 수리사에서 공부에 전력하였고, 1969년 4월에 서울시 중곡동에서 대순진리회大巡眞理會를 창설하였고, 1972년 2월에는 대순진리회의 본부 현판식을 거행하고 종단의 체계를 정비하였다. 종단의 규모는 1986년 여주 수도장을 창건하면서 급격히 확대되어갔으며, 1987년에는 재단법인 설립이 허가되었다. 1989년에는 제주 수련 도장이 개관되었고, 1992년에는 포천 수도장이 완공되었다. 이후 1993년에는 본부 도장을 서울 중곡동에서 여주시 강천면 가야리로 이전하였다. 1995년에는 강원도 고성군 토성면에 수련 도장을 신축함으로써 전국에 다섯 군데의 도장을 조성하였다.

대순진리회가 1983년 7월에 발간한 「대순회보大巡會報」에 따르면 "60만萬 신도 신앙의 중심지"라고 주장하였다. 그 후 1995년에 문화관광부에 제출한 자료에 의하면 대순진리회는 600만萬 신도를 가졌다고 주장했고, 1993년 2월에 종단의 중앙본부를 여주驪州로 옮길 무렵에는 800만 명이 넘는 수도인修道人과 1천여 개 방면에 90여 개의 회관會館, 수천 개의 회실會室과 포덕소布德所를 가지고 있다고 홈페이지에서 주장했다.

이러한 급격한 포교의 근본 원인은 대순진리회 도인들의 일심포교一心布教가 큰 역할을 했을 것이고, 포교를 하면 할수록 대순진리회에서의 위치가 올라가는 연운체계緣運體系라는 시스템에서 연유한다고 볼 수 있다. 연운체계는 동학東學, 보천교普天教 등에서 적용한 방법인데, 입도入道한 사람을 입도시킨 사람의 아래에 두는 방식이다. 이 방식은 자기 및 자기가 입도시킨 사람이 포교布教를 많이 하면 할수록 그의 지위가 조직에서 저절로 높아지는 방식이다. 대순진리회의 조직 체계는 그 전신인 무극도無極道의 영향을 받은 것으로 보인다.[32]

대순진리회의 시스템은 최초로 입도入道하면 여자인 내수內修와 남자인 외수外修에서 시작하여 포교한 사람이(자신이 포교한 사람과 자신이 입도시킨 사람이 다른 사람을 입도시킨 것

---

32 1925년부터 1931년 사이의 신문 기사와 판결문에는 무극도(無極道) 조직의 중요 직책으로 도주(道主), 도장(道長), 주선원(周旋元), 주선가(周旋家), 찰리(察理), 순동(巡動), 종리(從理), 연락(聯絡), 부분(部分), 포덕(布德), 운동원(運動員), 운동가(運動家) 등의 명칭이 나타난다. 박상규, 「근대 한국 신종교의 조직 연구 - 연원제를 중심으로」, 한국학중앙연구원 한국학대학원 박사학위논문, 2021, 85쪽.

을 포함) 50명을 넘으면 선무宣務 또는 교무敎務라는 직책을 주고, 포교인이 300명이 넘으면 선사宣師 또는 교정敎正이나 정리正理라는 직책을 준다. 포교한 사람이 1,000명이 넘어설 경우에는 선감宣監, 교감敎監, 보정保正이라는 직책을 준다. 한 방면方面의 책임자가 방면선감方面宣監이고, 이 방면선감을 후각後覺으로 거느린 선감은 수임선감首任宣監이라고 부른다. 교무, 교정, 정리, 교감, 보정의 직급은 포교는 하지 않고, 도인道人들의 교화敎化 및 선도善導 업무를 맡는다.

4) 분열형分裂型

분열은 하나로 존재하던 사물이나 집단, 사상 따위가 갈라져 나뉨을 뜻한다. 따라서 분열형은 기존에 있던 어떤 교단에서 갈라져 나와 새로운 형태의 교단을 세운 경우다. 조직형이 거대한 조직을 이룬 것에 비해 상대적으로 작은 규모의 교단이 세워지는 경우가 많다.

1921년 2월에 보천교의 북방주北方主 김영두金英斗가 교금敎金을 훔치려다 실패하자 목방주木方主로 있던 신현철申鉉喆과 함께 경성에 태을교太乙敎를 세웠다.

1922년 1월에는 소한주小寒主 채경대蔡慶大 등이 새 교단을 세우기로 약속하고, 이듬해 봄에 태인 낙양리에 교단을 세우고 증산의 탄강지에 성전聖殿을 짓는 일을 추진하였다. 1924년 3월에 상량하였는데, 증산대성甑山大聖, 진묵대사震默大師, 주회암朱晦庵의 삼위三位를 모셔서 삼성교三聖敎라는 말을 들었다.

1924년 7월에 시대일보 경영의 문제로 교직을 파면당한 이상호李祥昊, 이성영李成英 형제는 8월에 '보천교혁신회'라는 간판을 걸고 성토문 및 혁신회 선언서를 인쇄하여 교도들에게 발송하였다. 이후 이상호는 김형렬의 미륵불교를 거쳐 1928년 동지冬至에 김제군 금산면 용화동에 용화교龍華敎를 세웠다.

경방주庚方主 이달호李達濠, 서주西主 민영성閔泳晟, 한로주寒露主 이중창李中昌, 정선화사靜宣化師 강상백姜祥伯, 조제승曹悌丞, 강동회姜東會, 수방水方 12임任으로 있던 김환옥金環玉, 박인택朴仁澤, 12임으로 있던 한병수韓丙洙 등이 1920년대 후반부터 1930년대 초기에 각

기 교단을 세워 분립하였다.[33]

대순진리회가 태극도에서 분파되어 성립되었던 경우와 증산도가 대법사에서 분립해 나왔던 일도 이 유형에 속한다. 그리고 대순진리회에서 중곡 방면, 성주 방면, 여주 방면 등 4-5개의 방면이 따로 독립하여 독자적인 활동을 하는 것과 증산도에서 '증산 참신앙'이 분파된 것도 이 유형에 속한다. 아직 미성숙된 교단의 형태로 있고 발전 가능성이 열려 있다는 특징이 엿보인다. 거의 모든 새로운 교단들이 초기에는 기존 교단의 영향을 받을 수밖에 없는데, 이러한 관점에서 본다면 분열형은 거의 모든 교단의 초기 역사에 적용할 수 있는 유형이다.

5) 경세형經世型

경세는 세상을 다스린다는 뜻이다. 따라서 경세형은 일제강점기에 이른바 천자등극설天子登極說을 내세워 장차 일제日帝를 대신할 새로운 정권이 이 땅에 나타날 것이며 그 주인공은 자신이 될 것이라고 주장하여[34] 엄청난 교세를 확보한 유형으로, 세속적인 정권을 잡는 일과 종교 교단의 창립과 전개 과정을 동일시한 경우다. 차경석車京石(1880~1936)이 세운 보천교普天敎와 조철제趙哲濟(1895~1958)가 세운 무극도無極道가 보인 1920년대 초기의 신앙이 이 유형에 속한다.

(1) 보천교

차경석은 다른 종도들보다 비교적 늦은 1907년 5월에 증산을 만났지만, 증산이 1907년 11월에 정읍군 대흥리에 있던 차경석의 집을 포정소布政所로 정하여 활동의 근거지로 삼을 정도로[35] 증산에 대한 충성도가 높았던 인물이다. 차경석은 증산이 1909년 1월 3일

---

33 이영호, 『보천교연혁사』 상, 보천교중앙총정원, 1948, 125~136면; 『보천교연혁사』 하권, 20 · 29 · 34면; 홍범초, 『범증산교사』, 도서출판 한누리, 1988, 113~119쪽.

34 자세한 내용은 김탁, 『일제강점기의 예언사상』(북코리아, 2019)을 참고하시오. 국권회복운동(國權回復運動)의 일환으로 전개되었다.

에 자신에게 고사告祀를 지내게 했던 일이 바로 자신에게 종통宗統을 내려준 일이라고 주장하였다. 이 일이 바로 증산이 대업大業을 차경석 자신에게 맡기는 의례와 공사公事라고 강조했다.

차경석은 1919년 10월에 경상남도 함양군 대황산 기슭에서 첫 번째 고천제告天祭를 지내고 역서식曆書式에 따른 60 방주方主라는 간부 조직을 한 후에, 1921년 음력 9월에 경남 함양군 황석산에서 대규모의 제단과 풍성한 제수祭需를 갖추어 두 번째 고천제告天祭를 행하였다. 이때 구천하감지위九天下鑑之位, 옥황상제하감지위玉皇上帝下鑑之位, 삼태칠성응감지위三台七星應鑑之位라고 크게 쓴 위패를 세웠고, 보화普化라는 교명敎名을 선포하였다. 이후 1922년 2월에 고천告天한 보화라는 교명 대신에 공인된 종교로서의 천주교와 천도교 등의 머릿자를 취하여 보천교普天敎라는 교명으로 공개하였다.

차경석은 1921년 9월에 천제天祭를 지내면서 대시국大時國이라는 국호國號를 선포하기도 했다. 이를 계기로 대시국의 황제로 차경석이 등극한다는 천자등극설天子登極說이 확산하여 교세가 급격히 증가했다. 이후 갑자년(1924) 갑자월 갑자일 갑자일에 황제로 등극한다는 천자등극설과 기사년 기사월 기사일 기사시에 황제로 등극한다는 기사년(1929) 천자등극설로 전개되어 당시 민중들의 적극적인 지지를 받았다. 차경석이 충청남도 계룡산 또는 전라북도 정읍의 입암산 아래에 도읍을 정하고 천자天子로 등극하게 되면, 한국은 일제의 강점을 벗어나 진정한 의미에서의 독립 국가가 될 것이라는 풍문이 널리 퍼져 교도들이 급속도로 증가하였다.

이와 관련하여 1924년부터 정읍군 대흥리에 50여 동의 대규모의 건물이 완성되었다. 1925년에는 1만 8천 근의 대종大鐘이 주조되었고, 중앙교당인 십일전十一殿의 신축에 착공하였다. 당시 그 장엄한 규모는 대궁전을 연상하게 되어 세간에서는 이 신축공사를 차천자車天子의 대궐 신축공사라고 말할 정도였다. 마침내 기사년인 1929년에 이 신축공사가 끝나 그해 3월 15일을 택하여 준공식과 아울러 신축된 십일전에 신앙 대상을 모시는 삼광영三光影의 봉안식을 거행하고자 했지만, 정읍경찰서에서 보천교 탈퇴자의 난입

---

35 이상호, 『대순전경』 초판, 1929, 181쪽.

과 차경석이 등극식을 거행한다는 유언비어를 이유로 불허하였다. 이후 십일진의 성령聖靈 봉안식은 끝내 불허되었고, 성전 건축과 차경석의 등극에 대한 교인들의 희망은 일장춘몽이 되고 말았다. 이처럼 차경석은 종교를 표방하면서도 속으로는 일제의 강점을 무력화시키고 등장할 새로운 국가를 꿈꿨다.

(2) 무극도

무극도無極道를 세운 조철제趙哲濟(1895~1958)는 조씨趙氏 진인출현설眞人出現說을 주장하면서, 차경석의 갑자년(1924) 천자등극설이 특별한 사건이 발생하지 않고 그냥 지나가자 실망한 사람들에게 병인년(1926) 천자등극설을 새롭게 제기하였다. 무극도를 창시한 조철제도 조천자趙天子라고 불렸는데, 천자라는 호칭이 뜻하는 바를 살펴보면 하나의 독립된 국가를 건설하는 일을 지향했음을 알 수 있다.

차경석의 갑자년 천자등극설만큼 많은 반향을 일으키지는 못했지만, 조철제의 병인년(1926) 천자등극설은 당시 그를 믿고 따랐던 민중들로 하여금 일제日帝의 강점에서 벗어나 새로운 사회나 국가를 건설하고자 하는 염원을 다시 한번 북돋아 준 주장이자 믿음이었다. 병인년에야말로 새로운 세상인 열릴 것이라는 결코 포기할 수 없는 기대와 희망을 일정하게 제시했다.[36]

6) 성물형聖物型

성물은 신성하고 거룩한 물건이다. 따라서 성물형은 특별하고 신비한 형태의 주술적 물건을 중심으로 하여 교단을 창립한 경우다.

(1) 박공우의 교단

증산의 친자종도 가운데 한 사람인 박공우朴公又(?~1940)는 고부古阜 솔안 사람으로 정

36 김탁, 『일제강점기의 예언사상』, 북코리아, 2019, 450~458쪽 참고.

읍, 고창, 홍덕의 세 장場을 장치던 장사壯士로서 한때는 고창高敞에서 야소교耶蘇教를 믿어 수십 명을 전도한 일도 있었으나 그 후 동학東學에 들어가 열심히 신앙하는 적극 신도가 되었다. 박공우朴公又는 동학신도로서 1907년 5월에 49일간 기도를 하다가 친구인 차경석과 함께 온 증산을 만났다.(『대순전경』 3장 21절) 이때 증산은 박공우와 차경석에게 "이제 만날 사람을 만났으니, 통정신通情神이 나오노라. 나는 서천西天 서역西域 대법국大法國 천계탑千階塔 천하대순天下大巡이라. 동학주東學呪에 시천주조화정侍天主造化定이라 하였으니, 내 일을 이름이라. 내가 천지를 개벽開闢하고 조화정부造化政府를 열어 인간과 하늘의 혼란을 바로잡으려 하여 삼계三界를 둘러 살피다가 너의 동토東土에 그쳐 잔피殘疲에 빠진 민중을 먼저 건지려 함이니, 나를 믿는 자는 무궁한 행복을 얻어 선경仙境의 낙樂을 누리리니, 이것이 참 동학東學이라."라고 말했다.(『대순전경』 3장 22절) 이후 박공우는 증산의 천지공사에 적극적으로 참여하여 따랐고, 증산과 얽힌 일화도 많이 남겼다. 증산이 박공우와 친구로 지내자고 할 정도로 그에 대한 신망이 깊었다고 전한다.

박공우는 1914년부터 고창高敞, 홍덕興德 등지에서 포교를 시작하여 2백여 명의 신도를 모았다. 1916년에는 교단의 본부를 태인泰仁으로 옮겼다가, 1928년에는 다시 원평院坪으로 옮겼다. 특별한 교명은 없었는데, 훗날 태을교太乙教라고 불리기도 했다.

박공우는 증산이 1909년 6월 24일 세상을 떠나기 전날인 23일에 자신에게 의통醫統이라는 신물神物을 은밀하게 전해주었다고 주장하였다.(『대순전경』 9장 29절) 이때 증산은 박공우에게 "무진戊辰 동지冬至에 기두起頭하며 묻는 자가 있으리니, 의통인패醫統印牌 한 벌을 전하라. 좋고 나머지가 너희들의 차지가 되리라."라고 말했다고 전한다.

박공우의 교단은 소규모로 조직되었으며, 그의 사후에는 교단 자체가 없어질 정도였지만, 그가 증산으로부터 직접 전해 받았다고 주장한 의통은 후대의 여러 신행이 생기는 결정적 이유가 되었다. 이후 박공우가 주장한 의통은 다른 교단들에도 전해져 또 다른 분파가 생기게 했고, 의통은 해인海印이라는 보물에 대한 신앙과 함께 해당 교단의 핵심 교리가 되기도 했다.

박공우가 주장한 의통은 태을주太乙呪를 새긴 태을주판太乙呪版과 '한 일一'자와 '순박할 순淳'자를 새긴 증산의 인印과 마테오 리치의 자字인 '시헌時憲'을 새긴 인印과 '무사태평無

事太平'의 넉 자를 새긴 인印과 '신장공우神將公又'를 새긴 인印 등 네 가지였다. 이 인印을 받아 교인의 집 방문 위에 붙이는 호부戶符와 신도와 그 가족의 몸에 지니는 호신부護身符를 만들었다.

호부는 지폐 크기의 한지韓紙의 가운데에 경면鏡面을 섞은 인육印肉을 만들어 태을주를 찍고, 태을주의 오른편 머리 옆에 역시 태극 모양의 '시헌時憲'이라는 두 글자를 양각陽刻하고, 왼편 머리 옆에 역시 태극太極 모양의 인印에 '일순一淳' 자를 음각陰刻한 것이다. 호신부護身符는 호부와 같은 크기의 한지에 역시 가운데는 태을주를 찍고, 태을주의 왼편 머리 옆에 '무사태평無事太平' 인印을, 태을주의 오른편 아래쪽에는 '신장공우神將公又' 인印을 찍은 것이다. 박공우의 교단에서 만든 의통醫統에서 태을주판太乙呪版, 일순一淳을 새긴 인印, 시헌時憲을 새긴 인印은 모두 변산邊山의 20리 안에 있는 깊은 산중의 도목桃木을 베어다가 만든 것이다.

(2) 미륵불교

김형렬이 1915년 봄에 모악산 금강대에서 백 일 수련을 통해 신안神眼이 열려 영서靈書를 받고 신력神力이 통해 포교에 전력하니 따르는 신도들이 날로 많아졌다. 포교 방법은 입교하는 사람에게 태을주太乙呪를 수련하는 외에 각자의 생년지지生年地支에 해당하는 동물을 그린 물형부物形符를 날마다 수십 장씩 그린 뒤에, 그 동물과 각자의 성명을 새긴 사각형의 인장印章을 찍어서 불사르게 하는 것이었다. 그 의미는 선천先天에는 문자부文字符를 사용하였으나 후천後天에는 물형부物形符로 조화권능造化權能을 부리는 것인데, 인간의 생년지지生年地支는 곧 그 사람에게 선천적으로 지정된 물형부의 자료니, 그 지지地支인 동물을 많이 그리면 필력筆力을 얻고 몸에는 주력呪力을 쌓으면 능히 그 물형부로 조화권능을 부릴 수 있는 것이라 했다.[37]

유제봉柳濟鳳(1870~1954)은 전남 장성군 출신이다. 그는 1921년에 김형렬이 경성에서 불교진흥회를 조직할 그 회원이 되었다. 1950년 6.25사변 때 장성군으로 피난 왔던 김

---

37 이정립, 『증산교사』, 증산교본부, 1977, 66~67쪽.

제군 금산면 출신 최선호崔善湖를 만나, 자기가 김형렬이 세운 미륵불교를 오랫동안 신봉해 왔으니 그 부흥 운동을 함께 전개하자고 권하였다. 이에 최선호가 찬동하였고, 1951년 섣달에 유제봉은 최선호의 집에 와서 머물면서 자신을 미륵불교의 2대 회장이라고 주장하고, 1954년 12월에 최선호의 부인인 최선애崔善愛에게 김형렬로부터 받은 유법遺法으로 법계法戒를 전하였다. 최선애는 1964년 6월에 미륵불의 계시를 받고 미륵불교를 법상종法相宗이라는 새로운 종단으로 문공부에 등록하려고 노력하다가, 마침내 1970년 2월에 문화공보부에 대한불교법상종이라는 이름으로 등록할 수 있었다. 초대 종정宗正에는 대전에 살던 한의사 전영동全永東이 추대되고, 총무원장은 여처자파呂處子派 신도였던 김정학金定學이 임명되었다. 1971년에 전영동이 죽자 1975년 2월에 제2대 종정으로 삼각산 귀복암 주지 남궁규南宮圭를 추대했는데, 그도 1976년에 서거했다. 잔여임기 가운데 나머지 3년을 제3대 종정으로 선출된 최선애가 승계하였다. 최선애는 김형렬이 재세시에 신도들에게 그리도록 한 물형부物形符를 그렸는데, 이를 우각도금牛角刀金이라 한다.[38]

미륵불교의 전통을 계승한 대한불교법상종에 내려오는 말에 의하면 증산이 꽃에 해당하는 『현무경玄武經』은 안내성安乃成에게 전하고, 열매에 해당하는 우각도금牛角刀金을 김형렬에게 전해주었다고 한다.[39] 우각도금은 신명용사神明用事를 할 때 사용하며, 그 안에 있는 검은 색 점은 운장주雲長呪를 의미한다. 여기에는 경면주사鏡面朱砂를 사용하는데, 신명계神明界의 주벽主壁인 관운장에게 명령을 내리는 것이다. 대한불교법상종에서는 우각도금을 이용한 우부일기牛符日記를 하는데, 기본이 3장이며, 더 하고 싶을 때는 5장, 7장 등 홀수 단위로 하고 싶은 만큼 한다.

(3) 대법사

증산교본부의 전신인 대법사大法社에서 1951년 봄에 인패印牌를 만들었다는 전언이 있

38 홍범초, 『범증산교사』, 도서출판 한누리, 1988, 189~191쪽.

39 전경현 편저, 『범증산종단사』 상권, 2019, 183쪽.

다. 1945년 해방 후 제1차로 의통인패醫統印牌를 만들 때 백남신白南信의 손녀사위가 당시로서는 거금인 10만 원을 헌성하여 부담했다. 두 번째는 한국전쟁이 진행 중인 1951년 음력 2월 중순 무렵에 금산사 근처에서 의통을 준비했다. 14세에서 16세 사이의 아직 이성을 모르는 청순한 소년들이 의통 준비 작업에 종사했다.[40] 당시 참석한 사람은 정윤조 부부, 정윤조의 모친, 정윤조의 손녀와 손자, 박수호(박기호의 아들), 배효구(배동찬의 아들), 한인회의 장남, 한인회의 조카 등이었으며, 이 당시 경면주사鏡面朱砂의 비용은 안홍찬安興燦이 전량 충당하였는데, 만들어진 의통醫統을 양일환梁一煥이 충청도로 가져가 경상도 밀양군의 이원호李元浩가 이정립李正立에게 이의를 제기하고 분란이 발생하였다.[41] 이와 관련하여 "(종도사[42] 선생님께서는) '6.25를 전후해 대대적인 의통 실험 제작에 착수하신 이후[신묘년(1951) 동지冬至까지 제작 완료]'라 했다."라는 기록이 있다.[43]

장옥의 『용화도장 지킴이』에 "경면주사는 안홍찬安興燦이 전량 충당했다."라고 적혀 있다.[44] 안홍찬은 훗날 증산도를 세운 종도사宗導師 안세찬安世燦의 본명이다. 의통을 만들 때 가장 비용이 많이 드는 경면주사의 비용을 부담하는 일이 의통 제작의 핵심이었음을 짐작할 수 있는 대목이다.

의통을 만들 때는 경면주사와 함께 변산邊山에서 구한 도목桃木을 완전히 건조하여 사용한다.[45] 계묘년(1964)에는 김종호金種浩가 경면주사 7근을 구해와 이정립이 일일이 수비水飛하여[46] 만들었다. 이때 김종호가 철로 만든 기계를 들여왔으나 무용지물이 되었다. 이때는 서헌교徐憲敎와 홍기화洪基和가 전북 부안군 변산에 가서 복숭아 나뭇가지를 구해왔다고 전한다.[47] 그리고 을사년(1965) 이후에도 인육印肉을 만들었고, 의통도 많이

---

40 장옥, 『용화도장 지킴이』, 선학사, 2004, 120~128쪽.
41 전경현, 『범증산종단사』 하권, 2019, 27~28쪽.
42 종도사(宗導師)는 증산도(甑山道)의 창시자 안세찬(安世燦, 1922~2012)을 가리키는 말이다.
43 안경전, 『증산도(하) - 의통』, 대원출판사, 1991, 813쪽.
44 장옥, 『용화도장 지킴이』, 선학사, 2004. 121쪽.
45 위의 책, 126쪽.
46 수비는 "물속에 넣고 휘저어 이물질을 없앤다."라는 뜻이다.
47 전경현, 앞의 책, 28쪽.

만들었다. 무신년(1968) 봄에는 만족할 만한 숫자는 아니었지만 거의 완성하였다.[48]

1984년 봄에는 호신부護身符 20만 장을 경면주사 6근 반으로 의통을 만들었다.[49] 당시에 정영규가 호부戶符는 많으나 호신부護身符가 부족할 듯하다고 주장하여, 교인들이 자진 참여해서 의통을 만들었다. 이때 경면주사가 부족하여 공인품 다섯 봉지를 추가로 구입하여 총 20만 장을 만들었다.[50]

그런데 박공우의 태을교에서 만든 호신부와 호부는 대법사에서 만든 것과 양각陽刻과 음각陰刻이 바뀌었다는 전언이 있다.[51] 이 의통의 인印은 모두 변산邊山의 20리 안에 있는 깊은 산중의 복숭아나무를 베어다가 만든 것이다. 박공우의 태을교에서는 호신부와 호부를 광제표廣濟表라고도 한다.

(4) 증산도

증산도를 세운 안세찬은 1951년 음력 2월에 원평院坪 장승백이에서 호신부護身符와 인패印牌를 만들 때, 인육印肉의 제조에 필요한 경면주사鏡面朱砂 15근을 자기의 연원淵源 지역인 공주와 부여 지방에서 갹출하여 냈고, 의통구호단醫統救護團의 조직국장을 맡아 자긍심自矜心이 컸다고 한다. 그래서 안세찬은 호신호부護身戶符의 배부配付와 의통구호단의 인원人員 배정配定을 자기의 연비連臂에 유리하도록 짠 데다가 장승백이에서 만든 호신부와 인패를 자기 연비 교인들을 시켜 모두 가져가서 다른 신도들과 불화가 생겼다고 전한다.

"증산도甑山道 육임六任 구호부대에 의해 집행되는 의통醫統 구원에 의해서만 (괴병을) 사전에 면할 수 있으며, 비록 죽은 사람일지라도 죽은 지 얼마 안 되어 시신이 부패하지 않은 사람들은 역시 의통 구원에 의하면 살아날 수 있다."라고 주장할 정도로 의통은 신비한 물건으로 믿어졌다.[52] 그리고 증산도에서는 "(증산 상제님께서는) 이번의 병겁 심

48 장옥, 『용화도장 지킴이』, 선학사, 2004, 127쪽.
49 위의 책, 127~128 · 174쪽.
50 전경헌, 『범증산종단사』 하권, 2019, 28쪽.
51 홍범초, 『범증산교사』, 도서출판 한누리, 1988, 227쪽.
52 안경전, 『증산도(하) - 의통』, 대원출판사, 1991, 605쪽.

판은 일꾼들에 의한 '의통 구호부대'에 의해 성사재인成事在人 되심을 밝혀주셨다."라고 주장한다.[53]

의통醫統에는 호신護身의통, 호부戶符의통, 해인海印의통[54]이 있다고 한다.[55] 이처럼 의통은 병겁기病劫期에 사람을 살리기 위해 쓰일 구체적 형태를 지닌 실물로 믿어진다. 의통을 만드는 방법은 그를 주장하는 교단에서 비밀스럽게 전승되어 왔지만, 1992년에 공개되었다.[56]

(5) 진해원

진해원眞解冤은 진혜원眞慧院이 바꾼 이름이며, 한국미륵사상연구회라고도 불리는 교단이다. 호산虎山 장영주張永株(1930~2011)가 동생인 장영준張永峻(1946~)과 함께 1968년 10월 25일부터 27일까지 관촉사灌燭寺의 은진미륵상恩津彌勒像 앞에서 증산의 영靈을 친견한 후, 1970년 설날에 경기도 고양군 신도면神道面 진관리津寬里에서 '참된 지혜를 구하는 곳'이라는 뜻을 지닌 진혜원眞慧院을 개창하였다. 1972년 9월에는 경기도 파주군 천현면 법원리로 이전하였다. 장영주는 1980년에는 한국미륵사상연구회를 창립하여 회장을 역임하였고, 1986년에는 진혜원을 서울시 불광동으로 이전했으며, 1995년에는 경기도 양평군 용문면 신점리에 도성사道成寺를 세웠다. 장영준은 2010년에 충청남도 서산군瑞山郡 원평리로 이사하여 가야산伽倻山 해원정사解冤精寺로 명칭을 변경하였는데, '진실로 해원을 원하는 곳'이라는 뜻을 담아 진해원이라는 현판을 만들어 게시하였다. 그해 7월에는 '대한불교조계종 삼화불교'로 등록하였다.

장영주는 1971년부터 물약자효勿藥自效하는 의통법醫統法으로 치료를 원하는 사람들

---

53 위의 책, 632쪽.

54 민간에서는 설화를 통해 도깨비방망이나 여의주 같은 조화(造化)를 불러일으키는 보물로 널리 알려져 있다. 앞으로 다가올 도술 문명시대와 관련하여 생각해 볼 필요가 있다. 차선근, 「해인에 대한 고찰」, 『상생의 길』 제2호, 대순진리회 출판부, 2004, 152쪽. 해인(海印)에 대해서는 김탁, 『한국의 보물, 해인』, 북코리아, 2009을 참고.

55 증산도 도전편찬위원회, 『도전(道典)』, 2012, 10장 382절.

56 이중성, 『천지개벽경』, 대도연수원 부설 용봉출판, 1992, 634~636면. 이중성은 박공우와 사돈 사이였다.

에게 담양도관潭陽道寬을 만들어 나누어주었다. 장영주가 1968년에 청담동淸潭洞에서 도道를 시작해서 삼양동三陽洞으로 이사한 후에 도를 완성했다는 의미로 만든 것인데, 여기서 두 동洞의 이름 가운데 글자를 따서 작명했다. 앞에는 은진미륵불상恩津彌勒佛像의 문양을 새겼고, 뒤에는 용마상龍馬像의 문양을 새긴 것이다. 앞면에 있는 은진미륵불상의 왼쪽에는 정도광명생正道光明生이라는 글자를, 왼쪽에는 세존영세불世尊永世佛이라는 글자를 새겨 넣었다.

용마상을 새긴 이유는 장영주가 1930년생 말띠이고, 그의 부인 장호長湖 김옥자金玉子가 1940년생으로 용띠이기 때문이라고 한다. 용마상의 위쪽에는 진혜원眞慧院이라는 글자를 새겼고, 용마의 몸통에는 조화정造化定이라는 글자를 새겼고, 아래쪽에는 남방객南方客이라는 글자를 새겨넣었다. 조화정은 "음양陰陽의 조화는 정해져 있어서 억지로 사람의 힘으로는 안 된다."라는 뜻이고, 남방객은 장영주의 고향이 순천順天이어서 '남쪽에서 온 손님'이라는 뜻으로 증산이 썼던 '남방南方 삼리화三离火'라는 글에서 연유했다고 주장한다. 진해원에서는 2015년 9월에 담양도관에 대하여 특허청으로부터 특허등록을 마쳤다.[57]

그런데 2014년 동지冬至 때 증산도甑山道에서 증산이 만들어 김자현金自賢에게 전했고, 김자현의 손자인 김재열이 보관하고 있었다는 마패馬牌를 공개하였는데, 마패가 담양도관과 외관상 구별이 불가능할 정도로 같은 것이었다. 당시 증산도의 종도사로 있던 안중건安重建은 증산이 "마패는 의통醫統을 집행하는 신패神牌로서 나의 신표信標니라."라고 말했다고 주장했다.[58] 이에 대해 증산도에서 분립한 노상균이 세운 증산참신앙에서 담양도관과 마패가 같은 것인지를 검증하였는데, 이후 증산도의 주장이 받아들여졌지만, 과연 어떤 방법으로 검증한 것인지는 명확하지 않다.

---

57 전경현 편저, 『범증산종단사』 하권, 2019, 225쪽.

58 위의 책, 490쪽.

7) 수련형修練型

수련은 정신 수양이나 운동 따위를 통해서 몸과 마음을 힘써 닦아 기름을 뜻한다. 따라서 수련형은 일정 기간의 혹독한 자기 수련을 거치거나 간절한 수도 과정을 통해 특별하고 신비한 독특한 종교체험이 있었다고 주장하며, 이를 바탕으로 하여 새로운 독립 교단을 세운 유형이다. 대부분의 독립된 교단이 세워지기까지 해당 교단의 창교주들은 자신만의 독특한 수련 과정이 있기 마련이며, 그 과정에서 자신만의 신비체험을 겪었다고 자랑하기도 한다. 바로 이러한 명백한 자기 확신이 있을 때만이 비로소 하나의 독립된 교단이 형성될 수 있다.

(1) 증산대도교

경만敬萬 안내성安乃成(1867~1949)은 경남 함안군 가야면 도음곡 출신으로 1907년 음력 6월에 정읍 대각교大覺橋에서 증산을 만나 도문道門에 들어왔다. 1909년 음력 6월 22일에 안내성의 집을 떠나면서 증산이 안내성에게 『현무경玄武經』과 흰 병을 주시면서 "이 자리를 3년간 떠나지 말고 앉아서 태을주를 읽어라."라고 말했다고 한다. 이에 안내성은 주문呪文을 읽는데만 몰두하여 증산이 화천化天한 줄도 몰랐다고 전한다. 안내성은 앉은 자리를 뜨지 않고 주송呪誦을 하여 입은 옷이 다 닳고 헤져서 혼솔만 남는 지경까지 이르렀으나 마침내 3년을 채웠다. 1911년 음력 9월에 고판례가 교단을 창설할 때 여기에 참가한 안내성은 1913년부터 순천順天으로 내려가서 포교에 힘썼다. 1914년 봄에 본소本所에 왔다가 차경석과 다툰 뒤에 여수麗水 가국리柯局里에 따로 교단을 창설하였다. 이후 안내성은 교단의 본부를 1915년에는 순천군 도산면 계표리, 1916년에는 무안군 해제면 삼봉리, 1918년에는 전북 김제군 수류면 금성리, 1927년에는 전주군 우림면 청도리 백운동으로 옮긴 뒤, 전남 각지에 있던 교인 수백 명을 이주시켜 교인촌敎人村을 이루었다.

안내성은 1927년에는 전주군 우림면 청도리 백운동에 이주하여 신도 수백 명을 이주하게 하여 교인촌을 세우고 교세 확장에 진력하였다.[59] 1929년 겨울에 보천교에서 나온 문정삼文正三, 채규일蔡奎壹을 비롯한 많은 보천교 신도가 모여들어 교세가 크게 떨치자,

안내성은 교명教名을 증산대도교甑山大道敎라 하였다. 이때 신도 수가 한때 3천여 명에 이르렀다. 그런데 청소년의 학교 교육을 금지하고 신도들에게 상사喪事에 조문하는 일을 금했기 때문에 세간에 악평이 일어나고 1931년부터 교세가 쇠퇴하기 시작했다.[60] 그 후 이 교단은 선도仙道라고도 불렸다.

안내성은 자기가 증산의 수제자이므로 증산으로부터 새 시대의 운수를 조정하는 능력을 받았다고 주장하고, 일심一心으로 수도하면 멀지 아니하여 증산이 환생還生하여 큰 복록을 마련해 줄 것이라고 주장했다. 그는 통용通用하는 주문呪文을 한 가지씩 기한을 정하여 읽게 하되, 그 기한이 차면 다른 주문을 읽으라고 명하며 새 운수가 나오니 받아 가라고 말했다. 신도가 주문을 교본부敎本府에서 한 가지 받을 때마다 치성을 올린다.[61]

안내성은 하루 3번 청수淸水를 올리고 태좌胎座로 앉아 주문을 읽었다고 한다. 신도들은 아침저녁으로 송주誦呪를 일과日課로 하며, 교단 본부에서 7일, 14일, 21일 등 일정한 기간을 정해 송주誦呪하게 하는 것을 도수공부度數工夫라 한다. 도수공부를 할 때 이 교단에서는 태을주, 오주, 절후주, 진법주眞法呪, 개벽주開闢呪, 운장주雲長呪, 칠성경七星經 등 15 주문을 적어도 1회씩은 읽는다. 이 가운데 태을주, 오주, 절후주의 3가지는 도주道呪라 하고, 나머지 주문은 술주術呪라고 한다. 본교本敎의 신도들은 증산께서 말하신 도통道通은 연원도통淵源道通이므로 안내성에게서 태을주를 받아야 도통을 한다고 주장한다. 이 교단에서 말하는 의통醫統은 태을주太乙呪다. 태을주를 쓸 때에는 경신일庚申日에 증산께 치성을 올리고 지폐紙幣 크기의 한지韓紙에 경면주사鏡面朱砂로 써서 신도의 집 방문 위에 붙인다. 경신일에 태을주를 쓰기 시작하는 것은 지하신地下神이 경신일에 하늘에 올라가 인간사人間事를 고하기 때문이다. 그런데 이렇게 쓴 태을주는 3년을 넘기면 효험이 없다고 한다. 왜냐하면 안내성이 3년 공부로 태을주를 받았기 때문이다. 안내성은 증산을 3년간 모셨고, 3년간 태을주를 읽어 도를 완성했다고 본다. 병겁病劫이 일어나면 도인

---

59 이정립, 『증산교사』, 증산교본부, 1977, 179쪽.

60 위의 책, 180~181쪽.

61 위의 책, 69쪽.

들은 동리洞里에 들어가서 태을주를 읽고 문門 안에 들어가서 읽고, 병자病者를 주무르면서 태을주를 읽어서 구원한다. 그리고 이 교단에서는 『현무경』은 하느님이신 증산께서 천지공사를 보시는데 쓴 경經이므로 신도들이 볼 책이 아니라고 주장한다.

(2) 문공신의 교단

영상瀛祥 문공신文公信(1879~1954)은 정읍井邑 계동桂洞 사람이다. 그는 1907년 5월 무렵에 증산을 처음으로 만났으며,[62] 당시 동학신도東學信徒였다. (『대순전경』 2장 25절) 그의 교단은 특별한 교명敎名이 없었는데, 다만 증산을 대선생大先生, 문공신을 선생先生으로 받들었다. 문공신은 일찍이 천주교天主敎에 입교하여 수릿골에서 세례를 받았는데, 입교 직후 1주일 만에 천주교서天主敎書를 술술 암송하여 신부神父가 깜짝 놀라 대재大才라 평했다고 전한다. 그 후 문공신은 접주接主인 중형仲兄을 좇아 동학東學에 들어가 흥덕興德과 부안扶安 두 고을의 동학회장을 지낼 정도로 열렬한 동학신도였다. 그렇지만 동학회장을 지낸 뒤에 동학운동에 회의를 느껴 새로운 길을 찾기 위해 관운장關雲長께 기원하는 주문呪文을 21일 동안 읽으니, 마지막 날 저녁에 "향남방向南方하라."는 글이 보였다. 문공신은 1906년 9월 그믐께 순창 회문산 부근에 있는 농바위 주막 근처에서 자신을 허물없이 대하는 증산을 만나 감화를 받고 그를 따랐다. 한편 『대순전경』 3장 25절에는 문공신이 증산의 종도가 된 때가 1907년 5월 이후의 일이라고 기록하였다.

증산은 문공신의 집에 '천지대팔문도수天地大八門度數'를 정하였고, (『대순전경』 4장 39절) 후천음양도수後天陰陽度數를 볼 때 일음일양一陰一陽이 원리原理라고 아뢴 문공신에게 "너는 정음정양도수正陰正陽度數니 정심正心으로 잘 수련하라."라고 말했다. (『대순전경』 4장 49절)

증산이 화천化天한 후 문공신은 수도修道에만 전념하였다. 때로 식량이 떨어지면 저녁 한 끼만 먹는 일종식一種食을 하기도 하고, 어느 때는 겨를 먹고 지냈다. 신도들이 가져주는 물품도 받지 않았다. 치성致誠 때 오륙십 명의 교인이 모이는 교단이 형성되었지만 특

62 김동섭의 구술에 따르면 문공신이 증산을 처음 만난 때는 1906년 9월 그믐께 순창 농바위 주막 근처에서였다. 홍범초, 『범증산교사』, 도서출판 한누리, 1988, 267~277쪽.

별한 이름은 없었다. 문공신의 교단에 입도한 신도들은 대부분이 안내성의 선도仙道 혹은 증산대도교甑山大道敎에 다니던 사람들이었다.

1921년 2월에 조철제趙哲濟가 주도하여 증산의 묘소를 발굴하여 성골聖骨을 도둑질해 간 사건이 일어나자, 1922년 1월에 성골을 숨겨둔 정읍군 감곡면 통사동 이씨李氏 재실齋室을 습격하여 되찾아왔다. 그러나 이 사건으로 인해 문공신 등 20여 명이 모두 검거되었고, 문공신은 7년 징역에 처하였다. 그런데 문공신은 이 사건으로 징역형에 처한 것이 아니라 1941년 무렵에 "(중일전쟁) 이번 전쟁에 일본이 패망하고, 장개석蔣介石 군軍이 입국하게 될 터이니, 우리는 크게 비밀단체를 만들었다가 그들을 환영해야 한다."라는 말을 유포하다가 탄로되어 1941년 3월에 20여 명과 함께 김제경찰서에 체포되어 국제 간첩 혐의로 7년 징역에 처하였다가 1945년 해방 후에 출옥하였다는 기록이 있다.[63] 오랜 옥살이를 마치고 나온 뒤에도 문공신은 신심信心이 더욱 굳어 여러 사람이 도인道人다운 도인이라고 칭송했다.

(3) 태극도

정산鼎山 조철제趙哲濟(1895~1958)는 경상남도 칠원군 서면 회문리에서 태어났다. 조철제의 아버지 조용모趙鏞模는 1909년 4월 28일에 전 가족을 이끌고 창원에서 기차를 타고 만주滿洲로 망명길에 올랐다. 이때 조철제는 증산과의 영적인 만남이 있었다고 주장했고, 훗날 그의 신도들은 이 신비체험을 그가 증산의 직접적인 계시를 받을 일로 믿는다. 그 후 중국에 가서도 조철제에게 증산이 내리는 계시가 자주 있었다고 주장되며, 역시 증산이 내린 계시에 따라 조철제는 1917년 9월에 환국하여 증산甑山의 본소本所를 찾기 위해 노력하다가 『현무경』, 둔궤遁櫃 등을 얻어 수련에 집중하였다. 1921년 4월 28일에 조철제는 스스로 무극대도주无極大道主를 자처하고 교단을 창립하였다. 이듬해 12월부터는 태인군 도창현에 도장道場을 건립하기 시작했고, 마침내 1925년 4월 15일에 영대靈

---

63 유병덕, 『계룡산하 종교집단체와 모악산하 종교집단체의 비교 연구』, 문화공보부, 1968, 191쪽; 이정립, 『증산교사』, 증산교본부, 1977, 303쪽.

臺와 노솔궁兜率宮 등의 건물을 완성하였다. 그해 4월 28일에 조철제는 무극대도의 도주道主 자격으로 증산甑山의 존호尊號를 신격神格으로는 구천응원뇌성보화천존상제九天應元雷聲普化天尊上帝로, 인격人格으로는 강성증산상제姜聖甑山上帝로 봉대奉戴하는 영위靈位를 봉안하였다. 이후 한때 신도 수가 십만여 명에 이르렀으나 1935년 8월에 낙화도수落花度數와 잠룡도수潛龍度數를 선언하고 은거하여 수도하였다.

이후 조철제는 1948년 1월에 도명道名을 태극도太極道로 변경하고, 부산釜山 보수동을 중심으로 포교에 힘썼다. 1951년에 부산으로 피난한 사람들로 인해 각지에서 입도하는 신도들이 더욱 증가하여 수천호數千戶를 이루고, 도장 부근으로 이주한 신도들도 1천여 호에 이르렀다. 이에 조철제는 1955년 7월에는 부산시 감천동으로 신도들을 이주시켜 대규모의 교인촌을 이루었다. 1957년 4월에는 대강전大降殿을 준공하였다.

태극도의 기도 시간은 평일에는 진시辰時, 술시戌時, 축시丑時, 미시未時의 4번이고, 일진日辰이 갑甲과 기己의 날인 주일主日에는 평일의 4번과 자시子時, 오시午時, 묘시卯時, 유시酉時의 4번을 더한 8번이다. 기도 장소는 도장道場이나 회관會館이나 각자의 집 정실正室이다.

1957년 동지冬至 치성을 마치고 조철제는 "내가 이제 50년年 공부工夫를 종필終畢할 도수度數니라. 내가 50년 공부로써 얻은 공부법방工夫法方이니, 유일무이한 진법眞法이요 진법陣法이며, 천지대학天地大學이요 청학靑學이므로 우선 각 방면의 책임자는 관하管下 도인道人 가운데 공부할 만한 자를 간선하여 그 명단을 제출하라."라고 하였다. 이 명命에 따라 각 방면에서 제출된 명단은 모두 8천여 명이었다. 수도공부반 편성과 관리 업무를 책임질 임원, 각 공부반工夫班의 책임자인 시학원侍學員, 도장을 수호하는 정급正級과 정급을 보좌할 진급進級 등 수도반修道班의 임원을 선임하고, 먼저 수도 사무원에게 공부 방법을 상세히 가르쳤다.

1957년 11월에 도주 조철제는 수도 사무원으로 하여금 시학공부侍學工夫에 들어갈 1개 반班의 명단을 제출하게 하여 법식法式에 맞춰 편성하니 48명이었다. 공부하기 3일 전마다 반班 편성표를 작성하여 발표하게 하고, 각 방면의 포정布正은 해당 반원에게 이를 알리게 했다. 각 반班은 책임자 1인, 부책임자 2인, 정급正級 2인, 진급進級 3인, 회원會員 16인, 내수內修 12인, 외수外修 12인으로 편성하였다. 이때 제1호 제1반부터 제15반까지 각

반의 책임자 1인과 부책임자 2인씩을 임명하고, 또 매일 각 반을 독찰督察할 시학당번侍學當番을 임명하여 하루씩 번갈아 가며 근무하게 했다.

조철제는 위와 같은 방법으로 11월 18일 갑신일甲申日부터 시학侍學공부를 시키면서 수도 사무원에게 초강식初降式, 합강식合降式, 봉강식奉降式 등의 절차를 상세히 가르쳤다. 공부 방법은 일동一同이 배례拜禮한 후 법좌法座하고 "평심정기平心正氣하여 지성至誠으로 발원하라."라는 계훈戒訓을 부른다. 또 시독원侍讀員은 영대靈臺의 양兩 문門 앞에 법좌하고 창홀에 따라 봉축주奉祝呪 1회, 기도주와 태을주를 각기 4회를 연이어 송주誦呪한 다음, 칠성주, 운장주, 이십팔수주, 24절주를 순차順次 교호交互로 한 주문呪文씩 읽되 음양일진陰陽日辰에 맞추고, 일동一同도 일진에 맞추어 봉축주 1회와 기도주와 태을주를 각 4회 읽는다.

1957년 12월 13일에는 시학공부를 끝낸 제11반부터 제15반까지 초강식初降式을 한 후에 제1호 15개반 정원定員 720인의 합강식合降式을 봉행하게 하였다. 그는 "이 강식降式은 성둔도수成遁度數니라."라고 훈시하였다.

또 조철제는 1958년 1월에는 시법공부侍法工夫를 명하였다. 그는 "시법공부는 즉석강식卽席降式이니라. 시학侍學을 마치고 시법侍法만 하면 누구나 도통道通의 진경眞境을 얻어 선경仙境에 참여할 수 있으리니, 태극太極의 진법眞法이니라."라 하였다.

1958년 1월 말에 시학侍學 제4호의 합강식合降式이 끝난 후 지금까지 시학공부를 마친 4개호個號 60개반個班 가운데 제1호를 제외한 3개 호의 45개 반 정원定員 1,620인 전원을 불러서 봉강식奉降式을 올리게 하였다. 이때 조철제는 신도들에게 봉강문奉降文을 내리고 의례 절차를 가르쳤다. 이처럼 태극도에서는 도인들이 합동으로 수련하는 일을 엄격하게 정하여, 철저하게 시행함으로써 교단을 발전시켜 나갔다.

(4) 대순진리회

수련을 중시하는 대순진리회의 공부工夫는 일정한 장소에서 지정된 방법으로 지정된 시간에 주문을 송독하는 것을 말한다. 수련은 시간과 장소의 지정이 없이 기도주 혹은 태을주를 송독하는 것이다. 그리고 평일平日기도는 매일 진辰, 술戌, 축丑, 미未 시時에 자택에서 행한다. 단 외출 시에는 귀가 후 보충한다. 주일主日기도는 갑일甲日과 기일己日에 자子, 오午, 묘卯, 유酉 시時에 지정된 장소나 자택에서 행한다. 또 치성致誠은 일종의 제례祭禮 형식으로 신앙대상 앞에서 일정한 식순에 따라 진행하는 종교의례를 가리킨다. 치성에는 개인의 가입의례인 입도入道 치성과 역사적 기념일 혹은 주요 절기에 맞추어 도장道場에서 거행하는 대규모의 공동체 의례가 있다.

8) 주문형呪文型

주문呪文은 신성하고 신비한 의미와 작용이 있다고 믿어지는 말이나 글이다. 주문은 신묘한 뜻과 불가사의한 힘을 가진 문구로 여겨져 수련과 의식 등에 중요한 위치를 차지한다. 증산甑山은 천지공사를 행하면서 태을주, 시천주, 오주五呪, 도리원서문桃李園序文, 서전서문書傳序文 등을 많이 사용했고, 이를 지극정성으로 읽으면 이상적인 인격을 이룬다고 강조했다.

증산교단의 대표적인 주문은 태을주太乙呪인데, 임진왜란 때 충청도 비인 땅에 살았던 김경흔金京欣이라는 인물이 천상에서 전해 받은 주문에 증산이 앞부분에 "훔치 훔치"라는 구절을 덧붙인 것으로 전한다. 이 외에도 증산교단에는 증산이 지었다는 오주와 동학의 시천주侍天呪가 거의 공통으로 사용된다. 주문을 외우고 수련에 적극적으로 활용하는 일이 핵심 교리로 자리를 잡은 교단이 이 유형에 속한다. 따라서 주문형은 주문을 읽는 일을 매우 중시하여 새로운 교단을 형성한 경우이다.

(1) 인도교

인도교人道教는 구악龜岳 채경대蔡慶大(1890~1940)가 1922년에 전북 정읍군 덕천면 객망리에서 창립한 교단이다. 보천교 계통이며, 삼성교三聖教 또는 천인교天人教로도 불린다. 채경대는 1890년 12월에 전라남도 무안군 비금면 지당리에서 태어났다. 그는 형인 채규일과 함께 1914년에 보천교에 입교하여 1919년 10월에 소한주小寒主가 되었으나, 1922년 1월에 보천교를 떠나 새 교단을 세우기로 작정했다. 채경대는 1924년 3월에 증산의 탄강지인 정읍군 객망리에 성전聖殿을 짓고 천인교天人教를 창시하였다. 1928년 겨울에 금산면 청도리에 있는 귀신사歸信寺에 들어가 이듬해 여름까지 수련하여 4월에 호신주呼神呪와 단주주丹朱呪를 얻었다. 1930년에 덕천면 객망리의 성전에 삼성三聖을 봉안했는데, 선도종장仙道宗長인 증산신성甑山神聖, 불도종장佛道宗長인 진묵대사震黙大師, 유도종장儒道宗長인 주회암선생朱晦庵先生이다. 따라서 사람들은 이 교단을 삼성교三聖教라 하였다. 오랜 수도 끝에 채경대는 1931년 6월 1일에 모악산母岳山 신월암新月庵에서 도각道覺한 후, 교단조직을 정비하고 삼계오잠三戒五箴을 발표하였다. 이후 교단의 이름을 인도교人道教로 바꾸고 경기도의 경성과 수원에서 '신국가 건설'을 도모하였다. 그는 신도들에게 항일抗日 의식을 심어 일제日帝는 이를 "불온한 교육"이라고 판단하고 보안법 위반 혐의로 징역 10개월을 선고하였다.[64] 『동아일보』 1937년 9월 5일 기사에 자칭 옥황상제玉皇上帝인 채경대 등 검거 총인원 80여 명 가운데 치안유지법 위반으로 33명이 송치되었다는 내용이 있다.

채경대는 수련 방법으로 처음 입도하여 치성을 올리고 수련하는 초공初工, 24, 28, 48, 105 간부로 쓸 사람을 뽑아 수련시키는 중공中工,[65] 조회법朝會法 등을 제시했는데, 많은 주문과 여러 부符를 사용한 점이 특기할 만하다. 중공中工을 마친 교인은 자기신명自己神明을 설위設位하고 자정행법子正行法을 하는데, 자기신명이란 중공을 시작할 때 24방方, 24절후節候, 28장將, 48장將, 5방方 등 105 신장神將의 이름을 써서 제비를 만들고, 이 중에서 한 신장을 뽑아 그 신장을 자기의 신명으로 정하는 것이다. 자정행법子正行法이란 자정에 남녘에 청수淸水를 모시고 신명장神明章을 몸에 지닌 다음 칙령기勅令旗를 메고 나아가 법배法拜를 올리고 심고心告를 드린 후 단주주丹朱呪, 진액주津液呪, 태양주太陽呪, 태음주太陰呪, 합덕주合德呪 등의 여러 주문을 외우고, 정의부情誼符, 신인합발부神人合發符, 옥추부玉樞符, 소멸음해부消滅陰害符를 먹으며 그려서 소消하고, 심령신대부心靈神臺符와 신명부神明符

64 전남 무안의 채경대 외 3인 판결문(1940년 2월 20일), 경성지방법원.

65 중공(中工)은 증산(甑山), 관성제군(關聖帝君), 지신(地神), 조왕(竈王)의 사위(四位)께 치성을 올리고 호신주(護身呪)를 6일간 주야로 읽는 것이다.

는 주사朱砂로 그려서 탄부呑符하는 것이다. 조회법은 중공中工을 마친 교난의 산부들을 옥황玉皇을 친현親見하는 조회를 하게 하는 것이다.

인도교에서는 호신주呼神呪, 단주주, 육성주六星呪, 진액주, 호신주護身呪, 지신축地神祝, 정역正易 이십사절후주二十四節候呪, 중공축中工祝, 태양주, 태음주, 합덕주, 삼보주三寶呪, 장생주長生呪 등을 주로 사용해서 수련했다. 특히 채경대는 신도들에게 태을주太乙呪를 100만독萬讀하고 서전서문書傳序文을 1만독萬讀하라고 가르쳤다.

채경대는 수련 방법으로 특히 악樂을 강조하였는데, 악은 선경仙境의 정음正音이라 진념塵念이 없어지고 심성心性이 화락和樂하여 혈색이 관통하며 신인神人이 상통된다고 했다. 따라서 슬픈 노래나 상극곡相克曲은 부르지 말고, 희곡喜曲과 단가短歌를 부르라고 했다. 조선총독부가 증산계 각 교단에 대해 대폭압 명령을 내리자, 국내에서 종교운동을 활발히 전개할 수 없게 되자, 채경대는 1936년 4월에 교인들과 신농사神農社를 조직하여 만주滿洲로 가서 봉천성 강평현 박인촌博仁村에 농장을 개간하였다. 그곳에 교인 수십 호를 이주시켜 신농농장神農農場을 열고 본사를 이전하였다. 아울러 통화성 유하현 대전자촌大甸子村 부근의 황무지를 개간하여 교인촌도 건설하였다. 광복 후 김종수金鍾洙 등 20여 세대가 귀국하여 전북 전주시 금암동에 판자촌을 건설하고 집단생활을 하다가 1974년에 김제군 금산면 청도리 백오동에 집을 마련하고 본부를 이전하여 교명도 인도교人道敎로 바꾸었다.

(2) 미륵불교

미륵불교는 수산秀山 정인표鄭寅杓(1877~1955)가 1934년에 창시한 교단이다. 정인표는 1877년에 전북 완주군 소양면 대성동에서 태어났다. 대성인大聖人의 도덕으로 중생을 제도하겠다는 뜻을 품고 1922년에 이르러 미륵부처님의 출세出世 시기를 기다렸다고 한다. 1934년 1월에 큰 도道를 깨치기 위해 전주시 교외에 있는 미륵당彌勒堂으로 들어가 참선參禪에 들어간 지 3일째 되는 1월 10일 이른 아침에 황홀한 삼매경에서 "도통道通을 받으라."라는 천신天神의 음성을 듣는 동시에 온몸이 작렬하는 느낌을 받았다. 이어서 "도전심수道傳心授하는 예를 마쳤으니, 천기天機를 누설하지 말라. 수련도 더는 하지 말라.”는 음성을 듣고는 도리를 깨치고 가르침을 폈다고 한다. 미륵불교에서는 증산을 구천미륵불九天彌勒佛로 받들고 있다.

정인표는 1950년 1월에 교세가 날로 커짐에 전북 정읍군 태인면 태성리에 미륵불영원회彌勒佛永圓會 본부라는 간판을 걸고 종교활동을 양성화하는 동시에 조직을 강화하였다. 1952년 12월에 교세가 크게 발전하여 미륵불교본부를 전북 정읍군 태인면 태흥리로 이전하였다. 이후 1953년 5월에 정인표는 설법을 통하여 자신이 아미타불阿彌陀佛임을 밝히고, “미륵부처님이 아미타불을 낳아서 아미타불이 이 세계를 평화롭게 한다.”라고 주장하였다. 이는 정인표가 ‘단주丹朱의 후신後身’이자 ‘미륵불의 도道를 받은 아미타불’로서 신인합발神人合發하는 인불人佛로 출세出世했다는 주장이다.

미륵불교의 본전인 대장전大藏殿의 주벽主壁은 구천미륵불九天彌勒佛이고, 좌보처左補處는 석가여래불釋迦如來佛이며, 우보처右補處는 대성지성문선왕大成至成文宣王이신 공자孔子이다. 좌시위左侍位는 용화불토왕대신龍華佛土王大神으로 추존된 진표율사眞表律師이고, 우시위右侍位는 삼계도솔신장三界兜率神將으로 추존한 관운장關雲長이다.

일본에 ‘죽을 사死’자를 붙이는 신도神道 행사를 행한 것이 빌미가 되어 1940년에 왜화倭禍를 당해 정인표를 비롯한 교도 42명이 체포되어 옥고를 겪었다. 정인표는 6년간 수형생활을 하다가 1945년 해방을 맞아 태인군에 다시 교문敎門을 여니, 당시 교도가 1만 명에 이르렀다고 전한다. 정인표가 선화仙化한 후, 정공일, 한동환, 정휴규, 전연봉, 이원장 등이 교단을 이끌고 있다.

미륵불교에서는 아침저녁으로 대장전, 수덕전修德殿, 칠성전七星殿, 명부전冥府殿, 복록전福祿殿 등지에서 주문呪文으로 기도를 올린다. 조석기도朝夕祈禱의 주문으로 대장전, 수덕전, 칠성전, 명부전, 복록전에서 읽는 내용이 다르고 풍부하다. 그리고 입도入道할 때 읽는 주문은 남자 입도 주문과 여자 입도 주문이 구분되어 있으며, 이 외에도 영생법靈生法 주문, 길성吉星 주문, 자심각통自心覺通 주문, 정신영생精神永生 주문, 보신득력補身得力 주문, 득체화신得體化身 주문, 명심지각明心知覺 주문, 수신修身 주문, 천지진악天地眞惡 주문, 음양이기陰陽理氣 주문, 지리통령地理通靈 주문, 칠성제군七星帝君 주문, 명의통령名醫通靈 주문, 개벽신명開闢神明 주문, 무력신장武力神將 주문, 삼대장신력축지三大將神力縮地 주문, 대도이치진법大道理致陣法 주문, 미륵불정신통일彌勒佛精神統一 주문, 영생음양靈生陰陽 주문, 주신主神 주문, 탄부呑符 주문, 인생해원人生解冤 주문, 득력得力 주문, 보력保力 주문, 득주용화得珠龍化 주문, 용화해인龍化海印 주문, 미륵둔신정각도통彌勒遁神正覺道通 주문, 인의예지수련도통仁義禮智修練道通 주문, 법도法道 주문 등이 있다.[66]

(3) 무을교

무을교戊乙教는 홍원洪原 김계주金桂朱(1896~1950)가 세운 교단이다. 김계주는 1896년 9월에 전남 나주군 반남면 신촌에서 태어났다. 어려서부터 한학을 공부했고, 17세 무렵부터 경신敬神 사상에 몰두하여 국왕산에 올라가 산제山祭와 불공佛供 생활을 계속했다. 일찍이 보천교에 입교하여 증산을 신앙하다가 1941년에 전남 광산군 서창면 풍암리 운리동으로 자리를 옮겨 더욱 수도에 정진하던 중, 마침내 1942년 9월 9일에 무성제군戊聖帝君인 증산甑山이 내린 계시를 받았다. 이후 교명을 무교戊教라 하고 본격적인 종교활동을 시작했다. 그는 환자들을 많이 치료해 주었고, 곧잘 예언도 했다. 1946년에는 교명을 무을교라고 개칭했다. 1950년 봄에 김계주는 1천여 신도를 모아놓고 곧 전쟁이 일어나게 되며, 그 전쟁으로 인해 자기가 죽게 될 것이라고 예언했다. 6.25 전쟁이 일어나자, 공산당의 앞잡이가 된 처남이 1950년 9월에 교단의 본부를 그들의 본거지로 삼고 김계주를 학살하고 말았다. 그 후 1959년에 김홍현金洪玄이 새 교조(종정宗正)로 추대된 뒤 호남 일대를 중심으로 교세가 크게 확장되자, 미륵彌勒의 가르침을 종지로 삼아 독립성을 띠기 시작하였다. 1964년 10월에 불교재산관리법에 따라 대한불교미륵종大韓佛教彌勒宗 중앙포교원中央布教院으로 당국에 등록하였으며, 1977년 12월에 대한불교미륵종으로 명칭을 변경하였다.

그런데 김계주는 시무주侍戊呪와 무성주戊聖呪, 오주五呪는 읽게 하였으나 태을주太乙呪는 읽지 못하게 했다고 전한다. 무을교의 후신으로서 1977년 12월에 대한불교미륵종大韓佛教彌勒宗으로 명칭을 변경한 김홍현金洪玄(1907~?)의 교단에서는 천운경天運經, 천지진

66 홍범초, 『범증산교사』, 도서출판 한누리, 1988, 604~615쪽에 주문의 전체 내용이 자세하게 실려 있다.

액주天地津液呪, 신천지해원주新天地解冤呪, 심활통개주心濶通開呪, 용화주龍華呪, 통명환정주通明換精呪, 천지행도주天地行道呪, 수복주壽福呪, 진통주震通呪, 천지통맥기주天地通脈氣呪, 도통혈주道通血呪, 의통개명주醫統開明呪, 통신주統信呪, 심쾌주心快呪, 건강통일주健康統一呪, 삼생기화주三生氣和呪, 미명주美明呪, 천지화평주天地和平呪, 통선주通仙呪, 안전주安全呪, 통역주通譯呪, 원신해원주寃神解寃呪, 영생고아주永生顧我呪, 수화강기주水火降氣呪, 도선주道仙呪, 혈정주血情呪, 호령주呼靈呪, 평생안정주平生安定呪, 오복통세주五福通世呪, 광화주光華呪, 진명주眞明呪, 태평주太平呪, 만신주萬神呪, 선문광제주仙文廣濟呪, 소원주所願呪, 활인운통주活人運通呪, 치병연통주治病連通呪, 해독주解毒呪, 만인개벽주萬人開闢呪, 무량천세주無量天世呪, 치병요환주治病了還呪, 천세대정주天世大定呪, 광생주廣生呪, 전쾌진실주全快眞實呪, 무혈무전주無血無戰呪, 환장개통주換腸開通呪, 귀신송별주鬼神送別呪 등 무려 233개 주문[67]과 치병주문治病呪文 28종이 있는데, 계속 증가하는 상황이다.

9) 학습형學習型

학습은 과거의 경험을 통해서 새로운 지식, 기술을 배워서 익힘을 뜻한다. 따라서 학습형은 증산이 남긴 것으로 전하는 유일한 기록인 『현무경玄武經』을 매일 똑같이 흉내 내서 그리는 종교적 행위를 교단의 중심 교리로 삼은 경우다. 이 유형에 속하는 교단에서는 『현무경』을 특정한 날의 간지干支에 특정한 부와 글씨를 쓰는 형식으로 매일 그려서 탄부呑符하는 일을 중요한 종교 행위로 삼는다. 이들 교단은 『현무경』의 부符에 대한 다양한 해석에 따라 수많은 군소 교단으로 교파가 나뉜다.

(1) 순천도

장기준張基準(1880~1922)의 법문파法文派가 이 유형에 속하는 대표적 교단이다. 순천도

67 1967년 7월에 김홍현이 발간한 『미륵천륜경(彌勒天倫經)』에 수록되어 있는데, 홍범초의 『범증산교사』(도서출판 한누리, 1988), 759~762쪽에 주문의 이름이 적혀 있다.

順天道 또는 현무경파玄武經派라고도 부른다. 장기준은 전남 순천군 쌍암면 광중리 출생으로 지병이 있었는데, 1912년 3월 태인면에 살던 김화숙金化淑에게 "하느님의 화신化身이신 증산甑山께서 내신 태을주를 송독하면 물약자효勿藥自效하리라."라는 말을 들었다. 이에 장기준은 5개월간을 일심으로 송주誦呪한 끝에 신병身病을 완치하였고, 증산의 성지聖地를 답사하고 교단의 내력을 알아보기 위해 그해 10월에 증산의 부친을 만났고, 1913년 9월에는 고판례, 김형렬, 차경석 등 증산의 친자종도들을 만났다.

이때 장기준은 고판례가 증산이 남긴 궤 안에 감춰둔 『현무경玄武經』을 내어주자, 사본寫本을 만들어 간직하였다. 이후 그는 1914년 1월부터 순천, 여수, 고흥, 낙안 등지에 태을주를 널리 알리는 포교 활동을 펼쳐 교인이 수백 명을 헤아렸다. 1915년 4월에 증산의 영체靈體가 나타나 덕석기德席旗를 주는 신비체험을 하였다. 장기준은 1916년 9월에 김형렬이 행한 육무六武를 묻는 공사에 참여했으나 일본에 큰 변란이 일어나지 않자 실망하기도 했다. 이후 그는 1917년 3월에 서전서문書傳序文을 만독萬讀하는 수련 끝에 그해 6월 23일에 대각大覺하였다.

장기준은 1919년 9월에 『현무경』의 해석을 완료했다고 주장했는데, 1920년 4월 5일에 개학치성開學致誠을 올리면서 김경학金京學으로부터 연원淵源을 받는 법식을 행하였다. 이후 4월 7일에 증산의 위패 앞에 12부符를 그려 놓고 기도주, 태을주, 대축大祝, 천지귀신축문天地鬼神祝文, 연원제고축문淵源制告祝文 등을 불에 태워 수교인受敎人에게 청수淸水에 타 먹게 하는 연원을 고축告祝하는 의식을 올렸다. 이때 유춘래, 최내경, 김중숙의 3인이 수교하였다. 이윽고 4월 10일에는 증산께 치성을 올리고 수교인들에게 12부符 공부를 시켰는데, 이를 12부符 4일 공부라 한다. 4일간 매일 6부符를 그리고, 그 끝에 기도주를 써서 증산甑山 전前에 청수를 올리고 부符를 모아 소축燒祝한 일을 말한다. 7일 공부를 한 후 삼부일기三符日記를 드리고 파석罷席했는데, 일진日辰에 따라 3부符를 그려 소축하는 것이다. 매일 한다는 뜻에서 일기장日記章이라는 명칭이 생겨났고, 일기장을 쓰는 것을 '일기日記한다.'라고 불렀다.

『현무경』 해석은 기재된 경문經文의 토吐와 16부符 각각에 부명符名을 붙이는 데서 비롯되었다. 장기준은 부명을 붙인 후 경문經文에 토를 달아 읽었는데, 토를 읽을 때 부명도

포함하였다. 순천도에서는 『현무경』의 경문을 법문法文이라 부르기도 한다.[68]

(2) 현무상생문화원

현무상생문화원玄武相生文化院을 세운 월학月學 송병섭宋炳燮(1937~)은 1937년 7월에 전북 임실군 신덕면 신기부락에서 태어났다. 일찍이 출가하여 승려 생활을 했는데 월학이라는 호는 금오金烏 선사가 내려준 것이며, 1961년에 박일문朴日門에게 『현무경玄武經』을 배웠다. 1983년에 통영 미륵산 용화상 앞에서 현무경 법방을 개설한 것을 필두로, 부산 금정구 서동에서 부산 법방을 개설하여 200여 명의 도생道生을 양성하였고, 마산과 충무에도 법방을 개설하여 도생 500여 명을 양성했으며, 대구에도 법방을 개설하여 도생 100여 명을 양성하는 등 전국적으로 도생을 양성하였다.

송병섭은 1998년에는 『시천주 현무경 - 4차원 통일문명』을 3천 권 발간하여 전국 각 대학교의 도서관에 기증하였고, 대한 원년 달력 5천 부를 전국에 배포하기도 했다. 2000년에는 동곡약방銅谷藥房에서 법방法房을 건립하였고, 2001년 동지부터 2005년까지 『현무경』을 7일 동안 공부하는 법회를 주관하였다. 2007년 10월에는 개천절 현무 대학원 개간 - 선기옥형 강좌 법회를 열었고, 『현무경 대논리』 상, 하권 2천 권을 출간하였다. 송병섭은 연원장淵源丈인 박일문과는 다른 후천역後天易을 창안하였고, 현무경 법문파法文派 가운데 가장 많은 제자를 배출하였다. 송병섭과 그의 문하생들은 1993년 1월에 천도영부삼우회天道靈符三友會를 결성하였으며, 2006년 12월에는 황극연구문화원皇極研究文化院으로 명칭을 변경하였고, 2008년 2월에는 현무상생문화원으로 개칭하여 지금에 이르고 있는데 전라북도 완주군 구이면 계안로에 있다.

송병섭은 기사년(1989) 3월 기망旣望에 기사년己巳年 정유월丁酉月 신해일辛亥日 정사시丁巳時로 후천後天 황극역皇極易을 발표하였다. 이는 증산이 『현무경』을 성편成篇하신 기유년(1909) 정월 사시巳時 이후 복중팔십년腹中八十年이 지난 서전書傳 서문序文을 작성한 간지干支와 동일한 날에 황극역皇極易의 실상이 드러난 것이다. 송병섭은 자신이 밝혀낸 황극

68 장기준이 부명(符名)을 넣어 붙인 『현무경』의 토는 홍범초, 위의 책, 251~254쪽에 실려 있다.

역은 이목구비耳目口鼻에 몰아 쥔 『성리대전性理大全』 80권을 사물탕四物湯 80첩帖으로 인중人中에서 활용하는 것으로, 태양력太陽曆 366일, 태음력太陰曆 360일, 황극역皇極易(365.5일+1.5존공尊空) 366일의 3역易이 삼인동행칠십리三人同行七十里의 법리法理를 최초로 밝힌 것이라고 주장한다. 드디어 인간 중심의 황극역이 시작된 것이다.[69]

현무상생문화원의 법방法房인 황극후비소皇極后妃所에는 『대순전경』 4장 23절에 나오는 소위 법사도法師圖를 신단神壇의 중앙에 모시고 있다. 이 교단에서는 증산의 "열 석 자의 몸으로 다시 오리라."는 말을 시천주조화정영세불망만사지侍天主造化定永世不忘萬事知의 열 석 자 시천주侍天呪 주문으로 받들고 있으며, 영원한 진리를 상징하는 영적인 모습으로서의 법사도法師圖를 받들고 있다. 송병섭은 "법사도는 하늘의 권리를 인권人權에게 넘겨주는 것이다. 이것이 '어질 인仁' 자이며, 어질 인은 마음이 하는 '한 일一' 자다. 이것은 여러분의 몫이다."라고 말했다.[70]

송병섭은 1998년부터 삼부광제창생부三符廣濟蒼生部에서 육부수련장六符修練場 일기법日記法으로 법사도法師圖를 모시고, 최수운崔水雲을 원만보신圓滿報身, 강증산姜甑山을 청정법신淸淨法身, 장기준張基準을 천백억화신불千百億化身佛의 삼위三位로 도통맥道統脈을 봉안하였다. 이후 그는 성사의통聖師醫統으로 경주용담도慶州龍潭圖를 밝혀냈다고 주장하였다.

현무상생문화원에서 전하는 일기법日記法은 (1) 기서재궁其瑞在宮의 생문방위도生門方位圖, (2) 이십팔수二十八宿 배치도配置圖, (3) 시두법時頭法과 월두법月頭法, (4) 이십사절국二十四節局, (5) 천간비신天干飛神 동서남북東西南北 둔갑신장遁甲神將, (6) 지지복신地支伏神, (7) 육십사괘六十四卦, (8) 팔괘八卦, (9) 수리數理 등을 고려하여 그린다.[71]

69 전경현 편저, 『범증산종단사』 상권, 2019, 342쪽.

70 위의 책, 342쪽.

71 위의 책, 346~366쪽.

10) 계시형啓示型

계시는 사람의 지혜로는 알 수 없는 진리를 신이 깨우쳐 알게 함을 뜻한다. 따라서 계시형은 교조敎祖인 증산甑山과의 '영적靈的 만남'이 있었노라고 주장하면서 새로운 독립 교단을 세운 유형이다. 증산을 직접 만나지 못했던 아쉬움을 영적으로 접했다고 주장하고 강조하며 신비한 종교체험과 연관시키면서 독립된 교단을 세운 경우다. 증산과의 영적인 만남이 자신의 수련 과정에서 있었다고 주장하는 경우와는 약간 구별되는 유형이다. 계시형은 기존의 전통이나 연원淵源을 인정하지 않고, 새로운 전통을 수립한다고 주장한다. 계시형의 대표적인 사례에 속하는 무극도無極道를 창시한 조철제趙哲濟(1895~1958)는 15세 무렵인 1909년 즉 증산이 이 세상에 살아있을 때 그를 영적으로 접하는 이적을 체험했다고 주장했는데, 바로 이 사건을 교단 창립의 핵심적인 근거로 삼았다.

조철제의 아버지 조용모趙鏞模는 1909년 4월 28일에 전 가족을 이끌고 창원에서 기차를 타고 만주滿洲로 망명길에 올랐다. 이때 조철제의 나이는 열다섯이었는데, 기차가 대전大田 부근에 이르렀을 즈음에 문득 정신이 쇄락灑樂한 가운데 홀연히 햇빛 같은 얼굴에 황금색 용포를 입은 한 신인神人이 나타나 우레와 같은 음성으로 "그대는 장차 삼계三界의 진주眞主가 되리라. 그대의 일이 곧 나의 일이니라. 그대의 호를 정산鼎山이라 하라. 그대와 나는 증정지간甑鼎之間이니, 이도일체以道一體니라. 나는 구천九天의 천존상제天尊上帝니라."라고 말했다. 이 신비체험을 훗날 그를 따르는 신도들은 조철제가 증산에게 계시를 받은 일이라고 믿는다.

1917년 1월에 조철제는 꿈에서 구천상제九天上帝의 하교下敎를 받았는데, "그대의 중국도수中國度數도 끝났으니, 빨리 본가로 돌아가라."였다. 이때 그는 증산으로부터 시천주侍天呪를 전해 받았다고 주장한다. 이윽고 그해 4월에는 "속히 환국還國하여 나의 본소本所를 찾고 천서天書와 천보天寶를 받도록 하라."는 증산甑山이 내리신 계시啓示가 있었다고 한다. 이에 조철제는 1918년 가을에 환국하여 곧바로 증산의 유족과 종도들을 찾아 증산의 말씀과 행적에 대해 알아보았다. 조철제는 1919년 1월에는 증산의 유족이 살던 집에서 『현무경』과 주문서呪文書를 발견하였는데, 이 일을 증산이 천서天書를 전수하여 그에게 도통道統을 계승한 것으로 해석하였다. 1919년 9월에는 증산이 만들어 동곡銅谷약방에 비치했던 둔궤遁櫃를 천보天寶라고 여기고 정읍군 대흥리의 본소에 있던 둔궤를 도둑질하여 교단 창설을 도모하였다.

그 후 조철제는 1921년 2월에는 구릿골 뒷산 장탯날에 모셔져 있던 증산의 성묘聖墓를 발굴하여 성골聖骨을 도적질하여 수련했다. 마침내 1921년 4월에 조철제는 무극대도주无極大道主로서 간부를 임명하고 교단을 창설하였다. 1921년 8월에는 증산의 성골을 모셔와 치성을 올리고 제례를 드렸다. 1923년 봄부터 전북 정읍군 태인면 태흥리에 교단 본부의 건축공사를 시작하였고,[72] 1925년 4월에 영대靈臺와 도솔궁兜率宮이 준공되었다. 1948년 1월에 교명을 태극도太極道로 고쳤으며, 1948년 이후에 부산으로 이주하니 교세가 급속히 증가하였다.

11) 경전형經典型

경전은 종교의 교리를 적은 책 또는 영원히 변하지 않는 법식과 도리다. 따라서 경전형은 경전의 편찬과 보급 활동 등을 통해 독자적인 교단을 세운 유형이다. 교조인 증산의 행적과 말씀을 기록한 경전을 펴내는 일이 이 유형에 속하는 교단의 핵심사업이다. 즉 교조에 대한 행적과 말씀 자료들을 모으고 체계화하여 경전을 편찬하는 일을 중심으로 교단이 조직되는 경우다. 증산의 생애와 사상에 대한 일화, 이야기 수집과 정리를 시도하여 교단의 경전으로 발행하여 신도를 모았던 사례다.

이상호李祥昊(1888~1967)는 전남 해남군 삼산면 구성리에서 태어났다. 16세까지 한학漢學을 배웠고, 20세부터 3년간 해남 미산중학에서 신학문을 공부한 뒤 상해 · 북경 등지에 나가 3년간 외유하다가 27세 되던 1915년에 귀국하여 당시 태을교太乙教라 불리던 고판례가 세운 교단에 입교하였다. 이후 1919년에 차경석이 60 방주의 간부를 조직할 때, 서방주西方主에 선임되었고, 후에 보천교 총령원장을 지냈다. 1924년에 시대일보 인수

72 이정립, 『증산교사』, 증산교본부, 1977, 134쪽.

문제로 인해 교직教職에서 파면당한 후, 6월에 보천교의 혁신 운동을 일으켰으나 실패하자, 탈퇴하고 만주로 건너갔다가 1925년에 귀국하였다. 그해 9월에 김형렬이 세운 미륵불교彌勒佛敎에 들어가 증산이 살아생전에 행한 성훈聖訓과 성행聖行을 필기하면서 교경敎經 발간을 위한 준비에 들어갔다. 이때 이상호는 증산을 가장 오래 신앙하여 증산의 수석종도로 인정되는 김형렬을 날마다 방문하여 증산이 생전에 행했던 행적과 말씀을 수집하였다.[73]

마침내 이상호는 1926년 3월에 『증산천사공사기甑山天師公事記』를 간행하였다. 이는 증산에 대한 교단 최초의 경전으로서 자료 모음집의 성격을 지닌다. 이후에도 이상호는 김경학, 박공우, 안내성, 김송환, 유찬명, 김덕찬, 김준찬, 이치복, 김자현, 문공신, 최덕겸 등 모든 증산의 친자親炙 종도從徒들을 방문하여 그 강화講話를 청하고, 또 증산이 돌아다녔던 지역을 철저하게 답사하여 자료를 계속 수집하였다. 이러한 노력의 결과를 집대성하여 마침내 1929년 7월에 증산교단 최초로 종교적 경전 체제를 갖춘 『대순전경大巡典經』을 국한문國漢文으로 펴냈다.

이상호는 경전 편찬 작업에 몰두하는 한편 1928년에는 임경호, 이정립 등과 함께 동화교東華敎라는 새로운 교단을 세우고 통정統正에 취임했다. 1931년에는 김제군 백산면 조종리에서 태을교를 영도하고 있던 고판례를 맞이하여 통합교단을 이루고 대보大保에 올랐으나, 1936에 일제의 대폭압령에 의해 통합 교단은 해체되고 말았다. 1942년에는 증산계 각파의 신도들을 규합하고 수운계水雲系 각파 교단을 연결하여 전 국민의 사상을 통일하고자 동아흥산사東亞興産社라는 기업단체를 조직했다가 '종교 통일에 의한 조선 독립 음모단체 사건'이라는 죄목으로 체포되어 수감생활을 하기도 했다. 1945년 해방이 되자 출옥하였고, 그해 9월 서울시 마포구 합정동에서 대법사大法社를 조직할 때 145명이 중앙통제위원이 되었고 이상호는 그 위원장이 되었다.

『대순전경』은 순한글본인 2판(1933년 8월)을 발행했고, 해방 후에는 일제日帝에 불리한 구절을 모두 빼거나 삭제 당했던 구절들을 증보하고 정리하여 한자현역漢字懸譯한 국

73 이정립, 『증산교사』, 증산교본부, 1977, 151쪽.

문본國文本으로 3판(1947년 12월)을 간행하였고, 이어서 4판(1949년 2월), 석판본인 5판(1960년 5월), 6판(1965년 12월)으로 계속 증보되어 발행되었다. 이 가운데 『대순전경』 2판에서는 초판보다 112절이 추가되었으며, 해방 후에 발행된 3판에서는 일제강점기에 싣지 못했던 기록들이 120절이나 대폭 추가되었고, 최종 완성본인 6판은 5판에 비해 113절이 증보되었다. 이상호의 사후에는 철자법이나 명백한 오자誤字만 조금씩 손보는 형태로 『대순전경』이 계속 발행되고 있다. 『대순전경』은 그 간행 시기에서도 증산교단 최초로 발행된 종교적 경전 형태의 경전이며, 방대한 분량에서도 여러 증산교단에서 거의 공통으로 이용되는 실정이다. 이처럼 『증산천사공사기』와 『대순전경』의 발행은 증산교단의 경전 성립의 역사에서 가장 중요한 사건이며, 증산의 행적과 말씀에 대한 대표적이고 공통적인 내용을 서술한 책으로 평가된다.

이정립李正立(1895~1968)은 형兄 이상호와 함께 동화교東華教와 대법사大法社를 창립했고, 교단의 이름을 고친 증산교본부甑山教本部의[74] 2대 종사宗師를 지냈다. 이정립은 10세까지 한학을 배웠고, 14세까지 전남 목포 영흥소학교에서 공부하고, 18세부터 3년간 해남보통학교에서 교편생활을 했다. 그는 20세 되던 1914년에 태을교에 입교했다가 뜻한 바 있어 이 해에 일본으로 건너가 이듬해에 동경고등사범학교 지리역사과에 입학하여 수학하였다. 25세 되던 1919년 3월에 귀국한 후 보천교의 포교사업에 종사하여 60 방주의 간부를 조직할 때 동지운주冬至運主에 선임되었다. 1923년에는 보천교의 경성진정원京城眞正院에서 운영한 보광사普光社의 사장을 역임하였고 『보광普光』의 주필을 맡았다. 그러나 이듬해 일어난 시대일보時代日報 인수 실패의 책임자로 차경석은 이정립을 파면했다. 이후 이정립은 보천교 개혁 운동을 일으켰으나 실패하고 형 이상호와 함께 만주滿洲로 외유하였다.

이정립은 1945년 해방 이후 대법사의 총무부장을 지냈고, 1946년 12월에는 증산사상의 핵심을 요약한 교의서教義書인 『대순철학大巡哲學』을 저술하였다. 1949년 1월에는 증

74 1968년 8월에 '동도교(東道教) 증산교회(甑山教會)'로 교명을 바꾸었고, 이후 증산교본부(甑山教本部)로 고쳤다.

산계 17개 교파를 모아 증산교단통정원甑山敎團統整院을 출범시키고, 순회단을 조직하여 '새 종교운동'이라는 제목으로 순회강연을 하여 교세를 크게 떨쳤다. 이정립은 1953년 12월에는 『민족적 종교운동』을, 1956년 10월에는 『증산대도회요령甑山大道會要領』을, 1962년에는 『금산다화金山茶話』를, 1963년 12월에는 『고부인신정기高夫人神政記』를, 1966년 9월에는 『증산교요령甑山敎要領』을, 1968년 6월에는 『현무경玄武經』을 발행하였다. 그는 1967년에 증산교본부의 초대 종사였던 형 이상호가 세상을 떠나자 그를 이어 제2대 종사로 추대되었지만 얼마 안 있어 1968년 10월에 그도 세상을 떠나고 말았다. 이정립의 사후에 그의 유고를 모아 『증산교사甑山敎史』(1977)가 발행되었고, 그의 종교관을 알 수 있는 『종교학신론宗敎學新論』(1981)이 발간되기도 했다.

증산교본부의 종령宗令을 지낸 정영규丁永奎는 자신이 수집한 증산의 성언행적聖言行蹟과 보천교 교지의 계언 부분에 실린 말씀을 정리하였는데, 1987년에 『천지개벽경天地開闢經』을 출간하여 『대순전경』에 실리지 않았던 증산의 말씀과 행적을 널리 알리기 위해 노력했다. 나아가 그는 고민환의 『선정원경仙政圓經』을 쉽게 풀이하고 자신이 수집한 고판례高判禮의 성언과 행적을 정리하여 1989년에 『선도신정경仙道神政經』을 출간하기도 했다.

그리고 이 교단의 종령을 역임한 범초凡草 홍성렬洪性烈(1935~2001)은 증산계 교단의 역사를 객관적으로 서술한 『증산종단개론』(1971), 『수부론首婦論』(1973), 『증산교개설』(1982), 『범증산교사』(1988), 『상생의 도를 생각하며』(1995) 등을 남겼고, 증산교단의 종합 월간지인 『월간 천지공사』(1988~2000)를 총 103호까지 발행하였다.

12) 혈연형血緣型

혈연은 같은 핏줄로 이어진 인연이라는 뜻이다. 따라서 혈연형은 증산의 혈육이라는 사실을 강조하면서 교단을 세운 유형으로 증산의 외동딸인 강순임姜舜任이 세운 법종교法宗敎가 이에 해당한다. 강순임은 교단의 창립 과정에서부터 아버지인 증산이 자신에게 영적으로 자주 찾아와 여러 가지 일을 가르쳐주었고, 그 지시를 중심으로 새로운 교단을 창립했다고 주장했다. 새로운 독립 교단 창설의 근거가 혈연이라는 점이 특기할 만하다. 자식이 없었던 강순임이 양자로 삼았던 김삼일도 증산과의 친연성을 강조하면서 독립된 교단을 따로 세우기도 했다.

(1) 증산법종교

증산법종교甑山法宗教는 증산의 외동딸인 화은당華恩堂 강순임姜舜任(1904~1959)이 세운 교단이다. 강순임은 증산과 그의 첫째 부인인 정치순鄭治順 사이에서 1904년 1월에 전북 정읍군 덕천면 신월리에서 태어났다. 정씨 부인은 본래 강순임 위로 용모가 비범한 2남 2녀를 두었으나 7~8세 무렵에 모두 죽었다고 한다. 강순임은 1928년 8월에 모친인 정씨 부인이 58세로 선화仙化하자, 전라도를 떠나 경상도 안동, 봉화 등지를 거쳐 강원도 일대로 무려 10년간의 유랑생활을 하였다. 이후 그녀는 1937년 9월에 강순임이 세상을 하직하려 할 때 증산이 영적으로 나타나 말렸고, 이후 증산에게 조석朝夕으로 수 개월간 진지를 올리며 기도하다가 수십 일간 사경死境을 헤매자, 증산이 내려와 약을 주어서 일시에 쾌유하는 영험을 겪었다.

이 무렵 강순임은 당시 조철제趙哲濟의 무극도無極道를 탈퇴하고 유랑하던 구암鳩岩 김병철金炳徹(1905~1970)을 만나 의기가 통하여 부부의 의義를 맺었다. 1937년 11월에는 증산이 큰 불덩어리 같은 광명체光明體를 내려주는 신비체험을 했고, 전주全州 남고산성에 가서 관운장關雲長에게 치성을 올리라는 말씀을 받들기도 했다. 이후에도 증산은 강순임에게 영적으로 자주 내려와 매우 구체적인 명령을 내렸고, 그녀는 항상 이를 어기지 않고 받들었다고 한다.

강순임은 전주시 노송동에 증산천사향원甑山天師享院이라는 간판을 걸고 독자적으로 종교활동을 시작했다. 1942년 2월에는 새로 들어온 신도와 강순임이 남매의 의義를 맺었는데, 이로부터 교인敎人 전원이 증산甑山을 성부聖父로 하는 가족연원체계家族淵源體系가 이루어졌다. 이후 강순임은 1943년 1월 경북 의성군 금성면 수정리로 교단의 본부를 이전하여 지하에다 6칸의 집을 짓고 일제의 눈을 피하면서 포교에 힘썼다. 1945년 1월에는 일제로부터 '황민화 정책에 불복종하는 준 민족운동 단체'로 규정되어 심한 탄압을 당해 경북 의성군 금성면 광현리 장대골로 본부를 이전하였다. 1946년 2월에는 전북 김제군 금산면 구미안으로 본부를 이전했다가, 1947년 2월에는 김제군 금산면 청도리 동곡銅谷으로 다시 옮겼다. 1948년 2월에는 그동안 정읍군 대흥리에 있었던 증산甑山의 유해를 동곡으로 이장하였다. 그녀는 증산의 명을 계시로 받들어 천지공사의 도수度數를 확정하는 공사公事에 힘썼다고 주장한다. 그리고 강순임의 어머니 정씨 부인도 강순임에게 영적으로 내려와 명령을 내리기도 했다. 강순임은 1949년 3월에 오리알터로 증산과 정씨 부인의 유골을 모셔와 안장함으로써 자신의 혈통을 강조하면서 정통성을 주장했다.

마침내 강순임은 1949년 1월부터 금산리 오리알터의 3천 평 규모의 대지에 여섯 번째 기초지를 마련해 본부를 옮겼다. 1953년 10월에는 증산선불교甑山仙佛教라는 교명으로 문교부에 종교단체등록을 했다. 이후 1958년까지 13년에 걸쳐 영대靈臺, 성전聖殿 등의 전각殿閣과 신위神位를 확정하고 수련의 지침을 제정했다. 증산선불교는 1961년에는 문교부의 국산종교 통합계획에 의해 동도교법종교회東道教法宗教會로 교명을 바꾸었고, 그 뒤 다시 현재의 증산법종교甑山法宗教로 교명을 바꾸었다.

(2) 청도대향원

청도대향원清道大享院은 김삼일金三一(1924~?)이 세운 증산계 교단이다. 김삼일은 1924년에 경북 청송군에서 구암鳩岩 김병철金炳澈의 장남으로 태어났다. 김병철은 증산의 외동딸인 강순임姜舜任과 재혼했다. 이후 김삼일은 계모인 강순임은 "증산의 명에 의해 삼일三一이는 내 아들이 되었다."라고 말하며 끔찍이 사랑해 주었다고 한다. 따라서 정식 혈통은 아니지만 김삼일은 증산의 외손자뻘이 된다고 주장한다. 부친인 김병철이 강순임을 만난 후 1943년 1월에 경북 의성군 금성골에서 교단 창립의 기초 작업을 할 때 김삼일은 도무道務를 맡았고, 증산선불교를 거쳐 증산법종교로 정립되는 과정에서도 큰 역할을 했다. 1959년에 강순임이 타계한 후 수도에 힘쓰던 김삼일은 1962년에 밀양군 종남사終南寺에서 49일 수련을 했는데, 이때 그의 꿈에 증산이 현현하여 "이로부터 너의 앞길이 순탄하리라."라고 말씀하시는 영적 체험을 한다.

이후 김삼일은 1964년에 교통 계승 문제로 부친인 김병철과 마찰이 생기자, 법종교를 나와서 독자적으로 청도대향원을 세웠다. 청도대향원은 증산을 모시는 사당祠堂의 성격을 갖지만, 교단의 기능도 함께 했다. 청도대향원의 본전本殿인 일천전一天殿에 증산의 영정을 모셨는데, 그의 꿈속에 현현했던 모습을 그대로 재현한 것이라 한다. 중앙신단中央神壇의 양옆에는 왼쪽에는 증산의 부인인 정치순의 신위를, 오른쪽에는 고판례의 신위를 모셨다. 그리고 우측 신단에는 김병철과 강순임의 영정을 모셨다. 신앙의 대상은 증산과 강순임이다.

13) 의례형儀禮型

의례는 어떤 행사를 치르는 법식이나 정해진 방식에 따라 치르는 행사다. 그리고 의례는 일상적 행위와는 구별되는 형식성, 고정성, 반복성 등의 속성을 띠는 행위 양식으로서, 무언가에 초점을 맞춰 부각하며, 사건화하고 기억하고 변형시킴으로써 행위 자체를 넘어서는 의미를 지니게 된 행위로 규정될 수 있다. 따라서 의례형은 특정한 의례를 중심으로 독립된 교단을 운영한 유형이다. 종교의식에 사용되는 독특한 의례를 매우 강조하면서 이를 바탕으로 삼아 새로운 교단을 세우는 경우다. 이 유형에 속하는 교단들에서는 집단 수련 또는 집단 의례를 매우 중시한다는 특징이 있다.

동도법종금강도東道法宗金剛道를 세운 강승태姜昇泰(1895~1960)는 제주도 중문면 하예리에서 태어났다. 그는 한때 보천교를 신앙한 것으로 알려졌고, 1924년 2월에 증산甑山이 영강靈降하여 후천 무극대도를 세우는 운運을 전해 받았다고 주장하며, 이때 인장印章도 함께 받았다고 강조했다. 그런데 강승태는 도道를 받은 순간 눈을 뜨고도 앞을 못 보는 청맹과니가 되었으나 예지가 뛰어난 도인이 되었다. 그 후 그는 6년간 고행을 하면서 일심으로 수련하여 1930년 3월에는 도를 일으켰고, 1931년 9월에는 도운道運을 통했다. 강승태는 1936년 1월에 포교를 시작하여 교명을 무극대도無極大道로 고하였다. 이후 9개월 만에 제주도 전 지역에 그의 교단이 널리 알려졌고, 2천여 명의 도생道生들이 모여들었다. 무극대도에서는 1936년 11월에는 국운회복대치성國運回復大致誠을 올렸고, 1937년 3

월에는 산왕대제山王大祭를 지냈다. 그런데 그해 10월에 조선의 독립을 예언한 일로 강승태는 일황불경日皇不敬, 치안유지법 위반, 유언비어 유포 등의 죄목으로 신도 20여 명과 함께 구속되었는데, 강승태는 8년 형을 선고받고 복역하다가 해방 이후에 감옥에서 나왔다. 이윽고 무극대도에서는 1946년 1월에는 교단 재건을 위한 정위식치성定位式致誠을 올렸고, 1950년 2월에는 개전기념치성開傳紀念致誠을 올렸다. 이 외에도 강승태는 1952년 9월부터 이듬해 3월까지 개벽천황출세황극치성開闢天皇出世皇極致誠을 3회나 올렸다. 1953년 9월에는 도명道名을 단군성주교檀君聖主教로 고쳤으며, 1956년에는 선령해원先靈解冤 행사를 지냈다.

강승태가 세상을 떠난 이후 1965년 1월에 2대 도주인 김승례金承禮(1912~?)가 교명을 동도법종금강도라고 고쳤다. 천하전天廈殿에 증산甑山을 가리키는 천선천불천유단군천덕황天仙天佛天儒檀君天德皇, 증산의 본처인 정치순鄭治順을 가리키는 천선천불천유단군천황모天仙天佛天儒檀君天皇母, 수운천덕황水雲天德皇, 공자천덕황孔子天德皇, 황극도주이마두皇極道主利瑪竇 등의 위패를 모셨다. 이 외에도 지하전地廈殿, 인하전人廈殿, 대하전大廈殿, 인성전人聖殿, 인화전人化殿, 신명단神明壇, 천공단天公壇, 칠성단七星壇, 산왕단山王壇 등에 복잡하고 다양한 많은 위패를 모시고 있다.[75] 이처럼 많은 신격神格을 위패로 모시고 있다는 사실에서 그 각각에 대한 일정한 의례가 있음을 짐작할 수 있다.

이 교단에서는 구세주口洗呪, 강신주降神呪, 부신주扶神呪, 솔관심주率貫心呪, 산왕주山王呪, 대신력주大神力呪, 구령주九靈呪, 신법주神法呪, 기발주氣發呪, 진허령주眞虛靈呪, 결실주結實呪, 기통주氣通呪, 육합주六合呪, 개안주開眼呪, 선령주仙靈呪, 단식주丹食呪, 천통주天通呪, 생기주生氣呪, 통정주通精呪, 신화주神化呪, 부탁신명주付托神明呪, 진심주眞心呪, 지령주地靈呪, 관형주觀形呪, 존성주尊聖呪, 천성주天性呪, 보명주保命呪, 청령주淸靈呪, 신력통령주神力通靈呪, 축사주逐邪呪, 삼신구령주三神九靈呪, 신법퇴병주神法退病呪 등 77종의 주문呪文을 외운다는 보고가 있다.[76] 대부분의 증산교단에서는 사용하지 않는 주문이다. 이처럼 많은 주문을

---

75 홍범초, 『범증산교사』, 도서출판 한누리, 1988, 490~496쪽.
76 위의 책, 500쪽.

외운다는 사실을 고려할 때, 이 교단에서는 다양한 의례가 있었을 것이 분명하다. 매 의례에 사용되는 주문이 다르고 그 숫자가 많다는 점을 짐작할 수 있기 때문이다.

14) 신비형神祕型

신비는 일이나 현상 따위가 이성적으로나 상식적으로 설명할 수도 없고 이해할 수도 없을 만큼 신기하고 묘함을 뜻한다. 따라서 신비형은 신비한 종교체험을 했거나 한다고 주장하면서 교단을 세운 유형이다. 계시형과 구별되는 점은 증산과의 영적이고 신비한 만남을 강조하기보다는 스스로 체험한 종교적 신비를 강조하면서 교단을 세웠다는 것이다.

모악교母岳敎는 여원월余圓月(1887~1954)의 종교활동을 통칭하는 용어다. 생전에 그녀는 특별한 교단 조직이나 교명을 내세운 적이 없다. 어떤 이들은 이 교단을 인정도덕원仁正道德院이라고도 부른다. 여원월은 본주本主, 여처자余處子, 인정상관仁正上觀 등으로 불리는 신비한 여인이었는데 도호道號는 본주本主다. 그녀는 통천관세음보살統天觀世音菩薩로 영탁靈託하다가 친히 인세人世에 탄강誕降했다고 믿어진다. 증산의 천지공사天地公事에 맞먹는 지천공사地天公事를 본다고 주장하며, 여러 신이神異한 행적을 나툰 인물이기도 하다. 여원월은 경남 하동군 하동읍 화심동에서 태어났다. 7세에 경북 영천군 신녕의 별관으로 이사했는데, 그때까지 말하지 않다가 비로소 "내 옷을 달라."고 하며 말문을 열었으며, 이때 쓰고 있던 짐승 형상의 허물을 벗었다고 전한다. 그녀는 새와 짐승과 대화하고, 예지력이 무척 뛰어나 이인처녀異人處女로 불리었다. 1921년 9월에 보천교의 차경석이 함양군 황석산에서 천제天祭를 지낸 뒤 그녀를 후비后妃로 맞고자 했으나 "까마귀 떴으니 얼른 피하라."고 알려주어 차경석이 일제 경찰의 급습을 피할 수 있었다는 일화가 전한다.

이후 그녀는 보천교인을 따라 정읍군 대흥리 본소 근처로 이사했다가, 정읍군 봉암, 진등, 제내 등지에서 홀로 지냈다. 1938년 겨울에 서상섭徐相燮이 신명神明의 계시를 받고 찾아와 그녀를 받들기 시작하자 보천교 출신의 추종하는 이들이 많아져서, 이때부터 그녀를 중심으로 교단이 만들어졌다. 1946년에 김제군 금산면 계룡리 용화동으로 이사한 뒤 한때 선도교仙道敎라는 교명으로 적극적인 포교 활동을 시작했다. 이곳에서 여원월은 갖가지 신비한 행동과 예언, 치병 활동 등을 행하며 본격적으로 공사公事를 보기 시작했다. 이를 "땅 하늘[地天] 십년 공사"라고 부른다. 여원월은 1949년 9월에 "내가 조각난 땅을 36도로 바로 잡아서 지운地運을 돌려놓았다. 사람들이 많이 죽고 병신이 많이 생길 것이다."라고 걱정해 한국전쟁을 예언했고, "귀여운 손님이 온다. 정중히 인사드려라."라고 말하여 아이젠하워 미국 대통령의 방한訪韓과 휴전休戰 결정을 예언하기도 했다고 전한다.

여원월은 유달리 짐승들을 사람 대하듯 귀히 여겨 이름을 붙여주었는데, 안유(쥐), 석순(고양이), 장화(닭), 방우(개), 유순(토끼), 성주(소) 등이 그 예다. 또 그녀는 치병治病 능력이 뛰어나 손에 닿으면 무슨 병이라도 완쾌시켰다고 전하며, 때로는 밥이나 떡으로 치유하기도 했다. 어육魚肉은 먹지 못하게 했고, 특히 돼지고기는 역적질한다고 하며 엄히 금했다. 한여름에 모기약을 뿌리면 "모기 입 비뚤어진다."라고 말했고, 일없이 땅을 구르면 "땅 놀랜다."라고 말했다. 1954년에 우주, 인간, 만물이 바르게 서고 골라지며 화평和平 세계를 이루는 '지구화주문地球化呪文'을 읊은 뒤 공사를 마쳤다고 선언하였다. 후인들이 모악산母岳山 밑에 있는 교단이라 교단 이름을 모악교라고 했다. 그녀는 생전에 스스로 황하수黃河水 용왕龍王의 딸로 자처하면서 인정상관仁正上觀이라 부르라고 했다. 이는 '신법神法을 행하는 여도인女道人의 우두머리'라는 뜻이다.

15) 화신형化身型

화신은 부처가 중생을 구제하기 위하여 여러 가지로 모습을 바꾸어 이 세상에 나타남을 뜻한다. 교조 또는 창시자가 이 세상에 구체적인 인간의 모습으로 다시 태어났다고 주장하는 경우다. 대부분 특정 교단의 창교주創敎主가 자신을 교조敎祖의 화신化身이라고 강조한다. 화신형은 재림형再臨形으로 부를 수도 있다.

(1) 홍순옥의 천자교

보천교를 신봉하던 부여 사람 박인택朴仁澤이 보천교를 나와서 같은 교인 홍순옥洪淳玉과 함께 증산을 받드는 교인들을 규합하여, 1933년에 부안군 산내면 지서리에 교단을 짓고 원군교元君教라 했다.[77] 전북 부안의 홍순옥洪淳玉(1893~1951)은 1930년대 후반에 천자교天子教 또는 원군교元君教를 세웠다. 그는 "세계대전이 일어나지만, 교조인 강증산이 재림再臨하면 한국이 독립된다."라는 예언으로 민중을 조직하였다. 이 때문에 그에게 치안유지법 위반으로 징역 4년 형이 선고되었다.[78]

원군교는 1941년 5월에 전북 부안군에서 조선의 독립을 목적으로 하는 무명결사無名結社[79]를 조직하고, 기원제를 집행했다. 이 사건으로 인해 원군교의 지도부 36명이 부안경찰서에 체포되었다. 그 후 이들은 정읍경찰서로 넘겨져서 모진 고문을 받으며 취조받았고, 1944년 1월에 최종 16명이 유죄판결을 받았는데 일부는 조사 과정에서 사망하였고 일부는 복역 중에 순국하기도 했다.

홍순옥은 1916년경부터 전북 부안군 산내면 지서리에 살았으며, 1928년에 흠치교에 입교하고, 1930년 1월에 원군교로 전교하였다. 일제日帝의 단속이 심해지기 시작하자 표면상 교단을 해체했다가, 두 달 후인 그해 7월에 중일전쟁이 발발하자 교단을 결성할 기회가 왔다고 판단하고 교단을 재조직했다. 1941년 2월에 동지 몇몇과 모여 새로운 교단을 세울 것을 협의하고, 4월에 결성식을 거행했다. 이때 홍순옥의 형인 홍순문은 "현재 세계의 정세는 증산대성甑山大聖의 신도조리공사神道調理公事에 따라 세계전쟁이 발발하였는데, 가까운 장래에 이 대전大戰은 끝날 것이다. 그때 교조인 증산대성이 현세에 재림하여 선경仙境 5만 년의 세계관으로 천지인 삼계三界를 통리統理하는 삼황三皇 폐하가 됨에 따라, 조선은 독립하여 세계의 선도국이 되고, 신도들은 육신으로 불로불사不老不死하는 복록을 얻어 세계 인류를 지도하는 자격을 부여받게 될 것이다."라 했다.

---

77 홍범초, 『범증산교사』, 도서출판 한누리, 1988, 879쪽.

78 홍순옥 외 15명 판결문(1944년 1월 10일) 전주지방법원 형사부. 안후상, 『일제강점기 보천교의 신국가 건설운동』, 민속원, 2023, 227~228쪽에서 재인용.

79 후에 천자교(天子教)라 칭했다.

이후 이들은 정신 통일의 수련을 뜻하는 '묵허黙虛'라는 수련을 시작했으며, 해원解冤치성과 망량제魍魎祭를 올리기도 했다. 그러나 1942년 어느 날 원군교는 일제日帝에 의해 일망타진되고 말았다. 일제에게 있어서 원군교는 조선의 독립을 꾀하는 불온한 단체였기 때문이다. 마침내 이들은 1943년 6월 재판에 넘겨졌고, 1944년 1월 전주에서 최종 판결을 받았다. 재판 당시에 홍순옥은 원군교의 지도 감독자의 역할을 맡았다. 그의 형인 홍순문洪淳文이 교주였는데, 당시 이미 사망했다는 기록으로 볼 때 홍순옥이 그를 이어 실제적인 교주 역할을 한 것으로 보인다. 훗날 대한민국 정부는 2005년에 그에게 건국포장을 수여하였다.[80]

(2) 최도성의 보천교

황해도 옹진군에 살던 최도성崔道成은 1943년 무렵에 보천교 계통의 신종교인 보천교普天敎를 조직하고 신국가 건설을 도모했다. 1945년 3월 12일에 고등법원 형사부가 기록한 판결문에 다음과 같은 내용이 있다.

> … 자기는 흠치교의 교주였던 죽은 강증산의 화신으로, 현재의 인류 사회는 그 명맥이 다하여 장래 천지개벽하여 일본을 포함한 세계 각국은 전부 멸망하고, 새로이 후천 5만 년의 선인세계仙人世界라고 말하는 선경仙境이 실현되면, 조선에 신국가新國家가 탄생되어, 자기가 그 왕王으로 등극하여 계룡산에 도읍을 정하여 전 세계를 통치할 것이고, … 1943년 10월에 보천교(普天敎)라는 교단을 결성하여 자신이 교주가 되어 신도를 모집하고 …[81]

최도성이 보천교라는 교단을 세우고 자신이 증산 강일순의 화신이라고 주장했다는 기록이다. 교단의 창교주가 교조의 화신을 자처하면서 새로 교단을 성립한 사례다.

---

80 전경현 편저, 『범증산종단사』 하권, 2019, 514~ 517쪽.

81 안후상, 「일제강점기 보천교의 민족운동 연구」, 전남대학교 대학원 박사학위논문, 2022, 222쪽에서 재인용.

16) 해석형解釋型

해석은 어떤 현상이나 행동 · 글 따위의 의미를 이해하거나 판단함을 뜻한다. 따라서 해석형은 교조敎祖 사후死後에 일정한 시간이 흐른 후에 그의 행적과 가르침을 기록한 경전과 교조에 대한 전승 이야기 등을 통한 신앙을 주로 하여 교단을 새로 형성한 유형이다. 즉 교조에 대한 독창적인 신앙과 해석을 내세우면서 독립된 교단을 세운 경우가 이 유형에 해당한다. 교조의 독창적인 사상에 대한 새로운 해석을 주장하면서 여러 서적을 발행하여 교단을 성립한 유형이다.

(1) 삼덕교

삼덕교三德敎는 남송南松 허욱許昱(1887~1939)이 1920년 10월에 전남 보성군 득량면에서 창시한 교단이다. 애초의 이름은 '생화도덕生化道德 삼덕교'였다. 허욱은 1914년 7월에 증산의 종도인 이치복李致福(1860~1944)과 김형국金亨國(?~1917)을 만나 도道를 닦기 시작하였다. 허욱은 두 사람의 지도로 7일간 수련한 후 신비체험을 했고, 이때 부안扶安에 사는 이옥포李玉圃가 지은 『영보국정정편靈寶局定靜篇』을 전해 받았다. 이 책은 연성鍊成하는 지름길을 가르쳐주는 것으로 훗날 삼덕교의 수련법문이 되었다.

그 후 허욱은 1920년에 자신의 7대조代祖의 영신靈神의 명命으로 신도수기神道數氣를 받아 새로운 교리를 세웠다. 삼덕교는 증산의 해원, 상생, 보은이념으로 성형된 육합도六合道의 첫째, 효덕孝德 존조애친尊祖愛親, 둘째, 민덕敏德 숭덕광업崇德廣業, 셋째, 지덕至德 단본청원端本清源 등 삼덕三德의 이치로써 교명敎名을 삼았다. 인도직선조人道直先祖의 정신을 함양하여 심성을 바루고 천지직선조天地直先祖의 길을 닦아 새 사람이 되는 것을 증산상제甑山上帝가 낸 도덕의 요체로 본다.

허욱은 1923년에 하동河東 도장동道藏洞의 세심정洗心亭에 마련된 7일간의 수련석修鍊席에서 수도하면서 신명神明의 계시를 받아 만든 육합도六合圖, 구궁도九宮圖, 생명도生命圖, 인체도人體圖, 율려도律呂圖 등의 이치를 익혔다.[82] 1924년 3월에는 기존의 삼동도방三棟道房[83]을 구곡도방九曲道房으로 확대했다. 도방은 신도들의 집회 장소 또는 지방의 교구敎區

를 일컫는 말이다. 삼덕교의 2대 교주는 화송華松 서상범徐相范(1892~1971)이고, 그의 동생인 매헌梅軒 서상학徐相學(1898~1987)이 종도사宗道師를 역임하였으며, 동생 남전南田 서상준徐相駿(1906~1985)이 3대 대표를 맡았다.

삼덕교의 교리 체계는 생화수기生化數氣와 생화도덕生化道德이다. 특히 생화도덕은 천지자연이 만물을 거듭해서 낳고 기르는 이치인 생화生化이며, 천지가 창조된 이치와 인물의 태어남과 만사가 되고 안 됨이 수數에 달려있다고 주장하였다. 그러므로 수數의 체體는 형상形象으로 나타나고, 수數의 용用은 묘한 이치이므로 만사만물萬事萬物의 묘리妙理를 수數로 설명할 수 있다고 강조한다.

허욱은 1931년 9월에 신도들에게 생화도生化圖, 생화도시生化圖詩, 생화법문生化法文을 주었다. 허욱은 "생화도시에서 천지인天地人 삼합三合의 기틀이 인간 세상에 연월일시年月日時와 현망회삭弦望晦朔을 따라 구체적인 생활의 길로 생겨나고 화化해 나온다."라고 주장했다. 그리고 천지자연이 만물을 거듭해서 낳고 기르는 이치를 간단히 생화生化라고 했고, 구궁도九宮圖에서 수론數論을 주장했으며, 수기론설數氣論說에서 수기數氣의 기氣가 기운氣運이라고 말했다. 그리고 허욱은 서방西方 금화수기金化數氣 곧 금풍金風 시대의 서양문명을 동방東方 생화수기生化數氣 곧 동양문명이 누르고 일어설 것이라고 주장했다. 또 그는 '순역수順逆數의 행수行數'라는 설법에서 자기의 생화수기설生化數氣說이 증산甑山이 행한 천지공사天地公事와 어떤 관계가 있는가를 설명하였다. 따라서 허욱이 말한 생화수기生化數氣란 증산이 천지공사로 짜놓으신 원리를 '미륵대성彌勒大聖 생화도덕生化道德 요령'으로 절목節目과 순서를 정해 놓은 것과 같이, 인도人道의 규범規範으로 만들어 천지에서 내리는 그때그때의 기운을 받아 실천하는 것이라고 할 수 있다.

1938년 1월에 허욱은 신천지新天地와 용화세계龍華世界를 건설할 법로法路를 육합도六合圖, 구궁도九宮圖, 생명도生命圖, 인체도人體圖, 율려도律呂圖, 심중도心中圖, 현범도玄範圖, 생

82 허완(許晼, 1907~1999), 『삼덕교사』, 삼덕교본부, 1973, 143~144쪽.

83 태백산을 중심으로 한 경북교구는 상동(上棟) 도방, 지리산을 중심으로 한 경남교구는 중동(中棟) 도방, 오봉산을 중심으로 한 전남교구는 하동(下棟) 도방이다.

화도生化圖 아래 절목節目으로 제시하였다. 그리고 허욱은 연공煉工 과정에서 영성심기靈性心機에 환현幻現된 현체비음玄諦秘音을 도식圖式, 가사歌詞, 도형圖形 등으로 남겼다. 이처럼 삼덕교에서는 기존 증산교단의 역사에서는 보이지 않는 독특하고 독창적인 여러 해석을 중심으로 교단을 이끌어갔다.

(2) 보화교

보화교普化教는 청강淸江 김환옥金煥玉(1896~1954)이 1930년 창시한 교단이다. 김환옥은 1896년 1월에 전북 정읍군 칠보면 신흥리에서 태어났다. 열한 살 때 왼편 가슴에 종기가 나서 3년 동안 앓아누워 갈비뼈 한 개가 빠졌다. 그는 신효묘방神效妙方을 얻어 창생을 건지려는 마음으로 1921년에 보천교에 입교하여 수방水方 십이임十二任에 올랐다. 그러나 9년 만에 자기의 뜻을 이룰 수 없다고 판단하고, 1929년 겨울에 보천교를 나와 창생을 구제하는 길을 찾고자 사방으로 주유周遊하였다. 김환옥은 1930년 봄에 보천교를 탈퇴한 서상근徐相根을 만나 7월 1일에 함께 천제天祭를 올리고 시천주侍天呪를 외우며 지성으로 기도했다. 기도한 지 3일째 되던 날에 증산甑山과 수운水雲이 나타나 그의 갈비뼈 빠진 곳으로 들어오자마자 혼도昏倒하여 3시간 뒤에 깨어났는데, 이때부터 안으로 강화講話의 교教가 있고, 밖으로는 기화氣化하는 표징이 있었다고 한다.

보화교에서는 이날 김환옥이 얻은 신력神力을 득도得道라고 부른다. 이후 김환옥은 스스로 금강대신金剛大神이라 주장하면서 지리산과 모악산 등지를 돌아다니면서 포교에 힘썼다. 1930년에는 전북 정읍시 칠보면 백암리에 자리를 잡고 무극대도無極大道라 했다. 김환옥은 1935년, 1941년, 1942년에는 치안유지법 위반 혐의로 옥고獄苦를 치르기도 했다. 해방 후 출옥한 다음 김환옥은 1945년 10월에 정읍군 칠보면 백암리에 교당을 건축하고 교명을 무극대도라 했다. 이후 1952년 8월에 교단의 본부를 정읍시 신태인읍 태화동으로 옮겼다가, 1953년 3월에 보화교로 개명했다. 1956년 9월에는 김제군 금산면 쌍용리로 옮겼다. 1954년에 김환옥이 사망한 후 보화교는 1960년에 이한우李瀚雨의 진동학제화교眞東學濟和教[84]와 권호중權呼中의 태종보화교太宗普化教 등으로 분립했다.

김환옥은 1930년 7월에 득도할 때 '수운水雲 아버지'와 '증산甑山 어머니'가 어릴 때 종기로 빠진 자신의 왼쪽 갈비뼈 빠진 곳으로 들어오는 신비체험을 했다고 주장하였다. 수운과 증산이 부모父母의 자격으로서 영적靈的으로 자신에게 내려와 도를 깨닫게 했다는 뜻이다.

보화교에서는 기존의 교단에서 찾아볼 수 없었던 독특한 교리 해석을 시도했다. 천지가 이루어지기 전에 스스로 유일한 존위신尊位神이 계셨으니, 조물주造物主 곧 한울님이다. 조물주의 양정기陽正氣를 체體하여 남인신男人身으로 화출化出하신 분이 태을진인太乙眞人이자 인류의 시조다. 동시에 음정기陰正氣를 체體하여 여인신女人身으로 화출하신 분이 태을진인의 짝이 되었다. 이는 6만 년 전의 일이다. 후에 태을진인이 부사군일체父師君一體의 단군 대성조大聖祖가 되셨다. 우리나라에서 국조國祖로 받드는 단군檀君은 그의 먼 후예이다. 이후 단군 대성조大聖祖께서 화천化天하신 후 '첫 상제上帝'가 되셨다. 이 '첫 상제'가 1860년 4월 5일에 수운대도주水雲大道主의 육신에 강림하셨다. 그리고 '첫 상제'는 1901년 7월에는 증산대법사甑山大法師의 육신에 강림하셨다. 증산대법사는 대도의 기반 위에 후천後天의 공도公道, 법리法理, 제도制度 등을 마련하셨다. 증산이 말한 "포교오십년공부布敎五十年工夫"는 수운이 득도한 경신년(1860)부터 증산이 화천한 신미년(1909)까지의 통산수通算數이다.

보화교에서는 "수운과 증산이 건곤乾坤이면 장남長男이 출세해야 한다. 이 진장남震長男이 바로 1919년 삼초三哨 이후 12만에 오는 경오년(1930)에 득도한 청강대성사淸江大聖師 김환옥이시다. 수운과 증산이 청강의 육신에 이신강림以神降臨하셨으니, 곧 복중팔십년신명腹中八十年神明이다. 따라서 수운, 증산, 청강은 삼위일체三位一體이시다."라고 주장한다.

나아가 보화교에서는 129,600년의 우주宇宙 주기週期를, 음력도 양력도 아닌 정주천식正周天式 계산 방법이라고 하여 4,320년마다 소개벽小開闢이 있었다고 설명한다. 음陰은

84 제화동대도(帝和東大道)라고도 부른다. "앞으로 도래할 후천개벽기는 영부(靈符)의 시대로서 인간이 우주의 중심이 되는 인황극(人黃極)의 시대인 인존시대(人尊時代)로서 신인합발(神人合發)하게 된다. 영부상생목운(靈符相生木運)은 천운(天運)이 순환하여 다시 원시(原始) 상생목운(相生木運)으로 전변(轉變)되는 것이다. 후천영부시대에는 정역(正曆)을 사용하는데, 대소월(大小月)이나 윤월(閏月)이 없이 30일로 고정되며, 묘월세수(卯月歲首)가 된다." 등을 주장하였다. 전경현 편저, 『범증산종단사』 하권, 2019, 116~117쪽.

십이진법十二進法으로 나가고, 양陽은 삼십진법三十進法으로 나가고 있다. 시時와 달[月]은 음陰으로 규정했고, 분分과 날[日]을 양陽으로 규정한다.[85]

또 보화교에서는 "독활獨活은 약종藥種이지만 독활탕獨活湯은 혼자라도 사는 방법이며, 제중환濟衆丸은 마치 환약丸藥의 이름 같으나 여러 사람을 건질 방향으로 노력하라는 말이다. 광제창생廣濟蒼生할 사람도 초기에는 자기활방自己活方을 위하여 여념餘念이 없을 것을 암시하신 말씀이다. 복마伏魔는 마魔가 엎드려 있다는 뜻이니 선천先天의 섭리攝理요, 해마解魔는 마魔를 풀어서 놓은 것이니 후천後天의 섭리다. 마魔는 모든 뜻의 종성終成으로 향해가는 일체의 과정에서 나타나는 저해성沮害性을 말한다. 선천은 목신木神 사명司命과 화신火神 사명의 운회運會이며, 후천은 금신金神 즉 서신西神 사명이다. 망량신은 금신金神이다. 삼국三國이 통일될 수 없는 천운天運이니까 제갈공명諸葛孔明의 혜식慧識으로도 팔백주의 뽕나무를 두게 되었던 것이다."라는 독창적인 해석을 시도하였다.

나아가 보화교에서는 "교敎를 믿고 다니는 것의 최종목적은 인선불人仙佛이 되는 것과 용화회상龍華會上에서 도통道通하는 데 있다. 그러나 용화회상은 교인에게 주시는 하나의 논공행상論功行賞이 붙어 있다. 앞으로 있을 용화회상은 동학식東學式 통通이니, 이는 곧 천지인天地人 통通이니 유불선통儒佛仙通이 된다. 그래서 이 삼통三通을 다 하신 진묵대사震默大師가 총명도통聰明道通의 책임자다. 용화회상은 남자 1만 2천 명과 여자 1만 2천 72인이 통通한다고 하니, 천지天地의 조판肇判 이래 처음 있는 큰 경사慶事가 될 것이다. 남자는 금강산 일만 이천 봉峰을 응하여 도통이 나오고, 지리산 일만 이천칠십이 봉峰을 응하여 여자들이 도통할 것이다."라고도 주장한다.

그리고 보화교에서는 "천존天尊 시대는 목왕운회木王運回 시대였고, 지존시대地尊 시대는 화왕운회火王運回 시대였다. 이제 인신합발人神合發이 먼저 있고, 인존人尊 시대의 천지행공天地行公이 집행될 것이다. 인신합발에 따라 우주를 주재할 수 있는 정핵적精核的 대원정기大元正氣가 인신人身에 들어오게 되니 도기道氣라는 것이다. 도기가 사람에게 들어온 것은 경신년(1860) 4월에 최수운崔水雲이 처음이었고, 이래 연면連綿하여 끊어지지 않

---

85 전경현 편저, 『범증산종단사』 하권, 2019, 61쪽.

았으니 도기장존道氣長存이라 한다. 삼계三界의 인신사물人神事物에 함화극치咸和極致하여 길이길이 무궁하게 가도록 책임행공責任行公하는 것이 인존人尊 시대의 도가道家임을 알아야 한다. 후천後天의 도학연원道學淵源 기관은 육부팔원六府八院이고, 그 연원은 산상유수山上有水의 계맥系脈으로 되어 있다. 신인일여神人一如가 되는 날, 바보 같은 사람이 지인至人이나 진인眞人이 되는 법이니, 이것이 감화통感化通이다. 묘월세수卯月歲首는 후천의 법이며, 후천의 첫 시간은 해시亥時다."라고 주장하기도 했다.[86]

김환옥이 정역正易의 원리에 기초하여 제행제법諸行諸法, 후천後天 24 절후節候, 24 방위方位, 28수宿 팔괘변위八卦變位 등을 정리한 것이 금구해도金龜海圖이다. 하도河圖에서 낙서洛書로 변경될 때 대홍수大洪水가 발생하였는데, 낙서洛書에서 해도운회海圖運會로 변경될 때 병겁病劫이 발생하며 지구의 전자기력電磁氣力도 역전逆轉한다. 병겁의 구원 방법인 의통醫統의 핵심은 정음정양正陰正陽이며, 이 원리를 나타낸 것이 바로 금구해도金龜海圖라고 강조한다.[87]

보화교에서 주장하는 의통주醫統呪는 음양정陰陽精인 태양太陽과 태음太陰의 상합생성相合生成 끝에 이루어진 조화造化와 천지인天地人 삼계三界 그리고 토금수화목土金水火木에 각각各 음양陰陽의 팔음八陰과 팔양八陽의 기정상합성결氣精相合成結에서 이루어지는 조화를 기준으로 만들어져야 체천법지體天法地와 시운합리時運合理의 주문이 된다고 주장한다. 또 보화교에서는 "우리나라의 병수病祟가 끝나면, 병만천하病滿天下의 기수氣數니, 병수病祟는 전 세계로 퍼져나간다. 언어를 통通해서 심기가 상통相通되고, 심기상통心氣相通의 결말은 세계를 일원화一元化하고 마침내 의통醫統이라는 통자統字가 실제화한다. 그래서 지음공부知音工夫가 의통공부醫統工夫의 전면全面 속에 포함되기 마련이다.[88] 따라서 우리가 가장 먼저 알아야 할 것은 해부용사법海符用事法이다."라고 주장했다.[89]

보화교에서는 시천주侍天呪를 천지대부모天地大父母를 찾는 주문, 태을주太乙呪를 만물

---

86 전경현 편저, 『범증산종단사』 하권, 2019, 63~70쪽.
87 위의 책, 74쪽.
88 위의 책, 82~83쪽.
89 위의 책, 90쪽.

시생萬物始生의 기운氣運을 찾는 주문, 칠성주七星呪를 본심本心을 찾고 운기運氣를 받는 주문, 삼화주三火呪를 기수氣數를 갱신하는 주문, 대강령단편주大降靈短編呪를 영통靈通되고 혜규慧竅가 밝아지는 주문, 운장주雲長呪를 벽사辟邪되는 용력주勇力呪, 개벽주開闢呪를 천지대신명天地大神明을 운전運轉하는 주문, 영통주靈通呪를 신명용사神明用事를 통보通報하고 호신역귀呼神役鬼하는 주문, 오행주五行呪를 전지전능全知全能의 기수氣數를 받는 주문, 환생주還生呪를 최고위신最高位神의 힘을 빌리는 주문, 의통주醫統呪를 정음양正陰陽으로 정기精氣를 고르는 주문 등이 있다. 정기주正氣呪는 원황정기주元皇正氣呪라고도 하는데 천지만유天地萬有의 기원氣元을 당기는 주문이라고 주장한다.

(3) 증산도

증산도甑山道는 운산雲山 안세찬安世燦(1922~2012)이 아들 경전耕田 안중건安重建(1954~현재)과 함께 1975년에 세운 교단이다. 그는 충남 서산군 대산면 운산리에서 태어났으며, 보천교를 신앙하던 조부와 부친의 영향을 받아 유소년 시절부터 증산을 신앙하며 성장하였다. 1945년 9월에 이상호와 이정립 형제가 서울시 합정동에서 대법사大法社를 창립할 때 참석하였다. 이후 안세찬은 1946년에 아산군 배방면 남리에서 '우주 1년 도표'를 그려 포교를 전개하여 교인을 많이 모았고, 태을주太乙呪 수행을 통해 사람들의 영성靈性을 열어주고 신도神道의 조화를 직접 체험하게 하였다. 1950년 무렵에 정읍군 대흥리에 있던 보천교의 건물을 집회 장소로 활동하다가 신도 수가 급격히 증가하자, 김제군 용화동으로 본소를 옮기고 교명을 증산교甑山教라 하였다. 그러나 한국전쟁의 발발로 조직적인 신앙과 포교 활동을 할 수 없게 되었고, 1951년 가을에는 대법사의 간부들과 생긴 불화로 교단을 떠나 가족과 함께 공주군 유구로 이사한 뒤 도운道運의 대휴계기大休契期를 선포하였다. 그 후 1956년에 거처를 다시 대전으로 옮기고 은둔하면서 새로운 도약을 준비하였다.

1974년부터 안세찬은 새로운 교단을 건립할 뜻을 세우고 이듬해인 1975년에 당시 20대 초반의 아들 안중건과 함께 대전大田에 본부 도장을 세웠다. 1978년 봄부터는 대전시에서 '대법사증산교大法社甑山教'로 교명을 정하고, 자신을 대표인 종도사宗導師로, 아들 중건을 교화원장敎化院長으로 내세워 포교에 힘썼다. 그리고 1980년에는 대전시 괴정동에 교당을 건축하여 증산도장甑山道場이라 이름했다. 이후 전국의 대학가를 중심으로 증산도가甑山道家, 증산사상연구회, 동현회東顯會, 민족종교연구회, 우주원리연구회 등의 이름 아래 서클 활동을 통해 청년층을 중심으로 활발한 포교 활동을 전개하였다. 1984년 1월에 교명을 증산도甑山道로 바꾸었다.

안중건은 1981년에『증산교의 진리』, 1983년에『이것이 개벽이다』상, 하, 1984년에는『증산도의 진리』를 발행하였고, 1984년에는 증산도 내의 교육기관인 '증산도대학교'를 설립하여 신도를 늘려나갔다. 1992년에는 증산과 그의 종통 계승자인 고판례의 말씀을 담은『도전道典』초간본을 간행하였다. 1994년에는 수행법인 도공道功을 전수하고, 1998년에는 상생문화연구소를 열었다. 2002년에는 증산도 교육문화회관을 건립하였고,『도전』을 7개 국어로 번역하였다. 이어 2003년에는『도전』의 완간본을 간행하였고, 2007년에는 STB 상생방송을 개국하였다. 증산도는 증산사상의 현대적 해석을 지향하여, 동서양의 각종 예언과 과학적 지식을 이용하여 독창적인 해석을 시도했으며, 특히 환인, 환웅, 단군의 잊혀진 역사를 복원하여 한민족의 정통성을 강조한다. 요컨대 증산도는 증산사상에 대한 새로운 해석과 많은 교리 관련 서적들을 발행하여 포교에 매진하고 있다.

증산도의 핵심 교리를 정리한 것은 팔관법八觀法인데, 증산도의 진리를 체계적으로 공부할 수 있는 여덟 가지 큰 틀이라는 의미다. 상제관上帝觀, 우주관宇宙觀, 인간관人間觀, 신관神觀과 수행修行, 세계관世界觀과 천지공사天地公事, 구원관救援觀, 수부관首婦觀, 일꾼 관觀 등으로 구성되어 있다.

17) 학술형學術型

학술은 학문과 관계되는 기술이나 방법, 또는 그 이론이다. 따라서 학술형은 학술 활동을 통해 교단을 세운 유형인데, 교조의 행적과 가르침에 대한 각종의 학술논문집을 펴내면서 독립된 소규모의 교단을 세운 경우다. 증산교단의 경우에는 증산사상연구회를 설립하여 운영한 배용덕의 사례가 대표적이다.

(1) 증산사상연구회

증산진법회甑山眞法會는 천광天光 배용덕裵容德(1918~1998)이 1973년 3월에 서울시 전농동에 세운 교단이다. 배용덕은 1918년에 함경남도 고원에서 태어났으며 일본에서 대학을 마친 후, 학도징용병으로 끌려가 노동을 하던 중 1945년 8월에 광복을 맞았다. 그는 부친의 유지에 따라 대학 시절부터 증산신앙을 했고, 사회활동을 하면서도 증산교단의 연합운동에 적극적으로 참여하고, 한국종교사상연구회의 회장도 역임했다. 1973년에 자택에서 부인 이덕희와 함께 증산진법회를 창립했다. 이후 배용덕은 증산진법회를 바탕으로 1974년에는 증산사상연구회甑山思想硏究會를 발족해 강연회를 여러 차례 개최하고, 『증산사상연구』라는 학술지를 발간하면서 증산사상의 재정립과 홍포弘布에 힘썼다. 그는 주로 학술작업과 대외활동에 주력하면서 『하나님의 강세와 천지공사』, 『증산신학개론』, 『증산교리연구』, 『한민족과 천지공사』 등을 펴내는 왕성한 저술 활동을 했고, 교단의 신행은 영적 혜안이 밝았던 부인이 주도했다.

『증산사상연구』는 1975년 3월에 1집이 간행되었고, 1996년까지 21집이 발행되었다. 증산사상에 대해 학술적으로 논의한 글을 모아 간행한 논문집으로 증산사상에 대한 객관적 이해와 홍보에 긍정적인 영향을 끼쳤다. 이 가운데 1982년에 간행한 8집은 『증산신학개론』 상권으로 배용덕과 임영창이 공저한 것이며, 1984년에 간행한 10집은 『증산신학개론』 중하中下 합본으로 배용덕과 임영창의 공저이다. 그리고 1995년에는 특집으로 배용덕과 황정용이 함께 『증산사상 중심의 인류갱생철학개론』이 발행되었다. 배용덕이 타계한 후 홍범초가 회장직을 이어받아 2000년에 22집을 발행하였으나 이후 불의의 사고로 그 역시 세상을 떠난 후에는 더 이상 발행되지 않았다. 『증산사상연구』에는 지금까지 90여 명의 학자들이 쓴 360여 편의 논문이 실려 있다.

(2) 용담학회

용담학회는 허일웅許一雄(?~2003)과 석명수昔明洙(1939)가 경오년(1990) 4월 무렵에 자하도慈下道 팔괘八卦의 괘획卦劃을 이루고 증산과 고판례의 천지공사와 문헌을 해석하여, 오황극처五皇極處의 오방午方에서부터 천지의 지령지기地靈地氣를 끌어 들어야 하는 법리法理에 맞추어 조직한 단체다. 용담학회는 1990년 5월 5일 오시午時에 서울 관악산 정상에 팔괘기인 자하도慈下圖를 게양하고 치성을 모시는 의례를 시작으로 정식 출발한 연구단체다. 1991년부터 1993년까지 5백여 명의 회원이 입도하였으나, 허일웅[90]이 타계함에 따라 회원들이 분산되었다. 이에 석명수는 의심을 품고 8개월 동안 궁구하다가 자하도 팔괘의 법궤法匱에는 하자가 없음을 재확인하고, 2004년에 마음을 새롭게 다지고 기존의 공부 자리였던 경주용담慶州龍潭의 석굴인 저마실杵磨室을 다시 찾아 도반 김중석과 함께 수도와 수련에 임하였다.[91]

석명수는 2004년 12월 25일에 1차로 음각陰刻의 천문天文을 하사받았고, 2005년 10월 13일에는 2차로 양각陽刻의 천문을 받았으나 표시된 부符가 난해하여 그 뜻을 해석할 수 없었다. 이에 그가 참뜻을 계시해달라고 기도하니, 마침내 2005년 10월에 어변성룡魚變成龍의 변형된 부符를 다시 받았다.[92]

석명수는 천문에서 제시한 13년간의 수도수련 생활을 마친 후, 이 법을 세상에 알려야 한다는 간절한 생각으로 2017년에 『증산 천지공사와 천부경』을 발행하였다. 2018년 10월에는 방축도의 법소法所를 폐쇄하고, 원평에 새로운 법소를 마련하였다. 석명수는 증산의 천지공사와 문헌을 기존의 해석방법과는 다르게 독특한 방법으로 해석한 것으로 평가된다. 그는 법종교法宗教의 『현무경玄武經』이 없었다면 천지공사의 해석은 불가하며, 『중화경中和經』이 없었다면 도통 수련법과 신新 책력冊曆인 성수역星宿曆은 세상에서 빛을 볼 수 없었을 것이라고 주장하였다. 그리고 그는 『화은당실기華恩堂實記』 2판(1989)에 수록된 유서遺書가 있어서 도성인신道成人身의 때와 천지공사의 끝을 가늠할 수 있었다고 강조한다.

---

90 허일웅은 1995년에 『팔괘도의 도법과 후천』(자유문고)을 출간하였다.

91 전경현 편저, 『범증산종단사』 하권, 2019, 465쪽.

92 위의 책, 465쪽.

또 이 교단에서는 구궁수九宮數의 이치를 통한 오장육부五臟六腑 통제 공부로 득체得體, 득화得化, 득명得明해야 병겁이 발생할 때 자신을 지킬 수 있으며, 의통인패를 이용하여 널리 광제창생廣濟蒼生할 수 있다고 한다. 또 용담학회는 「천부경天符經」 81자를 해석하여 팔괘八卦를 도출해 내고, 그 천부경 팔괘가 증산이 행한 천지공사의 법틀(원시반본原始返本)이 된다고 주장한다.

하나의 독립된 형태의 종교단체 즉 교단이 성립되기 위해서는 많은 다양한 요인들이 작용해야 한다. 이 글에서 분류한 다양한 유형들은 서로 복합적으로 작용해야만 비로소 하나의 독립된 교단 성립을 가능하게 했던 경우가 대부분일 것이다. 그러나 분류의 자의성이 있음에도 불구하고 이러한 분류를 통해서 해당 교단을 특정한 유형으로 분류하고 그 특성을 추출하여 타 교단과의 차별성을 확인하고자 했다. 이 글에서 사용한 다양한 유형들은 증산교단만이 아니라 향후 다른 종교의 교단사에도 확대하여 적용할 수도 있을 것이다. 앞으로 이에 관한 더욱 세밀한 연구들이 모여서 보편적인 일반이론으로 정립될 수 있기를 기대한다.

인연형은 교조 또는 창시자와의 특별한 인연이 결정적인 계기가 되어 독립된 교단을 형성한 경우다. 감화형은 교조의 언행에 직접 감화를 입어 그의 사후에 새로운 교단을 세운 경우다. 그리고 조직형은 신도를 확보하는 일에 조직의 논리를 적용하여 세포 분열식으로 교단을 발전시킨 경우다. 분열형은 조직형에 속하다가 혁신을 주장하면서 나름대로 독자적인 교단으로 나뉘어간 경우다.

또 경세형은 확보된 거대한 교단 조직을 통해 정치적 입장과 논리로 무장하여 교세를 더욱 확대한 경우다. 성물형은 교조가 남겼다고 주장하거나 믿어지는 특별한 형태의 물건을 강조하면서 신도들을 모은 경우다. 수련형은 교조의 가르침을 충실히 따르는 과정에서 직접 수련함으로써 그 체험을 바탕으로 삼아 교단을 세운 경우다. 주문형은 교조가 남긴 주문이나 새로운 주문을 읽고 외우는 일을 통해 교단이 성립된 경우다.

학습형은 교조가 남긴 특정한 글귀나 그림을 반복적으로 배우고 익히는 일을 교단의 주요한 활동으로 삼은 경우다. 계시형은 생전에 교조를 만날 수 없었던 인물들이 교조의 계시가 내렸다는 신비체험을 강조하면서 교단을 세운 사례다. 그리고 경전형은 교조의 말씀과 행적을 수집하고 증보하는 일을 교단의 주요 업무로 삼은 경우다. 혈연형은 교조의 직계 후손이나 방계 후손, 나아가 양자로 입적한 사람이 교단을 독자적으로 세운 사례다. 의례형은 일정한 기간에 걸쳐 특정한 행사를 주도하는 일이 교단의 주된 역사가 된 경우다.

신비형은 교조의 가르침과는 별도로 독자적인 신비체험을 강조하거나 행사함으로써 교단을 이끈 경우다. 화신형은 교조가 재림한다고 주장하거나 해당 교단의 교주가 바로 교조의 화신이라고 주장하면서 교단을 성립시킨 사례다. 또 해석형은 교조의 생애와 가르침을 기록한 경전에 대한 새로운 해석을 시도하거나 현대적 재해석을 내림으로써 새 교단을 세운 경우다. 학술형은 교조의 사상에 대한 학술 활동을 주도하여 이를 교단 성립의 근거로 삼은 경우다.

이처럼 교단의 성립과 전개 과정에는 다양한 여러 형태의 유형들이 있다. 특히 증산교단의 역사에는 비교적 짧은 역사에도 불구하고 매우 다양한 이러한 교단들의 유형들이 거의 모두 확인된다. 이는 세계종교사를 살펴보아도 그 비슷한 유례를 찾기 힘든 경우가 틀림없다. 따라서 우리는 증산교단의 역사를 세밀하게 연구함으로써 왜, 어떻게, 어떤 하나의 독립된 교단이 성립될 수 있고, 다양한 신앙유형을 지닌 교단으로 전개되어 가는지에 대한 더욱 일반적인 이론을 제기할 수도 있을 것이다. 증산교단의 역사는 종교단체의 왕성한 생명력을 풍부하게 확인할 수 있는 보물창고가 틀림없다. 나아가 증산교단의 풍부한 역사를 통해 특정 교단의 성립과 전개 과정은 물론 그 교단이 사라지는 과정과 영향에 대해서도 고찰할 수 있다는 점도 지적되어야 하겠다. 따라서 향후 증산교단의 역사에 대한 좀 더 정밀하고 통찰력 있는 연구가 요청된다.

인연형, 감화형, 혈연형의 경우는 교조와의 직접적 만남이 전제되는 유형이다. 물론 감화형의 경우에는 교조의 사후에 그의 언행에 감화를 받아서 새롭게 교단을 창립하는 사례도 있을 것이다. 그렇지만 엄밀한 의미에서의 감화는 교조와의 직접적 만남을 계기로 이루어지는 일을 가리킨다.

그 이외의 유형들인 조직형, 분열형, 경세형, 성물형, 수련형, 주문형, 학습형, 계시형, 경전형, 의례형, 신비형, 화신형, 해석형, 학술형은 교조와 특별하고 특정한 만남이 없더라도 새 교단의 창립이 가능하다. 이들 유형에 속하는 교단들도 교조와의 연관성을 강조하는 사례들이 많이 있지만, 간접적 체험이나 전설적 이야기로 포장되는 경우가 대부분이다. 교조를 만날 수 없었고, 교조의 사후에 태어나 그를 만날 기회가 원천적으로 차단된 경우에 특정한 독립 교단을 세우는 사례들이 대부분이다.

특히 조직형, 분열형, 수련형, 주문형의 경우에는 교조와의 직접적 만남이 없이도 교단 창립이 가능했던 사례다. 특히 주문형의 경우에는 교조가 직접 가르친 주문 이외에도 교단을 세우면서 수집한 주문들이 사용되는 사례가 많다. 그리고 성물형은 교조의 직접적 전달이 있었다고 주장하는 경우가 대부분이지만, 역시 교조의 직접적 전승 과정이 생략되어도 신비한 이야기가 덧붙여짐으로써 교단 창립이 가능하다.

경세형은 매우 드문 사례인데, 교단의 조직이 거대해질 때 나타난다. 교단의 조직이 확대됨에 따라 자연스레 그 정치적, 사회적 기능과 역할이 기대되는 상황에서 해당 교단의 교리 전파가 매우 요약된 메시지 형태로 강렬하게 이루어진 경우다. 우리나라의 경우에는 일제강점기日帝强占期라는 역사적 무대에서 주로 독립운동과 관련된 국권회복國權回復운동의 일환으로 교단 활동이 활발했다. 해당 교단에 가입하는 일이 바로 나라를 되찾고 빼앗긴 국권을 회복하는 일이라는 점이 강조된 형태로 교단의 활동이 전개되었다.

계시형은 특정 교단이 스스로 정통성을 주장하기 위해 교조의 계시가 있었다고 강조하는 경우다. 교조를 만날 수 없었던 부족한 점을 보충하기 위한 수단으로 신비한 체험을 통해 교조의 계시가 내렸다고 주장하는 것이다. 종통宗統의 계승이 객관적으로 증명하기 어려운 신비한 방법으로 이루어졌다고 강조하는 경우가 많다.

경전형은 교조의 행적과 가르침을 정리하고 집대성하는 과정에서 교단이 형성된 경우다. 일반적으로 종교의 경전은 교조의 어록 수집, 행적에 관한 이야기들의 정리, 자료 모음집의 발간, 종교 경전으로의 편집과 홍보 등의 일련의 과정을 거쳐 이루어진다. 이러한 경전 편찬사업을 하는 과정에서 그를 주도하는 인물들이 모여 하나의 특정한 독립 교단이 세워진 경우다.

혈연형은 교조의 자식 가운데 한 인물이 교단을 형성한 경우다. 교조의 아들이나 딸이 직접 교단을 세운 사례도 있고, 교조 사후에 입계入繼된 양자나 후손 가운데서 새로운 교단을 조직하는 경우이다.

그리고 화신형, 감화형, 성물형, 계시형, 혈연형은 교조나 창시자의 권위와 능력을 적극적으로 인정한다. 반면 조직형, 분열형, 경세형, 수련형, 주문형, 학습형, 경전형, 의례형, 해석형, 학술형은 교조의 권능에 대한 인정이 상대적으로 약하다. 특히 경세형은 창교주 자신의 활동과 능력에 의해 새 교단을 성립할 수 있다고 강조함으로써 교조의 권능과는 다른 새로운 카리스마를 내세운다. 이 경우에는 교조를 대신하여 해당 교단의 창교주가 세상일을 주도한다고 강조한다.

또 인연형, 화신형, 감화형, 경세형, 분열형, 계시형, 혈연형 등의 교단은 인물중심적이다. 반면 조직형, 성물형, 수련형, 주문형, 학습형, 경전형, 의례형, 해석형, 학술형 등의 교단은 사람 중심이 아닌 사물이나 제도 중심적이다.

5. 증산교단사의 특성과 의의

하나의 종교 교단이 형성되고 전개되며 발전되는 단계는 다음과 같이 정리될 수 있다.

첫째, '기억'의 단계다. 사람은 한번 태어나면 누구나 죽는다. 그리고 그는 후대인들의 기억 속에 일정 시간 동안 머무르다가 잊히기 마련이다. 일반적으로 특정인은 그가 최후에 생명을 유지했던 마지막 순간을 중심으로 후대인의 기억에 남는다. 그가 죽은 날이 기념되는 것이다. 최후로 생존했던 때를 기려 그가 기억되는 것이다. 유교儒教에서도 특정인이 살아있을 때 만나볼 수 있었던 최장기간인 4대代까지 제사를 모신다. 증조부가 육체적 생명을 지닌 존재로서 최고 어른이기 때문에 4대조代祖까지만 제사를 지내는 것이다. 그런데 종교적 인물의 경우는 다르다. 종교적 인물은 그가 죽은 날 뿐만 아니라 그가 태어난 날이 기념된다. 특별하고 성스럽기까지 한 그의 행적이 탄생일을 중심으로 기억되는 것이다. 후대에 남긴 업적이 뚜렷하고 영향력이 클 때 비로소 '탄생일 기념'이 가능하다. 일반적인 사람들과는 달리 종교적 인물들은 그가 태어난 날이 기억되고 기념된다. 이는 생전에 그를 만나보았던 사람들에 의해 시작되는 경우다.

둘째, '추모'의 단계다. 종교적 인물은 그의 탄생일과 사망일이 특별한 형태로 추억된다. 그가 태어난 날이 기억되어 매년 잊히지 않고 기념되며, 그가 죽은 날도 그냥 지나가지 않고 어떤 의미가 있다고 일정한 의례가 수반되어 추모한다. 처음에는 소박한 형태로 몇몇 사람들이 모이지만, 시간이 흐를수록 집회의 규모는 점차 커지기 마련이다. 이러한 과정에서 점차 복잡한 형태로 의례가 구성되며 의미가 확대된다. 종교적 인물에 대한 추모는 특별하고 일정한 형태의 의례가 뒤따르기 마련이다. 이 단계는 살아생전의 그를 직접 만나지 못했던 사람도 가능하다.

셋째, '이야기'의 단계다. 이제 간단한 의례를 올리는 단계를 벗어나 종교적 인물에 대한 말씀과 행적을 수집하는 단계로 이행된다. 기억되고 추모하는 수준을 뛰어넘어 본격적으로 그가 생전에 했던 말과 생전에 행했다고 전하는 일들을 모으는 단계에 접어드는 것이다. 처음에는 소박하고 단순한 형태로 단편적인 이야기나 기록들이 수집되지만, 점차 복잡하고 심오한 이야기와 기록들이 집대성되기에 이른다. 나아가 이러한 자료들은 '경전'의 형태로 발행되어 다수의 사람에게 널리 홍보되기 시작하며, 시간의 흐름에 따라 증보增補 과정을 거쳐 보완되며 체계적인 자료집이나 경전으로 성립되기에 이른다. 생명을 가진 존재로서 종교적 인물을 직접 만나볼 수 없었던 후대의 인물들도 가능한 단계다.

넷째, '조직'의 단계다. 종교적 인물에 대한 의례가 마련되고, 그의 언행에 대한 경전이 마련되면 이제 그를 받들고 숭앙하는 일정한 공간이 마련되기 시작한다. 종교적 인물을 모신 건축물이 지어지면서 그 공간은 성스럽게 승화되고 특별한 의미가 있는 장소로 인식된다. 시간의 흐름에 따라 이 성스러운 공간에서는 일정한 주기로 정해진 의례가 베풀어지며 사람들이 많이 모일 수 있는 곳으로 확대되기 시작한다.

다섯째, '신격화神格化'의 단계다. 특정한 종교적 인물은 이제 단순한 이름이 아닌 더욱 성스럽고 특별한 뜻을 지닌 이름으로 불리기 시작한다. 그에 대한 믿음과 이해의 수준에 따라 각기 독창적인 신격神格의 이름이 정해지며, 위패나 그림의 형태로 성소聖所에 모셔진다. 그리고 특정한 종교적 인물은 이제 단순한 성스럽고 특별한 존재에서 벗어나 특정한 이름을 가진 고유한 의미를 지닌 존재로 재탄생 혹은 부활하여 믿는 이들의 마음에 자리를 잡기 시작한다. 역사적 존재에 종교적 존재로 다시 태어나는 것이다. 종교적 인물에 대한 신격화 작업의 결과는 그를 전혀 다른 인물로 받아들이는 결정적인 계기를 마련한다.

여섯째, '교리화'의 단계다. 신격화된 특정한 종교적 인물에 대한 독자적인 교리가 성립되고, 그에 따른 다양한 해석이 시작되는 시점을 가리킨다. 정해진 입장과 주어진 위치에 따라 특정한 종교적 인물에 대한 강조점이 다른 경우에 독자적인 교리를 형성하고 전개하기 마련이다. 따라서 이 단계에서는 특정 종교 인물에 대한 인식과 믿음이 다양하게 전개, 발전된다. 조직에 따라 서로 다른 교리를 주장하여 독자적인 경전을 발행하기도 하고, 독창적인 의례를 마련하기도 한다.

일곱째, '정통성'의 단계다. 특정한 종교적 인물에 대한 다양한 형태의 교리가 형성되고 전개되어 여러 교파가 조직되었다. 이에 따라 각 교파 사이의 대립과 갈등이 증폭되기 시작한다. 여러 교파에서 각자 나름대로 정통성을 가졌다고 주장하는 것이다. 이제 제각기 분립된 교단들은 돌아올 수 없는 강을 건넌 셈이다. 자파의 입장에서 상대 교파를 공격하고 치열한 경쟁의 대상으로 바라보기 시작하는 일은 결국은 서로 다름을 강조하는 자세를 굳건하게 지키기 마련이다. 합동과 협력은 요원하고 각자도생各自圖生의 길을 갈 수밖에 없는 것이다.

증산교단은 교단이 처음으로 창립된 1911년 9월 이후 현재까지 불과 백여 년의 역사에서 무려 130여 개의 다양한 형태의 교파들이 폭발적으로 성립 · 전개되었다. 이러한 증산교단의 역사를 살펴보면 다음과 같은 특성들을 발견할 수 있다.

첫째, 분열성分裂性을 확인할 수 있다. "하나로 존재하던 사물이나 집단, 사상 따위가 갈라져 나뉨"을 뜻하는 분열의 모습이 증산교단의 역사에 보이는 가장 뚜렷한 특성이다. 각자도생各自圖生의 선천先天 말기의 분열하는 기운을 받아서인지 증산교단은 제각기 독립을 강조하면서 형성되어 발전적으로 전개되었다. 때로는 교단 사이에 주도권을 다투는 양상을 보이면서 끊임없이 분열되어 온 것이 증산교단의 역사에 보이는 가장 큰 특징이다. 따라서 한때 혹은 일정한 기간에 걸쳐 여러 교단 사이의 합동을 추구하거나 그 공통 분모를 찾아 협의체를 구성하고자 했지만, 여전히 분열된 모습으로 교단의 역사가 진행되고 있다. 그리고 현재까지도 각 교단 간의 교류가 부족한 실정이며, 합동 교단의 형성에 어려움이 많다. 협의체가 없어서 다양한 교리가 난립하는 다양성을 보인다. 그렇지만 증산교단의 역사는 인류사에 있었던 거의 모든 교파 분열의 역사를 일목요연하게 확인할 수 있으며, 다양한 교단의 유형들을 분석할 수 있는 모범 사례가 분명하다. 그리고 비교적 짧은 기간에 급격한 교파 분열을 이룬 증산교단의 성립과 전개는 활발한 에너지와 열정이 동반된 왕성한 활동력이 인정되어야 할 것이다. 종교는 고정되어 죽어있지 않고, 하나의 살아있는 생명력을 지닌 신념체계라는 사실이 확인되는 대목이다.

둘째, 계속성繼續性이 확인된다. "어떤 현상이나 행동이 끊이지 않고 잇따라 일어난다."라는 뜻인 계속하는 성질이 보인다. 현재에도 교단의 분열이 이어지고 진행 중이라는 의미다. 교단이 정체되거나 고정된 형태로 있는 것이 아니라 마치 살아있는 생명체처럼 끊임없이 성장, 분열하는 모습을 보인다. 죽은 것이 아니라 영원히 순환하는 생명의 창조적 도약이 확인되는 것이다. 교단 분열의 원인은 결국 '구원의 주체'가 누가 될 것인가 하는 문제와 직결된다. 따라서 추구하는 이상理想의 실현이 이루어지는 시점까지 이러한 분열상은 계속 진행될 것으로 전망할 수 있다.

셋째, 다양성多樣性이 확인된다. "종류가 여러 가지로 많음"을 뜻하는 다양성이라는 성질이 보인다. 증산교단의 역사에는 종교의 역사에서 있을법한 거의 모든 형태의 다양한 신앙유형이 확인된다. 이는 교조이자 신앙 대상인 증산甑山에 대한 다양한 호칭들에서 분명하게 알 수 있다. 그리고 증산교단사를 통해 다양한 사상이 전개되는 양상을 고찰할 수 있다. 각기 독창적인 교리 체계를 형성한 여러 증산교단의 역사는 종교백화점과 같은 모습이 확인된다. 이와 관련하여 『대순전경』 3장 165절에서 증산은 "나의 일이 장차 초장봉기지세楚將蜂起之勢로 각各 색色이 혼란스럽게 일어나서 물중전(잡화전) 본本을 이루리라. 그러나 다시 진법眞法이 나오게 되리라."라고 말했다. 증산은 자신이 세상을 떠난 후에 자신을 믿고 따르는 교단들이 진시황秦始皇이 죽고 나자마자 초楚나라 장수들이 너나 할 것 없이 들고 일어나듯 하는 기세와 마찬가지로 많이 분립할 것이며, 그 모습이 마치 온갖 물건을 파는 상점과도 같으리라고 예언하였다.

넷째, 복합성複合性을 찾을 수 있다. "둘 이상이 거듭 합쳐지거나 그것을 합쳐 하나를 이룸"을 뜻하는 복합의 성질을 확인할 수 있다. 증산교단 역사의 초기에는 뚜렷한 특성을 가진 유형으로 분류할 수 있는 교단들이 성립되지만, 점차 시간이 흘러 후대로 갈수록 단순 유형이나 단일 유형으로는 파악할 수 없는 복합유형이 생기는 경향이 있다. 그만큼 사회의 구조와 환경이 복잡다단해짐에 따라 교단의 유형도 복합적으로 변한 것으로 보인다. 이제는 다양한 유형이 합쳐진 형태로 교단이 전개되는 것이다. 이는 시간의 흐름에 따른 자연스러운 현상으로 평가할 수 있겠다.

다섯째, 복고성復古性이 드러난다. "과거의 제도, 사상, 정치, 체재, 풍습 따위로 돌아감"을 뜻하는 복고적 전통이 강하게 나타난다. 전통의 권위에 의지하여 새로운 교단이 성립되고 전개되는 경향이 있다. '태양 아래 새로운 것은 없다.'라는 격언처럼 이 세상 모든 것에는 평지돌출平地突出의 물건이나 현상은 없다. 항상 기존의 것에 의지하여 새로운 것이 나타나기 마련이다. 교단의 진행과 역사도 마찬가지다. 기존의 교단에 있었거나 기존의 교인에게 일정하게 영향을 받은 인물이 그의 정신을 계승한다고 주장하면서 새로운 교단을 세우는 경우가 대부분이다.

여섯째, 인물중심성人物中心性이 드러난다. 대부분의 증산교단은 창교자의 강력한 카리스마에 의해 독립된 교단이 형성되고 성립되며 교단의 역사가 전개된다. 제도가 아니라 인물 중심의 교단 분파의 모습이 나타나는 것이다. 증산교단의 성립과 전개 과정은 특정한 인물이 중심이 되는 특성이 있다. 교리의 성립과 해석에 의한 교파 분열이 주를 이루지 않았다.

불교의 경우에는 교조인 불타佛陀의 입멸入滅 후 그의 행적을 정리하기 위한 모임인 결사結社를 통해 교리가 정리되었다. 그리고 기독교는 단일 전통을 유지하다가 여러 차례에 걸쳐 벌어진 종교회의의 결과로 교파가 명멸했고, 전통적 교리에 대한 새로운 해석에 따라 분열이 일어나 교파가 분립하였다. 그러나 증산교단의 경우에는 이른바 '대두목大頭目 신앙'이 그 폭발적인 분열의 근본 원인이다. 대두목은 현재의 관점에서 교조인 증산을 대신 또는 대리하는 인물인데, 바로 이 대두목에 대한 신앙을 강조하는 형태로 증산교단의 역사가 전개되었다. 증산교의 분파 과정의 핵심에는 '대두목' 신앙이 있다. 그렇지만 대두목이 누구냐에 대해서는 새로운 주장과 해석이 제기되기 마련이다. 그리고 대부분의 대두목 신앙을 강조하는 교단들은 창교자의 당대에 그 역사와 주장이 그치는 경우가 많다.

특정 교단의 창교자가 죽은 후에는 집단지도체제나 회의체로 전환되어 뚜렷한 카리스마가 없이 교단의 대표직이나 대표 체제가 승계되어 계승되기도 한다. 그러나 이러한 경우에도 이미 죽은 창교자 역시 특정한 경로를 통해 신격화神格化되기 마련이다. 분산된 카리스마, 권위의 부족, 단순히 교단의 지난 역사로만 정통성을 보장받고 강조하는 경향도 있지만, 증산교단의 역사를 전체적으로 조망할 때 인물 중심의 교파 분열이 중점적으로 전개되었다는 사실이 확인된다. 이에 따라 증산교단의 역사에는 심지어 한 사람 또는 그 가족만의 교파가 성립되기도 했을 만큼 인물 중심의 교단 분파가 이루어졌다.

증산교단의 역사는 아직 성장하고 발전하는 단계에 머물러 있다. 완숙된 형태의 정착기에 들어선 것이 아니다. 따라서 특정한 인물들이 우후죽순식으로 나타나 새로운 교단을 형성하는 일은 여전히 계속될 전망이다. 이러한 맥락에서 본다면 각기 고유한 특성을 가진 증산교단들 사이에 통합의 가능성은 낮은 편이라고 볼 수 있다. 독특한 개성을 지닌 창교자들이 자신만의 입장을 주장하고 강조하다 보니 교단 사이에 상호 교류가 거의 없을 수밖에 없고, 이에 따라 교단의 통합은 요원하기만 한 실정이다.

일곱째, 거점발전성據點發展性을 알 수 있다. "어떤 활동의 근거가 되는 중요한 지점"을 뜻하는 거점을 중심으로 교단이 발전하였다. 증산교단의 각 교단의 본부는 성역화聖域化되고 성지화聖地化된다. 각 교단의 본부가 위치한 장소들에는 각 교단 역사의 전통에 빌어 신성神聖과 권위가 부여된다. 이곳들에는 때로는 풍수적으로 매우 뛰어난 장소라는 설명이 덧붙여지거나 전래하는 비결祕訣에 이미 정해져 있던 신비한 곳이라는 주장과 해석이 뒤따른다. 증산교단의 역사가 진행됨에 따라 어쩌면 전 국토의 성지화聖地化가 가능할지도 모르겠다.

여덟째, 자료중시성資料重視性이 발견된다. "연구나 조사 따위의 바탕이 되는 재료"라는 뜻의 자료를 중시하는 경향이 확인된다. 증산교단의 여러 교단에서는 각기 교단의 정통성을 확보하기 위해 나름대로 경전과 교단의 역사서를 편찬하여 발행하였다. 해석의 차이에 의해 증산교단의 각 교단은 자체의 경전을 따로 발행하는 경향이 있다. 그리고 경전의 정비와 보완 사업을 통해 그에 따른 독자적인 해석서가 발간되기도 했다. 이처럼 기록된 문서를 통한 홍보와 포교 활동이 적극적으로 전개되는 특징이 있다.

반면 증산교단에는 의례의 발전이 매우 더디며, 가사歌詞의 창작과 구술의 전통이 사라졌거나 단절되었다. 그리고 수련과 수도의 전통이 약해지는 경향이 있다. 또 일부 증산교단을 중심으로 하여 전통으로서 음력陰曆에 진행되었던 각종 집회나 의례가 현대적 모습의 양력陽曆 위주로 바뀌어 가는데, 일요일 집회가 대표적인 사례다.

아홉째, 연원부정성淵源否定性이 보인다. 애초에 특정 교단이 발생하게 된 근거나 연원을 애써 부정하는 경향이 있다. 자파만의 교단이 발전하게 되면 기존의 연원을 부정하는 경향이 있다. 증산도甑山道의 경우가 대표적이다. 아버지나 스승 뻘이 되는 인물 밑에서 활동하던 경력을 숨기고 당시에 동등한 동지적同志的 입장에서 교단을 운영했다고 강변하는 것이다. "개구리가 올챙이 시절을 모른다."라는 속담과 같이 그 연원을 굳이 거부하고 부정하는 성향이 있다.

한편 증산교단이 성립하고 전개되는 과정이 가지는 종교적 의의는 다음과 같이 정리할 수 있다.

첫째, 증산교단의 역사는 교단 성립과 전개의 역사를 알아보기 위한 최적의 모범 케이스다.

둘째, 증산교단의 역사는 다양한 교단의 모습을 확인할 수 있는 풍부한 연구자료를 제공한다.

셋째, 증산교단의 역사는 교단의 성립 과정과 분열 양상은 물론 특정한 교리 체계의 형성 과정과 해석의 다양성을 보여준다. 나아가 여러 교단 사이에 이루어지는 연합운동의 요인과 진행 과정 등에 대한 생생한 역사의 확인이 가능하다.

넷째, 증산교단의 역사는 종교 인물과 자료에 대한 깊은 수원지水源池의 역할을 한다.

다섯째, 증산교단의 역사는 향후 새로운 교단의 형성을 예상할 수 있는 로드맵의 기능을 할 수 있다.

6. 맺음말

교조 또는 창시자의 죽음으로부터 특정 교단의 역사는 시작된다. 이후 그에 대한 기념 의례가 발달하는 과정을 거쳐 그의 생애와 사상에 관한 이야기들이 집대성되어 특정한 경전으로 정립된다. 경전의 성립에 따른 교리가 형성된 이후에는 그 교리에 대한 해석의 차이와 교권敎勸과 관련된 갈등과 대립을 중심으로 한 여러 교파의 분열이 이루어지고, 특정한 교단들이 다양한 형태로 조직되기에 이른다. 그리고 교도들의 협의에 따른 종교적 권위가 부여되고, 형성된 권위에 대한 반발에 기초한 혁신과 대응 방식의 차이에 따라 다양한 형태의 교단이 성립되고 전개되는 분열 과정을 거치기 마련이다.

특정 교단이 성립되는 일, 즉 신도를 모으는 원동력이 되는 것으로는 구원의 가능성, 교조의 생애와 훈화에 의한 감화, 새로운 모범적 인간으로의 수용, 자기 혁신의 기회를 제공받는 일 등을 손꼽을 수 있다.

증산교단 역사의 유형별 분류와 그 특성을 추출하는 일은 종교의 발생이론을 정립하는 일에도 도움이 될 것이다. 이러한 연구를 위해서는 먼저 다양한 유형 사이의 관계와 유형별 비교가 있어야 하겠다. 하나의 교단이 성립되고 전개한 역사를 알아보기 위해서는 우선 여러 교단별로 충분한 자료 확보될 필요가 있다. 지금보다 정확한 교사敎史가 객관적 관점에서 서술되어야 비로소 온전한 증산교의 역사가 복원될 수 있을 것이다. 이를 위해서는 구술 자료, 일화, 전설, 교단 건축물의 구조와 기능, 의례의 절차와 의미, 신단神壇의 모습, 사진 자료 등의 풍부한 자료의 확보가 필수적이다. 사라지거나 잊히기 전에 하루빨리 많은 자료가 수집되어야 하겠다.

그리고 증산계甑山系 각 교단을 대표하는 창교주, 후계자, 계승자 등의 인물들에 대한 정확하고 객관적인 열전列傳이 작성되어야 비로소 교단사의 온전하고 정확한 서술이 가능할 것이다. 이를 위해서는 현재 살아있는 교단 원로들의 증언과 기억이 후대에 남겨질 수 있는 구체적인 방안이 적극적으로 모색되어야 한다. 현재는 더욱 일관된 체계를 가진 증산교단 역사의 객관적 서술이 필요한 시점이다. 이러한 연구를 통한 학술적 이론의 정립도 필요하며 요청된다. 세밀한 미시사微示史를 통해서만이 비로소 거대이론과 일반이론의 정립이 가능하다. 한국 신종교의 대표적인 교단 가운데 하나인 증산교단의 역사가 제대로 복원되고 정리되어야 하나의 종교단체가 과연 어떤 구체적인 과정을 통해 성립되고 전개되는지 그 일반이론의 수립도 가능할 것이다.

증산교단의 역사는 현재까지 문화성립기에 이르지 않았다. 독자적 발전을 이룬 상태가 아니며, 아직 미완성된 상태다. 그렇지만 현재의 난립 양상을 벗어나 증산이 강조한 진법眞法이 나타나기까지의 현재 역사는 매우 중요하다. 따라서 진법을 추구했던 모든 가법假法의 역사는 소중하게 다루어져야 한다. 그래야 진법의 참된 가치가 나타날 수 있기 때문이다. '진眞'을 향한 '가假'의 처절한 몸짓과 열정은 그 나름의 의미가 분명히 있다. 증산교단 역사의 온전한 복원을 기대하면서 글을 맺는다.

제7장

정산의 사상 형성 과정에 미친 증산의 영향

머리말
정산의 구도과정에 미친 증산의 영향
정산사상에 나타난 증산사상의 자취
정산이 인정한 증산의 위상
맺음말

제7장

정산의 사상 형성 과정에 미친 증산의 영향

1. 머리말

동학의 태동 이후 한국 신종교의 주요한 맥을 이어온 증산교와 원불교는 이제 한국종교의 대표적인 종단으로 착실하게 성장했다. 이 글에서는 증산교의 창시자인 증산甑山 강일순姜一淳(1871~1909)의 사상이 원불교의 제2대 종법사宗法師인 정산鼎山 송규宋奎(1900~1962)에게 미친 영향에 대해 고찰하고자 한다. 이러한 연구를 통해 향후 증산교와 원불교 사이의 원만한 교류와 상호 이해와 그 증진에 도움이 되고자 한다.

지난 시기에는 증산교와 원불교 사이에 약간의 억측과 비난이 있어서 한국 신종교의 주요한 전통들 가운데 증산교와 원불교는 반목과 대립의 감정이 있어 왔던 것이 사실이다. 그러나 이제 화합과 상생을 표방하는 새로운 세기를 맞아 증산교단과 원불교는 새로운 만남의 계기를 마련해야 할 시점에 서 있다. 그 일차적인 작업으로서 두 종교단체 사이의 초기 역사와 교류사를 연구하는 일은 시급한 실정이다. 이러한 맥락에서 이 글은 종교 화합을 위한 기초적인 연구로서의 의의가 있고, 종교 교섭사의 본격적인 연구를 유도해 낼 수 있다는 학술사적인 가치와 의의가 있다.

원불교의 초기 교단사에 있어 증산의 영향력은 지대하다. 증산이 원불교 형성 과정에 끼친 영향을 파악하는 연구는 증산교와 원불교의 만남의 과정과 역사를 서술하는 데 있어서 매우 중요한 부문이다. 이 글은 이러한 관점에 기초하여 증산의 사상이 불법연구회의 초기 교사에 있어서 매우 중요한 인물 가운데 한 사람인 정산 송규의 사상이 형성되는 데 미친 영향력과 과정을 확인하는 데 그 목적이 있다.

특정한 인물의 독창적인 사상이 이루어지기까지는 이전 시대를 살았던 위대한 인물이 지녔던 사상이 끼친 영향이 있을 수밖에 없으며, 때로는 상당한 파급력을 지닌 채 전승되기 마련이다. 이 연구에서는 원불교의 제2대 종법사로서 원불교의 발전에 엄청난 위력을 발휘했던 인물인 정산의 사상이 성립되기까지 소년기와 청년기의 구도 과정에 미친 증산사상을 고찰함으로써 두 종교사상의 만남의 접점을 찾아봄으로써 증산교단과 원불교단 사이에 있어 장래의 원만한 화해와 교류를 지향하고자 한다.

이 글에서는 우선 정산이 소년기에 만났던 증산교단과 관련된 인물들에 대한 기록들과 증산에 대한 풍문의 내용을 살펴본 다음, 당시 경상도 성주군에 살고 있던 정산이 그 지역에 있던 태을주太乙呪 주문 수련자들(광의의 증산교인)의 영향을 받았던 정황을 구체적으로 알아본다. 그리고 증산이 천지공사天地公事를 벌였던 지역인 전라도 원평에 살았던 송찬오를 만나보라는 태을주 도꾼들의 말을 듣고 소년 정산이 멀리 전라도까지 찾아갔던 정황도 살핀다.

이후 상당한 기간 동안 태을주 수련에 심취했던 정산과 그의 가족들에 관한 이야기를 알아본 후, 전라도 정읍군에 살고 있던 증산의 여동생인 선돌부인을 경상도 성주군에 있던 자기의 집에까지 모셔서 백 일 동안 수련했던 정산의 행적을 원불교단 측의 자료를 통해 고찰한다. 또한 정산이 증산의 제자 가운데 보천교普天教를 열었던 차경석車京石(1880~1936)을 만난 일이 있었다는 역사적 사실을 원불교단의 기록을 통해 확인한다.

그리고 정산은 증산의 딸인 강순임으로부터 『정심요결正心要訣』이라는 도교적 수련서를 입수하는데, 훗날 원불교의 초기 경전으로 사용되었다는 사실을 원불교 측의 논문과 각종 자료를 통해 확인한다. 정산은 1917년 11월경에 모악산母岳山 대원사大院寺로 발길을 옮겨 이른바 도통道通 공부를 시작했는데, 그곳은 증산이 성도成道한 장소로 널리 알려진 장소였다. 대원사에서 만난 인연에 따라 정읍 화해리에서 공부하던 정산은 그곳에서 원불교의 창시자인 소태산少太山 박중빈朴重彬(1891~1943)을 처음으로 만난다. 이처럼 소년 정산의 행적에는 증산의 그림자가 뚜렷하게 남아 있으며, 증산을 자신의 정신적 스승으로 흠모하던 소년 정산의 모습이 오늘날에도 생생하게 전하고 있다.

이후 정산이 원불교를 이끌던 시기에도 그가 제자들에게 외워주었던 주문 가운데 일부는 예전에 증산이 자신의 제자들에게 이미 전했던 글이었으며, 정산이 인용한 어떤 시는 과거 증산이 자신의 제자들에게 외워주었던 시였다. 특히 정산은 제생의세濟生醫世라는 용어를 종교적 행위의 표어로서 강조하기도 했는데, 원래 이 용어는 증산의 독창적인 용어다. 그리고 정산은 증산의 친필 저작으로 전하는『현무경玄武經』의 일부 구절을 직접 언급했으며, 후천개벽시대後天開闢時代를 여는 위대한 인물인 삼원三元의 한 인물로 증산을 인정하였다.

소년 정산은 증산을 존경했으며, 그의 천지공사에 참여하기를 원했으며, 구체적으로는 도통道通을 꿈꿨던 인물이었다. 그리고 정산은 세월이 흘러 소태산 박중빈을 따라 불법연구회佛法研究會의 핵심 인물로 성장한 이후에도 증산이 남겼던 글귀나 주문을 인용하거나 외웠으며, 증산을 위대한 선각자로 매우 긍정적인 평가를 내렸다.

연구 방법은 현행『원불교전서』(1977)에 수록된 내용 가운데 정산의 사상이 형성되기까지 미친 증산사상의 영향을 확인할 수 있는 부분들을 구체적인 기록을 통해 상세히 추출하여 분석하고, 그 역사적, 종교적 의의를 살펴본다.

증산교단의 경전은 현행 경전인『대순전경大巡典經』6판(1965)과『전경典經』12판(1989)의 내용을 중심으로 삼고, 원불교에서 발행한 정산에 대한 기록은 산견되는 여러 자료와 원불교단에서 수행된 논문들을 연구의 주된 대상으로 삼는다. 시대적으로 후대에 발생한 원불교단에서 간행한 자료들에 간간이 보이는 증산사상의 자취와 그림자를 비교 분석을 통해 구체적으로 살펴보고, 그 근거를 통해 종교적 의미를 찾아본다.

특히 소년 정산과 청년기 시절의 정산이 도道를 구하는 과정에 관한 여러 기록에서 증산의 영향을 기록과 전언을 통해 실제로 확인하고, 정산이 종교적 행위를 시작하는 시기에 미친 증산의 언행에 관한 풍문의 내용이 과연 무엇이었는지를 상세히 고찰하여 당시 종교운동의 태동에 영향을 준 요인들은 어떠한 것들이 있었는지를 분석한다. 그리고 정산의 언행 가운데 증산을 매우 높이 평가하고 인정한 대목은 어떠한 것이 있는지를 알아보고 그 맥락과 의의에 대해 논하고자 한다.

20세기가 새롭게 열리는 때를 맞아 증산甑山은 자신의 사상을 천하에 알렸다. 이후 증산이 세상을 떠난 후에도 그의 사상은 당시 사회에 일정한 영향을 강력하게 미쳤다. 증산의 종교사상은 사후에는 그가 살았던 전라도 지역을 넘어서 멀리 경상도 지역에 살던 소년 정산에게까지 알려져 그의 사상이 형성되는 과정에서 지대한 영향을 미쳤다. 누대에 걸쳐 살았던 경북 성주에서 온 가족을 이끌고 전라도 정읍군으로 이사할 정도로 소년 정산은 이른바 도통道通을 갈구했던 증산신앙의 한 사람으로서의 도꾼道軍이었다. 증산의 신인神人으로서의 행적에 관한 소문을 듣고 도통을 꿈꾸던 소년 정산은 자신의 인생 행로를 종교적 삶에 바치기로 결심했다. 애초에 정산은 증산을 흠모하여 그를 마음속으로 따르고자 했던 인물이었음이 분명하다.

이 글에서는 당시 한반도를 둘러싼 급변하는 정세 속에서 새롭게 태동한 증산사상이 후대에 발생한 원불교의 실질적인 발전적 전개를 주도한 정산의 사상이 형성되는데 과연 어떠한 영향을 끼쳤는지를 구체적으로 살펴보고자 한다. 이러한 연구를 통해 초기 원불교의 태동과 전개에 미친 증산의 영향을 알 수 있으며, 당시 사회의 종교적 상황과 경향에서 과연 어떠한 부분이 새로운 종교운동으로서 전개되어 발전될 수 있었는지를 알 수 있는 중요한 의의가 있다.

나아가 이 연구는 향후 보다 진전된 형태의 증산교단과 원불교의 교류가 이루어질 수 있는 교량의 역할을 할 수 있는 근거가 될 수도 있을 것이다. 원불교의 초기 교단사에서 증산사상의 흔적은 매우 강렬하게 남아 있으며, 이러한 점은 결코 부정할 수 없는 역사적 사실이다.

물론 이 글에서 필자는 원불교의 태동 과정에서 있었던 증산사상의 영향만을 강조하려는 것은 아니다. 당시 사회적 상황에서 두 종교사상이 만날 수 있었던 교류의 접점과 실제의 과정을 확인하고, 그 종교사적 의의를 고찰하는데 이 글의 의의가 있으며, 이러한 연구는 한 나라에서도 각기 서로 다르게 전개되고 발전되었던 신종교들 사이의 만남의 역사를 연구하는 시금석의 기능을 할 수 있을 것이다.

증산교와 원불교의 교섭사에 대해서는 김탁의 「증산교와 원불교의 만남」이라는 논문이 거의 유일하다.[1] 이 선행 연구가 나온 지도 상당한 세월이 흘렀다. 이제 이를 바탕으로 새로운 세기를 맞아 구체적인 연구가 필요한 시점이다. 이러한 맥락에서도 이 연구는 증산교와 원불교의 두 종교사상 사이의 교류사에서 더욱 본격적인 연구가 실행된다는 역사적 의의가 있다.

2. 정산의 구도과정에 미친 증산의 영향

1914년 2월 15세의 정산은 두 명의 증산교 도꾼들과 함께 가야산에서 3개월 동안 머물며 함께 기도·수행했다. 이후에도 정산은 가야산의 한 정사精舍에서 "증산계 치성꾼"과 또 한 번의 수련을 하며 밤을 지새우며 "주문을 외우며 정진했다."라고 전한다.[2]

정산은 16세 되던 1915년 1월에 구도求道의 열정에 이끌려 가야산을 찾았다가 그곳에서 "제단祭壇에 제물을 차려놓고 치성致誠하려는 증산교甑山教 사람들과 마주쳤다."라고 전한다.[3]

당시에는 증산교라는 교명이 없었다. 특정한 교명이 없이 태을주太乙呪를 외우는 집단이라는 뜻의 태을도太乙道 또는 태을주의 첫머리를 본떠 훔치교吽哆教라고 불렸다. 1911년 9월에 고판례高判禮(1880~1935)가 교단을 창립했고, 증산의 사후 갈 길을 찾아 방황하던 많은 증산을 따르던 사람들이 이 교단에 모여 태을주를 중심으로 활발한 포교 활동을 벌였다. 태을주를 외우면 각종 질병이 낫는 이적이 일어나 짧은 시간에 많은 신도가 모였다고 전한다. 아마 이러한 일들이 전라도에서 멀리 떨어진 경상도 성주 지역에까지 영향을 미친 것으로 보인다.

---

1 이 글은 원불교 교화연구회에서 1991년에 발행한 『한국 근대사에서 본 원불교』(도서출판 원화)에 실렸다. 이후 김탁의 『증산교학』(도서출판 미래향문화, 1992)에 그대로 전재되었다.

2 김일상, 『정산 송규 종사』, 월간 원광, 1987, 44쪽.

3 위의 책, 38쪽.

가야산에 다녀온 뒤, 정산은 집안 식구들을 모아놓고 함께 태을주 공부에 전념했다. 처음에 조부가 이를 반대하다가 갑자기 복통이 나서 고생한 뒤부터 손자인 정산이 시키는 대로 따라 했다고 전한다.

1917년 2월 그믐께 정산은 처가 집안의 여처사呂處士라는 인물이 수십 년간 가야산에 은거하며 수도한다는 말을 들었다. 이때 정산은 그들에게 평소에 만나보고 싶었던 여처사라는 이인異人의 행방을 묻지만, "그대가 도道 공부를 하기 위해 여처사를 찾는 듯하온데, 도 공부를 하려면 상도上道(전라도全羅道)로 가심이 좋을 것이요."라는 권유를 받는다.[4]

당시 증산교 치성꾼들은 정산에게 전라도로 가서 송찬오宋贊五(1874~1939)[5]를 찾으면 큰 스승을 만날 수 있다고 회유했다. 당시 송찬오는 하산夏山이라는 호를 썼는데 증산 강일순의 제자로서 증산교파의 도꾼이었다. 그는 여러 증산교인을 소태산의 불법연구회로 인도했던 인물이다.[6] 송찬오는 원래 충청도 출신이었지만 증산을 따르면서 김제군 원평으로 이사해서 엿방의 물주를 하며 생계를 유지했다. 그는 원평에서 증산을 믿고 따르는 태을도 도꾼들의 연락을 담당하고 있었는데, 1919년 8월에 소태산의 입문제자가 되었다.[7]

1917년 4월 18세의 정산은 이후 6개월 동안 "깊은 수련에 힘을 쏟았다."라고 전한다.[8] 이때 "간혹 이적을 보이기도 하고, 밤이면 정좌 수행하는 방을 중심으로 서쪽 하늘을 향해 서기瑞氣가 뻗지르는 일이 많았다."라고 한다. 정산의 아버지인 송벽조宋碧照(1876~1951)는 아들의 종교체험에 대해 다음과 같이 밝히고 있다.

> … 우연히 증산계甑山系 수도인修道人의 지도를 입어 일야지간一夜之間에 고요히 앉아 주문呪文을 읽은 결과, 정신이 열연悅然히 밝아져서 … 정사년丁巳年(1917) 4월부터 9월까지 수련에

---

4 김일상, 『정산 송규 종사』, 월간 원광, 1987, 38쪽.

5 훗날 정산의 연원으로 소태산의 제자가 되어 적벽(赤壁)이라는 법명을 받았다.

6 송인걸, 『대종경 속의 사람들』, 월간 원광사, 1996, 155~157쪽. 구남수(具南守), 송월수(宋月守), 장정수(張正守), 김정각(金正覺) 등이 대표적인 인물이다.

7 송인걸, 위의 책, 156쪽.

8 김일상, 앞의 책, 44쪽.

뜻을 두니 간혹 이적이 있었고, 당시 세 차례나 천상天上으로부터 서기瑞氣가 소거가옥所居家屋을 횡복橫覆하여 서천西天을 향해 연환連桓하기를 2~3시간씩 하였더라. …[9]

당시 정산의 가족들도 함께 증산교의 대표적 주문인 "태을주太乙呪를 읽는 공부"를 했으며, 정산의 부인인 여청운呂淸雲(1896~1978)은 신장神將의 옹호를 믿을 정도로 증산신앙에 몰두했었다고 전한다.[10] 그녀는 자신도 모르게 영靈이 둥둥 떠 친정집에 가기도 하고, 어머니 무덤에 가기도 했으며, 정신이 번쩍 들 때는 하늘에서 뚝 떨어지는 기분이었다고 한다. 당시 태을도 도꾼들은 여청운이 통령通靈을 했다고 인정하기도 했다.[11]

이때 정산은 수련을 마친 후에 "내가 전라도에 가야 만날 이를 만나고 공부를 성취하리라."라고 말했다고 전한다.[12] 결국 1917년 초가을 무렵에 정산은 "전라도에는 신흥종교가 많이 발생하고 있다고 하니, 내 이제 전라도로 가서 큰 스승을 만나 큰 공부를 성취하리라."라고 말하고,[13] 김제로 갔다. 이때[14] 정산의 목표는 증산의 부인인 고판례高判禮(1880~1935)를 모셔 오는 일이었다.[15] 당시 정산은 자신의 집을 수리할 것을 부탁하고 전라도로 떠날 정도로 확고한 신념과 목표를 가지고 있었다.

그러나 전라도에 간 지 약 한 달 만에[16] 정산이 모셔 온 인물은 증산의 부인인 고판례가 아니라 "증산의 여동생(선돌 댁)"이었다.[17] 성주에 있던 정산의 집에 온 선돌댁[18]은 정산과

9 송벽조, 「현재법사(정산) 역사」, 『원광』 49호, 원불교출판사, 1965, 28쪽.
10 박용덕, 「선진열전 - 중타원 여청운 사모 '하맑은 구름처럼'」, 『원광』 99호, 원불교출판사, 1999년 2월, 71쪽.
11 박용덕, 「일대기」, 『주산종사문집』, 원불교출판사, 1987, 321쪽.
12 김일상, 『정산 송규 종사』, 월간 원광, 1987, 45쪽.
13 위의 책, 47쪽.
14 박용덕은 1917년 4월의 일로 기록한다. 정산은 "전라도에 가 선생님 사모님을 모시고 올랍니다."라고 말했다고 전한다. 물론 여기서 "선생님"은 증산 강일순을 가리킨다. 박용덕, 「정산종사의 가계고(家系考)」, 원불교사상연구원 편, 『정산종사의 사상』, 원불교출판사, 1992, 53쪽.
15 김일상, 앞의 책, 49쪽.
16 박용덕은 그해 6월의 일이라고 기록한다. 박용덕, 앞의 글, 53쪽.
17 김일상, 앞의 책, 49쪽.
18 고부군 입석리(立石里)에 살던 박창국(朴昌國)에게 시집갔기 때문에 입석(立立石)을 한글로 풀이한 '선돌'댁으로 불렸다. 당시 선돌댁은 아이를 낳지 못해 시집에서 쫓겨나 덕천군 신월리 손바래기에 있던 증산의 생가에 머무르고 있었다. 그녀의 이름은 강율(姜栗, 1881~1922)이다. 1927년 6월 21일자 대구지방법원 안

함께 석 달 동안 여러 가지 주문을 사용하여 기도도 올리고 "치성致誠을 드렸다."라고 전한다. 당시 마을 사람들은 선비의 집에서 치성을 올리는 일을 괴이하게 여겼다. 그해 9월에 정산은 선돌댁과 함께 다시 전라도에 간 정산은 증산이 태어났던 손바래기 마을에 머물렀다. 이후 정산은 고향에는 다시 돌아오지 않았다.

이때 정산은 비로소 증산의 유족은 물론 고판례도 만나고, 여러 증산교인을 만나게 된다. 청년 정산이 증산교인들을 자주 접촉했고, 증산의 행적을 깊이 연구했으며, 증산과 관련된 인물들을 만나려 노력했고, 증산과 관련된 지역들을 힘써 찾아다녔던 것으로 볼 때, 청년 정산이 '증산교에 지대한 관심을 가졌던 인물'이었다는 사실은 부인할 수 없다.[19]

그 무렵 정산은 보천교普天教의 교주 차경석車京石(1880~1936)을 만나 "천하 창생을 위한 천하대사天下大事가 무엇입니까?"라는 질문을 했지만, 차경석은 "소년이 말만 엉뚱스럽군."이라는 핀잔 섞인 대답만 들었을 따름이다.[20] 이에 정산은 자리를 박차고 나왔다고 전한다.

청년 정산은 고판례의 교단이 있던 정읍군 대흥리, 증산의 생가가 있던 두승산 시루봉 아래 손바래기 마을 등을 찾아다니며 여러 증산계 도꾼들을 만나보기도 했으나 만족함을 얻지 못하였다.[21]

당시 정산은 증산의 생가에도 찾아갔는데 이곳에서 증산의 딸인 강순임姜舜任(1904~1959)으로부터 『정심요결正心要訣』[22]을 전수받는다.[23] 『정심요결』은 증산교파의 하나인

동지청의 판결문에 그녀의 이름이 나온다. 김탁, 『일제강점기의 예언사상』, 북코리아, 2019, 431쪽.

19 김탁, 「증산교와 원불교의 만남」, 『증산교학』, 도서출판 미래향문화, 1992, 363~364쪽.

20 김일상, 『정산 송규 종사』, 월간 원광, 1987, 51쪽.

21 박용덕, 「정산종사와 화해리 인연」, 『원광』 175호, 원불교출판사, 1989; 「화해리 이적에 관한 이야기」, 『원광』 176호, 원불교출판사, 1989.

22 『정심요결』은 『영보국정정편(靈寶局定靜編)』이 저본이 되었으며, 『영보국정정편』은 송대(宋代) 정사초(鄭思肖, 1241~1318)가 지은 『태극제련내단(太極製鍊內丹)』이 많이 참고하였다. 안동준, 「수심정경의 도교적 연원」, 『전통사상의 현대화와 정산종사』, 한국원불교학회 추계학술대회, 1999년 12월, 60쪽.

23 이 책은 수사본(手寫本)이었다고 전한다. 이공전, 「봉래제법과 익산총부 건설」, 『원불교 70년 정신사』, 성업봉찬회, 1989, 171쪽.

삼덕교三德敎[24]의 경전인 허욱許昱(1887~1939)이 지은 『영보국정정편靈寶局定靜篇』[25]과 관련이 있다.

정산은 구도 과정에서 증산교 계통에서 활용하던 수련에 관심을 가졌고, 이를 자연스럽게 자신의 사상체계에 수렴하였다. 이후 정산은 『정심요결』을 부안군 봉래정사에서 교법敎法 초안을 도울 때 소태산에게 올렸으며, 소태산은 여기에다 『정관경定觀經』, 『상청정경常淸淨經』, 『통고경通古經』, 『대통경大通經』 등의 4종의 선서仙書를 첨가해 훈산薰山 이춘풍李春風(1876~1930)에게 번역하도록 하여 『정정요론定靜要論』이라고 제목을 붙여 1927년에 『수양연구요론修養硏究要論』이라는 번역 교재를 간행하니 이것이 불법연구회 최초의 교서가 되었다.[26]

정산은 교단의 형성기인 1919년 무렵 변산제법邊山制法 시기에 한문본인 『정심요결』[27]을 한글로 번역했는데,[28] 불법연구회의 초기교서인 『수양연구요론修養硏究要論』(1927)에 실린 『정정요론定靜要論』의 저본이 되었다.[29] 이후 정산은 『정정요론』을 다시 분장보정分章補整하여 『수심정경修心正經』이라는[30] 이름으로 유행시킨다.[31] 정산이 손질하여 『수심정경』을 유인油印하여 교무훈련敎務訓練에 교재로 사용한 시기는 1951년의 일이다.[32]

1927년에는 『수양연구요론』이 발간되어 보급되었는데,[33] 『수양연구요론』은 전체 7

---

24 삼덕교에 대해서는 홍범초, 『범증산교사』, 도서출판 한누리, 1988, 276~329쪽 참고.

25 서상범이 편찬한 『생화정경(生化正經)』(삼덕교교화부, 1955)의 부록에 한문본이 실려 있다.

26 박용덕, 『정산종사 성적을 따라』, 원불교출판사, 2003, 64쪽.

27 『정심요결』은 내단(內丹) 사상 계통의 저술이다. 박병수, 「정신수양의 기론적 접근」, 『원불교수행론연구』, 원광대출판국, 1996, 124쪽.

28 불법연구회가 창립되기 전인 교단 초기에 『정심요결』의 번역본이 사용되었다. 신순철, 「몽각가와 소태산 가사 수록 문헌 연구」, 『원불교사상과 종교문화』 29집, 원불교사상연구원, 2005, 265~266쪽. 정산이 번역한 것이 아니라 훈산(薰山) 이춘풍(李春風, 1876~1930)의 번역이라는 주장도 있다. 박도일, 「정산종사의 수심정경 연구」(『정산종사의 경륜과 사상』, 신룡교학회 제32차 학술발표회 발표문, 1997년 10월) 그리고 정산이 분장(分章)하고 이름을 붙여 『수심정경』으로 유통시켰다는 연구가 있다. 양은용, 「『수양연구요론』의 구조와 성격」, 『원불교사상』 14집, 원불교사상연구원, 1991, 342쪽.

29 1927년 3월에 훈산 이춘풍(李春風)이 『산중풍경(山中風景)』을 편성하면서 『정심요결』의 제목을 모두 『정정요론』으로 수정하였다. 박용덕, 『천하농판』, 도서출판 동남풍, 1999, 107쪽.

30 『원불교교고총간(圓佛敎敎故叢刊)』 4권 별록(원불교정화사, 1969)에 한문본이 실려 있다.

31 양은용, 앞의 글, 329 · 345쪽.

32 이공전, 『범산문집, 범범록(凡凡錄)』, 원불교출판사, 1987, 323쪽.

장으로 구성되어 있다. 『수양연구요론』에 실려 있는 『정정요론』 상편과 하편은 제1장과 제2장에 포함되어 있는데, 『정정요론』[34]이 전체 분량의 절반 이상인 43쪽을 차지하고 있다. 『수양연구요론』의 본문 총 73쪽 가운데 『정정요론』과 의두요목疑頭要目이 차지하는 비중이 주류를 이루고 있다.[35] 『정정요론』은 도교의 『영보국정정편靈寶局定靜編』[36]과 도장道藏에 있는 4종의 수련서를 번역한 것이다.[37] 정산은 『정산종사법어』 「원리편」 12장에서 "정정요론定靜要論을 설하실 때에 성품과 정신과 마음과 뜻을 분석하여 말씀하셨다."라고 전한다. 『정정요론』의 내용에 기대어 설법한 것이다.

정산은 1951년에 『정심요결正心要訣』[38]을 상당한 부분을 수정하여 『수심정경修心正經』이라는 책명으로 변경하여, 1954년 교무동선敎務冬禪에 프린트본 교재로 제공하였다.[39] 그리고 정산은 『수심정경』의 강령을 밝혀 외수양外修養과 내수양內修養에 대해 설법하기도 했으며,[40] 외정정外定靜과 내정정內定靜에 대해서도 설했다.[41] 이처럼 정산은 증산의 딸인 강순임姜舜任(1903~1959)으로부터 전해 받은 『정심요결』에 상당한 영향을 받은 인물이다.

『정심요결』의 원본은 증산의 딸 강순임이 증산이 재세시在世時에 기거하던 서재에서 묵은 종이로 천정에 봉해 놓았던 이 책을 찾아 정산에게 전해주었다고 한다. 이때 강순임은 정산에게 증산이 "뒷날 찾아갈 주인이 있으리라."라는 말과 함께 이 책을 감추어두

---

33 『수양연구요론』은 초기 원불교인들의 필독서가 되었다. 안동준, 「수심정경의 도교적 연원」, 『정통사상의 현대화와 정산종사』, 한국원불교학회, 1999, 67쪽.

34 정정(定靜)이라는 개념은 원불교 초기 수행법의 형성과 실천 방향을 이해하는 데 매우 중요한 의미를 지닌다. 이성전, 「정정의 유, 도 통합적 성격」, 『원불교사상과 종교문화』 31집, 원불교사상연구원, 2005, 57쪽.

35 박용덕, 『천하농판』, 도서출판 동남풍, 1999, 86~87쪽.

36 전북 부안에 살던 증산교인 이옥포(李玉浦)가 기술(記述)한 한자본 문헌이다. 이옥포는 자신의 두 제자에게 증산(甑山)을 찾아가 배우라며 비전(秘傳)으로 『영보국정정편』을 전하며 수련에 정성을 다하라고 말했다고 전한다. 그러나 이옥포에 대해서는 출신 지역 이외에는 알려진 바가 없다.

37 박용덕, 『천하농판』, 도서출판 동남풍, 1999, 103쪽.

38 빛이 바랜 양지, 이른바 해묵은 백로지에 필사(筆寫)한 순한문(純漢文)으로 된 책자였다고 전한다. 이공전, 『범산문집, 범범록(凡凡錄)』, 원불교출판사, 1987, 324쪽.

39 류성태, 『정전변천사』, 원불교출판사, 2010, 174쪽.

40 『정산종사법어』 「경의편(經義編)」 65장.

41 『정산종사법어』 「경의편」 66장.

었다고 말했다고 한다.[42]

정산은 "전주 대원사, 정읍 화해리, 영광 옥녀봉 토굴, 부안 월명암 등에 차례로 우거寓居하시면서 극히 조용한 때에 혼자서만 꺼내보시고, 품속 깊이 간직해 두셨던 책이 바로 이 책이었다."라고 기록될 정도로 정산은 이 『정심요결』을 매우 소중하게 여겼다.[43] 그 후 정산은 소태산이 교서들을 편찬할 때 이 책을 헌정했다.

이후 정산은 1917년 11월경에 모악산母岳山 대원사大院寺로 발길을 옮겨 본격적으로 이른바 도道 공부를 시작한다.[44] 그곳은 증산甑山이 성도成道한 장소로 널리 알려진 장소였다. 이곳 대원사에서 정산은 정읍군 화해리에 살던 김해운金海運(1872~1939)을 만났다. 당시 김해운은 칠보七寶에 있는 증산교에 출입하던 중이었다.[45] 김해운은 보천교인이었던 구남수具南守(1870~1939)[46]의 "대원사에 경상도 성주에서 온 생불生佛님이 계시니 찾아가 뵙자."[47]라는 말에 이끌려 정산을 만났다. 김해운은 1918년 봄에 정읍군 화해리에 있던 자기의 집에 집안의 크고 작은 일 모두를 상담해 주는 '만국양반萬國兩班'인 정산을 모시고 갔다.[48] 정산은 화해리에서 주문 기도에 전력하였는데, 신통神通 또는 이적異蹟을 행하고 내일의 일을 예견하기도 했다고[49] 전한다.

마침내 1918년 5월에 김해운의 집을 찾은 소태산은 정산과 역사적인 만남을 가졌다.[50] 그 만남의 과정에 대해서는 구체적으로 전하는 이야기가 없지만, 역사는 우연을 가장한 필연으로 이루어지기 마련이다. 정산은 소태산을 만난 후로 그를 처음에는 형제

---

42 이공전, 『범산문집, 범범록(凡凡錄)』, 원불교출판사, 1987, 325쪽.

43 위의 책, 325쪽.

44 그 기간이 무려 10개월이나 되었다고 전한다. 박용덕, 「수심정경 입수 경로」, 『원광』 1989년 2월호, 58~59쪽. 1917년 음력 11월에 대원사에 들어가 이듬해 가을까지 있었다고 한다.

45 김삼룡, 「정산종사의 생애와 사상」, 원불교사상연구원 편, 『정산종사의 사상』, 원불교출판사, 1992, 21쪽. 원광대학교 총장을 지낸 김삼룡은 김해운의 손자다.

46 1916년에 차경석의 차천자교(車天子敎)에 입교했으며, 1919년에 소태산과 만났다.

47 송인걸, 『대종경 속의 사람들』, 월간 원광사, 1996, 173쪽.

48 정산은 김해운의 집에서 1918년 정월부터 약 7개월 동안 머물렀다.

49 당시 증산교인들 사이에서 "송도군(宋道君)[송규(宋奎)]이 개안(開眼)하였다."라는 소문이 나기도 했다고 전한다.

50 김일상, 『정산 송규 종사』, 월간 원광, 1987, 62쪽.

로, 나중에는 사제師弟의 인연을 계기로 스승으로 모셨다. 불법연구회의 초기 역사가 섬광처럼 이루어지는 순간이 증산을 믿고 따르던 인물의 집에서 있었다는 점이 특기할 만하다.

3. 정산사상에 나타난 증산사상의 자취

정산의 사상 형성에 미친 증산의 영향은 곳곳에서 확인된다. 우선 정산은 제생의세濟生醫世라는 용어를 불법연구회의 유일한 목적이라고 주장하였다. 정산이 1947년 5월에 행한 「유일학림唯一學林의 특색」이라는 법문에 다음과 같은 내용이 보인다.

> … 유일唯一이란 교명校名은 대종사님께서 정하시었다. 여러분은 먼저 유일의 참뜻을 알아 유일한 목적과 유일한 행동과 유일한 성과를 얻으라. 유일한 목적이란 곧 제생의세濟生醫世요, 유일한 행동이란 곧 무아봉공無我奉公이요, 유일한 성과란 곧 일원세계一圓世界 건설이다.[51]

제생의세는 "일체 생령生靈을 도탄으로부터 건지고 병든 세상을 치료한다."라는 뜻이다. 이 세상은 각종 질병, 무지, 폭력 등으로 병들어 있으며, 병든 세상에서 인간이 온갖 고통을 받고 있으므로 세상의 병을 다스리고 인간을 고통에서 벗어나게 하는 일에 적극 참여하고 성의를 다하자는 것이다. 정산은 학교의 이름을 설명하면서 그 목적이 제생의세라고 밝혔다.

그리고 정산은 1948년 4월에 「원불교 교헌敎憲」을 제정 · 반포하면서 총강總綱 제2조에서 "본교本敎는 인생의 요도要道 사은四恩 사요四要와 공부의 요도 삼학三學 팔조八條로써 전 세계를 불은화佛恩化하고, 일체 대중을 선법화禪法化하여 제생의세濟生醫世하기로 목적한다."(『정산종사법어』 「경륜편」 5장)라고 했다. 또 『원불교성가圓佛敎聖歌』 2장 교가敎歌에

---

51 박제권, 『정산종사 수필법문』 상, 원불교출판사, 2008, 27쪽.

서는 "제생의세濟生醫世 목적하는 형제들, 고해중생苦海衆生 반야선般若船에 건져서"라고 했다. 원불교의 목적이 "일체 대중을 제생의세하기로 함"이라고 명시하였다. 이처럼 정산은 원불교의 교헌을 제정하면서 증산의 제생의세라는 용어를 빌려 썼다.

또한 정산은 제생의세라는 용어를 사람들에게 자주 휘호로 써 주기도 했다. 원불교 원광사편집위원회에서 발간한 『정산종사법설집鼎山宗師法說集』(1962)의 첫머리에 정산이 쓴 휘호가 있다.

원불교에서는 제생의세를 다음과 같이 정의한다.

> 제생의세는 일체 생령을 도탄塗炭으로부터 건지고 병든 세상을 치료한다는 뜻이다. 곧 이 세상은 질병, 기아, 무지, 폭력, 인권유린 등으로 병들어 있으며, 병든 세상에서 인간이 온갖 고통을 받고 있으므로 세상의 병을 다스리고 인간을 고통으로부터 벗어나게 하는데 성의를 다하자는 것이다. 성불제중成佛濟衆과 같은 의미로 쓰이나 제생의세는 '제중濟衆'에 더 비중을 둔 개념으로 세상의 병맥病脈을 진단하고 치료하는 데 적극 참여할 것을 촉구하는 개념이다. …[52]

그런데 제생의세는 원래 증산 강일순이 사용한 독창적인 용어다. 증산교단 최초의 경전인 『증산천사공사기甑山天師公事記』(1926)에 다음과 같은 내용이 보인다.

> 을사년乙巳年(1905) … 신원일辛元一이 개벽공사開闢公事를 하로 밧비 행行하시기를 천사天師께 강청强請한대, 천사天師 가라사대 인사人事는 기회機會가 잇스며 천리天理는 때가 잇나니, 그 기회機會를 지으며 때를 기달닐 것이어늘, 이제 기회機會와 천시天時를 어긔고 억지로 인모人謨만 쓰면 이는 천하天下에 재災를 기침이며 억조億兆의 생명生命을 아슴이라, 엇지 참아 할 바이랴? 원일元一이 듯지 안코 천사天師께 구지 청請하야 가로대, 방금方今 천하天下가 무도無道하야 선악善惡을 분별分別키 어려오니, 속速히 이를 잔멸殘滅하고 후천後天 신운新運을 열으심이 올흘가 하나이다. … 익일翌日에 천사天師께서 원일元一의 집에 오시사 원일元一다려 닐너

52 원광대학교 원불교사상연구원 편, 『원불교대사전』, 원불교출판사, 2013, 1035~1036쪽.

> 가라사대 제생의세濟生醫世는 성인聖人의 도道요, 재민혁세災民革世는 웅백雄伯의 술術이라. 이제 천하天下가 웅백雄伯의게 괴로운지 오란지라. 내가 상생相生의 도道로써 화민정세化民靖世하리니 너는 이제로부터 마음을 곳치라 하시고, 또 가라사대 대인大人을 공부工夫하는 자者는 항상恒常 호생好生의 덕德을 가져야 할 것이라. 엇지 억조億兆를 사멸死滅케 하고 홀로 살기를 도모함이 도리에 당當할 것이냐 하시더라. …[53]

증산에 따르면 원래 제생의세濟生醫世는 재민혁세災民革世와 대비되어 짝을 이루는 용어였다. 제생의세는 성인聖人의 도道요, 재민혁세는 웅백雄伯[54]의 술術에 해당한다. 지금까지의 인류 역사가 영웅호걸의 정치적이고 군사적인 지도자에 의해 다스려졌다면, 이제 앞으로 오는 세상은 성인들이 도道로써 세상을 이끌어갈 것이라는 말이다. 그리고 제생의세는 "상생相生의 도道", "화민정세化民靖世", "호생好生의 덕德"과도 연결되는 개념이라는 사실을 위의 인용문을 통해 알 수 있다. 어쨌든 제생의세는 증산이 처음으로 사용한 용어다. 정산은 증산의 제생의세라는 용어를 빌려서 자기의 교법을 알리는 대강大綱을 설명하는 데 사용했다.

원불교에서는 제생의세와 비슷한 성불제중成佛濟衆이라는 용어도 사용한다. 성불제중은 "진리를 깨쳐 부처를 이루고 자비慈悲 방편方便을 베풀어 일체중생을 고해苦海에서 구제하는 일"로 성불成佛이라는 용어에서 알 수 있듯이 불교적 개념의 용어다. 원불교가 불교에 연원을 둔 새로운 종교라는 점을 강조하면서 제생의세와 함께 자주 사용하는 말이다.

원불교의 교무였던 한산閑山 이은석李恩錫(1925~1982)은 여러 종교의 목적하는 바에 대해 다음과 같이 요약했다.

---

53 이상호, 『증산천사공사기(甑山天師公事記)』, 상생사, 1926, 50~52면. 『대순전경』 2장 42절과 『典經』 교운 제1장 16절에 비슷한 구절이 있다.

54 『대순전경』에는 웅패(雄覇)로 기록된다.

> 불교의 목적은 성불제중成佛濟衆이요, 유교의 목적은 수제치평修齊治平이요, 기독교의 목적은 속죄구령贖罪救靈이요, 천도교의 목적은 광제창생廣濟蒼生 포덕천하布德天下며, 원불교의 목적은 제생의세濟生醫世라고 볼 때, 그 목적하는 표현은 다를지언정 그 원리는 동일하다.[55]

이은석은 성불제중은 불교의 목적이고, 제생의세는 원불교의 목적이라고 주장했다. 어쨌든 원불교에서 사용하고 있는 제생의세라는 용어는 원래 증산이 처음으로 사용했던 독창적 용어라는 사실이 밝혀졌다.

그리고 정산이 1947년 7월 6일에 행한 「우주의 주인은 사람」이라는 법문의 첫머리에 다음과 같은 내용이 보인다.

> 정산종사 예회禮會에서 말씀하시기를 "천지는 일월이 아니면 빈 껍질이요, 빈 그림자이다. 일월이 없으면 인간이 고저청탁高低淸濁을 분간하지 못한다. 천지에는 일월이 있고, 이것을 좋다고 하는 자 또한 사람이니, 우주의 주인은 사람이다. …[56]

"하늘과 땅은 해와 달이 아니면 빈 껍질이요, 빈 그림자이다."라는 말은 증산의 다음과 같은 말에서 비롯된다.

> … "천지무일월공각天地無日月空殼, 일월무지인허령日月無知人虛靈"이라 하시니라.
>
> -『대순전경』 3장 160절, 『전경』 예시 21절

> … 가라사대 천지天地가 일월日月이 아니면 공각空殼이오, 일월은 지인知人이 아니면 허령虛靈이라. …
>
> -『대순전경』 4장 39절

---

55 한산(閑山) 이은석(李恩錫), 『정전해의(正典解義)』, 원불교출판사, 1985, 51쪽.

56 박제권, 『정산종사 수필법문』 상, 원불교출판사, 2008, 59~60쪽.

증산의 "빈 껍질과 허령虛靈"을 정산이 "빈 껍질과 빈 그림자"로 약간 바꾸어 언급했을 따름이다. 하고자 하는 말의 요지는 대체로 같다. 이처럼 정산은 증산이 했던 말에 상당한 영향을 받았고, 이를 자신의 법문에 자유자재로 인용했다. 그런데 원래 이 구절은 일부一夫 김항金恒(1826~1898)이 지은 『정역正易』의 「십오일언十五一言」에 나온다. 『정역』에는 지인至人으로 적혀 있다. 일부가 썼던 구절을 증산이 인용했고, 정산이 이를 다시 원용했던 것이다.

또한 정산은 1948년 1월 '재단법인 원불교圓佛敎'의 등록 인가를 받은 후 그해 4월에 원불교라는 교명을 선포한 이후에도 다음과 같이 증산이 제자에게 써준 글[57]을 주문으로 외웠다.

> 1950년 무렵에 정산은 대각전 법신불 앞에서 아래 주문을 많이 외우시었다.
>
> 천용우로지박즉天用雨露之薄則 필유만방지원必有萬方之怨이요, 지용수토지박즉地用水土之薄則 필유만물지원必有萬物之怨이요, 인용덕화지박즉人用德和之薄則 필유만사지원必有萬事之怨이니, 천용지용인용天用地用人用이 통재어심統在於心이라. 심야자心也者는 귀신지추기야鬼神之樞機也며, 문호야門戶也며, 도로야道路也니, 개폐추기開閉樞機 출입문호出入門戶 왕래도로신往來道路神이 혹유선或有善 혹유악或有惡하니, 선자善者는 사지師之하고, 악자惡者는 개지改之하면 오심지추기문호도로吾心之樞機門戶道路가 대어천지大於天地니라.[58]

위의 구절에 대해 원불교단 측에서는 "이러하나 대덕大德에 대하여 일찍이 강증산姜甑山 선생이 읊으신 것"이라고 명확히 밝히기도 했다. 다만 왕래도로신往來道路神에서 신神이 빠진 채 인용되고 있다.[59] 여기서 심心을 대덕大德으로 본 점이 특기할 만하다.

---

57 『대순전경』 2장 88절과 『전경』 행록 제 3장 44절에 따르면 증산이 제자인 신경원에게 써준 글인데, 이 글을 한번 읽고 불사르자 경관의 조사가 멈췄다고 전한다.

58 박정훈 편저, 「제1편 법문과 일화」, 『한울안 한이치에』, 원불교출판사, 1982, 90쪽; 박정훈, 『정산종사전』, 원불교출판사, 2002, 373~374쪽.

59 오선명 엮음, 『정산종사 법설』, 월간 원광사, 2000, 제3편 도덕천하, 24장 큰 덕, 157~158쪽.

그리고 정산은 증산의 글을 인용하여 다음과 같은 법설法說을 내리기도 했다. 증산의 글이라는 점을 밝히지 않고, "옛글"이라고만 말한 점이 특기할 만하다.

> 정산종사 말씀하시기를 "옛글에 '무어상봉無語相逢에 정야월情也月이라.'라는 글이 있나니, 말없이 만남에 정이 밝았더라 함이니, 오직 내 마음도 이와 같도다. …[60]

원래 이 글은 『대순전경』과 『전경』에 다음과 같이 전한다.

> 무신년(1908)에 천사天師 여러 종도들에게 물어 가라사대 내가 비록 죽을지라도 너희들이 마음을 변치 않고 믿겠느냐? 대하여 가로대 어찌 변할 리가 있사오리까? 천사 글 한 구句를 외워주시니 이러하니라. "무어별시정약월無語別時情若月, 유기래처신통조有期來處信通潮"
>
> -『대순전경』 6판(1965) 9장 1절

"말없이 이별할 때의 정情은 달과 같고, 기약 있어 다시 올 때의 신의는 조수潮水와 통하리라."라고 풀이할 수 있다. 이별할 때의 아쉬운 감정은 매 달마다 차고 기우는 달처럼 어김없이 올 것이고, 돌아올 약속이 굳건함은 파도가 밀려오듯이 분명하리라고 해석할 수 있다. 『대순전경』에는 증산이 제자들에게 했던 말로 전하는데, 『전경』 행록 4장 23절과 24절에는 "상제께서 무신년 어느 날 고부인[61]에게 '내가 떠날지라도 그대는 변함이 없겠느냐?'라고 말씀하시니, 부인이 대하여 '어찌 변함이 있겠나이까?'라고 대답하였도다. 이 대답을 듣고 상제께서 글 한 수를 지으셨도다."라고 하여, 증산이 지은 한시漢詩라고 기록하였다.

정산은 증산의 친필 저작인 『현무경玄武經』에 나오는 글귀의 연원을 밝히며 원불교의 핵심 교리로 해석하고 있다.

---

60 오선명 엮음, 『정산종사 법설』, 월간 원광사, 2000, 제3편 도덕천하, 32장 허공을 잘 이용하라, 166~167쪽.

61 고판례(高判禮, 1880~1935)를 가리키는 말이다.

… 또 동인東人, 서인西人의 당파 싸움에서 정가산이 동인東人의 칼에 죽지 않았는가? 그런데 정가산을 죽이면서 "그대가 아니면 장부의 칼을 어디에 써 보며, 내가 아니면 붉은 충성忠誠을 어찌 나타내겠는가?"하며 만사일장輓詞一章을 썼었는데 "대인대의大仁大義는 무병無病이요, 대병大病은 사물탕四物湯 팔십첩八十帖이라."하였나니, 이 뜻이 과연 무엇인가? 곧 대인大人의 뜻을 가진 사람은 병病이 없는 사람이요, 소인小人이 되어 소인의 뜻을 가진 사람은 다 병病든 사람이니, 이 병은 다른 병이 아니라 탐貪, 진瞋, 치痴의 대병大病이라. 이로부터 당쟁과 혼란이 비롯되었으므로, 이 병을 낫게 하려면 사물탕 80첩을 복용해야 한다고 하였나니라. 그러나 이 대병을 다스리는 사물탕 80첩은 무엇인가? 그 자세한 뜻을 알 수 없어 오늘날까지 비결秘訣로 전해왔으나, … 사물탕은 곧 일원대도一圓大道 회상會上의 사은사요四恩四要요, 80첩은 삼학팔조三學八條가 아니겠는가? …[62]

위의 인용문에 나오는 정산이 인용한 정가산이라는 인물에 대해서는 더 이상의 정보가 없어서 알 수 없다. 다만 정산이 옛날부터 전해오는 많은 비결秘訣에 관해 이야기하는 과정에서 언급했기 때문에 비결과 예언과 관련된 인물이라고 짐작할 수 있을 따름이다. 그런데 가산嘉山은 평안북도 박천군 가산면이며, 1811년에 일어난 홍경래洪景來의 난 당시 홍경래에게 점령된 여덟 고을의 수령 중 유일하게 항거한 수령인 가산군수 정시鄭蓍(1768~1811)라는 인물이 있다. 당시 선천부사였던 김익순金益淳[63]을 비롯한 둘은 항복하고 나머지 다섯은 도망쳤는데, 정시는 당시 항거한 대가로 목이 잘렸으나 반란이 진압된 후 병조판서에 추증追贈된다. 따라서 충절과 관련된 인물은 정가산은 정시를 가리키는 것이 거의 확실하다. 결국 정산은 조선 선조 때의 당쟁과 관련된 인물로 정가산을 언급하고 있는데, 이는 잘못된 정보를 바탕으로 한 것으로 보인다.

정산은 "대인대의는 무병, 대병은 사물탕 팔십 첩"이라는 구절이 정가산의 만사輓詞에 나온다고 주장했는데 그 근거는 밝히지 않았다. 그런데 이 구절은 증산 강일순이 친필로

62 오선명 엮음, 『정산종사 법설』, 월간 원광사, 2000, 제4편 하나의 세계, 피난하는 비결, 200~201쪽.
63 김삿갓으로 널리 알려진 김병연(金炳淵, 1807~1863)의 조부다.

지었다는『현무경玄武經』에 나온다. 사물탕과 팔십 첩을 비결로 본 정산은 원불교의 핵심 교리인 천지은天地恩, 부모은父母恩, 동포은同胞恩, 법률은法律恩의 사은四恩과 자력양성自力養成, 지자본위智者本位, 타자녀교육他子女教育, 공도자숭배公道者崇拜의 사요四要, 그리고 정신수양精神修養, 사리연구事理研究, 작업취사作業取捨의 삼학三學과 신信, 분忿, 의疑, 성誠, 불신不信, 탐욕貪慾, 나懶, 우愚의 팔조八條라고 주장한다. 비결을 풀이하는 방법이 바로 원불교의 교리에 있다는 자부심을 드러낸 부분이다. 어쨌든 정산은 증산이 썼던 글귀를 인용하여 자신만의 독특한 해석을 내리고 있다.

『정산종사법설집』(1962)에 다음과 같은 내용이 있다.

> … 과거에는 상대적 상극적인 복마伏魔의 도道로써 세상일을 이루는 자가 많았으나, 미래에는 상생보은相生報恩과 해마解魔의 도道로써 세상일을 이루는 자가 많을 것이니, 이는 천지순환天地循環의 대도大道다. 그러므로 누구든지 이 이치를 알아서 해마解魔의 도道로써 실천하여야 그 바라는 바를 원만히 이루는 자 많을 것이다.[64]

정산이 행한 이 법설은 다음과 같이『정산종사법어』에 실려 있다.

> 말씀하시기를 "과거 시대에는 상극相克되는 복마伏魔의 도道로써 세상일을 할 수도 있었으나, 미래 시대에는 상생相生하는 해마解魔의 도道가 아니면 무슨 일이든지 이루지 못하나니, 이는 천지의 대운大運이 해원상생解冤相生의 시기에 이른 까닭이니라."
>
> -『정산종사법어』「도운편道運編」12장

위와 같은 정산의 법설은 다음과 같은 증산의 말에서 유래한다.

> 나는 해마解魔를 위주爲主하는 고故로 나를 따르는 자는 모든 복마伏魔가 발동發動하나니, 복

64 원불교원광사편집위원회 편집,『정산종사법설집』, 원불교원광사, 1962, 217쪽.

마의 발동을 잘 받아 이겨야 복福이 이어서 이르느니라. -『대순전경』 6장 37절

나는 해마를 위주하므로 나를 따르는 자는 먼저 복마의 발동이 있으리니, 복마의 발동을 잘 견디어야 해원하리라고 타이르셨도다. -『전경』 교법 제2장 15절

정산이 말한 과거 시대는 증산의 선천先天에 해당하고, 미래 시대는 증산의 후천後天에 해당하는 용어다. 그리고 상극과 상생은 증산이 빈번하게 주장한 말이며, 특히 복마와 해마도 그렇다. 또한 주지하다시피 해원상생解寃相生은 증산의 사상을 핵심적으로 드러내는 독창적인 용어다. 이처럼 정산은 증산의 사상을 대표하는 용어들을 자신의 법설에 그대로 사용하고 있다.

그리고 정산은 다음과 같은 법설을 하기도 했다.

말씀하시기를 "세상이 개벽되는 시기에는 순수順數의 일꾼들과 역수逆數의 일꾼들이 서로 대립하는 가운데 서로 발전하여 좋은 세상 건설을 촉진하나니라." 또 말씀하시기를 '동란자動亂者도 성인聖人이요, 정란자靖亂者도 성인이라.' 하셨나니, 때를 맞추어 일으키고 때에 맞게 진정시키는 이를 성인이라 하고, 그렇지 못한 이를 배은자背恩者라 하나니라. 일에는 순서가 있나니, 사체事體의 순서를 알아 그에 맞는 방법을 베푸는 것이 곧 성인의 자비방편이니라."

-『정산종사법어』「도운편」 18장

그런데 정산이 구체적인 이름을 밝히지 않고 인용한 위의 말은 증산이 했던 말이다.

치우蚩尤가 작란作亂하여 큰 안개를 지으므로 황제黃帝가 지남거指南車로써 정定하였나니, 작란作亂하는 자도 조화造化요 정란靖亂하는 자도 조화라. 최수운崔水雲은 동세動世를 맡았고 나는 정세靖世를 맡았나니, 전명숙全明淑의 동動은 곧 천하의 난亂을 동케 하였느니라.

-『대순전경』 5장 19절

또 가라사대 "난을 짓는 사람이 있어야 다스리는 사람이 있나니, 치우蚩尤가 작란하여 큰 안개를 지었으므로 황제黃帝가 지남거指南車로써 치란하였도다. 난을 짓는 자나 난을 다스리는 자나 모두 조화로다. 그러므로 최제우崔濟愚는 작란한 사람이요, 나는 치란하는 사람이니라. 전명숙은 천하에 난을 동케 하였느니라."

- 『전경』 교법 제3장 30절

정산의 "동란자動亂者도 성인聖人이요, 정란자靖亂者도 성인이라."라는 말은 증산의 "작난作亂하는 자와 정란靖亂하는 자 모두 조화造化를 부리는 자라."는 말과 상통한다. 성인聖人과 조화자造化者라는 말만 다를 따름이다. 그 본지는 같다. 원래 증산의 말은 동학의 창시자인 최제우가 세상을 움직여 난리를 일으켰다면, 자신은 세상을 평화롭게 다스리는 책임을 맡았다는 확신을 드러낸 것이다. 어쨌든 정산이 증산의 말을 자유자재로 인용하고 있다는 사실에서 그의 사상에 미친 증산의 영향력이 다시 한 번 여실하게 확인된다.

그리고 정산은 다음과 같은 말도 했다고 전한다.

영통靈通의 단계는 허령虛靈, 지각知覺, 신명神明으로 이루어진다.[65]

정산은 신령神靈과 통할 수 있는 단계로서 허령, 지각, 신명을 언급했다. 그런데 증산의 친필 저작인 『현무경玄武經』에 허령부虛靈符, 지각부知覺符, 신명부神明符가 있다. 증산은 허령, 지각, 신명을 각기 다른 단계로 설명하지는 않았지만, 서로 다른 형태의 부符를 그렸다. 정산이 증산의 『현무경』에 있는 이들 부符에 영향을 받아 이러한 말을 했던 것으로 보인다.

또 정산은 다음과 같은 말을 남겼다.

"선성先聖의 말씀에 '선천先天에는 모사謀事는 재인在人이요, 성사成事는 재천在天이라 하나, 후천後天에는 모사謀事는 재천在天하고 성사成事는 재인在人이라.' 하셨는데, 그 말씀이 옳습니

---

65 박정훈 편저, 「제1편 법문과 일화」, 『한울안 한이치에』, 원불교출판사, 1982, 64쪽.

까?" "그것은 사람이 노력해야 된다는 것을 강조하신 뜻에서 하신 말씀이지 어느 시대를 물론하고 모사는 재인이요, 성사는 재천이라는 말씀은 바꿀 수 없는 판에 박은 말씀이다."[66]

위의 인용문에 나오는 선성先聖은 증산 강일순이다. 증산의 말을 인용하여 어떤 사람이 정산에게 물은 대목이다. 이에 정산은 그 본질은 모사재인, 성사재천이라고 대답한다. 증산의 말을 부정하고 있다.

선천先天에는 모사謀事는 재인在人하고 성사成事는 재천在天이라 하였으나, 이제는 모사謀事는 재천在天하고 성사成事는 재인在人이니라. -『대순전경』 6장 106절, 『전경』 교법 제3장 35절

원래 이 구절은 선천과 후천의 질서를 대조하여 했던 말로, 선천에는 모든 일의 주도권과 결정권이 하늘에 있었다면 후천에는 그 결정적 권한이 사람에게 있다는 증산의 파천황적인 주장이다. 인간의 능력이 최대로 발현되는 후천시대가 전개될 것이라는 전망 아래 선천과는 전혀 다른 차원의 신세계가 열릴 것을 강조한 대목이기도 하다. 그런데 증산의 이러한 말뜻을 부정하고 정산은 원래 의미의 뜻으로 해석한다. 그것도 "판에 박은 말씀"이라고 확언한다. 이러한 정산의 해석은 증산의 본지와는 전혀 다르다.

정산을 따르는 사람들은 『대순전경』을 많이 보고 인용했다.

"『대순전경大巡典經』에 보면 강姜 선생께서 많은 병자를 낫게 하셨는데, 이것은 단순히 병만 고치셨다는 말씀입니까? 거기에 다른 뜻이 있습니까?" "별다른 뜻은 없다. 사람을 제도濟度하기 위하여 방편을 쓴 것이다." "신통神通은 정定 공부에 속합니까?" "그렇다." "그러면 신통으로 묘술妙術을 부린 사람은 생사生死에 해탈解脫을 하였습니까?" "아니다. 신통했다고 해탈한 것은 아니다. 도道와 술術은 좀 다른 것이다."[67]

---

66 박정훈 편저, 「제1편 법문과 일화」, 『한울안 한이치에』, 원불교출판사, 1982, 83쪽.
67 위의 책, 83쪽.

증산의 각종 치병治病 사례에 대해 숨겨진 뜻이나 의미가 있느냐는 제자의 질문에 정산은 특별히 다른 뜻은 없는 방편을 쓴 행위라고만 평가했다. 정산은 증산의 치병 활동에 별다른 의미를 부여하지 않았다.

그리고 정산은 증산의 말에 다음과 같은 새로운 종교적 의미를 부여하기도 했다.

> "『대순전경』에 '술수術數는 삼국시대에 나서 해원解寃하지 못하고, 이제야 비로소 해원하게 되나니라.' 하였는데 무슨 뜻입니까?" "중국의 삼국시대 이후 오늘날까지 술수가 계속해 오다가 이제 술수 시대와 도덕 시대가 서로 교체된다는 뜻으로, 이것이 천지의 원리인 것이다."[68]

정산은 증산의 '술수術數의 해원解寃'에 대해 "술수 시대와 도덕 시대의 교체"라고 풀이했다. 시대를 지배하는 질서와 원리가 바뀌는 뜻이라고 독특하게 해석했다. 이처럼 정산은 증산의 말에 상당한 관심을 가지고, 나름대로 독자적인 해석을 시도하였다.

> "『대순전경』에 '나는 생장염장生長斂藏 사의四義를 쓰나니, 곧 무위이화無爲而化니라.' 하였는데 무슨 뜻입니까?" "생장염장은 즉 춘하추동春夏秋冬의 뜻이니, 천지로 더불어 그 차서次序를 합한 것과 같은 것이다."[69]

원래 증산은 나고 자라고 거두고 감추는 우주의 질서를 주재하는 인물이 바로 '나' 즉 자신이라는 점을 강조하여 위와 같은 말을 했다. 물론 그러한 자연의 원리가 인위적인 힘을 가하지 않아도 자연스럽게 이루어질 것을 강조한 대목이기도 하다. 그런데 정산은 이 구절을 질서와 원리의 주재자인 '나'에 전혀 주목하지 않고 봄, 여름, 가을, 겨울이라는 시간의 순환으로만 해석한다. 증산이 자신을 우주 최고의 주재자인 상제上帝로 자처하고 강조한 부분을 애써 무시한 풀이로 보인다.

---

68 박정훈 편저, 「제1편 법문과 일화」, 『한울안 한이치에』, 원불교출판사, 1982, 83쪽.
69 위의 책, 83~84쪽.

"『대순전경』에 '도道를 닦는 자는 그 정혼精魂이 굳게 뭉쳐서 죽어서 천상天上에 올라 영원히 흩어지지 아니하나, 도를 닦지 않은 자는 정혼이 흩어져서 연기와 같이 사라지느니라.' 하였으니,[70] 정혼이 아주 없어진다는 말씀입니까?" "부처는 생사거래生死去來를 자유하는 힘이 있고, 중생衆生은 오리무중五里霧中같이 앞길이 희미하다는 뜻이다."[71]

정산을 따르는 사람들이 증산의 언행록인 『대순전경』에 지대한 관심을 가지고 연구했었음이 확인되는 대목이다. 그들은 『대순전경』의 내용에 대해 정산에게 많은 질문을 던졌다. 위의 질문에 대해 정산은 "부처는 삶과 죽음, 오고 감을 자유롭게 하는 힘이 있다. 그런데 중생은 그렇지 못하다."라고 불교적 견해로써 대답했다고 전한다. "도를 닦는 사람"이라는 『대순전경』의 표현을 애써 무시한 채 "부처와 중생"이라는 불교적 표현을 사용하여 나름대로 답변을 제시한 것이다. 불교에 연원을 둔다는 점을 강조한 원불교의 자세를 드러낸 부분으로 볼 수 있겠다.

4. 정산이 인정한 증산의 위상

정산은 개벽을 주재하는 인물로 삼원三元과 오성五成을 다음과 같이 언급하였다.

시자侍者에게 말씀하시기를 "삼원三元과 오성五成이 새 세상의 개벽을 주재한 뒤에 영세중정永世中正하리라." 이어 말씀하시기를 "선천先天이 열리는 때에 삼황오제三皇五帝가 차례로 나와, 개벽의 역사를 맡아 하시었다는 동양의 설화와 같이, 후천後天이 열리는 데에도 삼원三元 오성五成이 차례로 나와, 동서양을 망라한 개벽의 큰 공사를 주재할 것이요, 그런 후에는 영세토록 중정中正의 인물들이 중정의 다스림을 계속하여 태평성대가 한이 없으리라." 시자 여쭙

---

70 『대순전경』 6장 77절과 『전경』 교법 제 2장 22절에 실려 있다.
71 박정훈 편저, 「제1편 법문과 일화」, 『한울안 한이치에』, 원불교출판사, 1982, 84쪽.

기를 "삼원三元은 이미 다녀가셨고, 대종사大宗師께서 인증하신 바도 있삽거니와 오성五成은 앞으로 언제 나오시며, 누가 또한 그분들을 인증하게 되오리까?" 말씀하시기를 "오직 때를 따라 차례로 나올 것이며, 때를 따라 그 일을 하신 분들을 천하의 후인後人들이 저절로 추숭追崇하여 천하가 스스로 인증하게 되리라." -『정산종사법어』「유촉편」34장

그렇다면 삼원三元은 누구를 가리키는 말일까? 후천개벽을 여는 중차대한 일을 맡아 행하는 인물인 삼원에 대해서는 다음과 같은 기록이 있다.

… 공전共田[72]이 여쭙기를 "삼원은 누구 누구오니까?" 답하시기를 "몰라서 묻느냐? 수운水雲, 증산甑山, 두 어른과 대종사大宗師님이 그이시다." 또 여쭙기를 "오성五成은 누구 누구오니까?" 답하시기를 "해월海月이 그 한 분이고, 남은 분들은 이후에 이어 나올 것이다. …[73]

동학의 창시자 수운, 증산교의 종조宗祖 증산, 원불교의 창립자 소태산의 세 사람이 바로 삼원三元이라는 말이다. 한국 신종교의 대표적 종단인 동학, 증산교, 원불교를 창시한 인물들이 후천개벽을 주재하는 중심 인물이라는 주장이다. 이들 세 사람은 후천後天이라는 이상사회를 이 땅에 건설하기 위해 세상에 태어난 영웅적 면모를 지닌 위대한 선각자로서 인정되고 존경받을 것이라는 말이기도 하다. 오성에 대해서는 동학의 제2대 교주인 해월 최시형만 밝혀졌고, 나머지 네 사람은 앞으로 나올 것이라는 정산은 말이 전해질 따름이다. 후천개벽이 여전히 계속 진행되는 과정에 있으며, 개벽을 이끌 주도적 인물들이 앞으로도 나타날 것을 예언한 대목이다.

개벽의 주재자로서 삼원을 언급하여 후천개벽의 진행을 맡은 위대한 인물로 인정한 정산은 수운, 증산, 소태산 세 사람의 업적이 서로 다르지 않은 동등한 가치를 지닌다고 다음과 같이 주장하기도 했다.

72 범산(凡山) 이공전(李空田, 1927~2013)이다. 본명은 순행(順行)이다.

73 이공전,『범산문집, 범범록(凡凡錄)』, 원불교출판사, 1987, 113~114쪽.

> 수운선생전水雲先生傳 탈고, 읽어드리다. 말씀하시기를 "너희가 차차 최선생崔先生과 종사宗師님이 두 분이 아니신 것을 알게 될 것이요, 강선생姜先生 일과 종사宗師님 일이 딴 일이 아님을 알게 되리라.[74]

한국 신종교의 독창적 주장과 믿음인 후천개벽後天開闢 사상이 일련의 과정을 거쳐 계속 이어져 진행되는 종교적 사건이 될 것이라는 말이다. 이러한 관점에서 정산은 수운, 증산, 소태산으로 이어지는 개벽의 이상과 꿈이 자신에게 이어져 내려왔으며, 원불교의 역사를 통해 발현되고 이루어질 것이라고 강조했다. 어쨌든 정산은 후천개벽 사상의 핵심 인물의 한 사람으로 증산을 강조하고 매우 긍정적으로 인정했다.

5. 맺음말

어떠한 형태의 만남이든지 간에 항상 일정한 흔적을 남기기 마련이다. 이는 사상적 영역에서도 마찬가지다. 비록 두 사람이 동일한 역사적 시간대를 살지 않았더라도 전해지는 말이나 글을 통해서 후대의 인물이 앞선 시대를 살다 간 사람과 만날 수 있다는 점에서 특정한 인물과 어떤 인물 사이의 만남은 늘 열려진 상태에 놓여 있다. 이러한 만남은 사상적 교섭사로서의 의의와 가치를 지닌다. 그리고 만남의 흔적은 단순한 일회성으로 끝나는 단절이 아닌 계속 이어지는 연속의 과정으로서 이해해야 할 것이다.

이 글에서 필자는 증산 강일순과 소태산 박중빈의 법통을 이은 원불교의 제2대 종법사宗法師이자 개벽계성開闢繼聖으로 받들어지는 정산 송규의 사상적 만남의 과정을 살펴보았다. 비록 역사의 무대에서는 시대를 달리했던 까닭으로 두 사람의 직접적인 만남이 이루어지지는 않았지만, 정산은 증산에 대한 풍문을 듣고 깊이 감화를 받았으며 증산의 행적과 일화에 지대한 관심을 기울여 그로부터 엄청난 영향을 받았다. 최소한 청소년기

---

74 이공전, 『범산문집, 범범록(凡凡錄)』, 원불교출판사, 1987, 556쪽.

의 정산은 증산을 마음속으로 믿고 따르던 넓은 의미의 증산교인이었다는 사실이 이 글을 통해 확인된다.

소년 정산이 훗날 존경받는 종교인으로 성장할 수 있었던 결정적인 계기는 증산과의 사상적 만남의 결과였다. 1918년 5월에 소태산과 만나기 이전의 정산은 분명히 증산을 믿고 따랐던 인물이었으며, 그의 종교적 지향은 증산과 같은 성도成道를 이루는 일이었다. 물론 소태산을 만난 이후 정산은 그를 스승으로 삼아 새로운 종교운동인 불법연구회에 적극적으로 참여하여 불교적 지향으로 사상적 전환을 시도하고 이루었다.

청소년기의 정산은 증산이 가르쳐준 태을주太乙呪 수련에 심취했었으며, 증산교 식의 백일치성에도 극진한 정성을 기울였다. 그리고 정산은 증산의 여동생을 자신의 본가에 모셔 와 수련했으며, 증산의 외동딸로부터 수련서를 전수받을 정도로 증산의 행적과 말씀에 많은 관심을 가졌다. 종교적 감수성이 매우 예민한 시기에 청소년이었던 정산을 자극한 유일한 것은 증산처럼 도를 깨닫는 일, 즉 도통道通이라는 종교적 야망을 성취하는 일이었다. 결국 청소년기의 정산은 자신의 종교적 가능성을 탐색하는 기간이었으며, 직접 체험한 종교경험의 지속가능성과 효능을 확인하는 시기였다. 한 인간의 삶에 미친 어떤 사상은 영향력은 지대하다. 특히 성장기는 더욱더 그러하다. 장래의 인생 항로를 결정짓는 시기에 말이나 글을 통해 특정인과의 만남이 이루어질 때의 폭발력은 매우 크다. 청소년기 정산의 몸과 마음을 움직인 원동력과 정신적 점화를 이룬 것은 바로 증산이었다.

이후 정산은 대대로 태어나고 자랐던 고향의 집성촌을 과감히 떠나 종교적 구도求道의 일념으로 삶의 근거지를 멀리 전라도 땅으로 옮겼다. 이는 기존의 세속적 삶과의 결연한 단절을 결심하고 결정한 엄청난 사건이었다. 정산의 그러한 결심과 결정의 배후에는 증산의 그림자가 분명히 어른거린다. 그리고 청소년기에 정산의 사상적 성장 과정과 배경에 심각한 파문을 던졌던 증산의 엄청난 영향력은 이후 원불교의 종법사로 존경받던 시기에도 여전히 확인된다. 정산은 증산의 글을 주문처럼 외웠으며, 증산이 지은 한시를 인용하기도 했으며, 전해지는 증산의 말에 상당한 관심을 기울여 독특한 해석을 내리기도 했고, 증산의 언행록을 인용한 제자들의 질문에 성의껏 대답했다. 성장기의 어떤 인물에 미친 특정인물의 사상적 감화와 영향의 지대함을 알 수 있는 대목이다.

시대적으로 후대에 발생한 원불교는 인근 지역에서 태동하고 성장했던 증산교의 영향을 상당히 받았음이 분명하다. 개벽종교開闢宗敎를 지향하고, 새로운 시대인 개벽하는 이상사회를 꿈꾸고 이루려 했던 점에서 두 종교사상은 동일한 문제의식을 지녔다. 그리고 두 종교는 거의 동일한 시대적 배경을 가지고 있으며 역사적 배경도 공유했다. 따라서 증산교단과 원불교는 형제 종교요 이웃 종교다. 앞으로 두 종단 사이의 진정한 화해와 만남을 통해 일치와 협력으로 영원한 이상인 개벽開闢을 향해 함께 나아갈 수 있기를 희망하며, 그 만남의 초석을 살펴보는 이 글을 후학들의 진일보된 연구를 기대하며 맺는다.

나오며

나오며

한국 신종교 연구는 한국 근현대 사회가 겪어온 급격한 변동 속에서 나타난 새로운 종교적 사유와 실천을 이해하기 위한 학문적 작업이다. 이 연구의 의의는 과거 신종교 현상을 단순한 주변적 · 비정통적 운동으로 보지 않고, 한국인의 정신적 자기 탐구와 문명적 전환의 산물로 파악하는 데 있다. 즉, 한국 신종교는 사회 혼란, 체제 변동, 가치관 붕괴와 같은 역사적 위기 속에서 나타난 창조적 사상운동이며, 그 연구는 곧 한국인의 실존적 응답과 의미 창조의 과정을 밝히는 작업이다.

한국 신종교 연구는 한국 사상사의 재구성이라는 측면에서 중요한 의미를 지닌다. 전통 유교 질서의 해체와 서구 종교와 사상의 거센 유입 속에서 신종교는 기존의 사상체계로는 설명할 수 없는 새로운 정신적 욕구를 충족하고자 등장하였다. 신종교 사상은 유교의 도덕성, 불교의 해탈관, 도교의 자연론, 민간신앙의 실천성, 그리고 기독교의 구원론이 중층적으로 결합한 복합적 구조를 가진다. 그러므로 한국 신종교 연구는 한국적 사유의 연속성과 변화를 입체적으로 조망하게 하는 중요한 학문적 기반이 된다.

그리고 한국 신종교 연구는 사회적 현실과 종교현상의 상호작용을 밝히는 데 공헌할 것이다. 한국 신종교는 사회적 약자, 농민 · 민중, 주변부 집단의 요구를 수용하며 집단적 구원과 공동체 회복을 지향하였다. 이 과정에서 신종교는 민족운동과 사회개혁 운동에 참여하기도 하고, 도덕적 재건과 평화 공동체의 이상을 제시하기도 하였다. 따라서 신종교 연구는 사회변동기 종교의 역할과 공공성을 분석하고, 종교가 사회적 통합과 윤리 문화 형성에 어떻게 공헌하는지를 탐색하는 데 필수적이다.

또 한국 신종교 연구는 종교학, 철학, 사상사 연구 방법의 확장이라는 학문적 의의가 있다. 신종교는 교리와 의례뿐 아니라 역사, 신화, 상징, 수행 체계 등 다층적 요소를 포괄한다. 따라서 이를 탐구하려면 문헌 연구, 현장 조사, 비교 종교학, 사회과학적 분석이 통합되는 복합 학문적 접근이 요구된다. 이러한 연구는 한국 신종교 현상뿐 아니라 현대 종교 연구 전반의 방법론적 확장을 이끄는 기반이 된다.

한국 신종교 연구는 세계 종교사 속에서 한국종교 문화의 위상을 정립하는 일에 공헌한다. 한국 신종교는 아시아의 사상 전통을 계승하면서도, 서구 근대 문명에 대한 비판과 대안적 문명 비전을 제시하였다. 예컨대 동학의 인내천人乃天 사상, 증산계 교단의 후천개벽론後天開闢論과 인존사상人尊思想, 원불교의 일원상一圓相과 사은四恩 사상 등은 보편적 · 철학적 성찰로 확장될 수 있는 잠재력을 지닌다. 이는 한국 신종교가 단지 지역적 종교가 아니라, 세계종교 담론에 일정하게 공헌할 수 있는 정신적 자산이라는 사실을 의미한다.

장래의 전망에 있어서, 한국 신종교 연구는 탈세속화脫世俗化 시대의 영성靈性 탐구와 미래 문명 논의에서 더욱 중요해질 것이다. 인공지능과 디지털 기술이 인간의 경험을 급격히 변화시키고, 경제 성장 중심의 문명이 생태적 · 윤리적 위기에 봉착한 오늘날, 인간 내면의 성찰과 공동체적 가치의 회복은 새로운 문명 논의의 핵심이 되고 있다. 이러한 시대적 요구 속에서 한국 신종교가 제시한 인간성 회복, 조화 · 상생의 세계관, 평화 공동체의 이상은 새로운 사상적 자원으로 주목받을 가능성이 크다.

또한 글로벌 종교 환경의 변화 속에서 한국 신종교의 해외 확산과 디지털 시대의 종교 형성 양상은 중요한 연구 대상이 될 것이다. 특히 온라인 공간에서의 종교 공동체 형성, 탈제도적 영성靈性 추구, 개인화된 신앙 형태는 신종교 연구에 새로운 지평을 제시할 것이다.

결론적으로 한국 신종교 연구는 과거의 사상적 유산을 정리하는 작업에 그치지 않고,

미래 사회의 가치 질서를 설계하는 데 필수적인 학문이다. 이는 한국인의 정신문화 속에 내재한 창조적 역량을 세계 사상사 속에서 재조명하고, 동시에 다가올 문명적 전환기 속에서 새로운 인간상과 영성靈性의 지평을 열어가는 지적知的 여정이라고 할 수 있다.

한국 신종교는 근대성의 충격 속에서 전통의 붕괴와 새로운 정신적 지평의 모색이라는 역사적 맥락 속에서 등장한 사상운동으로, 한국인의 정체성 형성과 사회변동 과정에 있어 중요한 역할을 수행했다. 이 책은 한국 신종교 연구가 지니는 정신사적 · 사회사적 · 학문 방법론적 의의를 정리하고, 미래 문명 논의 속에서 한국 신종교 연구가 가지는 가치와 확장 가능성을 제시하려는 시도로 서술되었다. 연구 결과, 한국 신종교는 한국 사상사 재구성, 사회적 공공성 논의, 종교학적 방법론 확장, 글로벌 종교 담론 참여라는 측면에서 중요한 학문적 자산임이 확인된다. 나아가 디지털 전환과 탈세속화가 병존하는 현대사회에서 한국 신종교 사상은 미래 영성 담론과 문명사적 비젼 탐구에 유효한 지적知的 기반을 제공할 것이다.

한국 신종교는 조선 후기에서 근대와 현대에 이르는 시기 동안 한국 사회가 경험한 정치 · 경제 · 사회 · 문화적 격변 속에서 등장한 새로운 종교운동이다. 기존의 연구는 주로 신종교의 사회적 문제나 조직적 특성에 주목해 왔으나, 최근 학술적 흐름은 한국 신종교를 단순한 주변적 종교현상이 아니라 한국인의 정신적 자산과 사상적 창조성의 산물로 이해하려는 방향으로 전환되고 있다. 이 책은 이러한 인식 전환을 토대로 한국 신종교 연구의 의의와 미래 전망을 체계적으로 고찰하는 첫걸음으로 시도되었다.

한국 신종교 연구의 의의를 간략하게 정리하면 다음과 같다.

1. 한국 정신사의 재구성

한국 신종교는 유교 · 불교 · 도교 · 민간신앙 등 기존 전통과 기독교 · 서구 사상이 융합된 복합적 사상체계를 지닌다. 이는 한국인이 전통을 해체하고 재구성하며 새로운 정체성을 모색하는 과정에서 나타난 사상적 자율성과 창조성의 표현이다. 한국 신종교 연구는 곧 한국 사상사의 연속성과 변화를 입체적으로 조망하는 작업이다.

2. 사회적 공공성 탐구

신종교는 민족운동, 사회윤리 형성, 공동체 회복 등 현실 참여적 종교운동으로 기능하기도 했다. 이는 종교가 사회적 통합과 공공성 실현에 공헌할 수 있음을 보여준다. 따라서 신종교 연구는 종교와 사회와의 관계에 대한 공공성 · 윤리성 · 사회 통합 모델을 탐색하는 데 공헌할 수 있다.

3. 학문 방법론의 확장

신종교 연구는 문헌 연구뿐 아니라 현장 조사, 비교 종교학, 사회학, 인류학적 접근이 요구된다. 이러한 다학제적多學制的 통합 연구는 현대 종교학 연구의 방법론을 확장하는 중요한 역할을 한다.

4. 세계 종교사 속의 위치 규명

동학의 인내천, 증산교의 후천개벽, 원불교의 일원상 사상 등은 보편 종교철학으로 발전할 수 있는 유용한 지적知的 자원이다. 따라서 한국 신종교 연구는 한국 사상이 세계 종교사 속에서 독자적 위치를 형성하는 데 일정하게 공헌할 수 있다.

한국 신종교 연구를 전망해 본다면, 첫째, 탈세속화 시대의 영성靈性 자원이 될 수 있다. 기술 발전, 인간 소외, 생태 위기 속에서 영성의 재발견이 중요한 과제로 부상하고 있다. 한국 신종교의 인간성 · 윤리 · 조화 사상은 미래의 영성 담론에 중요한 가능성을 지닌다. 둘째, 문명 전환 시대의 대안 담론이 될 수 있다. 한국 신종교는 '상생', '평화', '개벽', '새로운 인간상'을 제시해 왔다. 이는 현재 인류가 직면한 문명적 위기에 대한 철학적 · 종교적 자원으로 활용될 수 있다. 셋째, 디지털 시대 종교 연구와의 융합이 가능하다. 온라인 종교 공동체, 탈제도적 영성, 개인화된 종교성 등 디지털 시대의 현상과 접목하여 새로운 연구 영역이 확장될 것이다.

결론적으로 말하자면 한국 신종교 연구는 단순히 특정 종교현상을 분석하는 작업을 넘어 한국인의 정신사의 본질을 탐구하고, 미래 문명과 영성의 방향을 제시하는 창조적 학문이다. 이제 이 책을 통해 한국 신종교가 지닌 정신사적 · 사회적 · 학문적 중요성을 확인하고, 사회변동기 종교와 인간 정신에 대한 심층적 이해를 가능하게 한다는 점에서 그 의의를 제시하는 첫걸음을 디뎠다. 향후 한국 신종교 연구는 글로벌 종교 담론과 융합하며 더 넓은 학문적 지평으로 확장될 것이다.

한국 신종교 연구는 근대 이후 한국 사회가 경험한 영적 · 사회적 · 문명적 전환을 해명함으로써, 학술 · 사회 · 문화 전반에서 다면적인 효과를 기대할 수 있다. 이러한 연구는 단지 종교현상을 분석하는 데 그치지 않고, 한국인의 존재 이해와 미래 가치 창출에 공헌하는 핵심 지적知的 활동이다.

한국 신종교 연구는 한국 사상의 정체성 확립에 공헌한다. 한국 신종교는 유교 · 불교 · 도교와 민속신앙, 그리고 기독교 등 외래 종교 전통이 상호 융합되며 형성된 독자적 사유체계이다. 이를 체계적으로 연구함으로써 한국 정신문화의 창조성과 지속성을 밝혀낼 수 있으며, 나아가 한국 철학과 사상 연구의 영역을 확장하는 데 공헌한다. 특히 인내천, 상생, 개벽, 일원상 등 독창적 개념들은 한국 사상의 정체성을 강화하고 세계사적 담론에 일정하게 공헌하는 지적 자산이 될 것이다.

그리고 한국 신종교 연구는 사회변동기 공동체 회복과 윤리 재정립에 기여할 수 있다. 신종교는 역사적으로 전쟁, 가난, 분열과 같은 위기 상황에서 새로운 공동체 조직 원리를 제시해 왔다. 현대사회가 직면한 사회적 고립, 물질주의 심화, 정체성 위기 속에서 신종교가 제안한 상생 윤리와 공동체적 자각은 사회 통합과 윤리 회복을 위한 중요한 자원이 될 수 있다.

또 한국 신종교 연구는 다문화 · 다종교 사회에서의 포용적 종교 이해를 촉진한다. 신종교는 기존 종교 전통 간의 경계에 머물지 않고, 다양한 신념 체계를 융합하여 새로운 세계관을 구성했다. 이러한 융합성과 유연성에 관한 연구는 현대 다원사회가 요구하는 종교 간 이해, 관용, 협력 모델을 제시하는 데 기여한다. 특히 탈권위적 신앙 구조와 참여적 영성은 미래 종교 문화의 방향을 조망하게 한다.

나아가 한국 신종교 연구는 현대 영성 문화와 인간성 회복 논의에 실질적인 시사점을 제공할 수 있다. 한국 신종교는 단순한 교리 체계가 아니라 수행과 수양, 도덕 실천을 강조하는 실천적 종교 전통이다. 이는 현대인의 영적靈的 욕구 해소와 인간성 회복에 중요한 자원으로 기능할 수 있다. 특히 디지털 문명 속에서 존재 불안과 관계 상실이 심화하는 시대에 내면 성찰과 도덕 의지의 중요성을 환기시키는 효과가 있다.

그리고 한국 신종교 연구는 국제 종교 연구와 비교 문명 담론에 기여할 수 있다. 서구 중심의 종교 연구를 넘어, 한국 신종교가 가진 신학적 · 철학적 독창성을 국제적 학계에 제시함으로써 학문적 외연을 확대할 수 있다. 이는 동아시아 특유의 공동체적 종교성, 영성靈性 중심 사유, 조화와 상생의 가치가 세계 문명 전환 논의 속에서 중요한 위치를 차지할 가능성을 열어 준다.

마지막으로 이러한 연구는 미래 문명 비전 제시라는 점에서 중요한 의미를 지닌다. 생태 위기, 기술 지배, 윤리 침식이 심화하는 시대에 신종교가 제시한 조화, 상생, 평화 공동체 사상은 미래 사회의 가치 기반으로 재해석될 수 있다. 따라서 향후 한국 신종교 연구는 단지 과거 종교운동의 해석이 아니라, 인류의 다음 사유 단계와 문명 패러다임을 탐색하는 지적 실천으로 확장될 것이다.

결론적으로 한국 신종교 연구는 한국 사상적 정체성 확립, 사회윤리 재생, 다원사회 통합, 인간성 회복, 국제 학문 교류, 미래 문명 비전 제시라는 다층적 기대효과를 지닌다. 이러한 성과들은 한국 신종교 연구가 단순한 종교학적 주제가 아니라, 한국학 및 인류학적 사유의 중요한 지평임을 보여주는 증거라고 할 수 있다. 이 책을 통해 이러한 연구 목표와 의의를 달성하기 위한 시작을 알릴 수 있을 것이라는 자부심을 조금은 느끼면서 향후 더욱 진전된 연구 성과들이 모여 진정한 의미에서의 한국 신종교 연구가 확립되기를 기대하면서 글을 맺는다.

참고문헌

1. 자료

『고려사』, 『고종실록』, 『남북통일』, 『대산종사법어』, 『대순전경』, 『대순회보』, 『대종경』, 『대한불교법상종미륵불총본산종지』, 『동학서』, 『문선명선생말씀선집』, 『보광』, 『비변사등록』, 『삼국사기』, 『삼국유사』, 『삼전론』, 『성호사설』, 『송사』, 『수서』, 『수양연구요론』, 『용담유사』, 『용화보전』, 『원불교교고총간』, 『원불교교사』, 『원사』, 『위서』, 『의암 손병희 선생 전기』, 『의암성사법설』, 『인조대왕실록』, 『일성록』, 『전경』, 『정감록집성』, 『정감록』, 『정산종사법어』, 『정심요결』, 『정전』, 『조선왕조실록』, 『증산도 도전』, 『증산천사공사기』, 『천도교회월보』, 『축복과 이상가정』, 『포도청등록』, 『하나님의 뜻과 세계』, 『해월신사법설』

2. 논저

강명관, 『조선에 온 서양물건들』, 휴머니스트, 2015.

강상규, 「개화기 '위정척사파'와 '개화파'의 시대 인식」, 『한국과 일본의 서양문명 수용』, 경인문화사, 2011.

강성경, 「원불교의 생명보호운동 연구」, 『종교교육학연구』 제12권 제1호, 한국종교교육학회, 2001.

강재언, 「동학의 사상적 성격」, 『근대한국사상사연구』, 한울, 1983.

고건호, 「동학의 세계관에 나타난 전통과 근대의 변증법 : '근대'의 경험과 동학 · 천도교」, 『동학학보』 제9호, 동학학회, 2005.

고남식, 「수운과 증산의 민족주의적 요소 비교」, 『신종교연구』 제26집, 한국신종교학회, 2012.

고성훈, 「정조년간 삼수부 역모 사건의 추이와 성격」, 『사학연구』 90집, 한국사학회, 2008.

______, 「조선후기 민란의 전형 - 미륵신앙과 정감록을 내세운 변란」, 『민란의 시대 : 조선시대의 민란과 변란들』, 가람기획, 2004.

교무부, 「상제님의 발자취를 찾아서(5)」, 『대순회보』 69호, 2007.

구사회, 「미륵사상과 강증산」, 『불교어문논집』 제3집, 한국불교어문학회, 1998.

국사편찬위원회 편저, 『한국문화사 31, 서구 문화와의 만남』, 경인문화사, 2010.

국학연구소,『알소리』7집, 한뿌리, 2008.
_________,『알소리』8집, 한뿌리, 2009.
권동우,「법인기도의 근 · 현대 종교사적 의의 - 소태산의 '문명'론을 중심으로」,『원불교사상과 종교문화』제82집, 원불교사상연구원, 2019.
_____,「원불교 생명윤리와 사회적 실천 방안 고찰」,『원불교사상과 종교문화』62집, 원광대학교 원불교사상연구원, 2014.
권영우,「우리 안의 타자로서 동서양 - 동양의 서양문물 수용에 대한 고찰을 중심으로」,『철학연구』제137집, 대한철학회, 2016.
권오영,「동도서기론의 구조와 그 전개」,『한국사시민강좌』7집, 일조각, 1990.
_____,「신기선의 동도서기론연구」,『청계사학』1집, 청계사학회, 1984.
김경재,「동학의 신관(神觀)」,『동학사상논총』제1집, 천도교중앙총부, 1982.
김귀만,「서양 근대문명의 태동과 대순사상의 문명관 연구」, 대진대학교 대학원 석사학위논문, 2014.
김기승,「박은식의 민족과 세계 인식 - 경쟁과 공생의 이중주」,『한국사학보』제39호, 고려사학회, 2010.
김남희,「증산교의 미륵신앙의 수용과 전개과정」,『한국불교학』61집, 한국불교학회, 2011.
김도형,「대한제국 초기 문명개화론의 발전」, 연세대학교 국학연구원,『서구문화의 수용과 근대개혁』, 태학사, 2004.
김동환,「홍암 나철의 사상과 독립운동방략」,『한국독립운동사연구』19집, 독립기념관 한국독립운동사연구소, 2002.
김문용,「동도서기론은 얼마나 유효한가?」, 김교빈 · 김시천 편,『가치 청바지 - 동서양의 가치는 화해할 수 있을까?』, 웅진, 2007.
_____,「동도서기론의 논리와 전개」,『한국근대 개화사상과 개화운동』, 신서원, 1998.
김민석,「일본 외유기(1901~1905) 손병희의 '문명'개념과 문명론」,『대동문화연구』제117집, 대동문화학회, 2022.
_____,「전통적 화이론(華夷論)의 변천과 최제우의 문명관」,『학림(學林)』제49집, 연세사학연구회, 2022.
김방룡,「금산사의 미륵신앙과 호국애민정신」,『금산사와 호국불교』, 조계종 불교사회연구소, 2021.
김삼룡,「정산종사의 생애와 사상」, 원불교사상연구원 편,『정산종사의 사상』, 원불교출판사, 1992.
_____,『한국미륵신앙의 연구』, 동화출판공사, 1983.
김상환,「테크놀로지 시대의 동도서기론」,『철학사상』16집, 서울대학교 철학사상연구소, 2003.
김영선,『생명과 죽음』, 다산글방, 2002.
김영주,「생명윤리와 대순진리회의 종교교육」,『종교교육학연구』45집, 한국종교교육학회, 2014.
김용옥,『동경대전』1, 통나무, 2021.
김용환,「세계화 시대 신종교 사이 화합방안」,『신종교연구』제28집, 한국신종교학회, 2013.
김용휘,「20세기 전반 천도교 지도자의 서양 인식과 신문명의 비전」,『신학과 철학』제36호, 서강대학교 신학연구소, 2020.
_____,「천도교의 운동노선과 동도주의」,『종교문화연구』27집, 한신대학교 종교와문화연구소, 2016.
_____,「최제우의 시천주에 나타난 천관(天觀)」,『한국사상사학』제20집, 한국사상사학회, 2003.

______, 「해월 최시형의 자연관과 생명사상」, 『철학논총』 90집, 새한철학회, 2017.
______, 『손병희의 철학』, 이화여자대학교출판문화원, 2019.
김일상, 『정산 송규 종사』, 월간 원광, 1987.
김정인, 「손병희의 문명개화노선과 3.1운동」, 『한국독립운동사연구』 제19집, 한국독립운동사연구소, 2002.
______, 『천도교 근대민족운동 연구』, 한울아카데미, 2009.
김지하, 『생명과 평화의 길』, 문학과 지성사, 2005.
______, 『생명』, 도서출판 솔, 1992.
김지환, 『모던 철도 : 근대화, 수탈, 저항이 깃든 철도 이야기』, 도서출판 책과 함께, 2022.
김찬문, 김태진 원저, 『천지공사 실록 동곡비서』, 동곡서원, 1990.
김철수, 『잃어버린 역사, 보천교』, 상생출판, 2018.
김탁, 「대순진리회의 미륵사상 현황과 그 과제」, 『대순사상논총』 제42집, 대순사상학술원, 2022.
____, 「증산 강일순의 신명사상」, 『대순사상논총』 제35집, 대순사상학술원, 2020.
____, 「증산과 정산의 도수사상」, 『대순사상논총』 30집, 대진대학교 대순사상학술원, 2018.
____, 「증산교 교리의 창조적 해석」, 『증산교학』, 미래향문화, 1992.
____, 「증산교와 원불교의 만남」, 『증산교학』, 도서출판 미래향문화, 1992.
____, 「증산교의 교리 체계화 과정」, 『증산교학』, 미래향문화, 1992.
____, 「증산교의 신관」, 『증산교학』, 미래향문화, 1992.
____, 『일제강점기의 예언사상』, 북코리아, 2019.
____, 『조선의 예언사상』 상, 하, 북코리아, 2016.
____, 『증산 강일순』, 한국학술정보, 2006.
____, 『증산교학』, 미래향문화, 1992.
____, 『한국의 보물, 해인』, 북코리아, 2009.
____, 『한국종교사에서의 동학과 증산교의 만남』, 한누리미디어, 2000.
김호민, 『전통사상과 기독교 수용』, 쿰란출판사, 2018.
김홍철, 「한국 신종교사상에 나타난 생명윤리의 흐름」, 『원불교사상과 종교문화』 33집, 원광대학교 원불교사상연구원, 2006.
______, 「한국신종교의 미륵신앙」, 『한국사상사학』 제6집, 한국사상사학회, 1994.
______, 『원불교사상논고』, 원광대학교출판국, 1980.
______, 『한국신종교사전』, 도서출판 모시는 사람들, 2016.
나오미 오레스케스, 에릭 M. 콘웨이 공저, 홍한별 역, 강양구 해제, 『다가올 역사, 서양문명의 몰락』, 갈라파고스, 2016.
나철 저, 김교헌 엮음, 윤세복 번역, 「여일총리대외서초(與日總理大隈書抄)」, 『홍암신형조천기』, 대종교출판사, 2002.
나철, 「중광가」, 『한검 바른 길 : 첫거름』, 대종교총본사, 1949.
노대환, 「1890년대 후반 '문명' 개념의 확산과 문명 인식」, 『한국사연구』 149집, 한국사연구회, 2010.
______, 「1905~1910년 문명론의 전개와 새로운 문명관 모색」, 『유교사상연구』 제39집, 한국유교학회, 2010.

______, 「19세기 전반 서양 인식의 변화와 서기수용론(西器受用論)」, 『한국사연구』 95집, 한국사연구회, 1996.
노영필, 「동학의 생명사상 연구」, 전남대학교 박사학위논문, 2003.
니시카와 나가오, 윤대석 옮김, 『국민이라는 괴물』, 소명출판, 2002.
대종교 종경 편수위원회, 『대종교경전(大倧教經典)』, 대종교출판사, 2002.
류병덕, 「일제시의 미륵하생신앙」, 『한국미륵사상연구』, 동국대학교 불교문화연구원, 1997.
류성태, 「소태산의 생명관」, 『정신개벽』 제13집, 원광대학교 원불교사상연구원, 1994.
______, 「원불교 생명윤리에 대한 연구」, 『동양학연구』 3집, 원광대학교 동양학연구소, 2007.
______, 『정전변천사』, 원불교출판사, 2010.
목정배, 「한국미륵신앙의 역사성」, 『한국사상사학』 6권, 한국사상사학회, 1994.
무라야마 지쥰, 『조선의 유사종교』, 조선총독부 중추원, 1935.
무원 김교헌 엮음, 단애 윤세복 번역, 『홍암신형조천기(弘巖神兄朝天記)』, 대종교출판사, 2002.
미야타 노보루, 『미로쿠신앙의 연구』, 동경, 미래사, 1975.
민영국, 『도훈(道訓)』, 보천교중앙총정원, 1986.
민영현, 「동학과 선(仙), 그 인간관과 생명사상에 관하여」, 『동학학보』 9호, 동학학회, 2005.
박경주, 『한국 시가문학의 흐름』, 도서출판 월인, 2009.
박경혜, 「대순사상의 생명관 연구」, 대진대학교 석사학위논문, 2001.
박광수, 『한국신종교의 사상과 종교문화』, 집문당, 2012.
박민철, 「동학 천도교 사상의 모던적 징후」, 『시대와 철학』 81호, 한국철학사상연구회, 2017.
박병수, 「정신수양의 기론적 접근」, 『원불교수행론연구』, 원광대출판국, 1996.
박상권, 「원불교의 생명사상 - 생명의 인식과 실천 원리에 대하여」, 『원불교학』 제2권 1호, 한국원불교학회, 1997.
박상규, 「근대 한국 신종교의 조직 연구 - 연원제를 중심으로」, 한국학중앙연구원 한국학대학원 박사학위논문, 2021.
박성순, 『조선유학과 서양과학의 만남』, 고즈윈, 2005.
박양신, 「근대 초기 일본의 문명 개념 수용과 그 세속화」, 『개념과 소통』 2집, 한림대학교 한림과학원, 2008.
박영미, 「19세기 조선인의 서구관 - 서양 기물의 수용과 그 영향을 중심으로」, 『한문학논집』 32집, 근역한문학회, 2011.
박용덕, 「선진열전 - 중타원 여청운 사모 '하맑은 구름처럼'」, 『원광』 99호, 원불교출판사, 1999.
______, 「수심정경 입수 경로」, 『원광』 1989년 2월호.
______, 「일대기」, 『주산종사문집』, 원불교출판사, 1987.
______, 「정산종사와 화해리 인연」, 『원광』 175호, 원불교출판사, 1989.
______, 「정산종사의 가계고(家系考)」, 원불교사상연구원 편, 『정산종사의 사상』, 원불교출판사, 1992.
______, 「화해리 이적에 관한 이야기」, 『원광』 176호, 원불교출판사, 1989.
______, 『정산종사 성적을 따라』, 원불교출판사, 2003.
______, 『천하농판』, 도서출판 동남풍, 1999.
박은식, 『대동고대사론』(1911), 『전집』 4, 동방미디어, 2002.

______, 『몽배금태조』, 독립기념관 한국독립운동사연구소, 1989.
박정호, 「수운 최제우의 신관 : 서학의 영향을 중심으로」, 『통일인문학』 제74집, 건국대학교 인문학연구원, 2018.
박정훈 편저, 『한울안 한이치에』, 원불교출판사, 1982.
박정훈, 『정산종사전』, 원불교출판사, 2002.
박제권, 『정산종사 수필법문』 상, 원불교출판사, 2008.
박종문, 『산림문화전집』 14, 숲과 문화연구회, 2020.
박진원, 「근대화에 대한 한국신종교들의 대응양상에 관한 연구」, 서울대학교 대학원 문학석사논문, 1992.
박찬승, 『한국근대정치사상사연구』, 역사비평사, 1992.
박형민, 「한말 개신교 종교공동체의 성장요인과 전통적 가치와의 관계」, 『한국학보』 28(1), 일지사, 2002.
배항섭, 「동도서기론의 구조와 전개 양상」, 『사림』 42권, 수선사학회, 2012.
백포종사, 『삼일문답』, 1921.
범산 이공전 편저, 서문 성 주석, 『주석 대종경 선외록』, 원불교출판사, 2017.
三石善吉, 최진규 역, 『중국의 천년왕국』, 고려원, 1993.
서경전, 「소태산의 생명종교사상」, 『원불교사상』 19집, 원광대학교 원불교사상연구원, 1995.
서문 성 엮음, 『대종사님의 그때 그 말씀 1』, 원불교출판사, 1997.
__________, 『원불교 일화집』, 원불교출판사, 2006.
서상범, 『생화정경(生化正經)』, 삼덕교교화부, 1955.
서지학개론 편찬위원회, 『서지학 개론』, 한울, 2004.
설일심(雪一心), 『애국의 거불』, 9쪽.
손정윤 편저, 『소태산 대종사 일화』, 원불교출판사, 1977.
__________, 『원각성존 소태산 대종사 일화집』, 원불교출판사, 1995.
송벽조, 「현재법사(정산) 역사」, 『원광』 49호, 원불교출판사, 1965.
송인걸, 『대종경 속의 사람들』, 월간 원광사, 1996.
송인재, 「『개벽』의 '문화' 관련 기사를 통해 본 천도교의 문화관」, 『시대와 철학』 제28권 3호, 한국철학사상연구회, 2017.
신복룡, 『전봉준의 생애와 사상』, 양영각, 1982.
신순철, 「몽각가와 소태산가사 수록 문헌 연구」, 『원불교사상과 종교문화』 29집, 원불교사상연구원, 2005.
신운용, 「대종교세력의 형성과 그 의미」, 『한국민족운동사연구』 84집, 한국민족운동사학회, 2015.
신일철, 『동학사상의 이해』, 사회비평사, 1995.
심의용, 「동도서기론의 변용에 대한 연구 - 운양 김윤식을 중심으로」, 『인문사회 21』 10권 4호, 아시아문화학술원, 2019.
안경전, 『증산도(하) - 의통』, 대원출판사, 1991.
안동준, 「수심정경의 도교적 연원」, 『정통사상의 현대화와 정산종사』, 한국원불교학회, 1999.
안후상, 『일제강점기 보천교의 신국가 건설운동』, 민속원, 2023.
______, 「일제강점기 보천교의 민족운동 연구」, 전남대학교 대학원 박사학위논문, 2022.

陽白衣, 「미륵신앙재중국적유전(彌勒信仰在中國的流轉)」, 『마한백제문화』 제7집, 원광대학교 마한백제문화연구소, 1984
양우석, 「증산과 헤겔의 서양과학문명관」, 『동서정신과학』 6집, 한국동서정신과학회, 2003.
양은용, 「『수양연구요론』의 구조와 성격」, 『원불교사상』 14집, 원불교사상연구원, 1991.
연갑수 · 주진오 · 도면회, 『한국근대사』 1, 푸른역사, 2016.
연세대학교 국학연구원 편, 『서구문화의 수용과 근대개혁』, 태학사, 2004.
오선명 엮음, 『정산종사 법설』, 월간 원광사, 2000.
오영섭, 「개항 후 만국공법 인식의 추이」, 연세대학교 국학연구원 편, 『서구문화의 수용과 근대개혁』, 태학사, 2004.
______, 「대종교 창시 이전 나인영의 민족운동」, 『한국민족운동사연구』 39집, 한국민족운동사학회, 2004.
오지영, 『동학사』, 영창서관, 1940.
오향미, 「동아시아 공동체 형성을 위한 모색: 동도서기론의 극복과 문화번역의 가능성」, 『신아세아』 제11권 제4호, 신아시아연구소, 2004.
왕현종, 「한말 유교지식인 김윤식의 서양 인식과 인민 이해」, 『한국연구』, 한국연구원, 2020.
원광대학교 원불교사상연구원 편, 『원불교대사전』, 원불교출판사, 2013.
원불교 교서편수위원회 편, 『원불교전서』, 원불교정화사, 2017.
원불교 교화연구회, 『한국 근대사에서 본 원불교』, 도서출판 원화, 1991.
원불교원광사편집위원회 편집, 『정산종사법설집』, 원불교원광사, 1962.
원영상, 「근대 한국종교의 '세계' 인식과 일원주의 및 삼동윤리의 세계관」, 『원불교사상과 종교문화』 제84집, 원불교사상연구원, 2020.
유발 하라리, 조현욱 옮김, 『사피엔스』, 김영사, 2015.
유병덕, 『계룡산하 종교집단체와 모악산하 종교집단체의 비교 연구』, 문화공보부, 1968.
유영익, 「개화파 인사들의 개신교 수용 양태」, 『조선근현대사론』, 일조각, 1992.
유영인, 「홍암 나철의 홍익사상」, 『국학연구』 10집, 국학연구소, 2005.
윤미정, 「금강산 토성 수련도장의 미륵불에 대한 예(禮)」, 『대순회보』 214호, 대순진리회 교무부, 2019.
윤석산, 「새로 발견된 목판본 '동경대전'에 관하여」, 『동학학보』 20집, 동학학회, 2010.
______, 『동학교조 수운 최제우』, 도서출판 모시는 사람들, 2004.
______, 『용담유사 연구』, 모시는 사람들, 2006.
윤재근, 「증산사상의 불교 수용과 해석」, 『신종교연구』 제23집, 한국신종교학회, 2010.
______, 「한국 신종교의 도교 문화와 생명관」, 『종교교육학연구』 33집, 한국종교교육학회, 2010.
이강오, 『한국신흥종교총감』, 대흥기획, 1992.
이경구, 「한국에서 중화(中華)의식과 기독교적 문명의식의 비교사적 고찰」, 『개념과 소통』 6집, 한림과학원, 2010.
이경숙 · 박재순 · 차옥숭, 『한국 생명사상의 뿌리』, 이화여자대학교출판부, 2001.
이공전, 「봉래제법과 익산총부 건설」, 『원불교 70년 정신사』, 성업봉찬회, 1989.
______, 『대종경선외록』, 원불교출판사, 1982.

______, 『범산문집, 범범록(凡凡錄)』, 원불교출판사, 1987
이광래, 『한국의 서양사상 수용사』, 열린책들, 2003.
이광린, 「개화사상의 개념과 그 발전」, 『개화파의 개화사상연구』, 일조각, 1989.
이능화, 「조선고대신교이행(朝鮮古代神教已行)」, 『역주 조선불교통사』 6권, 동국대출판부, 2010.
이돈화 편, 『천도교창건사』 제3편 의암성사, 경인문화사, 1982.
이돈화 편술, 『천도교창건사』, 천도교중앙종리원, 1933.
이동언, 「서일의 생애와 항일무장투쟁」, 『한국독립운동사연구』 제38집, 독립기념관 한국독립운동사연구소, 2011.
이병욱, 「한국불교에서 본 대순사상 - 미륵사상과 삼교회통(조화)사상을 중심으로」, 『대순사상논총』 제25집, 대순사상학술원, 2015.
이봉호, 「전경에 나타난 '미륵'의 성격」, 『대순사상논총』 26집, 대순사상학술원, 2016.
이성전, 「정정의 유, 도 통합적 성격」, 『원불교사상과 종교문화』 31집, 원불교사상연구원, 2005.
이송순 · 정태헌, 「한말 정부 관료 및 언론의 철도에 대한 인식과 수용」, 『한국사학보』 50집, 고려사학회, 2013.
이영노, 『해월신사법설해의』, 천도교 시흥교구, 천법출판사, 2000.
이영호, 『보천교연혁사』 상, 보천교중앙총정원, 1948.
이원순, 『조선서학사연구』, 일지사, 1986.
이원장, 『미륵성전』, 홍법원, 1981.
이장희 교주(校註), 『동학사』, 박영사, 1974.
이정립, 『증산교사』, 증산교본부, 1977.
이종린, 「일월일일(一月一日)」, 『천도교회월보』 30호, 천도교중앙총부, 1913.
이종우, 「예교(禮敎)에서 종교(宗教)로 - 대한제국기 종교정책과 배경 담론들을 중심으로」, 『원불교사상과 종교문화』 81집, 원광대학교 원불교사상연구원, 2019.
이중권 외, 『우리 출판 100년』, 현암사, 2001.
이중성 편술, 『천지개벽경』, 대도연수원 부설 용봉출판, 1992.
이찬구, 『생명사관 : 인류 구원의 새로운 패러다임』, 지상사, 2010.
이혜경, 「원불교 윤리의 근대적 성격」, 『개념과 소통』 제30호, 한림대학교 한림과학원, 2022.
일제강점기 보천교의 민족운동 자료집 편찬위원회, 『일제강점기 보천교의 민족운동 자료집 Ⅱ』, 도서출판 기역, 2017.
임상욱, 「동학의 정체성 형성 과정에 미친 서학의 영향 : 동학의 성장과 몰락」, 『동학학보』 제58호, 동학학회, 2021.
장규식, 「개항기 개화 지식인의 서구 체험과 근대 인식」, 연세대학교 국학연구원 편, 『서구문화의 수용과 근대개혁』, 태학사, 2004.
장옥, 『용화도장 지킴이』, 선학사, 2004.
장회익, 『삶과 온 생명』, 도서출판 솔, 1998.
전경현 편저, 『범증산종단사』 상 · 하, 2019.
전인권 · 정선태 · 이승원, 『1898, 문명의 전환』, 이학사, 2011.
정산, 「불법연구회창건사」, 불법연구회 편, 『회보』 제43호, 불법연구회, 1938.

정석종,『조선 후기 사회변동연구』, 일조각, 1983.
정수일,『문명담론과 문명교류』, 살림, 2011.
정용서,「일제하 천도교청년당의 운동노선과 정치사상」,『한국사연구』 105집, 한국사연구회, 1999.
정용화,「1920년대초 계몽담론의 특성 : 문명 · 문화 · 개인을 중심으로」, 정용화 · 김영희 외,『일제하 서구문화의 수용과 근대성』, 도서출판 혜안, 2008.
정인택,「한국 근대의 미륵신앙에 관한 연구」, 원광대학교대학원 박사학위논문, 2016.
정재식,『한국 유교와 서구문명의 충돌』, 연세대학교 출판부, 2005.
정창렬,「한말 변혁운동의 정치, 경제적 성격」,『한국민족주의론』, 창작과 비평사, 1982.
정혜정,『동학, 천도교의 교육사상과 실천』, 혜안, 2001.
조규태,「동학과 천도교의 타자로서의 서양 인식」,『이민인종연구』 3집, 이민인종연구회, 2010.
조성환,「'개벽'으로 다시 읽는 한국 근대 - '삼일독립선언서'에 나타난 개벽사상을 중심으로」,『종교교육학연구』 59집, 한국종교교육학회, 2019.
조준희,「단재 정훈모의 생애와 활동」,『대종교연구』 제1집, 한국신교연구소, 2019.
조준희 · 유영인 편,『백봉전집』, 역사공간, 2017.
조지형,「동학의 서학 · 서양에 대한 인식의 변화 양상」,『교회사연구』 제34집, 한국교회사연구소, 2010.
주진오,「19세기 후반 문명개화론의 형성과 전개」, 연세대학교 국학연구원 편,『서구문화의 수용과 근대개혁』, 태학사, 2004.
중야조(中野肇),『근대の사상』, 동경, 일본방송출판협회, 1985.
증산도 도전편찬위원회,『도전(道典)』, 2012.
____________,『증산도 도전』, 대원출판사, 1992.
증산법종교,『화은당실기(華恩堂實記)』, 도서출판 대흥기획, 1960.
천도교중앙총부,「현기문답」, 최기영, 박맹수 편,『한말 천도교 자료집』 1, 국학자료원, 1997.
________,『천도교경전』 개정 초판, 천도교중앙총부출판부, 2002.
천도교중앙총부 교사편찬위원회 편,『천도교백년약사』 상, 미래문화사, 1981.
村山智順,『조선(朝鮮)의 유사종교(類似宗教)』, 조선총독부, 1935.
최기영, 박맹수 편,『한말천도교자료집』, 국학자료원, 1997.
최석우,「서학에서 본 동학」,『교회사연구』 1집, 한국교회사연구소, 1977.
최종석,「증산교에 나타난 불교적 요소 - 미륵신앙의 수용을 중심으로」,『선문화연구』 23권, 한국불교선리연구원, 2017.
최종성,「무업(巫業) 없는 무당 : 개종 상황에 놓인 조선의 무당들」,『종교학연구』 32집, 서울대학교 종교문제연구소, 2014.
최준식,「우리 스승 우습게 보지 말라」, 부산예술문화대학 동학연구소 엮음,『해월 최시형과 동학사상』, 예문서원, 1999.
최치봉,「대순사상의 생명관과 인생관」,『대순사상논총』 33집, 대순사상학술원, 2019.
키아라 프루고니, 곽차섭 옮김,『코앞에서 본 중세』, 도서출판 길, 2005.
표영삼,「동학 경전의 편제와 내용」,『신인간(新人間)』 422호~441호, 신인간사, 1984~1986.

하우봉, 「수운 최제우의 대외인식」, 『한일관계사연구』 17집, 한일관계사학회, 2002.
한산(閑山) 이은석(李恩錫), 『정전해의(正典解義)』, 원불교출판사, 1985.
한승훈, 「미륵, 개벽, 요나오시 : 동아시아 종교사에서의 위기와 혁세 인식」, 『종교와 문화』 제40호, 서울대학교 종교문제연구소, 2021.
______, 「미륵의 시대, 진인의 귀환 : 조선 후기 종교운동에 대한 '반란의 현상학'」, 『종교연구』 75집, 한국종교연구, 2015.
______, 「조선후기 혁세적 민중종교운동 연구 - 17세기 용녀부인 사건에서의 미륵신앙과 무속」, 서울대학교대학원 석사학위논문, 2012.
한우근, 「개항 당시의 위기의식과 개화사상」, 『한국사연구』 2집, 한국사연구회, 1968.
허완(許晥), 『삼덕교사』, 삼덕교본부, 1973.
허일웅, 『팔괘도의 도법과 후천』, 자유문고, 1995.
현명철, 「1872년 일본 화륜선의 왜관 입항」, 『동북아역사논총』 49집, 동북아역사재단, 2015.
현영아, 「한국의 근대 서양 인쇄술 유입의 영향에 관한 연구」, 『서지학연구』 제36집, 한국서지학회, 2007.
홍범초, 『범증산교사(汎甑山教史)』, 도서출판 한누리, 1988.
______, 『증산교개설』, 창문각, 1982.
홍우, 『동학문명』, 일조각, 1980.
홍원식, 「동도서기론과 개화사상」, 『한국학논집』 62집, 계명대학교 한국학연구원, 2016.
홍윤식, 「한국사상에 있어 미륵신앙과 그 사상적 구조」, 『한국사상사학』 6권, 한국사상사학회, 1994.
황선희, 『한국근대사상과 민족운동 - 동학, 천도교편』, 혜안, 1996.
황현, 김종익 옮김, 『번역 오하기문(梧下記聞)』, 역사비평사, 1994.

Barend J. Ter Haar 저, 송요후 역, 『중국 역사상의 민간종교운동』, 신서원, 2007.
J. J. 클라크, 『동양은 어떻게 서양을 계몽했는가?』, 우물이 있는 집, 2004.

3. 신문

『대한매일신보』, 『독립신문』, 『동아일보』

찾아보기

ㄱㅏ

가르침 46, 48, 50, 51, 57, 58, 69, 78, 80, 82, 92, 104, 106, 118, 120~122, 124, 127, 130, 131, 133, 134, 153, 161, 167, 168, 190~192, 196, 200, 201, 207, 232, 244, 247, 265, 267, 280, 283, 285, 290, 292, 293~295, 298, 303, 307, 313, 314, 317, 318, 326, 328, 330, 332, 333, 347, 418, 419, 421, 423, 427, 428~430, 432, 433, 438, 441, 468, 486, 493, 496~498
갑신정변 27, 246
갑오개혁 24, 240, 246
갑오년 138, 322, 324, 330, 332
갑자년 129, 131, 209, 326, 398, 449, 450
강대국 69, 74, 88, 190, 233
강순임 363~366, 404, 477~480, 511, 517, 519
강승태 375, 405, 480, 481
강화도조약 27
개벽 137, 140, 145, 174, 180, 188, 194, 204, 208, 211, 249, 296, 533~535, 543, 544
개벽장 335, 375, 404
개신교 34, 44, 81
개종 32, 34, 245
개항 26, 27, 32, 59, 143, 240, 246
개항기 25, 31, 33, 34
개화기 27, 40, 172, 239
개화운동 27, 61, 143
개화파 27, 87, 143, 242, 246, 249
갱생 274, 335
건곤 263, 489
『건국론』 189
건축물 71, 86, 233, 246, 500, 506
검가 127~129, 133, 135, 235
격변기 23
경계 232, 233, 236, 248~250, 285, 410, 544
경면주사 453~455, 459
경신년 45, 46, 122, 305, 306, 332, 489, 490
경외심 261, 280
경전 29, 37~39, 44, 75, 135, 256, 322, 323, 353, 360, 361, 368, 369, 375, 389, 399, 405, 419, 420, 422, 439, 474~476, 497, 498, 500, 501, 504, 506, 511, 512, 522

계룡산 149, 361, 362, 449
계몽 35, 76, 246
계몽기 27
계몽주의 28
계승자 39, 232, 247, 423, 429~433, 438, 439, 493, 506
계시 124, 128, 131, 306, 333, 347, 366, 423, 431, 453, 461, 468, 473, 479, 482, 486, 495, 498
계해년 130, 131
고판례 432, 434, 435, 437~441, 443, 458, 470, 474, 475, 477, 480, 493, 495, 514, 516, 517
공경 164, 255, 256, 265, 266
공동체 14, 15, 170, 256, 464, 540, 541, 543, 544
공사 74, 150, 316, 325, 340, 363, 382, 397, 412, 436, 449, 470, 479, 483
공산주의 219, 224, 228, 231, 239
공생 170, 171, 231, 237, 239, 248, 256
공포 31, 45, 119, 158
과보 279, 282, 289, 298
과학 25, 98, 103, 106, 172, 175, 177, 181, 186, 188, 195, 199, 201, 213, 238, 240, 242, 277
과학기술 22, 23, 41, 73, 77, 177, 206, 209, 212, 239, 240, 246
과학문명 28, 73, 78, 100, 102, 104, 106, 172, 176, 177, 180, 186, 189, 192, 194, 196, 199, 201, 203, 204, 208, 211, 213, 238
관세음보살 363
괴병 344
괴질 344, 345
괴질운수 331, 344
교류 21, 32, 76, 85, 87, 138, 250, 502, 504, 510, 511, 513, 545
교리 16, 17, 29, 37, 59, 61, 71, 82, 92, 98, 203, 231, 286, 302, 306, 334, 353, 364, 366, 367, 373, 376, 381, 384, 392, 399, 406, 407, 410, 413, 419, 420, 427, 435, 451, 464, 469, 474, 486, 487, 489, 493, 498, 501~503, 506, 526, 528, 541
교조 59, 69, 87, 159, 303, 331, 370, 377, 384, 413, 418, 419, 421, 427~433, 468, 473, 474, 483, 484, 486, 493, 496~499, 503, 506
교파 17, 81, 352, 358, 359, 371, 379, 384, 388, 413, 418~420, 422, 432, 469, 501, 502, 506
교화 28, 47, 62, 124, 144, 151, 160, 169, 245, 250, 284, 369, 390, 447
교회 82, 87, 217, 234
「교훈가」 258, 317, 318, 343
구약시대 214, 216, 222
구원 14, 15, 222, 270, 295, 325, 334, 347, 355, 362, 370, 377, 382, 407, 410, 418, 540
구원론 17, 540
구원자 229, 372, 377, 383, 388, 410, 413
구천 69, 397, 473
구천상제 367, 368, 374, 381, 409, 411, 473
국권회복 93, 498
국권회복운동 437
국민국가 21, 23, 27
국제질서 23, 28, 32, 116
군사력 21, 24, 28, 45, 57, 117, 124
궁궁 129
궁예 379, 401
「권학가」 50, 53, 56, 257, 344
귀신 127, 259, 282
규범 20, 54, 72, 311, 487
그리스도교 23, 80~82, 91, 118, 152, 209
극동 30
극복 230, 238, 249

근대 16, 21, 27, 37, 39, 61, 145, 182
근대사 23, 27, 37
근대화 25, 26, 28, 32, 34, 35, 37, 40, 62, 138, 143, 145, 182, 239, 242~244, 246
금강산 373, 406, 410, 490
금산사 354~363, 365~369, 371, 374, 377, 383, 384, 392~394, 396~398, 403, 407, 408, 410, 414, 424, 425, 427, 442, 443, 454
금수 32, 42, 56, 124, 245, 246, 258, 280, 287, 293
급살병 345
기계 42, 81, 105, 137, 141, 176, 200, 202, 236, 454
기독교 22, 24, 26, 32, 34, 83, 86, 92, 96, 159, 166, 215, 217, 220, 222, 227, 229, 230, 234, 238, 245, 247, 375, 381, 503, 540, 542, 544
기성 36, 302, 346
기성종교 38, 295, 296, 429
기적 426, 427, 428
기차 72, 77, 86, 104, 151, 233, 461
김경학 305, 354, 426~428, 470, 475
김계주 371, 372, 468
김근하 370, 375, 404, 405
김낙원 370, 404
김동준 80
김봉남 381
김삼일 375, 405, 478, 479
김윤식 87, 168, 242
김일부 336
김형렬 83, 304, 355, 357~360, 363, 368, 404, 424, 425, 440~443, 447, 452, 453, 470, 475
김홍현 371, 372, 404, 468
김환옥 447, 488, 489, 491
깨달음 92, 303, 358

나

낙원 176, 179, 181, 182, 188, 201, 204
난리 74, 134, 321, 325, 330, 339, 530
남북통일 226
남조선 340
내세관 49
내유신령 259
논리 25, 38, 40, 42, 43, 47, 52, 64, 136, 145, 157, 213, 232, 236, 237, 239, 243, 246, 247, 261, 277, 297, 496
「논학문」 50, 58, 119, 120, 333
농경 110

다

다시 개벽 127, 331, 344, 348
단군 87, 88, 158~161, 489, 493
단주 92, 337, 371, 404, 467
당래불 352, 378, 390, 411
대각 97, 171, 366, 470
대결 113, 135, 217, 218, 235, 236, 249, 315
대두목 344, 371, 404, 503
대법국 70, 72, 397, 451
대법사 372, 404, 448, 453, 455, 475, 476, 492
대산 201, 204, 206, 208~210, 293, 294, 296, 298
대산 김대거 200, 256
『대산종사법어』 202, 293~295
대선생 335, 347, 425, 460
대순 72, 398
대순사상 388, 391, 392, 403, 409, 411, 412, 414
『대순전경』 70, 84, 146, 154, 269, 270, 274, 304,

318~320, 323, 334, 360, 362, 372, 404, 423, 436, 439, 440, 443, 451, 460, 472, 475~477, 502, 512, 524, 526, 531, 533
대순진리회 373, 374, 388~391, 406, 408~412, 445, 446, 448, 463
대안 25, 302, 304, 332, 543
대원사 511, 520
대응 20, 26, 33, 37, 39, 44, 58, 79, 97, 113, 115, 121, 124, 144, 146, 153, 157, 168, 170, 171, 213, 214, 231, 235, 248, 249, 277, 506
『대종경선외록』 282
『대종경』 176, 178~180, 184~187, 278, 283
대종교 36, 37, 38, 44, 87, 88, 90~92, 96, 157, 158, 161, 164, 167, 168, 234, 237, 248, 250
대종사 97, 181, 182, 184, 186~188, 194, 196, 200, 208, 209, 212, 278, 281, 284, 286, 295, 534
대한민국 225, 485
대한불교법상종 360~363, 384, 404, 413, 453
도교 15, 36, 159, 358, 367, 375, 381, 519, 540
도덕 42, 68, 81, 98, 100, 102, 106, 137, 139, 146, 172, 175, 180, 185, 187, 194, 205~208, 211, 213, 235, 236, 240, 248, 250, 327, 344, 466, 486, 545
도덕문명 100, 102, 137, 144, 172, 176, 178, 186, 187, 190, 192, 199, 201, 204, 208, 213, 236, 238, 250
도덕주의 61
도성입덕 57, 118, 326
도솔 356, 396
도솔천 352, 356, 379, 384, 390, 396, 413
도수 86, 174, 310~312, 412, 462, 479
「도수가」 365
도전 21, 27, 42, 52, 68, 135, 233, 235, 243, 244
도통신 80, 87, 156, 157, 234, 236, 338
도학 103, 106, 175, 178~181, 186, 188, 203, 210, 213, 238
도학문명 175, 203
독립만세운동 322
독창성 389, 545
『동경대전』 45, 50, 55, 315, 326, 327, 337
동곡약방 362, 397, 471
동도법종금강도 375, 405, 480, 481
동도서기론 33, 39, 42, 43, 81, 239, 240, 242~244, 246, 247, 249
동물 255, 263, 267, 272, 273, 279~281, 286, 289, 291, 296, 297, 452
동서문명 22, 31
동아시아 22, 23, 28, 31, 32, 47, 89, 95, 384, 414, 545
동양 21, 23, 24, 28, 34, 42, 43, 50, 51, 54, 56, 57, 60, 62, 65, 68, 72, 78, 80, 81, 85, 87, 90, 96, 98, 100~102, 108, 112, 115, 130, 133, 135~137, 140, 141, 145~149, 151, 164, 170, 172, 176, 181, 187, 188, 191, 194, 196, 201, 203, 204, 218, 220, 224, 229, 235, 236, 240, 250, 257, 263, 271, 344
동양문명 24, 62, 69, 80, 86, 97, 103, 106, 107, 111, 112, 125, 137, 144, 149, 156, 157, 159~161, 163, 164, 171, 173, 178~182, 186, 189, 190, 193~195, 198, 203, 206, 212, 213, 215, 221, 226~230, 233, 235, 237, 238, 240, 249, 487
동포 265, 266, 276, 278~280, 287, 292, 294
동학 14, 36, 37, 38, 44, 45, 49, 52, 54~57, 61, 63, 66, 68, 113, 114, 116, 117, 120, 121, 124, 126, 128, 130, 133, 135, 136, 138, 144, 151, 232, 235, 236, 242, 248, 256, 263, 268, 275, 295, 298, 302, 303, 307, 314, 319, 324, 325, 328, 330, 332, 338, 346, 349, 436, 446, 451, 460, 510, 530, 534, 543
동학농민운동 303

동학농민혁명 27, 81, 138, 303, 304, 322, 330, 340, 341, 347, 348, 378, 436, 442
동학사상 302, 328, 346~349
두익 218
두익사상 219, 221, 223, 224, 231, 239
두일백 163

ㄹㅏ

러시아 116, 146, 147, 156
러일전쟁 67, 146, 147
르네상스 41, 243

ㅁㅏ

마음 81, 83, 102, 141, 166, 175, 178, 181, 183, 188, 190, 197, 201, 250, 262, 266, 279, 280, 283, 286, 292, 295, 305, 313, 317, 385, 414, 458, 472, 488, 495, 500, 519, 536
마테오 리치 59, 85, 152, 451
만물 100, 164, 169, 257, 260~267, 291, 294~296, 298, 483, 487
만물개유생명론 295
만물개유신성론 269
말세 172, 174, 186, 211, 212, 318, 322
말씀 39, 124, 161, 180, 231, 425, 500, 531
메카 357, 403
명부 79, 87, 234, 336
명치유신 144, 246
모순 20, 34, 59, 115, 123, 247
모악교 482, 483
모악산 354, 356, 358, 361, 377, 392, 397, 398, 442, 452, 465, 483, 488, 511, 520
무극 262
무극대도 318, 462, 480, 488
무극도 373, 406, 445, 446, 448, 450, 473, 478
무기 46, 57, 118, 124, 136, 153, 236, 297
무력 32, 46, 54, 60, 69, 132, 133, 233, 247
무위이화 120, 343
무을교 371, 468
문공신 305, 441, 460, 461, 475
문명 15~17, 20, 23, 25, 28, 32
문명 담론 26, 545
문명 충돌 21
문명개화 28, 32, 34, 36, 114, 139, 143, 144, 146, 236, 245, 246
문명개화론 31, 32, 34, 35, 42, 141, 242, 245~247
문명권 22, 117, 225, 226, 239
문명세계 183
문명시대 101, 160, 177, 215, 226, 229, 231, 239
문명신 86, 87, 155~157, 234, 236, 338
문명의 전환 25, 35
문명이기 74, 77, 78, 86, 106, 150, 153, 156, 157, 191, 194, 196, 233, 235, 237
문명화 23, 25~27, 34, 35, 141, 246
문선명 106, 107, 110, 112, 113, 215, 217, 218, 220~225, 227~231, 235, 239, 249
문화 255, 338
문화교류 21
문화통일 157, 221
물리력 22, 23
물본주의 218
물욕 104
물질 15, 23, 68, 86, 102, 106, 137, 144, 156, 174,

176, 177, 190, 196, 206, 211, 214, 235, 241, 271, 273
물질개벽 181, 201, 204, 212
물질문명 22, 100, 102, 104, 105, 111, 112, 154, 172~174, 177, 178~180, 183, 185, 187, 190~199, 204, 206~208, 211, 213, 226, 238, 241, 245, 249
물질문화 22
물형부 442, 452, 453
물활론 273
미개인 23, 25
미국 34, 90, 107, 109, 110, 112, 116, 154, 217, 230, 246, 483
미래불 377, 380, 390, 410
미래종교 216
미륵 274, 335, 352~354, 376, 413
미륵보살 352, 356, 390, 396
미륵불 352~358, 360, 363~365, 367~369, 372~385, 388, 390~393, 396, 398, 401, 402, 404, 406, 407, 410, 411, 413, 414, 425
미륵불교 357, 358, 360, 366~368, 384, 404, 413, 442, 443, 447, 452, 453, 466, 467, 475
미륵상생 352, 379, 390
미륵세존 364, 366, 369, 371, 372
미륵신앙 352, 353, 355, 357, 358, 361, 367, 369~372, 375~379, 381~385, 388~391, 394, 398, 400, 402, 403, 405, 406, 409, 411~414
미륵하생 352, 365, 376, 378, 379, 385, 390, 399, 409, 411, 414
미완성 25, 27, 50, 113, 215, 231, 235, 239, 346, 507
민간신앙 358, 367, 406, 540, 542
민족 25, 34, 44, 92, 116, 145, 156, 157, 159, 161, 169~171, 213, 220, 230, 239, 246, 249, 250, 332
민족문화 26
민족의식 59, 88, 158
민족종교 68, 87
민족주의 114, 116, 155, 163, 171
민중 14, 52, 59, 81, 116, 357, 378, 379, 391, 395, 399, 400, 403, 450, 451, 484, 540
믿음 14, 54, 122, 124, 128, 130, 132, 148, 231, 244, 269, 272~275, 298, 313, 335, 342, 348, 354, 366, 370, 373, 377~385, 388, 392, 398, 400, 401, 404, 405, 410~412, 414, 418, 440, 450, 500, 535

바

박공우 82, 305, 320, 424, 441, 450~452, 475
박규수 42, 245
박은식 169, 170
박중빈 97, 171, 178, 256, 512, 535
박한경 373, 405, 407, 412, 445
반생명 255
반식민지 21
반응 16, 20, 29, 37, 38, 40, 233, 265, 377
발생 22, 27, 36, 38, 81, 128, 169, 172, 212, 217, 302, 330, 344, 346, 348, 418, 426, 427, 430, 433, 436, 450, 454, 491, 496, 505, 512, 513, 516, 537
발전 21, 22, 24, 26, 28, 36, 37, 42, 62, 66, 73, 76, 80, 86, 97, 101, 105, 112, 137, 139, 141, 142, 144, 150, 151, 154, 161, 177~180, 187, 189, 195, 197, 200, 207, 233, 234, 245, 248, 256, 278, 296, 298, 304, 379, 429, 430, 501, 505, 507, 511, 543
방주 320, 437, 441, 443, 444, 449, 474, 476
배용덕 375, 405, 494
백두산 87, 163, 168
백인종 67, 89, 95, 97, 107, 110, 113, 159, 170, 171,

228, 234, 237, 248
백포 92, 96, 165~167
백포 서일 92, 164
법문 199, 265, 279, 280, 283, 284, 286, 290, 291, 471, 521, 524, 525
법상종 360, 361, 453
법신불 280, 294
법칙 178, 244, 257, 276, 278, 311
변법론 33
변용 25, 42, 59, 67, 240, 243, 309, 376, 377, 380, 384
변혁 41, 63, 113, 242, 249, 414
변혁설 130
병겁 345, 348, 455, 459, 491, 496
병자수호조약 27
보국안민 47, 66, 117, 323, 330, 331, 341
보물 354, 393, 451
보은 212, 298, 364, 366, 367
보은신 307
보천교 304, 320, 321, 342, 395, 396, 437, 443, 446~449, 458, 464, 468, 474~476, 480, 482, 484, 485, 488, 492, 511, 517, 520
보편성 15, 23, 88, 165
보편주의 25
보화교 488~491
복귀 214
복록 199, 314, 459, 484
복합성 254, 381, 411, 503
봉건주의 172
부국강병 28, 31, 32, 42, 43, 66, 69, 81, 169, 233, 239, 242, 244, 245, 332
부모 123, 222, 223, 259, 260, 276, 278, 279, 489
부모님 266
부작용 105
부적 136, 236, 376, 405
부처 276, 278, 280, 284, 285, 293, 294, 352, 354, 355, 376, 379, 380, 390, 392, 399, 409, 411, 483, 523, 533
부처님 280, 352, 355, 380~382, 390
북경 29, 44, 45, 47, 69, 115, 232, 474
북학론 42, 245
북학론자 44
분파 17, 36, 242, 418, 420, 432, 443, 448, 451, 503, 504
불공 277, 280, 284, 294, 361, 468
불교 15, 26, 36, 92, 159, 192, 220, 227, 274, 285, 352, 353, 355, 358, 363, 364, 367, 369, 370, 374, 376, 378~384, 388, 392, 394, 398, 399, 406, 407, 409~413, 524, 533, 540
불법 97, 284
불법연구회 100, 209, 211, 511, 512, 515, 518, 521, 536
불성 284, 285, 298
불양답 377, 410, 424
비결 180, 316, 394, 395, 504, 527, 528
비판 43, 50, 51, 53, 55, 109, 176, 233, 236, 328, 346

사

사대 32
사사불공 277, 280, 292
사상 15, 17, 28, 39, 43, 49, 77, 81, 85, 113, 137, 155, 161, 169, 171, 175, 213, 223, 239, 242, 245, 255, 302, 303, 305, 431, 447, 475, 501, 503, 506, 540
사상운동 331, 540, 542
사유체계 544

사은 277, 279, 286, 521, 528, 541
사이비 250
사인여천 267
사찰 356, 378, 394, 398, 400
사학 46, 54, 135
사해동포 164
사해동포주의 88
사회변동 15, 37, 542
사회운동 339
사회적 변화 36, 38
사회진화론 35
산업혁명 77, 240
산업화 14, 16
살림 255, 256, 271
살생 280, 282, 283, 285, 290, 292
살인 문명 153, 157, 237, 248
삶 14, 17, 59, 177, 223, 255, 271, 276, 278, 419, 533, 536
삼강령 185
삼경 261, 267
삼대력 191, 198
삼덕교 486, 488, 518
삼동윤리 287
삼신 164, 165, 271, 298
삼원 512, 533, 534
삼청전 365, 366
상생 16, 141, 170, 263, 296, 348, 355, 364, 366, 486, 510, 529, 543, 544, 545
상생대도 286
상생상극 141, 263
상제 59, 165, 311, 312, 328, 332, 334, 336, 347, 348, 367, 371, 374, 380, 391, 409, 411, 422, 489, 532
상징화 29
생령 176, 182, 258, 280, 283, 286, 287, 294, 296, 521
생명 122, 178, 196, 217, 254~257, 259, 262, 267, 269~271, 276, 279, 283
생명력 36, 82, 243, 255, 258, 259, 265, 287, 298, 380, 419, 497, 502
생명사관 256
생명사상 255, 256, 262~264, 267, 268, 270, 276, 281, 282, 286, 287, 291, 293~298
생명윤리 267, 277
생명 존중 255, 265, 283, 297
생명체 169, 254, 255, 258, 271, 279, 280, 287
생명현상 289, 298
생불 353, 390, 402, 520
생식기 229
서교 29, 30, 41, 43, 52, 80, 81, 87, 117, 209, 234, 246
서구 문명 24, 28, 31, 41, 42, 143, 144
서구 열강 30, 34, 53, 61, 172
서구관 31
서구의 충격 21, 25, 29, 32
서구화 21, 25, 31, 34, 145, 246
서도 55, 58, 118, 144, 152, 242, 244
서백일 369, 404
서상륜 34
서세동점 22, 23, 47, 60, 79, 89, 95, 242
서양 열강 32, 114, 211
서양 21, 23, 24, 28, 41, 45, 47, 51, 53~56, 58, 62, 63, 68, 70, 72, 74, 79, 80, 196, 212, 246
서양관 97, 124
서양문명 24, 25, 28, 32, 34, 36~39, 44, 45, 62, 67, 69, 76~78, 80, 82, 86, 96, 97, 103, 106, 108, 113, 135, 141, 143, 146, 149, 154, 156, 157, 171, 178, 182, 186, 188, 198, 203, 209, 212~215, 217, 221,

226~239, 247, 248, 250
서양문물 151
서양신명 74, 273
서양인 28, 30, 51, 53, 58, 61, 65, 89, 100, 114~116, 118, 122, 128, 130, 133, 135, 141, 157, 165, 226, 237, 248
서학 25, 29, 34, 41, 43~50, 52~59, 69, 113, 116, 117, 119~122, 124, 126, 135, 151, 232, 246, 313, 374, 409
석가모니 152, 166, 334, 353, 356, 392, 394, 398
석가불 352, 369, 370, 377, 383, 390, 393, 397, 413, 425
선경 334, 335, 355, 369, 383, 393, 451, 463, 466, 484
선교사 34, 46, 47, 66, 85, 116, 152
선도 338, 443, 459, 461
선도교 432, 435, 438, 443, 483
선령신 271, 298
선민의식 250
선악 262, 279
선진국 23, 25, 143, 144, 146, 207, 210, 236
선천 64, 137, 236, 249, 275, 311, 452, 490, 501, 529, 531
설명 38, 62, 73, 80, 86, 150, 156, 157, 237, 248~250
설화 80, 262, 401
섭리 108, 111, 112, 214, 216, 218, 230, 235, 490
성경 34, 312
성경신 309, 312~314, 364
성리학 43, 54, 242
성립 352, 353, 357, 380, 388, 392, 419, 420, 428, 429, 501, 505, 506
성약시대 214, 222
세계관 16, 23, 28, 29, 32, 33, 35, 41, 43, 44, 68, 91, 92, 116, 124, 157, 255, 377, 484, 493, 541, 544
세계기독교통일신령협회 106
세계대전 74, 154, 172, 174, 211, 484
세계상등국 74
세계일가 161, 164
세계종교사 334, 348, 422, 432, 497
세계주의 157, 169, 212, 217
세계평화통일가정연합 106
소문 45, 46, 49, 82, 115, 116, 121, 122, 131, 232, 354, 392, 427, 434, 513
소옹 316
소태산 97, 105, 171~183, 185~188, 194, 208, 209, 211, 212, 256, 276~279, 282~285, 293, 296, 298, 512, 515, 518, 520, 534, 535, 536
「수덕문」 313, 314, 326
수명 199, 255, 314, 402
수부 363, 439, 440, 445
수용 21, 26, 31, 35, 43, 150, 161, 171, 237, 248, 250, 506
수운 45~49, 51, 52, 56, 62, 66, 68, 116, 120, 126, 128, 135, 144, 151, 157, 232, 235, 257, 264, 267, 296, 305, 310, 312, 318, 333, 338, 343, 488, 489, 534, 535
수운가사 316, 337
수운 최제우 44, 114, 256, 303, 326, 398
순천도 469, 471
순환 64, 67, 256, 261
술법 61, 78, 98, 125
스콜라 철학 41
시루 366, 374, 407
시운 141, 314, 330, 331, 369
시운관 63, 65
시천주 52, 75, 259, 262, 263, 267, 275, 295, 296,

298, 305~309, 321, 330, 341, 348, 464, 472, 473, 488, 491
식물 255, 267, 273, 280, 288, 289, 296, 297
식민지 14, 16, 21, 24, 26, 35
식육 110, 113, 235
신격 73, 80, 83, 87, 159, 234, 271, 336, 358, 363, 370, 373, 374, 396, 404, 406, 409, 422, 462, 481, 500
신격화 419, 500, 501, 504
신령 259, 264, 298, 530
신명 72, 73, 81, 83, 234, 269, 274, 298, 335~337, 340, 342, 347, 348, 402, 486, 530
신미년 333, 398, 489
신본주의 218, 231, 239
신분제 27, 33, 59
신비체험 306, 328, 332, 419, 423, 434, 437, 440, 458, 461, 470, 473, 478, 486, 489, 496, 497
신비화 39, 231
신사회 68
신성 72, 85, 124, 169, 269, 374, 376, 397, 401, 409, 427, 504
신세계 107, 531
신앙 대상 159, 311, 366, 367, 370, 372, 381, 389, 449, 502
신앙공동체 34
신약시대 214, 222
신인간 68, 145
신인일체 222
신흥종교 516
실천 15, 16, 243, 298, 385, 540
실천윤리 296
실학사상 28
심전계발 206, 213, 238
십이제국 56, 331, 344
쓰나미 22

아

아노미 22
아담 222, 230
아메리카 90, 92, 96, 234, 248
아미타불 368, 467
아버지 229, 337, 343, 354, 461, 473, 477, 488, 505, 515
아시아 21, 89, 91, 92, 96, 107, 110, 215, 223, 225, 226, 228, 248, 541
아이덴티티 33
아편전쟁 28, 47, 116
아프리카 21, 91, 92, 96, 234, 248
안경 31, 77
안내성 305, 441, 443, 453, 458, 459, 475
안세찬 375, 404, 454, 455, 492
안심가」 48, 49, 52, 56, 257, 258, 319, 331, 343, 344
알라 159
야만 22, 26, 28, 42, 61, 241, 246
약육강식 28, 261
양무론 31
양무운동 42, 242
양지 75, 76
어록 498
어머니 260, 479, 488, 516
업보 279
에너지 259, 276, 502
에펠탑 71
여원월 482, 483

여의주 354, 393
여호와 159
역동성 16, 17, 20
역사 15, 25, 38, 40, 73, 148, 214, 222, 250, 336, 349, 419, 421, 497, 504, 506, 510, 535, 541
역사적 사실 36, 56, 92, 130, 248, 303, 333, 353, 378, 392, 414, 440, 511, 513
열강 26, 90
영국 45, 47, 73, 90, 107, 116
영대 406, 461, 463, 474, 479
영부 48, 123~125, 135, 235, 248, 332
영성 295, 296, 492, 541, 542, 543, 545
영육쌍전 213, 238
영혼 175, 203, 281, 283, 288, 337, 368
예수 111, 152, 166, 167, 208, 229, 231, 239, 274, 334
예수교 75, 82
예수회 85, 152
예언 129~131, 153, 154, 157, 180, 190, 231, 236, 239, 322, 323, 335, 343, 347, 364, 468, 481, 483, 484, 493, 527
오동정교단 370, 404
오랑캐 28, 30, 42, 55, 116, 232, 240, 245, 250
오만년 318, 355
오선위기혈 336, 337
오주 275, 309, 313, 314, 362, 459, 464, 468
오행론 260
오행설 133
옥황상제 358, 360, 362, 363, 375, 381, 465
완성 214, 230, 231, 238, 249, 250, 276, 346
완성자 334
왕후장상 330, 331, 342, 343
외경 255
외경심 255
외유기화 259
욕구 14, 16, 255, 540, 545
욕망 14, 104, 191, 282, 330, 342
욕심 102, 104, 209, 330, 331, 420
용담 55
『용담유사』 45, 48, 50, 56, 316~319, 326, 327, 338
용심법 179, 183, 213, 238
용화교 369, 375, 384, 404, 405, 413, 447
용화동 355, 356, 441, 447, 482, 492
용화사 369, 370, 375, 384, 404, 405, 413
용화세계 355, 356, 363~365, 381, 383, 391, 393, 394, 487
용화회상 352, 355, 357, 363, 364, 365, 379, 382, 383, 385, 390, 403, 414, 490
우두머리 152, 263, 336, 338, 342, 483
우리나라 24, 25, 27, 29, 30, 34, 36, 37, 42, 45, 47, 56, 69, 74, 76, 77, 84, 115, 117, 125, 128, 131, 133, 138, 143, 144, 146~148, 164, 190, 211, 213, 232, 235~237, 241, 250, 331, 344, 357, 389, 397, 398, 400, 489, 491, 498
우사 84, 87, 234
「우음」 315
우주 15, 16, 27, 162, 221, 256, 259, 263, 265, 268, 278, 287, 294, 296, 306, 311, 377, 414, 483, 489, 490, 532
운동 27, 42, 142, 145, 296, 458
운명론 142
운세론 142
운수 62, 64, 65, 67, 140, 141, 142, 189, 194, 209, 314, 317, 318, 355, 459
원동력 158, 255, 422, 432, 433, 506, 536
원불교 36, 37, 38, 44, 97, 98, 103, 106, 171, 172,

174, 176, 178, 189, 196, 200, 201, 203, 206, 209, 210, 213, 235, 237, 238, 248, 250, 256, 276, 279, 296, 298, 510~514, 522~526, 528, 533~537, 541, 543
원한 148, 282, 341, 342, 371
위기의식 45, 47, 69, 114, 116, 117, 135, 147, 232, 233
위상 38, 39, 40, 367, 388, 389, 422, 533, 541
유교 15, 28, 31, 32, 36, 54, 145, 159, 220, 227, 243, 245, 326, 328, 381, 499, 542, 544
유기체 260
유길준 24, 241
유럽 85, 90, 92, 96, 112, 234, 248
유물주의 218, 231, 239
유의경 427
유일신 81, 266
유입 29, 30, 34, 36, 39, 41, 44, 76, 117, 138, 157, 181, 227, 232, 237, 241, 250, 540
유제봉 360, 404, 452, 453
유학 26, 43, 263
육임 320, 444, 455
육임제 320, 321
윤리관 54
윤선 72, 73, 76~78, 86, 233
윤치호 24
윤회론 274
음양 257, 262
음양론 57, 63, 69, 233, 258, 260
음양설 257, 259
음양오행 141
의례 14, 82, 375, 403, 404, 407, 418, 419, 422, 431, 433, 449, 463, 464, 480, 482, 495, 500, 501, 505, 506
의암 61, 62, 64, 65, 67, 69, 138, 140~142, 144, 236, 262
의암 손병희 61, 138, 262
의의 37, 39, 40, 168, 192, 231, 248, 256, 277, 295, 323, 352, 376, 388, 389, 391, 406, 419, 421, 422, 439, 499, 513, 535, 545
의통 153, 157, 237, 451, 452, 454~457, 459, 491
이금 379, 401
이기 72, 77, 87, 117, 123, 151, 199
이기주의 122, 123
이능화 396
이단 135, 164
이데올로기 56, 116, 219, 231, 239, 250
이상 22, 23, 170, 226, 241, 385, 401, 414, 502
이상사회 87, 149, 151, 180, 185, 194, 229, 234, 342, 345~348, 355, 369, 378~380, 382, 384, 385, 403, 414, 537
이상향 343, 353, 356, 379, 382, 383, 385, 414
이상호 372, 404, 441, 443, 447, 474~477, 492
이스라엘 230
이원론 247
이재궁궁 129
이적 328, 426, 427, 441, 473, 514, 515, 520
이정립 372, 404, 420, 421, 454, 475~477, 492
이종린 68
이종익 383, 413
이천식천 261, 267
이탈리아 77, 85, 152
이토오 히로부미 89
이홍장 42
이효진 371, 404
인간 14, 16, 17, 20, 27, 44, 86, 176~178, 183, 188, 211, 212, 218, 254, 256~260, 266, 267, 274, 297,

311, 335, 418, 483
인간관 37, 276, 306, 348, 493
인간성 36, 541, 543~545
인격화 257
인도교 375, 405, 464~466
인류 15, 21, 23, 28, 36, 41, 65, 86, 96, 98, 102~104, 107, 109, 156, 157, 162, 165, 173, 178, 187, 193, 201, 203, 209, 222, 230, 419
인본주의 218, 231, 239
인쇄술 76
인식 36, 38, 39, 41, 45, 50, 69, 87, 97, 106, 246, 542
인의예지 61, 327
인정 81, 166, 176, 192~194, 213, 238, 249, 250, 533
인존 348, 490, 491
일본 23, 27, 28, 32, 42, 56, 76, 87, 90, 107, 142, 163, 229, 245, 246, 336, 361, 467
일원 276, 277, 278
일원대도 194
일원론 25, 255
일제강점기 26, 97, 144, 157, 342, 357, 403, 448, 476, 498
일진회 304, 305, 325, 343, 436
일진회원 305, 325
임진왜란 148, 464
입춘시 315

ㅈㅏ

자본주의 21, 27, 172
자연 27, 86, 145, 265, 267, 365
자연관 266
장기준 469, 470, 472
장상신 83
재강림 274, 343, 344
재구성 17, 25, 39, 389, 429, 540, 542
재림 222, 484, 497
재림 예수 231, 239
재해석 15, 71, 311, 497, 545
저항 113, 117, 144, 232, 236, 378
적자생존 261
전개 17, 36, 161, 352, 357, 379, 388, 419, 420, 428, 429, 501
전경현 420
『전경』 395, 524, 526, 529
전륜성왕 352, 378, 390, 401, 411
전명숙 325, 329
전봉준 319, 323, 325, 336, 339~341, 349
전생 193, 274, 363
전승 39, 98, 155, 231, 302, 347, 486
전일성 254
전쟁 14, 109, 118, 544
전통 14, 22, 25, 35, 41, 61, 143, 378, 379, 411, 503, 540, 542
전통문화 25, 26, 33, 123
전통사회 20, 26, 37, 44, 52, 73
전환기 15, 22, 26, 27, 35, 542
절대자 222, 306, 335, 348, 370, 377, 382, 407, 410
접사 321
접주 321, 460
『정감록』 129, 394, 396
정두원 29
정보화 21
정산 189~200, 286~291, 293, 295, 296, 298, 473, 511~521, 523~536
정산 송규 189, 256, 286, 510, 511, 535

『정산종사법어』 193, 195~198, 291, 519, 521, 528
정신 93
정신개벽 97, 177, 181, 201, 204, 213, 238
정신문명 80, 100, 102, 112, 123, 145, 152, 154, 172, 174~181, 185~188, 191~199, 204, 206, 208, 213, 226, 238, 241, 249
정신문화 17, 22, 30, 112, 174, 240, 242, 544
정신사 14, 542, 543
『정심요결』 517~519, 520
정운구 125
정인표 366, 404, 466, 467
정체성 31, 68, 71, 121, 125, 143, 542, 544
정학 54
정훈모 163
제국주의 21, 27, 34, 77, 116, 147, 156, 169, 244
제사 53, 123, 126, 136, 236, 283, 402, 499
제생의세 178, 270, 512, 521~524
조상숭배 54
조선 22, 24, 26~28, 31, 32, 34, 35, 37, 42, 44, 59, 60, 71, 73, 74, 81, 89, 90, 114, 116, 119, 130, 148, 158, 240, 242, 245, 336, 339, 340, 402, 484, 485
조선왕조 25, 27, 30
조직 14, 39, 90, 104, 134, 142, 227, 304, 305, 320, 321, 342, 383, 413, 418, 420, 421, 443, 444, 446, 449, 452, 466, 467, 474~476, 484, 495, 496, 498, 500, 501
조철제 373, 406, 408, 445, 448, 450, 461~463, 473, 474, 478
조화 15, 68, 118, 123, 136, 149, 154, 157, 171, 190, 237, 248, 256, 257, 260, 262, 332, 345, 368, 491, 530, 541, 543, 545
조화옹 260, 262
조화정부 364, 451
종교적 재평가 39, 338
종교적 진실 247
종교체험 44, 305, 306, 308, 310, 332, 333, 346~348, 431, 458, 473, 482, 515
종교학 40, 541
종도 305, 354, 357, 392, 421, 424~426, 434~437, 442, 460, 473, 475
종말 110, 353, 390
종이 75~77, 86, 128, 234, 273, 425, 427, 519
종장 152, 338
종통 441, 449, 493, 498
주기론 263
주문 51, 58, 120, 123~125, 128, 134, 135, 235, 248, 275, 288, 313, 314, 328, 332, 348, 422, 427, 458~460, 463~465, 467, 469, 481, 491, 496, 511
주술 130, 136, 236, 248, 308, 450
죽음 223, 270, 321, 331, 332, 341, 379, 398, 418, 421, 423, 506, 533
죽임 255, 256, 271, 401
중광 87, 96, 158, 160, 168, 171, 237, 248
「중광가」 158
중국 23, 32, 42, 45, 46, 54, 60, 69, 78, 85, 90, 114, 115, 124, 133, 240, 242, 245, 271, 336, 379, 389, 400, 461
중체서용 43, 177
중체서용론 42, 43, 240, 242, 245
중화 22, 32, 242
증산 71, 73, 76, 79, 81, 86, 146, 148, 268, 306~308, 313, 316, 319~325, 328, 332~334, 336, 337, 342, 346, 347, 353~355, 357, 361, 370, 374, 379, 396, 403, 407, 421, 423, 424, 430, 433, 440, 441
증산 강일순 69, 256, 268, 303, 353, 361, 363, 367, 376, 384, 392, 410, 413, 419, 421, 431, 432, 485,

510, 515, 522, 527, 531, 535
증산 상제 375, 404, 455
증산 하느님 419
증산교 36~38, 44, 69, 71, 74, 146, 249, 250, 256, 302, 303, 334, 346, 383, 413, 514, 518, 536
증산교단 69, 275, 304, 311, 320~322, 347, 349, 352~355, 357, 358, 360, 363, 364, 366~368, 370~373, 375~385, 388, 389, 391~393, 403, 405, 407, 409, 412~414, 420~422, 428, 430~432, 435, 438, 439, 443, 464, 475~477, 481, 488, 493, 494, 496, 497, 501~507, 511, 513, 522, 537
증산교본부 372, 404, 453, 476, 477
『증산교사』 420, 428
증산대도교 443, 458, 459, 461
증산도 375, 404, 448, 455, 457, 492, 505
증산법종교 363, 365, 366, 404, 478, 479
증산사상연구회 493, 494
『증산천사공사기』 320, 323, 329, 333, 398, 424, 476
지기 259, 264, 267, 298, 325, 373, 406
지방신 155, 337
지상낙원 220
지상천국 107, 230, 297, 299, 365
지운 155, 337, 483
진묵 80, 362, 363
진보사관 25, 35
진인 149, 329, 491
진표율사 360, 361, 374, 467
진해원 375, 405, 456, 457
진화 189
질서 14~16, 20, 22, 33, 35, 42, 54, 256, 303, 311, 379, 532
짐승 28, 258, 264, 274, 281, 283, 285, 289, 293, 482, 483

차

차경석 304, 305, 334, 341~343, 363, 424, 425, 434~437, 439~444, 448~451, 470, 476, 482, 511, 517
차별 22, 89, 147, 161, 164, 165, 168, 169, 229, 240, 241, 264, 284, 295
차별성 52, 54, 55, 68, 124, 496
참부모 109, 214, 222
참자녀 214
창시자 39, 68, 91, 152, 157, 167, 178, 222, 231~233, 235, 237, 238, 247, 256, 263, 295~298, 339, 346, 348, 349, 369, 371, 376, 378~382, 384, 385, 410, 411, 413, 414, 418, 419, 421, 429, 430, 433, 483, 496, 499, 506, 510, 512, 530, 534
창조적 재해석 6
채경대 375, 405, 447, 464~466
처처불상 277, 280
척사위정론자 33
천계탑 70, 71, 369, 397, 451
천국 85, 87, 157, 160, 225, 230, 234, 237, 248
천도 56, 58, 61, 67, 86, 113, 120, 199, 314, 326
천도교 37, 38, 44, 61, 67, 113, 139, 145, 236, 242, 305
천명 58, 64, 118, 127, 316, 326, 328, 398
천신 87, 127, 128, 129, 131, 157, 466
천자 83, 119, 124, 449
천자신 83, 87, 234
천주 46, 47, 49, 59, 114, 117, 127, 159, 264, 298, 306, 332, 333, 335, 346, 347, 348, 367, 422
천주교 23, 29, 30, 34, 49, 58, 81, 151, 449, 460
천주당 46, 117, 122, 133
『천주실의』 29
천지 62, 86, 140, 179, 180, 260, 266, 271, 276, 278,

279, 288, 296, 298, 306, 308, 314, 490
천지개벽 204, 334, 372
천지공사 75, 76, 78, 81, 83, 86, 147, 149, 156, 233, 236, 272, 298, 304, 306, 307, 311, 337, 338, 348, 362, 367, 378, 381~385, 411, 412, 414, 428, 440, 442, 451, 460, 464, 479, 482, 487, 493, 495, 496, 511, 512
천지도수 310~312, 335, 348
천지부모 259, 266
철도 73, 77, 151, 189
첨병 53, 77, 82, 117, 174
청도대향원 375, 405, 479, 480
청수 83, 309, 427, 459, 465, 470
체계화 38, 39, 42, 71, 92, 240, 246, 255, 286, 334, 419, 422
최복술 126
최선애 360, 361, 404, 453
최선호 360, 453
최익현 325
추종자 132, 134, 399
출세 274, 316, 343, 348, 378, 390, 396, 399, 466, 467
출세주의 122
충돌 21, 22, 61, 68, 146, 155
치병 126, 328, 427, 483, 532
치성 354, 357, 358, 361, 365, 368, 424~427, 433, 434, 441, 444, 459, 460, 464, 470, 474, 478, 495, 514, 517
침략 21, 25, 47, 56, 69, 232, 233

카

카리스마 499, 503, 504
칼 노래 128, 130, 133, 157, 237, 248

타

타락 109, 113, 172, 211, 213, 235, 238, 249
타자 22, 31, 42, 58, 67, 125, 135, 241
타자화 35
「탄도유심급」 315, 337
탕감복귀 229
태극 123, 262, 452, 463
태극도 445, 461~463, 474
태백산 168
태양 102, 106, 108, 140, 144, 180, 235, 257, 491, 503
태을교 359, 396, 435, 441, 447, 451, 455, 474~476
태을주 309, 348, 371, 426~428, 435, 441, 451, 452, 458, 459, 460, 463, 464, 466, 468, 470, 491, 492, 511, 514, 516, 536
태을천상원군 371, 396
태평가 343
태평양 문명 108, 109
태평양 시대 109, 229
토양 28, 36, 247
토착화 36
통일 73, 148, 149, 155, 157, 215, 219~221, 223, 226, 228~230, 236, 238, 239, 249, 337, 411, 475, 490
통일교 36, 37, 38, 44, 106, 107, 113, 214, 221, 222, 224, 230, 235, 238, 249, 250

ㅍ

팔괘 333, 367, 368, 398, 472, 495, 496
패러다임 22, 41, 545
폄하 40, 50, 58, 137, 236, 247, 329, 346
평가 325, 328, 341
평등 14, 31, 37, 44, 59, 169, 170, 280, 294, 295
평등사상 59
평화 15, 96, 102, 155, 169, 170, 216, 220, 379, 541, 543, 545
폐단 105, 124, 153, 172, 185, 190, 209
폐해 23, 24, 82, 123, 172, 174, 183, 191, 207, 213, 238
포교 34, 46, 47, 49, 59, 90, 92, 117, 158, 246, 320, 342, 427, 435, 442, 443, 446, 447, 451, 452, 458, 478, 480, 483, 488, 492, 493, 505, 514
포덕 48, 445
「포덕문」 45, 46, 115, 123, 310, 326, 332, 344
포덕천하 123, 124, 524
포용 157, 171, 237, 248, 249
프랑스 23, 45, 47, 70, 71, 116

ㅎ

하나님 69, 107~113, 214, 216~219, 221, 222, 226, 229, 232, 249, 250, 371
하나님주의 219, 221, 224, 231, 239
하늘 15, 46, 52, 57, 58, 64, 70, 72, 84, 86, 100, 118, 127, 128, 136, 150, 154, 156, 157, 160, 170, 173, 180, 183, 192, 199, 218, 224, 236, 243, 248, 258, 266~268, 271, 275, 279, 291, 296, 308, 310, 326, 328, 333, 362, 363, 393, 423, 451, 459, 472, 483, 515, 516, 524, 531
하생 352, 353, 376, 379, 384, 389, 390, 400, 409, 413
한계 38, 39, 50, 57, 69, 81, 86, 88, 112, 130, 136, 137, 142, 178, 180, 183, 188, 212, 213, 218, 232, 236, 238, 244, 247, 322, 325, 326, 328, 389, 398, 421
한국사상사 30
한국신종교 20, 41, 113, 231, 249, 254
한국종교사 68, 232, 306, 313, 346, 348
한민족 33, 36, 52, 88, 107, 161, 225, 230, 239, 493
한반도 107, 113, 215, 216, 221, 222, 228, 229, 231, 303, 513
한배검 96, 159, 160, 165, 171, 234, 237
한역서학서 29
한울님 49~51, 59, 69, 118, 120, 123~125, 133, 140, 165, 232, 256, 257, 259, 264, 298, 305, 306, 310, 331, 332, 333, 346~348, 489
한학자 222
합리성 36
해방 14, 219, 357, 364, 367, 403, 454, 461, 467, 475, 476, 481, 488
해석 14, 16, 17, 38, 80, 204, 209, 231, 232, 277, 282, 308, 312, 318, 327, 356, 377, 395, 419, 421, 431, 439, 469, 470, 486, 496, 501, 503~506
해와 230
해원 272, 273, 276, 296, 340~342, 347, 348, 364, 366, 367, 485, 486, 532
해원공사 272, 341, 436
해원신 307
해월 최시형 59, 136, 256, 320, 534
해월 137, 233, 236, 259~261, 264~268, 295, 296, 298

해인 451, 456
허령 259, 525, 530
허욱 486, 487, 518
혁세 377~379, 383, 413
현대 14, 16, 85, 101, 104, 105, 177, 385, 414, 541, 542, 544
현대문명 86, 105, 177
현무경』306, 344, 360, 460, 461, 469~471, 473, 530
현상 366, 435, 482, 486, 540
현재불 352, 390
호생의 덕 271
혹세무민 59, 329
혼란 16, 22, 23, 46, 86, 172, 174, 176, 189, 211, 213, 238, 251, 451, 540
홍범초 420, 421, 494
홍암 나철 87, 157, 163
홍암 87, 89~91, 158, 160, 161, 165, 168, 248
화두 23, 25, 285, 385, 414
화물표 72, 74, 273
화생 260, 263
화이관 33
화이론 58
화천 357, 365, 367, 423, 442, 458, 460, 489
화혼양재론 42, 43, 240, 242
확산 21, 24, 30, 32, 36, 38, 39, 59, 76, 144, 250, 280
환경운동 277
활물 294, 296, 298
활불 382
활인 문명 153, 157, 237, 248
활인 293, 294, 296, 298
황인종 67, 89, 96, 107, 148, 159, 161, 170, 228
회문산 336, 337, 460
후계자 422, 423, 428~433, 438, 439, 506
후천 64, 137, 155, 249, 311, 312, 318, 331, 341, 355, 363, 391, 452, 471, 489~491, 529, 531, 534
후천개벽 213, 249, 348, 534, 535, 543
후천개벽사상 249, 535
후천개벽시대 512
후천문명 156
후천선경 373, 375, 391, 404, 406
훈련 98, 100, 102, 176, 182, 201, 202, 206, 208, 209, 419
흑인종 89, 107
「홍비가」316~318, 327, 338
흥선대원군 27

한국신종교의 성립과 전개양상

초판1쇄 발행 2025년 11월 20일

지은이 김탁

주간 조승연
편집 · 디자인 오경희 · 조정화 · 오성현 · 신나래 · 박선주 · 정성희
관리 박정대

펴낸이 홍종화
펴낸곳 민속원
창업 홍기원
출판등록 제1990-000045호
주소 서울 마포구 토정로 25길 41(대흥동 337-25)
전화 02) 804-3320, 805-3320, 806-3320(代)
팩스 02) 802-3346
이메일 minsokwon@naver.com
홈페이지 www.minsokwon.com

ISBN 978-89-285-2183-8
S E T 978-89-285-0359-9 94290